TERCEIRA EDIÇÃO
2024

CHRISTIANO CASSETTARI
COORDENAÇÃO

CHRISTIANO **CASSETTARI**
MARCOS COSTA **SALOMÃO**
AUTORES

REGISTRO DE IMÓVEIS

DE ACORDO COM A
LEI 14.825/2024

2024 © Editora Foco
Coordenador: Christiano Cassettari
Autores: Christiano Cassettari e Marcos Costa Salomão
Diretor Acadêmico: Leonardo Pereira
Editor: Roberta Densa
Coordenadora Editorial: Paula Morishita
Revisora Sênior: Georgia Renata Dias
Capa Criação: Leonardo Hermano
Diagramação: Ladislau Lima
Impressão miolo e capa: FORMA CERTA

Dados Internacionais de Catalogação na Publicação (CIP) de acordo com ISBD

C344r   Cassettari, Christiano
　　　　　Registro de Imóveis / Christiano Cassettari, Marcos Costa Salomão ; coordenado por Christiano Cassettari. - 3. ed. - Indaiatuba : Editora Foco, 2024.
　　　　　352 p. : 17cm x 24cm. – (Cartórios)

　　　　　Inclui bibliografia e índice.
　　　　　ISBN: 978-65-6120-099-8

　　　　　1. Direito. 2. Direito imobiliário. 3. Registro de imóveis. I. Salomão, Marcos Costa. II. Título. III. Série.

2024-1197   CDD 341.2739   CDU 347.23

Elaborado por Odilio Hilario Moreira Junior - CRB-8/9949

Índices para Catálogo Sistemático:

1. Direito imobiliário 341.2739
2. Direito imobiliário 347.23

DIREITOS AUTORAIS: É proibida a reprodução parcial ou total desta publicação, por qualquer forma ou meio, sem a prévia autorização da Editora FOCO, com exceção do teor das questões de concursos públicos que, por serem atos oficiais, não são protegidas como Direitos Autorais, na forma do Artigo 8º, IV, da Lei 9.610/1998. Referida vedação se estende às características gráficas da obra e sua editoração. A punição para a violação dos Direitos Autorais é crime previsto no Artigo 184 do Código Penal e as sanções civis às violações dos Direitos Autorais estão previstas nos Artigos 101 a 110 da Lei 9.610/1998. Os comentários das questões são de responsabilidade dos autores.

NOTAS DA EDITORA:

Atualizações e erratas: A presente obra é vendida como está, atualizada até a data do seu fechamento, informação que consta na página II do livro. Havendo a publicação de legislação de suma relevância, a editora, de forma discricionária, se empenhará em disponibilizar atualização futura.

Erratas: A Editora se compromete a disponibilizar no site www.editorafoco.com.br, na seção Atualizações, eventuais erratas por razões de erros técnicos ou de conteúdo. Solicitamos, outrossim, que o leitor faça a gentileza de colaborar com a perfeição da obra, comunicando eventual erro encontrado por meio de mensagem para contato@editorafoco.com.br. O acesso será disponibilizado durante a vigência da edição da obra.

Impresso no Brasil (05.2024) – Data de Fechamento (4.2024)

2024
Todos os direitos reservados à
Editora Foco Jurídico Ltda.
Rua Antonio Brunetti, 593 – Jd. Morada do Sol
CEP 13348-533 – Indaiatuba – SP

E-mail: contato@editorafoco.com.br
www.editorafoco.com.br

Apresentação

A Coleção Cartórios foi criada com o objetivo de permitir aos estudantes, tabeliães, registradores, escreventes, juízes, promotores e profissionais do Direito acesso a estudo completo, profundo, atual e didático de todas as matérias que compõem o Direito Notarial e Registral.

A obra sobre o Registro de Imóveis contém: a parte geral do registro imobiliário, os atos ordinários e os procedimentos especiais que tramitam no ofício imobiliário. No livro de Tabelionato de Notas trata da teoria geral do Direito Notarial e dos atos praticados neste cartório, como as escrituras, os reconhecimentos de firma e a autenticação dos documentos. Já o de Registro Civil divide-se em duas obras: um volume sobre o Registro Civil das Pessoas Naturais, que contém a parte geral do registro civil das pessoas naturais, o registro de nascimento, a habilitação e o registro de casamento, o óbito e o Livro "E"; já o outro volume se refere ao Registro Civil de Pessoas Jurídicas, que trata dos atos em que se registram as pessoas jurídicas que não são de competência das juntas comerciais estaduais.

Em Tabelionato de Protestos encontram-se todas as questões referentes ao protesto de títulos e documentos da dívida, estabelecidas nas leis extravagantes, dentre elas a de protesto. No livro sobre Registro de Títulos e Documentos, estão reunidas todas as atribuições desse importante cartório e, ainda, análises de outros pontos importantes para serem estudados.

Há, ainda, um volume dedicado a quem se prepara para a 2ª fase do Concurso de Cartório, contendo os modelos dos atos praticados em todas as especialidades, de maneira comentada.

A coleção possui, ainda, um volume sobre Teoria Geral do Direito Notarial e Registral, que aborda os aspectos da Lei dos Notários e Registradores (Lei n. 8.935/94).

Reconhecidos no cenário jurídico nacional, os autores possuem vasta experiência e vivência na área cartorial aliando teoria e prática, por isso esperamos que esta Coleção possa ser referência a todos que necessitam estudar os temas nela abordados. Preocupamo-nos em manter uma linguagem simples e acessível, para permitir a compreensão daqueles que nunca tiveram contato com esse ramo do Direito, reproduzindo todo o conteúdo exigido nos concursos públicos e cursos de especialização em Direito Notarial e Registral, além de exemplificar os assuntos sob a ótica das leis federais e com as posições dominantes das diversas Corregedorias-Gerais de Justiça dos Estados e dos Tribunais Superiores.

Minhas homenagens aos autores dos livros desta Coleção, que se empenharam ao máximo para que seus livros trouxessem o que de mais novo e importante existe no Direito Notarial e Registral, pela dedicação na divulgação da Coleção em suas aulas, palestras, sites, mídias sociais, blogues, jornais e diversas entidades que congregam, o que permitiu que ela se tornasse um sucesso absoluto em todo o país, logo em suas primeiras edições. Gostaria de registrar os meus mais sinceros agradecimentos a todas as instituições que nos ajudaram de alguma forma, especialmente a ANOREG BR, ENNOR, ARPEN BR, COLÉGIO NOTARIAL DO BRASIL, IRIB, IEPTB e IRTDPJ, na figura de seus presidentes e diretores, pelo apoio irrestrito que nos deram, para que esta Coleção pudesse se tornar um grande sucesso. Qualquer crítica ou sugestão será bem-vinda e pode ser enviada para o meu e-mail pessoal: contato@professorchristiano.com.br.

Salvador, janeiro de 2024.

Christiano Cassettari
www.professorchristiano.com.br
Instagram: @profcassettari

Sumário

APRESENTAÇÃO III

CAPÍTULO 1. A HISTÓRIA DA PROPRIEDADE IMOBILIÁRIA NO BRASIL 3

   1.1   O descobrimento do território 3
   1.2   Capitanias, sesmarias e ocupações 6
   1.3   A Lei de Terras de 1850 e a separação do domínio público do domínio privado   12
   1.4   Tentativas de uma codificação civil 24
   1.5   Código Civil de 1916 25
   1.6   A nova Lei de Registros Públicos (Lei 6.015/73) 26

CAPÍTULO 2. PRINCÍPIOS REGISTRAIS IMOBILIÁRIOS 27

   2.1   Noções gerais 27
   2.2   Princípios aplicados ao Direito Imobiliário Registral 28
   2.3   Princípio da segurança jurídica 29
   2.4   Princípio da publicidade 33
   2.5   Princípio da unitariedade ou unicidade matricial 37
   2.6   Princípio da rogação 38
   2.7   Princípio o tempo rege o ato (*tempus regit actum*) 40
   2.8   Princípio da prioridade e o protocolo de títulos 42
   2.9   O princípio da prioridade e sua relação com as hipotecas 46
   2.10 Princípio da cindibilidade 47
   2.11 Princípio da legalidade 50
   2.12 Princípio da legalidade e os títulos anuláveis 53
   2.13 Princípio da continuidade 55
   2.14 Princípio da especialidade 59
   2.15 Princípios da legitimação (presunção), concentração e da fé pública registral   63

CAPÍTULO 3. DO DIREITO DAS OBRIGAÇÕES IMOBILIÁRIO 69

   3.1   Formas indiretas de pagamento 69

CAPÍTULO 4. DOS PRINCIPAIS CONTRATOS ENVOLVENDO BENS IMÓVEIS 77

4.1 Compra e venda de imóveis (arts. 481 a 532 do CC) 77
    4.1.1 Conceito 77
    4.1.2 Elementos essenciais 77
    4.1.3 Natureza jurídica do contrato de compra e venda 79
    4.1.4 Efeitos do contrato de compra e venda 80
    4.1.5 Restrições à compra e venda 80
    4.1.6 Vendas especiais de bens imóveis 86
    4.1.7 Cláusula especial à compra e venda imobiliária 86
4.2 Troca ou permuta de imóveis (art. 533 do CC) 87
4.3 Doação de imóveis (arts. 538 a 564 do CC) 89
    4.3.1 Introdução 89
    4.3.2 Espécies de doação 90
    4.3.3 Aceitação da doação 94
    4.3.4 Revogação da doação por ingratidão 94
    4.3.5 Promessa de doação 95
4.4 Da locação disciplinada pela Lei n. 8.245/91 96
    4.4.1 Objetivo da lei – regras gerais 97
    4.4.2 Solidariedade legal 97
    4.4.3 A outorga conjugal no contrato de locação 97
    4.4.4 Retomada do imóvel pelo locador 98
    4.4.5 Prorrogação do contrato por prazo indeterminado 99
        4.4.5.1 Locação residencial (arts. 46 e 47 da Lei n. 8.245/91) 99
        4.4.5.2 Locação não residencial (arts. 51 a 57 da Lei n. 8.245/91) 99
    4.4.6 Locação por temporada (arts. 48 a 50 da Lei n. 8.245/91) 100
    4.4.7 Devolução do imóvel pelo locatário 101
    4.4.8 Casos de transferência do contrato e sublocações 101
    4.4.9 Direitos do locador 102
    4.4.10 Deveres do locador (art. 22 da Lei n. 8.245/91) 102
    4.4.11 Direitos do locatário 103
    4.4.12 Deveres do locatário (art. 23 da Lei n. 8.245/91) 103
    4.4.13 Características do aluguel 104
    4.4.14 Das benfeitorias no imóvel 105
    4.4.15 Direito de preferência (arts. 27 a 34 da Lei n. 8.245/91) 105
    4.4.16 Da denúncia em razão da alienação do imóvel 106

	4.4.17	Garantias locatícias...	107
		4.4.17.1 Particularidades das garantias..................................	108
	4.4.18	Da locação *built-to-suit*	108
	4.4.19	Tabela comparativa com a redação antiga da Lei do Inquilinato e a nova redação promovida pela Lei n. 12.112/2009.............................	109
4.5	\multicolumn{2}{l	}{Renda constituída sobre bens imóveis (formalizada pelo contrato de constituição de renda, normatizado pelos arts. 803 a 813 do CC).........................}	109
4.6	\multicolumn{2}{l	}{Contrato de administração fiduciária de garantias, normatizado pelo art. 853-A do CC...}	112

CAPÍTULO 5. DA PROPRIEDADE IMOBILIÁRIA 115

5.1	\multicolumn{2}{l	}{Da propriedade..}	115
	5.1.1	Extensão vertical da propriedade	115
	5.1.2	Faculdades inerentes à propriedade	115
	5.1.3	Espécies de propriedade	116
	5.1.4	Características do direito de propriedade.................................	117
	5.1.5	Conteúdo constitucional da propriedade..................................	117
	5.1.6	Função social da propriedade...	118
		5.1.6.1 Espécies de função social da propriedade..................	118
	5.1.7	Outro exemplo de aplicação da função social da propriedade: a desapropriação judicial	119
		5.1.7.1 O primeiro precedente do STJ sobre desapropriação judicial	125
	5.1.8	Modos de aquisição da propriedade...	126
	5.1.9	Formas de aquisição da propriedade imóvel............................	126
		5.1.9.1 Registro (arts. 1.245 a 1.247 do CC)	126
		5.1.9.2 Usucapião...	129
		5.1.9.2.1 Características importantes da usucapião.............	140
		5.1.9.3 Acessão...	141
		5.1.9.4 Tradição aplicada a bens imóveis................................	144
		5.1.9.5 Constituto possessório..	144
	5.1.10	Modos de perda da propriedade imóvel	144
	5.1.11	Propriedade resolúvel (estudo da propriedade fiduciária)....................	145
		5.1.11.1 Hipóteses de propriedade resolúvel	149
5.2	\multicolumn{2}{l	}{Dos direitos de vizinhança (arts. 1.277 a 1.313 do CC)........................}	149
	5.2.1	Características dos direitos de vizinhança................................	149
	5.2.2	Do uso anormal da propriedade (art. 1.277 do CC)	150

	5.2.3	Das árvores limítrofes (art. 1.282 do CC)	151
	5.2.4	Da passagem forçada	151
	5.2.5	Da passagem de cabos e tubulações	152
	5.2.6	Das águas	152
	5.2.7	Do limite entre prédios e direito de tapagem	154
	5.2.8	Do direito de construir	154
5.3	Do condomínio		156
	5.3.1	Do condomínio ordinário	156
	5.3.2	Do condomínio edilício	159
		5.3.2.1 Elementos constitutivos do condomínio edilício	160
	5.3.3	Prazo prescricional para a cobrança de cotas condominiais em atraso	165
	5.3.4	Questões polêmicas sobre condomínio edilício	166
5.4	Condomínio de lotes		172
5.5	Condomínio em multipropriedade		173
5.6	Fundo de investimento (um condomínio especial)		179

CAPÍTULO 6. DOS DIREITOS REAIS SOBRE COISAS ALHEIAS IMÓVEIS ... 181

6.1	Dos direitos reais sobre coisas alheias de gozo ou fruição		181
	6.1.1	Direito real de superfície (arts. 1.369 a 1.377 do CC)	181
	6.1.2	Servidão (arts. 1.378 a 1.389 do CC)	184
	6.1.3	Usufruto (arts. 1.390 a 1.411 do CC)	187
	6.1.4	Uso (arts. 1.412 e 1.413 do CC)	191
	6.1.5	Habitação (arts. 1.414 a 1.416 do CC)	191
6.2	Do direito real à aquisição de coisa alheia		192
	6.2.1	Direito do promitente comprador do imóvel (arts. 1.417 e 1.418 do CC)	192
	6.2.2	Características do direito do promitente comprador do imóvel, de acordo com o Código Civil – a promessa de compra e venda de bem imóvel	192
	6.2.3	Características do direito do compromissário comprador do imóvel, de acordo com a Lei de Parcelamento do Solo Urbano – o compromisso de compra e venda de bem imóvel	193
6.3	Dos direitos reais de garantia		195
	6.3.1	Do penhor (arts. 1.431 a 1.472 do CC)	199
	6.3.2	Da hipoteca (arts. 1.473 a 1.505 do CC)	203
	6.3.3	Da anticrese (arts. 1.506 a 1.510 do CC)	207
	6.3.4	Da laje	208

		6.3.5	Da alienação fiduciária em garantia	209
6.4			Súmulas referentes ao direito do promitente comprador do imóvel	211
6.5			Súmulas e enunciados sobre Direito das Coisas	211

CAPÍTULO 7. DO BEM DE FAMÍLIA (ARTS. 1.711 A 1.722 DO CC) 221

7.1	Do Bem de Família (arts. 1711 a 1722 do CC)	221
7.2	Algumas questões interessantes na jurisprudência do STJ sobre bem de família	224

CAPÍTULO 8. ASPECTOS REGISTRAIS 229

8.1		Sistemas de registro de imóveis	229
8.2		Natureza jurídica da atividade registral no Brasil	230
	8.2.1	Finalidades, atribuições, livros e conservação	235
8.3		A matrícula	240
	8.3.1	Abertura de matrícula	242
	8.3.2	Criação de novas circunscrições imobiliárias	244
	8.3.3	Matrículas de frações ideais	245
	8.3.4	Recomposição de matrículas	247
	8.3.5	Unificação, fusão e destaque	247
	8.3.6	Encerramento, cancelamento e bloqueio	250
8.4		Inscrição (registros e averbações)	251
	8.4.1	Inscrição constitutiva	253
	8.4.2	Inscrição declarativa	254
	8.4.3	Inscrição positiva e inscrição negativa	256
	8.4.4	Inscrição superveniente convalidante	257
	8.4.5	Inscrição repristinatória	258
	8.4.6	Inscrição de mera notícia	259
	8.4.7	Inscrição prenotante	262
8.5		Retificação no Registro de Imóveis	263
	8.5.1	Retificação unilateral, de ofício ou de requerimento	264
	8.5.2	Retificação bilateral ou consensual	267
	8.5.3	Descrição de remanescente e áreas públicas	272
	8.5.4	Demarcação de divisas	272
	8.5.5	Retificação e georreferenciamento de áreas rurais	273
	8.5.6	Retificação e a caracterização do imóvel rural ou urbano	274

8.6	Do procedimento de dúvida	277
8.7	Do parcelamento do solo urbano	281
	8.7.1 Conceitos introdutórios sobre parcelamento do solo urbano	285
	8.7.2 Zonas que podem receber o parcelamento do solo urbano	287
	8.7.3 Requisitos urbanísticos dos loteamentos	288
	8.7.4 Projeto e registro de loteamentos e desmembramentos	289
	8.7.5 Adjudicação Compulsória Extrajudicial	291
	8.7.6 Alteração e cancelamento do registro de loteamento	296
8.8	Regularização Fundiária Urbana – REURB	297
	8.8.1 Uma nova forma de regularizar a propriedade: a laje	299
	8.8.2 O procedimento de regularização fundiária urbana	301
	8.8.3 Da legitimação fundiária	305
	8.8.4 Da legitimação de posse	309
	8.8.5 Legitimação de posse na REURB: natureza jurídica da posse após o registro na matrícula do imóvel	311
	8.8.6 Breves linhas sobre a discussão da natureza jurídica da posse	312
	8.8.7 Rápida distinção dos direitos reais e direitos pessoais	315
	8.8.8 A posse pode ser considerada, excepcionalmente, um direito real provisório?	320
	8.8.9 Concessão de uso para fins de moradia	323

REFERÊNCIAS 327

Parte I
INTRODUÇÃO AO DIREITO REGISTRAL MATERIAL IMOBILIÁRIO

Capítulo 1
A HISTÓRIA DA PROPRIEDADE IMOBILIÁRIA NO BRASIL

Neste ponto tentaremos demonstrar o surgimento e a evolução da propriedade privada no Brasil, a contar do descobrimento do território pela Coroa Portuguesa, passando pela colonização mediante as capitanias, as concessões por sesmarias até a validação destes atos, reconhecendo o domínio privado.

Na sequência, apresentamos que a propriedade adotou, num primeiro momento, uma postura contratual para, depois, receber a publicidade do registro imobiliário, a começar pelo sistema de transcrições até alcançar o sistema de matrículas.

1.1 O DESCOBRIMENTO DO TERRITÓRIO

Desde o descobrimento do território brasileiro pela Coroa Portuguesa ocorreram vários desdobramentos importantes que devem ser recordados, como um pressuposto para a compreensão contemporânea. O Brasil sempre foi um país de desigualdades sociais e a propriedade imobiliária formal[1] sempre foi restrita àqueles que conseguissem preencher os requisitos legais. A posse é uma prática comum, como será demonstrado ao longo deste trabalho.

Voltemos ao século XV, na Era dos descobrimentos, das grandes navegações. Portugal e Espanha desbravavam os oceanos em busca de novas rotas para chegar às Índias e então explorar aquele rico mercado de especiarias. Algumas dessas viagens foram decisivas para o continente chamado de América, o qual foi descoberto pelo piloto genovês Cristóvão Colombo, um aventureiro falador e com pouco crédito perante as autoridades da época. Após várias tentativas de financiamento para sua viagem por rotas desconhecidas às Índias, Colombo conseguiu um empréstimo com Luiz de Santagel e com o cardeal D. Pedro de Mendonça. Sonhador, ele calculou que, se a Terra era redonda e o Oceano Atlântico estava entre duas costas, imaginando que a costa ocidental seria a Ásia, ele chegaria à ilha do Japão, próximo das Índias, sem contornar o continente africano.

No dia 3 de agosto de 1492, Colombo partiu com três caravelas, sob as ordens dos reis católicos da Espanha, e navegou até encontrar, em 11 de outubro, uma ilha, que

---

1. Propriedade formal é aquela que possui uma titulação registrada no cartório de registro de imóveis. O sistema atual é baseado na matrícula do imóvel, o fólio real, adotado no Brasil após a Lei nº 6.015/73 que entrou em vigor em 1976. Antes da vigência desta norma, a propriedade imóvel era objeto de transcrição do título no livro das transmissões, sistema adotado em 1864, e baseado nas pessoas, não nos imóveis como é hoje. A propriedade formal depende de qualificação do título pelo registrador e após o registro é que o direito pessoal se transforma em direito real, sendo oponível contra terceiros.

batizou de São Salvador. Seguindo viagem, descobriu a ilha de Cuba e depois São Domingos, onde encontrou os indígenas chamados de Haité. Colombo retornou à Europa com cerca de dez desses indígenas, chegando a Lisboa no dia 6 de março de 1493. Lá, ostentou ter descoberto a ilha de Cipango. Mais tarde, Colombo fez outras três viagens ao Novo Mundo, descobrindo a Jamaica, Honduras e Porto Belo[2].

Entre 1492 e 1497, o navegador Vasco da Gama foi instruído com cálculos matemáticos da Marinha portuguesa sobre uma possível nova rota para as Índias[3], também com o objetivo de buscar especiarias. Sua expedição partiu no dia oito de junho de 1497 e, depois de dobrar o cabo, acompanhou a costa oriental, passando por Moçambique e Mombaça, chegando a Melinde, onde um navegador árabe passou as orientações do caminho, até então desconhecido. A longa viagem teve sua recompensa e Vasco da Gama permitiu à Europa que, finalmente, colocasse as mãos em tesouros lendários, desbancando Veneza dos mercados[4]. Vasco da Gama trouxe pimenta, canela, gengibre e outras tantas raras e famosas especiarias do Oriente, que antes só chegavam à Europa por meio de navios italianos, que as revendiam ao restante do continente europeu. Dispensavam-se, agora, os grandes povos navegadores do Mar Mediterrâneo, Venezianos, Genoveses e Catalães, pois as especiarias seriam compradas diretamente por Portugal[5].

A Corte Portuguesa comemorou a descoberta que transformou Portugal em um centro de negócios e com ambições ainda maiores. Uma nova expedição foi organizada por D. Manuel, que reuniu pilotos de outras expedições, aconselhado por políticos, matemáticos e físicos. A esquadra estava formada e precisava de um capitão-mor, com habilidades militares e diplomáticas. D. Manuel[6] escolheu um fidalgo, que lograva êxito em tudo que empreendia, mas nunca tinha viajado: Pedro Álvares Cabral.

No dia 9 de março de 1500, Cabral partiu com sua esquadra de treze navios, a pedido de D. Manuel, com a finalidade de estabelecer relações diplomáticas e econômicas com os reis dos inúmeros portos das Índias, e chegar até as fontes primárias das especiarias que ficavam do outro lado do oceano Índico. Durante o percurso na costa africana, perto da região de Guiné, Cabral fez um desvio e acabou chegando ao local que conhecemos hoje por Bahia[7]. Pero Vaz de Caminha[8], que acompanhava a esquadra de Cabral, descreveu o momento do desembarque e o encontro com habitantes locais, chamados por nós, hoje, de índios:

---

2. CASAL, Manuel Aires de. **Corografia Brasílica ou Relação Histórico-Geográfica do Reino do Brasil composta e dedicada a sua Majestade Fidelíssima**. Tomo I. São Paulo: Edições Cultura, 1943, p. 2-4.
3. CALMON, Pedro. **História do Brasil. Século XVI – As Origens**. Rio de Janeiro: José Lympio Editora, 1959, v. I, p. 39.
4. Nas Índias, "[...] os mercadores levantinos vendiam os estofos, os perfumes, as pedrarias, numa confusão de feira árabe- entre brâmanes magros, sarracenos cúpidos, príncipes cobertos por joias, marinheiros tártaros ou chineses, judeus traficantes, escravos polinésios e escultores em marfim". (CALMON, Pedro. **História do Brasil. Século XVI – As Origens**. Rio de Janeiro: José Lympio Editora, 1959, v. I, p. 40).
5. ABREU, J. Capistrano de. **O descobrimento do Brasil**. Rio de Janeiro: Anuário do Brasil, 1929, p. 140.
6. CALMON, Pedro. **História do Brasil. Século XVI – As Origens**. Rio de Janeiro: José Lympio Editora, 1959, v. I, p. 40.
7. MESGRAVIS, Laima. **História do Brasil Colônia**. São Paulo: Contexto, 2017, p. 14.
8. Conforme Calmon, Pero Vaz de Caminha foi vereador na cidade de Porto. Era um homem letrado e arguto, e por isso foi escolhido para fazer uma narrativa escrita de toda a viagem de Cabral. (CALMON, Pedro. **História do Brasil. Século XVI – As Origens**. Rio de Janeiro: José Lympio Editora, 1959, v. I, p. 47).

Então lançamos fora os batéis e esquifes, e vieram logo todos os capitães das naus a esta nau do Capitão-mor, onde falaram entre si. E o Capitão-mor mandou em terra no batel a Nicolau Coelho para ver aquele rio. E tanto que ele começou de ir para lá, acudiram pela praia homens, quando aos dois, quando aos três, de maneira que, ao chegar o batel à boca do rio, já ali havia dezoito ou vinte homens. Eram pardos, todos nus, sem coisa alguma que lhes cobrisse suas vergonhas. Nas mãos traziam arcos com suas setas. Vinham todos os rijos sobre o batel; e Nicolau Coelho lhes fez sinal de que pousassem os arcos. E eles os pousaram. Ali não pôde deles haver fala, nem entendimento de proveito, pois o mar quebrara na costa. Somente deu-lhes um barrete vermelho e uma carapuça de linho que levava na cabeça e um sombreiro preto. Um deles deu-lhe um sombreiro de penas de ave, compridas, com uma copazinha de penas vermelhas e pardas como de papagaio[9].

Cabral logo percebeu a inocência dos habitantes locais e tratou de tomar posse daquelas terras antes que outro o fizesse. Os portugueses, em seguida, realizaram uma missa em um local denominado por eles mesmos de Porto Seguro, colocando, ali, um marco português[10]. A doutrina entende que, a partir deste momento, todo território descoberto passou ao domínio da Coroa Portuguesa e, portanto, a origem da propriedade imóvel no Brasil é pública[11], pois todo território passou a ser considerado uma extensão do domínio[12] português. Assim, a legislação que vigorava em Portugal passava a vigorar, também, no Brasil[13].

Os habitantes locais, chamados de índios, moravam em cabanas coletivas, cobertas com vegetação, dormiam em redes e faziam pequenas fogueiras. Alimentavam-se de raízes, milho, frutas, peixe e caça. Não conheciam metais e suas armas eram feitas de pedras. Sabiam construir pequenas canoas, que eram utilizadas para pesca. Na divisão do trabalho, os homens caçavam, pescavam e produziam armas e ocas para moradia, cabendo às mulheres o plantio e o preparo dos alimentos, bem como a tecelagem e o cuidado com as crianças[14]. Algumas tribos tinham a posse comum entre os habitantes das mesmas ocas, das coisas úteis, estando apenas individualizada a propriedade de certos móveis como armas, redes e utensílios próprios. Não havia um sentimento individual de propriedade do solo, que era possuído coletivamente por toda a tribo, temporariamente; a cada cinco ou seis anos, abandonavam as ocas e trocavam de local fixando novamente seus lares[15].

---

9. CASAL, Manuel Aires de. **Corografia Brasílica ou Relação Histórico-Geográfica do Reino do Brasil composta e dedicada a sua Majestade Fidelíssima.** Tomo I. São Paulo: Edições Cultura, 1943, p. 10.
10. MESGRAVIS, Laima. **História do Brasil Colônia.** São Paulo: Contexto, 2017, p. 15.
11. Conforme ensina Lígia Osorio Silva: "uma das características da constituição da propriedade da terra no Brasil é que a propriedade territorial constituiu-se fundamentalmente a partir do patrimônio público". (SILVA, Lígia Osorio. **Terras Devolutas e Latifúndio:** efeitos da Lei de 1850. Campinas: Editora da UNICAMP, 1996, p. 13-14).
12. A expressão domínio público é muito discutida na doutrina. Hely Lopes Meirelles entende que domínio público são os poderes de soberania e direitos de propriedade, sendo a soberania exercida sobre todas as coisas de interesse público, sob a forma de domínio eminente, e os direitos de propriedade sobre os bens pertencentes a administração, sob forma de domínio patrimonial. (MEIRELES, Hely Lopes. **Direito Administrativo brasileiro.** 16. ed. atual. pela Constituição de 1988. São Paulo: Editora Revista dos tribunais, 1991, p. 420).
13. Tupinambá Castro do nascimento explica que de 1450 a 1521 vigoraram as Ordenações Afonsinas. Após vigoraram as Ordenações Manuelinas e por fim as Ordenações Filipinas que se aplicam mesmo após a Independência do Brasil, por força da lei brasileira de 20 de outubro de 1823. (NASCIMENTO, Tupinambá Miguel Castro do. **Introdução ao Direito Fundiário.** Porto Alegre: Sérgio Fabris Editor, 1984, p. 8-9).
14. MESGRAVIS, Laima. **História do Brasil Colônia.** São Paulo: Contexto, 2017, p. 15.
15. BEVILÁQUA, Clóvis. **Direito das Coisas.** Rio de Janeiro: Editora Freitas bastos, 1941, p. 116.

Os portugueses trocavam quinquilharias por madeira, em especial, o pau-brasil. Os índios cortavam as árvores e ainda entregavam alguns animais (macacos e araras) para os portugueses, que revendiam na Europa. Mais tarde, quando os índios começaram a se desinteressar pelas quinquilharias, os portugueses passaram a forçá-los a trabalhar para eles. Foi assim que surgiram as primeiras rebeliões indígenas, que se tornaram mais frequentes à medida que mais e mais portugueses queriam explorar as fartas terras[16] durante o processo de colonização.

Na verdade, a Coroa não estava muito animada com a descoberta do novo território, esperava mais[17]. Além disso, sabia que era preciso investir na agricultura[18], o que demandava um plano maior. Porém, precisava dar alguma destinação à vasta área que era cobiçada por outros Estados rivais, em especial os franceses, que navegavam próximo à costa brasileira. A burguesia mercantil[19] buscava novas oportunidades de acumulação de riqueza. Foi, então, que surgiu a ideia de dividir o território em capitanias e doá-las para pessoas abastadas que pudessem se instalar, povoar e cultivar a terra. Portugal já havia testado este sistema em outras colônias[20] e servira bem para defender o território de ataques pelo mar. Em vez de esquadras passageiras, com gastos para viagens, a solução seria povoar e colonizar, evitando, assim, o comércio de franceses com os indígenas e dificultando a atuação dos piratas do mar norte, que possuíam interesses no contrabando da madeira[21].

1.2 CAPITANIAS, SESMARIAS E OCUPAÇÕES

Em 1534, o território brasileiro foi dividido em quinze pedaços (capitanias) e doado a doze donatários, chamados de capitães-mores, acumulando os poderes executivo, legislativo e judiciário. Foram formados povoados, localizados no litoral, oscilando entre trinta e cem léguas de distância, eis que o interior era de difícil acesso e de menor interesse. Com isso, os donatários poderiam defender a costa brasileira dos franceses com maior segurança[22].

Os capitães também receberam as ilhas costeiras até a distância de dez léguas da costa. Apesar de serem chamados de donatários, na realidade não houve uma doação do solo pela Coroa Portuguesa. O que o rei cedera foram os poderes políticos, amplos, também chamados de direitos majestáticos quase absolutos aos capitães e esses direitos

---

16. MESGRAVIS, Laima. **História do Brasil Colônia**. São Paulo: Contexto, 2017, p. 17.
17. Mário Maestri explica que, devido ao pouco interesse da Coroa, o território foi entregue para membros da pequena nobreza com a finalidade de colonização. (MAESTRI, Mário. **Os senhores do litoral:** conquista portuguesa e agonia tupinambá no litoral brasileiro. 2. ed. ver. e ampl. Porto Alegre: Editora UFRGS, 1995, p. 90).
18. PORTO, Costa. **Estudo sobre o sistema sesmarial**. Recife: Imprensa Universitária, 1965, p. 22.
19. SILVA, Lígia Osorio. **Terras Devolutas e Latifúndio:** efeitos da Lei de 1850. Campinas: Editora da UNICAMP, 1996, p. 23.
20. Mário Maestri explica que o sistema de capitanias havia sido implantado na ilha da Madeira, nos Açores e em outras regiões, com sucesso. (MAESTRI, Mário. **Os senhores do litoral:** conquista portuguesa e agonia tupinambá no litoral brasileiro. 2. ed. ver. e ampl. Porto Alegre: Editora UFRGS, 1995, p. 90).
21. PORTO, Costa. **Estudo sobre o sistema sesmarial**. Recife: Imprensa Universitária, 1965, p. 24.
22. ABREU, J. Capistrano de. **O descobrimento do Brasil**. Rio de Janeiro: Anuário do Brasil, 1929, p. 117-119.

não lhes davam a propriedade do solo, mas, sim, o usufruto[23], sendo transmissíveis por herança ao filho homem mais velho. Durante a exploração da terra era cobrado o dízimo ao Mestrado da Ordem de Cristo[24]; e, para a Coroa, o quinto dos minerais (cobre, estanho, ouro, prata) e de outras riquezas (pérolas, coral, diamantes) eventualmente existentes na capitania[25]. Aos capitães, foi autorizado o monopólio da escravização e venda dos índios que estivessem nas terras e, para acelerar a colonização, o capitão poderia arrendar[26] parte da sua capitania para outros colonos, por eles escolhidos, fato que recebeu o nome de sesmarias[27].

Com a autorização para escravizar os índios, surgiu uma onda de conflitos e violência. Havia um choque cultural, pois os índios trabalhavam para suprir suas necessidades, sem a noção de acumulação de riqueza, e os portugueses queriam aumentar a produtividade das terras para obter lucro. Com a chegada de mais portugueses ao continente, começou o roubo de mulheres indígenas com a finalidade de usá-las como criadas, artesãs e objetos sexuais. Foi quando se iniciaram os ataques de ambos os lados[28]. Como os portugueses já conheciam a pólvora, abusaram da sua superioridade bélica, caçando os índios pelas matas e capturando-os para domesticá-los e torná-los escravos[29]. Durante alguns combates, descobriu-se o costume de antropofagia[30] dos índios, o que logo foi divulgado na Europa[31], criando um ambiente negativo que culminou com uma visão de

---

23. PORTO, Costa. **Estudo sobre o sistema sesmarial**. Recife: Imprensa Universitária, 1965, p. 25-27.
24. LACERDA, Manoel Linhares de. **Tratado das terras do Brasil**. Rio de Janeiro: Editora ALBA Limitada, 1960, p. 114.
25. MAESTRI, Mário. **Os senhores do litoral**: conquista portuguesa e agonia tupinambá no litoral brasileiro. 2 ed. ver. e ampl. Porto Alegre: Editora UFRGS, 1995, p. 91.
26. Novos imigrantes vinham para a colônia com objetivos de prosperidade no Novo Mundo. Os capitães davam por sesmarias o direito de plantar e explorar as áreas, quase que delegando poderes aos sesmeiros que fundavam vilas e povoados, caçavam índios e exploravam as reservas naturais.
27. Conforme Lígia Osorio Silva: "O instituto das sesmarias foi criado em Portugal, nos fins do século XIV para solucionar a crise do abastecimento. As terras portuguesas, ainda marcadas pelo sistema feudal, eram na maioria apropriadas e tinham senhorios, que em muitos casos não cultivavam nem arrendavam. O objetivo básico da legislação era acabar com a ociosidade das terras, obrigado ao cultivo sob pena de perda de domínio. Aquele senhorio que não cultivasse nem desse em arrendamento suas terras perdia o direito a elas e as terras devolutas) devolvidas ao senhor de origem, à Coroa) era distribuídas a outrem para que lavrasse e aproveitasse e fosse respeitado, assim, o interesse coletivo. (SILVA, Lígia Osório. **Terras Devolutas e Latifúndio**: efeitos da lei de 1850. Campinas: Editora UNICAMP, 1996, p. 37).
28. MESGRAVIS, Laima. **História do Brasil Colônia**. São Paulo: Contexto, 2017, p. 18.
29. SANTOS, Boaventura de Souza (Org). **Reconhecer para libertar**: os caminhos do cosmopolitismo multicultural. Rio de Janeiro: Civilização Brasileira, 2003, p. 75.
30. "Chocou muito os europeus o costume indígena de capturar guerreiros inimigos que se destacavam pela coragem. No início, esses prisioneiros eram bem tratados, alimentados e podiam até receber uma esposa temporária. Depois, eram levados para o terreiro no centro da aldeia, enfeitados com penas e pinturas, onde eram amarrados a um poste enquanto a tribo e convidados dançavam em volta deles e os provocavam. No momento culminante do ritual, o morubixaba (chefe guerreiro), com um tacape (espécie de bastão pesado), rachava a cabeça dos prisioneiros. Depois de ter o corpo esquartejado, seus restos eram assados em estrados e finalmente devorados pelos índios, homens e mulheres, que acreditavam que, ao comer guerreiros, estava absorvendo sua alma e sua potência". (MESGRAVIS, Laima. **História do Brasil Colônia**. São Paulo: Contexto, 2017, p. 16).
31. Esse fato também foi narrado mais tarde por Américo Vespúcio em expedição realizada no ano de 1501, quando três de seus marinheiros tentaram um contato com os índios e não retornaram ao barco que lhes aguardava. Um deles, ao tentar se envolver com mulheres gentias na praia foi morto, assado em uma fogueira e devorado. (CALMON, Pedro. **História do Brasil**. Século XVI – As Origens. Rio de Janeiro: José Lympio Editora, 1959, v. I, p. 87).

que os habitantes do Novo Mundo eram selvagens como animais e, portanto, poderiam ser maltratados e obrigados a trabalhar para os portugueses[32].

O sistema de capitanias apresentava-se sob dois aspectos: repartição política (jurisdição e império) e distribuição do solo entre os moradores[33]. O segundo aspecto nos interessa, pois possui relação direta com o surgimento da propriedade imobiliária privada no Brasil. O capitão tinha por obrigação colocar nas áreas recebidas pessoas que ele escolhia e trazia para o território e então doava por sesmarias[34] a estas pessoas uma determinada área, com obrigação de cultivo[35]. Isso garantia a povoação, a exploração e a defesa do território[36].

As Ordenações determinavam que as sesmarias fossem concedidas em áreas não extensas, proporcionais ao que o sesmeiro pudesse cultivar e por tempo restrito de no máximo cinco anos. Todavia, não havia uma precisão do tamanho da área. Caso a área doada ao sesmeiro não fosse aproveitada, ela retornaria à Coroa. Daí surge a expressão "devolutas", ou seja, a área que não é cultivada volta ao domínio público. Na realidade, considerando que todo território era de domínio público e havia sido cedido o usufruto aos capitães, que cederam aos sesmeiros os seus direitos, o que retornava à Coroa não era a propriedade, que ela já tinha, mas, sim, o domínio, que neste caso era representado pelo usufruto. Na prática, as autoridades coloniais encarregadas de documentar as sesmarias desprezaram as recomendações de limitação de área e prazo, e concederam áreas imensas por prazos indeterminados. Além disso, os documentos eram imprecisos[37], muitos constando limites como "o passo onde mataram o varela", ou "partindo da feitiçaria dos índios até onde se mete o rio".

Nestes títulos de concessões, que recebiam várias denominações, existiam os forais[38], que previam a possibilidade de compra e venda das sesmarias entre os sesmeiros, mas somente das terras que por eles estivessem aproveitadas. Ou seja, os sesmeiros tinham obrigação de cultivar, trabalhar na terra, uma espécie de posse-trabalho[39]. Aquelas que estavam abandonadas eram devolutas. As áreas passaram a ser retalhadas e não havia proibição de receber mais de uma sesmaria. Isso fez com que alguns fidalgos

---

32. MESGRAVIS, Laima. **História do Brasil Colônia**. São Paulo: Contexto, 2017, p. 16.
33. PORTO, Costa. **Estudo sobre o sistema sesmarial**. Recife: Imprensa Universitária, 1965, p. 29.
34. Até o final do século XVII as sesmarias eram regradas pelas Ordenações Afonsinas de 1446, alteradas pelas Ordenações manuelinas de 1511, que foram modificadas pelas Ordenações Filipinas de 1603. A partir do século XVII surgiram diversas regulamentações em formas de decretos, preceitos, forais, estatutos, resoluções,, portarias, cartas-patente, cartas de lei e etc. (SILVA, Lígia Osório. **Terras Devolutas e Latifúndio**: efeitos da lei de 1850. Campinas: Editora UNICAMP, 1996, p. 40).
35. A obrigação do cultivo é um fundamento jurídico que condiciona certos modos de apropriação da terra. (VARELA, Laura Beck. **Das Sesmarias à Propriedade Moderna**: um Estudo de História do Direito Brasileiro. São Paulo: Renovar, 2005, p. 19).
36. LACERDA, Manoel Linhares de. **Tratado das terras do Brasil**. Rio de Janeiro: Editora ALBA Limitada, 1960, p. 113-114.
37. SILVA, Lígia Osório. **Terras Devolutas e Latifúndio**: efeitos da lei de 1850.Campinas: Editora UNICAMP, 1996, p. 37-55.
38. Forais eram leis que o fundador da cidade criava acerca da polícia, tributos, juízos, privilégios, negócios etc. (LACERDA, Manoel Linhares de. **Tratado das terras do Brasil**. Rio de Janeiro: Editora ALBA Limitada, 1960, p. 117).
39. A posse tinha uma função social. Ou o sesmeiro trabalhava nela, ou ela retornava para a Coroa Portuguesa.

adquirissem áreas imensas, que acabavam sendo negociadas com colonos imigrantes humildes. Dessas relações, surgiam novos regramentos, inclusive quanto à forma de cultivo e tributação que os próprios fidalgos cobravam[40]. O cenário aproximava-se do sistema feudal europeu, no qual os mais abastados não trabalhavam, muitos morando na Europa, e exploravam o homem do campo que sonhava em adquirir uma propriedade pelo seu trabalho. Somava-se isso à tentativa frustrada de escravizar índios e ao tráfico de escravos africanos[41].

No início das concessões exigia-se o registro[42] da carta de doação[43] em um livro dos provedores. Na verdade, um cadastro simples, na sede da Capitania. Depois de 1549, o sesmeiro deveria cadastrar a data da doação, constante no documento, em livro próprio na Provedoria. Com o registro (cadastro), a terra passava a constituir[44] o patrimônio do sesmeiro, recebendo a expressão "use, desfrute e abuse", característicos da propriedade[45].

O registro[46] não oferecia dificuldades, e buscava levantar quais terras estavam sendo doadas para evitar uma nova doação sobre a mesma área. Na prática, poucos sesmeiros faziam o registro, e, quando faziam, as descrições eram imprecisas. Os métodos de medição, demarcação e localização eram muito rudimentares, conforme ensina Costa Porto[47]: "o medidor enchia o cachimbo, acendia-o e montava a cavalo, deixando que o animal marchasse a passo. Quando o cachimbo se apagava, acabado o fumo, marcava uma légua". A baixa povoação e a abundância de terras permitiam descrever uma localização aproximada, o que poderia ser questionado eventualmente em uma demanda de divisas. Vale lembrar que, se a área fosse muito extensa e, consequentemente, não aproveitada, retornaria à Coroa, portanto não havia grande preocupação em estabelecer os marcos.

---

40. SILVA, Lígia Osório. **Terras Devolutas e Latifúndio**: efeitos da lei de 1850.Campinas: Editora UNICAMP, 1996, p. 37-55.
41. Com dificuldades para manter a escravidão indígena, os capitães começaram a importar africanos. Em seguida foi criado um governo geral das capitanias, o que deflagrou a importação maciça de africanos. Entre 1575 e 1591 foram exportados para a América cerca de 52.053 escravos o que gerou uma diversidade de raças e classes entre na população. Assim, o território era habitado pelo europeu de sangue puro, o mazombo (filho de pais europeus), o mulato (pai europeu e mãe africana), o crioulo (filho de africanos) e o curiboca ou caboclo (filho de índio e africana). (ABREU, J. Capistrano de. **O descobrimento do Brasil**. Rio de Janeiro: Anuário do Brasil, 1929, p. 122).
42. Existe uma gritante diferença entre registro e cadastro no Brasil, com o que se conclui que se tratava de mero cadastro, como veremos mais para frente. Por ora, chamar de registro, no sentido latu sendo, não vai alterar a função para à época.
43. SILVA, Lígia Osório. **Terras Devolutas e Latifúndio**: efeitos da lei de 1850.Campinas: Editora UNICAMP, 1996, p. 37-55.
44. Costa porto ensina que: "Depois de 1549, com o Regimento dos Provedores, devia o morador, para adquirir o domínio, registrar a data nos livros da Provedoria e, desta forma, a terra distribuída pela autoridade competente aproveitada no termo legal, e registrada, passava a constituir patrimônio do colono, na plenitude do "uti, frui et abuti, características da propriedade. (PORTO, Costa. **Estudo sobre o sistema sesmarial**. Recife: Imprensa Universitária, 1965, p. 123).
45. As terras ainda pertenciam à Coroa, mas os poderes de usar, fruir e dispor eram cedidos aos sesmeiros. Todavia, não sendo aproveitada a terra, ela retornava à Coroa (devolutiva). Por isso estes poderes recebidos pelo sesmeiros não era a propriedade em si, mas sim poderes de domínio, aproximando-se à ideia da enfiteuse, onde o domínio se reparte.
46. Apesar de ser chamado de registro pelos historiadores, tratava-se de um sistema de cadastro, impreciso e com poucas informações, muitas delas verbais.
47. PORTO, Costa. **Estudo sobre o sistema sesmarial**. Recife: Imprensa Universitária, 1965, p. 93.

Como forma de aumentar suas propriedades, os sesmeiros passaram a colocar novas doações em nome de membros da família e amigos. Se as capitanias precisavam ser povoadas e as áreas eram doadas pelas secretarias, o negócio era aproveitar para acumular. Com extensas áreas, e sem conseguir aproveitar a sua totalidade, aos sesmeiros era permitido manter certo número de arrendatários[48] e meeiros, que acabavam morando nas fazendas. Essas moradias, somadas, aos poucos criavam um povoado. Mesmo assim, a falta de mão de obra qualificada era um problema constante e a ganância de muitos fazendeiros fez aumentar a importação de escravos africanos, já que os índios eram considerados incompetentes para o trabalho[49]. O prestígio social de um fazendeiro era medido pelo número de escravos e pelos homens livres que trabalhavam para ele.

Como a terra era abundante, e o número de imigrantes aumentava, as pessoas que se dispusessem a penetrar na mata poderiam controlar um pedaço de terra, desde que enfrentassem os índios e sobrevivessem à selva. Essas ocupações não eram reconhecidas pela Coroa, que entendia como violação da propriedade real[50], e só poderia ser regularizada mediante uma concessão, ou seja, mediante a regularização do documento junto à capitania. O colono pobre, sem dinheiro para comprar escravos e cansado de trabalhar para senhores de fazendas, arriscava-se na mata, ocupando áreas sem autorização da capitania, de forma "irregular", criando agora uma situação de fato, uma posse não documentada. Esses posseiros, que em regra eram pequenos proprietários, deixaram-se contaminar pelo espírito de fome de terras e passaram a ocupar novas áreas, fincando mais e mais marcos a distância[51].

No ano de 1695, a Coroa Portuguesa, procurando aumentar o controle sobre as sesmarias, criou a obrigatoriedade do recolhimento de um foro[52], uma pensão por légua de terras[53], o que alterou totalmente a situação jurídica, que até então era gratuita. Até aquele momento, a tributação incidia apenas sobre a produção, em favor do Mestrado de Cristo, cuja função era acumulada pelo rei de Portugal[54]. A partir do momento em que a transferência da sesmaria foi tributada, houve o entendimento de que o sesmeiro passou a ser um enfiteuta[55] do Estado[56], e não mais um concessionário de terras. Além da obrigatoriedade do pagamento do foro (cláusula de foro), o sesmeiro agora precisava

---

48. COSTA, Emília Viotti da. **Da monarquia à República**: momentos decisivos. 9. ed. São Paulo: Editora UNESP, 2010, p. 176-177.
49. Se o índio não servia para o trabalho, era mais fácil caçá-lo na mata. O extermínio possui uma causa.
50. COSTA, Emília Viotti da. **Da monarquia à República**: momentos decisivos. 9. ed. São Paulo: Editora UNESP, 2010, p. 176-177.
51. SILVA, Lígia Osório. **Terras Devolutas e Latifúndio**: efeitos da lei de 1850. Campinas: Editora UNICAMP, 1996, p. 60-61.
52. PORTUGAL. **Carta Régia de 27 de dezembro de 1695**. Carta de Sua Majestade escrita ao Governador e Capitão Geral deste Estado, Dom João de Alencastro, sobre os ouvidores, criados de novo, examinarem as sesmarias que se tem dado se estão cultivadas. (Sesmarias – 4 x 1 légua = 2400 ha). Disponível em: http://portal.iterpa.pa.gov.br/wp-content/uploads/2021/03/CARTA-REGIA-DE-27-DE-DEZEMBRO-DE-1695.pdf Acesso em: 15 nov. 2021.
53. PORTO, Costa. **Estudo sobre o sistema sesmarial**. Recife: Imprensa Universitária, 1965, p. 91.
54. O rei também era o Grão Mestre da Ordem de Cristo. A Igreja recebia o dízimo sobre a produção e a Coroa nada, até o momento.
55. SILVA, Lígia Osório. **Terras Devolutas e Latifúndio**: efeitos da lei de 1850. Campinas: Editora UNICAMP, 1996, p. 49.
56. Conforme Francisco de Paula Lacerda de Almeida, no contrato de enfiteuse, o foro ou pensão é uma quantia módica paga anualmente pelo foreiro ao Senhorio em reconhecimento ao domínio direito. Sem o pagamento, o

de autorização do governo para transmissão da concessão, a confirmação por el-Rei[57], que também era tributada. Além disso, fora criada uma limitação de área adquirida, em três léguas de comprimento por uma de largura[58].

As medidas causaram desconforto, não funcionaram e a informalidade aumentou, pois agora as transferências de sesmarias não eram mais registradas, reinando a informalidade. Historiadores afirmam que houve um descontrole total[59] e a posse passou a ser a realidade da colônia. O governo tentou intervir legalmente várias vezes obrigando o sesmeiro a medir, registrar e documentar suas áreas, mas a fiscalização não deu certo e o problema aumentava a cada dia. As ocupações de fato, mediante cessão de posse, agora eram a realidade em todo território, algumas com documentos e outras apenas verbais.

Em 1822, a resolução de 17 de julho suspendeu todas as concessões de sesmarias depois de vários pedidos judiciais de reconhecimento de posse por sesmeiros. O caso célebre[60] que referencia o momento foi o pedido do sesmeiro Manoel José dos Reis à Mesa do Desembargo do Paço, solicitando a posse da área que morava com sua família há mais de 20 anos, em razão de uma nova medição que incorporou a área a uma nova concessão de sesmarias para uma terceira pessoa, estranha. Argumentou o sesmeiro Manoel que assim como a área foi novamente concedida, estando ele na posse, poderia este fato ocorrer novamente, o que geraria novas demandas. Portanto o sistema era falho.

A Mesa do Desembargo resolveu suspender todas as concessões de terras, o que foi ratificado pelo príncipe regente Dom Pedro de Alcântara, que manteve Manoel e sua família na posse da área[61]. Na Resolução que suspendeu todas as sesmarias, ficou determinado o retorno das concessões até a convocação da Assembleia Geral Constituinte, que ocorreria em Portugal. Porém, não houve tempo, pois a Declaração da Independência do Brasil ocorrera em 7 de setembro daquele ano. Agora, o problema era de responsabilidade local.

Instigado a agir, Dom Pedro I confirmou a suspensão de novas concessões de sesmarias, pela Provisão de 22 de outubro de 1823, mas não revogou o sistema, nem mesmo o que já estava feito. Ao contrário, decretou que as ordenações, leis, regimentos, alvarás, decretos e resoluções promulgados até então, pelo Reino de Portugal,

---

contrato de enfiteuse não subsiste. (ALMEIDA, Francisco de Paula Lacerda de. **Direito das Cousas**. Exposição sistemática desta parte do direito civil pátrio. Rio de Janeiro: Ribeiro dos Santos Livreiro Editor, 1908, p. 448).

57. PORTUGAL. **Carta Régia de 27 de dezembro de 1695**. Carta de Sua Majestade escrita ao Governador e Capitão Geral deste Estado, Dom João de Alencastro, sobre os ouvidores, criados de novo, examinarem as sesmarias que se tem dado se estão cultivadas. (Sesmarias – 4 x 1 légua = 2400 ha). Disponível em: http://portal.iterpa.pa.gov.br/wp-content/uploads/2021/03/CARTA-REGIA-DE-27-DE-DEZEMBRO-DE-1695.pdf Acesso em: 15 nov. 2021.
58. SILVA, Lígia Osório. **Terras Devolutas e Latifúndio**: efeitos da lei de 1850. Campinas: Editora UNICAMP, 1996, p. 37-55.
59. Conforme Emília Viotti da Costa: "tal fato criou uma situação anárquica no sistema de propriedade rural, uma vez que os direitos dos ocupantes não foram reconhecidos pela lei. As posses resultantes de ocupação aumentaram de forma incontrolável e os possseiros acumularam grandes extensões de terra, cujos limites eram vagamente definidos por acidentes geográficos naturais: um rio, uma queda d'água numa encosta". (COSTA, Emília Viotti da. **Da monarquia à República**: momentos decisivos. 9. ed. São Paulo: Editora UNESP, 2010, p. 178).
60. GONÇALVES, Albenir Itaboraí Querubini. **O regramento jurídico das Sesmarias**: o cultivo como fundamento normativo do regime sesmarial no Brasil. São Paulo: Leud, 2014, p. 111-115.
61. GONÇALVES, Albenir Itaboraí Querubini. **O regramento jurídico das Sesmarias**: o cultivo como fundamento normativo do regime sesmarial no Brasil. São Paulo: Leud, 2014, p. 111-115.

permaneciam em vigor até a organização de um novo Código. Assim, a Resolução de 17 de julho de 1822 não foi o marco final das sesmarias, mas tão somente suspendeu a concessão de novas[62]. A prática de compra e venda de áreas continuava normalmente, na clandestinidade, iniciando uma nova fase chamada "período de posses"[63], que vai até a Lei de Terras em 1850[64].

1.3 A LEI DE TERRAS DE 1850 E A SEPARAÇÃO DO DOMÍNIO PÚBLICO DO DOMÍNIO PRIVADO

A Lei de Terras[65], Lei nº 601, de 18 de setembro de 1850[66], é um marco no estudo do direito imobiliário brasileiro. Durante sete anos, o projeto de lei esteve no Senado, onde sofreu várias interferências e retornou à Câmara em agosto de 1850, sendo aprovado em 10 de setembro do mesmo ano. Foi regulamentada pelo Decreto nº 1.318, de 30 de janeiro de 1854[67]. Preocupou-se em separar as áreas de domínio público das áreas de domínio privado, bem como em legalizar as posses[68], exigindo, para tanto, a presença das pessoas nas áreas ocupadas, como forma de evidenciar quem eram os reais possuidores, afastando assim o domínio daqueles que administravam essas áreas do outro lado do oceano, na metrópole[69].

A Lei nº 601 de 1850 foi regulamentada pelo Decreto nº 1.318 de 1854, quando a posse foi legitimada e separada do domínio público, mediante documentos que foram

---

62. GONÇALVES, Albenir Itaboraí Querubini. **O regramento jurídico das Sesmarias**: o cultivo como fundamento normativo do regime sesmarial no Brasil. São Paulo: Leud, 2014, p. 111-115.
63. NASCIMENTO, Tupinambá Miguel Castro do. **Introdução ao Direito Fundiário**. Porto Alegre: Sergio Antonio Fabris Editor, 1984, p. 14.
64. A Constituição Imperial de 25 de março de 1824 consagrou o respeito à propriedade, abolindo o confisco (que era permitido ao soberano) e garantindo prévia indenização quando houvesse desapropriação por utilidade ou necessidade pública. Essas garantias foram mantidas pela Constituição Republicana de 24 de fevereiro de 1891. (BRASIL. Constituição Politica do Imperio do Brazil (de 25 de março de 1824). Constituição Política do Império do Brasil, elaborada por um Conselho de Estado e outorgada pelo Imperador D. Pedro I, em 25.03.1824. Carta de Lei de 25 de Março de 1824. Manda observar a Constituição Politica do Imperio, offerecida e jurada por Sua Magestade o Imperador. Disponível em: http://www.planalto.gov.br/ccivil_03/constituicao/constituicao24.htm Acesso em: 15 nov. 2021;
BRASIL. Constituição da República dos Estados Unidos do Brasil (de 24 de fevereiro de 1891). Nós, os representantes do povo brasileiro, reunidos em Congresso Constituinte, para organizar um regime livre e democrático, estabelecemos, decretamos e promulgamos a seguinte Constituição da República dos Estados Unidos do Brasil. Disponível em: http://www.planalto.gov.br/ccivil_03/constituicao/constituicao91.htm Acesso em: 15 nov. 2021).
65. A Lei de Terras foi uma forma que o governo encontrou de tentar organizar toda a confusão fundiária e separar o que era domínio público e o que era domínio privado. A partir de então, conceder os títulos de propriedade e retirar a obrigação de cultivar a terra.
66. BRASIL. **Lei nº 601 de 18 de setembro de 1850**. Dispõe sobre as terras devolutas do Império. Disponível em: http://www.planalto.gov.br/ccivil_03/leis/l0601-1850.htm Acesso em: 15 nov. 2021.
67. BRASIL. **Decreto nº 1.318 de 30 de janeiro de 1854**. Manda executar a Lei nº 601, de 18 de Setembro de 1850. Disponível em: http://www.planalto.gov.br/ccivil_03/decreto/1851-1899/d1318.htm Acesso em: 15 nov. 2021.
68. Raymundo Faoro explica que não havia mais como expulsar os posseiros dos campos, pois geraria uma revolução social. A melhor alternativa seria reconhecer as posses e limitar a extensão das áreas, regrando as futuras transmissões de terras apenas pela sucessão e compra e venda. (FAORO, Raimundo. **Os donos do poder**. 3. ed. rev. Porto Alegre: Globo, 1976, v. II, p. 408).
69. LACERDA, Manoel Linhares de. **Tratado das terras do Brasil**. Rio de Janeiro: Editora ALBA Limitada, 1960, p. 122.

levados aos livros da Paróquia Católica, evento este conhecido como registro do vigário[70]. A competência[71] da paróquia era da situação do imóvel. Afrânio de Carvalho[72] leciona que este registro de posses foi um passo avançado[73] no sentido da titulação de propriedade, pois a partir do registro celebravam-se novos contratos de transmissão e oneração de imóveis, *inter vivos* e *mortis causa*. Em sentido oposto, Linhares de Lacerda[74] entende que "o registro do vigário, por si só, nada valia como documento de domínio, mas tão somente como documento de posse. Não provava que o declarante fosse dono, provava que ele era possuidor". Já Afrânio de Carvalho[75] sustenta que a legitimação de posse servia de posse para, mais tarde, promover a usucapião, o que difere do entendimento de Tupinambá do Nascimento, que sustenta que a legitimação de posse incorporou o imóvel ao domínio privado, sem usucapião[76].

Com a Lei de Terras, a única forma de adquirir terras públicas era mediante compra e venda, do próprio governo[77], e não mais por doações da Coroa. Na venda de terras, o governo atuava como um mediador entre o domínio público e o novo adquirente. De-

---

70. Frise-se que o chamado registro do vigário, instituído pelo regulamento da mencionada Lei de Terras (Decreto n° 1.318/1954), não tinha, por si só, o condão de reconhecer domínio, tendo existido mais para fins estatísticos. A simples declaração de posse no registro do vigário não poderia, a toda evidência, transmitir a propriedade, como erroneamente difundido, na medida em que o pároco, ao receber a declaração do interessado, ficava impedido de recusar o registro, ainda que evidentemente inverossímil. (...) Essa estrutura jurídica, entretanto, era bastante rudimentar, pois faltavam meios para a correta discriminação das terras públicas, a fim de estremá-las das terras particulares, que era o objetivo primordial da lei. Permaneceu, assim, a nota de precariedade do sistema, especialmente com relação à formação da cadeia de filiação das propriedades, extremamente intrincada, faltando, por fim, um repositório central que organizasse a situação fundiária. (SARMENTO FILHO, Eduardo Sócrates Castanheira. **Direito Registral imobiliário**. Teoria Geral. 1. ed. 2ª impressão. Curitiba: Juruá, 2017, v. 1, p. 19).
71. Segundo Afrânio de Carvalho: "O registro de posses era feito pelos vigários das freguesias do Império, definindo-se, portanto, a competência dos registradores desde os primórdios registrais, pela situação do imóvel". (CARVALHO, Afrânio de. **Registro de Imóveis**: comentários ao sistema de registro em face da lei 6015 de 1973, com alterações da lei 6216 de 1975, lei 8.009 de 1990 e lei 8935 de 18.11.1994. 4. ed. Rio de janeiro: Forense, 2001, p. 2-5).
72. CARVALHO, Afrânio de. **Registro de Imóveis**: comentários ao sistema de registro em face da lei 6015 de 1973, com alterações da lei 6216 de 1975, lei 8.009 de 1990 e lei 8935 de 18.11.1994. 4. ed. Rio de janeiro: Forense, 2001, p. 2-5.
73. Noutro sentido, Ivan Jacopetti do Lago entende que: "[...] o registro do vigário não deve ser considerado um antepassado nem mesmo remoto do registro de imóveis brasileiro, nem como antecedente da publicidade imobiliária. As solenidades medievais de traditio simbólicas perante as testemunhas estão mais próximas da publicidade imobiliária e do registro de imóveis do que esta instituição". (LAGO, Ivan Jacopetti do. **História do Registro de Imóveis**. São Paulo: Thomson Reuters Brasil, 2020, p. 174-175).
74. LACERDA, Manoel Linhares de. **Tratado das terras do Brasil**. Rio de Janeiro: Editora ALBA Limitada, 1960, p. 179.
75. CARVALHO, Afrânio de. **Registro de Imóveis**: comentários ao sistema de registro em face da lei 6015 de 1973, com alterações da lei 6216 de 1975, lei 8.009 de 1990 e lei 8935 de 18.11.1994. 4. ed. Rio de janeiro: Forense, 2001, p. 2-5.
76. A aquisição do domínio por força da legitimação da posse nada tem a ver com o usucapião. A prescrição aquisitiva exige que se some à posse o decurso de tempo previsto em lei. No regime de posses, o que é essencial à aquisição da propriedade é a morada habitual e a cultura efetiva. Na terminologia atual, posse-produção. O prazo referido pela Lei n° 601/850 não é para aquisição dominical; sim prazo de carência para efetivar a legitimação que redundará na declaração do domínio. Não legitimada a posse tempestivamente, o possuidor perde o direito por ter caído em comisso. Desta maneira é de se afirmar que, temporariamente, a posse exercida nas condições acima foi outro meio de entrada das terras, inicialmente públicas, no domínio particular. O Decreto-Lei n° 9.760/46, no artigo 5°, letra "a", reafirmou a incorporação, através da posse no domínio privado. (NASCIMENTO, Tupinambá Miguel Castro do. **Introdução ao Direito Fundiário**. Porto Alegre: Fabris, 1984, p. 15).
77. COSTA, Emília Viotti da. **Da monarquia à República**: momentos decisivos. 9. ed. São Paulo: Editora UNESP, 2010, p. 174.

sapareceu a relação pessoal que existia entre o rei e o pretendente à terra. A aquisição de terras não era mais uma dádiva concedida pelo rei, conforme as qualidades pessoais do indivíduo. Qualquer pessoa poderia adquirir terras, desde que tivesse capital suficiente. Quando a terra era doada pela Coroa, existiam condições para usá-la. Agora, como mercadoria, é o próprio adquirente que determina a forma do uso.

Aqueles que tinham áreas irregulares, por ocupações (posses), poderiam agora regularizar essas áreas, desde que demarcassem seus limites e recolhessem as taxas para o ato, mediante registro na Repartição Geral de Terras Públicas[78]. Antes, porém, deveriam apresentar documentos na Paróquia local. No exato momento em que a Lei de Terras é promulgada, a questão fundiária se apresentava em quatro[79] situações distintas: a) sesmeiros legítimos; b) sesmeiros não legitimados; c) posseiros em situações de fato; d) terras devolutas, sem ocupação.

Os sesmeiros legítimos possuíam titulação regular. Suas áreas eram de domínio privado, com um título legítimo. Agora eles poderiam solicitar à Repartição de Terras Públicas um título definitivo de domínio privado. Era a situação mais tranquila do território. Haviam cumprido todas as normas expedidas ao longo dos anos.

Já os sesmeiros não legitimados, ou irregulares, eram aqueles que receberam as sesmarias em primeira aquisição por doação, mas não cumpriram alguma exigência ou adquiriram por concessão[80] de algum sesmeiro. Em ambos os casos, não haviam cumprido a exigência legal de medição e demarcação nos prazos determinados. Eles possuíam documentos, títulos legítimos, mas nem sempre registrados nos livros da Provedoria. Esses sesmeiros irregulares poderiam solicitar a revalidação da sua sesmaria, desde que as áreas estivessem cultivadas e com morada habitual pelo sesmeiro ou concessionário. Assim, após a medição e demarcação, eles receberiam o título de revalidação da sesmaria, adquirindo o domínio privado.

Por outro lado, os ocupantes de fato, ou posseiros, eram aqueles que não tinham os documentos exigidos pelas confusas normas do Império, mas estavam de fato ocupando e trabalhando em áreas localizadas. Esses posseiros poderiam requerer o título de legitimação de posse, após a medição e demarcação. A posse, que até então era uma situação de fato, após a legitimação tornar-se-ia uma situação de direito[81]. Não se tratava

---

78. A Repartição Geral de Terras Públicas foi criada em 30 de janeiro de 1854, através do decreto n° 1.318, que regulou a execução da lei n° 601, de 18 de setembro de 1850, conhecida como Lei de Terras. Em seu 21° artigo, a Lei de Terras autorizava o governo a estabelecer, para a sua execução, uma repartição responsável por dirigir a medição, a divisão e a descrição das terras devolutas, bem como a conservação, a fiscalização da venda e a distribuição dessas terras. Ao estruturar os novos órgãos, o decreto n° 1.318, de 1854, determinou que, para a boa execução da Lei de Terras, caberia à Repartição Geral organizar um regulamento para as medições, e propor ao governo a forma como deveriam ser elaborados os títulos de revalidação das sesmarias e das posses legitimadas a partir da implementação da lei. (BRASIL. Arquivo Nacional MAPA – Memória da Administração Pública Brasileira. Repartição-Geral de Terras Públicas, 07 ago. 2019. Disponível em: http://mapa.an.gov.br/index.php/menu-de-categorias-2/337-reparticao-geral-de-terras-publicas-reparticoes-especiais-de-terras-publicas-inspetorias-gerais-de-medicao-de-terras. Acesso em: 23 de outubro de 2021).
79. PORTO, Costa. **Estudo sobre o sistema sesmarial**. Recife: Imprensa Universitária, 1965, p. 177.
80. Aquisição derivada de um primeiro sesmeiro. As concessões representam o tráfego imobiliário da época, por títulos que deveriam ser registrados na sede da província.
81. PORTO, Costa. **Estudo sobre o sistema sesmarial**. Recife: Imprensa Universitária, 1965, p. 181-186.

de reconhecer um direito preexistente, mas, sim, de se reconhecer um novo direito. A partir da legitimação, era reconhecida a posse e não mais a simples ocupação. O posseiro, legitimado, adquiria o domínio privado. O grande prejuízo para o posseiro que não legitimava sua posse era a proibição de hipotecar e alienar, prevista no artigo 11 da Lei de Terras[82]. A posse legítima permitia a hipoteca, porque o domínio privado havia sido reconhecido.

Por fim, as terras devolutas eram aquelas de domínio público, mas que não se achavam aplicadas ao uso público, e também não estavam sob nenhum domínio privado por título legítimo. Em alguns casos, ou mesmo com título legítimo haviam perdido o prazo para medir e demarcar. As terras devolutas poderiam ser vendidas e eram objeto de usucapião.

Assim, a Lei de Terras procurou separar as áreas de domínio público das áreas de domínio privado. A grande questão é saber se essa regularização do domínio privado é o marco inicial da propriedade privada no Brasil. Em outras palavras, o reconhecimento deste domínio privado gerou o direito de propriedade privada, ou apenas o domínio? Não se desconhece que, hoje, propriedade e domínio são expressões tratadas sem carinho[83] pelo legislador, que usa uma quando deveria usar a outra e vice-versa.

Vale lembrar que em 1843, a Lei Orçamentária nº 317 criou um Registro Geral de Hipotecas (artigo 35)[84], o qual foi regulamentado pelo Decreto nº 482 de 14 de novembro de 1846[85]. Esse registro ficou a cargo dos tabeliães das cidades ou das vilas principais de cada comarca, que eram designados pelos presidentes das províncias e após prestarem informações aos juízes de direito. O Registro Geral de Hipotecas foi uma exigência dos bancos para proteger o crédito, em razão das hipotecas ocultas que circulavam em contratos sem a devida publicidade.

Em um primeiro momento, reza a máxima que só pode dar em hipoteca quem é o proprietário, e, portanto, a propriedade imóvel já existia no Brasil desde 1843, antes, portanto, da Lei de Terras. Mas discordamos deste entendimento. O domínio[86] também pode ser hipotecado, e o próprio Código Civil de 1916[87] previa essa possibilidade, que

---

82. Artigo 11. Os posseiros serão obrigados a tirar títulos dos terrenos que lhes ficarem pertencendo por efeito desta lei, e sem eles não poderão hypotecar os mesmos terrenos, nem aliena-los por qualquer modo. (BRASIL. **Lei nº 601 de 18 de setembro de 1850**. Dispõe sobre as terras devolutas do Império. Disponível em: http://www.planalto.gov.br/ccivil_03/leis/l0601-1850.htm Acesso em: 15 nov. 2021).
83. Isso também ocorre com "mandato" e "procuração", que possuem significados diferentes, mas são tratados pelo Código como sinônimos.
84. BRASIL. Lei nº 317, de 21 de outubro de 1843. Fixando a Despeza e orçando a Receita para os exercicios de 1843 – 1844, e 1844 – 1845. Disponível em:http://www.planalto.gov.br/ccivil_03/leis/lim/lim317.htm Acesso em: 15 nov. 2021.
85. BRASIL. Câmara dos Deputados. **Decreto nº 482 de 14 de novembro de 1846**. Estabelece o Regulamento para o Registro Geral das hypothecas. Disponível em: https://www2.camara.leg.br/legin/fed/decret/1824-1899/decreto-482-14-novembro-1846-560540-publicacaooriginal-83591-pe.html Acesso em: 15 nov. 2021.
86. Orlando Gomes defende a hipoteca do direito real sobre a coisa e não a própria coisa, sendo possível hipotecar o domínio (jus in re própria). (GOMES, Orlando. Hipoteca do direito real do compromissário. (GOMES, Orlando. **Novas questões de Direito civil**. 2. ed. São Paulo: Saraiva, 1988, p. 53-62).
87. Artigo 810, incisos III e IV do Código Civil de 1916. (BRASIL. Lei nº 3.071, de 1º de janeiro de 1916. Código Civil dos Estados Unidos do Brasil. Disponivel em: http://www.planalto.gov.br/ccivil_03/leis/l3071.htm Acesso em: 15 nov. 2021).

foi mantida no Código Civil de 2002[88]. Ocorre que o momento, na época, era muito delicado, como bem ressalta Lígia Osório Silva[89]:

> Todo problema residia que **a lei estava operando a transição de uma forma de propriedade** (na realidade os sesmeiros eram concessionários das terras, que teoricamente podiam ser tomadas caso as condições da cessão não fossem cumpridas) **para outra, a forma burguesa, contratual**, que tornava o proprietário no sentido do use e abuse e retirava (pelas disposições de lei) do Estado a possibilidade de reaver terras, a não ser por expropriação, se o exigisse o bem público legalmente verificado.

Se entendermos que a propriedade privada já existia quando da Lei hipotecária, então a teríamos como resolúvel, pois poderia ser retomada pelo Estado, a qualquer tempo. Por outro lado, poderíamos entender que se tratava de domínio privado, a exemplo do sistema enfitêutico existente em Portugal, onde o Estado tinha o domínio direto e o foreiro, o domínio útil. Vale lembrar que o pagamento do foro era requisito para ter a sesmaria regular, desde a Carta Régia de 27 de dezembro de 1695, e o foro é uma característica dos bens enfitêuticos.

Antes de trabalhar a resposta, e sem tentar encaixar a situação da época aos institutos existentes, percebe-se que o quadro fundiário na colônia estava confuso, próximo do caos e que a medida tomada pelo governo, com a publicação da Lei de Terras, foi uma tentativa de zerar o problema e reiniciar uma nova ordem. Importante salientar que, apenas em 1864, foi instituída a transcrição do título no registro público, um sistema adotado na Europa burguesa que tornava a propriedade pública perante terceiros. Analisando o histórico de legislações sobre terras, e a incidência das palavras propriedade e domínio, observa-se:

- **1822** – Resolução de 17 de julho: proíbe a concessão de novas sesmarias[90];
- **1822** – Declaração da Independência do Brasil no dia 7 de setembro[91];
- **1824** – Primeira Constituição do Império. No seu artigo 179, inciso XXI, assegura o direito de propriedade em toda sua plenitude, salvo desapropriação mediante prévia indenização[92];

---

88. Artigo 1.473, incisos II e III do Código Civil de 2002. (BRASIL. Lei nº 10.406, de 10 de janeiro de 2002. Institui o Código Civil. Disponível em: http://www.planalto.gov.br/ccivil_03/leis/2002/l10406compilada.htm Acesso em: 15 nov. 2021).
89. SILVA, Lígia Osório. **Terras Devolutas e Latifúndio**: efeitos da lei de 1850. Campinas: Editora UNICAMP, 1996, p. 160.
90. BRASIL. Biblioteca Digital de Direito Registral. **Resolução 76, de 17 de julho de 1822**. Manda suspender a concessão de sesmarias futuras até a convocação da Assembléia Geral Constituinte. Disponível em: https://arisp.wordpress.com/2011/03/11/resolucao-76-de-17-de-julho-de-1822/ Acesso em: 15 nov. 2021.
91. BRASIL. **Declaração de Independência do Brasil no dia 7 de setembro de 1822**. Disponível em: https://www.al.sp.gov.br/noticia/?07/09/2021/independencia-do-brasil-completa-199-anos-nesta-terca-feira--7-de-setembro Acesso em: 15 nov. 2021.
92. BRASIL. Constituição Politica do Imperio do Brazil (de 25 de março de 1824). Constituição Política do Império do Brasil, elaborada por um Conselho de Estado e outorgada pelo Imperador D. Pedro I, em 25.03.1824. Carta de Lei de 25 de Março de 1824. Manda observar a Constituição Politica do Imperio, offerecida e jurada por Sua Magestade o Imperador. Disponível em: http://www.planalto.gov.br/ccivil_03/constituicao/constituicao24.htm Acesso em: 15 nov. 2021.

- **1846** – Lei nº 317 – Institui o Registro Geral de Hipotecas: fala sobre a cobrança dos selos em escritos que envolverem a "transmissão da propriedade" (artigo 12, § 1º, e Tabela A)[93];

- **1846** – Decreto nº 482: regulamenta a Lei 317 e explica sobre o registro de uma propriedade ou fazenda quando pertencer a mais de uma comarca (artigo 3º)[94];

- **1850** – Lei nº 601 – Lei de Terras: fala sobre domínio particular no artigo 3º, § 2º, e sobre domínio particular e público no artigo 10[95];

- **1854** – Decreto nº 1.318 – Regulamentou a Lei de Terras: fala sobre propriedade nos artigos 62 e 91, e fala sobre domínio nos artigos 18, 22, 23, 25, 26, 27, 59, 60 e 62[96];

- **1864** – Lei nº 1.237 – Institui a Transcrição de Títulos como forma de adquirir a propriedade imobiliária entre vivos. Fala sobre propriedade nos artigos 2º, 6º e 13 e sobre domínio nos artigos 2º, 6º e 8º[97].

Dary Bessone[98] explica que existem correntes que defendem propriedade e domínio como sinônimos[99]. Outras entendem que a propriedade teria o conceito mais amplo, aplicando-se às coisas corpóreas e incorpóreas[100]. Já o domínio seria apenas de coisas corpóreas. Além disso, como bem ressaltou Pontes de Miranda, "as vezes a palavra propriedade é usada em lugar de domínio"[101], a o que se deve ter a máxima atenção, como ensina Ricardo Arone, pois "a propriedade somente corresponde ao domínio

---

93. BRASIL. Lei nº 317, de 21 de outubro de 1843. Fixando a Despeza e orçando a Receita para os exercicios de 1843 – 1844, e 1844 – 1845. Disponível em:http://www.planalto.gov.br/ccivil_03/leis/lim/lim317.htm Acesso em: 15 nov. 2021.
94. BRASIL. Câmara dos Deputados. **Decreto nº 482 de 14 de novembro de 1846**. Estabelece o Regulamento para o Registro Geral das hypothecas. Disponível em: https://www2.camara.leg.br/legin/fed/decret/1824-1899/decreto-482-14-novembro-1846-560540-publicacaooriginal-83591-pe.html Acesso em: 15 nov. 2021.
95. BRASIL. **Lei nº 601 de 18 de setembro de 1850**. Dispõe sobre as terras devolutas do Império. Disponível em: http://www.planalto.gov.br/ccivil_03/leis/l0601-1850.htm Acesso em: 15 nov. 2021.
96. BRASIL. **Decreto nº 1.318 de 30 de janeiro de 1854**. Manda executar a Lei nº 601, de 18 de Setembro de 1850. Disponível em: http://www.planalto.gov.br/ccivil_03/decreto/1851-1899/d1318.htm Acesso em: 15 nov. 2021.
97. BRASIL. Lei nº 1.237, de 24 de setembro de 1864. Reforma a Legislação Hypothecaria, e estabelece as bases das sociedades de credito real. Disponível em: http://www.planalto.gov.br/ccivil_03/leis/lim/LIM1237.htm Acesso em: 15 nov. 2021.
98. BESSONE, Darcy. **Direitos Reais**. São Paulo: Saraiva, 1988, p. 11.
99. Eduardo Espinola leciona que, no Direito Romano, o termo técnico para a propriedade era *"dominum"*, e o proprietário era *"dominus"* Mais tarde, a palavra *"proprietas"* passou a designar a coisa como própria, a quem pertencia de modo exclusivo e absoluto, restando para o *"dominium"* apenas os poderes sobre a coisa. Surgiram novas expressões como *"dominus proprietatis"* e *"dominus usufructus"*. Modernamente, as palavras propriedade e domínio passaram a ser sinônimos, mas, em alguns casos, o legislador ainda prefere utilizar "domínio" para se referir aos poderes sobre a coisa. Na enfiteuse ainda se utiliza as expressões "domínio direito" e "domínio útil". (ESPINOLA, Eduardo. **Posse, propriedade, compropriedade ou condomínio, direitos autorais**. Rio de Janeiro: Conquista, 1956, p. 134-135).
100. Por exemplo: a propriedade literária, científica e artística.
101. MIRANDA, Francisco Cavalcanti Pontes de. **Tratado de Direito Privado**. Direito das coisas: propriedade. Aquisição da propriedade imobiliária. Tomo XI. 2. ed. Rio de Janeiro: Borsoi, 1954, p. 30.

quando se tratar de propriedade plena[102]". Importante transcrever a lição de Teixeira de Freitas[103], *in verbis*:

> A propriedade pode-se tomar em várias acepções: 1ª, como qualidade ou atributo inerente a um objeto; 2ª, como synonimo de bem necessário à vida pessoal, e social; 3ª, como patrimônio de cada um, ou complexo de seus direitos reaes e pessoaes, que tem valor pecuniário; 4ª, como synonimo de domínio, ou propriedade corpórea. Só as duas últimas accepções são jurídicas. Os publicistas chamão- propriedade pessoal – moral – o direito que tem cada um de dispor da sua pessoa e faculdades individuais; e para designarem a verdadeira propriedade, servem-se da expressão propriedade real.

Propriedade e domínio estão muito próximos, e por isso a dificuldade[104] de compreender a diferença entre os institutos. O domínio antecede o direito de propriedade no tempo. Só tem a propriedade quem tem o domínio, mas pode ter o domínio sem ter a propriedade. Além disso, os direitos decorrentes da propriedade podem ser destacados e entregues para outras pessoas, mas o domínio permanecerá com o dono da coisa. O domínio é a relação do dono com a coisa, que pode estar registrada em seu nome, assumindo a roupagem de propriedade. O domínio será pleno, quando todos os elementos da propriedade (direito de usar, fruir, dispor) estiverem nas mãos do dono, que é aquele que tem a essência, a vinculação, a projeção da sua personalidade sobre a coisa.

Lafayette[105] explica que o domínio traz consigo vários direitos, que são elementos que o compõem. Dentre eles:

1. O direito de possuir, de deter fisicamente a coisa;

2. O direito de usar;

3. O direito aos frutos;

4. O direito de transformá-la e desnaturá-la;

5. O direito de dispor dela;

6. O direito de substância da coisa, que compreende o direito de defendê-la, de reivindicá-la e de receber pelos danos que ela sofrer;

Segundo Lafayete[106], a essência do domínio está na substância da coisa. Muitos desses direitos podem ser transferidos para outra pessoa, como por exemplo o usufruto,

---

102. ARONE, Ricardo. **Propriedade e domínio**: reexame sistemático das noções nucleares de direitos reais. Rio de Janeiro: Renovar, 1999, p. 85.
103. FREITAS, Augusto Teixeira de. **Consolidação das leis civis**. 3. ed. Rio de Janeiro: B. L. Garnier, 1876, p. CVII.
104. O Código Civil de 1916 tratava do domínio de maneira mais clara. Na usucapião, por exemplo, primeiro se adquiria o domínio, declarado por sentença, para depois, com a sentença em mãos, se alcançar a propriedade junto ao cartório de registro de imóveis. A redação do artigo 550 deixava claro "Aquele que....possuir como seu um imóvel, adquirir-lhe-á o domínio...". Modernamente o Código Civil de 2002, ao tratar também da usucapião extraordinária (artigo 1.238), substituiu a palavra domínio por propriedade, nos seguintes termos: "Aquele que...possuir como seu um imóvel, adquirir-lhe a propriedade...". Por isso, atualmente as expressões geram desconfiança. Porém, precisamos remontar ao século XVIII, quando todo território brasileiro pertencia à Coroa Portuguesa e ela cedeu o usufruto aos capitães e mais tarde as sesmarias para quem fosse trabalhar na terra. O direito de cultivar a terra, pela sesmaria, poderia ser perdido, se não fosse cumprida a condição resolutiva.
105. PEREIRA, Lafayette Rodrigues. **Direito das Cousas**. Rio de Janeiro: B. L. Garnier Livreiro Editor, 1877, v. I, p. 73-94.
106. PEREIRA, Lafayette Rodrigues. **Direito das Cousas**. Rio de Janeiro: B. L. Garnier Livreiro Editor, 1877, v. I, p. 73-94.

mas a essência do domínio permanece. A propriedade pode ser declarada indisponível, mas a sua substância permanece com aquele que tem o domínio. Cessadas as causas que retiraram alguns poderes do domínio, todos eles retornam para a essência, para aquele que possui a substância do domínio.

Pontes de Miranda[107] critica o termo substância, chamando-o de impróprio e trata desse poder dominial de "atração" ao invés de substância. O titular do domínio atrai todos os outros direitos que pertencem ao domínio e que podem estar destacados nas mãos de terceiros. Se alguém é dono de uma casa, mas ela é inalienável, impenhorável e está gravada com usufruto em favor de um terceiro, com encargo, ainda assim o dono tem o domínio. Cessadas todas essas circunstâncias, recupera todos os direitos, pretensões e ações que não tinha. Ocorre a atração ou completação. Esse direito não é peculiar apenas do domínio, mas, também, uma mãe o tem em relação ao filho, encerra o autor.

Francisco de Paula Lacerda de Almeida[108] explica que o domínio deve ser definido sob o aspecto da relação jurídica que se estabelece entre a pessoa e a coisa e não nos direitos que a coisa confere a alguém. Os direitos são um corolário do domínio. O domínio é o direito real que vincula a personalidade de uma pessoa à coisa corpórea.

Nesse sentido, Pontes[109] leciona que o domínio pode ser pleno, quando todas as suas qualidades estão reunidas nas mãos de uma só pessoa; e será limitado quando alguns direitos estiverem com terceiros. A isso Pontes chama de elasticidade do direito de propriedade. Porém, mesmo o domínio sendo limitado em relação ao seu conteúdo, ele é ilimitado em relação à coisa, pois assim que cessarem todas as limitações ou restrições, os direitos são atraídos ao titular da essência do domínio, que se torna novamente pleno. Esse é o pensamento de Teixeira de Freitas[110] em relação aos direitos sobre a coisa alheia, *in verbis*:

> Nos outros direitos reaes, jura in re aliena- o agente está em relação imediata com a cousa, e sobre ella exerce, posto que parcialmente, ou até certo ponto, um direito tão independente, como o do domínio. Mas esse direito não está só, ele co-existe com o do proprietário, de que foi emanação. O domínio é a soma de todos os direitos possíveis, que pertencem ao proprietário sobre a cousa, quais os de posse, uso, gozo e livre disposição. Os outros direitos reaes são parcelas daquela soma, são os próprios direitos constitutivos do domínio; são poderes, que sobre a cousa atribuem-se a outra pessoa.

Assim, alguém pode ser o proprietário registral, mas não ter o domínio. Esse foi o sentido da Lei nº 1.237 de 1864, que tratou da transcrição em seu artigo 8º, § 4º[111], alertando que "a transcrição não induz prova do domínio que fica salvo a quem for". Ou seja, mesmo que um imóvel estivesse registrado em nome de uma pessoa, sendo

---

107. MIRANDA, Francisco Cavalcanti Pontes de. **Tratado de Direito Privado**. Direito das coisas: propriedade. Aquisição da propriedade imobiliária. Tomo XI. 2. ed. Rio de Janeiro: Borsoi, 1954, p. 30-44.
108. ALMEIDA, Francisco de Paula Lacerda de. **Direito das Cousas**. Exposição sistemática desta parte do direito civil pátrio. Rio de Janeiro: Ribeiro dos Santos Livreiro Editor, 1908, p. 68-80.
109. MIRANDA, Francisco Cavalcanti Pontes de. **Tratado de Direito Privado**. Direito das coisas: propriedade. Aquisição da propriedade imobiliária. Tomo XI. 2. ed. Rio de Janeiro: Borsoi, 1954, p. 30-44.
110. FREITAS, Augusto Teixeira de. **Consolidação das leis civis**. 3. ed. Rio de Janeiro: B. L. Garnier, 1876, p. LXXX.
111. BRASIL. Lei nº 1.237, de 24 de setembro de 1864. Reforma a Legislação Hypothecaria, e estabelece as bases das sociedades de credito real. Disponível em: http://www.planalto.gov.br/ccivil_03/leis/lim/LIM1237.htm Acesso em: 15 nov. 2021.

considerada essa proprietária formal, poderia o domínio pertencer a outra, que poderia promover a anulação do registro. Essa regra também se aplica à usucapião quando outra pessoa adquire o domínio e pede o seu reconhecimento judicial e depois leva a registro a decisão para publicizar a propriedade.

Lafayette[112] explica que a única hipótese de se perder o domínio é quando se perde o direito à substância da coisa para outra pessoa. Neste caso, ela passa a atrair todos os outros direitos elementares, que são consolidados no domínio. Uma vez adquirido o domínio, ele é irrevogável, salvo por seu consentimento. Porém, o autor afirma que existe uma única espécie de revogação do domínio, quando na sua constituição ele contém uma cláusula resolutiva[113] do mesmo domínio, expressa ou tácita. As condições resolutivas possuem efeito retroativo e, portanto, quando preenchidas, retroagem ao momento da aquisição.

É o que entendemos em relação às terras doadas por sesmarias, que possuíam condição resolutiva para a Coroa. O sesmeiro exercia o domínio privado, sob condição resolutiva, mas a Coroa tinha o domínio público. Ocorrendo a condição, todos os direitos sobre a terra eram atraídos para o domínio público da Coroa. Os sesmeiros ilegítimos não possuíam domínio privado, pois estavam irregulares. Possuíam uma situação de fato sobre áreas de domínio público. Com a Lei de Terras poderiam revalidar suas sesmarias e adquirir o domínio privado. Os ocupantes, que não possuíam direitos, apenas uma situação de fato, poderiam legitimar suas posses com a Lei de Terras e adquirir o domínio privado.

Observa-se que o solo brasileiro sempre foi de domínio público, permitindo o domínio privado dos sesmeiros regulares, sob condição resolutiva. A essência do domínio público só encerrou quando foi retirada a condição resolutiva de perda do domínio pelo não cultivo, e isso ocorreu após a Lei de Terras, que permitiu a emissão de títulos de propriedade plena aos sesmeiros regulares. Os sesmeiros irregulares, após validarem suas sesmarias, também receberam títulos de propriedade. Neste momento da emissão do título pela repartição de Terras Públicas, extinguiu-se a condição resolutiva sobre o imóvel, o que também encerrou o domínio público sobre o imóvel e consolidou-se o domínio privado, o qual passou a ser a fonte substancial da propriedade plena, sem reservas, agora absoluta. Neste momento surgiu o domínio particular pleno e consequentemente o direito de propriedade privada plena.

Em relação aos posseiros, que na verdade eram ocupantes[114], pois a Coroa não lhes reconhecia a posse (apenas a situação de fato), estes receberam o título de possessão, com o reconhecimento e legitimação da posse, podendo agora oficialmente exercer o domínio

---

112. PEREIRA, Lafayette Rodrigues. **Direito das Cousas**. Rio de Janeiro: B. L. Garnier Livreiro Editor, 1877, v. I, p. 73-94.
113. Zeno Veloso leciona que a condição resolutiva é aquela que prevê a extinção dos efeitos do negócio jurídico se ocorrer evento futuro e incerto. Assim, o negócio existe, é válido e produz efeitos imediatamente, como se fosse um negócio puro e simples. Todavia, ocorrendo a condição os efeitos se extinguem automaticamente. Assim, os efeitos não são definitivos, nem possuem caráter de irrevogabilidade, pois estão sujeitos a um evento posterior. (VELOSO, Zeno. **Condição, termo e encargo**. São Paulo: Malheiros Editores, 1997, p. 50-51).
114. A ocupação não dava direitos ao ocupante. Com a legitimação da sua posse, surgiu uma relação jurídica, a posse sobre a área de domínio público.

privado[115] do solo. O título de possessão permitia a hipoteca[116] do solo e, portanto, Ivan Jacopetti[117] leciona que aos posseiros se reconhecia a propriedade incondicional sobre os terrenos ocupados, desde que cultivados, e desde que a área ocupada tivesse até 640 acres. Nas palavras de Ruy Cirne Lima[118]: "Era o título de terras, mais do que lhe diz o nome, um verdadeiro modo de aquisição da propriedade imóvel".

Assim, a Lei de Terras foi a primeira norma de regularização fundiária do Brasil, reconhecendo o domínio privado daqueles que efetivamente trabalhavam na terra. Domínio este que atraia todos os elementos que lhe pertencem e, portanto, tratava-se de propriedade plena. Aos sesmeiros que já cumpriram todas as determinações, o direito de propriedade retroagiu às datas das concessões no momento da extinção da condição resolutiva. Os sesmeiros irregulares, que revalidaram suas sesmarias, o direito de propriedade também retroagiu com base nos documentos que comprovavam a cadeia dominial. Já em relação aos posseiros, que ocupavam áreas irregulares, seu domínio privado foi reconhecido, a partir da sua legitimação de posse, que reconheceu o domínio privado e converteu-se em propriedade após a emissão do título correspondente[119]. Ruy Cirne Lima[120] disserta sobre a importância da Lei de Terras, *in verbis*:

> A despeito das críticas que possa merecer no por menor, a Lei de 1850 é, no seu conjunto, obra de valor e vulto, sobretudo, relativamente ao tempo. Basta considerar que, mercê de seus dispositivos, se tornou possível aviventar a já então indistinta linha divisória, entre as terras do domínio do Estado e as do particular. São terras devolutas (tornou-se possível dizê-lo): – 1) as que não se acharem no domínio particular por qualquer título legítimo, nem forem havidas por sesmarias ou outras concessões do governo geral ou provincial, não incursas em comisso, por falta de cumprimento das condições de medição, confirmação e cultura; 2) as que não se acharem dadas por sesmarias ou outras concessões do governo, que, apesar de incursas em comisso, forem revalidadas pela lei: 3) as que não se acharem ocupadas por posses, que, apesar de não se fundarem em título legal, forem legitimadas pela lei; 4) as que não se encontrarem aplicadas a algum uso público nacional, provincial ou municipal (artigo 3º). A desordem, criada nesse departamento administrativo, pelo regime das posses, abandonado à livre iniciativa dos povoadores, foi, igualmente, remediada pela instituição do registro paroquial das terras, que, se não possuía, como se chegou a supor, função cadastral, nem por isso deixava de ter sensível importância como órgão de informação e de estatística (artigo 13). Essas duas providências constituem, por si sós, suficiente título de mérito para o legislador de 1850.

Assim, a posse era regularizada na Paróquia da situação do imóvel, e a Repartição de Terras Públicas emitia títulos de propriedade. A partir desse momento, os negócios

---

115. A ocupação não dava direitos ao ocupante. Com a legitimação da sua posse, surgiu uma relação jurídica, a posse sobre a área.
116. A ocupação não dava direitos ao ocupante. Com a legitimação da sua posse, surgiu uma relação jurídica, a posse sobre a área.
117. LAGO, Ivan Jacopetti do. **O tratamento jurídico da venda de imóvel com divergência de área na evolução do direito brasileiro**: venda ad corpus e ad mensuram. 2014. Tese (Doutorado em Direito Civil) – Faculdade de Direito, Universidade de São Paulo, São Paulo, 2014, p. 54-59. Disponível em: https://www.teses.usp.br/teses/disponiveis/2/2131/tde-02032015-153942/pt-br.php Acesso em: 15 nov. 2021.
118. LIMA, Ruy Cirne. **Pequena história territorial do Brasil**: sesmarias e terras devolutas. 2. ed. Porto Alegre: Livraria Sulina, 1954, p. 100.
119. Restaram aqueles que ocupavam terras devolutas, sem título, sem legitimação, sem legalização. A estes era concedido o direito de usucapião de terras devolutas, o que se encerrou com a publicação do Código civil de 1916.
120. LIMA, Ruy Cirne. Pequena história territorial do Brasil: sesmarias e terras devolutas. Porto Alegre: Sulina, 1954, p. 66.

jurídicos poderiam ocorrer naturalmente, sem necessidade de retornar à Paroquia. Não havia um serviço de registro de transferências ou um registro público no formato que temos hoje. A própria escritura[121], ao ser assinada, transferia a propriedade. Lysippo Garcia[122] explica que nesta época a transmissão da propriedade ainda era regrada por leis portuguesas, que adotavam o sistema romano de título e tradição (modo). Pelo sistema romano, as partes instrumentalizavam o negócio jurídico por escrito, sendo da essência do ato a escritura pública, e depois ocorria a entrega da coisa ao adquirente, de forma pública. Todavia, o sistema brasileiro havia substituído a entrega efetiva do bem por uma cláusula no título, permitindo a clandestinidade das transferências, bem como de eventuais ônus reais.

Chamava-se esta cláusula de "cláusula constituti"[123], ou "constituto possessório"[124]. Assim, o próprio contrato bastava para transferir a propriedade imóvel, pois o transmitente declarava que por esta clausula transferia o domínio com todos seus elementos ao adquirente. O próprio contrato operava a transferência do imóvel. Sobre essa forma contratual de transferir a propriedade, Ivan Jacopetti do Lago[125] explana que, além do título e modo, era necessário averiguar se o transferente era o legítimo dono do imóvel. Essa certeza só ocorreria se o alienante tivesse adquirido a área por sesmaria, ou tivesse adquirido a área de alguém que adquiriu de um sesmeiro, ou tivesse adquirido de alguém que tinha a ocupação antes da Lei de Terras, ou de alguém que tivesse adquirido por usucapião, ou, por fim, de alguém que tivesse comprado do Estado após a Lei de Terras.

Finalmente, a Lei nº 1.237 de 24 de setembro de 1864[126] instituiu o registro, para a transcrição dos títulos de transmissão de imóveis, por ato *inter vivos,* e para a constituição de direitos reais e para valerem contra terceiros, mas a transcrição em si não induziria prova de domínio, ou seja, a transcrição não depurava eventual vício na formação do título[127]. A transcrição substituía a tradição. Todavia, a lei deixou uma falha ao excluir

---

121. A obrigatoriedade da escritura pública surge depois da Lei nº 840 de 15 de setembro de 1855. (BRASIL. **Lei nº 840 de 15 de setembro de 1855**. Fixando a Despeza e orçando a Receita para o exercício de 1856 – 1857. Disponível em: https://www2.camara.leg.br/legin/fed/leimp/1824-1899/lei-840-15-setembro-1855-558295-publicacaooriginal-79437-pl.html Acesso em: 25 nov. 2021).
122. GARCIA, Lysippo. **O registro de Imóveis**: A Transcrição. São Paulo: Livraria Francisco Alves, 1922, v. I, p. 87-88.
123. O Código Civil de 1916 elencava essa possibilidade de transmissão da posse no artigo 494, inciso IV, hipótese essa que não constou no Código Civil de 2002. (BRASIL. Lei nº 3.071, de 1º de janeiro de 1916. Código Civil dos Estados Unidos do Brasil. Disponível em: http://www.planalto.gov.br/ccivil_03/leis/l3071.htm Acesso em: 15 nov. 2021; BRASIL. Lei n º 10.406, de 10 de janeiro de 2002. Institui o Código Civil. Disponível em: http://www.planalto.gov.br/ccivil_03/leis/2002/l10406compilada.htm Acesso em: 15 nov. 2021).
124. O constituto possessório é uma cláusula prevista nos contratos de alienação, expressamente, onde o alienante transfere a posse ao adquirente, sem necessidade de apreensão física da coisa. A posse é adquirida pela convenção. (PEREIRA, Lafayette Rodrigues. **Direito das Cousas**. Rio de Janeiro: B. L. Garnier Livreiro Editor, 1877, v. I, p. 42-43).
125. LAGO, Ivan Jacopetti do. **História do Registro de Imóveis**. São Paulo: Thomson Reuters Brasil, 2020, p. 178-179.
126. BRASIL. Lei nº 1.237, de 24 de setembro de 1864. Reforma a Legislação Hypothecaria, e estabelece as bases das sociedades de credito real. Disponível em: http://www.planalto.gov.br/ccivil_03/leis/lim/LIM1237.htm Acesso em: 15 nov. 2021.
127. Na época, os juristas discutiam o modelo adotado no Brasil. Aproximava-se do sistema alemão, pois a transcrição transmitia a propriedade, mas como o registro não depurava o título, afastava-se dele, aproximando do sistema francês onde a transcrição não induzia prova absoluta da propriedade.

das transcrições as transmissões *causa mortis*, o que foi agravado pelo Decreto nº 3.453 de 26 abril de 1865[128], que estendeu isso a todos os atos judiciários[129].

Ivan Jacopetti do lago[130] ressalta que a Lei nº 1.237 de 1864 foi um marco fundamental, não apenas para o direito registral imobiliário, mas também para a disciplina de direitos reais no Brasil, pois até então não existia um rol legal sobre eles, aplicando-se, até aquela data, as Ordenações Filipinas, que pouco tratavam, e de maneira subsidiária o Direito Romano Justinianeu. Em 1890, o Decreto nº 169-A[131] e o seu regulamento, Decreto nº 370[132], substituíram a Lei nº 1.237 de 1864. Foi mantido o nome de Registro Geral e acentuou-se a diferenciação entre direitos pessoais e direitos reais. Enquanto o título não fosse transcrito, ele produzia efeitos, apenas, entre as partes (direito obrigacional). Após a transcrição, passa a produzir efeitos reais, gera o direito real, oponível a todos. O artigo 11 do referido Decreto mandava incinerar os livros de transcrição de penhor de escravos, transportando-se eventuais outros registros para os livros correntes[133].

Ainda, em 1890, o Decreto nº 451-B[134] criou o Registro Torrens, que recebe o nome do seu autor, Robert Richard Torrens, sistema adotado na Austrália desde 1858, que prevê a matrícula[135] dos imóveis rurais com presunção absoluta da propriedade. Após a inscrição surge um novo título. O direito inscrito é inatacável. Este registro era requerido ao registrador geral mediante apresentação de documentos específicos. Após a qualificação devida e a inscrição, é emitida uma certidão do título, em duplicata, com uma planta colorida no verso e menção aos direitos reais. As reclamações resultam em indenizações, não em cancelamento do registro.

Faltava ainda um Código brasileiro que tornasse mais transparente a legislação vigente. O volume de normas esparsas dificultava a aplicação do direito e diversos institutos precisavam se adaptar à realidade local. Era preciso regulamentar de maneira mais clara os contratos, em especial os imobiliários, as relações de família, e o direito das sucessões.

---

128. BRASIL. **Decreto nº 3.453 de 26 abril de 1865**. Manda observar o Regulamento para execução da Lei nº 1237 de 24 de Setembro de 1854, que reformou a legislação hypothecaria. Disponível em: http://www.planalto.gov.br/ccivil_03/decreto/historicos/dim/DIM3453.htm Acesso em: 15 nov. 2021.
129. GARCIA, Lysippo. **O registro de Imóveis**: A Transcrição. São Paulo: Livraria Francisco Alves, 1922, v. I, p. 92-93.
130. LAGO, Ivan Jacopetti do. **História do Registro de Imóveis**. São Paulo: Thomson Reuters Brasil, 2020, p. 192.
131. BRASIL. Câmara dos Deputados. **Decreto nº 169-A, de 19 de Janeiro de 1890**. Substitui as leis n. 1237 de 24 de setembro de 1864 e n. 3272 de 5 de outubro de 1885. Disponível em: https://www2.camara.leg.br/legin/fed/decret/1824-1899/decreto-169-a-19-janeiro-1890-516767-publicacaooriginal-1-pe.html Acesso em: 15 nov. 2021.
132. BRASIL. Decreto nº 370, de 2 de maio de 1890. Manda observar o regulamento para execução do decreto n. 169 A de 19 de janeiro de 1890, que substituiu as leis n. 1237 de 24 de setembro de 1864 e n. 3272 de 5 de outubro de 1885, e do decreto n. 165 A de 17 de janeiro de 1890, sobre operações de crédito móvel. Disponível em: http://www.planalto.gov.br/ccivil_03/decreto/1851-1899/D370.htm Acesso em: 15 nov. 2021.
133. Ivan Jacopetti do Lago vê com tristeza este artigo 11 pois além do desrespeito pelo passado e pela história, a incineração poderia ter interesses escusos com a supressão destes registros. (LAGO, Ivan Jacopetti do. **História do Registro de Imóveis**. São Paulo: Thomson Reuters Brasil, 2020, p. 202).
134. BRASIL. Câmara dos Deputados. **Decreto nº 451-B, de 31 de maio de 1890**. Estabelece o registro e transmissão de immoveis pelo systema Torrens. Disponível em: https://www2.camara.leg.br/legin/fed/decret/1824-1899/decreto-451-b-31-maio-1890-516631-publicacaooriginal-1-pe.html Acesso em: 15 nov. 2021.
135. GARCIA, Lysippo. **O registro de Imóveis**: A Transcrição. São Paulo: Livraria Francisco Alves, 1922, v. I, p. 59-61.

1.4 TENTATIVAS DE UMA CODIFICAÇÃO CIVIL

Diversas e sucessivas tentativas ocorreram para a criação de um Código Civil Brasileiro. Desde 1845, o advogado Carvalho Moreira reclamava uma codificação que acabasse com a legislação esparsa, desordenada e numerosíssima em vigor no Brasil. Na mesma época, uma tentativa conservadora apresentada por Eusébio de Queiroz, em adotar o Digesto Português, foi rechaçada pelo Instituto dos Advogados Brasileiros, considerada um retrocesso[136].

Em 1855 confiou-se a tarefa a Teixeira de Freitas, jurisconsulto de grande saber, independência e originalidade, que em 1857 concluiu a Consolidação das Leis Civis, consolidando a legislação de 1603 a 1857. Uma obra magnífica, mas criticada por A. P. Rebouças, o que teve a resposta de Teixeira de Freitas com a publicação de os Aditamentos à Consolidação das leis Civis. Em 10 de agosto de 1859, foi encarregado a Teixeira de Freitas um esboço do Código Civil, com prazo até 31 de dezembro de 1862, o qual foi prorrogado até junho de 1864. Em 1872, foi declarada a resolução do contrato com Teixeira de Freitas, que entendia ser necessário codificar todo o direito privado e não apenas o direito civil[137].

Após novas tentativas com Nabuco de Araújo, Felício dos Santos e Coelho Rodrigues, todas frustradas, em 1899, foi convidado Clóvis Beviláqua, professor de legislação comparada da faculdade de Recife, que iniciou seu projeto em abril e concluiu em novembro. Entregue ao governo, foi alvo de várias emendas e debates. Após a aprovação na Câmara[138], foi enviado ao Senado, onde nova comissão se formou, sob a presidência do Senador Rui Barbosa, na época o maior talento verbal do Brasil. Rui Barbosa elaborou um parecer sozinho e atacou fortemente o projeto, mas apenas quanto à sua forma[139]. Estabeleceu-se uma grande batalha[140] literária da lín-

---

136. MIRANDA, Francisco Cavalcante Pontes de. **Fontes e evolução do direito civil brasileiro**. 2. ed. Rio de janeiro: Editora Forense, 1981, p. 79-96.
137. MIRANDA, Francisco Cavalcante Pontes de. **Fontes e evolução do direito civil brasileiro**. 2. ed. Rio de janeiro: Editora Forense, 1981, p. 79-96.
138. Orlando Gomes relembra que quando Clóvis Beviláqua apresentou o projeto do Código, o Brasil era uma nação embrionária, dependente de uma lavoura rudimentar, servida há pouco tempo por dois milhões de escravos e depois por trabalhadores nacionais e europeus. Predominavam os interesses dos fazendeiros e comerciantes, burguesia rural e mercantil que lutavam para manter seus privilégios, negociando estes interesses com uma pequena classe média que se alimentava de cargos burocráticos. A nova ordem jurídica era inspirada no Direito estrangeiro, fora da realidade nacional, mas correspondendo interesses de quem detinha o poder. (GOMES, Orlando. **Raízes históricas e sociológica do Código Civil Brasileiro**. 2. ed. São Paulo: Martins Fontes, 2006, p. 24-25).
139. Em longo parecer publicado em 03 de abril de 1903, Rui Barbosa explanou: "Basta o que até aqui vai dito, para evidenciar praticamente que não é questão de mera gramática, tampouco o é de simples filologia, nem ainda o será de pura capacidade literária a redação de um código civil. No codificador tais aptidões hão-de reunir-se, como instrumento, ao saber nos ramos do direito, cuja substância se pretende reduzir a leis. Quando não, o jurista ou trairá, no escrever, a ciência, ou será traído pelo escritor, a quem incumbir a obra-d'arte". (BARBORA, Rui. **Parecer sobre a redação do Código Civil**. Rio de Janeiro: Ministério da Educação e Saúde, 1949, p. 18. Disponível em: http://rubi.casaruibarbosa.gov.br/handle/20.500.11997/1926 Acesso em: 25 nov. 2021).
140. Em junho de 1905, Clóvis publica a obra "Em defesa do Código Civil", onde diz: "*Si um Alfredo de Musset irritava-se e prorompia em acres reprimendas porque uma virgula fora mal colocada, não devemos imita-lo em sua doentia preocupação. A lingua de que usamos deve nos merecer affectuoso cuidado, mas, como observou um escritor hespanhol, as línguas vivem de heresias, a orthodoxia condul-as à morte. Muitas ideas dificilmente se exprimiriam com as phrases usadas pelos clássicos e é absurdo que mutilemos as idéas porque no guarda-roupas dos séculos passados não encontramos um traje talhado para ella*". (BEVILÁQUA, Clóvis. **Em defesa do Código civil**. Recife: Livraria Francisco Alves, 1905, p. XI do prólogo).

gua portuguesa entre Rui e Bevilaqua[141]. Pontes de Miranda escreveu que as críticas não se preocupavam com o conteúdo, mas tão somente com a linguagem[142] e analisa o Código de Beviláqua como uma codificação para as faculdades de Direito mais do que para a vida, havendo excesso de boa-fé, que não lhe advém de ter sido advogado ou juiz, mas somente professor[143].

1.5 CÓDIGO CIVIL DE 1916

O Código Civil de 1916 mudou o nome de Registro Geral para Registro de Imóveis e corrigiu as lacunas do sistema anterior, atraindo para o registro as transmissões *causa mortis* e os atos judiciais, para fins de disposição[144]. Manteve a necessidade de transcrição para transferência *inter vivos* do domínio, mas agora criou uma presunção de propriedade em favor do titular do registro[145]. Se alguém tentar anular um registro, cabe a quem alega provar. As transferências eram transcritas, os direitos reais inscritos[146]. Adotou vários princípios[147], como a prioridade, inscrição, legalidade, especialidade, presunção, mas deixou de fora a fé pública do registro[148]. O Decreto nº 4.827 de 1924[149], regulamentado pelo Decreto nº 18.542 de 1928[150], de autoria de Filadelfo Azevedo, reorganizou os registros públicos previstos no Código Civil, criou a inscrição preventiva e finalmente inseriu o princípio da continuidade no direito registral imobiliário, preservando a cadeia dominial dos imóveis.

---

141. MIRANDA, Francisco Cavalcante Pontes de. **Fontes e evolução do direito civil brasileiro**. 2. ed. Rio de janeiro: Editora Forense, 1981, p. 79-96.
142. Ponte atribui a Rui Barbosa o grave erro de tratar a palavra "usucapião' como se fosse masculino, colocando um "o" na sua frente (o usucapião), que é na verdade feminina em todas as línguas e no latim (*usucapio*). (MIRANDA, Francisco Cavalcante Pontes de. **Fontes e evolução do direito civil brasileiro**. 2. ed. Rio de janeiro: Editora Forense, 1981, p. 92).
143. MIRANDA, Francisco Cavalcante Pontes de. **Fontes e evolução do direito civil brasileiro**. 2. ed. Rio de janeiro: Editora Forense, 1981, p. 79-96.
144. LAGO, Ivan Jacopetti do. **História do Registro de Imóveis**. São Paulo: Thomson Reuters Brasil, 2020, p. 217.
145. Código Civil de 1916. Artigo 859. Presume-se pertencer o direito real à pessoa, em cujo nome se inscreveu, ou transcreveu. (BRASIL. Lei nº 3.071, de 1º de janeiro de 1916. Código Civil dos Estados Unidos do Brasil. Disponível em: http://www.planalto.gov.br/ccivil_03/leis/l3071.htm Acesso em: 15 nov. 2021).
146. Lorruane Matuszewki explica que o Código, ao tratar dos atos sujeitos a registro, nomeou os assentos ora com o nome de transcrição, ora de inscrição, ora de averbação. A terminologia foi melhor empregada pelo regulamento posterior que manteve a transcrição para as transmissões e inscrição para os demais direitos reais. MATSZEWSKI, Lorruane. **A abertura de matrícula de imóveis públicos no Brasil**. Coleção Direito Imobiliário. Vol VI. Coordenador: Alberto Gentil de Almeida Pedroso. São Paulo: Thomson Reuter Brasil, 2020, pág. 99.
147. A partir do Código Civil de 1916, ficou proibida a usucapião de terras devolutas.
148. CARVALHO, Afrânio de. **Registro de Imóveis**: comentários ao sistema de registro em face da lei 6015 de 1973, com alterações da lei 6216 de 1975, lei 8.009 de 1990 e lei 8935 de 18.11.1994. 4. ed. Rio de janeiro: Forense, 2001, p. 6.
149. BRASIL. Decreto nº 4.827, de 7 de fevereiro de 1924. Reorganiza os registros publicos instituidos pelo Codigo Civil. Disponível em: http://www.planalto.gov.br/ccivil_03/decreto/historicos/dpl/DPL4827-1924.htm Acesso em: 15 nov. 2021.
150. BRASIL. Decreto nº 18.542, de 24 de dezembro de 1928. Approva o regulamento para execução dos serviços concernentes nos registros publicos estabelecidos pelo Codigo Civil. Disponível em: http://www.planalto.gov.br/ccivil_03/decreto/1910-1929/d18542.htm Acesso em: 15 nov. 2021.

1.6 A NOVA LEI DE REGISTROS PÚBLICOS (LEI 6.015/73)

Em 1º de janeiro de 1976 entrou em vigor a Lei 6.015/73, que revolucionou o sistema registral imobiliário brasileiro, determinando que cada imóvel, a partir da entrada em vigor da lei, deve possuir matrícula própria, a qual será aberta no primeiro registro a ser realizado. A Lei 14.382/2022[151] alterou o artigo 176 da Lei 6.015/73 determinando que a abertura de matrícula seja realizada também no primeiro ato de averbação, caso a transcrição possua todos os requisitos necessários.

Com a Lei 6.015/73 os imóveis passam a ser o centro do sistema, não mais as pessoas, instituindo-se o Livro 2 como o repositório de todas os registros e averbações previstos na norma. Assim, o registro de imóveis passa a funcionar com os seguintes livros:

Livro 1- Protocolo, para o recebimento de títulos (art. 174);

Livro 2- Registro Geral, o qual constará no *caput* a matrícula do imóvel e depois receberá os registros e averbações pertinentes (art. 176);

Livro 3- Registro Auxiliar, o qual receberá os demais atos, que não dizem respeito necessariamente aos imóveis matriculados, mas que por força de lei devem receber a publicidade pelo registro (art. 178);

Livro 4- Indicador Real- repositório de todos os imóveis dos livros (art. 179);

Livro 5- Indicador Pessoal- repositório de nomes de todas as pessoas que estiverem nos livros (art. 180);

Livro de Aquisição de Imóveis Rurais por Estrangeiros (art. 10 da Lei 5.709/71)

A partir do próximo capítulo estudaremos detalhadamente os livros e atos do registro de imóveis.

---

151. A Lei 14.382 também dispôs sobre o Sistema Eletrônico de Registros Públicos (SERP), já tratado no art. 37 da Lei 11.977/2009.

Capítulo 2
PRINCÍPIOS REGISTRAIS IMOBILIÁRIOS

2.1 NOÇÕES GERAIS

Os princípios, de uma forma ampla, estruturam e norteiam todo o sistema jurídico. A Lei de Introdução às Normas do Direito Brasileiro (LINDB)[1] dispõe que o juiz deve decidir o caso concreto de acordo com os princípios gerais do direito quando a lei for omissa[2], além de consultar a analogia e os costumes. Dessa forma, há grandes discussões doutrinárias acerca dos princípios e das regras[3].

O vocábulo princípio indica a origem, o começo, a primeira parte, a primazia, superioridade, o que vem do príncipe, o principal e mais importante[4], sendo aquilo que precede o conhecimento. Eles não têm vida própria, mas estão estruturados de forma que toda obrigatoriedade jurídica repousa neles, cabendo ao juiz descobri-los no caso concreto, atribuindo-lhes força e vida[5].

Não se trata, portanto, de princípios gerais de direito nacional, mas, sim, dos fundamentos da cultura humana[6], baseados nas noções de liberdade, justiça, equidade, moral, sociologia e legislação comparada, formando a base da civilização[7]. Emanados

---

1. BRASIL. Decreto-lei nº 4.657, de 4 de setembro de 1942. Lei de Introdução às normas do Direito Brasileiro. Disponível em: http://www.planalto.gov.br/ccivil_03/decreto-lei/del4657compilado.htm Acesso em: 15 nov. 2021.
2. Para Norberto Bobbio, só se pode falar em lacuna quando o caso não está regulado por nenhuma norma expressa, nem específica, nem geral, nem generalíssima. Ou seja, além de não existir norma, também o princípio geral, que poderia se encaixar, não é expresso, pois se o princípio geral for expresso não haveria diferença entre julgar o caso com base numa norma específica ou no princípio. (BOBBIO, Norberto. **Teoria do ordenamento jurídico**. 10. ed. Trad. Maria Celeste Cordeiro Leite Santos. Brasília: Editora Universidade de Brasília, 1999, p. 160).
3. Para Robert Alexy, as regras são as razões definitivas da norma, impondo que se faça exatamente o que elas exigem. Já os princípios são as razões prima face, atuando como razões diretas para as próprias regras, e determinam que seja feito algo na maior medida possível, dentro das possibilidades jurídicas existentes. Havendo colisão entre os princípios observa-se qual princípio tem mais peso no caso concreto, sem a necessidade de declarar o outro princípio como inválido, mas sim aplicando-se a regra da ponderação. (NEVES, Marcelo. **Entre Hidra e Hércules**: princípios e regras constitucionais como diferença paradoxal do sistema jurídico. São Paulo: Editora WMF Martins Fontes, 2013, p. 63-71).
4. DIP, Ricardo. **Registro de Imóveis (princípios)**. Registros Sobre Registros. Tomo I. Campinas: Editora PrimVs, 2017, p. 14.
5. DINIZ, Maria Helena. **As lacunas do Direito**. 10. ed. São Paulo: Saraiva Educação, 2019, p. 233.
6. Serpa Lopes entende que, embora os princípios gerais do direito tenham caráter universal, eles devem ser procurados em conformidade com o espírito do direito nacional, ou pelo menos não ser incompatível com ele. (LOPES, Miguel Maria de Serpa. **Comentário Teórico e Prática da Lei de Introdução ao Código Civil**. Rio de Janeiro: Jacintho Editora, 1943, v. I, p. 221).
7. BEVILAQUA, Clóvis. **Código Civil dos Estados Unidos do Brasil**. 6. ed. Rio de Janeiro: Francisco Alves, 1940, v. I, p. 112-113.

do Direito Romano, estão sistematizados em três axiomas: não lesar ninguém, dar a cada um o que é seu e viver honestamente[8]. Para Norberto Bobbio[9]:

> Os princípios gerais são apenas, a meu ver, normas fundamentais ou generalíssimas do sistema, as normas mais gerais. A palavra princípios leva a engano, tanto que é velha questão entre os juristas se os princípios gerais são normas. Para mim não há dúvida: os princípios gerais são normas como todas as outras, [...] Para sustentar que os princípios gerais são normas, os argumentos são dois, e ambos válidos: antes de mais nada, se são normas aquelas das quais os princípios gerais são extraídos, através de um procedimento de generalização sucessiva, não se vê por que não devam ser normas também eles: se abstraio da espécie animal obtenho sempre animais, e não flores ou estrelas. Em segundo lugar, a função para qual são extraídos e empregados é a mesma cumprida por todas as normas, isto é, a função de regular um caso. [...] Ao lado dos princípios gerais expressos há os não expressos, ou seja, aqueles que se podem tirar por abstração de normas específicas ou pelo menos não muito gerais: são princípios, ou normas generalíssimas, formuladas pelo intérprete, que busca colher, comparando normas aparentemente diversas entre si, aquilo a que comumente se chama de espírito do sistema.

Além dos Princípios Gerais do Direito, também cada Estado tem seus princípios constitucionais e, posterior a isso, cada ramo do direito tem os seus próprios princípios, o que ocorre naturalmente com o Direito Registral Imobiliário, os quais são chamados carinhosamente de princípios do registro de imóveis.

Uma dificuldade seria enumerar todos os princípios que gravitam ao redor do registro de imóveis. Não há unanimidade quanto a isso. Todavia, é possível apontar os princípios mais discutidos e mencionados na doutrina e na jurisprudência, o que serve de norte para o nosso estudo.

De regra, é no momento que o título ingressa na serventia, e será objeto de qualificação pelo registrador, que os princípios serão evocados e aplicados ao caso concreto. A leitura do título, pela mente do registrador, é organizada nos princípios e regras que norteiam o sistema. Ao passar os olhos, o registrador já identifica os diplomas legais evidentes no título e, ao confrontar com a matrícula ou transcrição, ele aplica mentalmente os princípios. Após, debruça-se sobre o título e sobre o seu acervo, analisando as bases do negócio jurídico, mirando na segurança jurídica das partes e da sociedade. O título, então, está qualificado, o filtro foi aplicado e, sendo deferido, o seu registro será lavrado. Todavia, se o registrador entender que a segurança jurídica está em risco, lavrará nota devolutiva, mesmo que a contragosto.

2.2 PRINCÍPIOS APLICADOS AO DIREITO IMOBILIÁRIO REGISTRAL

Neste ponto, estudaremos os princípios específicos do Direito Imobiliário Registral, sempre lembrando que a doutrina diverge quanto ao número de princípios consagrados. Existe uma tendência em considerar princípio aquilo que muitas vezes é uma regra e,

---

8. ROSENVALD, Nelson; FARIAS, Cristiano Chaves de. **Curso de Direito Civil**: Parte Geral e LINDB. 13. ed., rev. ampl. e atual. São Paulo: Atlas, 2015, v. I, p. 82.
9. BOBBIO, Norberto. **Teoria do ordenamento jurídico**. 10. ed. Trad. Maria Celeste Cordeiro Leite Santos. Brasília: Editora Universidade de Brasília, 1999, p. 158-159.

portanto, trabalharemos com aqueles institutos que realmente refletem um valor abstrato à norma. Eventualmente, quando encontrarmos alguma regra que parte da doutrina considera como princípio, far-se-á menção a isso.

A sequência dos princípios a serem abordados foi dentro de uma lógica prática, simbolizando o caminho do título no registro de imóveis. Assim, o registrador está lá, em estado inerte, e de um lado está sentada a segurança jurídica e do outro lado está a publicidade. Atrás dele, um móvel com as matrículas e transcrições. Uma pessoa interessada roga ao registrador que receba o título, e ele aplicará a lei vigente naquele momento. O título é protocolado, podendo ser cindido ou não, e passará pelo filtro da legalidade, onde será analisada a continuidade e especialidade. Após, ele será inscrito e produzirá os efeitos desejados, concentrando na matrícula todas as ocorrências que interessem à sociedade, surgindo assim a fé pública registral.

2.3 PRINCÍPIO DA SEGURANÇA JURÍDICA

A segurança jurídica é a finalidade suprema de toda atividade notarial e registral. Talvez o correto seria chamá-la de mega princípio[10], pois todos os demais princípios convergem para ela. Ela é a luz que ilumina os demais princípios e não poderá ser confrontada por eles, caso ocorra algum conflito aparente entre os princípios. É a segurança jurídica que garante estabilidade e proteção aos negócios jurídicos imobiliários[11].

Leonardo Brandelli[12] leciona que a segurança jurídica pode ser vista sob o aspecto do Direito Objetivo e do Direito Subjetivo. Sob a ótica do Direito Objetivo, o ordenamento jurídico deve ser estável, acessível, interpretativo e seguro, o que não significa ser imutável, pois ele deve evoluir, porém de forma lenta, racional e previsível. Sob a ótica do Direito Subjetivo, a segurança jurídica deve manter e proteger o titular do direito contra ataques que possa sofrer. A tutela dos direitos subjetivos contempla a segurança jurídica estática e dinâmica. A segurança jurídica estática foca no Direito em estado de repouso (foca na publicidade) e a segurança jurídica dinâmica foca no direito em movimento, no tráfego imobiliário (foca na aparência). Ou seja, a segurança jurídica estática é o registro e ninguém poderá ser privado do seu direito inscrito sem a sua participação, seja ela pelo seu consentimento, por meio da manifestação de vontade ou mediante determinação judicial em processo em que participou e teve oportunidade de contraditório. Já a segurança jurídica dinâmica preserva o negócio jurídico realizado quando o adquirente tomou todas as cautelas necessárias e assim mesmo surgem circunstâncias desconhecidas e que ele não era obrigado a conhecer. Protege-se, assim, o terceiro de boa-fé que confiou em uma informação publicizada (confiou no registro, confiou na segurança jurídica estática).

---

10. Assim como no Direito de Família todos os princípios convergem para a dignidade da pessoa humana, no Direito Imobiliário todos os princípios convergem para a Segurança Jurídica.
11. Para Yasmine Coelho Kunrath, a segurança jurídica é um fator gerador de paz social, promocional da confiança nas instituições e pessoas (Yasmine Coelho. Direito fundamental à segurança jurídica: elementos de construção e efetividade sob a perspectiva notarial e registral. Dissertação de mestrado. UNIVALI. Itajaí/SC, 2017, pág. 75.)
12. BRANDELLI, Leonardo. **Registro de imóveis**: eficácia material. Rio de janeiro: Forense, 2016, p. 5-16.

Ricardo Dip[13] reforça a ideia de que a segurança jurídica estática é o *status* jurídico publicado, ou seja, é aquilo que está registrado e está público gerando efeitos. Já a segurança jurídica dinâmica é a confiança que a sociedade tem para firmar negócios, olhando o registro (segurança estática), ou seja, é a segurança do tráfego, da circulação da riqueza na sociedade e perante o crédito. Durante a formalização do título, o adquirente está no degrau da segurança jurídica dinâmica, confiando na estática. Após o registro, o titular da segurança jurídica dinâmica passa a fruir dos benefícios da segurança jurídica estática, pois agora seu direito está público, gerando efeitos. Por isso, a segurança jurídica dinâmica não pode ser considerada de forma separada da segurança jurídica estática.

Daí chamar-se a segurança jurídica de estática, referindo-se ao direito inscrito[14] registro de imóveis, e dinâmica, referindo-se aos contratos que se baseiam na segurança estática. Ou seja, a segurança jurídica deve ocorrer em relação aos meios (negócios) e em relação ao resultado (registro). Ela é a garantia de que as pessoas, seus bens e seus direitos não serão atacados e, caso sejam, a sociedade vai protegê-lo[15].

Mesmo sendo um princípio basilar, a segurança jurídica ofertada pelo registro de imóveis no Brasil não tem um caráter absoluto, apenas porque o registro do direito de propriedade está na matrícula do imóvel. O sistema brasileiro permite a anulação judicial do registro, considerando que a inscrição possui presunção relativa de veracidade, até a declaração de nulidade.

O Código Civil traz em seu artigo 1.245, § 2º[16], que "enquanto não se promover, por meio de ação própria, a decretação de invalidade do registro, e o respectivo cancelamento, o adquirente continua a ser havido como dono do imóvel". Este artigo está em perfeita harmonia com o artigo 252 da Lei nº 6.015/73[17], que diz: "O registro, enquanto não cancelado, produz todos os efeitos legais ainda que, por outra maneira, se prove que o título está desfeito, anulado, extinto ou rescindido."

Portanto, parte-se da premissa que o registro presume que o direito nele inscrito é verdadeiro, mas poderá ser anulado judicialmente, se provado o contrário. Essa prova compete a quem alegar a nulidade. Em alguns sistemas registrais, a exemplo do da Alemanha, o registro produz efeitos de confiabilidade absoluta, desprendendo-se do título que lhe deu origem. Após o registro, o título está saneado e o registro é intocável. Por isso se diz que o sistema de registro, neste caso, é abstrato, pois ele vive por si só, diferentemente do sistema brasileiro, que é causal e está vinculado ao título que lhe deu origem. Assim, se o negócio jurídico possui vícios, o registro poderá ser atingido, como exceção ao sistema.

---

13. DIP, Ricardo. **Registro de Imóveis (princípios)**. Tomo II. Descalvado: Editora Primus, 2017, p. 31.
14. Expressão *latu senso* que pode significar registro, averbação, protocolização, matrícula, etc. Veremos com maior profundidade ao estudar o princípio da inscrição.
15. DIP, Ricardo. **Registro de Imóveis (princípios)**. Tomo II. Descalvado: Editora Primus, 2017, p. 27.
16. BRASIL. **Lei nº 10.406, de 10 de janeiro de 2002**. Institui o Código Civil. Disponível em: http://www.planalto.gov.br/ccivil_03/leis/2002/l10406compilada.htm Acesso em: 15 nov. 2021.
17. BRASIL. **Lei nº 6.015 de 31 de dezembro de 1973**. Dispõe sobre os registros públicos, e dá outras providências. Disponível em: http://www.planalto.gov.br/ccivil_03/leis/l6015compilada.htm Acesso em: 15 nov. 2021.

CAPÍTULO 2 • PRINCÍPIOS REGISTRAIS IMOBILIÁRIOS

Em razão disso, recentemente, a Lei nº 13.097/15, alterada pela Lei 14.382/2022 atribuiu uma maior segurança jurídica[18] aos negócios jurídicos registrados, protegendo os adquirentes e os terceiros de boa-fé, conforme a redação do artigo 54[19]:

> Artigo 54. Os negócios jurídicos que tenham por fim constituir, transferir ou modificar direitos reais sobre imóveis são eficazes em relação a atos jurídicos precedentes, nas hipóteses em que não tenham sido registradas ou averbadas na matrícula do imóvel as seguintes informações:
>
> I – registro de citação de ações reais ou pessoais reipersecutórias;
>
> II – averbação, por solicitação do interessado, de constrição judicial, de que a execução foi admitida pelo juiz ou de fase de cumprimento de sentença, procedendo-se nos termos previstos no art. 828 da lei 13.105 de 16 de março de 2015 (Código de Processo Civil);
>
> III – averbação de restrição administrativa ou convencional ao gozo de direitos registrados, de indisponibilidade ou de outros ônus quando previstos em lei; e
>
> IV – averbação, mediante decisão judicial, da existência de outro tipo de ação cujos resultados ou responsabilidade patrimonial possam reduzir seu proprietário à insolvência, nos termos do inciso IV do *caput* do art. 792 da lei 13.105, de 16 de março de 2015 (Código de Processo Civil).
>
> d1º Não poderão ser opostas situações jurídicas não constantes da matrícula no Registro de Imóveis, inclusive para fins de evicção, ao terceiro de boa-fé que adquirir ou receber em garantia direitos reais sobre o imóvel, ressalvados o disposto nos arts. 129 e 130 da Lei nº 11.101, de 9 de fevereiro de 2005, e as hipóteses de aquisição e extinção da propriedade que independam de registro de título de imóvel.
>
> § 2º Para a validade ou eficácia dos negócios jurídicos a que se refere o *caput* deste artigo ou para a caracterização da boa-fé do terceiro adquirente de imóvel ou beneficiário de direito real, não serão exigidas:
>
> I – a obtenção prévia de quaisquer documentos ou certidões além daqueles requeridos nos termos do § 2º do art. 1º da Lei nº 7.433, de 18 de dezembro de 1985; e
>
> II – a apresentação de certidões forenses ou de distribuidores judiciais."

A Lei nº 13.097/15 procurou ampliar a segurança jurídica em relação aos adquirentes e aos terceiros de boa-fé, favorecendo, assim, o tráfego imobiliário. De certa forma, o Código Civil já estendia essa proteção ao terceiro de boa-fé, conforme observamos no artigo 167 em relação ao negócio jurídico nulo por simulação[20] e no artigo 1.827 em relação à venda *non domino*[21] por herdeiro aparente[22]. Nesses casos, havendo aquisição onerosa por um terceiro de boa-fé, o registro deve ser mantido[23].

---

18. Estudaremos com maior profundidade o tema quando analisarmos o princípio da concentração.
19. BRASIL. Lei nº 13.097, de 19 de janeiro de 2015. Reduz a zero as alíquotas da Contribuição para o PIS/PASEP, da COFINS, da Contribuição para o PIS/PASEP – Importação e da COFINS -Importação incidentes sobre a receita de vendas e na importação de partes utilizadas em aerogeradores; [...]. Disponível em: http://www.planalto.gov.br/ccivil_03/_ato2015-2018/2015/lei/l13097.htm Acesso em: 15 nov. 2021.
    Segundo alguns autores, em especial, o professor João Pedro Lamana Paiva, este artigo inseriu no sistema brasileiro o princípio da concentração de atos na matrícula do imóvel.
20. Artigo 167. É nulo o negócio jurídico simulado, mas subsistirá o que se dissimulou, se válido for na substância e na forma. § 2º Ressalvam-se os direitos de **terceiros de boa-fé** em face dos contraentes do negócio jurídico simulado. (grifo nosso).
21. Venda non domino é aquela hipótese em que um suposto proprietário vende um bem que não é seu, o que a lei considera como ineficaz. (TARTUCE, Flávio. **Direito Civil**: direito das coisas. 13. ed. Rio de Janeiro: Forense, 2021, p. 189).
22. Artigo 1.827. O herdeiro pode demandar os bens da herança, mesmo em poder de terceiros, sem prejuízo da responsabilidade do possuidor originário pelo valor dos bens alienados. Parágrafo único. São eficazes as alienações feitas, a título oneroso, pelo herdeiro aparente a terceiro de boa-fé.
23. ROSENVALD, Nelson; BRAGA NETO, Felipe. **Código Civil Comentado**. Salvador: Editora JusPodivm, 2020, p. 188.

É importante saber quem é o terceiro[24] de boa-fé ao qual as leis se referem. Assim, se Montesquieu vende para Voltaire e este negócio está eivado de vício, ele poderá ser anulado na forma da lei. Voltaire não é um terceiro de boa-fé, ele é o adquirente de boa-fé. Porém, caso Voltaire venda o imóvel para Robespierre, e ele tomou toda cautela devida ao consultar a vida do imóvel no registro de imóveis, ele é um terceiro de boa-fé. Terceiro porque estranho à relação anterior entre Montesquieu e Voltaire. No exemplo, Montesquieu é o vendedor, Voltaire é o adquirente de boa-fé e Robespierre é o terceiro de boa-fé[25]. Entre o adquirente e o terceiro-adquirente existem diferenças. Ambos são protegidos, mas o terceiro de boa-fé parece receber uma maior proteção do ordenamento, pois está mais distante do vício, que pertencia à relação anterior[26].

Como forma de aumentar a segurança do adquirente e do terceiro de boa-fé, a Lei de Registros Públicos[27] (artigo 214) e o Código Civil[28] (artigo 1.242) possuem um mecanismo de defesa, denominado de usucapião tabular, ou seja, se promovida ação para anular um registro e houver um adquirente ou um terceiro de boa-fé, e ele já houver preenchido os requisitos da usucapião, ou se passados cinco anos do registro houver estabelecido moradia ou realizados investimentos de valor econômico e social, não perderá o imóvel, sendo-lhe mantido o direito de propriedade.

Por fim, a importância da segurança jurídica está clara quando o sistema de registro de imóveis é confiável, e existe a certeza da titularidade da propriedade, pois isso baliza

---

24. Marcelo Krug Fachin Torres explica que terceiros, na linguagem técnico-registral são aqueles protegidos a partir do preenchimento dos pressupostos e, consequentemente, do funcionamento do princípio da fé pública registral em seu benefício, mas destaca que existe uma divergência na doutrina portuguesa em relação ao seu conceito. Segundo Marcelo, a concepção adotada no país refere o terceiro como aquele que adquiriu de um transmitente comum, direitos incompatíveis entre si. Em sentido contrário, os defensores de um conceito amplo de terceiro, lecionam que ele (terceiro) tem a seu favor um direito que não pode ser afetado pela produção de efeitos de um ato que não foi levado a registro, e que é incompatível com aquele seu direito. (TORRES, Marcelo Krug Fachin. **Assentos registrais provisórios**. Rio de Janeiro: Lumen Juris, 2021, p. 118).
25. Ivan Jacopetti do lago explica: "O que significa "terceiro" aqui? Por terceiro entende-se alguém que não adquiriu o bem ou direito diretamente daquele que teve sua situação jurídica violada. Assim, por exemplo, se "B" compra o bem de alguém que se passa por "A", proprietário do bem, esta pessoa "B", mesmo que esteja de boa-fé, não contará com a proteção da eficácia material do registro. Já se "B" comprou de "A" – que se passou pelo proprietário tabular – e vendeu o bem a "C", então "C", se de boa-fé, contará com a proteção". (LAGO, Ivan Jacopetti do. A lei 13.097 de 2015 e sua contribuição para a governança fundiária. **Revista de Direito Imobiliário**, São Paulo, Revista dos Tribunais, v. 39, n. 81, p. 155–184, jul./dez. 2016. Disponível em: https://www.lexml.gov.br/urn/urn:lex:br:rede.virtual.bibliotecas:artigo.revista:2016;1001086474 Acesso em: 15 nov. 2021).
26. No exemplo citado, se Voltaire dispensou algumas certidões negativas na compra e venda, relativas a Montesquieu, assumiu o risco do negócio. Ao vender para Robespierre, isso não aparecerá, pois o registro já está realizado em nome de Voltaire e a dispensa consta apenas do título. Robespierre poderá adotar todas as cautelas necessárias do negócio, exigindo certidões negativas de Voltaire, mas não de Montesquieu, que não integra mais a relação. Portanto, Robespierre, cauteloso, é um terceiro de boa-fé. Por outro lado, isso não significa que Voltaire adquiriu de Montesquieu de má-fé. Apenas ele não tomou todas as cautelas necessárias, o que poderá levar à perda da propriedade, se ainda estiver na sua titularidade quando o vício for questionado.
27. Artigo 214. As nulidades de pleno direito do registro, uma vez provadas, invalidam-no, independentemente de ação direta. § 5º A nulidade não será decretada se atingir **terceiro de boa-fé** que já tiver preenchido as condições de usucapião do imóvel. (grifo nosso).
28. Artigo 1.242. Adquire também a propriedade do imóvel aquele que, contínua e incontestadamente, com justo título e **boa-fé**, o possuir por dez anos. Parágrafo único. Será de cinco anos o prazo previsto neste artigo se o imóvel houver sido adquirido, onerosamente, com base no registro constante do respectivo cartório, cancelada posteriormente, desde que os possuidores nele tiverem estabelecido a sua moradia, ou realizado investimentos de interesse social e econômico. (grifo nosso).

as transações imobiliárias e em especial o crédito imobiliário. Se o sistema de registro de imóveis não for confiável, aumentam-se as disputas judiciais, em razão das fraudes, e o crédito torna-se mais caro, gerando menos investimentos no mercado[29].

2.4 PRINCÍPIO DA PUBLICIDADE

A publicidade em si é um princípio amplo que passeia por vários ramos do Direito e está previsto na CF/88[30], como um requisito de eficácia e moralidade administrativa[31]. A publicidade exige a mais ampla divulgação dos atos praticados pela Administração Pública, salvo as hipóteses de sigilo previstas em lei[32]. Apesar de ser um véu que cobre diversos ramos do Direito, aqui nos interessa a sua aplicação no registro imobiliário e os efeitos decorrentes dele.

Leonardo Brandelli[33] explica que a publicidade imobiliária é a atividade destinada a dar conhecimento de certa situação para alguém e, ao mesmo tempo, tornar acessíveis a toda coletividade certas informações. A isso denomina-se cognoscibilidade, ou seja, a possibilidade de todos terem acesso às informações que estão públicas no registro de imóveis e, portanto, são oponíveis *erga omnes*. O fim último da cognoscibilidade é a segurança jurídica do direito que está inscrito (segurança estática) e a segurança jurídica do tráfego imobiliário (segurança dinâmica). Portanto, a publicidade é o oposto da clandestinidade e sempre que uma situação jurídica tiver a potencialidade de afetar terceiros que não integram a relação, haverá necessidade de publicizar essa situação, para que esses terceiros tomem conhecimento e, assim, recebam os efeitos dela decorrentes[34].

Lysippo Garcia[35] entende que a propriedade é um direito cujo conhecimento a todos interessa, por uma questão de ordem pública, uma ideia também compreendida por Ricardo Dip ao afirmar que, com a publicidade do registro, alcança-se o bem comum, o bem de toda a sociedade, a *res publica*[36]. Assim, o sistema de registro imobiliário é público para que todos saibam o seu conteúdo e para identificar o marco inicial na produção de certos efeitos, pois nos negócios jurídicos imobiliários existem duas relações distintas que interessam a todos: a relação do proprietário e os que contratam com ele, e a relação do proprietário e toda sociedade[37].

---

29. ROSENFIELD, Denis Lerrer. **Reflexões sobre o Direito à propriedade**. Rio de Janeiro: Elsevier, 2008, p. 90.
30. Artigo 37 da CF/88. (BRASIL. [Constituição (1988)]. **Constituição da República Federativa do Brasil de 1988**. Brasília, DF: Presidência da República, [2021]. Disponível em: http://www.planalto.gov.br/ccivil_03/Constituicao/Constituiçao.htm. Acesso em: 15 nov. 2021).
31. MEIRELLES, Hely Lopes. **Direito administrativo brasileiro**. 16. ed. atual. pela Constituição de 1988. São Paulo: Editora Revista dos tribunais, 1991, p. 81.
32. DI PIETRO, Maria Sylvia Zanella. **Direito administrativo**. 33. ed. Rio de Janeiro: Forense, 2020, p. 100.
33. BRANDELLI, Leonardo. **Registro de imóveis:** eficácia material. Rio de janeiro: Forense, 2016, p. 80.
34. BRANDELLI, Leonardo. **Registro de imóveis:** eficácia material. Rio de janeiro: Forense, 2016, p. 87.
35. GARCIA, Lysippo. **O registro de Imóveis:** A Transcrição. São Paulo: Livraria Francisco Alves, 1922, v. I, p. 26.
36. DIP, Ricardo. **Registro de Imóveis (princípios)**. Tomo II. Descalvado: Editora Primus, 2017, p. 109.
37. GARCIA, Lysippo. **O registro de Imóveis:** A Transcrição. São Paulo: Livraria Francisco Alves, 1922, v. I, p. 25.

Essa publicidade[38] é dependente de qualificação registral, ou seja, o exame de legalidade realizado pelo registrador. É isso que torna a publicidade um dos pilares do sistema registral imobiliário. Como ensina Marcelo Augusto Santana de Melo[39], "as situações jurídicas publicizadas no registro de imóveis são de transcendência real", ora constituindo o direito real, ora permitindo a disponibilidade[40].

A doutrina divide a publicidade em formal e material. Considera-se publicidade formal a emissão de certidões[41] daquilo que se encontra registrado, e a publicidade material o efeito produzido após a inscrição[42] (protocolo de título, registro, averbação, abertura de matrícula, anotação).

Quando alguém solicita uma certidão no registro de imóveis[43], poderá fazê-lo por requerimento. A certidão poderá ser emitida sob diversos formatos[44], entre eles a certidão de inteiro teor, resumida, relatório conforme quesitos e situação jurídica do imóvel. Caso seja solicitada certidão de algum imóvel, que está na mira de um título protocolado, mas ainda não registrado porque está no prazo legal, deverá o registrador mencionar que existe um título apontado em relação àquele imóvel, mas carente de registro ou averbação. A Lei 14.382/2022 alterou substancialmente o artigo 19 da Lei 6.015/73 em relação às certidões, conforme se observa:

> Art. 19. A certidão será lavrada em inteiro teor, em resumo, ou em relatório, conforme quesitos, e devidamente autenticada pelo oficial ou seus substitutos legais, não podendo ser retardada por mais de 5 (cinco) dias. (Redação dada pela Lei nº 6.216, de 1975)
>
> § 1º A certidão de inteiro teor será extraída por meio reprográfico ou eletrônico. (Redação dada pela Lei nº 14.382, de 2022)
>
> § 2º [...]
>
> § 3º [...]
>
> § 4º [...]
>
> § 5º As certidões extraídas dos registros públicos deverão, observado o disposto no § 1º deste artigo, ser fornecidas eletronicamente, com uso de tecnologia que permita a sua impressão pelo usuário e a identificação segura de sua autenticidade, conforme critérios estabelecidos pela Corregedoria Nacional

---

38. Nicolau Balbino Filho leciona que: "A publicidade é a alma dos registros públicos. É a oportunidade que o legislador quer dar ao povo de conhecer tudo o que lhe interessa a respeito de determinados atos. Deixa-o a par de todo o movimento de pessoas e bens". (BALBINO FILHO, Nicolau. **Registro de Imóveis**: doutrina, prática e jurisprudência. 16. ed. rev. e atual. São Paulo: Saraiva, 2012, p. 42).
39. MELO, Marcelo Augusto Santana de. **Teoria Geral do registro de Imóveis**. Estrutura e Função. Porto Alegre: Sergio Antonio Fabris Editor, 2016, p. 118.
40. Nos negócios jurídicos intervivos o registro constitui o direito real. Na sucessão hereditária e nas aquisições originárias o registro permite a disposição da propriedade.
41. A CF/88 prevê como direito fundamental a obtenção de certidões em repartições públicas, para defesa dos direitos e esclarecimento de situações de interesse pessoal (artigo 5º, inciso XXXIV) (BRASIL. [Constituição (1988)]. **Constituição da República Federativa do Brasil de 1988**. Brasília, DF: Presidência da República, [2021]. Disponível em: http://www.planalto.gov.br/ccivil_03/Constituicao/Constituicao.htm. Acesso em: 15 nov. 2021).
42. Toda vez que o registrador escreve nos seus livros ele está inscrevendo algum direito relevante, o qual torna-se público e, a partir dessa inscrição, gera efeitos perante terceiros. Essa inscrição, por ser pública, poderá ser objeto de uma certidão.
43. A emissão de certidões está prevista na parte geral da lei de registros públicos, entre os artigos 16 a 21.
44. Inteiro teor é a certidão completa, verbum ad verbum; Resumida é a certidão fornecida apenas com os elementos essenciais, vigentes e, por relatório é a certidão que o oficial emite respondendo quesitos formulados por escrito, em razão da complexidade dos registros e averbações narrados.

de Justiça do Conselho Nacional de Justiça, dispensada a materialização das certidões pelo oficial de registro. (Redação dada pela Lei nº 14.382, de 2022)

§ 6º O interessado poderá solicitar a qualquer serventia certidões eletrônicas relativas a atos registrados em outra serventia, por meio do Sistema Eletrônico dos Registros Públicos (Serp), nos termos estabelecidos pela Corregedoria Nacional de Justiça do Conselho Nacional de Justiça. (Incluído pela Lei nº 14.382, de 2022)

§ 7º A certidão impressa nos termos do § 5º e a certidão eletrônica lavrada nos termos do § 6º deste artigo terão validade e fé pública. (Incluído pela Lei nº 14.382, de 2022)

§ 8º Os registros públicos de que trata esta Lei disponibilizarão, por meio do Serp, a visualização eletrônica dos atos neles transcritos, praticados, registrados ou averbados, na forma e nos prazos estabelecidos pela Corregedoria Nacional de Justiça do Conselho Nacional de Justiça. (Incluído pela Lei nº 14.382, de 2022)

§ 9º A certidão da situação jurídica atualizada do imóvel compreende as informações vigentes de sua descrição, número de contribuinte, proprietário, direitos, ônus e restrições, judiciais e administrativas, incidentes sobre o imóvel e o respectivo titular, além das demais informações necessárias à comprovação da propriedade e à transmissão e à constituição de outros direitos reais. (Incluído pela Lei nº 14.382, de 2022)

§ 10. As certidões do registro de imóveis, inclusive aquelas de que trata o § 6º deste artigo, serão emitidas nos seguintes prazos máximos, contados a partir do pagamento dos emolumentos: (Incluído pela Lei nº 14.382, de 2022)

I – 4 (quatro) horas, para a certidão de inteiro teor da matrícula ou do livro auxiliar, em meio eletrônico, requerida no horário de expediente, desde que fornecido pelo usuário o respectivo número; (Incluído pela Lei nº 14.382, de 2022)

II – 1 (um) dia, para a certidão da situação jurídica atualizada do imóvel; e (Incluído pela Lei nº 14.382, de 2022)

III – 5 (cinco) dias, para a certidão de transcrições e para os demais casos. (Incluído pela Lei nº 14.382, de 2022)

§ 11. No âmbito do registro de imóveis, a certidão de inteiro teor da matrícula conterá a reprodução de todo seu conteúdo e será suficiente para fins de comprovação de propriedade, direitos, ônus reais e restrições sobre o imóvel, independentemente de certificação específica pelo oficial. (Incluído pela Lei nº 14.382, de 2022)

§ 12. Na localidade em que haja dificuldade de comunicação eletrônica, a Corregedoria-Geral da Justiça Estadual poderá autorizar, de modo excepcional e com expressa comunicação ao público, a aplicação de prazos maiores para emissão das certidões do registro de imóveis de que trata o § 10 deste artigo. (Incluído pela Lei nº 14.382, de 2022)

O princípio da publicidade vem sendo mitigado por normas especiais que tratam de informações sensíveis, visando proteger a dignidade da pessoa humana. É o caso do Provimento nº 149 do CNJ, que dispõe sobre a pessoa transexual[45], permitindo a alteração

---

45. Provimento 149 CNJ – Art. 519. A alteração de que trata o presente Capítulo tem natureza sigilosa, razão pela qual a informação a seu respeito não pode constar das certidões dos assentos, salvo por solicitação da pessoa requerente ou por determinação judicial, hipóteses em que a certidão deverá dispor sobre todo o conteúdo registral. (BRASIL. Conselho Nacional de Justiça. Provimento nº 149 de 30 de agosto de 2023. Institui o Código Nacional de Normas da Corregedoria Nacional de Justiça do Conselho Nacional de Justiça – Foro Extrajudicial (CNN/ CN/CNJ-Extra), que regulamenta os serviços notariais e de registro. Disponível em: https://atos.cnj.jus.br/atos/detalhar/5243. Acesso em: 15 fev. 2024)

do seu gênero e do seu prenome no registro civil de pessoas naturais[46] sem determinação judicial ou laudos médicos. O provimento baseia-se no resultado da ADI 4.275/DF[47], que acolheu o Parecer Consultivo da Corte Interamericana de Direito Humanos após consulta da República da Costa Rica que analisou a publicação dos Princípios de Yogyakarta sobre a identidade de gênero[48]. Outra hipótese de mitigação da publicidade encontra-se na Lei Geral de Proteção de Dados (LGPD), Lei nº 13.079/18[49], a qual foi objeto da Resolução nº 363/2021[50] do CNJ e choca-se com o artigo 17 da Lei de Registros Públicos[51], devendo o registrador proceder à ponderação[52] na análise do caso concreto. Recentemente o CNJ publicou o Provimento 134 de 24 de agosto de 2022, estabelecendo medidas a serem adotadas pelas serventias extrajudiciais em âmbito nacional.

A regra geral é que a publicidade formal ocorra de forma indireta, ou seja, por meio de certidões. A pessoa não tem contato direto com os livros do registro de imóveis. Deve requerer ao registrador a emissão da certidão e o registrador, após consultar o seu acervo, emitirá a certidão do ato que se encontra lavrado no seu ofício. Algumas normas tentam excepcionar a publicidade formal indireta, como é o caso da atual Lei do Parcelamento do Solo Urbano[53], que prevê a possibilidade de qualquer pessoa examinar os documentos

---

46. Apesar do Provimento nº 73 não tratar da emissão de certidões pelo registrador de imóveis, discute-se sobre a possibilidade de averbação da alteração do prenome e gênero por averbação na matrícula e logo após procede-se ao seu encerramento, transportando todos os atos vigentes para uma nova matrícula, onde não se mencionará que houve a alteração, emitindo-se, então, uma certidão desta nova matrícula. Sobre a possibilidade de certidão da matrícula anterior, para fins de conhecimento da história vintenária do imóvel, necessária será a autorização judicial.
47. BRASIL. Supremo Tribunal Federal. **ADI 4.275/DF**, Rel. Min. Marco Aurélio, Plenário, DJ de 01-03-2018. Disponível em: https://redir.stf.jus.br/paginadorpub/paginador.jsp?docTP=TP&docID=749297200 Acesso em: 15 nov. 2021.
48. SALOMÃO, Marcos Costa. O Direito do transexual a alteração do prenome e do gênero no registro civil das pessoas naturais após o julgamento da ADI 4275. **XXVII Encontro Nacional do CONPEDI**. GT Gênero, Sexualidades e Direito II. Salvador, 2018, p. 23.
49. BRASIL. Lei nº 13.709, de 14 de agosto de 2018. Dispõe sobre a proteção de dados pessoais e altera a Lei nº 12.965, de 23 de abril de 2014 (Marco Civil da Internet). Disponível em: http://www.planalto.gov.br/ccivil_03/_ato2015-2018/2018/lei/l13709.htm Acesso em: 15 nov. 2021.
50. BRASIL. Conselho Nacional de Justiça. **Resolução nº 363 de 12 de janeiro de 2021**. Estabelece medidas para o processo de adequação à Lei Geral de Proteção de Dados Pessoais a serem adotadas pelos tribunais. Disponível em: https://atos.cnj.jus.br/atos/detalhar/3668 Acesso em: 15 nov. 2021.
51. Lei nº 6.015/73. Artigo 17. Qualquer pessoa poderá requerer certidão do registro sem informar ao oficial ou ao funcionário o motivo ou interesse do pedido. (BRASIL. **Lei nº 6.015 de 31 de dezembro de 1973**. Dispõe sobre os registros públicos, e dá outras providências. Disponível em: http://www.planalto.gov.br/ccivil_03/leis/l6015compilada.htm Acesso em: 15 nov. 2021).
52. O choque entre o princípio da publicidade e o princípio da proteção da intimidade pode ser resolvido com a técnica de ponderação exposta por Robert Alexy. Para ele, quanto maior o grau de descumprimento ou interferência em um princípio, maior deve ser a importância do cumprimento do outro princípio. Alexy leciona que a ponderação pode ser dividida em três níveis: no primeiro nível, observa-se o grau de descumprimento ou interferência de um princípio; no segundo nível observa-se a importância do cumprimento do princípio oposto; e no terceiro nível identifica-se se a importância do cumprimento justifica o descumprimento ou interferência do outro princípio. A partir daí é possível o registrador decidir sobre a emissão ou a negativa da certidão solicitada. (ALEXY, Robert. **Teoria discursiva do direito**. 2. ed. organização, tradução e estudo introdutório de Alexandre Travessoni Gomes Trivisonno. Rio de Janeiro: Forense Universitária, 2015, p. 154).
53. Lei nº 6.766/79. Artigo 24. O processo de loteamento e os contratos de depositados em Cartório poderão ser examinados por qualquer pessoa, a qualquer tempo, independentemente do pagamento de custas ou emolumentos, ainda que a título de busca. (BRASIL. **Lei nº 6.766, de 19 de dezembro de 1979**. Dispõe sobre o Parcelamento do Solo Urbano e dá outras Providências. Disponível em: http://www.planalto.gov.br/ccivil_03/leis/l6766.htm Acesso em: 15 nov. 2021).

do procedimento de loteamento arquivados em pasta própria no registro de imóveis. Neste caso, estamos diante de uma publicidade direta.

Quanto à publicidade material, ela está relacionada com os efeitos jurídicos do registro, que podem ser declarativos ou constitutivos. O efeito mínimo alcançado é o declarativo[54], ou seja, efeitos *erga omnes*, mas a lei prevê as hipóteses de efeito constitutivo, quando o direito obrigacional[55] alcança o *status* de direito real. Estudaremos com maior profundidade os efeitos declaratório e constitutivo quando abordarmos o princípio da inscrição[56], pois nos parece mais adequado enquadrá-los como efeitos do registro, e não como efeitos da publicidade.

2.5 PRINCÍPIO DA UNITARIEDADE OU UNICIDADE MATRICIAL

O princípio da unitariedade é a norma abstrata que iluminará o caminho do Livro 2 – Registro Geral, onde serão realizados todos os registros e averbações que a lei permite[57]. Já a matrícula é a descrição do imóvel, que vai inaugurar cada ficha[58] do Livro 2, com número próprio.

O princípio da unitariedade da matrícula ou da unicidade matricial estabelece que cada imóvel deve ter uma matrícula, bem como cada matrícula deve ter um imóvel[59]. No registro de imóveis, o controle da propriedade privada ocorre pela descrição do imóvel, que é o centro do sistema. Cada imóvel terá uma matrícula própria[60] e, nesta matrícula,

---

54. BRANDELLI, Leonardo. **Registro de imóveis**: eficácia material. Rio de janeiro: Forense, 2016, p. 86.
55. Leonardo Brandelli entende que: "O direito real é antecedido por um negócio juri-real, que irá gerar um direito potestativo à constituição do direito real, cuja execução, por meio do registro dará ensejo ao direito real. Em verdade, a publicidade do fato jurídico provocará o afloramento do efeito júri-real do negócio jurídico, decorrendo dele o nascimento do direito real. Sem o registro não há direito real; entretanto o direito real decorre da eficácia do negócio jurídico júri-real publicizado". (BRANDELLI, Leonardo. **Registro de imóveis**: eficácia material. Rio de janeiro: Forense, 2016, p. 86).
56. Para Marcelo Augusto Santana de Melo, os efeitos do registro devem ser estudados quando se analisa o princípio da inscrição, afirmação que concordamos. Para o autor: "É preciso distinguir primariamente a publicidade registral, que é a potencialidade de conhecimento por terceiros, de uma situação registral dos efeitos gerados pela inscrição. Existe publicidade em sistema de registro de documentos como o da França, como também existem efeitos distintos de atos registrados em um sistema de registro de direitos. Procedente a referida diferenciação, pode-se estudar cada particularidade sem correr risco de confusão entre os institutos. O momento adequado para analisar os efeitos gerados pela publicidade é o da análise da inscrição do título". (MELO, Marcelo Augusto Santana de. **Teoria Geral do registro de Imóveis**. Estrutura e Função. Porto Alegre: Sergio Antonio Fabris Editor, 2016, p. 120).
57. O artigo 169 da Lei nº 6.015/73 trata os registros e averbações previstos no artigo 167 como obrigatórios, mas não impõe penalidades pelo seu descumprimento, sendo uma responsabilidade do interessado.
58. Os registradores brasileiros optaram, em sua grande maioria, pelo sistema de fichas, abandonando o sistema de livros encadernados. Curiosamente, essa é uma faculdade que a lei de registros públicos. prevê em seu artigo 173, parágrafo único como uma a possibilidade, ou seja, facultativamente poderão os livros 2, 3, 4 e 5 ser substituídos por fichas.
59. A Lei nº 6.015/73 prevê em seu artigo 176, § 1º, inciso I que "cada imóvel terá matrícula própria...". (BRASIL. **Lei nº 6.015 de 31 de dezembro de 1973**. Dispõe sobre os registros públicos, e dá outras providências. Disponível em: http://www.planalto.gov.br/ccivil_03/leis/l6015compilada.htm Acesso em: 15 nov. 2021).
60. A própria Lei nº 6.015/73, alterada pela lei 14.382/2022 exceciona o princípio ao determinar no artigo 169, inciso II que os imóveis situados em duas ou mais circunscrições terão matrículas abertas em ambas as serventias de registros públicos.

serão narrados todos os atos importantes que lhe digam respeito, produzindo efeitos perante toda sociedade.

O imóvel matriculado será o espelho, a imagem do imóvel natural, descrevendo seu aspecto corpóreo e jurídico. Imóvel uno, matrícula una[61]. Aqui o princípio da unitariedade da matrícula ou unicidade registral. Em capítulo próprio trataremos detalhadamente da matrícula.

Assim, o Livro 2 é inaugurado pela matrícula (descrição do imóvel e proprietários), e depois recebe as averbações e os registros em ordem cronológica. A matrícula, por sua vez, deve conter apenas um imóvel, respeitando a unicidade.

2.6 PRINCÍPIO DA ROGAÇÃO

A rogação é o pedido que o interessado faz ao registrador para que inscreva nos seus livros determinado ato, produzindo os efeitos correspondentes. Rogar (do latim *rogo, rogare*)[62] é pedir com insistência, suplicar, pedir por favor. A rogação registral também recebe o nome de princípio instância, que corresponde ao pedido insistente, forte, assíduo, ou princípio da reserva de iniciativa, pois compete ao interessado requerer o ato. Portanto, o processo de registro inicia com um pedido do interessado, com voluntariedade, apesar de o artigo 169 da Lei nº 6.015/73 dizer que são obrigatórios os atos de registro e averbação enumerados no artigo 167.

A Lei de Registros Públicos trata da rogação na sua parte geral (artigo 13), permitindo o requerimento escrito ou verbal dos interessados, mas, no capítulo que trata do registro de imóveis, a norma permite que qualquer pessoa provoque o registro ou averbação (artigo 217). Além de escrito ou verbal, o requerimento também pode ser tácito[63], quando a pessoa apenas apresenta o título inscritível ao registrador, o que torna implícito o pedido[64]. Vejamos os dispositivos da Lei de Registros[65]:

> **Artigo 13.** Salvo as anotações e as averbações obrigatórias, os atos de registro serão praticados:
> I – Por ordem judicial
> II – a requerimento verbal ou escrito dos interessados
> III – a requerimento do ministério público
>
> **Artigo 217.** O registro e a averbação poderão ser provocados por qualquer pessoa, incumbindo-lhe as despesas respectivas.

Apesar de aparentemente conflitantes, ao mencionar que os registros e averbações são obrigatórios, podendo ser requeridos pelos interessados, mas provocados

---
61. DIP, Ricardo. **Registro de Imóveis (princípios)**. Tomo III. São Paulo: Editorial Lepanto, 2019, p. 195.
62. DIP, Ricardo. **Registro de Imóveis (princípios)**. Tomo III. São Paulo: Editorial Lepanto, 2019, p. 9-11
63. CARVALHO, Afrânio de. **Registro de Imóveis**: comentários ao sistema de registro em face da lei 6015 de 1973, com alterações da lei 6216 de 1975, lei 8.009 de 1990 e lei 8935 de 18.11.1994. 4. ed. Rio de janeiro: Forense, 2001, p. 270.
64. MIRANDA, Francisco Cavalcanti Pontes de. **Tratado de Direito Privado**. Rio de Janeiro: Editora Borsoi, 1956, v. 11, p. 332.
65. BRASIL. **Lei nº 6.015 de 31 de dezembro de 1973**. Dispõe sobre os registros públicos, e dá outras providências. Disponível em: http://www.planalto.gov.br/ccivil_03/leis/l6015compilada.htm Acesso em: 15 nov. 2021.

por qualquer pessoa, o que se busca é a legitimidade de quem está no título, e não quem apresenta o título. O que a lei permite é que qualquer pessoa possa levar o título a registro[66], mas não é qualquer pessoa que pode figurar no título[67]. Em alguns casos específicos, a lei exige requerimento escrito, com firma reconhecida do interessado, para que seja realizada a averbação (artigo 246, § 1º, da Lei nº 6.015/73), senão vejamos:

> **Artigo 246.**
> § 1º. As averbações a que se referem os itens 4 e 5 do inciso II do artigo 167 serão feitas a requerimento dos interessados, com firma reconhecida, instruído com documento dos interessados, com firma reconhecida, instruído com documento comprobatório pela autoridade competente. A alteração do nome só poderá ser averbada quando devidamente comprovada por certidão do Registro Civil.
> § 1º-A No caso das averbações de que trata o § 1º deste artigo, o oficial poderá providenciar, preferencialmente por meio eletrônico, a requerimento e às custas do interessado, os documentos comprobatórios necessários perante as autoridades competentes. (Incluído pela Lei nº 14.382, de 2022)
> **Artigo 167.**
> II- a averbação
> 4) a mudança de denominação e de numeração de prédios, da edificação, da reconstrução, da demolição, do desmembramento e do loteamento de imóveis;
> 5) da alteração de nome por casamento ou desquite, ou ainda, de outras circunstâncias que, de qualquer modo, tenham influência no registro ou nas pessoas nele interessadas;

Walter Ceneviva[68] entende que a expressão "qualquer pessoa" é inequívoca, não podendo o oficial questionar, nem mesmo a capacidade do apresentante do título. Com maior cautela, Martin Woff[69] ressalta que basta a simples apresentação de documentos a registro para que o registrador esteja obrigado ao protocolo, sem prejuízo de que, posteriormente, na qualificação, defira ou não o registro.

Dessa forma, qualquer pessoa poderá apresentar ao registro um título, que será protocolado, mas o pedido somente será deferido pelo registrador se a pessoa que consta no título for realmente interessada no ato. Não sendo interessado, o registrador emitirá nota devolutiva, para que seja sanado o vício, mantendo o número de protocolo e a prioridade, pelo prazo legal.

Em determinados casos, como exceção ao sistema, a lei permite que o registrador proceda de ofício, realizando um ato em seus livros, quebrando a regra da provocação. É o caso da retificação prevista no artigo 213, inciso I, da Lei nº 6.015/73, bem como os casos de abertura de matrícula quando do primeiro registro ou averbação[70] de imóvel ainda objeto de transcrição, averbação de encerramento de matrícula quando o imóvel

---

66. DIP, Ricardo. **Registro de Imóveis (princípios)**. Tomo III. São Paulo: Editorial Lepanto, 2019, p. 18, entende que após a apresentação do título e antes da inscrição, pode haver a desistência por parte do apresentante.
67. AUGUSTO, Eduardo Agostinho Arruda. **Registro de Imóveis, retificação e georreferenciamento**: fundamento e prática. São Paulo: Saraiva, 2013, p. 230.
68. CENEVIVA, Walter. **Lei dos registros públicos comentada**. 15. ed. São Paulo: Saraiva, 2003, p. 442.
69. WOLFF, Martin. Derecho de Cosas. In: ENNECCERUS, Ludwig; KIPP, Theodor; WOFF, Martin. **Tratado de Direito Civil**. 2. ed. Trad. Blas Pérez González e José Alguer. Barcelona: Bosh, 1951, v. I, p. 160.
70. Veja o artigo 176, § 1º, inciso I da Lei 6.015/73, alterado pela lei 14.382/2022.

é desmembrado em outros tantos, casos de abertura de novas matrículas em procedimento especial de loteamento, hipóteses específicas de suscitação de dúvida, transporte de ônus quando da abertura de matrícula[71], entre outros. Em todos os casos, deve haver uma norma expressa autorizando o oficial proceder de ofício.

Ponto polêmico refere-se ao cancelamento de ofício das hipotecas convencionais registradas há mais de 30 anos[72], chamadas de peremptas. O artigo 1.485 do Código Civil[73] determina que após este prazo surge a necessidade de novo título e novo registro, o qual é corroborado pelo artigo 238 da Lei nº 6.015/73. Assim, após 30 anos a hipoteca está extinta, o crédito persiste sem a garantia, mas o registro ainda está na matrícula. A dúvida é se o registrador pode cancelar de ofício a referida hipoteca, ou pode aceitar simples requerimento do devedor, sem consentimento do credor, ou depende de autorização judicial.

Afrânio de Carvalho[74], citando Pontes de Miranda, lembra que é essencial a necessidade de autorização legal para o registrador promover a baixa. Sem que a lei permita o ato de ofício, não pode o registrador fazê-lo, sob pena de responsabilidade civil e administrativa. Recentemente, alguns Códigos de Normas e as Consolidações Normativas dos Estados vêm permitindo requerimento unilateral do devedor solicitando a baixa da hipoteca perempta, em alguns casos apresentando certidão negativa judicial que demonstre não existir processo entre credor e devedor.

2.7 PRINCÍPIO O TEMPO REGE O ATO (*TEMPUS REGIT ACTUM*)

Como já estudado, no Brasil, o sistema de transmissão de propriedade *inter vivos* ocorre pelo sistema título e modo (registro). O título requer na sua formação[75] o respeito aos elementos de validade[76], previstos no artigo 104 do Código Civil, além dos elementos próprios de cada negócio jurídico. Todavia, é com o registro que surgem os efeitos esperados do negócio jurídico. Pontes de Miranda[77] ilumina:

---

71. Artigo 230 da Lei nº 6.015/73. (BRASIL. **Lei nº 6.015 de 31 de dezembro de 1973**. Dispõe sobre os registros públicos, e dá outras providências. Disponível em: http://www.planalto.gov.br/ccivil_03/leis/l6015compilada.htm Acesso em: 15 nov. 2021).
72. A origem da perempção da hipoteca remonta ao direito francês, onde a sua extinção legal busca facilitar os oficiais de registro, que estavam obrigados a promover buscas e exames em seus livros de registros, evitando assim pesquisas extensas em inscrições antigas, e evitando a exposição aos erros e omissões nos seus atos.
73. O Código anterior tratava deste assunto no artigo 817.
74. CARVALHO, Afrânio de. **Registro de Imóveis**: comentários ao sistema de registro em face da lei 6015 de 1973, com alterações da lei 6216 de 1975, lei 8.009 de 1990 e lei 8935 de 18.11.1994. 4. ed. Rio de janeiro: Forense, 2001, p. 275.
75. Christiano Cassettari explica que o plano da existência do negócio jurídico, que antecede ao plano da validade, é reconhecido pela doutrina, mas sem menção no Código Civil. A ausência de elementos existências gera a inexistência do negócio jurídico, a ser promovida por ação declaratória. (CASSETTARI, Christiano. **Elementos de direito civil**. 11. ed. Indaiatuba: Foco, 2023, p. 110).
76. Flávio Tartuce leciona que o plano da existência está embutido no plano da validade (TARTUCE, Flávio. **Direito Civil**: Lei de Introdução e parte geral. 17. ed. Rio de Janeiro: Forense, 2021, p. 426).
77. MIRANDA, Francisco Cavalcante Pontes de. **Tratado de Direito Privado**: Parte Geral. Tomo V. 2. ed. Rio de janeiro: Borsoi, 1955, p. 34.

A transcrição é que dá eficácia ao negócio jurídico do acordo de transferência. O acordo de transferência sem a transcrição não tem eficácia real. Enquanto não se procede à transcrição, o acordo de transferência, negócio jurídico de direito das coisas, pode ser desfeito pela vontade das partes;

Francesco Messineo[78] explica que o título pronto possui eficácia relativa e, após o registro, adquire a eficácia plena. É com o registro que ocorre o *modus* de transmissão da propriedade e esse efeito constitutivo[79] irradia em relação a terceiros[80] (*erga omnes*). Todavia, apesar de o negócio jurídico adquirir formação quando da instrumentalização do título, pelas leis vigentes naquele momento, ao ser apresentado para registro, será aplicada a lei que estiver em vigor no momento do protocolo. O princípio *tempus regit actum* determina que ao plano da eficácia devem ser aplicadas as normas incidentes quando o título é apresentado ao registro. O Código Civil possui uma regra de direito intertemporal, falando sobre o plano da eficácia[81], *in verbis*:

> Artigo 2.035. A validade dos negócios e demais atos jurídicos, constituídos antes da entrada em vigor deste Código, obedece ao disposto nas leis anteriores, referidas no artigo 2.045, mas os seus efeitos, produzidos após a vigência deste Código, aos preceitos dele se subordinam, salvo se houver sido prevista pelas partes determinada forma de execução.

Sérgio Jacomino[82], em brilhante artigo, demonstra que a jurisprudência registral já visitou o tema inúmeras vezes, restando como cristalino que a lei do momento do registro é a que deve ser aplicada ao negócio jurídico já instrumentalizado. Não há violação ao artigo 6º da LINDB[83], pois o negócio jurídico imobiliário *inter vivos* é válido, mas só atinge sua eficácia plena com o registro.

Um ponto específico que merece uma maior atenção se refere à entrada em vigor da Lei nº 6.015/73, em 1ª de janeiro de 1976, que inseriu o sistema de matrículas no Brasil e determinou os requisitos para sua abertura no artigo 176, quando do primeiro registro na vigência da lei. Na época, muitos títulos lavrados ainda não estavam registrados e, quando apresentados ao registro, foram submetidos aos novos requisitos, os quais não existiam no sistema de transcrições. O impasse gerou desconforto social e o legislador alterou a Lei nº 6.015/73[84] por meio da Lei nº 6.688, de 17 de setembro de 1979[85], criando uma regra de exceção ao inserir o § 2º no artigo 176, *in verbis*:

---

78. MESSINEO, Francesco. **Manual de Derecho Civil y Comercial**. Tomo III. Traduzido para o espanhol por Santiago Sentis Melendo. Buenos Aires: EJEA, 1954, p. 569.
79. Enquanto não apresentado a registro os efeitos do negócio jurídico são obrigacionais. Com o registro, surgem os efeitos reais.
80. FREITAS, Augusto Teixeira de. **Consolidação das leis civis**. 3. ed. Rio de Janeiro: B. L. Garnier, 1876, p. 350-351.
81. BRASIL. Lei nº 10.406, de 10 de janeiro de 2002. Institui o Código Civil. Disponível em: http://www.planalto.gov.br/ccivil_03/leis/2002/l10406compilada.htm Acesso em: 15 nov. 2021
82. JACOMINO, Sérgio. Requisitos Formais do Registro e a Parêmia "Tempus Regit Actum". Registro de Títulos Lavrados na Vigência da Lei Anterior: Hipóteses de Exceção. In: AHUALLI, Tania Mara; BENACCHIO, Marcelo. (Coords.). **Direito notarial e Registral**: homenagem às varas de registros públicos da Comarca de São Paulo. São Paulo: Quartier Latin, 2016, p. 322.
83. BRASIL. Decreto-lei nº 4.657, de 4 de setembro de 1942. Lei de Introdução às normas do Direito Brasileiro. Disponível em: http://www.planalto.gov.br/ccivil_03/decreto-lei/del4657compilado.htm Acesso em: 15 nov. 2021.
84. BRASIL. **Lei nº 6.015 de 31 de dezembro de 1973**. Dispõe sobre os registros públicos, e dá outras providências. Disponível em: http://www.planalto.gov.br/ccivil_03/leis/l6015compilada.htm Acesso em: 15 nov. 2021.
85. BRASIL. **Lei nº 6.688 de 17 de setembro de 1979**. Introduz alterações na Lei dos Registros Públicos, quanto às escrituras e partilhas, lavradas ou homologadas na vigência do Decreto nº 4.857, de 9 de novembro de 1939. Disponível em: http://www.planalto.gov.br/ccivil_03/leis/L6688.htm Acesso em: 15 nov. 2021.

§ 2º. Para a matrícula e registro das escrituras e partilhas, lavradas ou homologadas na vigência do Decreto nº 4.857, de 9 de novembro de 1939, não serão observadas as exigências deste artigo, devendo tais atos obedecer ao disposto na legislação anterior.

Com isso, passaram a ser recepcionados os títulos lavrados anteriormente à entrada em vigor da Lei nº 6.015/73, mesmo que desprovidos dos requisitos atuais. A alteração alcança os títulos *mortis causa* e as escrituras[86].

A prática de não levar um título a registro, por desconhecimento ou por vontade própria, pode ocasionar uma série de problemas em razão das constantes alterações legislativas que o país vive. Soma-se a isso que, além da legislação federal que rege a matéria, as corregedorias gerais de justiça dos tribunais estaduais, bem como o CNJ, constantemente publicam novas normas administrativas, determinando novos procedimentos e exigências aos registradores imobiliários. Exemplos claros são as normas que se referem a imóveis georreferenciados[87], ou aos requisitos da escrituração[88] em relação aos crimes de lavagem de dinheiro.

2.8 PRINCÍPIO DA PRIORIDADE E O PROTOCOLO DE TÍTULOS

O princípio da prioridade[89] determina que a ordem de apresentação cronológica dos títulos no cartório de registro de imóveis garante a preferência do direito. O primeiro no tempo é o mais poderoso, o melhor direito (*prior tempore, potior iure*).

De regra, os títulos apresentados no registro de imóveis devem ser inscritos no Livro 1 de Protocolo. Este ato de inscrição é chamado de apontamento, prenotação[90] ou protocolização, que nada mais é do que inscrever o título no livro de protocolo, atribuindo-lhe um número de ordem[91] e gerando a prioridade para análise e a preferência em relação a direitos contraditórios.

---

86. JACOMINO, Sérgio. Requisitos Formais do Registro e a Parêmia "Tempus Regit Actum". Registro de Títulos Lavrados na Vigência da Lei Anterior: Hipóteses de Exceção. In: AHUALLI, Tania Mara; BENACCHIO, Marcelo. (Coords.). **Direito notarial e Registral**: homenagem às varas de registros públicos da Comarca de São Paulo. São Paulo: Quartier Latin, 2016, p. 327.
87. BRASIL. Lei nº 10.267, de 28 de agosto de 2001. Altera dispositivos das Leis nºs 4.947, de 6 de abril de 1966, 5.868, de 12 de dezembro de 1972, 6.015, de 31 de dezembro de 1973, 6.739, de 5 de dezembro de 1979, 9.393, de 19 de dezembro de 1996, e dá outras providências. Disponível em: http://www.planalto.gov.br/ccivil_03/leis/leis_2001/l10267.htm Acesso em: 15 nov. 2021.
88. BRASIL. **Provimento nº 88 de 1º outubro de 2019**. Dispõe sobre a política, os procedimentos e os controles a serem adotados pelos notários e registradores visando à prevenção dos crimes de lavagem de dinheiro, previstos na Lei n. 9.613, de 3 de março de 1998, e do financiamento do terrorismo, previsto na Lei n. 13.260, de 16 de março de 2016, e dá outras providências. Disponível em: https://www.26notas.com.br/blog/?p=15020 Acesso em: 15 nov. 2021.
89. Artigo 186. O número de ordem determinará a prioridade do título, e esta a preferência nos direitos reais, ainda que apresentados pela mesma pessoa mais de um título simultaneamente. (BRASIL. **Lei nº 6.015 de 31 de dezembro de 1973**. Dispõe sobre os registros públicos, e dá outras providências. Disponível em: http://www.planalto.gov.br/ccivil_03/leis/l6015compilada.htm Acesso em: 15 nov. 2021).
90. DIP, Ricardo. **Registro de Imóveis (princípios)**. Tomo III. São Paulo: Editorial Lepanto, 2019, p. 79, ensina que prenotação deriva do verbo latino "prenoto" que significa marcar previamente ou designar antecipadamente.
91. Também no próprio título se reproduzirá o número de ordem do protocolo e a data da prenotação, conforme artigo 183 da Lei nº 6.015/73.

O protocolo é o livro de entrada no registro de imóveis. Os títulos são recepcionados nele, com número de ordem até o infinito. O oficial não pode barrar[92] o título apresentado e negar-se o protocolo, alegando exigência fiscal ou dúvida, salvo se houver previsão legal para cobrança de emolumentos por este ato[93]. A lei prevê como única hipótese[94] de não apontamento o pedido para exame e cálculo[95] de emolumentos, o que deve ocorrer por escrito, por segurança do registrador. O artigo 12[96] da Lei de Registros orienta:

> Artigo 12. Nenhuma exigência fiscal, ou dúvida, obstará a apresentação de um título e o seu lançamento do Protocolo com o respectivo número de ordem, nos casos em que da precedência decorra prioridade de direitos para o apresentante.
>
> Parágrafo único. Independem de apontamento no Protocolo os títulos apresentados apenas para exame e cálculo dos respectivos emolumentos.

Realizado o protocolo, o oficial entregará uma nota ao apresentante e passará a qualificar o título para decidir se ele está apto à inscrição (registro ou averbação) na matrícula. Havendo, no mesmo dia, o apontamento de outro título, referindo-se ao mesmo[97] imóvel, o oficial deverá analisar é caso de exclusão de um dos títulos ou de prorrogar o registro do que foi apresentado depois, enquanto aguarda se o primeiro será registrado. Aí a prioridade[98] surge e pune[99] o retardatário, beneficiando o apresentante diligente. Nesse sentido, trabalham os artigos 190 e 191[100] da Lei de Registros:

---

92. DIP, Ricardo. **Registro de Imóveis (princípios)**. Tomo III. São Paulo: Editorial Lepanto, 2019, p. 88, defende que nem todos os títulos serão prenotados, pois quando recepcionados no balcão, normalmente o oficial faz uma qualificação abreviada, onde poderá indeferir o apontamento com base, por exemplo na competência territorial ou material absoluta.
93. Nem todos os Estados cobram o protocolo de títulos.
94. O artigo 174 da lei de registros determina que "O livro nº 1-Protocolo- servirá para apontamento de todos os títulos apresentados diariamente, ressalvado o disposto no parágrafo único do artigo 12 desta lei." E o artigo 182 corrobora: "todos os títulos tomarão, no Protocolo, número de ordem que lhes competir em razão da sequência rigorosa de sua apresentação". (BRASIL. **Lei nº 6.015 de 31 de dezembro de 1973**. Dispõe sobre os registros públicos, e dá outras providências. Disponível em: http://www.planalto.gov.br/ccivil_03/leis/l6015compilada.htm Acesso em: 15 nov. 2021).
95. Artigo 12, parágrafo único e 174 da Lei nº 6.015/73.
96. BRASIL. **Lei nº 6.015 de 31 de dezembro de 1973**. Dispõe sobre os registros públicos, e dá outras providências. Disponível em: http://www.planalto.gov.br/ccivil_03/leis/l6015compilada.htm Acesso em: 15 nov. 2021.
97. CARVALHO, Afrânio de. **Registro de Imóveis**: comentários ao sistema de registro em face da lei 6015 de 1973, com alterações da lei 6216 de 1975, lei 8.009 de 1990 e lei 8935 de 18.11.1994. 4. ed. Rio de janeiro: Forense, 2001, p. 181, leciona que o princípio da prioridade se apoia no princípio da especialidade, por isso só podem existir direitos contraditórios sobre o mesmo imóvel. A especialidade pode ser objetiva (quando se referir ao imóvel) e subjetiva (quando se referir às pessoas que figuram na matrícula).
98. Não se pode confundir prioridade no atendimento com prioridade do protocolo. O atendimento prioritário não pode passar à frente da ordem prioritária de acesso ao protocolo. (LAGO, Ivan Jacopetti do. O atendimento prioritário da Lei Federal 13.146/2015 (Estatuto da Pessoa com Deficiência) e o princípio da prioridade no registro de imóveis. **Revista de Direito Imobiliário**, São Paulo, Revista dos Tribunais, v. 39, n. 80, p. 293–318, jan./jun. 2016. Disponível em: https://www.lexml.gov.br/urn/urn:lex:br:rede.virtual.bibliotecas:artigo.revista:2016;1001074230 Acesso em: 15 nov. 2021).
99. CARVALHO, Afrânio de. **Registro de Imóveis**: comentários ao sistema de registro em face da lei 6015 de 1973, com alterações da lei 6216 de 1975, lei 8.009 de 1990 e lei 8935 de 18.11.1994. 4. ed. Rio de janeiro: Forense, 2001, p. 181.
100. BRASIL. **Lei nº 6.015 de 31 de dezembro de 1973**. Dispõe sobre os registros públicos, e dá outras providências. Disponível em: http://www.planalto.gov.br/ccivil_03/leis/l6015compilada.htm Acesso em: 15 nov. 2021.

Artigo 190. Não serão registrados, no mesmo dia, títulos pelos quais se constituam direitos reais contraditórios sobre o mesmo imóvel.

Artigo 191. Prevalecerão, para efeito de prioridade de registro, quando apresentados no mesmo dia, os títulos prenotados no Protocolo sob número de ordem mais baixo, protelando-se o registro dos apresentados posteriormente, pelo prazo correspondente a, pelo menos, um dia útil.

Apontados, no mesmo dia, dois títulos referindo-se ao mesmo imóvel, deve o registrador observar se eles carregam direitos contraditórios ou compatíveis. Sendo contraditório, ensina Afrânio de Carvalho[101], a prioridade é exclusiva daquele que chegou primeiro ao livro. Sendo direitos compatíveis, ocorre a graduação dos direitos, servindo a prioridade para estipular a ordem de registro ao primeiro, tratando-se de preferência do registro de quem protocolou antes. Para serem considerados contraditórios, orienta Marinho Dembinki Kern[102], os títulos devem se referir ao mesmo imóvel, os outorgados devem ser diversos e o conteúdo deve gerar oposição entre si, não importando se é total, parcial, absoluto ou relativo, o que vai definir se um deles será excluído ou registrado com graduação inferior ao primeiro.

A protocolização do título produz[103] dois efeitos importantes: i) a prioridade na qualificação, que resultará na preferência do registro do melhor direito quando existirem títulos contraditórios, e ii) a clausura provisória do registro, ou seja, a proibição de inscrição de novos títulos, apresentados posteriormente, enquanto o título prioritário estiver prenotado.

Com o protocolo abre-se o prazo para se proceder ao registro ou à averbação, sendo parte do prazo utilizada na qualificação. O artigo 205 da Lei nº 6.015/73, alterado pela lei 14.382/2022 aponta a regra geral[104] de 20 dias para o registro, que é eficaz[105] desde o protocolo. Caso o registrador entenda que não é possível registrar, emitirá nota devolutiva, fundamentada para que o interessado atenda às exigências. Passado o prazo legal previsto para o protocolo, cessam, automaticamente, os efeitos do protocolo, conforme a Lei de Registros[106]:

Artigo 205. Cessarão automaticamente os efeitos da prenotação se, decorridos 20 (vinte) dias do seu lançamento no Protocolo, o título não tiver sido registrado por omissão do interessado em atender às exigências legais.

---

101. CARVALHO, Afrânio de. **Registro de Imóveis**: comentários ao sistema de registro em face da lei 6015 de 1973, com alterações da lei 6216 de 1975, lei 8.009 de 1990 e lei 8935 de 18.11.1994. 4. ed. Rio de Janeiro: Forense, 2001, p. 182.
102. KERN, Marinho Dembinski; COSTA JUNIOR, Francisco José de Almeida Prado Ferraz. **Princípios do Registro de Imóveis brasileiro**. (Coleção de Direito Imobiliário), São Paulo: Thomson Reuters Brasil, 2020, v. II, p. 128-129
103. DIP, Ricardo. **Registro de Imóveis (princípios)**. Tomo III. São Paulo: Editorial Lepanto, 2019, p. 89.
104. Leis esparsas trazem outros prazos e, tais como suscitação de dúvida (artigo 198 da Lei nº 6.015/73), segunda hipoteca (artigo 189 da Lei nº 6.015/73), loteamento (artigo 18 da Lei nº 6.766/79), retificação bilateral (artigo 213, II, da Lei nº 6.015/73), regularização fundiária (artigo 205, parágrafo único da Lei nº 6.015/73), bem de família voluntário (artigo 260 da Lei nº 6.015/73), usucapião extrajudicial (artigo 9º do Provimento nº 65 do CNJ) e indisponibilidade de bens, todos os títulos prenotados posteriormente ficam suspensos (Provimento nº 39 do CNJ).
105. Lavrado o registro (*latu senso*) ele é eficaz desde a data do protocolo, retroagindo a ele os seus efeitos, na forma do artigo 1.246 do Código Civil. "O registro é eficaz desde o momento em que se apresentar o título ao oficial do registro, e este o prenotar no protocolo".
106. BRASIL. **Lei nº 6.015 de 31 de dezembro de 1973**. Dispõe sobre os registros públicos, e dá outras providências. Disponível em: http://www.planalto.gov.br/ccivil_03/leis/l6015compilada.htm Acesso em: 15 nov. 2021.

Parágrafo único. Nos procedimentos de regularização fundiária de interesse social, os efeitos da prenotação cessarão decorridos 40 (quarenta) dias de seu lançamento no protocolo.

Art. 206. Se o documento, uma vez prenotado, não puder ser registrado, ou o apresentante desistir do seu registro, a importância relativa às despesas previstas no art. 14 será restituída, deduzida a quantia correspondente às buscas e a prenotação.

Art. 206-A. Quando o título for apresentado para prenotação, o usuário poderá optar: (Incluído pela Lei nº 14.382, de 2022)

I – pelo depósito do pagamento antecipado dos emolumentos e das custas; ou (Incluído pela Lei nº 14.382, de 2022)

II – pelo recolhimento do valor da prenotação e depósito posterior do pagamento do valor restante, no prazo de 5 (cinco) dias, contado da data da análise pelo oficial que concluir pela aptidão para registro. (Incluído pela Lei nº 14.382, de 2022)

§ 1º Os efeitos da prenotação serão mantidos durante o prazo de que trata o inciso II do *caput* deste artigo. (Incluído pela Lei nº 14.382, de 2022)

§ 2º Efetuado o depósito, os procedimentos registrais serão finalizados com a realização dos atos solicitados e a expedição da respectiva certidão. (Incluído pela Lei nº 14.382, de 2022)

§ 3º Fica autorizada a devolução do título apto para registro, em caso de não efetivação do pagamento no prazo previsto no *caput* deste artigo, caso em que o apresentante perderá o valor da prenotação. (Incluído pela Lei nº 14.382, de 2022)

§ 4º Os títulos apresentados por instituições financeiras e demais instituições autorizadas a funcionar pelo Banco Central do Brasil ou por entidades autorizadas pelo Banco Central do Brasil ou pela Comissão de Valores Mobiliários a exercer as atividades de depósito centralizado ou de registro de ativos financeiros e de valores mobiliários, nos termos dos arts. 22 e 28 da Lei nº 12.810, de 15 de maio de 2013, respectivamente, poderão efetuar o pagamento dos atos pertinentes à vista de fatura. (Incluído pela Lei nº 14.382, de 2022)

§ 5º O disposto neste artigo aplica-se às unidades federativas que adotem forma de pagamento por meio de documento de arrecadação. (Incluído pela Lei nº 14.382, de 2022)

§ 6º A reapresentação de título que tenha sido devolvido por falta de pagamento dos emolumentos, nos termos do § 3º deste artigo, dependerá do pagamento integral do depósito prévio. (Incluído pela Lei nº 14.382, de 2022)

§ 7º O prazo previsto no *caput* deste artigo não é computado dentro do prazo de registro de que trata o art. 188 desta Lei. (Incluído pela Lei nº 14.382, de 2022)

Nicolau Balbino Filho[107] cita, como exemplo, a possibilidade de prenotação de títulos envolvendo hipoteca, servidão e usufruto sobre o mesmo imóvel. Por serem direitos autônomos e independentes entre si, são compatíveis, havendo uma superioridade de classe em relação ao direito que foi protocolado em primeiro lugar[108], o qual não exclui os demais. Todavia, ocorrendo dupla venda do mesmo transmitente, a primeira excluirá a segunda, pois os direitos são incompatíveis e excludentes.

---

107. BALBINO FILHO, Nicolau. **Direito Imobiliário Registral**. São Paulo: Saraiva, 2001, p. 176.
108. KERN, Marinho Dembinski; COSTA JUNIOR, Francisco José de Almeida Prado Ferraz. **Princípios do Registro de Imóveis brasileiro**. (Coleção de Direito Imobiliário), São Paulo: Thomson Reuters Brasil, 2020, v. II, p. 127, argumentam que o princípio da prioridade não exige que todos os títulos seja analisados e registrados de acordo com a ordem do protocolo, pois existem títulos independentes entre si, sendo irrelevante qual deles é registrado primeiro. Leciona ainda que existem prazos diferentes entre os títulos, como por exemplo uma compra e venda (30 dias) e uma cédula de crédito industrial (3 dias), sendo que a lei 6015/73 se preocupou em instituir a prioridade para os títulos contraditórios.

Assim, imaginemos que A vendeu um imóvel rural para B, assinando a correspondente escritura pública de compra e venda. Todavia, B não levou a escritura para registro. Meses depois, A oferece o imóvel, vendido, em hipoteca por Cédula de Crédito Rural, a qual foi levada para registro. Protocolada a escritura de hipoteca, aponta no balcão a escritura de compra e venda, a qual recebe número posterior de protocolo. Registrada a hipoteca, a escritura recebe nota devolutiva, pois o bem hipotecado nesta modalidade carece de anuência do credor para venda (artigo 59 do Decreto-lei nº 167/67)[109].

O ordenamento jurídico brasileiro não prevê a figura da reserva de prioridade, também chamada de reserva de posto, reserva de direito posicional, reserva de preferência ou reserva de lugar registral, como no direito argentino[110]. O instituto permite anotar de forma preventiva que está sendo elaborada uma escritura pública[111] sobre aquele imóvel e o efeito desta prioridade registral antecipada é paralisar[112] outras inscrições no fólio real.

Somente o registrador, o seu substituto legal ou escrevente autorizado podem escriturar no livro protocolo, que deverá ser encerrado diariamente, mencionando o número de títulos[113] apontados.

2.9 O PRINCÍPIO DA PRIORIDADE E SUA RELAÇÃO COM AS HIPOTECAS

A lei trata com detalhes a hipoteca. Apesar de o instituto caminhar para o desuso, em razão do crescimento da alienação fiduciária como instrumento de garantia, ela muito serviu ao direito brasileiro, sendo a semente do registro de imóveis, antes da Lei de Terras. Apresentado título com garantia hipotecária, onde se menciona a existência de outra hipoteca, em grau menor, mas não registrada, será o título protocolado, e aguardará por 30 dias a apresentação do título de hipoteca com grau menor. Nesses termos, o artigo 189 da Lei nº 6.015/73[114]:

> Artigo 189. Apresentado título de segunda hipoteca, com referência expressa à existência de outra anterior, o oficial, depois de prenotá-lo, aguardará durante 30 (trinta) dias que os interessados na pri-

---

109. BRASIL. Decreto-lei nº 167, de 14 de fevereiro de 1967. Dispõe sobre títulos de crédito rural e dá outras providências. Disponível em: http://www.planalto.gov.br/ccivil_03/decreto-lei/del0167.htm Acesso em: 15 nov. 2021.
110. DIP, Ricardo. **Registro de Imóveis (princípios)**. Tomo III. São Paulo: Editorial Lepanto, 2019, p. 154.
111. No Rio Grande do Sul, a Consolidação Normativa Registral e Notarial prevê a possibilidade de averbação de certidão acautelatória no seu artigo 584, inciso VIII. Na Consolidação anterior, revogada em março de 2020, o instituto era previsto com mais detalhes entre os artigos 325 a 331, mas não impedia novas inscrições após a averbação, nem a reserva de prioridade. Apenas servia para noticiar a terceiros que um negócio jurídico estava em andamento. (RIO GRANDE DO SUL (ESTADO). **Consolidação Normativa Registral e Notarial**. Atualizada até o Provimento nº 016/2019-CGJ (Junho/2019). Disponível em: http://www.tabelionatomanica.com.br/Leis/consolidacao.pdf Acesso em: 15 nov. 2021).
112. CARVALHO, Afrânio de. **Registro de Imóveis**: comentários ao sistema de registro em face da lei 6015 de 1973, com alterações da lei 6216 de 1975, lei 8.009 de 1990 e lei 8935 de 18.11.1994. 4. ed. Rio de janeiro: Forense, 2001, p. 183, defende como possível a reserva de prioridade no direito brasileiro.
113. Os títulos estão previstos de forma exemplificativa no artigo 221 da lei de registros púbicos.
114. BRASIL. **Lei nº 6.015 de 31 de dezembro de 1973**. Dispõe sobre os registros públicos, e dá outras providências. Disponível em: http://www.planalto.gov.br/ccivil_03/leis/l6015compilada.htm Acesso em: 15 nov. 2021.

meira promovam a inscrição. Esgotado esse prazo, que correrá da data da prenotação, sem que seja apresentado o título anterior, o segundo será inscrito e obterá preferência sobre aquele.

Na mesma linha, o Código Civil[115] também reforça a ideia de que, apresentado um título de hipoteca mencionando expressamente hipoteca anterior, sem que essa esteja registrada, deverá o oficial protocolar e aguardar por 30 dias e, após o prazo, se nada ocorrer, a segunda hipoteca será registrada e obterá a preferência, senão vejamos:

> Artigo 1.495. Quando se apresentar ao oficial do registro título de hipoteca que mencione a constituição de anterior, não registrada, sobrestará ele na inscrição da nova, depois de a prenotar, até trinta dias, aguardando que o interessado inscreva a precedente; esgotado o prazo, sem que se requeira a inscrição desta, a hipoteca ulterior será registrada e obterá preferência.

Afrânio de Carvalho argumenta que a regra quebra o princípio da prioridade, pois o título da segunda hipoteca foi apresentado e protocolado antes da primeira, criando um "prazo de graça" ao credor retardatário. Para o autor, caso a primeira hipoteca seja apresentada dentro do prazo de graça de 30 dias, o protocolo da segunda hipoteca será cancelado[116], sendo este título novamente protocolado.

Outra exceção legal ao princípio da prioridade, porém muito mais rara, e também referente às hipotecas, está prevista no artigo 192 da Lei nº 6.015/73 e reforçada pelo artigo 1.494 do Código Civil, onde o legislador ventila a possibilidade de duas escrituras de hipoteca, lavradas no mesmo dia, ser apresentadas também no mesmo dia ao registrador de imóveis. Neste caso, se elas contiverem o horário em que foram lavradas, valerá a que foi lavrada primeiro. Trata-se de uma prioridade de horário, ferindo de morte o princípio da prioridade registral. A situação fica ainda mais delicada se considerarmos a diferença de fuso horário no Brasil, um país de extensão territorial.

A Lei de Registros trata, de maneira especial, o protocolo da permuta de bens imóveis, o qual será analisado junto ao princípio da cindibilidade.

2.10 PRINCÍPIO DA CINDIBILIDADE

O princípio da cindibilidade do título possui forte presença da jurisprudência administrativa, em razão das dúvidas apresentadas pelos registradores imobiliários aos juízes corregedores. O tema é polêmico haja vista as infinitas possibilidades de agregar a um título diversos institutos jurídicos. A cindibilidade é a possibilidade de dividir os fatos jurídicos descritos em um título, levando a registro apenas alguns[117] deles, desde que não afete a unicidade negocial. A evolução histórica deste princípio passa pelo contrato de permuta, estendendo-se, hoje, a diversos negócios jurídicos.

---

115. BRASIL. **Lei nº 10.406, de 10 de janeiro de 2002.** Institui o Código Civil. Disponível em: http://www.planalto.gov.br/ccivil_03/leis/2002/l10406compilada.htm Acesso em: 15 nov. 2021.
116. Não há necessidade de cancelar o primeiro protocolo, se o segundo for apresentado e registrado. Após o registro da hipoteca de 1º grau, aproveita-se o protocolo anterior da 2ª hipoteca e lavra-se o registro.
117. Assim ocorre com a apresentação de uma escritura pública de compra e venda, onde foram adquiridos três imóveis, mas somente há intenção de registrar um, o que deverá ocorrer por pedido expresso. Diferentemente é a apresentação de uma compra e venda com garantia hipotecária, onde se solicita apenas o registro da aquisição. Neste caso, deverá o registrador negar o pedido.

O contrato de permuta, troca ou escambo, explana Clóvis Beviláqua[118], é um contrato onde as partes se obrigam a dar uma coisa por outra, não sendo esta em dinheiro, pois, se fosse dinheiro, seria compra e venda. Trata-se de um contrato primitivo que foi substituído pela venda quando a inteligência humana criou a moeda. Mesmo assim, o contrato de permuta permanece ativo em todos os sistemas, assemelhando-se, no que for possível, ao contrato de compra e venda[119].

Antes de adentrarmos na questão registral, vale lembrar a discussão existente na permuta de bens de valores desiguais, onde existe uma torna, volta ou reposição em dinheiro. Neste caso, permaneceria o contrato nominado como permuta, ou seria adotado como compra e venda?

J. M. Carvalho Santos[120] defende que, ocorrendo a troca entre bens, com reposição em dinheiro, deve ser analisado se a reposição é maior ou menor que o valor da coisa que está indo junto para o outro permutante. Se a torna em dinheiro for maior que a coisa, predomina o dinheiro, e estamos diante de uma compra e venda. Nesse mesmo sentido, Roberto de Ruggiero[121] argumenta que a compra e venda e a permuta, sob o aspecto jurídico, são contratos muito íntimos, decidindo-se a natureza jurídica do contrato conforme o elemento que prevalecer mais sobre o outro.

A problemática sobre a apresentação do contrato de permuta no registro de imóveis é antiga. Lysippo Garcia[122] lecionava que o Regulamento nº 370 de 2 de maio de 1890[123], reproduzindo a disposição do artigo 281 do Regulamento de 1865[124], previa que o registro do contrato de permuta seria objeto de duas transcrições, e isso gerou dúvidas à época. Seria possível transcrever apenas uma parte do contrato? Se fosse possível essa transcrição de apenas uma das partes, os efeitos aproveitariam a quem não transcreveu a sua parte?

Na época, Lysippo[125] explicava que, na França, a transcrição ocorria por cópia integral do título e, portanto, os efeitos aproveitam a todos, o que não ocorria no Brasil,

---

118. BEVILAQUA, Clóvis. **Direito das obrigações**. 3. ed. rev. e acrescentada. Rio de Janeiro: Editora Freitas Bastos, 1931, p. 297-298
119. O contrato de permuta está previsto no artigo 533 do Código Civil, aplicando-se, de regra, as disposições do contrato de compra e venda. A permuta entre ascendentes e descendentes, que envolva valores desiguais, e ato anulável se não constar o consentimento dos outros descendentes ou do cônjuge do alienante. Se o alienante não for casado, mas estiver em união estável, necessária o consentimento do companheiro. (CASSETTARI, Christiano. **Elementos de direito civil**. 11. ed. Indaiatuba: Foco, 2023, p. 267/268).
120. SANTOS, J. M. Carvalho. **Código Civil Brasileiro interpretado, principalmente do ponto de vista prático**. 7. ed. Rio de Janeiro: Editora Freitas Bastos, 1958, v. XVI, p. 279.
121. RUGGIERO, Roberto de. **Instituições de Direito Civil**. Trad. da 6. ed. italiana com notas remissivas aos Códigos Civis Brasileiro e português por Ary dos Santos. São Paulo: Editora Saraiva, 1958, v. III, p. 323-324.
122. GARCIA, Lysippo. **O registro de Imóveis**: A Transcrição. São Paulo: Livraria Francisco Alves, 1922, v. I, p. 204.
123. BRASIL. **Decreto nº 370, de 2 de maio de 1890**. Manda observar o regulamento para execução do decreto n. 169 A de 19 de janeiro de 1890, que substituiu as leis n. 1237 de 24 de setembro de 1864 e n. 3272 de 5 de outubro de 1885, e do decreto n. 165 A de 17 de janeiro de 1890, sobre operações de crédito móvel. Disponível em: http://www.planalto.gov.br/ccivil_03/decreto/1851-1899/D370.htm Acesso em: 15 nov. 2021.
124. BRASIL. **Decreto nº 3.453 de 26 abril de 1865**. Manda observar o Regulamento para execução da Lei nº 1237 de 24 de Setembro de 1854, que reformou a legislação hypothecaria. Disponível em: http://www.planalto.gov.br/ccivil_03/decreto/historicos/dim/DIM3453.htm Acesso em: 15 nov. 2021.
125. GARCIA, Lysippo. **O registro de Imóveis**: A Transcrição. São Paulo: Livraria Francisco Alves, 1922, v. I, p. 206

pois a lei de 1864[126] adotou a transcrição por extrato. As permutas eram instrumentalizadas por duas escrituras, onde os contratantes figuram em cada uma delas, cada um por sua vez, como transmitente e adquirente e, ao ser apresentada no registro de imóveis, recebiam dois números de protocolo e duas transcrições sucessivas. Com base nisso, o autor demonstrou que não se poderia transmitir apenas um dos prédios, sem que se fizesse a do outro, pois os prédios representavam o preço que cada parte estava obrigada no contrato, e o preço é um elemento fundamental neste negócio jurídico. Porém, ao se deparar com a possibilidade de os imóveis pertencerem a circunscrições distintas, Lysippo[127] reconhecia a possibilidade de registro de apenas uma das escrituras, excepcionalmente.

Com a publicação da Lei nº 6.015, de 1973, o cenário foi alterado. A permuta recebeu novo tratamento, agora as escrituras recebem apenas um número de protocolo, senão vejamos: "Artigo 187. Em caso de permuta, e pertencendo os imóveis à mesma circunscrição, serão feitos os registros nas matrículas correspondentes sob um único número de protocolo"[128].

Sérgio Jacomino[129] explica que a nova norma foi recepcionada pela doutrina com o mesmo entendimento de não permitir a cindibilidade, e foi defendida assim por Jehter Sottano, Valmir Pontes, Afrânio de Carvalho, Miguel Maria de Serpa Lopes e Washington de Barros Monteiro, com voz dissonante de Ademar Fioranelli, a qual prevaleceu na jurisprudência nacional.

Ademar Fioranelli[130] explica que nada obsta o registro de um dos imóveis, se o outro não pode ser registrado por receber qualificação negativa. Não seria lógico também que um dos permutantes tenha que suportar as despesas do outro, caso ele não queira promover o registro, lembrando, ainda, que os imóveis podem pertencer a circunscrições ou comarcas diversas. O registrador também entende que a cindibilidade pode ser aplicada no registro de divisão de imóvel que, apesar de ser ato jurídico único, pelo qual se extingue a propriedade comum, não pode ser exigido o registro do título em sua integralidade[131].

---

126. BRASIL. **Lei nº 1.237, de 24 de setembro de 1864**. Reforma a Legislação Hypothecaria, e estabelece as bases das sociedades de credito real. Disponível em: http://www.planalto.gov.br/ccivil_03/leis/lim/LIM1237.htm Acesso em: 15 nov. 2021.
127. GARCIA, Lysippo. **O registro de Imóveis**: A Transcrição. São Paulo: Livraria Francisco Alves, 1922, v. I, p. 208.
128. BRASIL. **Lei nº 6.015 de 31 de dezembro de 1973**. Dispõe sobre os registros públicos, e dá outras providências. Disponível em: http://www.planalto.gov.br/ccivil_03/leis/l6015compilada.htm Acesso em: 15 nov. 2021.
129. JACOMINO, Sérgio. Comentário ao artigo 187 da LRP. In: ALVIM NETO, José Manuel de Arruda; CLÁPIS, Alexandre Laizo; CAMBLER, Everaldo Augusto. (Coords.). **Lei de Registros Públicos Comentada**. Rio de Janeiro: Forense, 2014, p. 1002.
130. FIORANELLI, Ademar. A Cindibilidade dos títulos. Exemplos práticos. In: AHUALLI, Tânia Mara; BENACCHIO, Marcelo. (Coords.); SANTOS, Queila Roca Carmona dos. (Org.). **Direito Notarial e Registral**: Homenagem às varas de Registros Públicos da Comarca de São Paulo. São Paulo: Quartier Latin, 2016, p. 411-412.
131. Fioranelli propõe que, prenotado um dos títulos apresentados pelo permutante, seja a prenotação prorrogada para recepcionar os registros dos demais imóveis, mantendo assim a preferência e evitando a apresentação de títulos contraditórios, apesar de não existir e previsão na lei de registros públicos. (FIORANELLI, Ademar. A Cindibilidade dos títulos. Exemplos práticos. In: AHUALLI, Tânia Mara; BENACCHIO, Marcelo. (Coords.); SANTOS, Queila Roca Carmona dos. (Org.). **Direito Notarial e Registral**: Homenagem às varas de Registros Públicos da Comarca de São Paulo. São Paulo: Quartier Latin, 2016, p. 413).

Os tribunais estaduais vêm permitindo, como exceção, a cindibilidade do título[132]. A regra é que ela sempre deve ser rogada, pedida, ao oficial[133], nunca será um ato de ofício. O pedido de cindibilidade, ou cisão, deverá ser anotado no título que teve o seu registro parcial, bem como no Livro 1 de Protocolo, e o pedido deve ficar arquivado em pasta própria. O pedido pode ocorrer logo na apresentação, mas nada impede que seja solicitado após o exame de cálculo de emolumentos ou após a qualificação do título. Havendo qualificação positiva de alguns fatos jurídicos do título, e negativa quanto a outros, o registrador emitirá nota devolutiva explicando, e então a parte interessada poderá requerer a cindibilidade.

Discute-se a possibilidade de requerer a cindibilidade do título depois de autorizado o procedimento de registro pelo próprio interessado. O título é apontado, examinado, pagos os emolumentos e, antes do seu registro, o interessado desiste, pedindo a cindibilidade. O artigo 206 da Lei de Registros responde[134]:

> Artigo 206. Se o documento, uma vez prenotado, não puder ser registrado, ou o apresentante desistir do registro, a importância relativa às despesas previstas no artigo 14 será restituída, deduzida a quantia correspondente às buscas e prenotação.

Assim, por força de lei, até o momento do registro é possível requerer a desistência do registro e, consequentemente, possível requerer a sua desistência parcial, para fins de cindibilidade, desde que não gere prejuízos ao funcionamento normal do serviço[135], posição essa também defendida por Ricardo Dip[136]. O registrador sempre deve agir com cautela[137] quando requerida a cindibilidade, qualquer que seja o momento após a protocolização, pois a falta de normas expressas sobre o princípio gera incertezas e o registro não vive para este fim.

2.11 PRINCÍPIO DA LEGALIDADE

O princípio da legalidade nasceu com o Estado de Direito, sendo uma garantia aos direitos individuais[138]. Por este princípio constitucional, "qualquer regra que

---

132. Alguns negócios jurídicos não aceitam cindibilidade, por exemplo compra e venda de bem imóvel com alienação fiduciária, doação de imóvel com reserva de usufruto. O negócio jurídico é um só, não permitindo a cisão.
133. É admitida a cindibilidade quando alguém adquire vários imóveis por compra e venda na mesma escritura, e quer registrar apenas um, ou no caso de inventário onde apenas um herdeiro quer registrar o seu formal de partilha.
134. BRASIL. **Lei nº 6.015 de 31 de dezembro de 1973**. Dispõe sobre os registros públicos, e dá outras providências. Disponível em: http://www.planalto.gov.br/ccivil_03/leis/l6015compilada.htm Acesso em: 15 nov. 2021.
135. Após a assinatura do registrador no registro, não é mais possível desistir do registro. No passado, quando os registros era realizados em máquinas de escrever, sobre as fichas do Livro 2, iniciado o procedimento datilográfico, que possuía um tempo natural de execução, também não era mais aceita a desistência, sob pena da ficha ficar incompleta, pois era vedado apagar o que já estava escrito.
136. DIP, Ricardo. **Registro de Imóveis (princípios)**. Tomo III. São Paulo: Editorial Lepanto, 2019, p. 18.
137. Escrituras públicas de doação, com cláusulas restritivas não comportam a cindibilidade, mas quando necessária a justa causa para imposição da clausula e esta não consta no documento, poderá ser recepcionado o pedido de cindibilidade (SÃO PAULO. Tribunal de Justiça de São Paulo. CSMSP – **Apelação Cível: 0008818-68.2012.8.26.0438**, 18/11/2013, Rel. Min. Renato Nalini, J. 6/11/2013. Disponível em: https://tj-sp.jusbrasil.com.br/jurisprudencia/118983430/apelacao-apl-88186820128260438-sp-0008818-6820128260438/inteiro-teor-118983440 Acesso em: 15 nov. 2021).
138. DI PIETRO, Maria Sylvia Zanela. **Direito Administrativo**. 33. ed. Rio de janeiro: Forense, 2020, p. 93.

crie dever de ação positiva (fazer) ou negativa (deixar de fazer, abster-se) tem de ser regra de lei, com as formalidades que a CF/88 exige[139]". Assim, toda atividade fica sujeita à lei[140], conforme previsão constitucional expressa no artigo 5º, inciso II, *in verbis*: "Ninguém será brigado a fazer ou deixar de fazer alguma coisa senão em virtude da lei."

No Direito Imobiliário Registral, o princípio está vinculado diretamente à atividade intelectual do registrador, o qual deve observá-lo durante a qualificação dos títulos que tentam adentrar ao registro de imóveis. A Lei de Registros Públicos enumera os títulos no artigo 221[141], *in verbis*:

> Artigo 221. Somente são admitidos registro:
>
> I – escrituras públicas, inclusive as lavradas em consulados brasileiros;
>
> II – escritos particulares autorizados em lei, assinados pelas partes e pelas testemunhas, com as firmas reconhecidas;
>
> III – atos autênticos de países estrangeiros, com força de instrumento público, legalizados e traduzidos na forma da lei, e registrados no cartório do Registro de Títulos e Documentos, assim como sentenças proferidas por tribunais estrangeiros após homologação pelo Supremo Tribunal Federal;
>
> IV – cartas de sentença, formais de partilha, certidões e mandados extraídos de autos de processo.
>
> V – contratos ou termos administrativos, assinados com a União, Estados, Municípios ou o Distrito Federal, no âmbito de programas de regularização fundiária e de programas habitacionais de interesse social, dispensado o reconhecimento de firma;
>
> VI – contratos ou termos administrativos, assinados com os legitimados a que se refere o art. 3º do Decreto-Lei nº 3.365, de 21 de junho de 1941 (Lei da Desapropriação), no âmbito das desapropriações extrajudiciais.

A qualificação registral é a análise detalhada do título em relação aos requisitos de validade, e de acordo com os assentos existentes no ofício, permitindo o seu ingresso no álbum imobiliário com a devida produção dos efeitos previstos em lei. A doutrina diverge sobre a natureza jurídica da atividade, se judicial, se de jurisdição voluntária ou meramente administrativa.

Tito Fulgêncio[142], ao analisar a inscrição da hipoteca no Código Civil de 1916, lecionava[143] que o oficial não é o juiz do título, mas ele pode ter dúvida quanto à legalidade, e indeferir o registro, prevenindo, assim, a multiplicação de demandas

---

139. MIRANDA, Francisco Cavalcanti Pontes de. **Comentários à Constituição de 1946**. 3. ed. rev. e aum. Tomo IV. Rio de Janeiro: Borsoi, 1960, p. 321.
140. SILVA, José Afonso da. **Curso de Direito Constitucional Positivo**. 42. ed. rev. e atual. São Paulo: Malheiros, 2019, p. 423.
141. BRASIL. **Lei nº 6.015 de 31 de dezembro de 1973**. Dispõe sobre os registros públicos, e dá outras providências. Disponível em: http://www.planalto.gov.br/ccivil_03/leis/l6015compilada.htm Acesso em: 15 nov. 2021.
142. FULGENCIO, Tito. **Direito Real de Hypoteca**. São Paulo: Livraria Acadêmica, 1928, p. 322.
143. O Código Civil de 1916 previa o exame de legalidade da hipoteca no artigo 834. "Quando o oficial tiver dúvida sobre a legalidade da inscrição requerida, declará-la-á por escrito ao requerente, depois de mencionar, em forma de prenotação, o pedido no respectivo livro". (BRASIL. Lei nº 3.071, de 1º de janeiro de 1916. Código Civil dos Estados Unidos do Brasil. Disponível em: http://www.planalto.gov.br/ccivil_03/leis/l3071.htm Acesso em: 15 nov. 2021).

de cancelamento de inscrições, evitando títulos inválidos. Affonso Fraga[144] também entende que a recusa do oficial não é ato de jurisdição e, portanto, não é uma instância de julgamento. Se a parte não se conformar recorrerá ao juiz e da decisão dele, então, cabe apelação ao Tribunal.

Sob outra ótica, Ricardo Dip[145] entende que a qualificação é muito mais do que examinar ou verificar, sendo um juízo prudencial, uma operação intelectiva de modo reflexivo e abstrato, que resulta numa decisão, que pode ser positiva, de inscrever o título no fólio real, ou negativa, de impedir o seu acesso aos efeitos desejados. A ideia é corroborada por Flauzilino Araújo dos Santos[146], que defende a qualificação registral como uma apreciação técnica imparcial, com um juízo de aprovação ou de desqualificação do negócio jurídico, mas leciona que a tendência moderna é considerar uma função singular, especial ou *sui generis*.

Nessa mesma linha, Marinho D. Kern[147] sustenta que a qualificação registral é especial ou *sui generis*, pois se diferencia dos serviços públicos em geral, sendo exercido com independência[148] pelo registrador. Todavia, ressalta o autor, não se pode falar em função judicial, eis que não resolve conflitos nem sua decisão tem caráter de definitividade. Não sendo judicial, poderia se imaginar o seu enquadramento como atividade administrativa, o que também não ocorre, pois preponderam interesses privados (direitos reais). Assim, sua natureza especial possui uma mescla dessas características, ora judicial, ora de jurisdição voluntária ou com traços administrativos.

O estudo intelectual do título em conjunto com os assentos existentes no ofício consome longo tempo do registrador[149], que, mediante retrospecto mental e inspeção ocular, recapitula as possíveis irregularidades, para embargá-las. O ato intelectivo registral funciona como um filtro, impedindo a passagem de títulos que tentam romper a malha da lei. Como filtro, deve o registrador evitar demandas futuras, sem criar novas, sendo difícil precisar quais os limites da qualificação registral, o que ocorre nos títulos anuláveis, que possuem tempo legal para serem invalidados, sob pena de atingirem o degrau da validade plena. O prazo para anulação deve ser contado a partir do registro, e não da lavratura do ato, o que torna duvidosa a qualificação negativa fundada na anulabilidade.

---

144. FRAGA, Affonso. **Direitos Reaes de Garantia:** Penhor, Antichrese e Hypotheca. São Paulo: Editoria Livraria Acadêmica, 1933, p. 820.
145. DIP, Ricardo. **Registro de Imóveis:** vários estudos. Porto Alegre: Sérgio Fabris Editor, 2005, p. 168.
146. SANTOS, Flauzilino Araújo dos. Princípio da legalidade e registro de imóveis. In: DIP, Ricardo; JACOMINO, Sérgio. (Orgs.). **Registro Imobiliário:** temas atuais. (Coleção doutrinas essenciais). 2. ed. São Paulo: Editora Revista dos tribunais, 2013, v. 2, p. 312-315.
147. KERN, Marinho Dembinski; COSTA JUNIOR, Francisco José de Almeida Prado Ferraz. **Princípios do Registro de Imóveis brasileiro.** (Coleção de Direito Imobiliário), São Paulo: Thomson Reuters Brasil, 2020, v. II, p. 195.
148. DIP, Ricardo. **Registro de Imóveis (princípios).** Registros Sobre Registros. Tomo I. Campinas: Editora PrimVs, 2017, p. 25-42.
149. CARVALHO, Afrânio de. **Registro de Imóveis:** comentários ao sistema de registro em face da lei 6015 de 1973, com alterações da lei 6216 de 1975, lei 8.009 de 1990 e lei 8935 de 18.11.1994. 4. ed. Rio de janeiro: Forense, 2001, p. 226.

2.12 PRINCÍPIO DA LEGALIDADE E OS TÍTULOS ANULÁVEIS

O Código Civil prevê que a anulabilidade não tem efeito antes de julgada por sentença[150], nem se pronuncia de ofício (artigo 177)[151]. Existe a necessidade do devido processo legal, com direito ao contraditório, depois que uma das partes se insurge em relação ao negócio jurídico. Assim, parece-nos exagerado imaginar que o registrador, após a qualificação registral, pronuncie de ofício a anulabilidade mediante nota devolutiva. Além disso, o negócio jurídico anulável pode ser confirmado pelas partes (artigo 172) e será ele anulável durante um prazo determinado em lei (artigo 179), a contar da conclusão do ato. Aqui reside a questão mais sensível. Quando ocorre a conclusão do ato? No momento da elaboração da escritura ou do registro?

Flávio Tartuce[152], apoiado na doutrina de Zeno Veloso, defende que o prazo decadencial começa a contar a partir da lavratura da escritura pública, momento em que é aferida a validade do negócio jurídico, tese também defendida por Humberto Theodoro Jr. e Paulo Lôbo. Porém, o STJ[153] manifestou-se de maneira contrária, em sede de ação pauliana, apontando o momento do registro como o termo inicial do prazo para anulação do negócio jurídico, linha também defendida na VI Jornada de Direito Civil[154].

Por falta de norma expressa orientando os registradores, e em razão da sua atividade analítica durante a qualificação do título, existem entendimentos diversos em relação à não registrabilidade do título por anulabilidade, diferentemente do que ocorre quando se trata de título nulo[155], o qual é devolvido com nota fundamentada. Parece-nos que não se pode aplicar um tudo ou nada, ou registra ou não registra, devendo o registrador aferir se é caso de devolução na situação concreta que lhe for apresentada. Caso opte pelo registro, que nos parece mais correto a depender do caso, não deverá mencionar que se trata de ato anulável no corpo do registro, pois, caso o fizesse, teria que, posteriormente, averbar uma suposta convalidação pelo tempo, o que foge totalmente ao sistema pátrio.

---

150. "A anulação do ato jurídico anulável somente pode dar-se por sentença judicial. Não importa se obtida por meio de propositura da ação de anulação (ação anulatória) ou incidentalmente quando arguida como defesa em "ação" que tenha por fundamento negócio jurídico inválido". (MELO, Marcos Bernardes de. **Teoria do fato jurídico**: plano da validade. 15. ed. São Paulo: Saraiva Educação, 2019, p. 312).
151. Código Civil. "Artigo 177. A anulabilidade não tem efeito antes de julgada por sentença, nem se pronuncia de ofício; só os interessados a podem alegar, e aproveita exclusivamente aos que alegarem, salvo no caso de solidariedade ou indivisibilidade". (BRASIL. **Lei nº 10.406, de 10 de janeiro de 2002**. Institui o Código Civil. Disponível em: http://www.planalto.gov.br/ccivil_03/leis/2002/l10406compilada.htm Acesso em: 15 nov. 2021).
152. TARTUCE, Flávio. **Direito Civil**: Lei de Introdução e parte geral. 17. ed. Rio de Janeiro: Forense, 2021, p. 529.
153. BRASIL. Superior Tribunal de Justiça (3. Turma). **AgRg no Resp 743.890/SP**, Rel. Min. Nancy Andrighi, j. 20.09.2005, DJ 03.10.2005, p. 250. Disponível em: https://stj.jusbrasil.com.br/jurisprudencia/7194102/agravo-regimental-no-recurso-especial-agrg-no-resp-743890-sp-2005-0065402-1-stj/relatorio-e-voto-12940843 Acesso em: 15 nov. 2021.
154. Enunciado 538: "No que diz respeito a terceiros eventualmente prejudicados, o prazo decadencial de que trata o artigo 179 do Código civil não se conta da celebração do negócio jurídico, mas da ciência que dele tiverem". (BRASIL. Conselho da Justiça Federal. VI Jornada de Direito Civil. **Enunciado 538**. Disponível em: https://www.cjf.jus.br/enunciados/enunciado/149 Acesso em: 15 nov. 2021).
155. Atos nulos não devem entrar na matrícula. O oficial deve barrar. Todavia, ocorrendo a inscrição, caberá ao juiz declarar a sua nulidade (artigo 250, inciso I da lei 6015/73). A averbação (artigo 248 da Lei nº 6.015/73) de cancelamento somente será realizada após o trânsito em julgado (artigo 259 da Lei nº 6.015/73). Enquanto não cancelado o registro continua a produzir efeitos (artigo 252 da Lei nº 6.015/73).

O registro de um título não lhe garante presunção absoluta de validade, pois a inscrição não é saneadora. O sistema brasileiro prevê a anulação do registro, conforme se depreende dos artigos 1.245, § 2º, e 1.247 do Código Civil[156], *in verbis*:

> Artigo 1245.
>
> § 2º. Enquanto não se promover, por meio de ação própria, a decretação de invalidade do registro, e o respectivo cancelamento, o adquirente continua a ser havido como dono do imóvel.
>
> Artigo 1.247. Se o teor do registro não exprimir a verdade, poderá o interessado reclamar que se retifique ou anule.

Portanto, o registro de título anulável não está imune aos ataques de terceiros prejudicados, desde que o façam no prazo decadencial. Todavia, apesar de a lei não impedir o registro de títulos anuláveis, a prática revela uma ressalva em relação a isso. Afrânio de Carvalho[157] demonstra que as anulabilidades ostensivas podem ser questionadas pelo oficial, e a jurisprudência já vem demonstrando que está dentro do juízo de qualificação o oficial poder levantar toda e qualquer dúvida que ache pertinente, desde que fundamente em nota devolutiva.

Assim é o caso da compra e venda de ascendente para descendente, prevista no artigo 496 do Código Civil. Poderá o oficial questionar a falta de consentimento dos demais descendentes, se houver como demonstrar a existência destes. Todavia, isso não implica dizer que o registrador está com a razão, haja vista que, na VI Jornada de Direito Civil, foi aprovado o Enunciado nº 545 CJF[158], *in verbis*:

> O prazo para pleitear a anulação da venda de ascendente para descendente sem anuência dos demais descendentes/e ou cônjuge do alienante é de 2 (dois) anos, contados da ciência do ato, que se presume absolutamente, em se tratando de transferência imobiliária, **a partir da data do registro de imóveis**.

Logo, sem o registro do título anulável de compra e venda de ascendente para descendente, não começa a contar o prazo decadencial para anulação. A situação ainda fica mais curiosa se o ascendente for solteiro, mas viver em união estável, declarada na escritura[159], onde a companheira não comparece ao ato. Se é necessário o consentimento do cônjuge, também seria da companheira?

Flávio Tartuce[160] sustenta que por, se tratar de norma restritiva de direitos, não se aplica a analogia à união estável, dispensando-se a vênia convivencial, mas ressalva que

---

156. BRASIL. **Lei nº 10.406, de 10 de janeiro de 2002**. Institui o Código Civil. Disponível em: http://www.planalto.gov.br/ccivil_03/leis/2002/l10406compilada.htm Acesso em: 15 nov. 2021.
157. CARVALHO, Afrânio de. **Registro de Imóveis**: comentários ao sistema de registro em face da lei 6015 de 1973, com alterações da lei 6216 de 1975, lei 8.009 de 1990 e lei 8935 de 18.11.1994. 4. ed. Rio de janeiro: Forense, 2001, p. 231.
158. BRASIL. Conselho da Justiça Federal. VI Jornada de Direito Civil. **Enunciado 545**. Disponível em: https://www.cjf.jus.br/enunciados/enunciado/181 Acesso em: 15 nov. 2021.
159. Provimento nº 61 do CNJ determina que os solteiros, viúvos e divorciados devem declarar se estão em união estável. (BRASIL. **Provimento nº 61 de 17 de outubro de 2017**. Dispõe sobre a obrigatoriedade de informação do número do Cadastro de Pessoa Física (CPF), do Cadastro Nacional de Pessoa Jurídica (CNPJ) e dos dados necessários à completa qualificação das partes nos feitos distribuídos ao Poder Judiciário e aos serviços extrajudiciais em todo o território nacional. Disponível em: https://atos.cnj.jus.br/atos/detalhar/2523 Acesso em: 15 nov. 2021).
160. TARTUCE, Flávio. **Direito Civil**: Teoria geral dos contratos e contratos em espécie. 16. ed. Rio de Janeiro: Forense, 2021, p. 340.

a questão não é pacífica. Por outro lado, Christiano Cassettari[161] entende que, com o julgamento da inconstitucionalidade do artigo 1.790 do Código Civil, o companheiro tornou-se herdeiro necessário e, portanto, deve comparecer ao ato autorizando a venda.

Outro ponto importante refere-se aos títulos judiciais que chegam para registro. Pode o registrador, após o protocolo, negar o registro? A resposta é positiva, mas deve o registrador diferenciar títulos judiciais das ordens judiciais, as quais não são passíveis de qualificação, mas, sim, de cumprimento.

Flauzilino Araújo dos Santos[162] comenta que o Conselho Superior da Magistratura de São Paulo (CSM/SP) já possui entendimento consolidado de que os títulos judiciais devem ser qualificados pelo registrador, pois a simples origem judicial não implica a isenção dos requisitos registrários, como, por exemplo, os constantes no artigo 239 da Lei de Registros Públicos[163]. Em outra passagem, o registrador paulista explana que a qualificação registral possui uma perspectiva ampla, onde devem ser analisados os requisitos intrínsecos do título apresentado, em especial, os requisitos de validade, legitimidade dos interessados e regularidade formal dos documentos, mas ressalta que não compete ao registrador apreciar a constitucionalidade da norma legal, que é matéria de competência do Poder Judiciário[164].

Dessa forma, percebe-se que o princípio da legalidade atribui ao registrador imensa responsabilidade na qualificação dos títulos apresentados para registro, não só pelos efeitos entre as partes do negócio jurídico, mas, também, pelos efeitos em relação a terceiros que confiam no registro. A qualificação registral é o instrumento da legalidade e a base da segurança jurídica.

2.13 PRINCÍPIO DA CONTINUIDADE[165]

Conhecido no Brasil como princípio da continuidade, é conhecido no Direito alemão como inscrição prévia do prejudicado[166] e recebe na Espanha a denominação

---

161. CASSETTARI, Christiano. **Elementos de direito civil**. 11. ed. Indaiatuba: Foco, 2023, p. 258.
162. SANTOS, Flauzilino Araújo dos. Princípio da legalidade e registro de imóveis. In: DIP, Ricardo; JACOMINO, Sérgio. (Orgs.). **Registro Imobiliário**: temas atuais. (Coleção doutrinas essenciais). 2. ed. São Paulo: Editora Revista dos tribunais, 2013, v. 2, p. 1017.
163. Artigo 239. As penhoras, arrestos e sequestros de imóveis serão registrados depois de pagas as custas do registro pela parte interessada, em cumprimento de mandado ou à vista de certidão do escrivão, de que constem, além dos requisitos exigidos para o registro, os nomes do juiz, do depositário, das partes e a natureza do processo. Parágrafo único: A certidão será lavrada pelo escrivão do feito, com a declaração do fim especial a que se destina, após a entrega, em cartório, do mandado devidamente cumprido. (BRASIL. **Lei nº 6.015 de 31 de dezembro de 1973**. Dispõe sobre os registros públicos, e dá outras providências. Disponível em: http://www.planalto.gov.br/ccivil_03/leis/l6015compilada.htm Acesso em: 15 nov. 2021).
164. SANTOS, Flauzilino Araújo dos. Princípio da legalidade e registro de imóveis. In: DIP, Ricardo; JACOMINO, Sérgio. (Orgs.). **Registro Imobiliário**: temas atuais. (Coleção doutrinas essenciais). 2. ed. São Paulo: Editora Revista dos tribunais, 2013, v. 2, p. 320.
165. Também chamado de princípio do trato sucessivo, ou princípio do trato consecutivo ou princípio da continuidade ininterrupta.
166. CARVALHO, Afrânio de. **Registro de Imóveis**: comentários ao sistema de registro em face da lei 6015 de 1973, com alterações da lei 6216 de 1975, lei 8.009 de 1990 e lei 8935 de 18.11.1994. 4. ed. Rio de janeiro: Forense, 2001, p. 253.

de trato sucessivo, o qual deveria, segundo Ricardo Dip[167], ser chamado de princípio do trato consecutivo[168], que representa uma cadeia ininterrupta de inscrições que refletem o histórico jurídico do imóvel.

Afrânio de Carvalho[169] afirma que, por este princípio, deve existir uma cadeia de titulares do imóvel, onde somente será realizada nova inscrição se constar na matrícula que o outorgante é titular de direitos. Assim, as sucessivas transmissões respeitam a titularidade anterior, gerando este efeito de continuidade ininterrupta[170]. Cada inscrição é um elo de uma corrente ininterrupta de assentos e, por isso, a continuidade era conhecida como "registro do título anterior".

O princípio da continuidade, responsável por formar uma cadeia pública de transmissões, nem sempre esteve presente no nosso ordenamento como está hoje. Quando foi criado o sistema de transcrições pela Lei nº 1.237, de 1864, ficou estabelecida a obrigatoriedade do registro para as transmissões entre vivos e a constituição de ônus reais[171], mas foram excluídos do sistema as transmissões *causa mortis* e os atos judiciais[172]. Assim, ficaram fora da obrigatoriedade do registro os formais de partilhas e legados, as arrematações a adjudicações em hasta pública, as sentenças proferidas em ações divisórias e as sentenças de adjudicação de imóveis em pagamento de dívidas do casal em inventário[173]. Estes títulos criaram novos pontos de partida, formando cadeias dominiais ilegítimas. O Código Civil de 1916 manteve a transcrição dos títulos translativos da propriedade imóvel *inter vivos*[174]. A discussão sobre a transferência da propriedade objeto de heranças foi solucionada mediante uma conciliação[175] entre os textos do próprio Código, onde se assegurou a transmissão pela *droit de saisine*[176], mas manteve o direito de dispor da

---

167. DIP, Ricardo. **Registro de Imóveis (princípios).** Registros Sobre Registros. Tomo I. Campinas: Editora PrimVs, 2017, p. 183-185
168. Para Ricardo Dip, consecutivo é mais apropriado que sucessivo, pois sucessivo pode ter sido interrompido, mas consecutivo é algo ininterrupto.
169. CARVALHO, Afrânio de. **Registro de Imóveis:** comentários ao sistema de registro em face da lei 6015 de 1973, com alterações da lei 6216 de 1975, lei 8.009 de 1990 e lei 8935 de 18.11.1994. 4. ed. Rio de janeiro: Forense, 2001, p. 253.
170. Alguns doutrinadores, como Marcelo Augusto Santana de Melo, chamam de princípio da disponibilidade o fato de o titular de direitos só poder dispor, transferir, o que é dono (MELO, Marcelo Augusto Santana de. **Teoria Geral do registro de Imóveis.** Estrutura e Função. Porto Alegre: Sergio Antonio Fabris Editor, 2016, p. 175).
171. GARCIA, Lysippo. **O registro de Imóveis:** A Transcrição. São Paulo: Livraria Francisco Alves, 1922, v. I, p. 96-97.
172. BRASIL. **Decreto nº 3.453 de 26 abril de 1865.** Manda observar o Regulamento para execução da Lei nº 1237 de 24 de Setembro de 1854, que reformou a legislação hypothecaria. Disponível em: http://www.planalto.gov.br/ccivil_03/decreto/historicos/dim/DIM3453.htm Acesso em: 15 nov. 2021.
173. CARVALHO, Afrânio de. **Registro de Imóveis:** comentários ao sistema de registro em face da lei 6015 de 1973, com alterações da lei 6216 de 1975, lei 8.009 de 1990 e lei 8935 de 18.11.1994. 4. ed. Rio de janeiro: Forense, 2001, p. 255.
174. Código Civil de 1916. Artigo 531. Estão sujeitos a transcrição no respectivo registro, os títulos translativos da propriedade imóvel, por ato entre vivos. (BRASIL. Lei nº 3.071, de 1º de janeiro de 1916. Código Civil dos Estados Unidos do Brasil. Disponível em: http://www.planalto.gov.br/ccivil_03/leis/l3071.htm Acesso em: 15 nov. 2021).
175. CARVALHO, Afrânio de. **Registro de Imóveis:** comentários ao sistema de registro em face da lei 6015 de 1973, com alterações da lei 6216 de 1975, lei 8.009 de 1990 e lei 8935 de 18.11.1994. 4. ed. Rio de janeiro: Forense, 2001, p. 68.
176. Código Civil de 1916. Artigo 1.572. Aberta a sucessão, o domínio e a posse da herança transmitem-se, desde logo, aos herdeiros legítimos e testamentários. (BRASIL. Lei nº 3.071, de 1º de janeiro de 1916. Código Civil dos Estados Unidos do Brasil. Disponível em: http://www.planalto.gov.br/ccivil_03/leis/l3071.htm Acesso em: 15 nov. 2021).

herança condicionado ao registro. Finalmente, com o Decreto-lei nº 18.542, de 1928[177], ficou expresso que nenhum título poderia ser transcrito sem que o título anterior primeiramente estivesse. O princípio da continuidade restou solidificado.

A Lei nº 6.015/73[178] e o Código Civil[179] determinam a necessidade do registro do título para a transmissão da propriedade entre vivos (registro constitutivo) e mantêm nas transmissões *causa mortis* o registro declaratório para fins de disposição. São vários os dispositivos da Lei de Registros tratando da continuidade, senão vejamos:

> Artigo 195. Se o imóvel não estiver matriculado ou registrado em nome do outorgante, o oficial exigirá a prévia matrícula e o registro do título anterior, qualquer que seja a sua natureza, para manter a **continuidade do registro**.
>
> Artigo 196. A matrícula será feita à vista dos elementos constantes do título apresentado e do **registro anterior** que constar do próprio cartório.
>
> Artigo 197. Quando o título anterior estiver registrado em outro cartório, o novo título será apresentado juntamente com certidão atualizada, comprobatória do **registro anterior**, e da existência ou inexistência de ônus.
>
> Artigo 222. Em todas as escrituras e em todos os atos relativos a imóveis, bem como nas cartas de sentença e formais de partilha, o tabelião ou escrivão deve fazer referência à matrícula ou ao **registro anterior**, seu número e cartório.
>
> Artigo 228. A matrícula será efetuada por ocasião do primeiro registro a ser lançado na vigência desta Lei, mediante os elementos constantes do título apresentado e do **registro anterior** nele mencionado.
>
> Artigo 237. Ainda que o imóvel esteja matriculado, não se fará registro que dependa da apresentação de título anterior, a fim de que se preserve a **continuidade do registro**.

Observando os dispositivos da Lei de Registros, percebe-se que a continuidade deve se referir ao imóvel (o imóvel descrito no título deve ser o mesmo descrito no registro) e aos titulares de direitos (as pessoas do título devem ser as mesmas do registro). Isso é importante quando se apresenta o título com descrição do imóvel atualizada, mas sem menção na matrícula, ou quando apresentada, por exemplo, uma cessão de promessa de compra e venda, sem que esteja registrada promessa originária[180] feita com o proprietário. Há de se observar a continuidade como um encaixe entre os dados do título e os direitos que o registrador protege.

Mesmo sendo um dos pilares da segurança jurídica, o princípio da continuidade comporta exceções, como as aquisições originárias, as quais o registrador deve conhecer

---

177. BRASIL. Decreto nº 18.542, de 24 de dezembro de 1928. Aprova o regulamento para execução dos serviços concernentes nos registros públicos estabelecidos pelo Código Civil. Disponível em: http://www.planalto.gov.br/ccivil_03/decreto/1910-1929/d18542.htm Acesso em: 15 nov. 2021.
178. BRASIL. **Lei nº 6.015 de 31 de dezembro de 1973**. Dispõe sobre os registros públicos, e dá outras providências. Disponível em: http://www.planalto.gov.br/ccivil_03/leis/l6015compilada.htm Acesso em: 15 nov. 2021.
179. BRASIL. **Lei nº 10.406, de 10 de janeiro de 2002**. Institui o Código Civil. Disponível em: http://www.planalto.gov.br/ccivil_03/leis/2002/l10406compilada.htm Acesso em: 15 nov. 2021.
180. A Súmula nº 239 do STJ dispensa o registro da promessa para fins de adjudicação compulsória, porém sem o registro a promessa gera apenas direito obrigacional e não o direito real. (BRASIL. Superior Tribunal de Justiça. **Súmula nº 239**. O direito à adjudicação compulsória não se condiciona ao registro do compromisso de compra e venda no cartório de imóveis. Disponível em: https://www.stj.jus.br/docs_internet/revista/eletronica/stj-revista-sumulas-2011_18_capSumula239.pdf Acesso em: 15 nov. 2021).

durante o exercício da atividade, tais como a usucapião, a desapropriação[181], a acessão, a adjudicação[182], a arrematação[183] e a legitimação fundiária[184]. Outra exceção é a cédula de crédito imobiliário, objeto da Lei nº 10.931/04, onde a emissão da cédula é averbada na matrícula e, após averbação, passa a circular livremente, sem que sejam levados para o fólio real os endossos[185] deste título. No momento do cancelamento, haverá uma declaração do ente custodiante informando quem é o credor atual, o qual emitirá o documento de quitação.

Outras exceções ao princípio da continuidade referem-se aos imóveis da União. A Lei nº 5.972/73 prevê[186] que a União possa requerer abertura de matrícula de bens discriminados administrativamente, ou ocupados por órgãos federais, ou unidade militar por mais de 20 anos, mediante requerimento instruído com decreto e certidão da Secretaria de Patrimônio da União, independentemente de registro anterior. Também, o Decreto-lei nº 9.760/46[187] prevê a demarcação administrativa de terrenos federais para regularização fundiária de interesse social sem necessidade de observação ao princípio da continuidade.

Por fim, as cessões de direitos hereditários não são passíveis de registro em razão da falta[188] de previsão legal no artigo 167, inciso I, da Lei de Registros Públicos. Sabe-se que a cessão pode ser de cota parte da herança ou de bem específico[189], mas ambas não

---

181. Se a desapropriação for amigável, instrumentalizada por escritura pública, existe entendimento que se trata de aquisição derivada.
182. Apesar do STJ já ter decidido que a adjudicação judicial e a arrematação são aquisições originárias, existem tribunais que entendem com aquisições derivadas.
183. Josué Modesto Passos entende que a arrematação se trata de aquisição derivada. (PASSOS, Josué Modesto. **Arrematação no registro de Imóveis**: continuidade do registro e natureza da aquisição. 2. ed. São Paulo: Editora Revista dos Tribunais, 2015).
184. Lei nº 13.465/17. Artigo 23. A legitimação fundiária constitui forma originária de aquisição do direito real de propriedade conferido por ato do poder público, exclusivamente no âmbito da Reurb, àquele que detiver em área pública ou possuir em área privada, como sua, unidade imobiliária com destinação urbana, integrante de núcleo urbano informal consolidado existente em 22 de dezembro de 2016. (BRASIL. Lei nº 13.465, de 11 de julho de 2017. Dispõe sobre a regularização fundiária rural e urbana, sobre a liquidação de créditos concedidos aos assentados da reforma agrária e sobre a regularização fundiária no âmbito da Amazônia Legal; institui mecanismos para aprimorar a eficiência dos procedimentos de alienação de imóveis da União; [...]. Disponível em: http://www.planalto.gov.br/ccivil_03/_ato2015-2018/2017/lei/l13465.htm Acesso em: 15 nov. 2021).
185. Artigo 22, §2º da Lei nº 10.931/04. (BRASIL. Lei nº 10.931, de 2 de agosto de 2004. Dispõe sobre o patrimônio de afetação de incorporações imobiliárias, Letra de Crédito Imobiliário, Cédula de Crédito Imobiliário, Cédula de Crédito Bancário, altera o Decreto-Lei nº 911, de 1º de outubro de 1969, as Leis nº 4.591, de 16 de dezembro de 1964, nº 4.728, de 14 de julho de 1965, e nº 10.406, de 10 de janeiro de 2002, e dá outras providências. Disponível em: http://www.planalto.gov.br/ccivil_03/_ato2004-2006/2004/lei/l10.931.htm Acesso em: 15 nov. 2021).
186. Artigo 2º, parágrafo único e artigo 3º da Lei nº 5.972/73. (BRASIL. Lei nº 5.972, de 11 de dezembro de 1973. Regula o procedimento para o registro da propriedade de bens imóveis discriminados administrativamente ou possuídos pela União. Disponível em: http://www.planalto.gov.br/ccivil_03/leis/L5972.htm Acesso em: 15 nov. 2021).
187. Artigo 18-A até o artigo 18-F do Decreto-lei nº 9.760/46. (BRASIL. Decreto-lei nº 9.760, de 5 de setembro de 1946. Dispõe sobre os bens imóveis da União e dá outras providências. Disponível em: http://www.planalto.gov.br/ccivil_03/decreto-lei/del9760.htm Acesso em: 15 nov. 2021).
188. CARVALHO, Afrânio de. **Registro de Imóveis**: comentários ao sistema de registro em face da lei 6015 de 1973, com alterações da lei 6216 de 1975, lei 8.009 de 1990 e lei 8935 de 18.11.1994. 4. ed. Rio de janeiro: Forense, 2001, p. 29.
189. Em alguns Estados é possível a cessão de bem específico por escritura pública de direitos hereditários, desde que assinada por todos os herdeiros e meeira (o) e recolhido o tributo correspondente (ITBI na cessão onerosa, ITCMD na cessão gratuita).

devem ser apresentadas no inventário para ao final receber o título apto a registro, que é o formal de partilha. Eduardo Sócrates explica sobre a possibilidade de o registrador, excepcionalmente, receber a escritura de cessão de direitos hereditários de bem específico como uma escritura de compra e venda, quando o cessionário esquece de apresentar a escritura no inventário e os herdeiros acabam registrando aquele bem em seu nome. Mais tarde, o cessionário apresenta a cessão ao registro e pede que ela seja acolhida como uma compra e venda[190], sendo uma exceção ao sistema, mas amparada pelo ordenamento[191] e pela jurisprudência administrativa.

2.14 PRINCÍPIO DA ESPECIALIDADE[192]

O princípio da especialidade prevê a obrigatoriedade da descrição detalhada dos elementos do imóvel, das pessoas que titulam direitos, bem como do negócio jurídico que foi inscrito. Segundo Marcelo Augusto Santana de Melo[193], este princípio foi emprestado dos direitos reais de garantia, quando se referia à especialização da hipoteca e está ligado à clareza que todos os atos devem ter para receber a publicidade registral. O vocábulo especialidade refere-se a algo especial (oposto do geral), sendo algo próprio, exclusivo, distinto. Nesse sentido, algo é especial quando se distingue dos outros da mesma espécie, possuindo característica própria, individualizada[194]. O princípio da especialidade registral é basicamente o mesmo[195] princípio da especialidade do direito real, ou seja, na necessidade de recair sobre coisa certa e determinada, diferenciando-se, assim, do direito das obrigações[196].

A especialidade sempre foi uma característica das garantias. O credor quer ter certeza da garantia, caso precise executá-la[197]. O Código Civil de 1916 determinava a obrigatoriedade da especialização sobre a hipoteca, o penhor e a anticrese, como requisito de validade. No Código Civil de 2002, o texto foi replicado, com alterações[198], no artigo 1.424, senão vejamos:

---

190. SARMENTO FILHO, Eduardo Sócrates Castanheira. **Direito registral imobiliário**: sujeitos, imóveis e direitos inscritíveis de acordo com o novo Código de Processo Civil e a lei 13.465/17. Curitiba: Juruá, 2018, p. 66.
191. Código Civil. Artigo 112. Nas declarações de vontades se atenderá mais a intenção nelas consubstanciada do que ao sentido literal da linguagem. (BRASIL. **Lei nº 10.406, de 10 de janeiro de 2002**. Institui o Código Civil. Disponível em: http://www.planalto.gov.br/ccivil_03/leis/2002/l10406compilada.htm Acesso em: 15 nov. 2021).
192. Também chamado de princípio da especificidade.
193. MELO, Marcelo Augusto Santana de. **Teoria Geral do registro de Imóveis**. Estrutura e Função. Porto Alegre: Sergio Antonio Fabris Editor, 2016, p. 176.
194. DIP, Ricardo. **Registro de Imóveis (princípios)**. Tomo II. Descalvado: Editora Primus, 2017, p. 9.
195. AUGUSTO, Eduardo Agostinho Arruda. **Registro de Imóveis, retificação e georreferenciamento**: fundamento e prática. São Paulo: Saraiva, 2013, p. 229.
196. TEPEDINO, Gustavo; MONTEIRO FILHO, Carlos Edison do Rêgo; RENTERIA, Pablo. **Fundamentos do Direito civil**. Rio de Janeiro: Forense, 2020, p. 10.
197. Antes do Código Civil de 1916, a especialidade era um requisito da hipoteca e estava prevista no artigo 4, §§ 1 e 5º do Decreto nº 169-A de 19 de janeiro de 1890. (BRASIL. **Decreto nº 169-A de 19 de janeiro de 1890**. Substitui as leis n. 1237 de 24 de setembro de 1864 e n. 3272 de 5 de outubro de 1885. Disponível em: https://www2.camara.leg.br/legin/fed/decret/1824-1899/decreto-169-a-19-janeiro-1890-516767-publicacaooriginal-1-pe.html Acesso em: 15 nov. 2021).
198. No Código Civil de 1916, o artigo 761 era requisito de validade. Agora no Código Civil de 2002 é requisito de eficácia.

Artigo 1.424. Os contratos de penhor, anticrese ou hipoteca declararão, sob pena de não terem eficácia:

I – o valor do crédito, sua estimação, ou valor máximo;

II – o prazo fixado para pagamento;

III – a taxa dos juros, se houver;

IV – o bem dado em garantia com as suas especificações.

A eficácia a que a lei se refere ocorre após o registro do título no registro de imóveis, produzindo efeitos *erga omnes*, pois a inscrição é constitutiva. No Código Civil anterior, a previsão era de não valer contra terceiros, mas Beviláqua defendia que a ausência desses elementos não tornaria o contrato nulo, porém também não geraria direito real. Affonso Fraga[199], criticando o entendimento de Clóvis Beviláqua[200], defendia que a falta desses elementos caracterizava uma restrição de eficácia, apesar de o Código anterior prever a invalidade. O Código Civil de 2002 alterou o plano do negócio jurídico, confirmando a tese de Fraga.

Na Lei nº 6.015/73[201], a especialidade registrária encontra-se expressa em vários dispositivos, devendo o oficial observar isso no título e publicizar no registro. A doutrina[202] divide o princípio da especialidade em objetiva (dados do imóvel), subjetiva (informações das pessoas) e do fato inscritível (requisitos do título). O artigo 176 é a expressão[203] do princípio da especialidade, pois prevê os requisitos das matrículas e dos registros. Outros artigos também exigem a obediência ao princípio da especialidade, sendo eles os artigos 225, 239, 241 e 242, da Lei de Registros. Faltando algum desses elementos no ato lavrado, será feita uma averbação complementando ou retificando. Para Narciso Orlandi Neto[204], o artigo 225 da Lei de Registros une os princípios da especialidade e da continuidade, quando considera irregulares os títulos em que a caracterização do imóvel não coincida com o título anterior. Daí a afirmação de Afrânio de Carvalho[205] que a continuidade se apoia na especialidade.

A espinha dorsal da especialidade está no artigo 176 da Lei nº 6.015/73[206], mas, conforme já estudado no princípio "O Tempo Rege o Ato", o próprio artigo 176 prevê uma exceção, no seu § 2º, em relação aos títulos lavrados ou homologados na vigência do Decreto nº 4.857, de 9 de novembro de 1939[207], os quais não devem observar as exigências atuais.

---

199. FRAGA, Affonso. **Direitos Reaes de Garantia:** Penhor, Antichrese e Hypotheca. São Paulo: Editoria Livraria Acadêmica, 1933, p. 100.
200. BEVILAQUA, Clóvis. **Código Civil dos Estados Unidos do Brasil**. 6. ed. Rio de Janeiro: Francisco Alves, 1940, v. I, p. 351.
201. BRASIL. **Lei nº 6.015 de 31 de dezembro de 1973**. Dispõe sobre os registros públicos, e dá outras providências. Disponível em: http://www.planalto.gov.br/ccivil_03/leis/l6015compilada.htm Acesso em: 15 nov. 2021.
202. DIP, Ricardo. **Registro de Imóveis (princípios)**. Tomo II. Descalvado: Editora Primus, 2017, p. 14.
203. ORLANDI NETO, Narciso. **Retificação no registro de imóveis**. São Paulo: Editora Oliveira Mendes, 1997, p. 66.
204. ORLANDI NETO, Narciso. **Retificação no registro de imóveis**. São Paulo: Editora Oliveira Mendes, 1997, p. 68.
205. CARVALHO, Afrânio de. **Registro de Imóveis:** comentários ao sistema de registro em face da lei 6015 de 1973, com alterações da lei 6216 de 1975, lei 8.009 de 1990 e lei 8935 de 18.11.1994. 4. ed. Rio de janeiro: Forense, 2001, p. 253.
206. BRASIL. **Lei nº 6.015 de 31 de dezembro de 1973**. Dispõe sobre os registros públicos, e dá outras providências. Disponível em: http://www.planalto.gov.br/ccivil_03/leis/l6015compilada.htm Acesso em: 15 nov. 2021.
207. BRASIL. **Decreto nº 4.857 de 9 de novembro de 1939**. Dispõe sobre a execução dos serviços concernentes aos registros públicos estabelecidos pelo Código Civil. Disponível em: http://www.planalto.gov.br/ccivil_03/decreto/1930-1949/d4857.htm Acesso em: 15 nov. 2021.

Além disso, o artigo 213, § 13, da Lei nº 6.015/73[208], conforme alteração introduzida pela Lei nº 14.382, de 2022, apresenta disposições específicas relacionadas à retificação de registros de imóveis. Em situações em que não haja dúvida quanto à identificação do imóvel, este parágrafo estabelece que o título anterior à retificação pode ser registrado, mediante requerimento do adquirente e o registro deve ser efetuado de acordo com a nova descrição do imóvel. Adicionalmente, durante a análise da retificação de registro, a prenotação do título anterior será prorrogada, assegurando a manutenção da prioridade do título durante todo o processo de retificação.

A matrícula, como já vimos, deverá ser aberta por ocasião do primeiro registro ou averbação na vigência da Lei nº 6.015/73, originando-se, normalmente, de uma transcrição. Já mencionamos o problema das transcrições antigas, com descrições precárias e a dificuldade de abertura do fólio real por ausência de requisitos de especialidade (artigo 176). Ao analisar isso, Eduardo Agostinho Arruda Augusto[209] leciona que a descrição precária do imóvel não gera o bloqueio da matrícula para a maioria dos atos registrais, permitindo o registro de compra e venda, hipoteca, penhora, doação, desde que se refiram ao imóvel todo, mesmo que em frações ideais[210]. Todavia, o autor ressalta que não é possível praticar atos que envolvam a descrição tabular do imóvel, tais como desdobro, unificação, servidão, reserva legal, enquanto não retificada a matrícula.

Outra questão enfrentada pelos registradores são matrículas que sofrem destaques[211] ou desmembramentos[212] de áreas sem descrição do remanescente. A matrícula primitiva é retalhada por meio de divisões e parcelamentos que, na época, não se preocuparam em descrever o que sobrou, mas apenas naquilo que formaria um novo imóvel em nova matrícula. A especialidade objetiva foi ferida de morte, pois parte do imóvel foi levado para outra matrícula, e o que sobra na matrícula primitiva (ou matrícula mãe) não possui descrição exata. Nessa linha, Ricardo Dip[213] alerta que a especialidade objetiva busca reduzir o perigo das sobreposições de áreas e das ablaqueações ou registros flutuantes, que são as incertezas e indeterminações nas descrições do imóvel.

Narciso Orlandi Neto[214] explica que, após várias alienações parciais, as grandes glebas ficam sem caracterização no registro de imóveis, sendo possível saber qual o remanescente em metros quadrados (controle de disponibilidade quantitativa), pois

---

208. "§ 13. Se não houver dúvida quanto à identificação do imóvel: I – o título anterior à retificação poderá ser levado a registro desde que requerido pelo adquirente, promovendo-se o registro em conformidade com a nova descrição; e II – a prenotação do título anterior à retificação será prorrogada durante a análise da retificação de registro". (BRASIL. **Lei nº 6.015 de 31 de dezembro de 1973**. Dispõe sobre os registros públicos, e dá outras providências. Disponível em: http://www.planalto.gov.br/ccivil_03/leis/l6015compilada.htm Acesso em: 15 nov. 2021)
209. AUGUSTO, Eduardo Agostinho Arruda. **Registro de Imóveis, retificação e georreferenciamento**: fundamento e prática. São Paulo: Saraiva, 2013, p. 257.
210. Existem muitos casos de aberturas de matrículas de frações ideais de imóveis rurais em razão da falta de compreensão da mudança de sistema quando da entrada em vigor da lei 6015/73 o que hoje é objeto de recomposição de matrículas ou, nos Estados que permitem, por estremação.
211. Uma parte da área é levada para outra matrícula em razão de desapropriação, ficando o restante da área na matrícula primitiva.
212. Procedimento de divisão do imóvel resultando na abertura de nova matrícula para as partes divididas ou apenas para aquela que se tem interesse, permanecendo o restante na matrícula primitiva.
213. DIP, Ricardo. **Registro de Imóveis (princípios)**. Tomo II. Descalvado: Editora Primus, 2017, p. 31.
214. ORLANDI NETO, Narciso. **Retificação no registro de imóveis**. São Paulo: Editora Oliveira Mendes, 1997, p. 134.

o registrador vai deduzindo as áreas alienadas da área total da matrícula, mas não se sabe a localização. Em outros casos, ainda piores, poderá existir diferença de área maior ou menor, em descompasso com a realidade física do imóvel. Para o autor, nestes casos de ausência de descrição do remanescente, deverá haver apuração do remanescente[215] com descrição de área certa, antes do registro de nova alienação. No mesmo sentido, Eduardo Agostinho Arruda Augusto[216] entende que matrícula sem descrição do remanescente está tecnicamente bloqueada por falta de elemento essencial (a descrição, prevista no artigo 176, § 1º, II, 3, da Lei nº 6.015/73). Por isso o registrador deve ter a cautela de sempre exigir a descrição do remanescente, salvo nas hipóteses legais, como é o caso, por exemplo, dos §§ 7º e 8º do artigo 176 da Lei nº 6.015/73, que dispensa essa exigência.

Quanto à especialidade subjetiva, referindo-se às pessoas que titulam direitos na matrícula do imóvel, os pontos sensíveis referem-se àqueles que estão em união estável sem escritura pública, ou pessoas casadas no registro, mas separadas de fato e em união estável, sem divórcio e sem partilha de bens, ou ainda problemas que envolvam casamentos sem o pacto antenupcial, por uma falha da época que houve mudança nos regimes de bens, ou matrículas onde figuram como titulares de direitos entes despersonalizados como espólios, condomínios edilícios e nascituros. A falta do Cadastro de Pessoa Física (CPF), antigamente CIC, nas transcrições também gera problemas quando os herdeiros pedem a abertura de matrícula para fins de inventário, pela difícil identificação.

Já a especialidade do fato inscritível refere-se à forma do título apresentado, valor do contrato, da coisa, da dívida, condições e outros elementos que o registrador entender como importantes. Aqui uma breve discussão surge em relação à inscrição de obrigações pessoais na matrícula do imóvel. De regra, a doutrina combate qualquer entendimento de atrair para a matrícula do imóvel direitos que não sejam reais ou obrigacionais com eficácia real. Todavia, existem casos concretos que alcançam a inscrição e, neste momento, merecem ser especializados. É o caso da doação de bens de pai para filho, com a obrigação de o filho cuidar do pai. Parte da doutrina entende que essa obrigação não deve ir para a matrícula e outra parte sustenta que deve ser inscrita no corpo do registro[217]. Em alguns casos específicos, a lei elenca os requisitos que ela quer no registro, o que caracteriza a especialidade do fato inscritível.

Um ponto importante sobre a especialidade objetiva é o dever de georreferenciar os imóveis rurais, o qual será tratado em tópico específico.

---

215. Procedimento previsto no artigo 213, II, § 7º da Lei nº 6.015/73. (BRASIL. **Lei nº 6.015 de 31 de dezembro de 1973**. Dispõe sobre os registros públicos, e dá outras providências. Disponível em: http://www.planalto.gov.br/ccivil_03/leis/l6015compilada.htm Acesso em: 15 nov. 2021).
216. AUGUSTO, Eduardo Agostinho Arruda. **Registro de Imóveis, retificação e georreferenciamento**: fundamento e prática. São Paulo: Saraiva, 2013, p. 258.
217. OLIVEIRA, Carlos Eduardo Elias de. Doação com encargo e a eficácia contra terceiros no registro de imóveis. **Jusbrasil**. Disponível em: https://direitocivilbrasileiro.jusbrasil.com.br/artigos/1103126690/doacao-com-encargo-e-a-eficacia-contra-terceiros-e-o-registro-de-imoveis Acesso em: 15 nov. 2021.

2.15 PRINCÍPIOS DA LEGITIMAÇÃO (PRESUNÇÃO), CONCENTRAÇÃO E DA FÉ PÚBLICA REGISTRAL

Realizado o registro, após a devida qualificação do registrador, o sistema busca proteger toda a sociedade, pois a inscrição é pública e está produzindo efeitos. Presume-se que o registro está correto, válido, legítimo e, portanto, existiria aqui uma fé pública registral. Mas o tema aceita debates, pois o ordenamento jurídico brasileiro prevê a anulação do registro, um ato judicial de extrema repercussão, com efeitos drásticos em todo o sistema. Denis Lerrer Rosenfield[218] explica os efeitos de uma anulação:

> Ora, se não há um registro de imóveis confiável, ou se existente é simplesmente desconsiderado, cria-se um ambiente de insegurança jurídica, em que os contratos perdem a sua validade. [...] Desta maneira, a vida econômica perde um dos seus pilares de sustentação. As fraudes se multiplicam, os créditos se tornam mais caros, os juros sobem e os investimentos diminuem. As operações se tornam mais onerosas por riscos maiores, a confiabilidade das instituições diminui e os agentes econômicos ficam mais cautelosos, senão reticentes, em seus investimentos.

A anulação de um registro sempre será a última fronteira. Em breve histórico, relembra-se que a Lei nº 1.237, de 1864[219], já dizia no artigo 8º, § 4º, que: "A transcrição não induz a prova do domínio que fica salvo a quem for". Ou seja, a transcrição, quando instituída no Brasil, não garantia a propriedade, podendo ser questionada. No Código Civil de 1916[220], o artigo 859 diminuiu o problema, criando uma presunção favorável àquele que registrou em seu nome: "Artigo 859. Presume-se pertencer o direito real à pessoa, em cujo nome se inscreveu ou transcreveu". Ou seja, presume-se de forma relativa que o registro está correto. Daí o princípio da presunção relativa, ou da legitimação, sem ocorrência de fé pública, porque pode ser anulado.

Clóvis Bevilaqua[221] argumentou que, durante a discussão do projeto do Código, houve esforço de algumas pessoas para manter o sistema anterior de que a transcrição não induzia ao domínio, mas vingou a ideia de que o registro constitui uma prova suficiente, ainda que pudesse, de outras formas, ser cancelado. O jurista pontuou que, na época, a transcrição não era absoluta, mas provava a transmissão do domínio e permitia que o oficial de registro examinasse os títulos para legalizar a transmissão da propriedade e, com a sua publicidade no livro próprio, permitia que a sociedade que conhecesse as mutações da propriedade imobiliária.

Mais tarde, a Lei nº 6.015/73[222] passou a prever o cancelamento do registro, conforme artigos 214, 250, inciso I, e 252, o que sempre foi alvo de discussões, em relação

---

218. ROSENFIELD, Denis Lerrer. **Reflexões sobre o direito à propriedade**. Rio de Janeiro: Elsevier, 2008, p. 94.
219. BRASIL. Lei nº 1.237, de 24 de setembro de 1864. Reforma a Legislação Hypothecaria, e estabelece as bases das sociedades de credito real. Disponível em: http://www.planalto.gov.br/ccivil_03/leis/lim/LIM1237.htm Acesso em: 15 nov. 2021.
220. BRASIL. Lei nº 3.071, de 1º de janeiro de 1916. Código Civil dos Estados Unidos do Brasil. Disponível em: http://www.planalto.gov.br/ccivil_03/leis/l3071.htm Acesso em: 15 nov. 2021.
221. BEVILAQUA, Clóvis. **Código Civil dos Estados Unidos do Brasil**. 6. ed. Rio de Janeiro: Francisco Alves, 1940, v. I, p. 68.
222. BRASIL. **Lei nº 6.015 de 31 de dezembro de 1973**. Dispõe sobre os registros públicos, e dá outras providencias. Disponível em: http://www.planalto.gov.br/ccivil_03/leis/l6015compilada.htm Acesso em: 15 nov. 2021.

aos terceiros de boa-fé que confiavam no registro público. O Código Civil de 2002 tratou do cancelamento do registro no artigo 1.245, § 2º, e no artigo 1.247, e passou, timidamente, a proteger o terceiro de boa-fé no artigo 167, § 2º, no artigo 1.268 e no artigo 1.867, porém sem gerar, ainda, uma fé pública registral, mantendo apenas a presunção de legitimidade do registro. No seu artigo 1.242, parágrafo único, tentando proteger o adquirente, criou a possibilidade de usucapião do imóvel de quem teve o seu registro cancelado, desde que preenchidos os requisitos legais. Em 2004, a Lei nº 6.015/73 foi alterada e o artigo 214 recebeu o § 5º, fortalecendo a usucapião tabular.

Finalmente, em 2015, a Lei nº 13.097/15, como já falamos anteriormente, impactou fortemente o sistema registral brasileiro, impedindo a oposição de situações não constantes na matrícula aos adquirentes de boa-fé que tomaram a cautela de consultar a matrícula do imóvel. A norma ficou conhecida como Lei da Concentração, ou Lei Lamana Paiva, uma homenagem ao registrador gaúcho João Pedro Lamana Paiva, que, ao lado do desembargador Décio Antônio Érpen, defendia a sua aplicação no sistema registral brasileiro[223] como forma de aumentar a segurança jurídica e, consequentemente, a paz social, já no ano de 2000. Pelo princípio da concentração, ocorre a atração[224] para a matrícula de todos os atos e fatos que possam implicar a alteração jurídica da coisa, ou diga respeito aos titulares dos direitos ali inscritos, ou ainda sobre o fato jurídico ali narrado. Como princípio, encontra-se na esfera da abstração, cabendo ao registrador a sua aplicação ao caso concreto em razão da ausência de regra normativa expressa. A subjetividade do seu caráter encontra de um lado a segurança jurídica, que ilumina todos os demais princípios, e, do outro, a liberdade do tráfego imobiliário, que não pode sofrer ranhuras com informações irrelevantes. O critério de relevância compete ao registrador, conhecedor da sua circunscrição e protetor dos direitos reais e pessoais com eficácia real.

Inscrição e concentração se completam. Só poderá ocorrer a concentração, efetivamente, se houver inscrição do ato, e a inscrição é o resultado final da concentração. A Lei nº 6.015/73 diz, no seu artigo 169, que todos os atos previstos no artigo 167 são "obrigatórios", mas não prevê sanção pelo seu descumprimento[225]. Já a Lei nº 13.097/15, no seu artigo 54[226], ao especificar quais situações são de cunho relevante para fins de averbação, alertou que a ausência destes dados na matrícula impede o seu questionamento por quem tinha o dever de inscrever o ato.

---

223. ERPEN, Décio Antônio; PAIVA, João Pedro Lamana. A autonomia registral e o princípio da concentração. **Revista de Direito imobiliário**, São Paulo, v. 49, p. 46-52, jul./dez. 2000.
224. Assim como o domínio atrai todos os seus elementos destacados, a matrícula atrai todas as ocorrências importantes. Assim o usufruto, quando cessa sua causa de existir é atraído para o nu-proprietário, também desta forma a matrícula atrai todos os fatos que possam interessar à sociedade e à segurança jurídica.
225. BRASIL. **Lei nº 6.015 de 31 de dezembro de 1973**. Dispõe sobre os registros públicos, e dá outras providências. Disponível em: http://www.planalto.gov.br/ccivil_03/leis/l6015compilada.htm Acesso em: 15 nov. 2021.
226. BRASIL. Lei nº 13.097, de 19 de janeiro de 2015. Reduz a zero as alíquotas da Contribuição para o PIS/PASEP, da COFINS, da Contribuição para o PIS/Pasep-Importação e da Cofins-Importação incidentes sobre a receita de vendas e na importação de partes utilizadas em aerogeradores; [...]. Disponível em: http://www.planalto.gov.br/ccivil_03/_ato2015-2018/2015/lei/l13097.htm Acesso em: 15 nov. 2021.

Porém, com a entrada em vigor do CPC, Lei nº 13.105/15[227], surgiram algumas vozes bradando que a lei da concentração havia caído por terra, em razão do artigo 792, inciso IV, que não obriga a averbação, *in verbis*:

> Artigo 792. A alienação ou a oneração de bem é considerada fraude à execução:
>
> I – quando sobre o bem pender ação fundada em direito real ou com pretensão reipersecutória, desde que a pendência do processo tenha sido **averbada** no respectivo registro público, se houver;
>
> II – quando tiver sido **averbada,** no registro do bem, a pendência do processo de execução, na forma do artigo 828;
>
> III – quando tiver sido **averbado**, no registro do bem, hipoteca judiciária ou outro ato de constrição judicial originário do processo onde foi arguida a fraude;
>
> IV – quando, ao tempo da alienação ou da oneração, tramitava contra o devedor ação capaz de reduzi-lo à insolvência;

Alegava-se, com este dispositivo, que não existia mais a atração para a matrícula de todas as situações perigosas, inimigas da segurança jurídica, e que, novamente, o sistema estava inseguro. Com certeza, são os inimigos da paz social que bradam esses verbetes e levantam a bandeira da instabilidade, querendo colocar o sistema em xeque. Porém, recentemente, o STJ[228] resolveu a polêmica ao entender que, para haver o reconhecimento de fraude à execução na venda do imóvel, é necessária a averbação da existência da ação na matrícula, senão vejamos:

> No que concerne ao requisito do registro da penhora ou da pendência de ação ou, então, da má-fé do adquirente, o reconhecimento da ineficácia da alienação originária, porque realizada em fraude à execução, não contamina, automaticamente, as alienações posteriores. Nessas situações, existindo registro da ação ou da penhora à margem da matrícula do bem imóvel alienado a terceiro, haverá presunção absoluta do conhecimento do adquirente sucessivo e, portanto, da ocorrência de fraude. Diversamente, se inexistente o registro do ato constritivo ou da ação, incumbe ao exequente/embargado a prova da má-fé do adquirente sucessivo.

Com a publicação da Lei 14.382/2022 o art. 54 da lei 13.097/2015 foi alterado, adaptando-se à sua finalidade, ou seja, promover a segurança jurídica a todo o sistema.

> Art. 16. O art. 54 da Lei 13.097, de 19 de janeiro de 2015, passa a vigorar com as seguintes alterações, numerado o parágrafo único como § 1º:
>
> "Art. 54(...)
>
> (...)
>
> II – averbação, por solicitação do interessado, de constrição judicial, de que a execução foi admitida pelo juiz ou de fase de cumprimento de sentença, procedendo-se nos termos previstos no art. 828 da Lei 13.105, de 16 de março de 2015 (Código de Processo Civil);
>
> (...)

---

227. BRASIL. Lei nº 13.105, de 16 de março de 2015. Código de Processo Civil. Disponível em: http://www.planalto.gov.br/ccivil_03/_ato2015-2018/2015/lei/l13105.htm Acesso em: 15 nov. 2021.
228. BRASIL. Superior Tribunal de Justiça. REsp 1863999-sp (2020/0048011-4), Rel. Min. Nancy Andrighi, j. 03/08/2021. Disponível em: https://stj.jusbrasil.com.br/jurisprudencia/1273385305/recurso-especial-resp-1863999-sp-2020-0048011-4/inteiro-teor-1273385316 Acesso em: 15 nov. 2021.

IV – averbação, mediante decisão judicial, da existência de outro tipo de ação cujos resultados ou responsabilidade patrimonial possam reduzir seu proprietário à insolvência, nos termos do inciso IV do *caput* do art. 792 da Lei 13.105, de 16 de março de 2015 (Código de Processo Civil).

§ 1º Não poderão ser opostas situações jurídicas não constantes da matrícula no registro de imóveis, inclusive para fins de evicção, ao terceiro de boa-fé que adquirir ou receber em garantia direitos reais sobre o imóvel, ressalvados o disposto nos arts. 129 e 130 da Lei 11.101, de 9 de fevereiro de 2005, e as hipóteses de aquisição e extinção da propriedade que independam de registro de título de imóvel.

§ 2º Para a validade ou eficácia dos negócios jurídicos a que se refere o *caput* deste artigo ou para a caracterização da boa-fé do terceiro adquirente de imóvel ou beneficiário de direito real, não serão exigidas:

I – a obtenção prévia de quaisquer documentos ou certidões além daqueles requeridos nos termos do § 2º do art. 1º da Lei nº 7.433, de 18 de dezembro de 1985; e

II – a apresentação de certidões forenses ou de distribuidores judiciais."

Dessa forma, a fé pública registral é fruto da concentração, que tem por finalidade inscrever na matrícula do imóvel todas as ocorrências que podem afetar a segurança jurídica, princípio maior que deve ser protegido, e que reflete em todos os outros. Para alguns autores, a presunção continua relativa, pois os dispositivos que permitem a anulação estão em vigor, mas a fé pública registral está presente, protegendo os adquirentes e terceiros de boa-fé. A tendência é que o amadurecimento das decisões judiciais reforce a ideia de que o sistema registral possui uma presunção absoluta, o que diminuirá substancialmente as discussões longe do fólio real.

Parte II
DIREITO MATERIAL IMOBILIÁRIO

Capítulo 3
DO DIREITO DAS OBRIGAÇÕES IMOBILIÁRIO

3.1 FORMAS INDIRETAS DE PAGAMENTO

São formas indiretas de pagamento a consignação em pagamento, a sub-rogação, a imputação ao pagamento, a dação em pagamento, a novação, a compensação, a remissão e a confusão.

1) Consignação em pagamento (arts. 334 a 345 do CC): é a forma indireta em que se faz o depósito da prestação obrigacional com o objetivo de evitar a mora e, consequentemente, extinguir a obrigação. O objetivo maior da consignação em pagamento é a extinção da obrigação, porém ela também tem por objetivo evitar a mora.

As hipóteses de cabimento da consignação em pagamento estão descritas no **art. 335 do Código Civil**. São elas:

a) se o credor não puder, ou, sem justa causa, recusar receber o pagamento, ou dar quitação na devida forma (hipótese de *mora accipiendi* do credor);

b) se o credor não for, nem mandar receber a coisa no lugar, tempo e condição devidos (hipótese de *mora accipiendi* do credor);

c) se o credor for incapaz de receber, for desconhecido, declarado ausente, ou residir em lugar incerto ou de acesso perigoso ou difícil;

d) se ocorrer dúvida sobre quem deva legitimamente receber o objeto do pagamento;

e) se pender litígio sobre o objeto do pagamento.

A doutrina entende que o rol do **art. 335 do Código Civil** é exemplificativo[1].

Cabendo a consignação em pagamento, deverá se dar de acordo com os **arts. 539 a 549 do CPC**.

A consignação pode ser **judicial** (exigindo ação judicial, processo) ou **extrajudicial** (feita em instituição financeira).

Somente as obrigações em dinheiro estão sujeitas à consignação extrajudicial (**art. 539, § 1º, do CPC**). A maioria da doutrina entende que somente dinheiro pode ser objeto de consignação extrajudicial. Porém, minoritariamente se entende que qualquer bem suscetível de depósito no banco pode ser consignado (joias, papéis e títulos).

---

1. FARIAS, Cristiano Chaves de; ROSENVALD, Nelson. *Curso de direito civil*: obrigações. 6. ed. Salvador: Juspodivm, 2012, p. 483.

O depósito da quantia devida se faz em qualquer estabelecimento bancário, bastando que possua o serviço.

Para a consignação extrajudicial não extinguir a obrigação, é necessário a recusa escrita do credor assinalada no prazo de 10 dias. Se nesse prazo o credor se manifestar no sentido de que levantará o valor depositado e ressalvando que existe um valor faltante a ser discutido judicialmente, também a obrigação não se extingue.

Ocorrendo a recusa do credor tempestivamente, deve ser proposta a ação de consignação em pagamento no prazo de 30 dias. Se esse prazo não for respeitado, perderá o efeito o depósito realizado, caracterizando a mora. Há doutrinadores que entendem que o prazo não precisa ser respeitado, pois o dinheiro está depositado em conta remunerada.

Tanto a consignação judicial quanto a extrajudicial podem ser feitas pelo devedor ou por terceiro.

Para que a consignação tenha força de pagamento, será necessário que concorram, em relação às pessoas, ao objeto, modo e tempo, todos os requisitos sem os quais não é válido o pagamento.

O depósito deverá ser requerido no lugar do pagamento, cessando, tanto que se efetue para o depositante, os juros da dívida e os riscos, salvo se for julgado improcedente.

Havendo solidariedade ativa, a consignação pode ser feita em face de qualquer credor (**art. 268 do CC**).

Na obrigação indivisível, a consignação deve ser direcionada contra todos os credores (**art. 260, I, do CC**).

A boa-fé objetiva admite consignação direcionada ao intermediário do credor (exemplo: administradora de imóveis).

Enquanto o credor não declarar que aceita o depósito, ou não o impugnar, poderá o devedor requerer o levantamento, pagando as respectivas despesas, e subsistindo a obrigação para todas as consequências de direito.

Julgado procedente o depósito, o devedor já não poderá levantá-lo, embora o credor consinta, senão de acordo com os outros devedores e fiadores.

O objeto da consignação pode ser bem móvel, imóvel, e bens imateriais (*software*).

Não cabe consignação nas obrigações de fazer e não fazer (art. 334 do CC – que fala em coisa devida).

O credor que, depois de contestar a lide ou aceitar o depósito, aquiescer no levantamento, perderá a preferência e a garantia que lhe competiam com respeito à coisa consignada, ficando para logo desobrigados os codevedores e fiadores que não tenham anuído.

Se a coisa devida for imóvel ou corpo certo que deva ser entregue no mesmo lugar onde está, poderá o devedor citar o credor para vir ou mandar recebê-la, sob pena de ser depositada, ou seja, nesse caso a consignação deve ser feita no local da situação do bem (**art. 341 do CC**).

O STJ autorizou, no **REsp 1.132.662-PI, rel. Min. Mauro Campbel Marques, 2ª Turma, j. 7-6-2011,** *DJe* **de 14-6-2011,** que o réu da ação de consignação em pagamento levante a parte incontroversa, que foi objeto de depósito judicial, e que a ação prossiga somente quanto à parte controvertida, conforme autoriza o Código de Processo Civil.

Se a escolha da coisa indeterminada competir ao credor, será ele citado para esse fim, sob cominação de perder o direito e de ser depositada a coisa que o devedor escolher. Feita a escolha pelo devedor, ele citará o credor para vir ou mandar recebê-la, sob pena de ser depositada.

O STJ entende que é possível discutir a legalidade das cláusulas contratuais, bem como a forma de fazer a sua interpretação, na ação de consignação em pagamento (**REsp 645.756-RJ, 4ª Turma, rel. Min. Aldir Passarinho Junior, j. 7-12-2010.** *DJe* **de 14-12-2010**).

As despesas com o depósito, quando julgado procedente, correrão à conta do credor, e, no caso contrário, à conta do devedor.

O devedor de obrigação litigiosa exonerar-se-á mediante consignação, mas, se pagar a qualquer dos pretendidos credores, tendo conhecimento do litígio, assumirá o risco do pagamento.

Se a dívida se vencer, pendendo litígio entre credores que se pretendem mutuamente excluir, poderá qualquer deles requerer a consignação.

RESUMINDO

Legitimação ativa	Devedor, representante legal/contratual, herdeiro, assuntor da dívida, terceiro interessado e terceiro não interessado (só quando requerer em nome do devedor), conforme o art. 304, parágrafo único, do Código Civil).
Legitimação passiva	Credor, representante legal/contratual, herdeiro e cessionário do crédito.
Pressupostos objetivos	Observar o prazo e o local de pagamento (dívidas quesíveis ou portáveis).

2) Sub-rogação (arts. 346 a 351 do CC): pode ser **real** (troca de bem) ou **pessoal** (troca de pessoa).

Na sub-rogação pessoal ocorrerá a transferência ao novo credor de todos os direitos, ações, privilégios e garantias do primitivo, em relação à dívida, contra o devedor principal e os fiadores.

A sub-rogação pessoal pode ser legal ou convencional.

A **sub-rogação legal** independe de vontade das partes. Ocorre nas seguintes hipóteses, previstas no art. 346 do Código Civil, de pleno direito:

a) do credor que paga a dívida do devedor comum;

b) do adquirente do imóvel hipotecado, que paga a credor hipotecário, bem como do terceiro que efetiva o pagamento para não ser privado de direito sobre o imóvel;

c) do terceiro interessado, que paga a dívida pela qual era ou podia ser obrigado, no todo ou em parte.

Outro caso de sub-rogação legal está descrito no art. 786 do Código Civil, que estabelece: *"Paga a indenização, o segurador sub-roga-se, nos limites do valor respectivo, nos direitos e ações que competirem ao segurado contra o autor do dano"*.

Na sub-rogação legal o sub-rogado não poderá exercer os direitos e as ações do credor, senão até à soma que tiver desembolsado para desobrigar o devedor.

A **sub-rogação convencional** depende de vontade das partes. Ocorre nas seguintes hipóteses, previstas no art. 347 do Código Civil:

a) quando o credor recebe o pagamento de terceiro e expressamente lhe transfere todos os seus direitos (nesse caso vigorará o disposto quanto à cessão do crédito);

b) quando terceira pessoa empresta ao devedor a quantia precisa para solver a dívida, sob a condição expressa de ficar o mutuante sub-rogado nos direitos do credor satisfeito.

O credor originário, só em parte reembolsado, terá preferência ao sub-rogado, na cobrança da dívida restante, se os bens do devedor não chegarem para saldar inteiramente o que a um e outro dever.

Diferenças da sub-rogação com a cessão de crédito:

Cessão de crédito	Sub-rogação
Decorre da manifestação da vontade das partes.	Pode não advir da vontade das partes (sub-rogação legal).
Independe do pagamento.	Exige pagamento.
Visa lucro.	Não tem aspecto especulativo.
Exige a notificação do devedor (para que ele saiba a quem deve pagar, pois, nesse caso, se pagar ao cedente, pagará mal, e por isso poderá pagar duas vezes).	Dispensa notificação do credor.
Tem por objetivo transferir o crédito, o direito ou a ação.	Objetiva exonerar o devedor perante o antigo credor.
Não opera a extinção do débito creditório do devedor (ele é transferido para novo credor).	Extingue a dívida com relação ao credor primitivo.
Ela é feita pelo credor.	Não precisa ser feita pelo credor (devedor).
O cessionário (novo credor) fica responsável pela existência do crédito.	Novo credor não fica responsável pela existência do crédito.

Segundo o art. 129, item 9, da Lei n. 6.015/73 (Lei de Registros Públicos), o instrumento de sub-rogação só produz efeito perante terceiros depois de registrado no Cartório de Registro de Títulos e Documentos (RTD).

3) Imputação ao pagamento (arts. 352 a 355 do CC): faculdade do devedor de indicar o que será pago caso tenha vários débitos líquidos e vencidos com o mesmo credor, desde que todos tenham a mesma natureza.

É o devedor quem indica aquilo que será pago, porém, caso não exerça tal faculdade, ela passará para o credor. Se o credor não agir, a lei fará a escolha (imputação legal).

A faculdade do devedor deve ser exercida até o pagamento, senão ela passa ao credor.

A **imputação legal** é feita primeiramente nas dívidas líquidas e vencidas. Se todas elas forem líquidas e vencidas, terá preferência a mais onerosa (art. 355 do CC).

De acordo com o art. 354 do Código Civil, havendo capital e juros, o pagamento imputar-se-á primeiro nos juros vencidos e depois no capital, atendendo-se ao princípio da gravitação jurídica.

Súmula 464 do STJ – A regra de imputação de pagamentos estabelecida no art. 354 do Código Civil não se aplica às hipóteses de compensação tributária.

4) Dação em pagamento (arts. 356 a 359 do CC): é forma indireta de extinção da obrigação em que o credor aceita receber objeto diferente do pactuado.

É requisito da dação em pagamento o débito estar vencido.

O valor da coisa oferecida em dação em pagamento pode ser superior ou inferior ao montante da dívida, pois se entende que será uma coisa pela outra.

Ocorrendo a evicção da coisa oferecida em dação, a obrigação anteriormente extinta se restabelece, porém, a fiança não, por disposição expressa no art. 838, III, do Código Civil.

O art. 357 do Código Civil proíbe o oferecimento de dinheiro na dação em pagamento, já que se teria, no caso, uma compra e venda.

Segundo o art. 129, item 9, da Lei n. 6.015/73 (Lei de Registros Públicos), o instrumento de dação em pagamento só produz efeito perante terceiros, depois de registrado no Cartório de Registro de Títulos e Documentos (RTD), se se referir a coisa móvel. Em se tratando de bem imóvel (devo R$ 100.000,00 e o credor aceita receber um lote de terreno em pagamento), o instrumento exigirá escritura pública, que deverá ser registrada na matrícula do imóvel para transferir a propriedade do bem ao credor.

5) Novação (arts. 360 a 367 do CC): tem por objetivo extinguir uma obrigação antiga em razão da criação de uma nova obrigação.

A novação exige *animus novandi*, expresso no art. 361 do Código Civil, que é a intenção, o desejo de realizar a novação.

A novação exige também o chamado *aliquid nori*, que é a exigência de que haja um elemento novo relacionando a obrigação antiga com a nova.

A novação pode ser classificada em:

5.1) Novação objetiva: nessa modalidade de novação, o elemento novo é o objeto. O objeto da obrigação anterior é modificado na nova.

5.2) Novação subjetiva: nessa modalidade de novação, o elemento novo é o sujeito. O(s) sujeito(s) da obrigação anterior é(são) modificado(s) na nova. Como existem dois tipos de sujeitos na obrigação, essa modalidade se divide em:

a) **Novação subjetiva ativa**, na qual a modificação ocorre no sujeito ativo.

b) **Novação subjetiva passiva**, na qual a modificação ocorre no sujeito passivo.

A novação subjetiva passiva, por sua vez, se divide em duas modalidades (art. 362 do CC):

- **b1) novação subjetiva passiva por delegação**, quando o devedor primitivo (original) indica (delega) quem será o novo sujeito passivo ao credor que aceita. Como exemplo, o caso do devedor que procura o irmão rico para fazer uma novação com seu credor.
- **b2) Novação subjetiva passiva por expromissão**, quando o devedor primitivo (original) é trocado do polo passivo sem ser consultado. Como exemplo, o caso do marido que procura o banco credor de sua mulher, e, sem ela saber, realiza uma novação com a instituição, comprometendo-se a pagar o novo débito que é criado.

OBSERVAÇÃO 1: A novação subjetiva ativa não se confunde com a cessão de crédito (art. 286 do CC), já que nela é necessária a extinção da obrigação antiga para criação de uma nova, o que não ocorre nessa última, na qual se transfere o crédito da mesma obrigação.

OBSERVAÇÃO 2: A novação subjetiva ativa não se confunde com a sub-rogação, já que nela é necessária a extinção da obrigação antiga para criação de uma nova, o que não ocorre nessa última, em que se transferem todos os direitos creditícios de uma mesma obrigação, quando é realizado o pagamento.

Cessão de crédito	Sub-rogação	Novação subjetiva ativa
Transmite a qualidade de credor para terceiro.	É forma indireta de pagamento que extingue a obrigação.	É forma indireta de pagamento que extingue a obrigação.
Pode ser feita antes ou depois do vencimento, ou seja, não pressupõe pagamento.	É forma indireta de pagamento que extingue a obrigação.	É forma indireta de pagamento que extingue a obrigação.
A obrigação antiga permanece a mesma.	Com a realização do pagamento, os direitos creditícios são transferidos para terceira pessoa.	A obrigação antiga é extinta em razão da criação de uma nova.

OBSERVAÇÃO 3: A novação subjetiva passiva não se confunde com a assunção de dívida (art. 299 do CC), já que nela é necessária a extinção da obrigação antiga para criação de uma nova, o que não ocorre nessa última, em que se transfere o débito da mesma obrigação.

Assunção de dívida	Novação subjetiva passiva
Transmite a qualidade de devedor para terceiro.	É forma indireta de pagamento que extingue a obrigação antiga em razão da criação de uma nova.
Pode ser feita antes ou depois do vencimento, ou seja, não pressupõe pagamento.	É forma indireta de pagamento que extingue a obrigação antiga em razão da criação de uma nova.
A obrigação antiga permanece a mesma.	A obrigação antiga é extinta em razão da criação de uma nova.

5.3) Novação mista: nessa modalidade de novação o elemento novo é o objeto e o sujeito. Tanto o objeto quanto o sujeito da obrigação anterior são modificados na nova.

6) Compensação (arts. 368 a 380 do CC): a compensação se dá quando há reciprocidade de débitos entre o mesmo credor e devedor, buscando a extinção de ambos (compensação total) ou do menor deles (compensação parcial).

A compensação pode ser: **legal**, aquela feita independentemente da vontade das partes, de forma automática, motivo pelo qual exige dívida líquida, certa, vencida e de coisa fungível, com prestações de mesma natureza; **convencional**, aquela que se dá por acordo de vontade entre as partes; e **judicial**, aquela reconhecida por sentença, e que deriva de reconvenção do réu cobrado pelo débito.

O art. 369 do Código Civil veda a compensação com obrigação de fazer, e o art. 1.707 do Código Civil proíbe a compensação envolvendo crédito de alimentos.

Embora sejam do mesmo gênero, as coisas fungíveis objeto das duas prestações não se compensarão, verificando-se que diferem na qualidade, quando especificada no contrato.

O devedor somente pode compensar com o credor o que este lhe dever; mas o fiador pode compensar sua dívida com a de seu credor ao afiançado.

Os prazos de favor, embora consagrados pelo uso geral, não obstam a compensação.

A diferença de causa nas dívidas não impede a compensação, exceto:

a) se provier de esbulho, furto ou roubo;

b) se uma se originar de comodato, depósito ou alimentos;

c) se uma for de coisa não suscetível de penhora.

Não haverá compensação quando as partes, por mútuo acordo, a excluírem, ou no caso de renúncia prévia de uma delas.

Obrigando-se por terceiro uma pessoa, não pode compensar essa dívida com a que o credor dele lhe dever.

O devedor que, notificado, nada opõe à cessão que o credor faz a terceiros dos seus direitos não pode opor ao cessionário a compensação, que antes da cessão teria podido opor ao cedente. Se, porém, a cessão lhe não tiver sido notificada, poderá opor ao cessionário compensação do crédito que antes tinha contra o cedente.

Quando as duas dívidas não são pagáveis no mesmo lugar, não se podem compensar sem dedução das despesas necessárias à operação.

Sendo a mesma pessoa obrigada por várias dívidas compensáveis, serão observadas, no compensá-las, as regras estabelecidas quanto à imputação do pagamento.

Não se admite a compensação em prejuízo de direito de terceiro. O devedor que se torne credor do seu credor, depois de penhorado o crédito deste, não pode opor ao exequente a compensação, de que contra o próprio credor disporia.

7) Confusão (arts. 381 a 384 do CC): ocorre a confusão quando credor e devedor se tornam a mesma pessoa. Isso pode acontecer quando uma pessoa pede dinheiro emprestado para o seu tio, tornando-se devedor dele. Se esse tio falecer e deixar um testamento nomeando o seu sobrinho devedor como único herdeiro, este poderá cobrar todos os devedores do tio, e um deles será ele mesmo. Assim, por meio do instituto da confusão ninguém pode ser credor e devedor de si mesmo, já que, se isso ocorrer no mundo dos fatos, o Direito irá extinguir as obrigações. A extinção será total no exemplo dado já que o devedor foi nomeado em testamento único herdeiro (confusão total). Mas, se houvesse mais herdeiros nomeados em testamento, a extinção seria parcial (confusão parcial ou imprópria), pois estaria limitada ao crédito que o devedor herdeiro teria sobre a dívida.

A confusão operada na pessoa do credor ou devedor solidário só extingue a obrigação até a concorrência da respectiva parte no crédito, ou na dívida, subsistindo quanto ao mais a solidariedade.

Cessando a confusão, para logo se restabelece, com todos os seus acessórios, a obrigação anterior.

8) Remissão (arts. 385 a 388 do CC): remissão vem do verbo "remitir" e significa perdão. Cuidado para não confundir com remição, que vem do verbo remir e significa pagamento. A remissão, ou perdão da dívida, pode ser total ou parcial, mas nunca poderá ser feita para fraudar credores ou a execução, sob pena de termos a anulabilidade ou a inexistência do ato, respectivamente. O devedor deve aceitar a remissão para que ela produza efeito.

Ela pode ocorrer na forma expressa ou tácita. Como exemplo de remissão na forma tácita, temos a hipótese da devolução voluntária do título da obrigação, que, quando por escrito particular, prova desoneração do devedor e seus coobrigados, se o credor for capaz de alienar, e o devedor capaz de adquirir (art. 386 do CC).

A restituição voluntária do objeto empenhado prova a renúncia do credor à garantia real, não a extinção da dívida.

A remissão concedida a um dos codevedores extingue a dívida na parte a ele correspondente; de modo que, ainda reservando o credor a solidariedade contra os outros, já lhes não pode cobrar o débito sem dedução da parte remitida.

Capítulo 4
DOS PRINCIPAIS CONTRATOS ENVOLVENDO BENS IMÓVEIS

4.1 COMPRA E VENDA DE IMÓVEIS (ARTS. 481 A 532 DO CC)

4.1.1 Conceito

De acordo com o art. 481 do Código Civil, a compra e venda é o contrato em que o vendedor **compromete-se** a transferir ao comprador a propriedade de um bem móvel ou imóvel mediante o pagamento de certo preço em dinheiro.

Em razão de o vendedor se comprometer a transferir a propriedade, podemos afirmar que a compra e venda é um **contrato translativo**. Isso se torna importante porque sabemos que a forma usual de transferência da propriedade imóvel se dá com o registro do título translativo no Registro de Imóveis, e, assim, verifica-se ser a compra e venda um exemplo disso.

Não podemos esquecer que o contrato de compra e venda, por si só, gera apenas direito obrigacional, já que no Brasil a obrigação não gera eficácia real.

No sistema brasileiro, a propriedade é transferida pela tradição, no caso de bem móvel, e pelo registro do título translativo, no caso de bem imóvel.

4.1.2 Elementos essenciais

São elementos essenciais à compra e venda:

a) Partes: que são os sujeitos da compra e venda (comprador e vendedor). Não podemos esquecer que, segundo o art. 104 do Código Civil, as partes em qualquer relação contratual devem ser capazes, ou seja, devem possuir capacidade geral e especial (que é aquela específica para a celebração de tal ato, e também é chamada de legitimação).

A capacidade geral refere-se às hipóteses descritas nos arts. 3º e 4º do Código Civil.

Já a capacidade especial, ou legitimação, pode ser exemplificada em razão da necessidade de pessoas casadas, segundo o art. 1.647 do Código Civil, necessitar de vênia conjugal (autorização que o marido ou a esposa precisa dar ao consorte para a prática de determinados atos) para vender bens imóveis. Porém, a vênia é dispensada se os cônjuges casaram-se pelo regime da separação absoluta. Cumpre lembrar, também, que o art. 1.657 do Código Civil autoriza quem casa no regime da participação final nos aquestos a convencionar no pacto antenupcial a possibilidade de celebrar contrato de compra e venda de bens imóveis, desde que particulares.

Assim sendo, pergunta-se: o que é separação absoluta? Sabemos que o regime da separação de bens pode ser convencional, que é aquele estabelecido pelas partes em pacto antenupcial, ou legal, também chamado de obrigatório, que é o imposto pela lei nas hipóteses descritas no art. 1.641 do Código Civil. Dessa forma, resta imperioso saber qual separação é absoluta: a convencional ou a legal?

A separação convencional pode ser absoluta se no pacto antenupcial houver previsão expressa de que nenhum bem se comunica, ou relativa, se houver alguma exceção de bens comunicáveis.

Com relação à separação obrigatória, ou legal, a Súmula 377 do STF permite a comunicação de bens adquiridos pelo esforço comum nessa modalidade de separação. Por esse motivo surge a dúvida: seria a separação obrigatória absoluta ou relativa?

Como a citada súmula possui origem no art. 259 do Código Civil de 1916, que não encontra correspondente no atual Código Civil, a sua vigência é questionável. Para Francisco José Cahali, a súmula foi revogada. Já para Giselda Maria Fernandes Novaes Hironaka, a súmula continua vigendo.

Se a posição de que a súmula foi revogada prevalecer, teremos que a separação obrigatória é absoluta. Porém, se o posicionamento de que a súmula ainda está em vigor se impuser, teremos que a separação obrigatória é relativa.

O STJ vem entendendo que a Súmula 377 do STF ainda está em vigor (que transforma a separação obrigatória em relativa), conforme decisão proferida no **REsp 1.199.790-MG (2010/0118288-3), rel. Min. Vasco Della Giustina (convocado do TJRS), v.u., j. em 14-12-2010.**

A ausência de vênia gera a invalidade do negócio jurídico. Porém, o Código Civil de 1916 estabelecia que na sua ausência, em qualquer hipótese, inclusive na da separação absoluta, o negócio era nulo, mas o atual Código de 2002 determina ser o negócio anulável. Por essa razão, pergunta-se: o que prevalece?

Como a questão da ausência de vênia está no plano da validade do negócio jurídico, devemos verificar quando o negócio foi celebrado, pois, com relação à validade, a lei vigente no momento da celebração do negócio jurídico é que determina a sanção. Por esse motivo, se o negócio sem vênia conjugal foi celebrado à época do Código Civil de 1916, será nulo, e, se celebrado na vigência do Código Civil de 2002, anulável.

b) **Coisa:** a coisa objeto de compra e venda deve ser lícita, possível, determinada ou determinável. Se a coisa é certa, significa que é determinada. Se incerta, é determinável, tem existência potencial.

A coisa deve ser, ainda, alienável (estar no comércio). Como exemplos de coisa inalienável, podemos citar o bem gravado com cláusula de inalienabilidade (que pode ser quebrada judicialmente, ou seja, é relativa) e o bem público (pode ser de uso comum do povo, de uso especial – com destinação específica ou afetado – e dominical – sem destinação específica ou desafetado). Como relação aos bens dominicais, eles podem ser objeto de compra e venda, conforme autoriza o art. 101 do Código Civil. É também exemplo de coisa inalienável o bem de família voluntário, aquele previsto nos arts.

1.711 e seguintes do Código Civil (o bem de família legal, previsto na Lei n. 8.009/90, é alienável).

c) **Preço:** os arts. 486 e 487 do Código Civil permitem a cotação do preço em moeda estrangeira, em ouro (cláusula ouro) ou em bolsa, se houver posterior conversão para a moeda nacional. Em caso de contrato de exportação, permite-se fixar o preço em moeda estrangeira.

Essas regras não colidem com as que se encontram nos arts. 315 e 318 do Código Civil. Este último artigo estabelece ser nulas as convenções de pagamento em ouro ou moeda estrangeira, pois o art. 315 determina que as dívidas em dinheiro, em decorrência do princípio do nominalismo, devem ser pagas em moeda nacional corrente.

Com isso, verifica-se que o preço na compra e venda pode ser fixado em ouro (cláusula ouro) ou em moeda estrangeira, mas, na hora de realizar o pagamento, deve ser feito em moeda corrente.

O art. 488 do citado diploma legal apresenta a solução para o caso de não haver convenção sobre o preço no contrato, determinando que seja adotado: tabelamento oficial; preço habitual do vendedor e termo médio fixado pelo juiz.

Tais soluções devem ser aplicadas na ordem acima descrita. O tabelamento oficial não pode ser afastado pelo contrato, porque se trata de questão de ordem pública.

O preço não pode ser fixado por apenas uma das partes. A chamada "cláusula pague o que quiser" faz com que o contrato seja nulo, conforme o art. 489 do Código Civil.

A fixação do preço, porém, pode ser deixada ao arbítrio de um terceiro de confiança das partes. É o que se chama de **preço de avaliação**.

d) **Vontade:** o contrato de compra e venda deve ser isento de vícios.

4.1.3 Natureza jurídica do contrato de compra e venda

Bilateral ou sinalagmático: estabelece direitos e deveres para ambas as partes (reciprocidade).

Oneroso: deve estar presente o elemento preço.

Comutativo: há prestações equivalentes e já conhecidas.

Aleatório: vem de álea, que significa sorte (ou risco). A compra e venda aleatória pode ser classificada da seguinte forma: *emptio spei* (venda da esperança) – a contraprestação é devida mesmo se a prestação não existir. Exemplo: compra e venda de safra futura; *emptio rei speratae* (venda da esperança com coisa esperada) – neste contrato parte-se da premissa que a coisa existirá, mas em qualquer quantidade. Resolve-se o contrato se a coisa não existir, já que o risco refere-se à quantidade.

Consensual: porque se aperfeiçoa com a simples vontade das partes.

Típico: já que seu regramento vem previsto em lei.

Quanto à solenidade, a compra e venda pode ser **solene** ou **não solene** – a solenidade, modernamente, consiste na necessidade de celebrar o contrato no Tabelionato de

Notas. Segundo o art. 107 do Código Civil, o contrato de compra e venda é, em regra, não solene, pois a solenidade depende de previsão legal expressa.

4.1.4 Efeitos do contrato de compra e venda

a) Risco: na compra e venda há risco quanto à coisa e quanto ao preço. O risco é sempre de quem tem o dever – quanto à coisa será do vendedor e quanto ao preço, do comprador. Aplica-se a regra *res perit domino* (a coisa perece para o seu dono).

b) Despesas quanto ao transporte (tradição) e quanto à escritura e registro: o art. 490 do Código Civil autoriza a divisão de despesas – o vendedor é responsável pela tradição e o comprador, pelo registro e escritura.

c) Registro: para ter efeito perante terceiros, se relativa a bem imóvel deve ser registrada no Cartório de Imóveis (art. 1.245 CC). Se a compra e venda, seja definitiva ou na modalidade promessa, tenha, ou não, cláusula de reserva de domínio, tiver como objeto bens móveis, deverá ser registrada no Cartório de Títulos e Documentos, conforme determina o art. 129, item 5°, da Lei 6.015/73 atualizada pela Lei 14.382/2022).

4.1.5 Restrições à compra e venda

a) Venda de ascendente para descendente (art. 496 do CC): é anulável a compra e venda de ascendentes (pais, avós, bisavós etc.) para descendentes (filhos, netos, bisnetos etc.), salvo se autorizada pelos outros descendentes de **grau mais próximo** e pelo cônjuge do alienante.

O cônjuge deve autorizar também, pois, a exemplo do descendente, é herdeiro necessário. Com o julgamento da inconstitucionalidade do art. 1.790 do Código Civil pelo STF, que estabeleceu que todos os direitos sucessórios do cônjuge devem ser estendidos ao companheiro, este último se tornou herdeiro necessário, mesmo não estando contemplado como tal no art. 1.845 do Código Civil. Por esse motivo, entendemos que o companheiro também deve autorizar a venda de ascendente para descendente, exceto se o regime da união estável for o da separação absoluta de bens, sob pena de anulabilidade.

Se um dos descendentes mais próximos for falecido, será necessária a autorização do seu filho, em razão do direito de representação dado pelo direito sucessório. Pela interpretação do referido artigo, o cônjuge do descendente que vai autorizar está dispensado de participar do ato de compra e venda.

O cônjuge, ou companheiro, do ascendente alienante precisa autorizar a compra e venda, salvo se casado, ou vivendo em união estável, no regime da separação obrigatória. Vale lembrar que, de acordo com o art. 1.641 do Código Civil, é obrigatório o regime da separação de bens no casamento:

> I – das pessoas que o contraírem com inobservância das causas suspensivas da celebração do casamento (*vide* art. 1.523 do CC);
>
> II – da pessoa maior de 70 anos;
>
> III – de todos os que dependerem, para casar, de suprimento judicial.

Como vimos no início da análise deste contrato, o regime da separação absoluta não existe na classificação doutrinária, que consagra apenas a separação convencional (feita por pacto antenupcial) e a obrigatória (imposta pela lei nos casos acima). Assim, na compra e venda de bens imóveis temos uma situação interessante que torna a dispensa do art. 496 inócua, pois o referido artigo torna desnecessária a autorização do cônjuge na venda de ascendente para descendente, mas, por se tratar de bem imóvel, tal autorização é necessária, pois o art. 1.647 do Código Civil estabelece que o cônjuge deve dar outorga conjugal, exceto se o regime de bens for o da separação absoluta, e, como a separação obrigatória não é absoluta, por força da Súmula 377 do STF, a autorização não pode deixar de constar na escritura. Ou seja, o art. 496 do Código Civil dispensa a autorização do cônjuge na venda de ascendente para descendente de bem imóvel, mas o art. 1.647, I, do mesmo Código a obriga.

A expressão "em ambos os casos" contida no parágrafo único do art. 496 do Código Civil está equivocada, haja vista que só há uma hipótese tratada no dispositivo: a venda de ascendente para descendente. Para entender o equívoco, é necessário saber que o projeto original desse dispositivo impunha a restrição não apenas para a venda de ascendentes para descendentes, mas também na hipótese inversa, de descendente para ascendente. Como o texto aprovado foi modificado, pois se eliminou a restrição de descendente para ascendente, o legislador deveria ter eliminado a expressão "em ambos os casos", mas não o fez, motivo pelo qual persiste até hoje a frase sem sentido na norma.

A inobservância desses requisitos gera a anulabilidade do contrato (art. 496 do CC). A lei é omissa quanto ao prazo para se pleitear a anulação do negócio, motivo pelo qual devemos recorrer ao art. 179 do Código Civil, que estabelece ser de **dois anos**, a contar da conclusão do ato, o prazo decadencial quando não estiver fixado em lei. Porém, o STJ entende que, **em se tratando de bem imóvel, o prazo é contado do falecimento do último ascendente**. Vejamos 3 decisões sobre o tema abaixo:

> Direito civil. Venda de ascendente a descendente por interposta pessoa. Caso de simulação. Prazo quadrienal (art. 178, § 9°, v, b, CC/16). Termo inicial. Abertura da sucessão do último ascendente. 1. Na vigência do Código Civil/16, a venda de ascendente a descendente, por interposta pessoa e sem consentimento dos demais descendentes, distancia-se da situação descrita pela Súmula 49/STF. Trata-se de situação que configura simulação, com prazo prescricional quadrienal (178, § 9°, inciso V, letra b, do CC/16), mas o termo inicial é a data da abertura da sucessão do alienante. 2. Entender de forma diversa significaria exigir que descendentes litigassem contra ascendentes, ainda em vida, causando um desajuste nas relações intrafamiliares. Ademais, exigir-se-ia que os descendentes fiscalizassem, além dos negócios jurídicos do seu ascendente, as transações realizadas por estranhos, ou seja, pelo terceiro interposto, o que não se mostra razoável nem consentâneo com o ordenamento jurídico que protege a intimidade e a vida privada. Precedentes do STF. 3. Não se mostra possível ainda o reconhecimento da decadência para anulação somente parcial do negócio, computando-se o prazo a partir do óbito do primeiro ascendente, relativamente a sua meação. Em tal solução, remanesceria exigência de os demais descendentes litigarem contra seu pai ainda em vida, desconforto que, como antes assinalado, justifica o cômputo do prazo a partir da abertura da sucessão do último ascendente. 4. Recurso especial não provido (**REsp 999.921-PR, 4ªTurma, rel. Min. Luis Felipe Salomão, j. 14-6-2011, DJe 1°-8-2011**).
> APELAÇÃO CÍVEL – AÇÃO DECLARATÓRIA – NULIDADE – COMPRA E VENDA ASCENDENTE PARA DESCENDENTE – PRESCRIÇÃO – TERMO INICIAL – ABERTURA DA SUCESSÃO – RECURSO PROVI-

DO – SENTENÇA ANULADA. **(AREsp 483.877-MG, 3ª Turma, rel. Min. Paulo de Tarso Sanseverino, DJe 04-02-2016).**

CIVIL. AGRAVO EM RECURSO ESPECIAL. AÇÃO DECLARATÓRIA DE ATO JURÍDICO. VENDA DE ASCENDENTE PARA DESCENDENTE POR INTERPOSTA PESSOA. SIMULAÇÃO. PRESCRIÇÃO. QUADRIENAL. TERMO INICIAL A ABERTURA DA SUCESSÃO. PRECEDENTES DO STJ. INCIDÊNCIA DA SÚMULA Nº DO STJ. AGRAVO NÃO PROVIDO.

(AREsp 668.801-RJ, 3ª Turma, rel. Min. Moura Ribeiro, DJe 29-03-2016).

Correto, em nosso sentir, pois, como dito na ementa, o descendente que quer propor ação anulatória não tem a obrigação de diligenciar, permanentemente, no Registro de Imóveis, para saber se o bem foi objeto de alienação, mas tal providência obrigatoriamente é tomada, quando da ocorrência da morte para se proceder à abertura do inventário.

Qualquer decisão com pensamento diverso ensejaria manifestação da 2ª Seção, para que se resolvesse a divergência.

Com isso, restou prejudicado o recente Enunciado 545 do CJF, que trouxe regra contrária ao posicionamento do STJ transcrito acima. Vejamos o seu conteúdo:

En. 545 do CJF – (arts. 179 e 496) O prazo para pleitear a anulação de venda de ascendente a descendente sem anuência dos demais descendentes e/ou do cônjuge do alienante é de 2 (dois) anos, contados da ciência do ato, que se presume absolutamente, em se tratando de transferência imobiliária, a partir da data do registro de imóveis.

A **Súmula 494 do STF** trata do caso em tela, e determina que a ação para anular venda de ascendente a descendente, sem consentimento dos demais, prescreve em 20 anos, contados da data do ato, revogada a Súmula 152.

Ocorre, porém, que a referida Súmula restou prejudicada[1], já que a natureza do prazo para se propor ação anulatória é decadencial, e não prescricional, como ela estabelecia. Mas, como a matéria não será mais objeto de análise do STF, e a referida Súmula é anterior à criação do STJ, não poderá ser revogada pelo STF, mas tão somente restar prejudicada, pelos julgamentos contrários proferidos pelo STJ:

DIREITO CIVIL. RECURSO ESPECIAL. AÇÃO DECLARATÓRIA DE NULIDADE DE ATOS JURÍDICOS CUMULADA COM CANCELAMENTO DE REGISTRO PÚBLICO. VENDA DE BEM. ASCENDENTE A DESCENDENTE. INTERPOSTA PESSOA. NEGÓCIO JURÍDICO ANULÁVEL. PRAZO DECADENCIAL DE 2 (DOIS) ANOS PARA ANULAR O ATO. 1. Ação declaratória de nulidade de atos jurídicos cumulada com cancelamento de registro público, por meio da qual se objetiva a desconstituição de venda realizada entre ascendente e descendente, sem o consentimento dos demais descendentes, em nítida inobservância ao art. 496 do CC/02. 2. Ação ajuizada em 09/02/2006. Recurso especial concluso ao gabinete em 03/04/2017. Julgamento: CPC/73. 3. O propósito recursal é definir se a venda de ascendente a descendente, por meio de interposta pessoa, é ato jurídico nulo ou anulável, bem como se está fulminada pela decadência a pretensão dos recorridos de desconstituição do referido ato. 4. Nos termos do art. 496 do CC/02, é anulável a venda de ascendente a descendente, salvo se os outros descendentes e o cônjuge do alienante expressamente houverem consentido. 5. O STJ, ao interpretar a norma inserta no artigo 496 do CC/02, perfilhou o entendimento de que a alienação de bens de ascendente a descendente, sem o consentimento dos demais, é ato jurídico anulável, cujo reconhecimento reclama: (i) a iniciativa da parte interessada; (ii) a ocorrência do fato jurídico, qual

---

1. O Superior Tribunal de Justiça, no REsp 771.736-0/SC, reconheceu a inaplicabilidade da Súmula 494 do STF.

seja, a venda inquinada de inválida; (iii) a existência de relação de ascendência e descendência entre vendedor e comprador; (iv) a falta de consentimento de outros descendentes; e (v) a comprovação de simulação com o objetivo de dissimular doação ou pagamento de preço inferior ao valor de mercado. Precedentes. 6. Quando ocorrida a venda direta, não pairam dúvidas acerca do prazo para pleitear a desconstituição do ato, pois o CC/02 declara expressamente a natureza do vício da venda – qual seja, o de anulabilidade (art. 496) -, bem como o prazo decadencial para providenciar a sua anulação – 2 (dois) anos, a contar da data da conclusão do ato (art. 179). 7. Nas hipóteses de venda direta de ascendente a descendente, a comprovação da simulação é exigida, de forma que, acaso comprovada que a venda tenha sido real, e não simulada para mascarar doação – isto é, evidenciado que o preço foi realmente pago pelo descendente, consentâneo com o valor de mercado do bem objeto da venda, ou que não tenha havido prejuízo à legítima dos demais herdeiros -, a mesma poderá ser mantida. 8. Considerando que a venda por interposta pessoa não é outra coisa que não a tentativa reprovável de contornar-se a exigência da concordância dos demais descendentes e também do cônjuge, para que seja hígida a venda de ascendente a descendente, deverá ela receber o mesmo tratamento conferido à venda direta que se faça sem esta aquiescência. Assim, considerando anulável a venda, será igualmente aplicável o art. 179 do CC/02, que prevê o prazo decadencial de 2 (dois) anos para a anulação do negócio. Inaplicabilidade dos arts. 167, § 1º, I, e 169 do CC/02. 10. Na espécie, é incontroverso nos autos que a venda foi efetivada em 27/02/2003, ao passo que a presente ação somente foi protocolizada em 09/02/2006. Imperioso mostra-se, desta feita, o reconhecimento da ocorrência de decadência, uma vez que, à data de ajuizamento da ação, já decorridos mais de 2 (dois) anos da data da conclusão do negócio. 11. Recurso especial conhecido e provido. (**REsp 1.679.501/GO, 3ª Turma, rel. Min. Nancy Andrighi, j. 10-03-2020, DJe de 13-03-2020**).

Assim, como vimos, a venda de ascendente para descendente sem a autorização dos demais descendentes e do cônjuge do alienante é anulável.

Porém, se mascarar uma simulação, então ela deveria ser nula, por disposição expressa do art. 167 do Código Civil, que prevaleceria sobre o art. 496 do mesmo código. Entretanto, no referido julgado, o STJ firmou entendimento, também, de que, mesmo sendo a venda por interposta pessoa (hipótese de simulação prevista no art. 167, que acarretaria nulidade), a mesma seria anulável. Cuidado com isso!!!!

Cumpre ressaltar que muitas pessoas fazem simulação nesse tipo de venda. Vejamos os exemplos:

1º) O ascendente quer favorecer o descendente na partilha dos bens e, por conta disso, faz uma compra e venda, mas o preço fixado nunca será pago, ou seja, há simulação de doação;

2º) O ascendente quer doar bem para o descendente que não tem dinheiro para pagar o tributo (ITCMD), que em vários Estados é fixado na casa dos 4%, e, por conta disso, simula uma compra e venda, em que o tributo (ITBI) é a metade do preço em vários municípios (pois a alíquota é de 2%).

Em ambos os casos, temos uma simulação relativa, em que o negócio simulado é a compra e venda e o dissimulado é a doação. Assim, de acordo com o art. 167 do Código Civil, o negócio simulado será nulo e o dissimulado, válido, pois é permitido pelo Código Civil (recomenda-se a leitura das nossas considerações acerca da simulação, no capítulo deste livro que trata dos fatos jurídicos, após o vício da fraude contra credores). Diante disso, ocorre o fenômeno da **extraversão**, no qual o negócio dissimulado, nos casos dos exemplos acima, será considerado uma doação.

No primeiro exemplo, o comprador, por não ter pagado o preço da venda, será tido como donatário, e, por conta de estar recebendo a doação de seu ascendente, terá que levar a mesma à colação, pois se trata de adiantamento de legítima (*vide* art. 544 do Código Civil).

Já no segundo exemplo, o fisco estadual poderá cobrar o ITCMD, pois o negócio produzirá efeito como uma doação. Essa artimanha é facilmente descoberta, pois o comprador deve ter respaldo patrimonial para fazer a compra e expô-la na declaração de imposto de renda.

A extraversão é isto: dar efeito ao negócio escondido, pretendido pelas partes.

Nos dois casos, por se tratar de simulação, que enseja a nulidade, que consagra preceito de ordem pública, a anuência do descendente comprador não acarreta um *venire contra factum proprium* (vedação ao comportamento contraditório), haja vista que, por ser nulo o negócio simulado, poderá ele mesmo suscitar a nulidade.

A concepção ou adoção de descendente posterior à compra e venda não invalida o ato, pois, por ser requisito de validade, isso deve ser observado no momento da celebração do negócio.

Entendemos que a procedência em sede de investigação de paternidade, posterior ao ato, em que se reconhece que o vendedor possui mais um filho, invalida o ato, pois a decisão judicial retroage ao nascimento (efeito *ex tunc*), salvo se o bem foi alienado para terceiro, pois devemos proteger o adquirente de boa-fé. Nesse caso, o prazo de 2 anos para pleitear a anulação do ato seria contado do trânsito em julgado da sentença ou acórdão.

Nossa posição foi adotada pelo STJ, no seguinte julgado:

RECURSO ESPECIAL. AÇÃO OBJETIVANDO A "DECLARAÇÃO DE NULIDADE" DA VENDA DE COTAS DE SOCIEDADE REALIZADA POR ASCENDENTE A DESCENDENTE SEM A ANUÊNCIA DE FILHA ASSIM RECONHECIDA POR FORÇA DE INVESTIGAÇÃO DE PATERNIDADE POST MORTEM. 1. Sob a égide do Código Civil de 1916, o exercício do direito de anular venda de ascendente a descendente – que não contara com o consentimento dos demais e desde que inexistente interposta pessoa -, submetia-se ao prazo "prescricional" vintenário disposto no artigo 177 do codex. Inteligência da Súmula 494 do STF. Tal lapso, na verdade decadencial, foi reduzido para dois anos com a entrada em vigor do Código Civil de 2002 (artigo 179). 2. Nada obstante, assim como ocorre com os prazos prescricionais, nos casos em que deflagrado o termo inicial da decadência durante a vigência do código revogado, aplicar-se-á a norma de transição estabelecida no artigo 2.028 do Código Civil de 2002. Assim, devem ser observados os prazos do Código Civil anterior, quando presentes as seguintes condições: (i) redução do prazo pelo diploma atual; e (ii) transcurso de mais da metade do tempo estabelecido na regra decadencial ou prescricional revogada. 3. No caso de autor que contava com menos de dezesseis anos à época da deflagração do fato gerador da pretensão deduzida em juízo, a Quarta Turma consagrou, recentemente, o entendimento de que o confronto entre a norma de transição (artigo 2.028 do Código Civil) e a regra que obsta o transcurso do prazo prescricional não poderá traduzir situação prejudicial ao absolutamente incapaz (REsp 1.349.599/MG, Rel. Ministro Luis Felipe Salomão, Quarta Turma, julgado em 13.06.2017, DJe 01.08.2017). Tal exegese também deve ser aplicada aos prazos decadenciais reduzidos pelo Código Civil de 2002, quando em discussão o exercício de direito potestativo por menor impúbere. Necessária observância do paradigma da proteção integral, corolário do princípio da dignidade da pessoa humana. 4. O STJ, ao interpretar a norma (inserta tanto no artigo 496 do Código Civil de 2002 quanto no artigo 1.132 do Código Civil de 1916), perfilhou o entendimento de que a alienação de bens de ascendente a descendente, sem o consentimento dos demais, é ato jurídico anulável, cujo reconhecimento reclama: (i) a iniciativa da parte interessada; (ii) a ocorrência do fato jurídico, qual seja, a venda inquinada de inválida; (iii) a existência de relação de ascendência e descendência entre vendedor e comprador; (iv) a falta de consentimento de outros descendentes; e (v) a comprovação de simulação com o objetivo de dissimular doação ou pagamento de preço inferior ao valor de mercado. Precedentes. 5. De outro lado, malgrado a sentença que reconhece a paternidade ostente cunho declaratório de efeito ex tunc (retro-operante), é certo que não poderá alcançar os efeitos passados das situações de direito definitivamente constituídas. Não terá, portanto, o condão de tornar inválido um negócio jurídico celebrado de forma hígida, dadas as circunstâncias fáticas existentes à época. Precedentes. 6. Na espécie, à época da concretização do negócio jurídico – alteração do contrato de sociedade empresária voltada à venda de cotas de ascendente a descendente –, a autora ainda não figurava como filha do de cujus, condição que somente veio a ser reconhecida no bojo de ação investigatória post mortem. Dadas tais circunstâncias, o seu consentimento (nos termos da norma disposta no artigo 1.132 do Código Civil de 1916 – atual artigo 496 do Código Civil de 2002) não era exigível nem passou a sê-lo em razão do posterior reconhecimento de seu estado de filiação. Na verdade, quando a autora obteve o reconhecimento de sua condição de filha, a transferência das cotas sociais já consubstanciava situação jurídica definitivamente constituída, geradora de direito subjetivo ao réu, cujos efeitos passados não podem ser alterados pela ulterior sentença declaratória de paternidade, devendo ser, assim, prestigiado o princípio constitucional da segurança jurídica. Ademais, consoante assente na origem, não restou demonstrada má-fé ou qualquer outro vício do negócio jurídico a justificar a mitigação da referida exegese. 7. Recurso especial não provido.

(REsp 1.356.431/DF, 4ª Turma, rel. Min. Luís Felipe Salomão, j. 08-08-2017, *DJe* de 21-09-2017).

Se um dos descendentes for menor, o juiz nomeará um curador especial para consentir, já que o seu representante legal, neste caso, é o próprio alienante.

b) Venda entre cônjuges ou companheiro (art. 499 do CC): a venda entre cônjuges só é lícita com relação a bens excluídos da comunhão, motivo pelo qual, se essa regra não for observada, o contrato será nulo. A norma se aplica também à união estável.

c) Vedação de compra por pessoa encarregada de zelar pelo interesse do vendedor (art. 497 do CC): por esse motivo, não podem ser comprados, ainda que em hasta pública, sob pena de nulidade:

I – pelos tutores, curadores, testamenteiros e administradores, os bens confiados à sua guarda ou administração;

II – pelos servidores públicos, em geral, os bens ou direitos da pessoa jurídica a que servirem, ou que estejam sob sua administração direta ou indireta;

III – pelos juízes, secretários de tribunais, arbitradores, peritos e outros serventuários ou auxiliares da justiça, os bens ou direitos sobre que se litigar em tribunal, juízo ou conselho, no lugar onde servirem, ou a que se estender a sua autoridade;

IV – pelos leiloeiros e seus prepostos, os bens de cuja venda estejam encarregados.

A proibição contida no item III não compreende os casos de compra e venda ou cessão entre coerdeiros, ou em pagamento de dívida, ou para garantia de bens já pertencentes a pessoas designadas no referido item.

Essa proibição vale para a compra e venda e para a cessão de crédito.

d) Venda de parte indivisa em condomínio (art. 504 do CC): exige direito de preferência. Condomínio *pro diviso* é aquele que comporta divisão e *pro indiviso* é o que não pode ser dividido. No condomínio *pro diviso* não se exige preferência, mas no *pro* *indiviso*, sim. O direito de preferência vale tanto para bens móveis como para imóveis. O condômino preterido no direito de preferência, conforme o art. 504 do Código Civil, pode ingressar com ação adjudicatória no prazo decadencial de 180 dias, para reaver a quota vendida.

Sendo muitos os condôminos, preferirá o que tiver benfeitorias de maior valor e, na falta de benfeitorias, o de quinhão maior. Se as partes forem iguais, haverão a parte vendida os coproprietários que a quiserem, depositando previamente o preço.

Cumpre ressaltar que, de acordo com o art. 34 da Lei do Inquilinato (8.245/91), havendo condomínio no imóvel locado, a preferência do condômino terá prioridade sobre a do locatário.

4.1.6 Vendas especiais de bens imóveis

a) Venda *ad corpus* ou de corpo inteiro (art. 500, § 3º, do CC): é aquela feita como coisa certa e determinada com relação a bens imóveis, mesmo que isso não conste expressamente no contrato. Nesse caso, não interessa o tamanho da área, motivo pelo qual não se pode exigir complementação ou devolução do excesso de uma área.

b) Venda *ad mensuram* ou por medida (art. 500, *caput*, §§ 1º e 2º, do CC): é aquela feita por medida de extensão (metro quadrado, alqueire, hectare). É tolerável a variação de área de 1/20 (ou 5%) do imóvel. Temos uma presunção *juris tantum* de tolerância. Se a área for inferior, haverá vício redibitório especial, cabendo ações edilícias, com regras específicas. A primeira que deve ser proposta é a ação *ex empto* ou *ex vendito*, que serve para complementação de área. Se isso não for possível, a parte poderá escolher entre a ação **redibitória** e **estimatória**. Prazo para tais ações: 1 ano, a contar do registro do imóvel, lembrando que a imissão na posse é uma causa impeditiva da decadência, já que, se ela não tiver ocorrido, o prazo não se inicia.

Na hipótese de haver excesso de área, o prejuízo será do vendedor, motivo pelo qual cabe pedido de diferença do preço ou devolução do excesso. O prazo é o mesmo visto anteriormente.

c) Venda conjunta (art. 503 do CC): na venda de coisa conjunta, o defeito oculto de uma das coisas não autoriza a rejeição de todas. Imagine um contrato de compra e venda de 3 lotes de terreno como exemplo.

4.1.7 Cláusula especial à compra e venda imobiliária

Retrovenda ou *pacto retrovendendo* (arts. 505 a 508 do CC): trata-se de cláusula em que o vendedor se reserva o direito de reaver, em certo prazo, o imóvel alienado, restituindo ao comprador o preço, mais as despesas por ele realizadas, inclusive as empregadas no melhoramento do imóvel, como as benfeitorias necessárias.

Características da retrovenda:

1) Só cabe em caso de bens imóveis;

2) O comprador adquire propriedade resolúvel (aquela que se extingue por haver condição resolutiva); com o registro o vendedor pode exercer tal direito, inclusive contra terceiro;

3) O prazo máximo da cláusula é de 3 anos (pode ser estipulado prazo inferior);

4) O direito de resgate é intransmissível *inter vivos*, podendo ser transferido somente aos herdeiros;

5) O perecimento do bem por caso fortuito ou força maior extingue o direito de resgate;

6) Frutos e rendimentos do bem imóvel ficam com o comprador;

7) Se o comprador se recusar a entregar o imóvel, cabe ação reivindicatória, depositando o preço (porque a propriedade é resolúvel);

8) Se a duas ou mais pessoas couber o direito de retrato sobre o mesmo imóvel, e só uma o exercer, poderá o comprador intimar as outras para nele acordarem, prevalecendo o pacto em favor de quem haja efetuado o depósito, contanto que seja integral.

4.2 TROCA OU PERMUTA DE IMÓVEIS (ART. 533 DO CC)

A palavra "permuta" é derivada do latim *permutare* (permutar, trocar, cambiar) e pode ser conceituada como o contrato em que os contratantes trocam entre si coisas de sua propriedade. Nesse contrato não se pode envolver dinheiro, sob pena de se ter uma compra e venda.

Segundo o art. 533 do Código Civil, aplicam-se à troca as disposições referentes à compra e venda, com as seguintes modificações:

a) salvo disposição em contrário, cada um dos contratantes pagará por metade as despesas com o instrumento da troca;

b) é anulável a troca de valores desiguais entre ascendentes e descendentes sem consentimento dos outros descendentes e do cônjuge do alienante. O cônjuge do ascendente não precisará autorizar se o regime de bens for o da separação obrigatória (aplicação do art. 496 do CC), porém, sendo o bem trocado imóvel, a autorização se faz necessária, por imposição do art. 1.647 do referido Código, consoante explicação já feita anteriormente, quando tratamos da venda de ascendente para descendente.

O cônjuge deve autorizar também, pois, a exemplo do descendente, é herdeiro necessário. Com o julgamento da inconstitucionalidade do art. 1.790 do Código Civil pelo STF, que estabeleceu que todos os direitos sucessórios do cônjuge devem ser estendidos ao companheiro, este último se tornou herdeiro necessário, mesmo não estando contemplado como tal no art. 1.845 do Código Civil. Por esse motivo, entendemos que o companheiro também deve autorizar a troca entre ascendente e descendente de valores desiguais, exceto se o regime da união estável for o da separação absoluta de bens, sob pena de anulabilidade.

Diante da inexistência de previsão legal quanto ao prazo para anulação nesse caso, aplica-se o art. 179 do Código Civil, que estabelece ser esse prazo de 2 anos da conclusão do ato, exceto se o bem permutado for imóvel, hipótese em que, segundo o STJ, correrá a partir do falecimento do último ascendente.

Questão importante é sobre a possibilidade de existência de um contrato preliminar de troca, denominado **promessa de permuta**.

Esse contrato é muito comum nas incorporações imobiliárias, em que construtoras que não possuem capital para aquisição de terreno para construir um condomínio edilício propõem ao proprietário a permuta da área por algumas unidades no futuro empreendimento. Ou, ainda, podemos imaginar o loteador que oferece vários lotes ao dono de uma grande fazenda, para poder nela realizar um loteamento.

Nesses dois exemplos, não há matrícula individualizada para os apartamentos e lotes, motivo pelo qual não será possível fazer um contrato definitivo de permuta. Por isso, a única saída será a realização de um contrato preliminar de permuta.

No caso da permuta de terreno para a incorporação imobiliária de edifícios, há no art. 32 da Lei de Condomínios e Incorporações (Lei n. 4.591/64) disposição expressa autorizando o registro do contrato, no Cartório de Imóveis no caso em tela. Vejamos:

> **Art. 32.** O incorporador somente poderá negociar sobre unidades autônomas após ter arquivado, no cartório competente de Registro de Imóveis, os seguintes documentos:
>
> a) título de propriedade de terreno, ou de promessa, irrevogável e irretratável, de compra e venda ou de cessão de direitos ou de permuta do qual conste cláusula de imissão na posse do imóvel, não haja estipulações impeditivas de sua alienação em frações ideais e inclua consentimento para demolição e construção, devidamente registrado;

O contrato preliminar é normatizado pelo Código Civil nos arts. 462 e seguintes, e pode ser conceituado como aquele que gera a obrigação de realizar o contrato definitivo. O *caput* do art. 463 do Código Civil normatiza a forma de exigir o cumprimento da obrigação. Se for título executivo, o cumprimento seguirá o procedimento descrito nos arts. 815 e seguintes do CPC/2015, e, caso contrário, o procedimento adotado será o descrito no art. 497 do CPC/2015, ou 84 do Código de Defesa do Consumidor, tratando-se de relação de consumo.

Com o advento da Lei 14.382/2022, foi encerrada a polêmica se a promessa de permuta de bens imóveis pode ser registrada na matrícula do imóvel. Desde primeira edição dessa obra já entendíamos que não era possível proibir que isso ocorresse.

Após a citada lei, atualmente, temos que o art. 167, I, item 30, da Lei de Registros Públicos (Lei n. 6.015/73), autoriza, expressamente, que a promessa de permuta de bens imóveis pode ser registrada na matrícula imobiliária.

A possibilidade do registro da promessa de permuta, pode ser justificada pelos seguintes argumentos:

> **a)** O art. 533 do Código Civil determina que se aplicam à troca as disposições referentes à compra e venda, e se, nesse contrato, a sua forma preliminar pode ser registrada por disposição expressa na Lei de Registros Públicos na matrícula do imóvel, a promessa de permuta também o será.

b) O parágrafo único do art. 463 do Código Civil determina que o contrato preliminar (independentemente de qual seja) deverá ser levado ao registro competente.

Por esses motivos, verificamos não haver empecilho para que a promessa de permuta possa ser registrada na matrícula do imóvel, para ser executada nos moldes dos arts. 463 e 464 do Código Civil.

Esse posicionamento é adotado, também, por José Osório de Azevedo Jr.[2].

> O STJ já tinha decidido ser possível o registro da promessa de permuta no **REsp 306.012/RJ (Recurso Especial 2001/0022845-3), rel. Min. Barros Monteiro, j. em 10-9-2002, *DJ* 17-3-2003, p. 234.**

O citado julgado faz menção ao fato de que a promessa de permuta pode ser executada nos moldes dos arts. 463 e 464 do Código Civil, para que se obtenha, em caso de recusa da celebração do contrato definitivo, decisão judicial que dê o efeito da adjudicação compulsória.

Foi por esse motivo que levamos essa ideia como proposta de enunciado na V Jornada de Direito Civil, realizada pelo CJF em 2011, e que foi aprovada pela plenária, tornando-se o Enunciado 435, com o seguinte texto:

> **En. 435 do CJF –** O contrato de promessa de permuta de bens imóveis é título passível de registro na matrícula imobiliária.

Assim sendo, estamos muito felizes pelo nosso posicionamento ter sido adotado pela Lei 14.382/2022, ao alterar o art. 167, I, item 30, da Lei de Registros Públicos (Lei n. 6.015/73), passando a prever, expressamente, que a promessa de permuta de bens imóveis possa ser registrada na matrícula imobiliária.

4.3 DOAÇÃO DE IMÓVEIS (ARTS. 538 A 564 DO CC)

4.3.1 Introdução

Considera-se doação o contrato em que o doador, por liberalidade, transfere do seu patrimônio bens ou vantagens para o do donatário, que os aceita (art. 538 do CC).

Trata-se de contrato que pode ser unilateral (aquele que gera dever para uma das partes) ou bilateral (que gera dever para ambas as partes).

Em regra, a doação é contrato unilateral, pois somente o doador tem obrigação (de dar a coisa). Porém, também pode ser bilateral no caso da **doação modal**, que impõe para o donatário um ônus a ser suportado, para que ela produza efeitos.

Há autores que dizem que a doação, neste caso, não seria bilateral, mas um contrato bilateral imperfeito (que é aquele que nasce como unilateral e durante a sua execução converte-se em bilateral), pois o encargo não é uma obrigação, mas um requisito para que o contrato se aperfeiçoe.

---

2. AZEVEDO JR., José Osório de. *Compromisso de compra e venda*. 5. ed. São Paulo: Malheiros, 2006, p. 259.

A doação também pode ser gratuita (quando há vantagem para apenas uma das partes) ou onerosa (quando há vantagem para ambas as partes). A doação, em regra, é gratuita, mas, sendo modal, o contrato é oneroso, assim como a doação remuneratória. Nas doações onerosas aplicam-se as regras dos vícios redibitórios (cf. art. 441 do CC).

4.3.2 Espécies de doação

Doação pura e simples: é aquela que não está sujeita a condição (hipótese em que a doação será chamada de condicional), termo (hipótese em que a doação será chamada de a termo) ou encargo (hipótese em que a doação será chamada de modal ou com encargo).

Doação universal: é nula a doação de todos os bens sem reservar parte ou renda suficiente para a subsistência do doador (art. 548 do Código Civil). Essa regra se aplica à partilha em vida, prevista no art. 2.018 do Código Civil, quando feita por doação. Havendo reserva de usufruto, a doação é válida, porém o usufruto será irrenunciável, ou seja, sobre o caso em tela não será permitida a aplicação do art. 1.410, I, do Código Civil, sob pena de se cometer uma perfeita burla à regra do instituto. O referido artigo não explica o percentual da parte que deveria ser reservada para a subsistência do doador, motivo pelo qual se entende que tudo dependerá do tamanho do patrimônio, pois a reserva deverá ser de uma parte que permita uma vida digna para um cidadão comum. Como o artigo fala em renda suficiente, entendemos que pode ser de natureza salarial, se vier de fonte duradoura, ou seja, como, no caso de emprego, seja privado ou público, essa renda pode ser perdida, um salário elevado não preencheria tal requisito, mas uma aposentadoria de valor elevado, sendo suficiente para a mantença do doador, dispensaria o usufruto. Aliás, o usufruto não precisa ser da integralidade dos bens; basta ser daqueles que possam gerar um aluguel, por exemplo, que sirva de renda suficiente ao doador. O problema é saber qual seria esse valor em todos esses casos. Acreditamos que ele deve ser analisado *in abstrato*, ou seja, de acordo com o que é necessário para a sociedade em geral, e não para determinada pessoa, sendo necessário o uso do bom senso para analisar o caso concreto.

A doação universal só pode ser feita por quem não tem herdeiro necessário (descendente, ascendente e cônjuge [e agora companheiro] – art. 1.845 do CC), pois, caso exista, a pessoa só poderá doar 50% do seu patrimônio; a parte que sobejar esse percentual será nula (art. 549 do CC). Trata-se de doação inoficiosa, que será objeto de estudo mais adiante. Esse, também, é o entendimento de Pablo Stolze Gagliano[3].

Doação de ascendente para descendente (art. 544 do CC): nesta modalidade, é dispensada a autorização do cônjuge ou companheiro (agora herdeiro necessário) e dos outros descendentes (não confundir com as regras da compra e venda, já examinadas), já que o art. 2.002 do Código Civil determina que, nesse caso, a doação importa adiantamento de herança, devendo ser levada à colação, salvo se o doador dispensá-la no próprio instrumento de doação, ou, ainda, por meio de testamento, se não tiver feito no contrato, fazendo menção à doação feita em ato pretérito, conforme autoriza o art.

---

3. GAGLIANO, Pablo Stolze. *O contrato de doação*. 3. ed. São Paulo: Saraiva, 2010. p. 103.

2.006 do Código Civil. Segundo o art. 2.011 do Código Civil, as doações remuneratórias de serviços feitos ao ascendente também não estão sujeitas à colação.

Doação inoficiosa: é nula a parte que invadir a legítima de herdeiros necessários (art. 549 do CC). Se o doador tem herdeiro necessário (descendentes, ascendentes e cônjuge [e agora companheiro] – art. 1.845 do CC), só poderá doar 50% de seu patrimônio. A doação que ultrapassa esse percentual, chamada de inoficiosa, é nula (a parte inoficiosa é somente a que ultrapassa a legítima). É no momento da liberalidade que se deve averiguar se a doação é ou não inoficiosa. O STJ[4] possui precedentes[5] no sentido de que a ação declaratória de nulidade de uma doação inoficiosa está sujeita ao prazo geral de prescrição de 10 anos, previsto no art. 205 do Código Civil. Essa regra se aplica à partilha em vida, prevista no art. 2.018 do Código Civil, quando feita por doação, ou seja, quem tem herdeiro necessário não pode fazer partilha da integralidade do patrimônio, pois a parte inoficiosa (que invade a legítima) é nula. Esse nosso entendimento também é adotado por Pablo Stolze Gagliano[6]. Entende o STJ, também, que por afetar a validade do ato, a doação inoficiosa deve ser verificada no momento da liberalidade, e não no momento da abertura da sucessão, conforme **RESp. 2.026.288/SP, 3 Turma, Rel. Min. Nancy Andrighi, julgado em 18/04/2023.**

Doação entre cônjuges ou companheiros: só podem ser objeto de doação os bens particulares. Essa regra será aplicada, também, ao **companheiro**, que vive em união estável.

Como o cônjuge é herdeiro necessário, segundo o art. 544 do Código Civil, essa doação importa em adiantamento de herança, motivo pelo qual a doação precisa ser colacionada. Cumpre lembrar que, se os bens saíram da parte disponível, a doação é válida, mas, se saíram da parte indisponível, é inoficiosa a parte excedente.

Com o julgamento da inconstitucionalidade do art. 1.790 do Código Civil pelo STF, que estabeleceu que todos os direitos sucessórios do cônjuge devem ser estendidos ao companheiro, este último se tornou herdeiro necessário, mesmo não estando contemplado como tal no art. 1.845 do Código Civil. Por esse motivo, entendemos que o companheiro também deve levar o bem recebido em doação à colação, por existir adiantamento de herança.

---

4. Direito civil e processual civil. Ação declaratória de nulidade de doação e partilha. Bens doados pelo pai à irmã unilateral e à ex-cônjuge em partilha. Doação inoficiosa. Prescrição. Prazo decenal, contado da prática de cada ato. Artigos analisados: 178, 205, 549 e 2.028 do CC/16. 1. Ação declaratória de nulidade de partilha e doação ajuizada em 7-5-2009. Recurso especial concluso ao Gabinete em 16-11-2011. 2. Demanda em que se discute o prazo aplicável a ação declaratória de nulidade de partilha e doação proposta por herdeira necessária sob o fundamento de que a presente ação teria natureza desconstitutiva porquanto fundada em defeito do negócio jurídico. 3. Para determinação do prazo prescricional ou decadencial aplicável deve-se analisar o objeto da ação proposta, deduzido a partir da interpretação sistemática do pedido e da causa de pedir, sendo irrelevante o nome ou o fundamento legal apontado na inicial. 4. A transferência da totalidade de bens do pai da recorrida para a ex-cônjuge em partilha e para a filha do casal, sem observância da reserva da legítima e em detrimento dos direitos da recorrida caracterizam doação inoficiosa. 5. Aplica-se às pretensões declaratórias de nulidade de doações inoficiosas o prazo prescricional decenal do CC/02, ante a inexistência de previsão legal específica. Precedentes. 6. Negado provimento ao recurso especial (STJ, REsp 1.321.998, rel. Min. Nancy Andrighi, T. 3, j. 7-8-2014).
5. Há outros dois precedentes, no mesmo sentido, nesse caso: REsp 1.049.078/SP, rel. Min. Ricardo Villas Bôas Cueva, 3ª Turma, *DJe* 1º-3-2013; e REsp 259.406/PR, rel. Min. Aldir Passarinho Junior, 4ª Turma, *DJ* 4-4-2005.
6. GAGLIANO, Pablo Stolze. *O contrato de doação*. 3. ed. São Paulo: Saraiva, 2010, p. 75.

Doação contemplativa: é aquela feita em contemplação do merecimento do donatário, tratando-se de ato de liberalidade que não exige contraprestação. Por esse motivo é um exemplo de doação onerosa, que não perde o caráter de liberalidade (art. 540 do CC). Um exemplo dessa modalidade se dá quando alguém doa algo a instituição de caridade em razão dos relevantes serviços prestados a uma classe (como idosos, por exemplo).

Doação remuneratória: é aquela feita em agradecimento a um serviço gratuitamente prestado, razão pela qual é um exemplo de doação onerosa. Se o valor do bem doado for superior ao que se retribui, a doação remuneratória não perde o caráter de liberalidade (art. 540 do CC).

A ela se aplicam as regras dos arts. 441 e seguintes do Código Civil, que tratam dos vícios redibitórios, diante da onerosidade.

Segundo o art. 1.647, IV, do Código Civil, a doação remuneratória de bem pertencente à pessoa não necessita de vênia conjugal.

A doação remuneratória de ascendente para descendente não precisa ser colacionada, conforme estabelecem os arts. 2.003 e 2.011 do Código Civil.

Outra característica dessa modalidade é que a doação remuneratória não pode ser revogada por ingratidão (art. 564, I, do CC).

Doação modal ou mediante encargo: é aquela que impõe um ônus ao donatário. Por esse motivo é um exemplo de doação onerosa, que não perde o caráter de liberalidade (art. 540 do CC). Cumpre lembrar que, segundo o art. 136 do Código Civil, o encargo não suspende a aquisição nem o exercício do direito, salvo quando expressamente imposto no negócio jurídico, pelo disponente, como condição suspensiva, razão pela qual o donatário já recebe o bem doado imediatamente, antes mesmo do cumprimento do encargo.

Características da doação modal:

a) A ela se aplicam as regras dos arts. 441 e seguintes do Código Civil, que tratam dos vícios redibitórios em face da onerosidade.

b) O encargo pode favorecer o doador ou um terceiro (art. 553 do Código Civil). Quando o encargo favorece terceiro, temos uma estipulação em favor deste (art. 436 do Código Civil).

c) Podem exigir o cumprimento do encargo o doador, o terceiro e o Ministério Público (no caso de haver favorecimento da coletividade, interesse público ou benefício geral). No caso do Ministério Público, a sua legitimidade somente se inicia após a morte do doador (art. 553, parágrafo único, do CC). Já para a revogação, a legitimidade é do doador, pois a demanda é personalíssima.

d) Se o descumprimento do encargo ocorrer por culpa do donatário, o art. 562 do Código Civil autoriza a revogação; porém, se ocorrer sem culpa do donatário, não pode ser revogada, já que teremos a regra do art. 396 do referido Código Civil incidindo no caso concreto.

e) Há necessidade de fixar prazo para o cumprimento do encargo. Se tal não ficou determinado na doação, o doador pode notificar judicialmente o donatário para haver constituição em mora, concedendo a ele um prazo razoável. O legislador se valeu de uma cláusula geral: **prazo razoável**, que deve ser analisado de acordo com o caso concreto.

f) O art. 559 do Código Civil se refere a **motivos** que acarretam a revogação da doação, porém não explica quais são esses motivos. Assim sendo, há dúvidas sobre a aplicação do prazo de 1 ano, a contar de quando chega ao conhecimento do doador o fato que a autorizar, e de ter sido o donatário o seu autor, descrito no citado artigo. Valeria esse prazo para a revogação somente por ingratidão ou também por inexecução de encargo? Comungamos do entendimento de que o referido prazo é aplicado para ambas as hipóteses. Mas, como também entendemos que o referido prazo é demasiadamente curto, seria possível, da mesma forma, retomar o bem doado, depois do prazo de 1 ano, por meio da ação de resolução do contrato, comprovando o inadimplemento contratual em razão da inexecução do encargo, e que ele se deu por culpa do donatário. Assim, como o referido prazo é prescricional, pois quando há a violação do direito (inadimplemento) nasce para o credor da obrigação uma pretensão, o referido prazo será prescricional. Como só há dois artigos que tratam de prazos prescricionais no Código Civil (segundo o art. 189 do Código Civil), em razão de não haver prazo descrito expressamente no art. 206, deverá ser aplicado o prazo geral de 10 anos, contido no art. 205.

Assim sendo, verifica-se que há duas formas de resolver a questão da inexecução do encargo.

Doação *propter nuptias* (casamento futuro): trata-se de doação condicional, que produzirá efeitos com o casamento do donatário com certa pessoa. Os presentes de casamento não se enquadram nessa definição.

Doação com cláusula de reversão: é aquela que contém uma cláusula determinando a volta do bem doado ao patrimônio do doador se o donatário morrer antes dele (art. 547 do CC).

Em caso de comoriência entre doador e donatário, a cláusula perde seu efeito, pois o comoriente não participa da sucessão do outro, e por esse motivo o doador não sobrevive ao donatário (condição para a reversão).

Não é válida a cláusula de reversão que favoreça terceiros, sob pena de se ter um *pacta corvina* (disposição de herança de pessoa viva, proibida pelo art. 426 do CC).

O donatário, ao receber uma doação com cláusula de reversão, não recebe propriedade plena, mas, sim, resolúvel. Pode até vendê-la, mas, em caso de morte do donatário, antes do doador, a alienação se tornará sem efeito (ineficaz), pois a propriedade adquirida se resolve com o implemento dessa condição resolutiva (morte do doador).

Doação do cônjuge ou companheiro adúltero: segundo o art. 550 do Código Civil, é anulável a doação que pessoa casada faz ao amante, por requerimento do cônjuge prejudicado ou pelos herdeiros necessários (art. 1.845 do CC e o companheiro), em 2 dois anos depois de dissolvida a sociedade conjugal. Essa regra se aplica também à união estável. Cumpre alertar que o conceito de concubinato e união estável pode induzir a erro, pois o art. 1.727 do Código Civil estabelece que o concubinato se forma entre pessoas impedidas de se casarem, mas o art. 1.723 do mesmo diploma legal entende nos seus parágrafos que, se houver separação de fato, judicial ou extrajudicial, mesmo havendo impedimento para o casamento, a união dessas pessoas com outra formará uma união estável. Mas, se o prazo só se inicia com a dissolução da sociedade conjugal, pergunta-se se a ação anulatória poderia ser proposta antes de o prazo começar. Como o objetivo dessa contagem de prazo é proteger o casamento, a doutrina entende que somente o cônjuge é quem poderia propor a ação ainda na vigência da sociedade conjugal.

Doação conjuntiva: é aquela que tem mais de um donatário. Se o contrato não determina o quinhão de cada donatário, presume-se (*iuris tantum*) que a doação ocorreu em partes iguais (art. 551 do CC). Em regra, não há direito de acrescer entre os donatários se um deles falecer, salvo previsão expressa no contrato, ou os donatários forem cônjuges.

Doação a entidade futura (art. 554 do CC): pode ser donatária uma pessoa jurídica que ainda não existe, mas que será constituída dentro de um prazo de 2 anos.

Doação ao nascituro (art. 542 do CC): trata-se de doação duplamente condicional:

1ª *condição*: a aceitação do representante legal (o curador, para autorizar, precisa de permissão judicial – art. 1.748, II, do CC);

2ª *condição*: nascimento com vida do nascituro.

4.3.3 Aceitação da doação

A aceitação da doação é necessária para que o contrato se aperfeiçoe, já que se trata de um negócio jurídico bilateral ou plurilateral.

Ela pode ser expressa (quando vier no próprio contrato de doação, por exemplo) ou presumida (quando o donatário não se manifestar no prazo dado pelo doador, se a doação for feita sem encargo).

Quando a doação é feita com encargo, o silêncio do donatário em dizer se aceita ou não a doação importa em recusa.

Quando a doação é feita ao nascituro, a aceitação deve ser dada pelo representante legal. Mas, quando se tratar de doação pura feita para absolutamente incapaz, presume-se aceita, salvo se o representante legal recusá-la (art. 543 do CC).

4.3.4 Revogação da doação por ingratidão

Os motivos para a revogação por ingratidão estão previstos em *rol taxativo* no art. 557 do Código Civil.

> **Art. 557.** Podem ser revogadas por ingratidão as doações:
> I – se o donatário atentou contra a vida do doador ou cometeu crime de homicídio doloso contra ele;
> II – se cometeu contra ele ofensa física;
> III – se o injuriou gravemente ou o caluniou;

IV – se, podendo ministrá-los, recusou ao doador os alimentos de que este necessitava.

Tais condutas permitem a revogação quando o ofendido for o próprio doador, seu cônjuge (ou companheiro), seu ascendente, seu descendente ou seu irmão (art. 558 do CC). O prazo para a revogação da doação é decadencial de 1 ano, a contar de quando chega ao conhecimento do doador o fato que a autorizar, e de ter sido o donatário o seu autor (art. 559 do CC). A revogação não prejudica terceiros, já que neste caso cabem somente perdas e danos se o bem doado já tiver sido transferido a outrem.

A ação de revogação é personalíssima do doador. Como a ação tem natureza punitiva, se o donatário falecer, ela não poderá ser proposta, mas, se o doador ou o donatário falecer após iniciada a ação, poderá continuar contra seus herdeiros.

Em caso de homicídio doloso, o herdeiro pode propor a ação. É o único caso (art. 561 do CC). O perdão expresso do doador retira a legitimidade para a ação de revogação.

Revogada a doação, não será devida a devolução dos frutos percebidos antes da citação.

O art. 564 do Código Civil estabelece casos em que a doação não pode ser revogada por ingratidão:

Art. 564. Não se revogam por ingratidão:
I – as doações puramente remuneratórias;
II – as oneradas com encargo já cumprido;
III – as que se fizerem em cumprimento de obrigação natural;
IV – as feitas para determinado casamento.

Segundo o art. 556 do Código Civil, não se pode renunciar antecipadamente ao direito de revogar a liberalidade por ingratidão do donatário.

4.3.5 Promessa de doação

O contrato de promessa de doação é questão polêmica, pois há quem entenda que nela não há *animus donandi*, que é a intenção de doar, em caso de a promessa não ser cumprida e ter que ser executada. Esse é o pensamento majoritário da doutrina, para quem a promessa de doação é contrato inexequível, cabendo ao promitente donatário pleitear, apenas, perdas e danos. Concordamos, integralmente, com esse posicionamento, corroborado, também, por Pablo Stolze Gagliano[7].

Ocorre, porém, que tal promessa é muito comum em ações de divórcio, nos acordos quanto à partilha dos bens. Consignado na sentença homologatória que um dos cônjuges se compromete a doar para um dos filhos bem imóvel, estamos diante de uma promessa de doação. A sentença não pode fazer as vezes da escritura de doação, motivo pelo qual depois da homologação judicial será necessária a sua lavratura no Tabelionato de Notas. Ocorre, porém, que, se ela não for feita, cabe aos filhos ingressar com a execução da sentença, conforme as regras processuais civis.

---

7. GAGLIANO, Pablo Stolze. *O contrato de doação*. 3. ed. São Paulo: Saraiva, 2010, p. 108.

Assim sendo, entende a jurisprudência que a "promessa" de doação de um bem aos filhos feita numa ação de divórcio, e homologada judicialmente, não seria um contrato preliminar propriamente dito, motivo pelo qual poderia ser objeto de execução em cumprimento de sentença. Essa é a posição do **TJSP, na Apelação 0077214-58.2009.8.26.0000, Ac. 5059349, Sorocaba, 33ª Câmara de Direito Privado, rel. Des. Sá Moreira de Oliveira, j. em 11-4-2011,** *DJESP* **15-4-2011,** e do STJ:

> Agravo regimental no recurso especial. Embargos à execução. Acordo celebrado em separação consensual. Homologação judicial. Doação. Única filha. Ausência de vícios de validade. Exigibilidade da obrigação. Precedentes. 1. A jurisprudência desta eg. Corte já se manifestou no sentido de considerar que não se caracteriza como ato de mera liberalidade ou simples promessa de doação, passível de revogação posterior, a doação feita pelos genitores aos seus filhos estabelecida como condição para a obtenção de acordo em separação judicial. 2. Agravo regimental a que se nega provimento (**AgRg no REsp 883.232/MT, 4ª Turma, rel. Min. Raul Araújo, j. 19-2-2013,** *DJe* **26-2-2013**).

Pontes de Miranda[8] entende que a promessa de doação é possível de ser feita, e possui força vinculante, semelhante à do contrato preliminar, mas essa posição é minoritária.

Questão polêmica acerca desse tipo de promessa se dá com o seu ingresso no fólio real, ou seja, o seu registro na matrícula do imóvel.

Em que pese o art. 167, I, da Lei de Registros Públicos (Lei n. 6.015/73) não prever expressamente que será objeto de registro na matrícula do imóvel a promessa de doação imobiliária, entendemos que ela não poderá ser registrada por se tratar de ato inexequível, e por isso ineficaz contra terceiros.

Os que aceitam a promessa de doação afirmam que não há como proibir que isso ocorra, por inexistência de algum óbice expresso, e se alicerçam no parágrafo único do art. 463 do Código Civil, que determina que o contrato preliminar (independentemente de qual seja) deverá ser levado ao registro competente (matrícula do imóvel), para ser executado nos moldes dos arts. 463 e 464 do Código Civil. Agora poderão, também, fundamentar com o art. 167, I, item 48, da Lei 6.015/73, incluído pela Lei 14.711/2023, que autoriza o registro na matrícula imobiliária de outros negócios jurídicos de transmissão do direito real de propriedade sobre imóveis ou de instituição de direitos reais sobre imóveis. Para os mais otimistas, a promessa de doação poderia estar incluída aqui.

4.4 DA LOCAÇÃO DISCIPLINADA PELA LEI N. 8.245/91

A locação é um contrato consensual, não solene, pelo qual uma das partes, mediante remuneração paga pela outra, se compromete a fornecer-lhe, durante certo lapso, o uso e gozo de uma coisa infungível, a prestação de um serviço apreciável economicamente ou a execução de alguma obra. A locação de imóveis urbanos é regulada pela Lei n. 8.245, de 18-10-1991, conforme previsão, inclusive, do art. 2.036 do Código Civil.

---

8. PONTES DE MIRANDA, Francisco Cavalcanti. *Tratado de direito privado*. Rio de Janeiro: Borsoi, 1972, v. 46, p. 242.

4.4.1 Objetivo da lei – regras gerais

O objetivo da Lei n. 8.245/91, segundo o seu art. 1º, é regulamentar a locação de imóvel urbano. Os imóveis urbanos são definidos como tais segundo sua destinação econômica, e não em razão de sua localização. A destinação do imóvel há de ser para **moradia habitual, estada restrita** ou **fim empresarial**.

Não serão, porém, reguladas pela Lei n. 8.245/91 as locações dos imóveis urbanos:

a) de propriedade da União, dos Estados e dos Municípios, de suas autarquias e fundações públicas. A locação dos imóveis de propriedade da União é regulamentada pelo Decreto-Lei n. 9.760, de 5-9-1946; a dos Estados, por leisestaduais; e a dos Municípios, por leis municipais;

b) caracterizados por vagas autônomas de garagem ou de espaços para estacionamento de veículos;

c) com relação aos espaços destinados à publicidade;

d) caracterizados como *apart*-hotéis, hotéis-residência ou equiparados, assim considerados aqueles que prestam serviços regulares a seus usuários e como tais sejam autorizados a funcionar;

e) o arrendamento mercantil, conhecido como *leasing*, em qualquer de suas modalidades. **A regulamentação do *leasing* é feita pela Lei n. 6.099, de 12-9-1974.**

4.4.2 Solidariedade legal

Existindo mais de um locador ou mais de um locatário, entende-se que são solidários se o contrato não estipulou regra diversa.

Cumpre lembrar que, de acordo com o art. 265 do Código Civil, a solidariedade não se presume; ela é fruto da lei ou da vontade das partes. No art. 2º da Lei do Inquilinato temos um exemplo de solidariedade legal, já que, de acordo com a regra nele estipulada, a pluralidade de locadores e a de locatários geram solidariedade entre eles. A única forma de modificar tal questão é estipular regra diversa.

4.4.3 A outorga conjugal no contrato de locação

A locação pode ser convencionada por tempo determinado ou indeterminado, não podendo ser perpétua por ser um contrato temporário. Assim sendo, não há prazo mínimo para uma locação de imóvel urbano.

Porém, se convencionada por prazo igual ou superior a 10 anos, dependerá de vênia conjugal do cônjuge do locador e do locatário, se eles forem casados, mesmo a lei não dizendo expressamente qual é o cônjuge (assim, entende-se que é de ambos – locador e locatário), conforme estabelece o *caput* do art. 3º da Lei n. 8.245/91.

Não havendo vênia conjugal no contrato de locação celebrado por prazo igual ou superior a 10 anos, do cônjuge do locador e/ou do locatário, o consorte que não a deu estará desobrigado de respeitar o prazo excedente do contrato, conforme determina o parágrafo único do art. 3º da Lei n. 8.245/91.

Questão polêmica é saber se o art. 1.647 do Código Civil aplica-se às relações locatícias. O Código Civil de 1916 determinava, nos arts. 235 e 242, que a vênia conjugal deveria ser dada, nas hipóteses elencadas, independentemente do regime de bens.

Ocorre que o art. 1.647 dispensou a vênia conjugal na hipótese de o casamento ter sido celebrado no regime da separação absoluta. Dessa forma, pergunta-se: a vênia conjugal é necessária na locação celebrada por prazo igual ou superior a 10 anos se o casamento foi celebrado no regime da separação absoluta? Entendemos que não.

Mesmo sendo a Lei de Locações uma norma especial e o Código Civil uma lei geral, acreditamos que, fazendo uma interpretação sistemática, a vênia não será exigida na hipótese, pois senão seria possível no caso em tela a vênia ser dispensada para a venda do imóvel, e exigida para a locação, o que seria inaceitável. Já que a Lei do Inquilinato não tem por objetivo normatizar a vênia conjugal, as regras a ela aplicáveis devem ser retiradas do Código Civil.

4.4.4 Retomada do imóvel pelo locador

Se não houver prazo, a locação será por tempo indeterminado.

Havendo prazo convencionado, o locador, antes de seu vencimento, não poderá retomar o prédio alugado (nem com pagamento de multa, já que esta faculdade é só do locatário), nem o locatário poderá devolvê-lo ao locador sem o pagamento de multa (de acordo com o critério da proporcionalidade, como descreve o art. 4º da Lei de Locações, com a redação dada pela Lei n. 12.112/2009).

O contrato por tempo determinado, ajustado por escrito e com prazo igual ou superior a 30 meses, cessará com o fim do prazo estipulado, independentemente de notificação ou aviso.

Mas, quando ajustada verbalmente ou por escrito e com o prazo inferior a 30 meses, findo o prazo estabelecido, a locação prorroga-se automaticamente, por prazo indeterminado, somente podendo ser retomado o imóvel nas hipóteses do art. 47.

Durante o prazo de vigência do contrato, o locador só poderá retomar o imóvel, nas hipóteses descritas no art. 9º da Lei n. 8.245/91 (denúncia cheia):

a) por mútuo acordo;

b) em decorrência de prática de infração legal ou contratual;

c) em decorrência da falta de pagamento do aluguel e demais encargos;

d) para realização de reparações urgentes determinadas pelo Poder Público, que não possam ser normalmente executadas com a permanência do locatário no imóvel ou, podendo, ele se recuse a consenti-las.

A extinção do contrato de locação de imóvel urbano, quando requerida pelo locador, denomina-se **denúncia**.

As espécies de denúncia são: **denúncia cheia**, também chamada de motivada, que depende da existência de fato descrito em lei (nos arts. 9º e 47); **denúncia vazia**, também chamada de imotivada, que independe de justificativa do locador.

Quando a locação for ajustada por tempo indeterminado, o locatário poderá, mediante aviso ao locador, com antecedência mínima de 30 dias, dar por findo o contrato.

A retomada do imóvel pelo locador é feita por meio da **ação de despejo**, salvo se a locação terminar em razão de desapropriação, com a imissão na posse do expropriante.

Nos casos de extinção de usufruto ou de fideicomisso, a locação celebrada pelo usufrutuário ou fiduciário poderá ser denunciada, com o prazo de 30 dias para a desocupação, salvo se tiver havido aquiescência escrita do nu-proprietário ou do fideicomissário, ou se a propriedade estiver consolidada em mãos do usufrutuário ou do fiduciário, conforme determina o art. 7º da Lei n. 8.245/91.

A denúncia deverá ser exercitada no prazo de 90 dias contados da extinção do fideicomisso ou da averbação da extinção do usufruto, presumindo-se, após esse prazo, a concordância na manutenção da locação.

4.4.5 Prorrogação do contrato por prazo indeterminado

4.4.5.1 *Locação residencial (arts. 46 e 47 da Lei n. 8.245/91)*

Nas locações ajustadas por prazo igual ou superior a 30 meses, a resolução do contrato ocorrerá findo o prazo estipulado, independentemente de notificação ou aviso.

Findo o prazo ajustado, se o locatário continuar na posse do imóvel alugado por mais de 30 dias, sem oposição do locador, presumir-se-á prorrogada a locação por prazo indeterminado, mantidas as demais cláusulas e condições do contrato. Com isso, o locador poderá denunciar o contrato a qualquer tempo, concedido o prazo de 30 dias para a desocupação, ou indenizar o locador em 1 mês de aluguel.

A locação ajustada verbalmente ou por escrito com prazo inferior a 30 meses, findo o prazo estabelecido, prorroga-se automaticamente por prazo indeterminado, somente podendo ser retomado o imóvel:

a) nos casos do art. 9º;

b) em decorrência de extinção do contrato de trabalho, se a ocupação do imóvel pelo locatário estiver relacionada com seu emprego;

c) se for pedido para uso próprio, de seu cônjuge ou companheiro, ou para uso residencial de ascendente ou descendente que não disponha, assim como seu cônjuge ou companheiro, de imóvel residencial próprio;

d) se for pedido para demolição e edificação licenciada ou para realização de obras aprovadas pelo Poder Público, que aumentem a área construída em, no mínimo, 20% ou, se o imóvel for destinado a exploração de hotel ou pensão, em 50%;

e) se a vigência ininterrupta da locação ultrapassar 5 anos.

4.4.5.2 *Locação não residencial (arts. 51 a 57 da Lei n. 8.245/91)*

Se as locações não residenciais forem prorrogadas por prazo indeterminado, o locador poderá retomar o imóvel a qualquer momento, concedendo ao locatário o prazo de 30 dias para a sua desocupação (denúncia vazia).

Considera-se locação não residencial quando o locatário for pessoa jurídica e o imóvel destinar-se ao uso de seus titulares, diretores, sócios, gerentes, executivos ou empregados.

Nos demais casos de locação não residencial, o contrato por prazo determinado cessa, de pleno direito, findo o prazo estipulado, independentemente de notificação ou aviso.

Findo o prazo estipulado, se o locatário permanecer no imóvel por mais de 30 dias sem oposição do locador, presumir-se-á prorrogada a locação nas condições ajustadas, mas sem prazo determinado.

Para ter direito à ação renovatória:

a) o contrato deve ser escrito, e celebrado por prazo determinado;

b) o prazo mínimo do contrato, ou a soma dos prazos ininterruptos, deverá ser de 5 anos;

c) o locatário deve exercer o mesmo ramo comercial há pelo menos 3 anos;

d) propor a ação nos primeiros 6 meses do último ano do contrato. Trata-se de prazo decadencial.

Esse direito poderá ser exercido pelos cessionários ou sucessores da locação. No caso de sublocação total do imóvel, o direito à renovação somente poderá ser exercido pelo sublocatário.

Quando o contrato autorizar que o locatário utilize o imóvel para as atividades de sociedade de que faça parte e que a esta passe a pertencer o fundo de comércio, o direito à renovação poderá ser exercido pelo locatário ou pela sociedade.

Dissolvida a sociedade comercial por morte de um dos sócios, o sócio sobrevivente fica sub-rogado no direito à renovação, desde que continue no mesmo ramo.

O direito à renovação do contrato estende-se às locações celebradas por indústrias e sociedades civis com fim lucrativo, regularmente constituídas, desde que ocorrentes os pressupostos previstos no art. 51.

4.4.6 Locação por temporada (arts. 48 a 50 da Lei n. 8.245/91)

Considera-se locação para temporada aquela destinada à residência temporária do locatário, para prática de lazer, realização de cursos, tratamento de saúde, feitura de obras em seu imóvel, e outros fatos que decorrem tão somente de determinado tempo, e contratada por prazo não superior a 90 dias, esteja ou não mobiliado o imóvel.

Isso mostra que a locação de imóvel urbano pode ser ajustada por qualquer prazo.

No caso de a locação envolver imóvel mobiliado, constará do contrato, obrigatoriamente, a descrição dos móveis e utensílios que o guarnecem, bem como o estado em que se encontram.

O locador poderá receber de uma só vez e antecipadamente os aluguéis e encargos, bem como exigir qualquer das modalidades de garantia previstas no art. 37 para atender às demais obrigações do contrato.

Findo o prazo ajustado, se o locatário permanecer no imóvel sem oposição do locador por mais de 30 dias, presumir-se-á prorrogada a locação por tempo indeterminado, não mais sendo exigível o pagamento antecipado do aluguel e dos encargos.

Ocorrendo a prorrogação, o locador somente poderá denunciar o contrato após 30 meses de seu início ou nas hipóteses do art. 47.

4.4.7 Devolução do imóvel pelo locatário

O locatário poderá denunciar a locação por prazo indeterminado mediante aviso por escrito ao locador, com antecedência mínima de 30 dias. Na ausência do aviso, o locador poderá exigir quantia correspondente a 1 mês de aluguel e encargos, vigentes quando da resilição.

Já na constância do prazo descrito no contrato, com exceção ao que estipula o § 2º do art. 54-A da Lei n. 8.245/91 (*locação built-to-suit*), o locatário poderá devolver o imóvel pagando a multa pactuada, proporcional ao período de cumprimento do contrato, ou, na sua falta, a que for judicialmente estipulada.

O locatário, porém, ficará dispensado de multa se a devolução do imóvel decorrer de transferência de emprego (privado ou público), devendo este notificar o locador no prazo mínimo de 30 dias.

4.4.8 Casos de transferência do contrato e sublocações

Estabelecidos nos arts. 10 a 12 da Lei n. 8.245/91, são os seguintes:

a) Com a morte do locador, a locação transferir-se-á aos seus herdeiros.

b) Se ocorrer a morte do locatário, a locação transferir-se-á ao cônjuge sobrevivente ou companheiro, herdeiros necessários, ou ainda pessoas que viviam na dependência econômica do *de cujus*.

c) Com a separação de fato, separação judicial, separação extrajudicial, divórcio ou dissolução da união estável, a locação residencial prosseguirá automaticamente com o cônjuge ou companheiro que permanecer no imóvel (com a redação dada pela Lei n. 12.112, de 2009), devendo este avisar o locador com 30 dias de antecedência, que poderá exigir troca de fiador ou oferecimento de garantia.

De acordo com o § 2º do art. 12 da Lei do Inquilinato, o fiador poderá exonerar-se das suas responsabilidades no prazo de 30 dias contado do recebimento da comunicação oferecida pelo sub-rogado, ficando responsável pelos efeitos da fiança durante 120 dias após a notificação ao locador. Essa regra foi incluída pela Lei n. 12.112/2009.

A cessão da locação, a sublocação e o empréstimo do imóvel, total ou parcialmente, dependem do consentimento prévio e escrito do locador. Não se presume o consentimento pela simples demora do locador em manifestar formalmente a sua oposição. Após notificado por escrito pelo locatário, o locador terá o prazo de 30 dias para manifestar formalmente a sua oposição.

Aplicam-se às sublocações, no que couber, as disposições relativas às locações. As normas de sublocações encontram-se nos arts. 14 a 16, 21 e 30 da Lei n. 8.245/91.

Rescindida ou finda a locação, qualquer que seja sua causa, resolvem-se as sublocações, assegurado o direito de indenização do sublocatário contra o sublocador.

O sublocatário responde subsidiariamente ao locador pela importância que dever ao sublocador, quando este for demandado e, ainda, pelos aluguéis que se vencerem durante a lide.

4.4.9 Direitos do locador

São direitos do locador:

a) receber o pagamento do aluguel;

b) cobrar antecipadamente o aluguel, desde que não exceda a 1 mês e a locação não seja garantida;

c) exigir do locatário as seguintes garantias: caução em dinheiro e seguro fiança locatícia (pagamento de uma taxa, correspondente a um prêmio mensal ou anual, tendo por fim garantir o pagamento de certa soma ao locador);

d) mover ação de despejo;

e) reaver a coisa locada ou o prédio alugado após o vencimento da locação;

f) pedir revisão judicial do aluguel, ou a atualização dos aluguéis das locações residenciais.

4.4.10 Deveres do locador (art. 22 da Lei n. 8.245/91)

São deveres do locador:

a) entregar ao locatário o imóvel alugado em estado de servir ao uso a que se destina;

b) garantir, durante o tempo da locação, o uso pacífico do imóvel locado;

c) manter, durante a locação, a forma e o destino do imóvel;

d) responder pelos vícios ou defeitos anteriores à locação;

e) fornecer ao locatário, caso este solicite, descrição minuciosa do estado do imóvel, quando de sua entrega, com expressa referência aos eventuais defeitos existentes;

f) fornecer ao locatário recibo discriminado das importâncias por este pagas, vedada a quitação genérica;

g) pagar as taxas de administração imobiliária, se houver, e de intermediações, nestas compreendidas as despesas necessárias à aferição da idoneidade do pretendente ou de seu fiador;

h) pagar os impostos e taxas, e ainda o prêmio de seguro complementar contra fogo, que incidam ou venham a incidir sobre o imóvel, salvo disposição expressa em contrário no contrato;

i) exibir ao locatário, quando solicitado, os comprovantes relativos às parcelas que estejam sendo exigidas;

j) pagar as despesas extraordinárias de condomínio.

> Por **despesas extraordinárias de condomínio** se entendem aquelas que não se refiram aos gastos rotineiros de manutenção do edifício, especialmente:
> obras de reformas ou acréscimos que interessem à estrutura integral do imóvel;
> pintura das fachadas, empenas, poços de aeração e iluminação, bem como das esquadrias externas;
> obras destinadas a repor as condições de habitabilidade do edifício;
> indenizações trabalhistas e previdenciárias pela dispensa de empregados, ocorridas em data anterior ao início da locação;
> instalação de equipamento de segurança e de incêndio, de telefonia, de intercomunicação, de esporte e de lazer;
> despesas de decoração e paisagismo nas partes de uso comum;
> constituição de fundo de reserva.

4.4.11 Direitos do locatário

São direitos do locatário:

a) exigir do locador a entrega da coisa, recibo do aluguel, manutenção do estado da coisa locada durante o tempo do contrato, garantia do uso pacífico do bem locado e responsabilidade dos vícios ocultos;

b) exigir do locador, quando este lhe entregar o prédio, relação escrita do seu estado;

c) reter o imóvel alugado no caso de benfeitorias necessárias ou úteis, feitas com o consentimento por escrito do locador, enquanto não receber a indenização relativa a elas. E, ainda, o direito de levantar as voluptuárias. As benfeitorias úteis feitas pelo locatário sem a licença do locador serão consideradas de má-fé, e não lhe darão direito de receber a indenização correspondente, nem lhe será permitido levantar as voluptuárias e, muito menos, reter o imóvel para haver as importâncias relativas às benfeitorias necessárias. Porém, pelas benfeitorias necessárias terá direito à indenização correspondente, visto que objetivam conservar o bem;

d) ter preferência para aquisição, no caso de alienação do imóvel locado, salvo se se tratar de venda judicial, permuta e doação;

e) ser despejado somente nos casos previstos em lei;

f) sublocar, ceder ou emprestar o bem locado com consentimento prévio e expresso do locador.

4.4.12 Deveres do locatário (art. 23 da Lei n. 8.245/91)

São deveres do locatário:

a) pagar pontualmente o aluguel e os encargos da locação, legal ou contratualmente exigíveis, no prazo estipulado ou, em sua falta, até o sexto dia útil do mês seguinte ao vencido, no imóvel locado, quando outro local não tiver sido indicado no contrato;

b) servir-se do imóvel para o uso convencionado ou presumido, compatível com a natureza deste e com o fim a que se destina, devendo tratá-lo com o mesmo cuidado como se fosse seu;

c) restituir o imóvel, finda a locação, no estado em que o recebeu, salvo as deteriorações decorrentes do seu uso normal;

d) levar imediatamente ao conhecimento do locador o surgimento de qualquer dano ou defeito cuja reparação a este incumba, bem como as eventuais turbações de terceiros;

e) realizar a imediata reparação dos danos verificados no imóvel, ou nas suas instalações, provocadas por si, seus dependentes, familiares, visitantes ou prepostos;

f) não modificar a forma interna ou externa do imóvel sem o consentimento prévio e por escrito do locador;

g) entregar imediatamente ao locador os documentos de cobrança de tributos e encargos condominiais, bem como qualquer intimação, multa ou exigência de autoridade pública, ainda que dirigida a ele, locatário;

h) pagar as despesas de telefone e de consumo de força, luz e gás, água e esgoto;

i) permitir a vistoria do imóvel pelo locador ou por seu mandatário, mediante combinação prévia de dia e hora, bem como admitir que seja visitado e examinado por terceiros, na hipótese de venda, promessa de venda, cessão ou promessa de cessão de direitos ou dação em pagamento;

j) cumprir integralmente a convenção de condomínio e os regulamentos internos;

k) pagar o prêmio do seguro-fiança;

l) pagar as despesas ordinárias de condomínio.

> Por **despesas ordinárias de condomínio** se entendem as necessárias à administração respectiva, especialmente:
> salários, encargos trabalhistas, contribuições previdenciárias e sociais dos empregados do condomínio;
> consumo de água e esgoto, gás, luz e força das áreas de uso comum;
> limpeza, conservação e pintura das instalações e dependências de uso comum;
> manutenção e conservação das instalações e equipamentos hidráulicos, elétricos, mecânicos e de segurança, de uso comum;
> manutenção e conservação das instalações e equipamentos de uso comum destinados à prática de esportes e lazer;
> manutenção e conservação de elevadores, porteiro eletrônico e antenas coletivas;
> pequenos reparos nas dependências e instalações elétricas e hidráulicas de uso comum;
> rateios de saldo devedor, salvo se referentes a período anterior ao início da locação;
> reposição do fundo de reserva, total ou parcialmente utilizado no custeio ou complementação das despesas referidas nas alíneas anteriores, salvo se referentes a período anterior ao início da locação.

O locatário fica obrigado ao pagamento das despesas ordinárias de condomínio, desde que comprovados a previsão orçamentária e o rateio mensal, podendo exigir a qualquer tempo a comprovação das mesmas.

No edifício constituído por unidades imobiliárias autônomas, de propriedade da mesma pessoa, os locatários ficam obrigados ao pagamento das despesas ordinárias de condomínio, desde que comprovadas.

4.4.13 Características do aluguel

a) aluguel só poderá ser convencionado em reais, não podendo ser vinculado à variação cambial ou salário mínimo.

b) Salvo as hipóteses da locação para temporada, o locador não poderá exigir o pagamento antecipado do aluguel.

c) Há reajuste de lei para a locação residencial. É lícito às partes fixar, de comum acordo, novo valor para o aluguel, bem como inserir ou modificar cláusula de reajuste, onde deve ser escolhido um índice usual no mercado, não sendo possível estabelecer reajuste em período inferior a um ano. Muito usual nos contratos de locação para efeitos de reajuste anual do valor do aluguel é o IGP-M: Índice Geral de Preços de Mercado, da FGV. Na ausência de algum índice pré-estabelecido em contrato, a escolha fica a critério do locador.

d) Não havendo acordo, o locador ou o locatário, após três anos de vigência do contrato ou do acordo anteriormente realizado, poderá pedir revisão judicial do aluguel, a fim de ajustá-lo ao preço de mercado. A cada 12 meses poderá ocorrer o reajuste do aluguel.

e) Na falta de convenção no tocante ao dia do pagamento do aluguel, o locatário deverá pagar até o sexto dia útil do mês seguinte vencido.

f) O aluguel da sublocação não poderá exceder o da locação; nas habitações coletivas multifamiliares, a soma dos aluguéis não poderá ser superior ao dobro do valor da locação. O descumprimento desta regra autoriza o sublocatário a reduzir o aluguel até os limites nele estabelecidos.

4.4.14 Das benfeitorias no imóvel

Salvo expressa disposição contratual em contrário, as benfeitorias necessárias introduzidas pelo locatário, ainda que não autorizadas pelo locador, bem como as úteis, desde que autorizadas, serão indenizáveis e permitem o exercício do direito de retenção.

As benfeitorias voluptuárias não serão indenizáveis, podendo ser levantadas pelo locatário, finda a locação, desde que sua retirada não afete a estrutura e a substância do imóvel.

4.4.15 Direito de preferência (arts. 27 a 34 da Lei n. 8.245/91)

No caso de venda, promessa de venda, cessão ou promessa de cessão de direitos ou dação em pagamento, o locatário tem preferência para adquirir o imóvel locado, em igualdade de condições com terceiros, devendo o locador dar-lhe conhecimento do negócio mediante notificação judicial, extrajudicial ou outro meio de ciência inequívoca.

A comunicação deverá conter todas as condições do negócio e, em especial, o preço, a forma de pagamento, a existência de ônus reais, bem como o local e horário em que pode ser examinada a documentação pertinente.

O direito de preferência do locatário decairá se não manifestada, de maneira inequívoca, sua aceitação integral à proposta, no prazo de 30 dias.

Ocorrendo aceitação da proposta, pelo locatário, a posterior desistência do negócio pelo locador acarreta, a este, responsabilidade pelos prejuízos ocasionados, inclusive lucros cessantes.

Estando o imóvel sublocado em sua totalidade, caberá a preferência ao sublocatário e, em seguida, ao locatário. Se forem vários os sublocatários, a preferência caberá a todos, em comum, ou a qualquer deles, se um só for o interessado. Havendo pluralidade de pretendentes, caberá a preferência ao locatário mais antigo, e, se da mesma data, ao mais idoso.

Tratando-se de alienação de mais de uma unidade imobiliária, o direito de preferência incidirá sobre a totalidade dos bens objeto da alienação.

O direito de preferência não alcança os casos de perda da propriedade ou venda por decisão judicial, permuta, doação, integralização de capital, cisão, fusão e incorporação.

Nos contratos firmados a partir de 1º de outubro de 2001, o direito de preferência não alcançará também os casos de constituição da propriedade fiduciária e de perda da propriedade ou venda por quaisquer formas de realização de garantia, inclusive mediante leilão extrajudicial, devendo essa condição constar expressamente em cláusula contratual específica, destacando-se das demais por sua apresentação gráfica.

Se preterido o seu direito de preferência, o locatário poderá:

a) reclamar perdas e danos do alienante: no **REsp 1.216.009-RS (2010/0185720-7), rel. Min. Fátima Nancy Andrighi, j. em 14-6-2011**, o STJ entendeu que, para poder pleitear perdas e danos nesse caso, é desnecessário o registro do contrato de locação;

b) pedir a adjudicação do imóvel, depositando o preço mais as despesas do ato de transferência, havendo para si o imóvel locado, se requerer no prazo de 6 meses a contar do registro da venda, desde que o contrato de locação esteja averbado (art. 167, II, 16, da Lei de Registros Públicos) na matrícula do imóvel pelo menos 30 dias antes da alienação. O registro do contrato de locação é feito à vista de qualquer das vias, desde que subscrito também por duas testemunhas.

Para surtir efeitos em relação a terceiros, o art. 129, I, , item 5º, da Lei de Registros Públicos estabelece que os contratos de locação de bens imóveis devem ser registrados no Cartório de Títulos e Documentos, ressalvados aqueles de competência do registro de imóveis para averbação da cláusula de vigência e para efeito do direito de preferência, no caso de alienação de imóvel locado, nos termos do disposto nos artigos 8º e 33 da Lei 8.245/91, respectivamente para registro da cláusula de vigência e de preferência no caso de alienação do imóvel locado.

Havendo condomínio no imóvel, a preferência do condômino terá prioridade sobre a do locatário.

4.4.16 Da denúncia em razão da alienação do imóvel

O adquirente do imóvel locado não é obrigado a cumprir o prazo que falta para o término da locação, via de regra, em razão do princípio da relatividade dos efeitos do contrato, que consagra a máxima de que o contrato não vincula nem prejudica terceiro, salvo se ele quiser ou se a lei determinar (*res inter alios acta*).

Se o imóvel for alienado durante a locação, o adquirente poderá denunciar o contrato, com o prazo de 90 dias para a desocupação, salvo se a locação for por tempo determinado e o contrato contiver cláusula de vigência em caso de alienação e estiver registrado junto à matrícula do imóvel.

Deixando fluir o prazo de 90 dias *in albis*, a lei presume que o adquirente quer se vincular a um contrato do qual não participou.

Idêntico direito terão o promissário comprador e o promissário cessionário, em caráter irrevogável, com imissão na posse do imóvel e título registrado junto à matrícula deste.

A denúncia deverá ser exercitada no prazo de 90 dias contados do registro da venda ou do compromisso, presumindo-se, após esse prazo, a concordância na manutenção da locação.

Para surtir efeitos em relação a terceiros, o art. 129, I, item 5º, da Lei de Registros Públicos estabelece que os contratos de locação de bens imóveis devem ser registrados no Cartório de Títulos e Documentos, ressalvados aqueles de competência do registro de imóveis para averbação da cláusula de vigência e para efeito do direito de preferência, no caso de alienação de imóvel locado, nos termos do disposto nos artigos 8º e 33 da Lei 8.245/91, respectivamente para registro da cláusula de vigência e de preferência no caso de alienação do imóvel locado.

4.4.17 Garantias locatícias

No contrato de locação, o locador pode exigir do locatário as seguintes garantias:

1) Caução: que pode ser de qualquer bem móvel (incluindo dinheiro) ou imóvel.

    a) sendo de bens móveis, deve ser registrada no Cartório de Títulos e Documentos (art. 38, § 1º);

    b) sendo de bens imóveis, deve ser averbada na matrícula do imóvel (art. 38, § 1º, da Lei n. 8.245/91 e art. 167, II, 8, da Lei n. 6.015/73);

    c) sendo de dinheiro, não poderá o valor exceder a 3 meses de aluguel, e deverá ser depositado em caderneta de poupança, pois todas as vantagens serão revertidas ao locatário ao fim do contrato, se não ocorrer inadimplemento (art. 38, § 2º).

2) Fiança: O fiador poderá ser substituído ou ser substituída a garantia nos casos de:

    a) morte do fiador;

    b) ausência, interdição, recuperação judicial, falência ou insolvência do fiador, declaradas judicialmente;

    c) alienação ou gravação de todos os bens imóveis do fiador ou sua mudança de residência sem comunicação ao locador;

    d) exoneração do fiador;

e) prorrogação da locação por prazo indeterminado, sendo a fiança ajustada por prazo certo;

f) desaparecimento dos bens móveis;

g) desapropriação ou alienação do imóvel;

h) exoneração de garantia constituída por quotas de fundo de investimento;

i) liquidação ou encerramento do fundo de investimento de que trata o inciso IV do art. 37;

j) prorrogação da locação por prazo indeterminado, uma vez notificado o locador pelo fiador de sua intenção de desoneração, ficando obrigado por todos os efeitos da fiança, durante 120 dias após a notificação ao locador. O locador poderá notificar o locatário para apresentar nova garantia locatícia no prazo de 30 dias, sob pena de desfazimento da locação.

3) **Seguro de fiança locatícia:** o seguro de fiança locatícia abrangerá a totalidade das obrigações do locatário.

4) **Cessão de cotas de fundo de investimento:** será feita uma aplicação financeira em banco, onde as cotas aplicadas servirão de garantia para eventual inadimplemento do locatário.

4.4.17.1 Particularidades das garantias

O locador deve pedir apenas uma das modalidades de garantia ao locatário. Essas garantias valem até a efetiva devolução do imóvel.

Não estando a locação garantida por qualquer das modalidades, o locador poderá exigir do locatário o pagamento do aluguel e encargos até o sexto dia útil do mês vincendo.

Salvo disposição contratual em contrário, qualquer das garantias da locação se estende até a efetiva devolução do imóvel, ainda que prorrogada a locação por prazo indeterminado, por força da Lei n. 8.245/91.

4.4.18 Da locação *built-to-suit*

A Lei n. 12.744/2012 modificou a Lei do Inquilinato para nela incluir regra sobre a locação *built-to-suit*. Essa modalidade se dá na hipótese de uma locação não residencial de imóvel urbano na qual o locador procede à prévia aquisição, construção ou substancial reforma, por si mesmo ou por terceiros, do imóvel então especificado pelo pretendente à locação, a fim de que seja a este locado por prazo determinado. Prevalecerão as condições livremente pactuadas no contrato respectivo e as disposições procedimentais previstas na Lei.

Poderá ser convencionada a renúncia ao direito de revisão do valor dos aluguéis durante o prazo de vigência do contrato de locação.

Em caso de denúncia antecipada do vínculo locatício pelo locatário, compromete-se este a cumprir a multa convencionada, que não excederá, porém, a soma dos valores dos aluguéis a receber até o termo final da locação.

4.4.19 Tabela comparativa com a redação antiga da Lei do Inquilinato e a nova redação promovida pela Lei n. 12.112/2009

Como era	Como ficou
Art. 4º Durante o prazo estipulado para a duração do contrato, não poderá o locador reaver o imóvel alugado. O locatário, todavia, poderá devolvê-lo, pagando a multa pactuada, segundo a proporção prevista no art. 924 do Código Civil e, na sua falta, a que for judicialmente estipulada.	Art. 4º Durante o prazo estipulado para a duração do contrato, não poderá o locador reaver o imóvel alugado. O locatário, todavia, poderá devolvê-lo, pagando a multa pactuada, **proporcionalmente ao período de cumprimento do contrato**, ou, na sua falta, a que for judicialmente estipulada.
Art. 12. Em casos de separação de fato, separação judicial, divórcio ou dissolução da sociedade concubinária, a locação prosseguirá automaticamente com o cônjuge ou companheiro que permanecer no imóvel. Parágrafo único. Nas hipóteses previstas neste artigo, a sub-rogação será comunicada por escrito ao locador, o qual terá o direito de exigir, no prazo de 30 (trinta) dias, a substituição do fiador ou o oferecimento de qualquer das garantias previstas nesta Lei.	Art. 12. Em casos de separação de fato, separação judicial, divórcio ou **dissolução da união estável**, a locação residencial prosseguirá automaticamente com o cônjuge ou companheiro que permanecer no imóvel. § 1º Nas hipóteses previstas neste artigo e no art. 11, a sub-rogação será comunicada por escrito ao locador e ao fiador, se esta for a modalidade de garantia locatícia. § 2º O fiador poderá exonerar-se das suas responsabilidades no prazo de 30 (trinta) dias contado do recebimento da comunicação oferecida pelo sub-rogado, ficando responsável pelos efeitos da fiança durante 120 (cento e vinte) dias após a notificação ao locador.
Art. 39. Salvo disposição contratual em contrário, qualquer das garantias da locação se estende até a efetiva devolução do imóvel.	Art. 39. Salvo disposição contratual em contrário, qualquer das garantias da locação se estende até a efetiva devolução do imóvel, **ainda que prorrogada a locação por prazo indeterminado, por força desta Lei**.
Art. 40. O locador poderá exigir novo fiador ou a substituição da modalidade de garantia, nos seguintes casos: (...) II – ausência, interdição, falência ou insolvência do fiador, declaradas judicialmente; (...) IX – liquidação ou encerramento do fundo de investimento de que trata o inciso IV do art. 37 desta Lei. (NÃO TINHA INCISO X NEM PARÁGRAFO ÚNICO)	Art. 40. (...) II – ausência, interdição, *recuperação judicial*, falência ou insolvência do fiador, declaradas judicialmente; (...) X – prorrogação da locação por prazo indeterminado uma vez notificado o locador pelo fiador de sua intenção de desoneração, ficando obrigado por todos os efeitos da fiança, durante 120 (cento e vinte) dias após a notificação ao locador. Parágrafo único. O locador poderá notificar o locatário para apresentar nova garantia locatícia no prazo de 30 (trinta) dias, sob pena de desfazimento da locação.

4.5 RENDA CONSTITUÍDA SOBRE BENS IMÓVEIS (FORMALIZADA PELO CONTRATO DE CONSTITUIÇÃO DE RENDA, NORMATIZADO PELOS ARTS. 803 A 813 DO CC)

É o contrato pelo qual uma pessoa recebe de outra certo capital, que pode ser em dinheiro, bem móvel ou imóvel, em troca da obrigação de pagar periodicamente, a este ou a um terceiro eleito como seu beneficiário, uma prestação por certo prazo, mas que também pode ser criada a título gratuito (arts. 803 e 804 do Código Civil). Na constituição da renda *inter vivos* aplicam-se as regras da doação, e na *causa mortis*, as do testamento.

É uma espécie de pensão mensal, que pode ser estabelecida a título gratuito ou oneroso. Porém, geralmente é feita a título oneroso, quando a pessoa entrega um bem a uma empresa administradora, que lhe paga a renda. O bem se incorpora no patrimônio da empresa a título de propriedade resolúvel.

Sendo o contrato a título oneroso, pode o credor, ao contratar, exigir que o rendeiro lhe preste garantia real (penhor, hipoteca e anticrese), ou fidejussória (fiança ou aval).

Neste contrato existe risco (álea), pois pode ser que o beneficiário faleça rapidamente ou não. Já na forma gratuita, este contrato se aproxima da doação.

São partes na constituição de renda:

a) **o instituidor (censuísta ou censuente)**: é quem entrega o capital e constitui renda em benefício próprio ou alheio, podendo ser o credor da renda. Quando o credor da renda for terceira pessoa, teremos uma estipulação em favor de terceiro (art. 436 do CC), e essa pessoa será denominada **beneficiário**. Havendo mais de um beneficiário, em razão de a renda ser divisível, aplica-se, em regra, o *concursu parts fiunt*, salvo estipulação expressa em contrário.

b) **o rendeiro (censuário ou censatário)**: é o devedor da renda, ou seja, quem se obriga a fazer certa prestação periódica a alguém.

Trata-se de contrato bilateral como regra, mas que também pode ser unilateral se não houver vantagem para o instituidor. Assim sendo, pode, também, o contrato ser oneroso, ou gratuito (excepcionalmente).

É um contrato temporário, pois deve ter um termo final certo ou uma condição. Pode também ser comutativo ou aleatório. Esse contrato pode ultrapassar a vida do devedor mas não a do credor, seja ele o contratante, seja terceiro. Não se admite contrato perpétuo, como no Direito francês e no italiano (arts. 1.861 a 1.871).

Havendo transferência de bens o contrato é real, pois somente se aperfeiçoa com a entrega da coisa. Se a transferência da renda for gratuita, o contrato é consensual.

Trata-se de um contrato solene porque requer escritura pública, e se o capital for dado em imóvel, deve-se levar a registro a transferência.

Os modos de constituição de renda são:

a) **por ato *inter vivos***: quando feito por escritura pública;

b) **por sentença judicial**: que condena no pagamento de renda a título de alimentos ou de lucro cessante (arts. 950 e 948, II, do CC);

c) **por ato *causa mortis***: por testamento, quando se institui o legado de um capital a alguém (legado de alimentos, do art. 1.920 do CC) com o encargo de esta pessoa pagar uma renda para um terceiro.

É nula a constituição de renda em favor de pessoa já falecida, ou que, nos 30 dias seguintes, vier a falecer de moléstia que já sofria, quando foi celebrado o contrato. Se o capital ou coisa foi entregue, pode ser reavido pela *condictio indebeti*. Nesse caso, há dois requisitos: moléstia já existente e prazo de 30 dias da restituição. Assim, havendo moléstia posterior ou falecimento após 30 dias, o contrato é válido. Vale lembrar que gravidez e velhice não são moléstias.

Quando a renda for constituída em benefício de duas ou mais pessoas, sem determinação da parte de cada uma, entende-se que os seus direitos são iguais, pois, segundo o art. 812 do Código Civil, em razão da renda ser divisível, não havendo previsão no contrato, ela será dividida em partes iguais aos vários beneficiários, aplicando-se a regra do *concursu parts fiunt*.

Ocorrendo a morte de algum dos beneficiários, a sua parte não acresce à dos demais (inexiste direito de acrescer), que continuarão a receber a sua parte. Porém o art. 812 do Código Civil permite estipulação em sentido diverso que institua o direito de acrescer. Exceção se dá na hipótese de os beneficiários serem casados, e a renda ter sido instituída gratuitamente, caso em que se aplica a regra de doação contida no parágrafo único do art. 551 do Código Civil, que estabelece o direito de acrescer.

Havendo vários beneficiários da renda, a morte de um deles por moléstia já existente nos 30 dias subsequentes ao contrato não o invalida, pois será válido quanto aos outros beneficiários. A renda constituída por título gratuito pode, por ato do instituidor, ficar isenta de todas as execuções pendentes e futuras.

O art. 809 do Código Civil estabelece que, com a tradição, os bens dados em compensação da renda passam a ser de propriedade do rendeiro desde a tradição. Porém, sendo o bem imóvel, haverá necessidade do registro do contrato para a transferência da propriedade.

Por ser proprietário, o rendeiro pode alienar o bem, salvo se houver cláusula de inalienabilidade, se o contrato for gratuito. O instituidor pode gravar o bem com cláusula de impenhorabilidade para evitar que seja executado por dívidas do rendeiro, se o contrato for gratuito. Não cabem cláusulas restritivas se o contrato for oneroso.

Os riscos da evicção são suportados pelo instituidor, conforme o art. 447 do Código Civil.

Se o rendeiro parar de pagar as prestações, pode ser acionado para quitá-las e/ou para prestar garantia das que ainda vencerão, sob pena de resolução do contrato (conforme o art. 810 do CC). A solicitação de garantia também pode ser pedida na hipótese de a situação financeira do rendeiro não se mostrar confiável, também sob pena de resolução. Com a extinção, as partes retornam ao *status quo ante*, devendo o bem entregue pelo instituidor ser devolvido a ele, que não deverá reembolsar o rendeiro o montante das parcelas já pagas.

Segundo o art. 811 do Código Civil, a renda é devida ao término de cada período, e é adquirida dia a dia. No caso de falecimento, a renda deve ser calculada proporcionalmente. Imaginemos que a prestação mensal da renda é de R$ 300,00. Nesse caso, a cada dia se adquirem R$ 10,00. Porém, o mesmo artigo permite que se estipule que a renda será devida no início de cada período. Feito isso, no dia em que o período se inicia, o credor já terá direito a receber prestação por inteiro.

O que faz com que este contrato seja pouco utilizado é a chance de a renda se desvalorizar em razão da inflação periódica. Para minimizar isso, o contrato deve prever o índice que fará a correção monetária da renda.

Já se admitem planos de previdência privada em que pessoas com idade avançada entregam um capital para uma instituição de previdência para receber renda vitalícia (pois não poderiam entrar em um plano comum por conta da idade elevada).

As formas de extinção da constituição de renda são:

a) pelo decurso do prazo contratual, quando firmado por termo certo;

b) pela morte do beneficiário na renda vitalícia (real ou presumida), que pode ser o instituidor ou um terceiro;

c) pela morte (real ou presumida) do devedor (rendeiro), desde que haja no contrato cláusula nesse sentido, senão a obrigação se transmite aos herdeiros até as forças da herança (regra em razão dos arts. 806 e 1.792 do CC);

d) morte do credor (beneficiário) na renda com prazo certo (real ou presumida) extingue de imediato – art. 806 do Código Civil –, pois não pode ultrapassar a vida do credor;

e) pela rescisão (resolução) do contrato (art. 810 do CC), na hipótese de não pagamento das prestações, ou de negativa em dar garantias para o pagamento das parcelas futuras ocorrendo inadimplemento;

f) pelo implemento de condição resolutiva: pode ser dado ao instituidor direito de preferência por meio do chamado pacto de opção, para o caso de o devedor decidir alienar o bem objeto da constituição de renda. O exercício desse pacto de opção cria condição resolutiva, pois extingue o contrato antes do prazo;

g) pela inoficiosidade da constituição de renda: sendo celebrada a título gratuito, equipara-se à doação, motivo pelo qual se aplica o art. 549 do Código Civil se invadir a legítima;

h) pela caducidade: se o beneficiário falecer antes de constituída a renda, ou nos 30 dias subsequentes à celebração do contrato, em razão de moléstia preexistente;

i) pelo decurso do prazo prescricional: transcorrido o prazo prescricional de três anos (art. 206, § 3º, II, do CC) sem que tenha sido proposta ação judicial para cobrar prestações vencidas, o contrato se extingue;

j) pela destruição do imóvel, desde que este não esteja segurado, senão haverá sub-rogação no valor indenizado;

k) pela confusão, se houver a aquisição do bem a que estiver vinculada a renda pelo credor.

4.6 CONTRATO DE ADMINISTRAÇÃO FIDUCIÁRIA DE GARANTIAS, NORMATIZADO PELO ART. 853-A DO CC)

A Lei 14.711/2023, criou um contrato em espécie no Código Civil vigente. Trata-se do Contrato de Administração Fiduciária de Garantia, normatizado pelo artigo 853-A do Código Civil.

Qualquer garantia poderá ser constituída, levada a registro, gerida e ter a sua execução pleiteada por agente de garantia, que será designado pelos credores da obrigação garantida para esse fim e atuará em nome próprio e em benefício dos credores, inclusive em ações judiciais que envolvam discussões sobre a existência, a validade ou a eficácia do ato jurídico do crédito garantido, vedada qualquer cláusula que afaste essa regra em desfavor do devedor ou, se for o caso, do terceiro prestador da garantia.

O agente de garantia:

a-) poderá valer-se da execução extrajudicial da garantia, quando houver previsão na legislação especial aplicável à modalidade de garantia.

b-) terá dever fiduciário em relação aos credores da obrigação garantida e responderá perante os credores por todos os seus atos.

c-) poderá ser substituído, a qualquer tempo, por decisão do credor único ou dos titulares que representarem a maioria simples dos créditos garantidos, reunidos em assembleia, mas a substituição do agente de garantia somente será eficaz após ter sido tornada pública pela mesma forma por meio da qual tenha sido dada publicidade à garantia.

Os requisitos de convocação e de instalação das assembleias dos titulares dos créditos garantidos estarão previstos em ato de designação ou de contratação do agente de garantia.

O produto da realização da garantia, enquanto não transferido para os credores garantidos, constitui patrimônio separado daquele do agente de garantia e não poderá responder por suas obrigações pelo período de até 180 (cento e oitenta) dias, contado da data de recebimento do produto da garantia.

Após receber o valor do produto da realização da garantia, o agente de garantia disporá do prazo de 10 (dez) dias úteis para efetuar o pagamento aos credores.

Paralelamente ao contrato aqui citado, o agente de garantia poderá manter contratos com o devedor, devendo agir com estrita boa-fé com esse último, para:

a-) pesquisa de ofertas de crédito mais vantajosas entre os diversos fornecedores;

b-) auxílio nos procedimentos necessários à formalização de contratos de operações de crédito e de garantias reais;

c-) intermediação na resolução de questões relativas aos contratos de operações de crédito ou às garantias reais; e

d-) outros serviços não vedados em lei.

Capítulo 5
DA PROPRIEDADE IMOBILIÁRIA

5.1 DA PROPRIEDADE

A propriedade é o **direito real** por excelência, que dá ao proprietário a **faculdade de usar, gozar e dispor da coisa**, além do direito de reavê-la de quem injustamente a possua ou detenha. Ela não se confunde com domínio, já que ele recai somente sobre coisas corpóreas, ou seja, é mais restrito que propriedade (o termo domínio era usado pelo Código Civil de 1916 como sinônimo de propriedade). Já a propriedade recai sobre coisas corpóreas ou incorpóreas (propriedade intelectual[1] (artística, literária), marcas, patentes, *software*). Propriedade é o termo usado pelo Código Civil vigente.

5.1.1 Extensão vertical da propriedade

A propriedade compreende o espaço aéreo e o subsolo correspondente (**art. 1.229 do CC**). O art. 1.230 do Código Civil e o art. 20, IX e X, da CF excepcionam essa regra ao afirmar que serão de propriedade da União os recursos minerais do subsolo, potenciais energéticos, sítios arqueológicos e bens referidos em lei especial. Se inexistirem riquezas minerais no subsolo, o proprietário poderá construir porões e garagens.

5.1.2 Faculdades inerentes à propriedade

O art. 1.228 do Código Civil determina:

> **Art. 1.228.** O proprietário tem a faculdade de usar, gozar e dispor da coisa, e o direito de reavê-la do poder de quem quer que injustamente a possua ou detenha.

Pelo exposto, verifica-se que o proprietário possui os seguintes poderes inerentes à propriedade:

Direito de usar (*jus utendi*): trata-se da faculdade de servir-se da coisa de acordo com a sua destinação econômica, para fins residenciais ou comerciais. Basta para o uso o bem estar em condições de servir o proprietário quando necessário. A faculdade do uso não prescreve pelo não uso; só pela posse de outra pessoa (comportamento antissocial).

---

1. Explica o Professor Rodrigo Moraes da UFBA, um dos maiores autoralistas do país, em seu artigo "*Qual era a visão do jurista Orlando Gomes sobre o direito autoral?*", publicado no CONUR em 2018, que o inesquecível Orlando Gomes criticava essa expressão que acabou se consagrando no Direito, pois apesar de a terminologia propriedade intelectual ser a mais conhecida em todo o mundo, para ambos os juristas baianos a sua utilização não atende a um rigor científico. Um bem intelectual, protegido pelo Direito de Autor, não se confunde com a propriedade (móvel e imóvel) estudada pelos civilistas.

Direito de gozar (*jus fruendi*): trata-se do direito de fruição, em que o titular pode explorar economicamente o bem, retirando os frutos que a coisa produzir.

Cumpre lembrar que os frutos são bens acessórios que se renovam com o tempo, e se dividem em: **frutos naturais**, que são aqueles produzidos pela natureza. Como exemplo citamos o fruto de uma árvore; **frutos industriais**, que são aqueles produzidos pelo homem. Como exemplo citamos o artesanato; **frutos civis**, que são aqueles produzidos pela renda gerada na utilização do bem por um terceiro. Como exemplo citamos os juros.

OBSERVAÇÃO: os frutos não se confundem com os outros bens acessórios, como os produtos, que não se renovam com a sua retirada (por exemplo, a mina, o ouro e o poço de petróleo), tampouco com as pertenças, que não constituem parte integrante da coisa, mas se destinam de modo duradouro ao uso, serviço ou aformoseamento de outro bem.

Direito de dispor (*jus abutendi*): é caracterizado pela faculdade do proprietário de alterar a própria substância da coisa. Ou seja, o direito de dispor é o poder de consumir a coisa, de aliená-la, de gravá-la de ônus e de submetê-la ao serviço de outrem (demoli-la ou vendê-la). A disposição pode ser: **disposição material**, que são atos físicos que importam em perda da propriedade, tais como a destruição ou o abandono; **disposição jurídica**, que são atos de alienação/constituição de ônus reais.

Direito de reivindicar (*rei vindicatio*): é a faculdade que permite excluir a ingerência de terceiros sobre a coisa, ou seja, é o poder que tem o proprietário de mover ação para obter o bem de quem injusta ou ilegitimamente o detenha, em razão do seu direito de sequela. Ele é exercido por meio da ação reivindicatória no juízo petitório. Cumpre lembrar que a *exceptio proprietatis* foi abolida pelo art. 1.210 do Código Civil, que dividiu o juízo possessório (em que se discute posse) do petitório (no qual se discute propriedade). Esse é o conteúdo do Enunciado n. 79 do CJF.

O exercício do direito de reivindicação se dá pela ação reipersecutória, quando o autor requer a restituição de algo que é seu e que se acha fora de seu patrimônio.

Como a ação reipersecutória é aquela que busca a entrega de alguma coisa, ela pode ser tanto real como pessoal. A ação de despejo é reipersecutória pessoal; já a reivindicatória é reipersecutória real. Reipersecutória é denominada de acordo com o pedido.

5.1.3 Espécies de propriedade

Propriedade plena: o proprietário tem em mãos os quatro elementos (uso, gozo, disposição e reivindicação), ou seja, a propriedade será plena quando seu titular puder usar, gozar, dispor do bem de forma absoluta, exclusiva e perpétua, bem como reivindicá-lo de quem injustamente o detenha.

Propriedade limitada ou restrita: o proprietário transfere o uso e/ou o gozo para alguém, impondo para si um ônus real em prol de terceiro, como ocorre no caso do usufruto, ficando somente com o direito de dispor e de reivindicar.

Propriedade resolúvel: a propriedade será resolúvel quando houver fixado um termo ou uma condição resolutiva que dará causa à sua extinção. Como exemplo citamos a propriedade fiduciária, que será estudada mais adiante.

5.1.4 Características do direito de propriedade

Exclusividade: a mesma coisa não pode pertencer exclusiva e simultaneamente a duas ou mais pessoas; por esse motivo, o proprietário pode excluir o outro pela ação reivindicatória. No condomínio não há contradição com esse princípio, já que, pelo estado de indiviso do bem, cada um tem uma fração ideal (são donos da sua parte e do todo).

Perpetuidade: a propriedade tem duração ilimitada, até ser transmitida por vontade do dono (venda) ou por disposição legal (usucapião), exceto se a propriedade for resolúvel ou revogável, na hipótese de no título a sua duração for subordinada ao implemento de condição resolutiva ou advento de termo. Assim, uma vez adquirida a propriedade, em regra não pode ser perdida senão pela vontade do proprietário.

Elasticidade: a propriedade comporta desmembramento em frações ideais para várias pessoas.

5.1.5 Conteúdo constitucional da propriedade

O **art. 170** da Constituição determina que a ordem econômica, fundada na valorização do trabalho humano e na livre-iniciativa, tem por fim assegurar a todos existência digna, conforme os ditames da justiça social, observados os Princípios Gerais da Atividade Econômica, tais como a propriedade privada (inciso II) e a função social da propriedade (inciso III).

Os bens corpóreos ou incorpóreos podem constituir objeto de direito (**art. 5º, XXII**), desde que cumpram com sua função social (**art. 5º, XXIII**). A Constituição Federal elenca o direito de propriedade como uma garantia fundamental, prevista em cláusula pétrea, colocando o cumprimento da função social da propriedade como um requisito para o preenchimento do seu conceito.

Não há na Constituição um conceito fechado de função social da propriedade. Porém, o **art. 186** apresenta os requisitos que devem ser obedecidos para o cumprimento da função social da propriedade rural. São eles:

a) o aproveitamento racional e adequado;

b) a utilização adequada dos recursos naturais disponíveis e preservação do meio ambiente;

c) a observância das disposições que regulam as relações de trabalho;

d) a exploração que favoreça o bem-estar dos proprietários e dos trabalhadores.

De acordo com o referido artigo, a função social é cumprida quando a propriedade rural atende, simultaneamente, segundo critérios e graus de exigência estabelecidos em lei, aos requisitos acima descritos.

Já a função social da propriedade urbana, segundo o **art. 182, § 2º**, da Constituição Federal, cumpre sua função social quando atende às exigências fundamentais de ordenação da cidade expressas no plano diretor municipal.

5.1.6 Função social da propriedade

A função social da propriedade possui origem constitucional, já que o inciso XXIII do art. 5º determina o seu cumprimento. O seu fundamento legal no Código Civil está descrito no art. 1.228, § 1º, que estabelece:

> **Art. 1.228.** (...)
>
> § 1º O direito de propriedade deve ser exercido em consonância com as suas finalidades econômicas e sociais e de modo que sejam preservados, de conformidade com o estabelecido em lei especial, a flora, a fauna, as belezas naturais, o equilíbrio ecológico e o patrimônio histórico e artístico, bem como evitada a poluição do ar e das águas.

A sua importância atual é tão grande que o Código Civil elevou a função social da propriedade à categoria de preceito de ordem pública no parágrafo único do art. 2.035.

Se é preceito de ordem pública, o princípio da função social da propriedade poderá ser reconhecido de ofício pelo juiz, e poderá retroceder aos contratos celebrados antes da entrada em vigor do Código Civil de 2002, já que tal princípio foi uma inovação da citada legislação.

5.1.6.1 *Espécies de função social da propriedade*

Função social da propriedade urbana: o art. 182, § 2º, da CF estabelece que a propriedade urbana cumpre sua função social quando atende às exigências fundamentais de ordenação da cidade expressas no plano diretor municipal, motivo pelo qual é ele quem tem competência para tratar da ordenação das cidades e da organização dos espaços habitáveis.

Como exemplo citamos lei municipal da cidade de Saquarema, no Rio de Janeiro, que estabelece prazo para os proprietários de lote construírem sob pena de aumento do IPTU progressivo no tempo, conforme autoriza o art. 182, § 4º, da CF. Outro exemplo interessante é o do município de Nova Petrópolis, no Rio Grande do Sul, cidade colonizada por alemães, que concede isenção tributária para quem mantém e conserva suas casas no estilo colonial alemão denominado enxaimel (ou *Fachwerk*), para que tais construções se tornem um atrativo turístico. Se essa função social não for respeitada, poderá ocorrer a desapropriação para fins de reforma urbana.

Como o art. 182, § 1º, da CF estabelece que o plano diretor, aprovado pela Câmara Municipal, é o instrumento básico da política de desenvolvimento e de expansão urbana e obrigatório para cidades com mais de 20 mil habitantes, Vera Scarpinella Bueno[2] faz importante afirmação para o caso de cidades que não tenham o plano diretor:

---

2. BUENO, Vera Scarpinella. Parcelamento, edificação ou utilização compulsórios da propriedade urbana. In: DALLARI, Adilson Abreu. FERRAZ, Sérgio (Coord.). *Estatuto da Cidade comentado (Comentários à Lei Federal 10.257/2001)*. 1. ed. 2. tir., São Paulo: Malheiros, 2003, p. 92.

"Sem o plano diretor o Município não pode exigir do proprietário que ele cumpra o princípio constitucional da função social da propriedade. Isto porque cabe ao plano diretor – como lei introdutória de normas básicas de planejamento urbano – a delimitação das áreas urbanas onde podem ser aplicados o parcelamento, edificação ou utilização compulsórios, considerando a existência de infraestrutura e de demanda para utilização (arts. 41, III, e 42, I, do Estatuto da Cidade – Lei n. 10.257/01)".

Função social da propriedade rural: exige que a terra seja produtiva, que sejam criados empregos formais, e que se tome cuidado com o meio ambiente e com o bem-estar. Esses requisitos, que devem ser obedecidos simultaneamente (todos), como explicado anteriormente, encontram-se descritos no art. 186 da CF, e, se não forem respeitados, pode-se gerar uma desapropriação-sanção, que, no caso em tela, será denominada desapropriação para fins de reforma agrária (art. 184 da CF).

Ocorre, porém, que a propriedade produtiva não pode ser desapropriada, por força de disposição expressa do art. 185, I, da Constituição Federal. Assim, cumpre questionar se a propriedade produtiva que degrada o meio ambiente pode ser desapropriada para fins de reforma agrária. Há duas correntes:

> **1ª corrente:** no entendimento do professor José Afonso da Silva[3], é necessário interpretar literalmente a lei, motivo pelo qual a propriedade produtiva nunca poderá ser desapropriada, já que há outras formas de punir o proprietário por esta irregularidade, por exemplo, pecuniariamente com o ITR progressivo no tempo.
>
> **2ª corrente:** para os estudiosos do Direito Agrário, o art. 185, I, da Constituição Federal deve ser interpretado em harmonia com os arts. 184, *caput*, e 186 da própria Constituição, em que a imunidade à desapropriação existe somente se a propriedade produtiva cumprir com a função social (todos os quatro elementos exigidos pela Constituição).

O STF adota a 2ª corrente, pois o art. 2º da Lei n. 8.629/93 determina que a propriedade rural que não cumprir a função social prevista no art. 9º é passível de desapropriação, respeitados os dispositivos constitucionais. Compete à União desapropriar por interesse social, para fins de reforma agrária, o imóvel rural que não esteja cumprindo sua função social (*vide* **MS 22.164/SP, Tribunal Pleno, rel. Min. Celso de Mello, j. em 30-10-1995**).

5.1.7 Outro exemplo de aplicação da função social da propriedade: a desapropriação judicial

O instituto descrito no art. 1.228, §§ 4º e 5º, do Código Civil é objeto de muita polêmica, tanto na doutrina quanto na jurisprudência, com relação a sua natureza jurídica, bem como o seu alcance e a sua eficácia. O referido artigo tem o seguinte conteúdo:

> **Art. 1.228.** (...)
> § 4º O proprietário também pode ser privado da coisa se o imóvel reivindicado consistir em extensa área, na posse ininterrupta e de boa-fé, por mais de 5 (cinco) anos, de considerável número de pessoas, e estas nela houverem realizado, em conjunto ou separadamente, obras e serviços considerados pelo juiz de interesse social e econômico relevante.

---

3. *Curso de direito constitucional positivo.* 7. ed. São Paulo: RT, 1991, p. 689.

§ 5º No caso do parágrafo antecedente, o juiz fixará a justa indenização devida ao proprietário; pago o preço, valerá a sentença como título para registro do imóvel em nome dos possuidores.

Trata-se de uma forma de perda da propriedade, se os requisitos descritos no tipo forem preenchidos, porém desde que seja pago o valor de uma indenização.

Para Carlos Alberto Dabus Maluf, o referido instituto não é bem-visto. Vejamos:

> "As regras contidas nos §§ 4º e 5º abalam o direito de propriedade, incentivando a invasão de glebas urbanas e rurais, criando uma forma nova de perda do direito de propriedade, mediante o arbitramento judicial de uma indenização, nem sempre justa e resolvida a tempo, impondo dano ao proprietário que pagou os impostos que incidiram sobre a gleba"[4].

Entende-se que a melhor interpretação é a de que o citado instituto busca dar efetividade à função social da propriedade – prevista como mandamento constitucional integrante do conceito de propriedade – para privilegiar o seu cumprimento, e estimular o respeito à produção, ao meio ambiente e às relações trabalhistas e sociais.

Já Judith Martins-Costa e Gerson Luiz Carlos Branco enaltecem o referido instituto, dizendo que

> "... essa regra é digna de nota por variados motivos, entre eles a sua oportunidade num país como o Brasil, onde o problema fundiário permanece intocado e irresoluto através dos séculos. Aí se revela, para além da função social da propriedade, a função social da posse, que, no Código agora aprovado, não se prende apenas à concepção abstrata de Von Jhering, refletida no art. 485 do Código Civil de 1916, mas engloba, também, a noção autônoma de posse. Por isto, paralelamente ao regramento da posse como mera ocupação do bem, o conceito de posse-trabalho, aquela posse que 'vem acompanhada de um ato criador do trabalho humano' (Miguel Reale) e que, bem por isso, deve ter uma proteção maior do que a outra"[5].

Vemos, dessa forma, que não só a função social da propriedade terá um papel fundamental no Direito Civil, mas também, em razão da socialidade no nosso ordenamento, a posse, que também deverá cumprir uma função social. Aliás, a posse-trabalho, bem explorada no texto acima, no instituto ora estudado se sobrepõe ao conceito de propriedade, já que dará uma contribuição para que esta alcance a sua função social.

Inicialmente alguns doutrinadores entenderam ser inconstitucional o referido instituto, haja vista que somente o chefe do Poder Executivo (municipal se o imóvel estiver localizado em zona urbana, e federal se o imóvel estiver localizado em zona rural) poderia decretar a desapropriação, e não o juiz, já que esta não poderia ocorrer por decisão judicial.

Esta tese, porém, logo foi refutada por outra parte da doutrina, que em discussões na I Jornada de Direito Civil do Conselho da Justiça Federal (CJF), realizada em setembro de 2002, criou o **Enunciado 82**, que determina ser constitucional esse instituto.

Esse posicionamento tornou-se majoritário na doutrina brasileira, haja vista que, de fato, o juiz não podia desapropriar, sendo esta uma faculdade do Poder Executivo.

---

4. O direito de propriedade e o instituto do usucapião no Código Civil de 2002. *Questões controvertidas*. São Paulo: Método, 2003, v. I, p. 287.
5. *Diretrizes teóricas do novo Código Civil*. São Paulo: Saraiva, 2002, p. 154-155.

Porém, não se pode desconsiderar que o juiz adquiriu este poder por força de legislação expressa específica, qual seja, o referido artigo em comento, motivo pelo qual verifica-se ser constitucional o dispositivo legal.

Concluindo pela constitucionalidade do referido instituto, a doutrina não chegou a um consenso a respeito de como ele deve ser chamado.

Uns propugnavam em chamá-lo de **usucapião coletivo**, em razão de o texto de lei exigir um considerável número de pessoas para se adquirir a propriedade.

Pablo Stolze Gagliano comunga desse entendimento:

> "Nessa linha de raciocínio, uma vez que a perda da propriedade se dá pela posse exercida por uma coletividade de pessoas, dentro de um lapso de tempo previsto em lei (5 anos), não há, em nosso sentir, como negar a nota característica da prescrição aquisitiva, razão por que a tese do usucapião nos pareceria mais atrativa"[6].

Essa ideia deve ser refutada, haja vista que a verdadeira usucapião coletiva está prevista no Estatuto da Cidade, art. 10 da Lei n. 10.257/2001[7], que diz que inexiste necessidade de pagamento de indenização, como no caso do instituto em comento.

Também não se poderá denominar o citado instituto como **usucapião indenizável**, ideia que de plano também deve ser refutada, haja vista que, desde o tempo de Labeão[8], um dos maiores doutrinadores no assunto do Direito Romano, até os dias de hoje em nenhum momento se viu uma modalidade de usucapião indenizável.

Dessa forma, em face da possibilidade atribuída por lei ao Judiciário de desapropriar, entendo que o referido instituto deve ser chamado de **desapropriação judicial**.

Partindo para a análise do artigo citado, no seu início utiliza-se da expressão **imóvel reivindicado** para gerar a perda da propriedade.

Entende-se não ser possível uma interpretação restritiva da citada expressão, pois, em uma leitura rápida, excluir-se-ia, de plano, a possibilidade de a **desapropriação judicial** ser arguida em ações possessórias, por exemplo. A interpretação restritiva faria

---

6. *Controvérsias constitucionais acerca do usucapião coletivo.* Disponível em: <www.professorchristiano.com.br/artigosconvidados.htm>. Acesso em: 19 fev. 2007.
7. "Art. 10. As áreas urbanas com mais de duzentos e cinquenta metros quadrados, ocupadas por população de baixa renda para sua moradia, por cinco anos, ininterruptamente e sem oposição, onde não for possível identificar os terrenos ocupados por cada possuidor, são suscetíveis de serem usucapidas coletivamente, desde que os possuidores não sejam proprietários de outro imóvel urbano ou rural.

   § 1º O possuidor pode, para o fim de contar o prazo exigido por este artigo, acrescentar sua posse à de seu antecessor, contanto que ambas sejam contínuas.

   § 2º A usucapião especial coletiva de imóvel urbano será declarada pelo juiz, mediante sentença, a qual servirá de título para registro no cartório de registro de imóveis.

   § 3º Na sentença, o juiz atribuirá igual fração ideal de terreno a cada possuidor, independentemente da dimensão do terreno que cada um ocupe, salvo hipótese de acordo escrito entre os condôminos, estabelecendo frações ideais diferenciadas.

   § 4º O condomínio especial constituído é indivisível, não sendo passível de extinção, salvo deliberação favorável tomada por, no mínimo, dois terços dos condôminos, no caso de execução de urbanização posterior à constituição do condomínio.

   § 5º As deliberações relativas à administração do condomínio especial serão tomadas por maioria de votos dos condôminos presentes, obrigando também os demais, discordantes ou ausentes."
8. Marco Antístio Labeão, jurisconsulto romano (c. 43 a.C. – c. 22 d.C.).

com que se reduzisse muito a aplicação do instituto, bem como se ignorasse a função social da posse.

Essa foi a conclusão a que o Conselho da Justiça Federal chegou na IV Jornada de Direito Civil, que foi retratada no Enunciado 310:

> **En. 310 do CJF** – Interpreta-se extensivamente a expressão "imóvel reivindicado" (art. 1.228, § 4º), abrangendo pretensões tanto no juízo petitório quanto no possessório.

Aliás, sobre o tema, o **Enunciado 496 do CJF** determina que o conteúdo do art. 1.228, §§ 4º e 5º, pode ser objeto de ação autônoma, não se restringindo à defesa em pretensões reivindicatórias.

Cumpre ressaltar que o **Enunciado 306 do CJF** estabelece que, preenchida a situação descrita no § 4º do art. 1.228 do Código Civil, isso ensejará a improcedência do pedido reivindicatório.

Nessa ação reivindicatória, o **Enunciado 305 do CJF** determina que o Ministério Público tem o poder-dever de atuação nas hipóteses de desapropriação, inclusive a indireta, que envolvam relevante interesse público determinado pela natureza dos bens jurídicos envolvidos, e no Enunciado 307 do CJF poderá o juiz determinar a intervenção dos órgãos públicos competentes para o licenciamento ambiental e urbanístico.

Corretamente, em nosso sentir, o **Enunciado 83 do CJF** estabelece que nas ações reivindicatórias propostas pelo Poder Público não são aplicáveis as disposições constantes dos §§ 4º e 5º do art. 1.228 do Código Civil. Esse pensamento, coerente com a hipótese de o próprio poder público ser obrigado a pagar a respectiva indenização, impede que ocorra a perda da propriedade de um bem público, sem o pagamento da indenização no caso de ela ficar a cargo do poder público, como se fosse uma espécie de usucapião. Não podemos esquecer que a jurisprudência refuta a ideia de usucapião de bens públicos, mesmo que seja dominical (sem utilização) e não exista cumprimento da função social, conforme a **Súmula 340 do STF**, que estabelece:

> **Súmula 340 do STF** – Desde a vigência do Código Civil, os bens dominicais, como os demais bens públicos, não podem ser adquiridos por usucapião.

Esse é o motivo pelo qual discordamos do conteúdo do **Enunciado 304** do CJF, que defende serem aplicáveis as disposições dos §§ 4º e 5º do art. 1.228 do Código Civil às ações reivindicatórias relativas a bens públicos dominicais, mantido, parcialmente, o Enunciado 83 da I Jornada de Direito Civil, no que concerne às demais classificações dos bens públicos.

Sabemos que o *caput* do art. 1.228 do Código Civil determina que são direitos do proprietário usar, gozar, dispor e reivindicar, este último exercido por meio de ação reivindicatória.

Ao ler o citado dispositivo legal, verifica-se que o legislador utiliza-se de conceitos legais indeterminados, que são aqueles que constam no texto de lei, porém sem nenhuma definição para que o magistrado, no momento de proferir a sua decisão, possa fazer justiça no caso concreto.

O primeiro deles é **extensa área**, da qual preferiu o legislador não se utilizar de um tamanho específico. Porém, no INCRA, se o imóvel for rural, ou na Prefeitura, se o imóvel for urbano, há como verificar se determinada área é ou não extensa, motivo pelo qual acreditamos que tais conceitos podem servir de subsídios ao magistrado quando for proferir sua decisão, sem que se tornem obrigatórios.

O segundo é **considerável número de pessoas**, o que demonstra que, após a consumação do instituto, haverá a formação de um condomínio *sui generis*, já que os novos condôminos continuarão a exercer posse exclusiva sobre área certa.

O terceiro seria **considerado pelo juiz como de interesse social e econômico relevante**. Neste caso, o legislador dá ao magistrado poder discricionário pelo uso da expressão **considerado pelo juiz**, em que será o magistrado quem irá poder atestar que os possuidores estão dando à sua posse uma função social.

O quarto é a **boa-fé**. Urge lembrar que, segundo o Enunciado 309 do CJF, o conceito de posse de boa-fé de que trata o art. 1.201 do Código Civil não se aplica ao instituto previsto no § 4º do art. 1.228.

Partindo desse pressuposto, cumpre verificar quem seria o responsável pelo pagamento da indenização.

Num primeiro momento, pode-se dizer que seria o possuidor, situação esta facílima de visualizar, porém somente quando ele tiver condições para tanto. Comunga dessa opinião Teori Albino Zavascki, que defende:

> "Embora não seja expresso a respeito o dispositivo, não há dúvida de que tal pagamento deve ser feito pelos possuidores, réus na ação reivindicatória"[9].

Encontramos este pensamento no **Enunciado 84 da I Jornada de Direito Civil do Conselho da Justiça Federal**, que estabelece:

> **En. 84 do CJF** – A defesa fundada no direito de aquisição com base no interesse social (art. 1.228, §§ 4º e 5º, do novo Código Civil) deve ser arguida pelos réus da ação reivindicatória, eles próprios responsáveis pelo pagamento da indenização.

Mas e se o possuidor não tiver dinheiro para pagar a indenização?

Partindo do pressuposto de que o proprietário foi negligente ao abandonar seu imóvel e permitir que os requisitos do mencionado instituto fossem preenchidos, verifica-se que o referido imóvel não atingiu sua função social, motivo pelo qual esse proprietário torna-se indigno de continuar exercendo tal direito real, não podendo retornar ao bem já que perdeu a legitimidade de proprietário.

Com isso temos duas situações. Na primeira, mesmo o ocupante querendo ficar, em face da impossibilidade de pagamento, deve devolver o bem ao proprietário, já que estamos num Estado Democrático de Direito, em que a propriedade é garantida e **nunca** poderá ser confiscada. Porém esta saída não poderá ser adotada, já que, como

---

9. A tutela da posse na Constituição e no Projeto do novo Código Civil. In: *A reconstrução do direito privado*. São Paulo: Revista dos Tribunais, 2002, p. 852.

explanado anteriormente, o proprietário não tem mais legitimidade para exercer seu direito subjetivo, haja vista o descumprimento da função social. Na segunda, permitir que o possuidor sem dinheiro fique, porém, sem utilizar-se da prática feita no período de ditaduras militares, no qual se pagava o quanto queria e podia, abrindo chance de se retirar uma propriedade de milhões por centavos.

Ao permitir que os possuidores fiquem, ressalte-se que o proprietário deverá **obrigatoriamente** ser ressarcido, sob pena de confisco.

Esta posição é compartilhada pela juíza federal Mônica Castro, que leciona:

> "Não se pode permitir que essa perda da coisa seja feita sem a devida indenização, sob pena de violação do comando inserido no art. 5°, XXII e XXIV, da Constituição Federal. Aliás, a norma expressamente veda a transferência da propriedade sem a prévia compensação pecuniária precedente, como se constata da leitura do § 5° do art. 1.228 antes transcrito"[10].

Dessa forma, qual seria a saída? Entende-se que não há outra solução senão o Estado realizar o pagamento, já que ele é que, também, deve garantir o direito à moradia, conforme o art. 6° da CF. Outro argumento que se soma a esse é o de que o Estado é conivente com a situação do possuidor, pois possui autorização para dele cobrar o IPTU, motivo pelo qual merece arcar com os custos disso. Assim, o particular responde com o pagamento da indenização, e, de forma subsidiária, o Estado, quando aquele não tiver condições de arcar com esse custo.

Esse entendimento é compartilhado pelo Conselho da Justiça Federal, que em outubro de 2006, na IV Jornada de Direito Civil, o transformou no Enunciado 308, nos seguintes termos:

> **En. 308 do CJF** – Art. 1.228. A justa indenização devida ao proprietário em caso de desapropriação judicial (art. 1.228, § 5°) somente deverá ser suportada pela Administração Pública no contexto das políticas públicas de reforma urbana ou agrária, em se tratando de possuidores de baixa renda e desde que tenha havido intervenção daquela nos termos da lei processual. Não sendo os possuidores de baixa renda, aplica-se a orientação do Enunciado 84 da I Jornada de Direito Civil.

Com relação ao valor da indenização, o **Enunciado 240 do CJF** estabelece que a justa indenização a que alude o § 5° do art. 1.228 não tem como critério valorativo, necessariamente, a avaliação técnica lastreada no mercado imobiliário, sendo indevidos os juros compensatórios. Não concordamos com o teor da primeira parte do enunciado, pois o valor venal dos imóveis no Brasil não representa o seu valor real, motivo pelo qual não pode ser utilizado. Se pensarmos no princípio constitucional da vedação ao confisco, essa indenização deve ser justa, pelo valor de mercado do bem. Quanto à última parte do enunciado, concordamos, integralmente, que não são devidos juros compensatórios, haja vista que não há perda liminar da posse por parte do proprietário, que já a perdeu há tempos.

Já no que tange ao registro da sentença, que a lei exige para o pagamento da indenização, o **Enunciado 241 do CJF** determina que o registro da sentença em ação reivin-

---

10. A desapropriação judicial no novo Código Civil. Disponível em: <http://www.mundojuridico.adv.br/sis_artigos/artigos.asp?codigo=486>. Acesso em: 3 jun. 2010.

dicatória, que opera a transferência da propriedade para o nome dos possuidores, com fundamento no interesse social (art. 1.228, § 5º), é condicionado ao pagamento da respectiva indenização, cujo prazo será fixado pelo juiz. Esse interregno é importantíssimo para demonstrar o início do prazo prescricional para a cobrança desse crédito. Quanto a isso, o **Enunciado 311 do CJF** determina que, caso não seja pago o preço fixado para a desapropriação judicial, e ultrapassado o prazo prescricional para se exigir o crédito correspondente, estará autorizada a expedição de mandado para registro da propriedade em favor dos possuidores, sem o pagamento.

Pelos motivos aqui apresentados é que devemos interpretar o instituto da **desapropriação judicial** como uma forma de auxílio no cumprimento da função social da propriedade e da posse. Confirmando isso, o Enunciado 49 do CJF afirma que a regra do art. 1.228, § 2º, do Código Civil interpreta-se restritivamente, em harmonia com o princípio da função social da propriedade e com o disposto no art. 187.

Pode-se afirmar que o Código Civil foi um marco por inaugurar uma nova era, que tem por objetivo romper definitivamente com a estrutura apresentada à época do Código Beviláqua.

5.1.7.1 O primeiro precedente do STJ sobre desapropriação judicial

O primeiro precedente no STJ sobre o instituto descrito no art. 1.228, §§ 4º e 5º, do Código Civil foi julgado pela Primeira Turma em 7 de dezembro de 2017 no **RECURSO ESPECIAL N. 1.442.440/AC**, publicado no *DJe* em 15 de fevereiro de 2018, que teve como relator o Ministro Gurgel de Faria.

Na ementa do julgado se reconhece que:

1) Caso em que, ao tempo do julgamento do primeiro grau, a lide foi analisada à luz do disposto no art. 1.228, §§ 4º e 5º, do CC/2002, que trata da desapropriação judicial, chamada também por alguns doutrinadores de desapropriação por posse-trabalho ou de desapropriação judicial indireta, cujo instituto autoriza o magistrado, sem intervenção prévia de outros Poderes, a declarar a perda do imóvel reivindicado pelo particular em favor de considerável número de pessoas que, na posse ininterrupta de extensa área, por mais de cinco anos, houverem realizado obras e serviços de interesse social e econômico relevante.

2) Os conceitos abertos existentes no art. 1.228 do CC/2002 propiciam ao magistrado uma margem considerável de discricionariedade ao analisar os requisitos para a aplicação do referido instituto, de modo que a inversão do julgado, no ponto, demandaria o reexame do conjunto fático-probatório, providência vedada no âmbito do recurso especial, em face do óbice da Súmula 7 do STJ.

3) Não se olvida a existência de julgados desta Corte de Justiça no sentido de que "inexiste desapossamento por parte do ente público ao realizar obras de infraestrutura em imóvel cuja invasão já se consolidara, pois a simples invasão de propriedade urbana por terceiros, mesmo sem ser repelida pelo Poder Público, não constitui desapropriação indireta" (AgRg no REsp 1.367.002/MG, rel. Min. Mauro Campbell Marques, 2ª Turma, j. em 20-6-2013, *DJe* 28-6-2013).

4) Situação em que tal orientação não se aplica ao caso estudado, pois, diante dos fatos delineados no acórdão recorrido, não há dúvida de que os danos causados à proprietária do imóvel decorreram de atos omissivos e comissivos da administração pública, tendo em conta que deixou de fornecer a força policial necessária para o cumprimento do mandado reintegratório, ainda na fase inicial da invasão, permanecendo omissa quanto ao surgimento de novas habitações irregulares, além de ter realizado

obras de infraestrutura no local, com o objetivo de garantir a função social da propriedade, circunstâncias que ocasionaram o desenvolvimento urbano da área e a desapropriação direta de parte do bem.

5) O Município de Rio Branco, juntamente com o Estado do Acre, constituem sujeitos passivos legítimos da indenização prevista no art. 1.228, § 5º, do CC/2002, visto que os possuidores, por serem hipossuficientes, não podem arcar com o ressarcimento dos prejuízos sofridos pelo proprietário do imóvel (*ex vido* Enunciado 308 Conselho da Justiça Federal).

6) Diante da procedência parcial da ação indenizatória contra a Fazenda Pública municipal, tem-se aplicável, além do recurso voluntário, o reexame necessário, razão pela qual não se vislumbra a alegada ofensa aos arts. 475 e 515 do CPC/73, em face da reinclusão do Estado do Acre no polo passivo da demanda, por constituir a legitimidade *ad causam* matéria de ordem pública, passível de reconhecimento de ofício, diante do efeito translativo.

7) A solução da controvérsia exige que sejam levados em consideração os princípios da proporcionalidade, da razoabilidade e da segurança jurídica, em face das situações jurídicas já consolidadas no tempo, de modo a não piorar uma situação em relação à qual se busca a pacificação social, visto que "é fato público e notório que a área sob julgamento, atualmente, corresponde a pelo menos quatro bairros dessa cidade (Rio Branco), onde vivem milhares de famílias, as quais concedem função social às terras em litígio, exercendo seu direito fundamental social à moradia".

8) Os critérios para a apuração do valor da justa indenização serão analisados na fase de liquidação de sentença, não tendo sido examinados pelo juízo da primeira instância, de modo que não podem ser apreciados pelo Tribunal de origem, tampouco por esta Corte Superior, sob pena de supressão de instância.

Boa parte do que expusemos anteriormente sobre o instituto foi reconhecido pelo STJ neste belíssimo julgado, consagrando a importância do instituto.

5.1.8 Modos de aquisição da propriedade

Existem dois modos de aquisição da propriedade em geral:

1) **Modo originário:** que é aquele em que inexiste a transmissão da propriedade, como ocorre, por exemplo, nos casos da acessão e da usucapião, que, por sua natureza ensejará a abertura de nova matrícula, nos ditames do artigo 176-A da Lei 6.05/73.

2) **Modo derivado:** que é aquele em que existe a transmissão, *inter vivos* ou *causa mortis*, da propriedade, como ocorre, por exemplo, no caso do registro do título.

5.1.9 Formas de aquisição da propriedade imóvel

5.1.9.1 Registro (arts. 1.245 a 1.247 do CC)

Trata-se de uma forma de tradição solene (sistema romano), em que o título translativo é levado a registro no Cartório de Imóveis.

O título translativo é aquele que indica uma vontade de transferência da propriedade, e que, quando levado a registro na matrícula do imóvel, concretiza sua transferência. Esses títulos se dividem em títulos translativos judiciais e extrajudiciais, e como exemplos citamos:

Título translativo judicial	Título translativo extrajudicial
Formal de partilha Carta de arrematação Carta de adjudicação	Contrato de compra e venda de imóvel Contrato de troca (permuta) de imóvel Contrato de doação de imóvel Dação em pagamento com imóvel

Cumpre lembrar o que já foi dito no capítulo que trata do negócio jurídico, que a escritura só será essencial se o bem imóvel tiver valor superior a 30 salários mínimos (art. 108 do CC). As regras do sistema financeiro habitacional autorizam o registro do instrumento particular de compra e venda de imóvel, independentemente do valor, desde que feito pelo agente financeiro.

Características do registro:

a) **Vinculação do modo ao título:** a validade do registro depende do conteúdo do título, pois se nele houver vício o registro é contaminado.

b) **Relatividade da presunção de propriedade** (art. 1.245, § 2º, do CC): há presunção *juris tantum* de propriedade quando o título é registrado, já que é possível ocorrer o seu cancelamento em face de alguma invalidade. O **Registro Torrens**, previsto nos arts. 277 a 288 da Lei n. 6.015/73, é uma exceção, pois permite presunção absoluta de propriedade por força do Decreto n. 451-B, de 1890, que continua em vigor consoante o art. 1º, item 90, da Lei n. 3.446/1917. Segundo o Enunciado 503 do CJF, é relativa a presunção de propriedade decorrente do registro imobiliário, ressalvado o sistema Torrens.

Atributos do registro:

a) **Constitutividade:** gera efeitos *ex nunc*, ou seja, no período da outorga e do registro, a propriedade continua sendo do alienante (art. 1.245, § 1º, do Código Civil). Existem duas exceções a essa regra: *sucessão* (pois, pelo princípio da *saisine*, a morte transfere propriedade e posse aos herdeiros instantaneamente); *usucapião* (a ocorrência da prescrição aquisitiva é que gera a aquisição da propriedade).

b) **Prioridade:** trata-se da proteção que é concedida para quem registra primeiramente o título.

c) **Força probante:** induz presunção *juris tantum* de propriedade, produzindo efeitos legais enquanto não for o título cancelado (deve ser proposta ação de anulação da escritura cumulada com o cancelamento do registro).

d) **Continuidade:** o registro atual prende-se ao anterior (trata-se de uma cadeia que deve ser seguida), pois, se o imóvel não estiver registrado em nome do alienante, não pode ser registrado em nome do adquirente. Como exceção temos a usucapião (existe uma aquisição originária, pois se rompe com a cadeia anterior), em que não pode ser alegado vício nos registros anteriores contra o possuidor usucapiente.

e) **Publicidade:** com a publicidade, a propriedade torna-se oponível *erga omnes*.

f) **Legalidade:** o registro só tem validade se baseado em título revestido das exigências legais. O registrador imobiliário, ao receber o título, realizará a chamada qualificação registral, que é a análise do título para verificar se ele preenche os requisitos legais e se pode ser objeto de registro.

g) **Especialidade:** o imóvel deve estar precisamente descrito no título e ser certo, individual e autônomo. Se isso não ocorrer, deverá ser feita a retificação do título ou do registro imobiliário (matrícula).

Da prenotação do título em cartório:

Feito o protocolo do título no cartório, o oficial do registro imobiliário realizará a prenotação no Livro 1 (livro de protocolo) e terá o prazo de 30 dias para fazer a análise positiva do registro (art. 188 da LRP).

A prenotação é o assentamento prévio no livro de protocolo, que assegura a precedência do direito real ao qual o título se refere (art. 182 da LRP). Os seus efeitos destinam-se à vida efêmera, pois cessam em 30 dias se o interessado se omitir no atendimento de exigências legais opostas pelo oficial. Mas, se o registro for cumprido, a precedência do direito real começa com a prenotação. Declarada a dúvida pelo serventuário e julgada esta improcedente, o registro vale desde a data da prenotação.

Se o oficial fizer uma análise negativa do título, estabelecendo exigências que devam ser cumpridas para que o registro seja processado, é possível a parte interessada suscitar a chamada dúvida, que é um processo administrativo de jurisdição voluntária endereçado ao juiz de direito, para que este verifique se as exigências são ou não pertinentes, proferindo decisão sobre se o juízo de legalidade feito pelo oficial deve ou não ser confirmado.

Se a dúvida for julgada improcedente, ou seja, o magistrado não confirmar o juízo de legalidade feito pelo oficial do registro de imóveis, efetiva-se o registro e adquire-se a propriedade retroagindo a ela até a data da prenotação (efeito *ex tunc*), conforme o art. 1.246 do Código Civil.

O oficial não pode suscitar dúvida *ex officio*, mas somente se existir provocação da parte.

Existe, porém, a chamada dúvida inversa, que é encaminhada pelo interessado diretamente ao magistrado, em caso de inércia do oficial do registro.

Caso a ilegalidade seja flagrante, haverá a possibilidade de impetração do mandado de segurança com pedido de liminar, para a obtenção do registro imobiliário.

Segundo o art. 1.247 do Código Civil, se o teor do registro não exprimir a verdade, poderá o interessado reclamar que se retifique (judicialmente pela ação de retificação de registro imobiliário, ou extrajudicialmente – arts. 212 e 213 da Lei n. 6.015/73) ou anule (ação anulatória).

Distinções terminológicas:

a) **Matrícula:** é a primeira inscrição da propriedade do imóvel, ou seja, é uma espécie de registro de nascimento da propriedade imobiliária.

b) **Registro:** é o ato jurídico de disposição total ou parcial da propriedade, de constituição de um direito real ou de outros ônus, tais como a penhora e o bem de família.

c) **Averbação:** é alteração secundária que não modifica a essência do registro, mas altera as características do imóvel (por exemplo, uma construção) ou qualificação do titular (por exemplo, o casamento).

5.1.9.2 Usucapião

Trata-se de uma forma originária de aquisição da propriedade, pelo exercício da posse contínua durante certo lapso de tempo, conjugado com outros requisitos definidos em lei. Segundo o **art. 1.244 do Código Civil**, estende-se ao possuidor o disposto quanto ao devedor acerca das causas que obstam, suspendem ou interrompem a prescrição, as quais também se aplicam à usucapião. Esse artigo existe porque a doutrina entende que as regras da prescrição extintiva (da parte geral) não se aplicam às da prescrição aquisitiva (da usucapião) por serem institutos diferentes. Por esse motivo, o legislador se viu obrigado a colocar, expressamente no Código, uma regra que excepcionasse essa norma. Esse é o motivo pelo qual não corre prazo de usucapião contra absolutamente incapazes. Urge lembrar que contra relativamente incapazes corre.

A Lei 14.010, de 10 de Junho de 2020, que instituiu o Regime Jurídico Emergencial e Transitório (RJET), nas relações de Direito Privado, no período da pandemia do coronavírus (COVID-19), estabeleceu no art. 10º que ficam suspensos os prazos de aquisição para a propriedade imobiliária ou mobiliária, nas diversas espécies de usucapião, a partir da sua entrada em vigor. Esta lei temporária vigorou de 12/06/2020 a 30/10/2020.

Para o STJ, a separação de fato por longo período afasta a regra de impedimento da fluência da prescrição entre cônjuges prevista no art. 197, I, do CC e viabiliza a efetivação da prescrição aquisitiva por usucapião (**REsp 1.693.732-MG**, Rel. Min. Nancy Andrighi, Terceira Turma, por unanimidade, julgado em 05/05/2020, DJe 11/05/2020).

O possuidor deve ter a coisa com ânimo de dono (*animus domini*), ininterruptamente e sem oposição, para ter direito à chamada posse *ad usucapionem*, que também não poderá ser violenta, clandestina ou precária.

De acordo com o § 3º do art. 183 da CF, que foi reproduzido pelo art. 102 do Código Civil, os imóveis públicos não serão adquiridos por usucapião, mesmo que o bem seja dominical, pois, desde a vigência do Código Civil de 2010, os bens dominicais, como os demais bens públicos, não podem ser adquiridos por usucapião (texto da **Súmula 340 do STF**).

Circula na internet notícia de que o TJMG concedeu uma usucapião de bem público, em processo movido contra o DER/MG (Departamento de Estradas e Rodagem). Lendo o julgado, percebe-se que não se trata de bem público, motivo pelo qual não foi aberto um precedente com relação ao pensamento doutrinário e jurisprudencial dominante. No voto do desembargador relator, ele afirma textualmente que: "Ademais, cumpre ressaltar que malgrado os bens públicos não sejam passíveis de aquisição por usucapião (art. 183, § 3º, da CF; art. 102, do Código Civil) o imóvel usucapiendo não está incluído em área de domínio público (...)". O referido magistrado cita, ainda, três precedentes no Tribunal que deu ganho de causa aos seus autores contra o DER/MG em casos análogos, e, em um deles, a ementa possui a seguinte frase: "A existência de área 'non aedificandi' correspondente à parte da faixa de domínio de rodovia estadual não impede a prescrição aquisitiva do bem, por não se tratar de bem público, mas de bem particular sujeito à limitação administrativa" (**Ap. Cív. 1.0346.07.013776-2/001, rel. Des. Edgard Penna Amorim, 8ª Câm. Cív., j. em 10-11-2011, publicação da súmula em 27-1-2012**). A ementa do julgado noticiado na internet, o mais recente, pois os outros precedentes não foram noticiados com a mesma ênfase, não faz menção, em nenhum momento, a usucapião de bem público, que seria o assunto mais importante do aresto:

> Apelação civil – Ação reivindicatória – Detenção – Inocorrência – Posse com "animus domini" – Comprovação – Requisitos demonstrados – Prescrição aquisitiva – Evidência – Possibilidade – Evidência – Precedentes – Negar provimento. – "A prescrição, modo de adquirir domínio pela posse contínua (isto é, sem intermitências), ininterrupta (isto é, sem que tenha sido interrompida por atos de outrem), pacífica (isto é, não adquirida por violência), pública (isto é, exercida à vista de todos e por todos sabida), e ainda revestida com o *animus domini*, e com os requisitos legais, transfere e consolida no possuidor a propriedade da coisa, transferência que se opera, suprindo a prescrição a falta de prova de título preexistente, ou sanando o vício do modo de aquisição" (**TJMG, Ap. Cív. 1.0194.10.011238-3/001 – Comarca de Coronel Fabriciano, rel. Des. Barros Levenhagen, 5ª Câm. Cív., *DJe* de 15-5-2014**).

Assim sendo, continua prevalecendo a tese da Súmula 340 do STF, sobre a impossibilidade de usucapião de bem público, qualquer que seja sua espécie.

Conforme o STJ[11], a inexistência de registro imobiliário de imóvel objeto de ação de usucapião não induz presunção de que o bem seja público (terras devolutas), cabendo ao Estado provar a titularidade do terreno como óbice ao reconhecimento da prescrição aquisitiva.

Várias são as modalidades de usucapião de bens imóveis. São elas:

Usucapião extraordinária (art. 1.238 do CC): nessa modalidade, aquele que, por 15 anos, sem interrupção, nem oposição, possuir como seu um imóvel, adquire-lhe a propriedade, independentemente de título e boa-fé, podendo requerer ao juiz que assim o declare por sentença, a qual servirá de título para o registro no Cartório de Registro de Imóveis.

O prazo de 15 anos pode ser reduzido para 10 se o possuidor houver estabelecido no imóvel a sua moradia habitual, ou nele realizado obras ou serviços de caráter produtivo.

Usucapião ordinária (art. 1.242 do CC): nessa modalidade, adquire a propriedade do imóvel aquele que, contínua e incontestadamente, com justo título e boa-fé, o possuir por 10 anos.

---

11. AgInt no AREsp 936508/PI, rel. Min. Luis Felipe Salomão, 4ª Turma, j. em 13-3-2018, *DJe* 20-3-2018.

Segundo o art. 1.201 do Código Civil, é de boa-fé a posse se o possuidor ignora o vício ou o obstáculo que impede a aquisição da coisa. O parágrafo único do referido dispositivo determina que o possuidor com justo título tem por si a presunção de boa-fé, salvo prova em contrário, ou quando a lei expressamente não admite essa presunção.

Para o **Enunciado 86 do CJF**, a expressão "justo título" contida nos arts. 1.242 e 1.260 do Código Civil abrange todo e qualquer ato jurídico hábil, em tese, a transferir a propriedade, independentemente de registro.

De acordo com o STJ[12], o contrato de promessa de compra e venda constitui justo título apto a ensejar a aquisição da propriedade por usucapião.

O prazo de 10 anos pode ser reduzido para 5 anos se o imóvel houver sido adquirido, onerosamente, com base no registro constante do respectivo cartório, cancelado posteriormente, desde que os possuidores nele tiverem estabelecido a sua moradia, ou realizado investimentos de interesse social e econômico.

Por exigir que o registro do imóvel seja cancelado posteriormente, essa modalidade prevista no parágrafo único do art. 1.242 do Código Civil é chamada de **usucapião tabular**, ou de livro, que tem origem no § 900 do Código Civil alemão[13] (BGB). O STJ reconhece que essa é a denominação da usucapião, prevista no referido artigo, no **REsp 1.133.451-SP, 3ª Turma, rel. Min. Nancy Andrighi, j. 27-3-2012, DJe de 18-4-2012**, equiparando o cancelamento do registro (requisito legal) ao bloqueio de matrícula, que ocorre por determinação judicial.

Usucapião familiar (art. 1.240-A do CC): em 20 de junho de 2011 entrou em vigor a Lei n. 12.424, que dispõe sobre o Programa Minha Casa, Minha Vida II – PMCMV, e a regularização fundiária de assentamentos localizados em áreas urbanas. A referida lei introduziu no Código Civil o art. 1.240-A, que criou mais uma modalidade de usucapião. O citado dispositivo possui a seguinte redação:

> **Art. 1.240-A.** Aquele que exercer, por 2 (dois) anos ininterruptamente e sem oposição, posse direta, com exclusividade, sobre imóvel urbano de até 250m² (duzentos e cinquenta metros quadrados) cuja propriedade divida com ex-cônjuge ou ex-companheiro que abandonou o lar, utilizando-o para sua moradia ou de sua família, adquirir-lhe-á o domínio integral, desde que não seja proprietário de outro imóvel urbano ou rural.
>
> § 1º O direito previsto no *caput* não será reconhecido ao mesmo possuidor mais de uma vez.
>
> § 2º (VETADO).

Algumas reflexões se fazem necessárias sobre a matéria, em razão da novidade e dos desmembramentos de tal instituto.

1) Da denominação: a citada modalidade visa tratar da usucapião entre ex-cônjuges e ex-companheiros, permitindo a aquisição da propriedade. Não é possível denominá-la como usucapião matrimonial, pois não abarca somente pessoas que foram casadas, mas

---

12. AgRg no AREsp 600.900/SP, rel. Min. João Otávio de Noronha, 3ª Turma, j. em 1º-9-2015, *Dje* 8-9-2015.
13. "Quem, como proprietário de um prédio, estiver inscrito no Livro de Imóveis, sem que tenha ele obtido a propriedade, adquirirá a propriedade quando a inscrição durar trinta anos e, durante esse tempo, tiver tido ele a posse do prédio a título de propriedade."

também as que viveram em união estável. Assim sendo, por tratar de duas situações, a melhor nomenclatura é usucapião familiar, já que o casamento e a união estável são formas de entidades familiares.

2) Ex-cônjuges e ex-companheiros (hétero e homoafetivos): na norma que regulamenta o instituto, verifica-se que tal modalidade somente é aplicável entre ex-cônjuges e ex-companheiros. Porém, cumpre investigar o que seriam ex-cônjuges e ex-companheiros, sob a ótica do referido artigo.

O prefixo "ex" significa a descontinuação de uma situação, no caso em tela o casamento e a união estável. Assim sendo, poderão usucapir pessoas que foram casadas ou que viveram em união estável. Vale lembrar que essa modalidade não se aplica às pessoas que ainda estejam casadas. Dessa forma, o destinatário da norma é o separado judicialmente, extrajudicialmente ou de corpos (que possui liminar em ação cautelar), o divorciado, e o ex-companheiro, que, após o término do relacionamento, permaneceu no imóvel do casal.

Questão interessante é saber se o separado de fato também estaria incluído no conceito de "ex-cônjuge", e a resposta é afirmativa, pois o STJ já firmou entendimento de que, com a separação, de fato ocorre a dissolução da sociedade conjugal e a consequente extinção do regime de bens (**REsp 1.065.209, Proc. 2008/0122794-7, SP, 4ª Turma, rel. Min. João Otávio de Noronha; j. em 8-6-2010,** *DJE* **16-6-2010**).

Para a união estável, que é uma união fática, constituída por meio da convivência, basta, somente, o seu fim. A escritura ou a sentença de dissolução da união estável apenas serviria como meio de prova, mas, repise-se, a prova maior que deve ser produzida é a do fim da convivência.

O Enunciado 501 do CJF reforça a ideia de que essa modalidade se estende aos separados de fato:

> **En. 501 do CJF** – As expressões "ex-cônjuge" e "ex-companheiro", contidas no art. 1.240-A do Código Civil, correspondem à situação fática da separação, independentemente de divórcio.

Cumpre salientar que, após a decisão do STF na **ADIn 4.277 e ADPF 132**, que estendeu os efeitos da união estável para a união homoafetiva, e da Resolução n. 175, de 14-5-2013, do CNJ, que chancelou o casamento homoafetivo no Brasil, a citada modalidade de usucapião será aplicada tanto nos casamentos e uniões estáveis heterossexuais como nos homossexuais.

O Enunciado 500 do CJF reforça a ideia de que essa modalidade se estende às uniões e casamentos homoafetivos.

3) Abandono do lar: outro requisito é o abandono do lar pelo ex-cônjuge ou companheiro. Trata-se de um requisito que deve ser objeto de crítica, haja vista que há muitas pessoas que abandonam o lar conjugal para que não ocorra violência ou até mesmo por conta de a vida em comum se tornar insuportável. A lei presume que essas pessoas abandonam, também, a família, o que nem sempre é verdade, pois muitas delas ainda continuam dando assistência moral aos filhos e financeira ao ex-cônjuge ou companheiro, por exemplo, pagando o condomínio do apartamento em que morava. Essa pessoa, pela simples leitura da lei, apesar de continuar pagando despesas do antigo lar, teria contra si iniciado o prazo da usucapião, mesmo não tendo abandonado a família.

O que a lei quer estimular é que as partes busquem o mais rápido possível a formalização da extinção do relacionamento. Acredito que nesse ponto é que aparece a importância do tabelião de notas, que pode lavrar escritura de separação de corpos (conforme defendemos em nossa obra *Separação, divórcio e inventário por escritura pública*, publicada pela Editora Método, 7ª edição, 2015) para impedir o início do prazo de tal modalidade, pois ela teria o condão de impedir a caracterização do abandono do lar.

O Enunciado 595 do CJF reforça a ideia da cautela para a interpretação da expressão "abandono do lar" ao estabelecer que:

> **En. 595 do CJF** – O requisito "abandono do lar" deve ser interpretado na ótica do instituto da usucapião familiar como abandono voluntário da posse do imóvel somado à ausência da tutela da família, não importando em averiguação da culpa pelo fim do casamento ou união estável. Revogado o Enunciado 499.

Cumpre ressaltar que não caracteriza abandono do lar a retirada compulsória do cônjuge ou companheiro do lar conjugal, nas hipóteses dos arts. 22 e 23 da Lei n. 11.340/2006 (Maria da Penha).

4) O imóvel deve ser de propriedade do casal: o artigo menciona a necessidade de o imóvel ser de propriedade do casal, o que permite duas situações.

A primeira é de que o imóvel pertença ao casal em condomínio, com cada um sendo dono de uma fração ideal.

A segunda é de o bem pertencer exclusivamente a um dos dois na matrícula do imóvel, mas, em razão do regime de bens, o outro ter direito de meação. Por esse motivo, se faz necessário, nesse caso, estudar minuciosamente as regras do regime de bens.

O Enunciado 500 do CJF reforça a ideia da necessidade de o imóvel ser de propriedade comum do casal, ao estabelecer que:

> **En. 500 do CJF** – A modalidade de usucapião prevista no art. 1.240-A do Código Civil pressupõe a propriedade comum do casal e compreende todas as formas de família ou entidades familiares, inclusive homoafetivas.

Assim sendo, quando o Código fala em propriedade de ambos, leia-se em condomínio ou fruto de meação (de acordo com o regime de bens). Exclui-se a posse, pois, se ambos a exercem sobre o imóvel, o que como já foi dito é muito comum, este não pode ser usucapido nessa modalidade; mas ambos, se todos os requisitos forem preenchidos, ainda que após a dissolução da sociedade ou da união estável, poderão usucapir, em outras espécies, do proprietário que consta da matrícula do imóvel.

5) Metragem máxima, usar para moradia e não ser dono de outro imóvel: o imóvel a ser usucapido nessa modalidade não pode ter área superior a 250 metros quadrados. Como nos grandes centros urbanos um imóvel dessa grandeza vale muito (damos o exemplo do bairro do Leblon no Rio de Janeiro, cujo metro quadrado, o mais caro do Brasil, custa R$ 16.000,00, o que levaria o imóvel a custar R$ 4.000.000,00), entendemos que tal modalidade caracteriza uma penalidade muito excessiva ao ex-cônjuge ou companheiro, que com o possuidor dividiu sua vida, parcela significativa de seu patrimônio num curto espaço de tempo, e não tendo proteção à moradia.

Urge esclarecer que o cônjuge que permanece no imóvel deve utilizá-lo para sua moradia e não ser proprietário de outro imóvel urbano ou rural. Neste último caso, causa perplexidade que, se a pessoa é possuidora de outro imóvel, poderá usucapir normalmente, ignorando a lei que em várias regiões do país, como é sabido, vários imóveis, inclusive valorizados, não possuem matrícula no registro imobiliário. Como é difícil fazer prova negativa (de que não é dono de outro imóvel), basta uma certidão negativa de propriedade, emitida pelo cartório de registro de imóveis da comarca da localização do bem.

6) **Prazo: o menor entre todas as modalidades:** o prazo de posse ininterrupta e sem oposição que deve ser exercida pelo ex-cônjuge ou companheiro que permanece no imóvel é de 2 anos, o menor entre todas as modalidades de usucapião previsto em todo o ordenamento jurídico (o que inclui leis extravagantes), inclusive das hipóteses de bens móveis, motivo pelo qual acreditamos ser uma penalidade muito excessiva num momento conturbado vivido pela família, em que a Lei deveria respeitar o prazo de luto pelo fim do relacionamento, enquanto as partes envolvidas reorganizam sua vida pessoal.

O **Enunciado 498 do CJF** estabelece que a fluência do prazo de 2 anos previsto pelo art. 1.240-A para a nova modalidade de usucapião nele contemplada tem início com a entrada em vigor da Lei n. 12.424/2011.

7) **Necessidade de o imóvel estar localizado em área urbana:** a novel modalidade de usucapião busca valorizar o direito à moradia, garantia fundamental insculpida no art. 6º da Constituição Federal, motivo pelo qual surgiu na lei que trata, dentre outros temas, de regularização fundiária. Assim sendo, imóveis em áreas rurais não poderão ser usucapidos.

8) **Direito reconhecido uma única vez:** de acordo com o § 1º do art. 1.240-A do Código Civil, a usucapião familiar só poderá ser concedida uma única vez à pessoa, motivo pelo qual não se estende aos relacionamentos futuros se a pessoa já se utilizou de tal benefício. O objetivo do legislador é evitar a especulação imobiliária, já que a norma busca proteger o direito à moradia, mas cria a vantagem de se casar ou de viver em união estável com alguém que já tenha usucapido nessas condições, no intuito de evitar riscos à propriedade.

Cumpre lembrar que o Enunciado 502 do CJF determina que o conceito de posse direta referido no art. 1.240-A do Código Civil não coincide com a acepção empregada no art. 1.197 do mesmo Código.

Usucapião especial urbana ou *pro misero* (art. 183 da CF, art. 1.240 do CC e art. 9º da Lei n. 10.257/2001 – Estatuto da Cidade): nessa modalidade, aquele que possuir como sua área urbana de até 250 metros quadrados, por 5 anos, ininterruptamente e sem oposição, utilizando-a para sua moradia ou de sua família, adquirir-lhe-á o domínio, desde que não seja proprietário de outro imóvel urbano ou rural. Como é difícil fazer prova negativa (de que não é dono de outro imóvel), basta uma certidão negativa de propriedade, emitida pelo cartório de registro de imóveis da comarca da localização do bem.

Nesse caso, o título de domínio e a concessão de uso serão conferidos ao homem ou à mulher, ou a ambos, independentemente do estado civil, e cumpre lembrar que **esse direito não será reconhecido ao mesmo possuidor mais de uma vez.**

Para o STJ, a destinação de parte do imóvel para fins comerciais (mista – residencial e comercial) não impede o reconhecimento da usucapião especial urbana sobre a totalidade da área (**REsp 1.777.404-TO**, Rel. Min. Nancy Andrighi, Terceira Turma, por unanimidade, julgado em 05/05/2020, DJe 11/05/2020).

Usucapião especial rural ou *pro labore* ou agrária (art. 191 da CF e art. 1.239 do CC): nessa modalidade, adquire a propriedade aquele que, não sendo proprietário de imóvel rural ou urbano, possua como sua, por 5 anos ininterruptos, sem oposição, área de terra, em zona rural, não superior a 50 hectares, tornando-a produtiva por seu trabalho ou de sua família, tendo nela sua moradia. Como é difícil fazer prova negativa (de que não é dono de outro imóvel), basta uma certidão negativa de propriedade, emitida pelo Cartório de Registro de Imóveis da comarca da localização do bem.

Usucapião coletiva (art. 10 da Lei n. 10.257/2001 – Estatuto da Cidade): nessa modalidade, os núcleos urbanos informais existentes sem oposição há mais de cinco anos e cuja área total dividida pelo número de possuidores seja inferior a duzentos e cinquenta metros quadrados por possuidor são suscetíveis de serem usucapidos coletivamente, desde que os possuidores não sejam proprietários de outro imóvel urbano ou rural. Como é difícil fazer prova negativa (de que não é dono de outro imóvel), basta uma certidão negativa de propriedade, emitida pelo Cartório de Registro de Imóveis da comarca da localização do bem.

O possuidor pode, para o fim de contar o prazo exigido, acrescentar sua posse à de seu antecessor, contanto que ambas sejam contínuas.

A usucapião especial coletiva de imóvel urbano será declarada pelo juiz, mediante sentença, a qual servirá de título para registro no cartório de registro de imóveis.

Na sentença, o juiz atribuirá igual fração ideal de terreno a cada possuidor, independentemente da dimensão do terreno que cada um ocupe, salvo hipótese de acordo escrito entre os condôminos, estabelecendo frações ideais diferenciadas.

O condomínio especial constituído é indivisível, não sendo passível de extinção, salvo deliberação favorável tomada por, no mínimo, dois terços dos condôminos, no caso de execução de urbanização posterior à constituição do condomínio.

Usucapião indígena (art. 33 da Lei n. 6.001/73 – Estatuto do Índio): nessa modalidade, o índio, integrado ou não, que ocupe como próprio, por 10 anos consecutivos, trecho de terra inferior a 50 hectares, adquirir-lhe-á a propriedade plena. Essa disposição não se aplica às terras do domínio da União, ocupadas por grupos tribais, às áreas reservadas de que trata o Estatuto do Índio, nem às terras de propriedade coletiva de grupo tribal.

Usucapião administrativa (art. 216-A da Lei n. 6.015/73 – Lei de Registros Públicos): trata-se de modalidade incluída pelo art. 1.071 do CPC/2015, que permite a tramitação do pedido de usucapião sem a necessidade de propositura de uma ação judicial.

O dispositivo deixa claro que a opção por essa modalidade é uma faculdade da parte, que, caso queira, pode ingressar diretamente no Judiciário.

O pedido de reconhecimento extrajudicial de usucapião será processado diretamente perante o cartório do registro de imóveis da comarca em que estiver situado o imóvel usucapiendo, a requerimento do interessado, representado por advogado.

Esse pedido deverá estar instruído com ata notarial lavrada pelo tabelião, atestando o tempo de posse do requerente e seus antecessores, conforme o caso e suas circunstâncias. A Lei n. 13.465/2017 modificou o art. 216-A da LRP, para que fossem aplicadas as normas de ata notarial estabelecidas no art. 384 do CPC também neste caso.

Deve conter também planta e memorial descritivo assinado por profissional legalmente habilitado, com prova de anotação de responsabilidade técnica no respectivo conselho de fiscalização profissional, e pelos titulares de direitos registrados ou averbados na matrícula do imóvel usucapiendo ou na matrícula dos imóveis confinantes. Importante destacar que a assinatura dos titulares de direitos registrados ou averbados nos imóveis confinantes **substitui** a dos que os possuem sobre o imóvel usucapiendo, por conta do uso da conjunção "**ou**".

Não podemos esquecer que a usucapião é forma originária da propriedade, e, por esse motivo, não há transmissão do proprietário para o usucapiente. Aliás, é difícil imaginar que o proprietário aceite perder seu imóvel pela usucapião, sem receber absolutamente nada por isso. Na rara hipótese de isso ser possível, é mais prático fazer uma escritura de compra e venda ou doação do que enfrentar todos os requisitos dessa modalidade, exigidos pela lei.

Se assim não fosse, a norma seria natimorta, e o trabalho dos registradores imobiliários seria, apenas, o de arrumar toda a documentação para dar início a uma ação de usucapião.

Continuando com os requisitos, o pedido deverá estar instruído com certidões negativas dos distribuidores da comarca da situação do imóvel e do domicílio do requerente.

Deverá, também, ser apresentado justo título ou quaisquer outros documentos que demonstrem a origem, a continuidade, a natureza e o tempo da posse, tal como o pagamento dos impostos e das taxas que incidirem sobre o imóvel.

O pedido será autuado pelo registrador, prorrogando-se o prazo da prenotação até o acolhimento ou a rejeição do pedido.

Se a planta não contiver a assinatura de qualquer um dos titulares de direitos registrados ou averbados na matrícula do imóvel usucapiendo ou na matrícula dos imóveis confinantes, este será notificado pelo registrador competente, pessoalmente ou pelo correio com aviso de recebimento, para manifestar seu consentimento expresso em 15 dias, interpretado o seu silêncio como concordância.

O oficial de registro de imóveis dará ciência à União, ao Estado, ao Distrito Federal e ao Município, pessoalmente, por intermédio do oficial de registro de títulos e documentos, ou pelo correio com aviso de recebimento, para que se manifestem, em 15 dias, sobre o pedido.

O registrador imobiliário promoverá a publicação de edital em jornal de grande circulação, onde houver, para a ciência de terceiros eventualmente interessados, que poderão se manifestar em 15 dias.

Transcorrido o prazo acima, sem pendência de diligências, pois, para a elucidação de qualquer ponto de dúvida, poderão ser solicitadas ou realizadas diligências pelo oficial de registro de imóveis, e achando-se em ordem a documentação, o oficial de registro de imóveis registrará a aquisição do imóvel com as descrições apresentadas, sendo permitida a abertura de matrícula, se for o caso.

Em qualquer caso, é lícito ao interessado suscitar o procedimento de dúvida, nos termos da Lei de Registros Públicos.

Ao final das diligências, se a documentação não estiver em ordem, o oficial de registro de imóveis rejeitará o pedido.

A rejeição do pedido extrajudicial não impede o ajuizamento de ação de usucapião.

No caso de o imóvel usucapiendo ser unidade autônoma de condomínio edilício, fica dispensado o consentimento dos titulares de direitos reais e outros direitos registrados ou averbados na matrícula dos imóveis confinantes e bastará a notificação do síndico pelo registrador competente, pessoalmente ou pelo correio com aviso de recebimento, para manifestar seu consentimento expresso em 15 dias, interpretado o seu silêncio como concordância. Se o imóvel confinante contiver um condomínio edilício, bastará a notificação do síndico nos mesmos moldes, dispensada a notificação de todos os condôminos.

Se o registrador competente não encontrar o notificado, pessoalmente ou pelo correio com aviso de recebimento, ou caso ele esteja em lugar incerto ou não sabido, tal fato será certificado por ele, que deverá promover a sua notificação por edital mediante publicação, por duas vezes, em jornal local de grande circulação, pelo prazo de 15 dias cada um, interpretado o silêncio do notificando como concordância.

Regulamento do órgão jurisdicional competente para a correição das serventias poderá autorizar a publicação do edital em meio eletrônico, caso em que ficará dispensada a publicação em jornais de grande circulação.

No caso de ausência ou insuficiência dos documentos exigidos em lei (justo título e outros que demostram o preenchimento dos requisitos), a posse e os demais dados necessários poderão ser comprovados em procedimento de justificação administrativa perante a serventia extrajudicial, que obedecerá, no que couber, ao disposto no § 5º do art. 381 e ao rito previsto nos arts. 382 e 383 do CPC.

Em caso de impugnação do pedido de reconhecimento extrajudicial de usucapião, apresentada por qualquer um dos titulares de direitos reais e de outros direitos registrados ou averbados na matrícula do imóvel usucapiendo, e, na matrícula dos imóveis confinantes, por algum dos entes públicos ou por algum terceiro interessado, o oficial de registro de imóveis remeterá os autos ao juízo competente da comarca da situação do imóvel, cabendo ao requerente emendar a petição inicial para adequá-la ao procedimento comum.

TABELA COMPARATIVA DAS DIVERSAS MODALIDADES DE USUCAPIÃO

Usucapião extraordinária	Usucapião ordinária	Usucapião familiar	Usucapião especial urbana	Usucapião especial rural	Usucapião coletiva	Usucapião indígena
Posse ininterrupta e sem oposição.	Posse ininterrupta e sem oposição.	Posse ininterrupta e sem oposição.	Posse ininterrupta e sem oposição.	Posse ininterrupta e sem oposição.	Posse ininterrupta e sem oposição.	Posse ininterrupta.
Prazo de 15 anos.	Prazo de 10 anos.	Prazo de 2 anos.	Prazo de 5 anos.	Prazo de 5 anos.	Prazo de 5 anos.	Prazo de 10 anos.
Possuir com *animus domini* (intenção de ser dono).	Possuir com *animus domini* (intenção de ser dono).	Possuir com *animus domini* (intenção de ser dono).	Possuir com *animus domini* (intenção de ser dono).	Possuir com *animus domini* (intenção de ser dono).	Possuir com *animus domini* (intenção de ser dono).	Possuir com *animus domini* (intenção de ser dono).
Dispensa justo título e boa-fé.	Exige justo título e boa-fé.	Dispensa justo título e boa-fé.	Dispensa o justo título, pois a boa-fé é presumida.	Dispensa o justo título, pois a boa-fé é presumida.	Dispensa o justo título, pois a boa-fé é presumida.	Dispensa o justo título, pois a boa-fé é presumida.
O prazo pode ser reduzido para 10 anos se o possuidor houver estabelecido no imóvel a sua moradia habitual, ou nele realizado obras ou serviços de caráter produtivo.	O prazo pode ser reduzido para 5 anos se o imóvel houver sido adquirido, onerosamente, com base no registro constante do respectivo cartório, cancelada posteriormente, desde que os possuidores nele tiverem estabelecido a sua moradia, ou realizado investimentos de interesse social e econômico.					
		O imóvel deve estar localizado em área urbana.	O imóvel deve estar localizado em área urbana.	O imóvel deve estar localizado em área rural.	O imóvel (núcleo) deve estar localizado em área urbana.	
		A área do imóvel deve ser de até 250 m².	A área do imóvel deve ser de até 250 m².	A área do imóvel deve ser de até 50 ha.	A área total dividida seja nferior a 250 m² por possuidor.	A área do imóvel deve ser inferior a 50 ha.
		O imóvel deve ser utilizado para moradia do possuidor.	O imóvel deve ser utilizado para moradia do possuidor.	O imóvel deve ser utilizado para moradia do possuidor.		

O possuidor não pode ser proprietário de outro imóvel urbano ou rural.	O possuidor não pode ser proprietário de outro imóvel urbano ou rural.	O possuidor não pode ser proprietário de outro imóvel urbano ou rural.	O possuidor não pode ser proprietário de outro imóvel urbano ou rural.	O possuidor não pode ser proprietário de outro imóvel urbano ou rural.		
A propriedade do imóvel deve ser dividida com ex-cônjuge ou ex-companheiro que abandonou o lar.			O possuidor deve tornar a terra produtiva por seu trabalho ou de sua família.			
					Exige litisconsórcio ativo necessário, pois a ação deve ser proposta pela coletividade de possuidores.	Exige que a propositura da ação seja feita por um índio, integrado ou não.
						Essa disposição não se aplica às terras do domínio da União, ocupadas por grupos tribais, às áreas reservadas de que trata o Estatuto do Índio, nem às terras de propriedade coletiva de grupo tribal.

5.1.9.2.1 Características importantes da usucapião

1) Em todos os casos de usucapião exige-se posse contínua e incontestada. Se o usucapiente vier a perdê-la por qualquer motivo, não mais será possível seu reconhecimento judicial.

2) *Accessio possessiones*: este tipo de acessão se dá no caso de sucessão singular, quando o objeto adquirido constitui coisa certa ou determinada. Essa posse nasce desligada da posse do alienante, apesar de recebê-la dele, já que o adquirente constitui para si uma nova posse. Exemplos: compra e venda, troca, doação e dação em pagamento. De acordo com o art. 1.207, segunda parte, do Código Civil, o sucessor singular tem a faculdade de unir a sua posse à do seu antecessor, para os efeitos legais.

3) *Sucessio possessiones*: este tipo de acessão decorre da sucessão universal ou *causa mortis*, na qual os herdeiros ou legatários continuarão na posse do falecido. De acordo com o art. 1.206 do Código Civil, a posse transmite-se aos herdeiros ou legatários do possuidor com os mesmos caracteres, já que, salvo prova em contrário, entende-se manter a posse o mesmo caráter com que foi adquirida (art. 1.203 do CC). Isso se dá porque o sucessor universal continua de direito a posse do seu antecessor (art. 1.207, primeira parte, do CC).

4) **Justo título**: ainda que o título translativo se ressinta de vício ou irregularidade, o decurso do tempo tem a virtude de eximi-lo de seus defeitos, desde que concorram os demais requisitos da usucapião.

5) **Boa-fé subjetiva**: valoriza e moralmente dignifica o usucapiente, pois este tem certeza de seu direito. É de boa-fé a posse se o possuidor ignora o vício, ou o obstáculo que impede a aquisição da coisa. O possuidor com justo título tem por si a presunção de boa-fé, salvo prova em contrário, ou quando a lei expressamente não admite esta presunção.

6) Consoante o art. 1.243 do Código Civil, o possuidor pode, para o fim de contar o tempo exigido em todas as modalidades do Código Civil, acrescentar à sua posse a dos seus antecessores (art. 1.207 do CC), contanto que todas sejam contínuas, pacíficas e, nos casos da modalidade ordinária, com justo título e de boa-fé.

7) Poderá o possuidor requerer ao juiz seja declarada adquirida, mediante usucapião, a propriedade imóvel. Essa declaração constituirá título hábil para o registro no Cartório de Registro de Imóveis.

8) Para o maior tratadista de usucapião brasileiro, o Desembargador aposentado do TJSP Benedito Silvério Ribeiro, os ascendentes podem usucapir bens dos descendentes. Quanto à hipótese inversa, o TJSP autoriza a usucapião de bens dos pais pelos seus filhos (**Ap 994090417364-SP, rel. Enio Zuliani, 4ª Câm. de Dir. Priv., j. 25-3-2010, DJe 15-4-2010**). Porém, em ambos os casos, no caso de filhos, estes não podem estar sob o poder familiar (art. 197, II, do CC). Afirma, também, o referido autor que bens em condomínio pró-indiviso não permitem que o condômino possa usucapir a fração que pertence ao outro. Essa vedação inclui o condômino do condomínio edilício querer usucapir área comum, o inventariante ou o herdeiro querer usucapir bens do acervo

hereditário, pendente a indivisibilidade, e alguém querer usucapir vaga de garagem indeterminada. Pelas suas palavras, podemos crer que, se o condomínio for pró-diviso, haveria tal possibilidade[14].

9) De acordo com o STJ, a inscrição do imóvel no Registro Torrens não inviabiliza sua aquisição pelo usucapião (**REsp 1.542.820-RS, rel. Ricardo Villas Bôas Cueva, 3ª Turma, j. em 20-2-2018**).

10) A usucapião é forma de aquisição originária da propriedade, de modo que não permanecem os ônus reais que gravavam o imóvel antes da sua declaração (**REsp 1545457/SC, rel. Min. Regina Helena Costa, 1ª Turma, j. em 27-2-2018,** *DJe* **9-5-2018**), que, por sua natureza ensejará a abertura de nova matrícula, nos ditames do artigo 176-A da Lei 6.05/73.

Regras de transição da usucapião entre o Código Civil de 1916 e o de 2002

Se o prazo para a usucapião começou a ser contado na vigência do Código Civil de 1916, como devemos proceder para saber se, em razão das reduções de prazos feitas pelo Código Civil de 2002, que entrou em vigor em 11 de janeiro de 2003, o possuidor pode usucapir o imóvel? Aplica-se o prazo do Código antigo ou do atual nesse caso?

De acordo com o art. 2.028 do Código vigente, serão os da lei anterior (Código Civil de 1916) os prazos, quando reduzidos pelo Código Civil de 2002, e se, na data de sua entrada em vigor, já houver transcorrido mais da metade do tempo estabelecido na lei revogada (Código Civil de 1916).

Cumpre lembrar que os prazos das modalidades extraordinária e ordinária de usucapião de imóvel foram reduzidos pelo Código Civil vigente.

O prazo da usucapião extraordinária de imóvel, contido no art. 550 do Código Civil de 1916, era de 20 anos, e foi reduzido pelo Código atual para 15 anos (art. 1.238).

Já o prazo da usucapião ordinária de imóvel, contido no art. 551 do Código Civil de 1916, era de 15 anos entre ausentes e 10 anos entre presentes, e foi reduzido pelo Código atual para 10 anos, independentemente de as pessoas estarem presentes ou ausentes (art. 1.242).

Assim sendo, na usucapião extraordinária e na ordinária de bens imóveis, entre pessoas ausentes, deverá ser analisado se em 11 de janeiro de 2003 já havia transcorrido mais da metade do prazo estabelecido no Código Civil de 1916, ou seja, 10 anos na modalidade extraordinária e 7 anos e meio na ordinária entre ausentes, hipótese em que se aplica o prazo do Código Civil de 1916 (20 e 15 anos, respectivamente). Se isso não ocorreu, aplicam-se os prazos do Código vigente (15 e 10 anos, respectivamente).

5.1.9.3 Acessão

É uma forma de aquisição da propriedade de tudo aquilo que se adere ao bem imóvel por ação humana ou causa natural. É modo originário de aquisição de propriedade que independe de registro na serventia competente.

---
14. RIBEIRO, Benedito Silvério. *Tratado de usucapião*. 5. ed. São Paulo: Saraiva, 2007, v. 1, p. 360 e 534.

A acessão classifica-se em:

1) **Acessão natural:** é aquela que depende de fenômeno da natureza para ocorrer. São espécies de acessão natural:

   a) **Formação de ilhas:** em rios particulares não navegáveis (senão serão da pessoa jurídica de direito público, conforme o art. 1.249 do Código Civil e o art. 23 do Decreto n. 24.643/34 – Código de Águas).

   As ilhas que se formarem no meio do rio consideram-se acréscimos sobrevindos aos terrenos ribeirinhos fronteiros de ambas as margens, na proporção de suas testadas, até a linha que dividir o álveo em duas partes iguais.

   Já as ilhas que se formarem entre a referida linha e uma das margens consideram-se acréscimos aos terrenos ribeirinhos fronteiros desse mesmo lado.

   Por fim, as ilhas que se formarem pelo desdobramento de um novo braço do rio continuam a pertencer aos proprietários dos terrenos à custa dos quais se constituíram.

   b) **Aluvião:** de acordo com o art. 1.250 do Código Civil, duas são as espécies de aluvião:

      b1) **Aluvião própria:** acréscimo paulatino de terras que o rio deixa naturalmente nos terrenos ribeirinhos.

      b2) **Aluvião imprópria:** acréscimo que se forma quando parte do álveo (leito do rio) descobre-se em razão do afastamento das águas correntes, muitas vezes como consequência de lesões ambientais.

   IMPORTANTE: Para que haja aluvião, necessário se faz o incremento realizar-se de forma lenta, sucessiva e imperceptível.

   c) **Avulsão:** dá-se com o desprendimento, por força natural, violenta e abrupta, de uma porção de terra que se junta ao terreno de outro proprietário, conforme estabelece o art. 1.251 do Código Civil. O proprietário prejudicado pode reclamar a devolução da parte acrescida no prazo decadencial de um ano ou a indenização correspondente. Essa indenização não decorre da prática de um ato ilícito, motivo pelo qual o prazo é diferente do descrito no art. 206, § 3º, V, do Código Civil, já que o seu objetivo é evitar o enriquecimento sem causa.

   d) **Álveo abandonado (art. 1.252 do CC):** trata-se do total e permanente abandono do antigo leito (álveo significa leito), que fica descoberto por forças naturais (rio que seca). Nesse caso, o leito é dividido aos proprietários ribeirinhos, sem que tenham direito a indenização (art. 1.252 do Código Civil e art. 26 do Decreto n. 24.643/34 – Código de Águas).

2) **Acessão artificial:** é aquela realizada pelo homem, e pode ocorrer de duas formas: **plantações** (semear com sementes e plantas) e **construções** (edificação em determinado terreno).

De acordo com o art. 1.253 do Código Civil, presume-se feita pelo proprietário, e à sua custa, a construção e plantação, até que se prove o contrário (presunção *juris tantum*).

Mas, se houver plantação ou edificação em terreno próprio **com materiais alheios**, verifica-se que (a) se quem plantou ou edificou estiver de **boa-fé** (tenha um justo título), apenas reembolsa o valor dos materiais e das sementes, (b) mas, se a pessoa estiver de má-fé, além de reembolsar o dono dos materiais responderá, também, por perdas (art. 1.254 do CC).

Se, porém, a pessoa plantar, semear, ou edificar em **terreno alheio** com **material próprio**, perde em favor do proprietário as sementes e materiais. Entretanto, se estiver de boa-fé, tem direito a indenização, o que não se verifica se o possuidor estiver de má-fé (art. 1.255 do CC).

Agora, se a construção ou a plantação exceder consideravelmente o valor do terreno, aquele que, de boa-fé, plantou ou edificou, adquirirá a propriedade do solo, mediante pagamento da indenização fixada judicialmente, se não houver acordo, conforme estabelece o parágrafo único do art. 1.255 do CC, criando o instituto da **acessão invertida**, ao inverter a regra do *caput*.

Exceção: se houver má-fé bilateral, ou seja, se o proprietário sabe da realização da construção ou plantação e não se opõe, deverá indenizar o possuidor mesmo que ele esteja de má-fé (art. 1.256 do CC). Como exemplo, citamos a hipótese de uma mulher construir uma casa no fundo do terreno do sogro. Em caso de separação do casal, a casa será do sogro, só que ele deverá indenizar a "ex-nora" em 50%, já que sabia da construção (má-fé bilateral).

Presume-se má-fé do proprietário, quando o trabalho de construção, ou lavoura, se fez em sua presença e sem impugnação sua.

A regra ora estudada aplica-se ao caso de não pertencerem as sementes, plantas ou materiais a quem de boa-fé os empregou em solo alheio.

O proprietário das sementes, plantas ou materiais poderá cobrar do proprietário do solo a indenização devida, quando não puder havê-la do plantador ou construtor.

Se a construção, feita parcialmente em solo próprio, invade solo alheio em proporção não superior à vigésima parte deste, adquire o construtor de boa-fé a propriedade da parte do solo invadido, se o valor da construção exceder o dessa parte, e responde por indenização que represente, também, o valor da área perdida e a desvalorização da área remanescente.

Pagando em décuplo as perdas e danos previstos neste artigo, o construtor de má-fé adquire a propriedade da parte do solo que invadiu, se em proporção à vigésima parte deste e o valor da construção exceder consideravelmente o dessa parte não podendo demolir a porção invasora sem grave prejuízo para a construção.

Se o construtor estiver de boa-fé, e a invasão do solo alheio exceder a vigésima parte deste, adquire a propriedade da parte do solo invadido e responde por perdas e danos que abranjam o valor que a invasão acrescer à construção, mais o da área perdida e o da desvalorização da área remanescente; se de má-fé, é obrigado a demolir o que nele construiu, pagando as perdas e danos apurados, que serão devidos em dobro (art. 1.259 do CC).

5.1.9.4 Tradição aplicada a bens imóveis

Ordinariamente, a tradição nada mais é do que a entrega do bem móvel pelo *tradens* ao adquirente (*accipiens*).

Mas a tradição pode se aplicar a bens imóveis? A resposta é sim. Vejamos as modalidades de tradição que podem ser aplicadas a bens imóveis:

a) **tradição simbólica ou ficta**[15]: neste tipo de tradição não há possibilidade de se transferir a coisa fisicamente, devendo-se praticar um ato que demonstre a efetiva transferência da posse, como ocorre, por exemplo, na entrega das chaves de uma casa;

b) **tradição consensual:** haverá esta forma quando se transferir a posse consensualmente, por contrato, numa hipótese em que o possuidor já está com ela. Neste caso, muda-se apenas o fundamento (origem) da posse. Duas são as modalidades de tradição consensual:

Traditio brevi manu: é o inverso do constituto possessório, ou seja, ocorre quando alguém possuía em nome alheio, e passa a possuir em nome próprio. Exemplo: locatário que exerce direito de preferência e adquire imóvel na vigência do contrato de locação;

Traditio longa manu: hipótese em que no ato de aquisição de um bem imóvel de grande extensão territorial existe uma presunção de posse integral quando a posse é investida na coisa.

5.1.9.5 Constituto possessório

É um modo de aquisição da posse em que uma pessoa, que possuía em nome próprio, passa a possuir em nome de outrem. Exemplo: o proprietário aliena sua casa, mas nela permanece como representante do adquirente. Pelo constituto possessório, a posse desdobra-se em duas faces: o possuidor antigo, que tinha posse plena e unificada, converte-se em possuidor direto, enquanto o novo proprietário se investe na posse indireta, em virtude da convenção. O constituto possessório não se presume, deve constar expressamente do ato por meio da clausula constituti.

5.1.10 Modos de perda da propriedade imóvel

Os modos de perda da propriedade elencados no art. 1.275 do Código Civil:

a) **Alienação:** ocorre na hipótese da transferência voluntária da coisa para alguém de forma onerosa (venda) ou gratuita (doação).

b) **Renúncia:** trata-se de um ato unilateral do proprietário, que declara, expressamente, e de maneira formal, seu desejo de não mais ter o direito de propriedade.

---

15. Alguns autores, equivocadamente, colocam como sinônimo de tradição ficta a modalidade consensual. Porém, a doutrina clássica aponta que a tradição ficta é sinônimo de tradição simbólica, por ser uma forma espiritualizada de tradição, dentre os quais podemos destacar, Maria Helena Diniz (*Curso de direito civil brasileiro*. 24. ed. São Paulo: Saraiva, 2009, v. 4, p. 69) e Orlando Gomes (*Direitos reais*. 9. ed. Rio de Janeiro: Forense, 1985, p. 49).

A renúncia translativa (em favor de alguém) não existe, representa uma doação, ou seja, toda renúncia é abdicativa (ato de repúdio).

c) **Abandono:** trata-se do ato em que o proprietário se desfaz do bem, já que não quer mais ser seu dono. Depois de três anos do abandono, o bem é arrecadado para o Município ou Distrito Federal, se estiver nas respectivas circunscrições, ou para a União, se o imóvel for rural (art. 1.276 do CC).

d) **Perecimento:** trata-se de hipótese da perda das qualidades essenciais e do valor econômico do bem. Como exemplo, citamos o caso de uma ilha que vem submergir em virtude de fato da natureza (perece o objeto, perece o direito).

e) **Desapropriação:** trata-se de um modo originário de aquisição e perda da propriedade imobiliária, por interesse social ou utilidade pública (art. 1.228, § 3º, do CC).

Nos casos dos itens "a" e "b" acima, os efeitos da perda da propriedade imóvel serão subordinados ao registro do título transmissivo ou do ato renunciativo no Registro de Imóveis.

O imóvel urbano que o proprietário abandonar, com a intenção de não mais o conservar em seu patrimônio, e que não se encontrar na posse de outrem, poderá ser arrecadado, como bem vago, e passar, três anos depois, à propriedade do Município ou à do Distrito Federal, se se achar nas respectivas circunscrições.

O imóvel situado na zona rural, abandonado nas mesmas circunstâncias, poderá ser arrecadado, como bem vago, e passar, 3 anos depois, à propriedade da União, onde quer que ele se localize.

Presumir-se-á de modo absoluto a intenção de o proprietário abandonar, com a intenção de não mais o conservar em seu patrimônio, quando, cessados os atos de posse, deixar o proprietário de satisfazer os ônus fiscais.

Existem outras formas de perda da propriedade que não estão elencadas no art. 1.275 do Código Civil. São elas: arrematação, adjudicação, usucapião e casamento pela comunhão universal de bens.

5.1.11 Propriedade resolúvel (estudo da propriedade fiduciária)

A propriedade resolúvel é aquela em que a duração da propriedade se subordina a acontecimento futuro, certo (termo) ou incerto (condição), previsto no próprio título constitutivo. Nessa modalidade, o proprietário poderá usar, gozar, dispor e reivindicar dentro do lapso temporal.

Se a propriedade se resolver por outra causa superveniente, o possuidor, que a tiver adquirido por título anterior à sua resolução, será considerado proprietário perfeito, restando à pessoa, em cujo benefício houve a resolução, ação contra aquele cuja propriedade se resolveu para haver a própria coisa ou o seu valor.

Exemplo de propriedade resolúvel é a propriedade fiduciária, que existe na hipótese de o proprietário transferir ao credor a propriedade resolúvel de coisa móvel infungível, ou imóvel segundo lei específica, para garantir uma obrigação.

Constitui-se a propriedade fiduciária com o registro do contrato, celebrado por instrumento público ou particular, que lhe serve de título, no Registro de Títulos e Documentos do domicílio do devedor, ou, em se tratando de veículos, na repartição competente para o licenciamento, fazendo-se a anotação no certificado de registro.

Com a constituição da propriedade fiduciária, dá-se o desdobramento da posse, tornando-se o devedor possuidor direto da coisa.

A propriedade superveniente, adquirida pelo devedor, torna eficaz, desde o arquivamento, a transferência da propriedade fiduciária.

O contrato, que serve de título à propriedade fiduciária, conterá:

I – o total da dívida, ou sua estimativa;

II – o prazo, ou a época do pagamento;

III – a taxa de juros, se houver;

IV – a descrição da coisa objeto da transferência, com os elementos indispensáveis à sua identificação.

Nasce em contratos de alienação fiduciária, em que o devedor/proprietário pode ficar como depositário do bem, e inclusive utilizá-lo, assumindo qualquer risco. Se a dívida não for paga, o credor poderá propor ação de busca e apreensão do bem, se móvel, ou reintegração de posse, se imóvel, para vendê-lo no intuito de extinguir a dívida, devolvendo ao devedor o saldo remanescente, se houver.

O Decreto-Lei n. 911/69 se refere a uma ação específica, que tem por finalidade vender judicialmente o bem alienado fiduciariamente.

Deferida a liminar de busca a apreensão, se o bem não for encontrado pelo oficial de justiça, com base em sua certidão negativa, converte-se o procedimento na ação de depósito (nos próprios autos) para se exigir a devolução do bem ou a consignação do equivalente em dinheiro do saldo devedor.

O art. 2º do referido Decreto-Lei estabelece que, no caso de inadimplemento ou mora nas obrigações contratuais garantidas mediante alienação fiduciária, o proprietário fiduciário ou credor poderá vender a coisa a terceiros, independentemente de leilão, hasta pública, avaliação prévia ou qualquer outra medida judicial ou extrajudicial, salvo disposição expressa em contrário prevista no contrato, devendo aplicar o preço da venda no pagamento de seu crédito e das despesas decorrentes e entregar ao devedor o saldo apurado, se houver, com a devida prestação de contas. Esse crédito abrange o principal, juros e comissões, além das taxas, cláusula penal e correção monetária, quando expressamente convencionados pelas partes.

A propriedade fiduciária em garantia de bens móveis ou imóveis sujeita-se às disposições do CC, no que for específico, à legislação especial pertinente, não se equiparando, para quaisquer efeitos, à propriedade plena de que trata o art. 1.231 do CC.

A mora decorrerá do simples vencimento do prazo para pagamento e poderá ser comprovada por carta registrada com aviso de recebimento, não se exigindo que a assinatura constante do referido aviso seja a do próprio destinatário.

A mora e o inadimplemento de obrigações contratuais garantidas por alienação fiduciária, ou a ocorrência legal ou convencional de algum dos casos de antecipação de vencimento da dívida, facultarão ao credor considerar, de pleno direito, vencidas todas as obrigações contratuais, independentemente de aviso ou notificação, judicial ou extrajudicial.

A Lei n. 4.728/65 equipara o alienante ao depositário, e o art. 1.363 do Código Civil também. Porém, cumpre salientar que o Supremo Tribunal Federal já decidiu não mais existir prisão civil do depositário infiel[16]. Esse entendimento já era esposado pelo Superior Tribunal de Justiça, no que tange à alienação fiduciária em garantia[17].

Há, porém, outra alternativa judicial, que é propor a ação de execução de título extrajudicial por quantia certa contra o fiduciante, pleiteando que a penhora recaia sobre algum bem seu, já que o bem dado em garantia é do fiduciário.

Na hipótese de inadimplemento do devedor, o credor fiduciário não poderá ficar em definitivo com o bem, já que a cláusula comissória é vedada, pois deverá ser alienado para extinguir o débito.

Ocorrendo o evento futuro (certo ou incerto), a propriedade se extingue, podendo o proprietário utilizar a ação reivindicatória, para buscar seus direitos.

Antes de vencida a dívida, o devedor, a suas expensas e risco, pode usar a coisa segundo sua destinação, sendo obrigado, como depositário:

I – a empregar na guarda da coisa a diligência exigida por sua natureza;

II – a entregá-la ao credor, se a dívida não for paga no vencimento.

Vencida a dívida, e não paga, fica o credor obrigado a vender, judicial ou extrajudicialmente, a coisa a terceiros, a aplicar o preço no pagamento de seu crédito e das despesas de cobrança, e a entregar o saldo, se houver, ao devedor.

É nula a cláusula que autoriza o proprietário fiduciário a ficar com a coisa alienada em garantia, se a dívida não for paga no vencimento.

O devedor pode, com a anuência do credor, dar seu direito eventual à coisa em pagamento da dívida, após o vencimento desta.

Quando, vendida a coisa, o produto não bastar para o pagamento da dívida e das despesas de cobrança, continuará o devedor obrigado pelo restante.

O terceiro, interessado ou não, que pagar a dívida se sub-rogará de pleno direito no crédito e na propriedade fiduciária.

É importante salientar que a propriedade fiduciária gera um direito real, já que é uma espécie de propriedade (arts. 1.361 a 1.368 do CC). Por esse motivo é que o art. 1.368-B do Código Civil estabelece que a alienação fiduciária em garantia de bem móvel ou imóvel confere direito real de aquisição ao fiduciante, seu cessionário ou sucessor.

---

16. RE 466.343.
17. REsp 149.518/90, rel. Min. Ruy Rosado de Aguiar.

Na alienação fiduciária o sujeito ativo é o fiduciário, que pode ser pessoa física ou jurídica (art. 1.361 do CC). Já o sujeito passivo é denominado fiduciante. Ela pode ter como objeto um bem móvel (art. 1.361 do CC) ou imóvel (Lei n. 9.514/97).

O STJ já fixou importante precedente, tanto na 3ª turma (REsp 1.560.562/SC, *Dje* 24-9-2019) quanto na 4ª turma (REsp. 1.559.348-DF, *Dje* 5-8-2019), de que a impenhorabilidade do bem de família não prevalece em alienação fiduciária, pela garantia ter sido dada voluntariamente e o instituto não poder ser utilizado de forma abusiva.

E a 3ª Turma[18] do Superior Tribunal de Justiça (STJ) entendeu ser possível a extensão da Súmula 308, aplicável aos casos de hipoteca, às hipóteses em que o imóvel adquirido pelo comprador possui registro de garantia em virtude de alienação fiduciária firmada entre a construtora e a instituição financeira.

Para o colegiado, embora a Súmula 308 diga respeito ao instituto da hipoteca, o objetivo central do enunciado é proteger o comprador de boa-fé que cumpriu o contrato e quitou os valores negociados. Nesse sentido, o colegiado entendeu que as diferenças entre hipoteca e alienação fiduciária não são suficientes para impedir a aplicação do enunciado nos casos de alienação.

O art. 156, II, da CF excluiu do fato gerador do Imposto de Transmissão de Bens Imóveis a alienação fiduciária.

Resumindo:

> Devedor transfere propriedade para credor
> ß
> Desmembramento da posse em:
> Direta – para o devedor
> Indireta – para o credor
> ß
> Assim, teremos um **constituto possessório** no início do contrato (quem possuía em nome próprio passa a possuir em nome alheio) e uma *traditio brevi manu* no final (pois quem possuía em nome alheio passa a possuir em nome próprio).

O credor fiduciário que se tornar proprietário pleno do bem, por efeito de realização da garantia, mediante consolidação da propriedade, adjudicação, dação ou outra forma pela qual lhe tenha sido transmitida a propriedade plena, passa a responder pelo pagamento dos tributos sobre a propriedade e a posse, taxas, despesas condominiais e quaisquer outros encargos, tributários ou não, incidentes sobre o bem objeto da garantia, a partir da data em que vier a ser imitido na posse direta do bem.

Essa questão foi incluída no Código Civil pela Lei n. 13.043/2014, que criou o art. 1.368-B, com *caput* e parágrafo único.

O motivo para a inclusão de tal regra é de ordem tributária, devido ao fato de que as instituições financeiras vinham sofrendo tributação do IPVA de veículos alienados fiduciariamente. Apesar de o sujeito passivo do IPVA ser tão somente os proprietários dos veículos, os Fiscos Estaduais vinham imputando solidariedade às instituições

---

18. REsp n. 1.576.164/DF, *Dje* 23-5-2019.

financeiras, que nunca tiveram posse, mas a propriedade resolúvel do veículo, que figura, no contrato de alienação fiduciária, tão somente como garantia. Na alienação fiduciária, os veículos só podem ser retomados se houver inadimplência, mas os bancos não podem adjudicar o veículo, visto que a propriedade de veículos automotores não está prevista em seus objetos sociais, devendo o mesmo, imediatamente, após a retomada, ser novamente alienado, com o escopo exclusivo de pagar o valor remanescente do contrato. Com a vigência do art. 1.368-B do Código Civil, todas as leis estaduais que tratam da matéria terão que ser alteradas para a adequação ao novo artigo.

5.1.11.1 Hipóteses de propriedade resolúvel

Fideicomisso: trata-se de uma forma de substituição testamentária, em que o testador determina que a propriedade dos seus bens vá para o fiduciário, quando da abertura da sucessão, para que esse o transfira ao fideicomissário no momento descrito na cédula testamentária.

Retrovenda: trata-se de um pacto adjeto à compra e venda, em que o comprador recebe propriedade resolúvel em razão de o vendedor poder desfazer a venda no prazo máximo de três anos.

Doação com cláusula de reversão: trata-se de hipótese em que se convenciona na doação que se o donatário falecer antes do doador o bem doado retorna ao patrimônio do doador. Até que o doador faleça, o donatário terá somente propriedade resolúvel.

Para gerar direito real, o contrato de alienação fiduciária deve ser registrado na serventia competente:

a) se o bem for móvel: no Cartório de Títulos e Documentos (art. 129, item 5, da Lei n. 6.015/73);

b) se o bem for imóvel: no Cartório de Registro de Imóveis.

1) Se o bem alienado fiduciariamente for um veículo, a Súmula 92 do STJ dispõe que o contrato seja registrado no Detran.

2) Não confundir propriedade resolúvel com propriedade *ad tempus*, também chamada de revogável, pois nessa modalidade a extinção da propriedade se dá não por evento futuro, mas, sim, por um evento superveniente (cf. art. 1.360 do CC), motivo pelo qual ela é denominada revogável. Como exemplo podemos citar a revogação da doação por ingratidão (art. 557 do CC) ou pelo descumprimento de encargo (art. 555 do CC). A propriedade *ad tempus* não gera efeito contra terceiros, pois, por exemplo, se o imóvel foi vendido, após a ingratidão só resta indenização pelo valor do bem.

5.2 DOS DIREITOS DE VIZINHANÇA (ARTS. 1.277 A 1.313 DO CC)

5.2.1 Características dos direitos de vizinhança

1) Trata-se de limitações impostas à propriedade com base na boa-fé objetiva (que estabelece regra conduta).

2) As regras que o normatiza são consideradas de ordem pública, pois geram interesse coletivo.

3) Vizinhança não se confunde com contiguidade, pois prédios vizinhos podem **não** ser contíguos, basta que um repercuta no outro. Exemplo: morador de uma casa que toca bateria e atrapalha o sono de todo o quarteirão.

4) As obrigações que surgem nesta matéria são *propter rem*.

5) A natureza da utilização da propriedade deve ser levada em consideração e obriga a análise do Plano Diretor Municipal. Exemplo: bares localizados numa área a eles destinada poderão produzir mais barulho do que os localizados em áreas eminentemente residenciais.

6) De acordo com o Enunciado 319 do CJF, "a condução e a solução das causas envolvendo conflitos de vizinhança devem guardar estreita sintonia com os princípios constitucionais da intimidade, da inviolabilidade da vida privada e da proteção do meio ambiente".

5.2.2 Do uso anormal da propriedade (art. 1.277 do CC)

A proteção estabelecida no art. 1.277 do Código Civil abrange proprietário e possuidor com relação à segurança, sossego e saúde. A solução dos conflitos de vizinhança deve guardar sintonia com vários outros direitos, tais como a intimidade, a vida privada e o meio ambiente. O uso nocivo da propriedade pode configurar abuso de direito (art. 187 do CC), que é repudiado pelo art. 1.228, § 2º, do Código Civil, e gera responsabilidade civil, ou seja, o dever de indenizar (art. 927 do CC).

As ações cabíveis na hipótese de uso anormal da propriedade são as seguintes:

Ação de nunciação de obra nova: referida ação tem cabimento quando o possuidor puder ser prejudicado na sua posse em razão de uma obra. O objetivo é buscar o embargo da obra que ameace prejudicar a posse ou a propriedade do prédio vizinho.

Ação de dano infecto: o objetivo desta ação é justamente evitar que os vícios ou ruínas de um prédio prejudiquem seu vizinho. Na sentença, o juiz condena o réu a prestar caução para garantir eventuais danos. Serve também para a proteção do sossego, segurança e saúde dos vizinhos em conflito (art. 1.280 do CC).

Tutela específica das obrigações de fazer e não fazer: a finalidade desta ação é obter uma ordem judicial que determine a alguém que faça algo no sentido de se impedir a ocorrência de danos, ou que não faça algo que esteja prejudicando alguém. Pode ser requerido ao magistrado que estipule *astreintes* (multa diária) para a hipótese de não cumprimento da determinação judicial (art. 497 do CPC/2015).

Ação demolitória: nesta ação judicial o objetivo do proprietário ou possuidor é obter uma decisão judicial que determine a demolição do prédio vizinho (total ou parcialmente), quando esse ameace ruína, ou desrespeite normas de vizinhança (art. 1.280 do CC).

5.2.3 Das árvores limítrofes (art. 1.282 do CC)

De acordo com o art. 1.282 do Código Civil, a árvore cujo tronco estiver na linha divisória (árvore meia) presume-se pertencer em comum aos donos dos prédios confinantes (trata-se de preservação relativa de condomínio). Com isso, a responsabilidade pela sua manutenção e pelos danos por ela causados é de ambos os confinantes.

O art. 1.283 do Código Civil autoriza o **direito de corte** de uma árvore (raízes e ramos), no plano vertical divisório, que invade outra propriedade. Porém, a ação de dano infecto para corte de árvore deve sujeitar-se à proteção ao bem ambiental, prevista no art. 225 da CF.

E se o direito de corte se chocar com a proteção ao bem ambiental, o que prevalece? Em interessante julgado, o Tribunal de Justiça de Santa Catarina impediu o corte de árvore em extinção (**Apelação 2006.015061-9, rel. Des. Fernando Carioni, j. em 19-9-2006**).

Estabelece o art. 1.284 do Código Civil que os frutos que caem em prédio vizinho pertencem ao dono do solo onde caírem (trata-se de uma exceção à regra de que o acessório segue o principal, pois quem tem o ônus – fruto podre que cai e suja a propriedade – deve ter o bônus).

5.2.4 Da passagem forçada

De acordo com o art. 1.285 do Código Civil, o dono do prédio que não tiver acesso a via pública, nascente ou porto, pode, mediante pagamento de indenização cabal, constranger o vizinho a lhe dar passagem, cujo rumo será judicialmente fixado, se necessário. A legitimidade para exercer a passagem é tanto do proprietário quanto do possuidor.

Nessa hipótese, sofrerá o constrangimento o vizinho cujo imóvel mais natural e facilmente se prestar à passagem, ou seja, o constrangimento é do imóvel com passagem mais fácil.

Mas, se ocorrer alienação parcial do prédio, de modo que uma das partes perca o acesso a via pública, nascente ou porto, o proprietário da outra deve tolerar a passagem. Isso também ocorre se, antes da alienação, existia passagem através de imóvel vizinho, não estando o proprietário deste constrangido, depois, a dar uma outra.

A passagem forçada gera uma obrigação *propter rem*, pois ela adere à coisa e a segue em caso de alienação do imóvel.

A palavra **encravada** abrange situações em que não há passagem, mas também quando essa for inadequada ou insuficiente. Isso é o que vemos do Enunciado 88 do CJF[19] e da jurisprudência do Superior Tribunal de Justiça[20].

---

19. Enunciado 88 do CJF: "O direito de passagem forçada, previsto no art. 1.285 do Código Civil, também é garantido nos casos em que o acesso à via pública for insuficiente ou inadequado, consideradas inclusive as necessidades de exploração econômica".
20. "Civil. Direitos de vizinhança. Passagem forçada (Código Civil, artigo 559). Imóvel encravado. Numa era em que a técnica da engenharia dominou a natureza, a noção de imóvel encravado já não existe em termos absolutos e deve ser inspirada pela motivação do instituto da passagem forçada, que deita raízes na supremacia do interesse público; juridicamente, encravado é o imóvel cujo acesso por meios terrestres exige do respectivo proprietário despesas excessivas para que cumpra a função social sem inutilizar o terreno do vizinho, que em qualquer caso será indenizado pela só limitação do domínio. Recurso especial conhecido e provido em parte" (REsp 316.336/MS, 3ª Turma, rel. Min. Ari Pargendler).

Recomendamos a leitura do capítulo de servidão, mais adiante neste livro, onde se faz a distinção dela com este instituto.

5.2.5 Da passagem de cabos e tubulações

De acordo com o art. 1.286 do Código Civil, mediante recebimento de indenização que atenda, também, à desvalorização da área remanescente, o proprietário é obrigado a tolerar a passagem, através de seu imóvel, de cabos, tubulações e outros condutos subterrâneos de serviços de utilidade pública, em proveito de proprietários vizinhos, quando de outro modo for impossível ou excessivamente onerosa.

O proprietário prejudicado pode exigir que a instalação seja feita de modo menos gravoso ao prédio onerado, bem como, depois, seja removida, à sua custa, para outro local do imóvel. Cumpre salientar que cabe indenização ao proprietário do imóvel que tolerar a passagem, bem como o seu rumo deve ser fixado no local menos gravoso.

A passagem de cabos e tubulações justifica-se no interesse de terceiros por ser serviço de utilidade pública. Como exemplo podemos citar o imóvel localizado no alto que necessita escoar água, que exigirá a passagem de tubulação subterrânea no imóvel baixo para não o alcançar nem causar prejuízo ambiental.

Se, porém, as instalações oferecerem grave risco, será facultado ao proprietário do prédio onerado exigir a realização de obras de segurança.

5.2.6 Das águas

As águas constituem um bem ambiental, conforme o art. 225 da CF, visto anteriormente, e é regulamentado pelo Código Civil, nos arts. 1.288 a 1.296, e pelo Decreto n. 24.643/34, também conhecido como Código de Águas.

De acordo com o art. 1.288 do Código Civil, o dono ou o possuidor do prédio inferior é obrigado a receber as águas que correm naturalmente do superior, não podendo realizar obras que embaracem o seu fluxo. Porém, a condição natural e anterior do prédio inferior não pode ser agravada por obras feitas pelo dono ou possuidor do prédio superior (direito natural de escoamento entre prédio superior e inferior).

Essa norma justifica a do art. 1.286 do Código Civil, que trata da passagem de cabos e tubulações, e estabelece que, mediante recebimento de indenização que atenda, também, à desvalorização da área remanescente, o proprietário é obrigado a tolerar a passagem, através de seu imóvel, de cabos, tubulações e outros condutos subterrâneos de serviços de utilidade pública, em proveito de proprietários vizinhos, quando de outro modo for impossível ou excessivamente onerosa. A passagem de cabos, tubulações e outros condutos subterrâneos de serviços de utilidade pública pode ter o condão de levar água para os prédios vizinhos.

Quando as águas, artificialmente levadas ao prédio superior (nascentes artificiais), ou aí colhidas, correrem dele para o inferior, poderá o dono deste reclamar que se desviem, ou se lhe indenize o prejuízo que sofrer, deduzido o valor do benefício obtido.

O proprietário de nascente, ou do solo onde caem águas pluviais (de chuvas), satisfeitas as necessidades de seu consumo, não pode impedir, ou desviar o curso natural das águas remanescentes pelos prédios inferiores (trata-se de um direito de uso das fontes naturais).

O art. 1.291 do Código Civil estabelece que o possuidor do imóvel superior não poderá poluir as águas indispensáveis às primeiras necessidades da vida dos possuidores dos imóveis inferiores. As demais, que poluir, deverá recuperar, ressarcindo os danos que estes sofrerem, se não for possível a recuperação ou o desvio do curso artificial das águas.

O citado dispositivo padece de inconstitucionalidade[21] (pois contraria o art. 225 da CF), haja vista que proíbe a poluição de águas indispensáveis às primeiras necessidades, mas parece autorizar a poluição das demais, já que, inclusive, estabelece o dever de recuperação se isso ocorrer.

De acordo com o Enunciado 244 do CJF, o art. 1.291 deve ser interpretado conforme a Constituição, não sendo facultada a poluição das águas, quer sejam essenciais ou não às primeiras necessidades da vida, ou seja, nenhuma água pode ser poluída, seja ela essencial ou não, já que hoje existem técnicas apuradas para despoluir águas.

O art. 1.292 do Código Civil contém o direito de represamento, pois determina que o proprietário tem direito de construir barragens, açudes, ou outras obras para represamento de água em seu prédio, e se as águas represadas invadirem prédio alheio, será o seu proprietário indenizado pelo dano sofrido, deduzido o valor do benefício obtido, e respeitando a norma do bem ambiental, prevista no art. 225 da CF.

Já o art. 1.293 do Código Civil trata do direito de aqueduto, pois permite a quem quer que seja, mediante prévia indenização aos proprietários prejudicados, construir canais, através de prédios alheios, para receber as águas a que tenha direito, indispensáveis às primeiras necessidades da vida, e desde que não cause prejuízo considerável à agricultura e à indústria, bem como para o escoamento de águas supérfluas ou acumuladas, ou a drenagem de terrenos.

Aplica-se ao aqueduto o mesmo regime da passagem de cabos e tubulações, previsto nos arts. 1.286 e 1.287 do Código Civil. Cumpre lembrar que o aqueduto não impedirá que os proprietários cerquem os imóveis e construam sobre ele, sem prejuízo para a sua segurança e conservação, pois os proprietários dos imóveis poderão usar das águas do aqueduto para as primeiras necessidades da vida.

Ao proprietário prejudicado, em tal caso, assiste o direito ao ressarcimento pelos danos que de futuro lhe advenham da infiltração ou irrupção das águas, bem como da deterioração das obras destinadas a canalizá-las, e poderá ele exigir que seja subterrânea a canalização que atravessa áreas edificadas, pátios, hortas, jardins ou quintais.

Cumpre lembrar que o aqueduto será construído de maneira que cause o menor prejuízo aos proprietários dos imóveis vizinhos, e a expensas do seu dono, a quem incumbem também as despesas de conservação.

---

21. Marco Aurélio Bezerra de Melo, *Novo Código Civil anotado (arts. 1.196 a 1.510)*. 3. ed. Rio de Janeiro: Lumen Juris, 2004, v. V, p. 141.

De acordo com o art. 1.296 do Código Civil, havendo no aqueduto águas supérfluas, outros poderão canalizá-las, para criar o aqueduto, mediante pagamento de indenização aos proprietários prejudicados e ao dono do aqueduto, de importância equivalente às despesas que então seriam necessárias para a condução das águas até o ponto de derivação.

5.2.7 Do limite entre prédios e direito de tapagem

De acordo com o art. 1.297 do Código Civil, o proprietário tem direito a cercar, murar, valar ou tapar de qualquer modo o seu prédio, urbano ou rural (direito de colocar tapumes divisórios), e pode constranger o seu confinante a proceder com ele à demarcação entre os dois prédios, a aviventar rumos apagados e a renovar marcos destruídos ou arruinados, repartindo-se proporcionalmente entre os interessados as respectivas despesas.

O citado dispositivo reconhece a possibilidade de o proprietário ingressar com a ação demarcatória, normatizada pelo art. 569 do CPC/2015.

Os intervalos, muros, cercas e os tapumes divisórios, tais como sebes vivas, cercas de arame ou de madeira, valas ou banquetas, presumem-se, até prova em contrário, pertencer a ambos os proprietários confinantes, sendo estes obrigados, de conformidade com os costumes da localidade, a concorrer, em partes iguais, para as despesas de sua construção e conservação (previsão da formação do condomínio necessário).

As sebes vivas, as árvores, ou plantas quaisquer, que servem de marco divisório, só podem ser cortadas, ou arrancadas, de comum acordo entre os proprietários, e a construção de tapumes especiais para impedir a passagem de animais de pequeno porte, ou para outro fim, pode ser exigida de quem provocou a necessidade deles, pelo proprietário, que não está obrigado a concorrer para as despesas, desde que respeitada a proteção constitucional ao bem ambiental (art. 225 da CF).

O Código Civil não proíbe a instalação das **ofendículas**, que se constituem na defesa preventiva do proprietário para impedir invasão. Como exemplo citamos os cacos de vidro que são colocados em cima do muro de uma casa. Para o Direito Civil as ofendículas constituem exercício regular de direito (consoante o art. 188, I), desde que existam placas de advertência informando do perigo, em respeito ao dever anexo à boa-fé objetiva da informação, sob pena de se caracterizar abuso de direito.

5.2.8 Do direito de construir

De acordo com o art. 1.299 do Código Civil, o proprietário pode levantar em seu terreno as construções que lhe aprouver, salvo o direito dos vizinhos e os regulamentos administrativos (o dispositivo confere liberdade excetuada quando há proibição, por exemplo, no plano diretor municipal).

Se a referida norma não for respeitada, caberá ação demolitória, nunciação de obra nova ou dano infecto (todas as ações relacionadas ao uso anormal da propriedade).

O art. 1.300 do Código Civil veda o **estilicídio**, ao determinar que o proprietário construirá de maneira que o seu prédio não despeje águas, diretamente, sobre o prédio vizinho. O estilicídio é o despejo de água, mesmo pluvial, em outra propriedade.

É proibido abrir janelas, ou fazer eirado, terraço ou varanda, a menos de metro e meio do terreno vizinho. As janelas cuja visão não incida sobre a linha divisória, bem como as perpendiculares, não poderão ser abertas a menos de 75 centímetros. Tais disposições não abrangem as aberturas para luz ou ventilação, não maiores de 10 centímetros de largura sobre 20 de comprimento e construídas a mais de 2 metros de altura de cada piso.

De acordo com a **Súmula 120 do STF**, a parede de tijolos de vidro translúcido pode ser levantada a menos de metro e meio do prédio vizinho, não importando servidão sobre ele. Já para a Súmula 414 do mesmo Tribunal, não se distingue a visão direta da oblíqua na proibição de abrir janela, ou fazer terraço, eirado, ou varanda, a menos de metro e meio do prédio de outrem.

O proprietário pode, no prazo decadencial de ano e dia após a conclusão da obra, exigir que se desfaça janela, sacada, terraço ou goteira sobre o seu prédio. Escoado o prazo, não poderá, por sua vez, edificar sem atender ao disposto no art. 1.301, nem impedir, ou dificultar, o escoamento das águas da goteira, com prejuízo para o prédio vizinho. Em se tratando de vãos, ou aberturas para luz, seja qual for a quantidade, altura e disposição, o vizinho poderá, a todo tempo, levantar a sua edificação, ou contramuro, ainda que lhes vede a claridade.

Na zona rural, não será permitido levantar edificações a menos de três metros do terreno vizinho.

Nas cidades, vilas e povoados cuja edificação estiver adstrita a alinhamento, o dono de um terreno pode nele edificar, madeirando na parede divisória do prédio contíguo, se ela suportar a nova construção, mas terá de embolsar ao vizinho metade do valor da parede e do chão correspondentes. O confinante, que primeiro construir, pode assentar a parede divisória até meia espessura no terreno contíguo, sem perder por isso o direito a haver meio valor dela se o vizinho a travejar, caso em que o primeiro fixará a largura e a profundidade do alicerce. Se a parede divisória pertencer a um dos vizinhos, e não tiver capacidade para ser travejada pelo outro, não poderá este fazer-lhe alicerce ao pé sem prestar caução àquele, pelo risco a que expõe a construção anterior (trata-se do **direito de travejamento ou de madeiramento**).

O condômino da parede-meia pode utilizá-la até ao meio da espessura, não pondo em risco a segurança ou a separação dos dois prédios, e avisando previamente o outro condômino das obras que ali tenciona fazer, porém, não pode, sem consentimento do outro, fazer, na parede-meia, armários, ou obras semelhantes, correspondendo a outras, da mesma natureza, já feitas do lado oposto.

Qualquer dos confinantes pode altear a parede divisória, se necessário, reconstruindo-a, para suportar o alteamento, devendo arcar, porém, com todas as despesas, inclusive de conservação, ou com metade, se o vizinho adquirir meação também na parte aumentada (trata-se do **direito de alteamento**).

Não é lícito encostar à parede divisória chaminés, fogões, fornos ou quaisquer aparelhos ou depósitos suscetíveis de produzir infiltrações ou interferências prejudiciais ao vizinho, exceto as chaminés ordinárias e os fogões de cozinha.

São proibidas construções capazes de poluir, ou inutilizar, para uso ordinário, a água do poço, ou nascente alheia, a elas preexistentes.

Não é permitido ao proprietário fazer escavações ou quaisquer obras que tirem ao poço ou à nascente de outrem a água indispensável às suas necessidades normais, bem como a execução de qualquer obra ou serviço suscetível de provocar desmoronamento ou deslocação de terra, ou que comprometa a segurança do prédio vizinho, senão após haverem sido feitas as obras acautelatórias. O proprietário do prédio vizinho tem direito a ressarcimento pelos prejuízos que sofrer, não obstante haverem sido realizadas as obras acautelatórias.

Todo aquele que violar tais proibições é obrigado a demolir as construções feitas, respondendo por perdas e danos.

O proprietário ou ocupante do imóvel é obrigado a tolerar que o vizinho entre no prédio, mediante prévio aviso, para:

a) dele temporariamente usar, quando indispensável à reparação, construção, reconstrução ou limpeza de sua casa ou do muro divisório;

b) apoderar-se de coisas suas, inclusive animais que aí se encontrem casualmente (uma vez entregues as coisas buscadas pelo vizinho, poderá ser impedida a sua entrada no imóvel).

Essa disposição (art. 1.313 do CC) aplica-se aos casos de limpeza ou reparação de esgotos, goteiras, aparelhos higiênicos, poços e nascentes e ao aparo de cerca viva.

Se, porém, do exercício dos direitos assegurados acima provier dano, terá o prejudicado direito a ressarcimento.

5.3 DO CONDOMÍNIO

Existem dois tipos de condomínio: o ordinário e o edilício.

5.3.1 Do condomínio ordinário

Ocorre o condomínio ordinário quando a mesma coisa pertence a mais de uma pessoa, cabendo a cada uma delas igual direito, idealmente, sobre o todo e cada uma das partes. Nesse caso, a coisa indivisa é distribuída em frações ideais, para consortes diversos.

O Código Civil adotou, no art. 1.314, o sistema romano de condomínio, no qual a propriedade da coisa indivisa é dividida em partes ideais, e cada condômino poderá exercê-la em sua plenitude, respeitando o direito dos demais. No sistema romano, a quota ideal é a medida da propriedade, pois, de acordo com essa fração, repartem-se os benefícios e ônus, direitos e obrigações entre os comunheiros.

Existe outro sistema na doutrina, que é o condomínio germânico, também denominado condomínio de mão comum, pois nele não há divisão da propriedade em partes ideais, ou seja, não existem quotas, sendo a coisa toda objeto de uso e gozo comum, já que a propriedade é exercida por todos, sobre o todo. Essa forma de condomínio foi adotada nos regimes de bens da comunhão universal e parcial, bem como na sucessão, já que a herança permanece indivisível até a partilha.

São espécies de condomínio ordinário:

a) **Condomínio *pro indiviso***: é aquele que perdura de fato e de direito. Como exemplo citamos uma casa, onde os diversos proprietários não poderão dividir faticamente os cômodos.

b) **Condomínio *pro diviso***: é aquele que só existe de direito e não de fato, pois cada condomínio já se localiza numa **parte certa** e **determinada** da coisa. Como exemplo citamos o terreno em que cada um dos vários proprietários, em razão de acordo entre todos, estabelece uma área de atuação individualizada.

c) **Condomínio voluntário ou convencional:** é aquele criado pelo acordo de vontade das partes. Como exemplo citamos a compra e venda de um imóvel em sociedade.

d) **Condomínio legal:** é aquele imposto pela lei. Existem dois tipos de condomínio legal:

   d1) **condomínio legal forçado**, que é aquele onde existe um inevitável estado de indivisão, tal como ocorre com os muros e cercas;

   d2) **condomínio legal fortuito**, que é aquele que se estabelece no momento da abertura da sucessão até a partilha.

Características do condomínio ordinário:

1) Cada condômino atua como proprietário exclusivo perante terceiros, pois tem o direito de reivindicar o bem na totalidade.

2) Nas relações com os demais proprietários há limitação ao exercício dos poderes inerentes à propriedade, objetivando o respeito à destinação da coisa, sem prejudicar a comunhão.

3) Aplica-se a teoria da propriedade integral, ou seja, cada condômino pode agir como proprietário do todo perante terceiros, mas internamente, com os outros comunheiros, sofre restrições aos poderes inerentes à propriedade.

4) Cada condômino pode, individualmente, ajuizar ação reivindicatória e possessória.

5) O condômino é obrigado, na proporção de sua parte, a concorrer para as despesas de conservação ou divisão da coisa (obrigação *propter rem*), e a suportar os ônus a que estiver sujeito. Presumem-se iguais as partes ideais dos condôminos.

6) A constituição de um ônus real (servidão, usufruto), bem como ônus obrigacionais (locação, comodato), na totalidade do bem, depende da unanimidade expressa dos condôminos. A venda da fração ideal é permitida, porém deve ser dado aos demais proprietários o direito de preferência.

7) A fração ideal pode ser dada em garantia (art. 1.420, § 2º, do CC).

8) Cada condômino deve concorrer com o rateio das despesas de conservação, na proporção das respectivas frações, e não por cabeça (art. 1.315 do CC).

9) É permitida a renúncia à propriedade se o condômino quiser eximir-se do pagamento dos débitos comuns, que deverá ser levada a registro na matrícula do imóvel (art. 1.316 do CC). Se os outros condôminos assumirem as despesas geradas pela cota do renunciante, eles adquirem-na na proporção dos pagamentos feitos. Mas, se eles não puderem ou não quiserem fazer os pagamentos, a única alternativa é a divisão da coisa comum.

10) Se o condômino contrair dívidas em proveito da comunhão, somente ele é responsável perante terceiros, porém tem ação regressiva contra os demais condôminos.

11) Quando a dívida houver sido contraída por todos os condôminos, sem se discriminar a parte de cada um na obrigação, nem se estipular solidariedade, entende-se que cada qual se obrigou proporcionalmente ao seu quinhão na coisa comum.

12) Cada condômino responde aos outros pelos frutos que percebeu da coisa e pelo dano que lhe causou.

13) Se a **coisa for divisível**, qualquer condômino pode exigir a sua divisão, salvo se avençada a indivisibilidade por um prazo máximo de 5 anos, passível de mais uma prorrogação por idêntico período. Se a indivisão foi estabelecida por ato gratuito (testamento ou doação), o prazo máximo não poderá ser prorrogado (art. 1.320 do CC).

14) A indivisão convencional pode ser suprimida pelo juiz de direito em razão de motivos graves, por exemplo, o impedimento do cumprimento da função social da propriedade (art. 1.320, § 3º, do CC).

15) A divisão de coisa divisível, se não avençada a indivisibilidade, é feita por meio da **ação de divisão**, que é regulamentada pelos arts. 588 a 598 do CPC/2015, e pode ser proposta em qualquer prazo já que se trata de ação imprescritível.

16) Se o imóvel for indivisível (jurídica ou materialmente), a pretensão divisória é inviabilizada. Como exemplo citamos o caso de lotes urbanos e rurais que, se divididos, terão área inferior ao mínimo estabelecido em lei.

17) No caso de indivisibilidade, ou um condômino adjudica a fração dos demais, ou vende-se o bem para ratear o preço obtido.

18) Quando a coisa for indivisível, e os consortes não quiserem adjudicá-la a um só, indenizando os outros, será vendida e repartido o apurado, preferindo-se, na venda, em condições iguais de oferta, o condômino ao estranho, e entre os condôminos aquele que tiver na coisa benfeitorias mais valiosas, e, não as havendo, o de quinhão maior.

19) Se nenhum dos condôminos tem benfeitorias na coisa comum e participam todos do condomínio em partes iguais, realizar-se-á licitação entre estranhos e, antes de adjudicada a coisa àquele que ofereceu maior lanço, proceder-se-á à licitação entre os condôminos, a fim de que a coisa seja adjudicada a quem

afinal oferecer melhor lanço, preferindo, em condições iguais, o condômino ao estranho.

20) Se um dos condôminos exercer posse exclusiva sobre o todo, poderá nascer o direito à usucapião (RESp. 1.840.561/SP, 3 Turma, Rel. Min. Marco Aurélio Bellizze, j. 03/05/2022, DJe 15/05/2022).

21) A escolha de um administrador é feita pela maioria absoluta do valor dos quinhões dos condôminos, e não por cabeça. O administrador responde ativa e passivamente pelo condomínio, podendo, inclusive, ser pessoa estranha (que não seja proprietário). Se não houver escolha, será o administrador quem tomar tal iniciativa, sem oposição dos demais.

22) Resolvendo alugar a coisa, terá a preferência para administrá-lo quem é condômino.

23) As deliberações serão obrigatórias, sendo tomadas por maioria absoluta. Não sendo possível alcançar maioria absoluta, decidirá o juiz, a requerimento de qualquer condômino, ouvidos os outros.

24) Os frutos da coisa comum, não havendo em contrato estipulação ou disposição de última vontade, serão partilhados na proporção dos quinhões.

5.3.2 Do condomínio edilício

Trata-se de um condomínio especial que pode se dar em edifícios (residenciais ou comerciais) ou casas, e que é também chamado de condomínio horizontal. Ele encontra-se disciplinado nos arts. 1.331 a 1.358 do Código Civil e também pela Lei n. 4.591/64, no que com ele não for incompatível.

Existe corrente jurisprudencial e doutrinária minoritária[22] que reconhece personalidade jurídica ao condomínio edilício, como ente de direitos e deveres, representados pelo síndico.

Ele é composto por dois tipos de propriedade: **propriedade autônoma**, cuja utilização é exclusiva do proprietário para salas, lojas ou apartamentos, e **propriedade comum**, cuja utilização é conjunta com todos os moradores. Como exemplo citamos o *hall* de entrada, os elevadores, as escadas, a piscina, a quadra etc., lembrando que elas não podem ser alienadas separadamente da propriedade autônoma (parte exclusiva).

A **vaga de garagem** (ou abrigo para veículos, como estabelece a lei) **não pode ser alienada ou alugada para pessoas estranhas ao condomínio**, salvo autorização expressa na convenção. Essa regra teve origem com a Lei n. 12.607/2012, que alterou o art. 1.331, § 1º, do Código Civil, que teve como objetivo propiciar tranquilidade aos condôminos, para que se evite a circulação de pessoas estranhas dentro do condomínio em época de violência em nosso país.

---

22. O Enunciado 246 do CJF determina: "Deve ser reconhecida personalidade jurídica ao condomínio edilício".

Essa regra acabou, no nosso sentir, mitigando os efeitos da **Súmula 449 do STJ**, que dispõe: "A vaga de garagem que possui matrícula própria no registro de imóveis não constitui bem de família para efeito de penhora". Com a modificação em comento, entendemos que a vaga de garagem continua não constituindo bem de família para efeito de penhora, mas que, se ela ocorrer, na hasta pública a alienação só poderá ocorrer para condôminos, exceto se na convenção houver previsão expressa (como exige a lei) para que ela seja feita para pessoas estranhas aos moradores de condomínio.

Agora, resolvendo o condômino alugar a área no abrigo para veículos, somente nos casos em que a convenção expressamente autorize, preferir-se-á, em condições iguais, qualquer dos condôminos a estranhos, e, entre todos, os possuidores, consoante determina o art. 1.338 do Código Civil.

Já o terraço de cobertura é parte comum, salvo disposição contrária no ato de constituição do condomínio.

5.3.2.1 Elementos constitutivos do condomínio edilício

a) Ato de instituição: trata-se do ato inicial de constituição do condomínio, que pode ser realizado *inter vivos* ou por testamento.

Obrigatoriamente esse ato deve ser registrado no Ofício Imobiliário, constando a individualização e a discriminação das unidades autônomas, bem como a fração ideal de cada unidade, e das partes comuns, a determinação da fração atribuída a cada unidade, relativamente ao terreno e partes comuns e o fim a que as unidades se destinam.

b) Convenção de condomínio: é a norma interna do condomínio, que estipula os direitos e deveres de cada condômino, ou seja, é a lei interna do condomínio. Ela não possui natureza jurídica contratual, já que vincula locatários e futuros compradores (a sua natureza assemelha-se a um estatuto), e pode ser feita por instrumento público ou particular.

A convenção de condomínio tem caráter obrigatório para os condôminos, e deve ser registrada no Ofício Imobiliário para ter eficácia *erga omnes*.

Para a convenção de condomínio ser aprovada e modificada, exige-se a concordância de, no mínimo, dois terços dos condôminos, conforme nova redação dada pela Lei 14.405/22 ao artigo 1.351 do CC.

O seu objetivo é normatizar a individualização das partes comuns, a determinação da fração ideal, os direitos e deveres dos condôminos, a administração do condomínio, as funções do síndico, o poder da assembleia, as restrições para o uso da garagem e a guarda de animais.

c) Regimento interno: tem função complementar à convenção de condomínio, já que deverá conter normas minuciosas sobre o uso da coisa comum, quanto ao convívio e harmonia entre condôminos. Para que ele exista é necessário estar mencionado expressamente na convenção de condomínio, devendo ser descrito em documento autônomo, pois o *quorum* para sua aprovação e **modificação** é de maioria simples dos presentes na assembleia, salvo se a convenção estipular de outra forma (diferentemente do que ocorre com a convenção de condomínio).

Direitos dos condôminos:

a) usar, fruir e livremente dispor das suas unidades;

b) usar das partes comuns, conforme a sua destinação, e contanto que não exclua a utilização dos demais compossuidores;

c) votar nas deliberações da assembleia e delas participar, estando quite.

Deveres dos condôminos

a) concorrer para as despesas do condomínio (obrigação *propter rem*) na proporção das suas frações ideais, salvo disposição em contrário na convenção (art. 1.336, I, do CC). Existem dois tipos de despesas mensais no condomínio: **despesas ordinárias**, que são as despesas mensais fruto da manutenção do condomínio (folha de pagamento de funcionários, água, luz, impostos, manutenção de elevadores etc.). Essas despesas devem ser suportadas pelo locatário quando o imóvel estiver locado e pelo comodatário quando o bem tiver sido emprestado a alguém; e **despesas extraordinárias**, que são as despesas de ocorrência esporádica, tais como rateio para modernização de elevadores, reforma de quadras, impermeabilização, pintura e lavagem das fachadas etc. Tais despesas são do locador quando o imóvel estiver locado e do comodante quando o bem tiver sido emprestado a alguém, já que valorizam o imóvel;

b) obrigatoriedade da contratação de seguro de toda edificação contra incêndio ou destruição total ou parcial (art. 1.346 do CC);

c) não alterar a forma e a cor da fachada, bem como das esquadrias externas (art. 1.336, II, do CC). As redes para segurança dos filhos são toleráveis, por esse motivo. Se essa obrigação não for respeitada, poderá o condomínio ajuizar ação de nunciação de obra nova (se a obra estiver em andamento) ou ação demolitória (se a obra já foi concluída);

d) o condômino que não pagar a sua contribuição ficará sujeito aos juros moratórios convencionados ou, não sendo previstos, os de 1% ao mês e multa de até 2% sobre o débito. A cláusula penal moratória fixada na convenção não pode ser superior a 2% (art. 1.336, § 1º, do CC). Mesmo esse percentual sendo igual ao do Código de Defesa do Consumidor, no condomínio edilício não existe relação de consumo, conforme já se manifestou o Superior Tribunal de Justiça[23]. Urge lembrar que, como existe multa pecuniária para o condômino inadimplente, ele não pode ser impedido de exercer poderes inerentes à propriedade, tais como ser proibido de usar a quadra do prédio;

---

23. REsp 239.578/SP.

e) pagar multa se tiver comportamento nocivo ou antissocial (art. 1.337 do CC), já que isso fere a função social da propriedade, e caracteriza abuso de direito (art. 187 do CC);

f) não realizar obras que comprometam a segurança da edificação;

g) dar às suas partes a mesma destinação que tem a edificação, e não as utilizar de maneira prejudicial ao sossego, salubridade e segurança dos possuidores, ou aos bons costumes.

Administração do condomínio:

a) **Síndico:** é o administrador escolhido pela assembleia geral, podendo ser eleito para um mandato de no máximo dois anos, e reeleito de forma indeterminada (art. 1.347 do CC). O procedimento de como será realizada a eleição é estabelecido pela convenção, já que o Código Civil é omisso. A sua destituição exige *quorum* de maioria absoluta, conforme o art. 1.349 do Código Civil.

As atribuições do síndico estão descritas em rol exemplificativo (*numerus apertus*), no art. 1.348 do Código Civil, que estabelece:

Art. 1.348. Compete ao síndico:

I – convocar a assembleia dos condôminos;

II – representar, ativa e passivamente, o condomínio, praticando, em juízo ou fora dele, os atos necessários à defesa dos interesses comuns;

III – dar imediato conhecimento à assembleia da existência de procedimento judicial ou administrativo, de interesse do condomínio;

IV – cumprir e fazer cumprir a convenção, o regimento interno e as determinações da assembleia;

V – diligenciar a conservação e a guarda das partes comuns e zelar pela prestação dos serviços que interessem aos possuidores;

VI – elaborar o orçamento da receita e da despesa relativa a cada ano;

VII – cobrar dos condôminos as suas contribuições, bem como impor e cobrar as multas devidas;

VIII – prestar contas à assembleia, anualmente e quando exigidas;

IX – realizar o seguro da edificação.

b) **Conselho fiscal:** é de constituição facultativa (art. 1.356), desde que exista permissão expressa na convenção condominial, sendo formado por três membros eleitos por assembleia para fiscalizar as contas prestadas pelo síndico.

c) **Assembleia geral:** é o órgão deliberativo constituído por todos os condôminos, que tem por função legislar as normas internas e executá-las. A soberania da assembleia está restrita à sua competência, pois ela não pode mudar a convenção ou dar isenções para condôminos.

Salvo quando exigido quórum especial, as deliberações da assembleia serão tomadas, em primeira convocação, por maioria de votos dos condôminos presentes que representem pelo menos metade das frações ideais. Os votos serão proporcionais às frações ideais no solo e nas outras partes comuns pertencentes a cada condômino, salvo disposição diversa da convenção de constituição do condomínio.

Em segunda convocação, a assembleia poderá deliberar por maioria dos votos dos presentes, salvo quando exigido quórum especial.

Quando a deliberação exigir quórum especial previsto em lei ou em convenção e ele não for atingido, a assembleia poderá, por decisão da maioria dos presentes, autorizar o presidente a converter a reunião em sessão permanente, desde que cumulativamente:

I – sejam indicadas a data e a hora da sessão em seguimento, que não poderá ultrapassar 60 (sessenta) dias, e identificadas as deliberações pretendidas, em razão do quórum especial não atingido;

II – fiquem expressamente convocados os presentes e sejam obrigatoriamente convocadas as unidades ausentes, na forma prevista em convenção;

III – seja lavrada ata parcial, relativa ao segmento presencial da reunião da assembleia, da qual deverão constar as transcrições circunstanciadas de todos os argumentos até então apresentados relativos à ordem do dia, que deverá ser remetida aos condôminos ausentes;

IV – seja dada continuidade às deliberações no dia e na hora designados, e seja a ata correspondente lavrada em seguimento à que estava parcialmente redigida, com a consolidação de todas as deliberações.

Os votos consignados na primeira sessão ficarão registrados, sem que haja necessidade de comparecimento dos condôminos para sua confirmação, os quais poderão, se estiverem presentes no encontro seguinte, requerer a alteração do seu voto até o desfecho da deliberação pretendida.

A sessão permanente poderá ser prorrogada tantas vezes quantas necessárias, desde que a assembleia seja concluída no prazo total de 90 (noventa) dias, contado da data de sua abertura inicial.

A assembleia só poderá deliberar se todos os condôminos forem convocados e informados sobre os temas que serão objeto da discussão, sob pena de sua anulabilidade (art. 1.354 do CC).

A alteração da convenção exige *quorum* especial de 2/3 dos condôminos (art. 1.351 do CC), diferentemente do que ocorre com o regimento interno, que exige o *quorum* de maioria simples, mesma regra aplicável à mudança da destinação do edifício (de residencial para misto, por exemplo) ou da unidade imobiliária.

A convocação, a realização e a deliberação de quaisquer modalidades de assembleia poderão dar-se de forma eletrônica, desde que:

I – tal possibilidade não seja vedada na convenção de condomínio;

II – sejam preservados aos condôminos os direitos de voz, de debate e de voto.

Do instrumento de convocação deverá constar que a assembleia será realizada por meio eletrônico, bem como as instruções sobre acesso, manifestação e forma de coleta de votos dos condôminos.

A administração do condomínio não poderá ser responsabilizada por problemas decorrentes dos equipamentos de informática ou da conexão à internet dos condôminos ou de seus representantes nem por quaisquer outras situações que não estejam sob o seu controle.

Somente após a somatória de todos os votos e a sua divulgação será lavrada a respectiva ata, também eletrônica, e encerrada a assembleia geral.

A assembleia eletrônica deverá obedecer aos preceitos de instalação, de funcionamento e de encerramento previstos no edital de convocação e poderá ser realizada de forma híbrida, com a presença física e virtual de condôminos concomitantemente no mesmo ato.

Normas complementares relativas às assembleias eletrônicas poderão ser previstas no regimento interno do condomínio e definidas mediante aprovação da maioria simples dos presentes em assembleia convocada para essa finalidade.

Os documentos pertinentes à ordem do dia poderão ser disponibilizados de forma física ou eletrônica aos participantes.

Existem dois tipos de assembleia geral:

c1) **Assembleia ordinária**, de realização anual e obrigatória (art. 1.350 do CC) para aprovar o orçamento das despesas, as contribuições dos condôminos e a prestação de contas, e eventualmente eleger o substituto do síndico e alterar o regimento interno;

c2) **Assembleia extraordinária**, constituída para resolver outros assuntos que não foram elencados acima, e pode ser convocada pelo síndico ou por um quarto dos condôminos.

Principais características do condomínio edilício:

a) O condômino que não cumprir qualquer um dos seus deveres pagará a multa prevista no ato constitutivo ou na convenção, não podendo ela ser superior a 5 vezes o valor de suas contribuições mensais, independentemente das perdas e danos que se apurarem. Se não houver disposição expressa, caberá à assembleia geral, por 2/3 no mínimo dos condôminos restantes, deliberar sobre a cobrança da multa.

b) O condômino, ou possuidor, que persistir, reiteradamente, em desobedecer aos seus deveres perante o condomínio poderá, por deliberação de 3/4 dos condôminos restantes, ser constrangido a pagar multa correspondente até ao quíntuplo do valor atribuído à contribuição para as despesas condominiais, conforme a gravidade das faltas e a reiteração, independentemente das perdas e danos que se apurem.

c) O condômino ou possuidor que tiver reiterado comportamento antissocial, gerar incompatibilidade de convivência com os demais condôminos ou possuidores, poderá ser constrangido a pagar multa correspondente ao décuplo do valor atribuído à contribuição para as despesas condominiais, até deliberação da assembleia.

d) A construção de outro pavimento, ou, no solo comum, de outro edifício, destinado a conter novas unidades imobiliárias, depende da aprovação da unanimidade dos condôminos.

e) O adquirente de unidade responde pelos débitos do alienante, já que se trata de obrigação *propter rem,* em relação ao condomínio, inclusive multas e juros moratórios.

f) O síndico só tem poder para realizar obras necessárias, sem autorização dos condôminos.

Causas de extinção do condomínio edilício:

a) Destruição do prédio. Neste caso será convocada uma assembleia extraordinária, com *quorum* de metade mais um dos condôminos, para ser decidido o que fazer com o dinheiro do seguro, cuja contratação é obrigatória, se é melhor realizar a reconstrução do prédio ou o rateio do dinheiro, vendendo o terreno e os materiais.

b) Ameaça de ruína;

c) Confusão (quando um condômino compra todas as unidades);

d) Desapropriação.

5.3.3 Prazo prescricional para a cobrança de cotas condominiais em atraso

A cobrança de cotas condominiais prescreve em 5 anos a partir do vencimento de cada parcela. Esse foi o entendimento da 3ª Turma do Superior Tribunal de Justiça (STJ), ao considerar que os débitos condominiais são dívida líquida constante de instrumento particular e o prazo prescricional aplicável é o estabelecido pelo art. 206, § 5º, I, do Código Civil (**REsp 1.139.030, RJ (2009/0086844-6), rel. Min. Fátima Nancy Andrighi, j. 18-8-2011**).

No caso, um condomínio carioca ajuizou ação de cobrança contra um morador, requerendo o pagamento das cotas condominiais devidas desde junho de 2001. O juízo de primeiro grau rejeitou a preliminar de prescrição, por considerar que, na ação de cobrança de cotas condominiais, incide a prescrição de 10 anos, prevista no art. 205 do Código de 2002. O condômino apelou, mas o Tribunal de Justiça do Rio de Janeiro (TJRJ) manteve a sentença, por entender não haver regra específica para a hipótese.

No recurso especial interposto no STJ, o morador sustentou que o valor das despesas condominiais encontra-se prescrito, nos termos do art. 206, § 5º, I, do Código Civil, que estabelece que a pretensão à cobrança de dívidas líquidas constantes de instrumento público ou particular prescreve em 5 anos.

A relatora do recurso, Ministra Nancy Andrighi, observou que são necessários dois requisitos para que a pretensão se submeta ao prazo prescricional de cinco anos: dívida líquida e definida em instrumento privado ou público. "A expressão 'dívida líquida' deve ser compreendida como obrigação certa, com prestação determinada", argumentou a Ministra. Já o conceito de "instrumento" deve ser interpretado como "documento formado para registrar um dever jurídico de prestação".

Nancy Andrighi destacou que alguns doutrinadores defendem que o prazo prescricional de 5 anos não se aplica às cotas condominiais, pois tais despesas não são devidas por força de declaração de vontade expressa em documento, mas em virtude da aquisição de um direito real. Entretanto, a Ministra apontou que a previsão do art. 206, § 5º, I, não se limita às obrigações em que a fonte seja um negócio jurídico.

Desse modo, o dispositivo incide nas hipóteses de obrigações líquidas – independentemente do fato jurídico que deu origem à relação obrigacional –, definidas em instrumento público ou particular. Tendo em vista que a pretensão de cobrança do débito condominial é lastreada em documentos, avaliou a ministra, aplica-se o prazo prescricional de 5 anos.

"Isso porque, apenas quando o condomínio define o valor das cotas condominiais, à luz da convenção (arts. 1.333 e 1.334 do CC) e das deliberações das assembleias (arts. 1.350 e 1.341 do CC), é que o crédito passa a ser líquido, tendo o condômino todos os elementos necessários para cumprir a obrigação a ele imposta", concluiu a relatora.

A relatora lembrou que, conforme jurisprudência do STJ, a citação válida interrompe a prescrição, que retroage à data de propositura da ação quando a demora na citação do executado se deve a outros fatores, não à negligência do credor. "Assim, para a solução da controvérsia, é imprescindível descobrir se a demora na citação ocorreu por motivos inerentes ao mecanismo da justiça ou em virtude da omissão/inércia do autor", frisou.

5.3.4 Questões polêmicas sobre condomínio edilício

1) Condomínio edilício tem personalidade jurídica?

Para a doutrina majoritária, sim, conforme o Enunciado 246 do CJF:

> **En. 246 do CJF –** Art. 1.331 do Código Civil: Fica alterado o Enunciado n. 90, com supressão da parte final: "nas relações jurídicas inerentes às atividades de seu peculiar interesse". Prevalece o texto: "Deve ser reconhecida personalidade jurídica ao condomínio edilício".

O Superior Tribunal de Justiça decidiu da mesma forma:

> **Medida cautelar. Recurso especial. Plausibilidade do direito alegado. Urgência. Viabilidade do apelo. Juízo de cognição sumária. Liminar deferida.** 1. Em situações excepcionais, o Superior Tribunal de Justiça admite a concessão de efeito suspensivo a Recurso Especial, desde que efetivamente demonstradas: a) a plausibilidade do direito alegado; b) a urgência da prestação jurisdicional; e c) a viabilidade do apelo nesta Corte. 2. Considera-se plausível o direito alegado quando as Turmas que integram a egrégia 1ª Seção do STJ já se pronunciaram no mesmo sentido, no caso, da qualificação do condomínio edilício como pessoa jurídica para fins de pagamento de contribuição previdenciária. 3. Reputa-se urgente a prestação jurisdicional quando demonstrada a proximidade da data aprazada para se realizar o leilão de bem penhorado nos autos de execução fiscal. 4. Medida liminar deferida[24].

---

24. MC 15.422, Proc. 2009/0058227-6/SC, 2ª Turma, rel. Min. José de Castro Meira, j. em 14-4-2009, *DJ* de 4-5-2009.

A Corregedoria Geral da Justiça de São Paulo já admite que o condomínio edilício possa comprar, por escritura pública, terreno vizinho para ampliar espaço de estacionamento, e que a mesma deve ser registrada:

REGISTRO DE IMÓVEIS – Escritura pública de venda e compra – Aquisição de bens imóveis para ampliação das vagas de estacionamento – Negócio jurídico relacionado com atividade-fim do Condomínio – Aprovação pela unanimidade dos condôminos presentes em assembleia – Proveito dos condôminos evidenciado – Risco de sanção administrativa – Inconveniente prático da exigência relativa ao consentimento de todos os condôminos – Instrumentalidade registral – Ausência de personalidade jurídica não é óbice, in concreto, ao registro – Pertinência do assento pretendido – Dúvida improcedente – Recurso provido (**Corregedoria Geral da Justiça de São Paulo, Apelação Cível 0019910-77.2012.8.26.0071, rel. Des. José Renato Nalini, j. 18-4-2013**).

2) Pode o condomínio adquirir unidades autônomas?

Sim, conforme o art. 63, § 3º, da Lei de Condomínio (4.591/64), que determina:

Art. 63. (...)

§ 3º No prazo de vinte e quatro horas após a realização do leilão final, o condomínio, por decisão unânime de assembleia geral em condições de igualdade com terceiros, terá preferência na aquisição dos bens, caso em que serão adjudicados ao condomínio.

3) Qual a natureza jurídica da convenção?

Estatuto, pois vincula e obriga terceiros, coisa que não ocorre com o contrato, em decorrência do princípio da relatividade dos efeitos. Vejamos a posição da jurisprudência:

Condomínio. Despesas condominiais. Cobrança. Natureza jurídica. Ato normativo institucional. Pagamento. Obrigação de todos os condôminos. Cabimento. A natureza jurídica da Convenção de Condomínio vai além de simples relação contratual para assumir contornos de ato normativo institucional que obriga a todos os condôminos a obedecê-la e mesmo terceiros que eventualmente ingressem no campo de sua incidência[25].

4) Condômino inadimplente pode ser punido com proibição do exercício de certos direitos, por exemplo, o uso de piscina, playground, brinquedoteca etc.?

Não, pois o Código Civil já estabelece multa pecuniária para o caso de o condômino não pagar com a cota em dia. Essa é a posição do STJ:

DIREITO CIVIL. RECURSO ESPECIAL. CONDOMÍNIO. REGULAMENTO INTERNO. PROIBIÇÃO DE USO DE ÁREA COMUM, DESTINADA AO LAZER, POR CONDÔMINO INADIMPLENTE E SEUS FAMILIARES. IMPOSSIBILIDADE. SANÇÕES PECUNIÁRIAS TAXATIVAMENTE PREVISTAS NO CÓDIGO CIVIL. 1. No condomínio edilício, o titular da unidade autônoma, cotitular das partes comuns, exerce todos os poderes inerentes ao domínio, mas, em contrapartida, sujeita-se à regulamentação do exercício destes mesmos direitos, em razão das necessidades impostas pela convivência em coletividade. 2. O Código Civil, ao estabelecer um regramento mínimo sobre o condomínio edilício (arts. 1.332 e 1.334), determinou que a convenção deverá definir, entre outras cláusulas, "as sanções a que estão sujeitos os condôminos, ou possuidores" (art. 1.334, IV, do CC), tendo como contraponto, para tal mister, os deveres destes. 3. Segundo a norma, é direito do condômino "usar das partes comuns, conforme a sua destinação, e contanto que não exclua a utilização dos demais compossuidores" (CC,

---

25. 2º TACSP, Ap. s/Rev. 696.508-00/0, 11ª Câmara, rel. Juiz Artur Marques, j. em 29-7-2003.

art. 1.335, II). Portanto, além do direito a usufruir e gozar de sua unidade autônoma, têm os condôminos o direito de usar e gozar das partes comuns, já que a propriedade da unidade imobiliária abrange a correspondente fração ideal de todas as partes de uso comum. 4. É ilícita a prática de privar o condômino inadimplente do uso de áreas comuns do edifício, incorrendo em abuso de direito a disposição condominial que proíbe a utilização como medida coercitiva para obrigar o adimplemento das taxas condominiais. Em verdade, o próprio Código Civil estabeleceu meios legais específicos e rígidos para se alcançar tal desiderato, sem qualquer forma de constrangimento à dignidade do condômino e dos demais moradores. 5. O legislador, quando quis restringir ou condicionar o direito do condômino, em razão da ausência de pagamento, o fez expressamente (CC, art. 1.335). Ademais, por questão de hermenêutica jurídica, as normas que restringem direitos devem ser interpretadas restritivamente, não comportando exegese ampliativa. 6. O Código Civil estabeleceu meios legais específicos e rígidos para se alcançar tal desiderato, sem qualquer forma de constrangimento à dignidade do condômino inadimplente: a) ficará automaticamente sujeito aos juros moratórios convencionados ou, não sendo previstos, ao de um por cento ao mês e multa de até dois por cento sobre o débito (§ 1º, art. 1.336); b) o direito de participação e voto nas decisões referentes aos interesses condominiais poderá ser restringido (art. 1.335, III); c) é possível incidir a sanção do art. 1.337, *caput*, do CC, sendo obrigado a pagar multa em até o quíntuplo do valor atribuído à contribuição para as despesas condominiais, conforme a gravidade da falta e a sua reiteração; d) poderá haver a perda do imóvel, por ser exceção expressa à impenhorabilidade do bem de família (Lei n. 8.009/90, art. 3º, IV). 7. Recurso especial provido (Recurso Especial n. 1.699.022/SP, *Dje* 1º-7-2019).

5) Constitui violação à liberdade individual a proibição de visitas após determinado horário, bem como a ocupação de unidades por família com prole numerosa?

Sim, pois afeta o direito de propriedade. Essa limitação só poderá ser estabelecida em contrato de locação, para evitar, por exemplo, que muitas pessoas loquem um imóvel pequeno em cidade litorânea, prejudicando os demais condôminos com algazarra.

6) A convenção de condomínio pode limitar o número de procuradores que irão votar na assembleia?

Sim, pois não há violação a nenhum direito. Qualquer pessoa poderá ser mandatária, porém de um número certo de pessoas.

7) A abertura de portas e janelas entre duas unidades vizinhas é lícita?

Sim, desde que não comprometa a segurança do edifício (comprovação por laudo técnico).

8) O proprietário de unidade no último andar pode construir para cima, aumentando a área do seu imóvel?

No Brasil o condômino **não tem direito de sobrelevação**, pois o teto do edifício é propriedade comum, conforme determina o art. 1.331, § 5º, do Código Civil. Diferentemente do que ocorre nas legislações francesa e italiana.

9) Condômino de unidade no térreo está dispensado do pagamento do condomínio, por não usar o elevador?

Não, pois no condomínio o rateio é feito em razão da fração ideal de cada unidade. Vejamos:

> **Apelação cível. Cotas condominiais. Unidade autônoma localizada no pavimento térreo. Decisão assemblear instituindo cobrança de cotas condominiais. Previsão de participação da demandada nas despesas em convenção condominial.** Há elementos de prova suficientes no feito a demonstrar a

instituição de cobrança de cotas condominiais da loja, localizado no pavimento térreo. Ademais, restou evidenciado que a demandada utiliza o mesmo quadro elétrico do edifício, além de outros serviços indiretos que lhe são disponibilizados pelo Condomínio. Com efeito, não vindo os demonstrativos do pagamento, procede a pretensão do condomínio autor. Apelação desprovida[26].

10) É lícita a cláusula da convenção de condomínio que proíbe animais de qualquer espécie?

Não, pois o condômino tem a prerrogativa de exercer o seu direito de propriedade, e não pode ser proibida a guarda de animais quando não ameaçar a higiene e segurança dos demais condôminos. Ademais, o STJ veda a proibição genérica em convenção ou regimento interno. Vejamos:

RECURSO ESPECIAL. CONDOMÍNIO. ANIMAIS. CONVENÇÃO. REGIMENTO INTERNO. PROIBIÇÃO. FLEXIBILIZAÇÃO. POSSIBILIDADE. 1. Recurso especial interposto contra acórdão publicado na vigência do Código de Processo Civil de 2015 (Enunciados Administrativos n. 2 e 3/STJ). 2. Cinge-se a controvérsia a definir se a convenção condominial pode impedir a criação de animais de qualquer espécie em unidades autônomas do condomínio. 3. Se a convenção não regular a matéria, o condômino pode criar animais em sua unidade autônoma, desde que não viole os deveres previstos nos arts. 1.336, IV, do CC/2002 e 19 da Lei n. 4.591/1964. 4. Se a convenção veda apenas a permanência de animais causadores de incômodos aos demais moradores, a norma condominial não apresenta, de plano, nenhuma ilegalidade. 5. Se a convenção proíbe a criação e a guarda de animais de quaisquer espécies, a restrição pode se revelar desarrazoada, haja vista determinados animais não apresentarem risco à incolumidade e à tranquilidade dos demais moradores e dos frequentadores ocasionais do condomínio. 6. Na hipótese, a restrição imposta ao condômino não se mostra legítima, visto que o condomínio não demonstrou nenhum fato concreto apto a comprovar que o animal (gato) provoque prejuízos à segurança, à higiene, à saúde e ao sossego dos demais moradores. 7. Recurso especial provido (Recurso Especial n. 1.783.076/DF, *DJe* 19-8-2019)[27].

11) O condômino pode dar destinação diversa a sua garagem?

Não, pois a garagem é destinada ao estacionamento de veículos. Vejamos:

Condomínio de edifício. Garagem. Obra. Ação demolitória. Legitimidade de parte. Sucumbência. Ação ordinária. Demolitória objetivando o desfazimento de obras em subsolo de prédio em condomínio. A inexistência de escritura de convenção ou a falta de seu registro não caracteriza ilegitimidade do autor para litigar em juízo. Ainda que a garagem seja de propriedade exclusiva do condômino réu, não pode este dar-lhe destinação diversa, transformando-a em depósito de supermercado e lixeira. A exclusão de uma das rés da lide obriga o autor a arcar com os ônus da sucumbência[28].

12) Pode o condômino nocivo ser expulso do condomínio edilício?

Não encontra amparo na legislação brasileira a exclusão do condômino nocivo à vida do condomínio (J. Nascimento Franco era favorável, com base na **função social da propriedade**), ao contrário do que ocorre na Espanha, Suíça, Uruguai e Argentina. No Brasil, a punição é só pecuniária (arts. 1.337, parágrafo único, e 1.336 do CC).

---

26. TJRS, Ap. Cív. 70027981588, 20ª Câmara Cível, rel. Des. Glênio José Wasserstein Hekman, j. em 18-2-2009, *DOERS* de 20-3-2009, p. 120.
27. Recurso Especial n. 1.783.076/DF, *DJe* 19-8-2019.
28. TJRJ, Ap. Cív. 2906/88, 1ª Câmara Cível, rel. Des. Roberto Maron, j. em 14-2-1989.

13) Pode o incorporador reservar para si paredes externas e telhados para exploração comercial?

É nula a cláusula em que o incorporador reserva para si o uso exclusivo de paredes externas e do telhado para exploração comercial, pois contraria a ordem pública, já que ele deve vender o empreendimento e não ter mais relação com ele.

14) O condomínio responde por furto de veículos ocorrido na garagem?

O condomínio não responde por furtos, salvo quando tiver previsão expressa na convenção, ou quando mantiver garagistas ou manobristas. Vejamos:

> **O condomínio não assume, em regra, dever de reparar prejuízo de furto de veículos da garagem do prédio, princípio que perde o valor quando contrata seguro facultativo e que alcança bens de visitantes.** Não se admite restrição para que o visitante obtenha o valor da indenização securitária (seguro facultativo), sem, contudo, acrescer, ao Condomínio, despesas extras (diferença do valor de mercado) e despesas de viagem, por não ter o Condomínio dever de reparar os danos. Provimento, em parte[29].

> **Indenização. Responsabilidade civil. Veículo. Furto. Inexistência de prova de que o condomínio tivesse mantido controle de entrada e saída de veículos. Estacionamento em vaga indeterminada. Imprevisão de responsabilidade civil em caso semelhante na convenção condominial. Acomodação dos veículos a cargo dos condôminos, não havendo manobrista. Inexistência de relação de guarda, depósito ou estacionamento. Embargos rejeitados. Voto vencido.** A entidade condominial não constitui um centro de interesses, uma pessoa jurídica, no plano material. Não passa do somatório de direitos e obrigações de cada um dos condôminos, encarado singularmente, sem que se enlacem eles, em processo mútuo, por solidariedade, salvo se estatuída convencionalmente[30].

15) Vagas indeterminadas de garagem podem ser transformadas em *boxes* individuais?

A transformação de vagas indeterminadas em *boxes* individuais exige unanimidade dos condôminos, pois envolve direito de propriedade.

16) O condômino isoladamente pode propor ação de prestação de contas?

É proibido ao condômino intentar, **individualmente**, ação de prestação de contas contra condomínio, pois só a assembleia é que pode exigir, consoante o art. 1.348, VIII, do Código Civil. Vejamos:

> **Apelação cível. Ação de prestação de contas. Condômino em face de síndica. Ilegitimidade ativa. Contas oferecidas em assembleia. Carência de ação por falta de interesse de agir.** Para propositura de ação de prestação de contas, mister a concorrência do trinômio interesse/legitimidade/necessidade. Nos termos do art. 22, § 1º, letra *f*, da Lei n 4.591/64, e do instrumento de instituição do condomínio, a assembleia geral ordinária é o órgão de representação coletiva, não possuindo o condômino, isoladamente, legitimidade para exigir judicialmente a prestação de contas. Preliminares suscitadas de ofício e processo extinto, sem resolução de mérito[31].

---

29. TJSP, Ap. 561.563.4/5, Ac. 4005801, 4ª Câmara de Direito Privado, rel. Des. Ênio Santarelli Zuliani, j. em 30-7-2009, *DJESP* de 16-9-2009.
30. TJSP, EI 171.600-1, rel. Des. Ney Almada, j. em 24-6-1993.
31. TJMG, Ap. Cív. 1.0145.08.472870-1/0011, 10ª Câmara Cível, rel. Des. Pereira da Silva, j. em 29-9-2009, *DJEMG* de 19-10-2009.

17) Pode o condomínio instituir o "abono pontualidade" (desconto para pagamento antecipado)?

É proibido ao condomínio instituir o "abono pontualidade", pois ele caracteriza sanção, e não pode ser cumulado com multa moratória. Cumpre salientar que no condomínio o rateio das despesas é feito de acordo com a área de cada unidade, e não com a data do pagamento. Vejamos:

> **Apelação cível. Ação de anulação de assembleia condominial. Aumento da taxa. Abono pontualidade. Multa mascarada. Impossibilidade da cobrança. Assembleia geral. Convocação. Inobservância dos preceitos legais. Nulidade decretada.** O aumento da taxa de condomínio destinado apenas aos condôminos inadimplentes, em razão do abono pelo pagamento pontual, caracteriza multa mascarada. Sobre o débito dos condôminos em atraso irá incidir a multa moratória mais o aumento da taxa, o que caracteriza *bis in idem*. Aumento ilegal. Deliberação inválida. Assembleia que não observou os preceitos legais para a sua realização. Deliberação sobre matéria estranha à ordem do dia. Nulidade reconhecida. Efeito *ex tunc*. Por maioria, deram provimento ao apelo[32].

18) O envidraçamento e a colocação de redes ou grades de segurança podem ser considerados alteração de fachada?

Não, pois os vidros e as redes não alteram o aspecto externo, e estas últimas relacionam-se à segurança de menores. Vejamos:

> **Condomínio. Modificação de fachada. Fechamento por meio de vidros transparentes incolores. Não caracterização da infração ao art. 1.336, III, do Código Civil, antiga previsão do art. 10, I, da Lei n. 4.591/64, ou da norma da convenção condominial.** Os vidros transparentes não alteram a forma da fachada, não influindo na estética do edifício, não alterando o aspecto externo. Ausência de especificação de proibição de fechamento de sacadas por envidraçamento e, nele, por vidros transparentes incolores. Possibilidade por opção de realização. Sentença de improcedência. Apelação desprovida[33].

19) É possível usucapião de áreas comuns por condomínio?

A questão é polêmica e há posicionamentos em ambos os sentidos (sim e não), mas, para não entrar em tal polêmica, chama a atenção julgado do Superior Tribunal de Justiça que aplicou os institutos da *supressio* e *surrectio*. Vejamos:

> **Processual. Civil. Condomínio. Área comum. Utilização exclusiva. Uso prolongado. Autorização da assembleia condominial. Princípio da boa-fé objetiva. Razão ponderável. Inocorrência.** Detenção concedida pelo condomínio para que determinado condômino anexe à respectiva unidade, um fundo de corredor inútil para uso coletivo. Decorrido longo tempo e constatada a boa-fé, o condomínio, sem demonstrar fato novo, não pode retomar a área objeto da permissão[34].

Esse já era o entendimento do Conselho da Justiça Federal. Vejamos:

> **En. 247 do CJF** – Art. 1.331: No condomínio edilício é possível a utilização exclusiva de área "comum" que, pelas próprias características da edificação, não se preste ao "uso comum" dos demais condôminos.

---

32. TJRS, Ap. Cív. 70024713075, 18ª Câmara Cível, rel. Des. Nelson José Gonzaga, j. em 25-6-2009, *DOERS* de 13-7-2009.
33. TJSP, Ap. c/Rev. 263.697-4/3, Ac. 3485180, 5ª Câmara de Direito Privado, rel. Des. Oscarlino Moeller, j. em 18-2-2009, *DJESP* de 24-3-2009.
34. REsp 325.870-RJ, rel. Min. Humberto Gomes de Barros, v. u. em 14-6-2004.

20) O condômino inadimplente pode votar na assembleia?

Não, ele perde o direito a voto, consoante o art. 1.335, III, do Código Civil, entendimento esse que também reflete na jurisprudência:

> **Condomínio. Anulação de assembleia. Condômino inadimplente. Direito de voto. Impossibilidade. Previsão em convenção condominial. Ocorrência. Recurso improvido.** Estando o direito ao voto condicionado ao cumprimento das obrigações condominiais, de molde a refletir na pessoa do condômino, dada a inadimplência do apelante, ainda que parcial, não poderia ele votar na assembleia[35].

21) Locatário pode votar em assembleia condominial?

O art. 24, § 4º, da Lei n. 4.591/64 (Lei de Condomínio e Incorporações) estabelece que sim, se o condômino não estiver presente, e as deliberações não envolverem despesas extraordinárias (que são do locador). Essa regra não foi reproduzida no CC, que derrogou a referida lei por tratar amplamente do assunto. Assim sendo, há uma polêmica doutrinária, mas a maioria entende que a norma continua em vigor, e a minoria, que ela foi revogada.

22) A correção monetária é devida em que tipo de cobrança: judicial ou extrajudicial?

A correção monetária só pode ser cobrada judicialmente do condômino, pois a cobrança extrajudicial exige autorização expressa da convenção, em razão do art. 1.336, § 1º, do Código Civil ser omisso.

23) As verbas de sucumbência, decorrentes de condenação em ação de cobrança de cotas condominiais, possuem natureza ambulatória (*propter rem*)?

O art. 1.345 do CC/2002 estabelece que o adquirente de unidade responde pelos débitos do alienante, em relação ao condomínio, inclusive multas e juros moratórios.

A obrigação de pagar as verbas de sucumbência, ainda que sejam elas decorrentes de sentença proferida em ação de cobrança de cotas condominiais, não pode ser qualificada como ambulatória (*propter rem*), seja porque tal prestação não se enquadra dentre as hipóteses previstas no art. 1.345 do CC/2002 para o pagamento de despesas indispensáveis e inadiáveis do condomínio, seja porque os honorários constituem direito autônomo do advogado, não configurando débito do alienante em relação ao condomínio, senão débito daquele em relação ao advogado deste. Esta é a posição do STJ no **Recurso Especial n. 1.730.651/SP,** *DJe* **12-4-2019.**

24) O condomínio, por ser uma massa patrimonial, não possui honra objetiva apta a sofrer dano moral, posição referendada pelo STJ no *REsp 1.736.593-SP*, Rel. Min. Nancy Andrighi, Terceira Turma, por unanimidade, julgado em 11/02/2020, DJe 13/02/2020

5.4 CONDOMÍNIO DE LOTES

A Lei n. 13.465, de 2017, incluiu no Código Civil o art. 1.358-A, para normatizar o condomínio de lotes. Loteamento e condomínio edilício são institutos diferentes, e, por

---

35. TJSP, Ap. c/ Rev. 231.412.4/5, Ac. 3578516, 3ª Câmara de Direito Privado, rel. Des. Jesus Lofrano, j. em 7-4-2009, *DJESP* de 18-5-2009.

esse motivo, quando loteadores fecham loteamento e dão a ele o nome de condomínio de casas, vários problemas ocorrem, por exemplo, a cobrança da taxa condominial, que neste caso não poderia ser feita. A solução que acaba sendo utilizada é a criação de uma associação para realizá-la, porém muitas discórdias e discussões judiciais ocorrem.

Por esse motivo o dispositivo acabou estabelecendo que pode haver, em terrenos, partes designadas de lotes que são propriedade exclusiva e partes que são propriedade comum dos condôminos.

Quando isso acontece, a fração ideal de cada condômino poderá ser proporcional à área do solo de cada unidade autônoma, ao respectivo potencial construtivo ou a outros critérios indicados no ato de instituição.

Aplica-se, no que couber, ao condomínio de lotes:

I – o disposto sobre condomínio edilício no Código Civil (arts 1.331 a 1.358);

II – o regime jurídico das incorporações imobiliárias de que trata o Capítulo I do Título II da Lei nº 4.591, de 16 de dezembro de 1964, equiparando-se o empreendedor ao incorporador quanto aos aspectos civis e registrários.

Para fins de incorporação imobiliária, a implantação de toda a infraestrutura do condomínio de lotes ficará a cargo do empreendedor.

Para solucionar qualquer outro conflito, aplica-se, no que couber, ao condomínio de lotes o disposto sobre condomínio edilício no Código Civil, respeitada a legislação urbanística.

5.5 CONDOMÍNIO EM MULTIPROPRIEDADE

A Lei n. 13.777, de 20 de dezembro de 2018, incluiu o Capítulo VII-A no Código Civil, para nele colocar 20 artigos sobre o condomínio em multipropriedade, também chamada de multipropriedade imobiliária ou *time sharing*.

Multipropriedade é o regime de condomínio em que cada um dos proprietários de um mesmo imóvel é titular de uma fração de tempo, à qual corresponde a faculdade de uso e gozo, com exclusividade, da totalidade do imóvel, a ser exercida pelos proprietários de forma alternada (art. 1.358-C).

A lei trata da instituição, administração, transferência e registro da multipropriedade e, também, das obrigações do multiproprietário.

A multipropriedade não se extinguirá automaticamente se todas as frações de tempo forem do mesmo multiproprietário.

O imóvel objeto da multipropriedade:

I – é indivisível, não se sujeitando a ação de divisão ou de extinção de condomínio;

II – inclui as instalações, os equipamentos e o mobiliário destinados a seu uso e gozo.

Cada fração de tempo é indivisível. O período correspondente a cada fração de tempo será de, no mínimo, 7 (sete) dias, seguidos ou intercalados, e poderá ser:

I – fixo e determinado, no mesmo período de cada ano;

II – flutuante, caso em que a determinação do período será realizada de forma periódica, mediante procedimento objetivo que respeite, em relação a todos os multiproprietários, o princípio da isonomia, devendo ser previamente divulgado; ou

III – misto, combinando os sistemas fixo e flutuante.

Todos os multiproprietários terão direito a uma mesma quantidade mínima de dias seguidos durante o ano, podendo haver a aquisição de frações maiores que a mínima, com o correspondente direito ao uso por períodos também maiores.

Institui-se a multipropriedade por ato entre vivos ou testamento, registrado no competente cartório de registro de imóveis, devendo constar daquele ato a duração dos períodos correspondentes a cada fração de tempo.

Além das cláusulas que os multiproprietários decidirem estipular, a convenção de condomínio em multipropriedade determinará:

I – os poderes e deveres dos multiproprietários, especialmente em matéria de instalações, equipamentos e mobiliário do imóvel, de manutenção ordinária e extraordinária, de conservação e limpeza e de pagamento da contribuição condominial;

II – o número máximo de pessoas que podem ocupar simultaneamente o imóvel no período correspondente a cada fração de tempo;

III – as regras de acesso do administrador condominial ao imóvel para cumprimento do dever de manutenção, conservação e limpeza;

IV – a criação de fundo de reserva para reposição e manutenção dos equipamentos, instalações e mobiliário;

V – o regime aplicável em caso de perda ou destruição parcial ou total do imóvel, inclusive para efeitos de participação no risco ou no valor do seguro, da indenização ou da parte restante;

VI – as multas aplicáveis ao multiproprietário nas hipóteses de descumprimento de deveres.

O instrumento de instituição da multipropriedade ou a convenção de condomínio em multipropriedade poderá estabelecer o limite máximo de frações de tempo no mesmo imóvel que poderão ser detidas pela mesma pessoa natural ou jurídica.

Em caso de instituição da multipropriedade para posterior venda das frações de tempo a terceiros, o atendimento a eventual limite de frações de tempo por titular estabelecido no instrumento de instituição será obrigatório somente após a venda das frações.

São direitos do multiproprietário, além daqueles previstos no instrumento de instituição e na convenção de condomínio em multipropriedade:

I – usar e gozar, durante o período correspondente à sua fração de tempo, do imóvel e de suas instalações, equipamentos e mobiliário;

II – ceder a fração de tempo em locação ou comodato;

III – alienar a fração de tempo, por ato entre vivos ou por causa de morte, a título oneroso ou gratuito, ou onerá-la, devendo a alienação e a qualificação do sucessor, ou a oneração, ser informadas ao administrador;

IV – participar e votar, pessoalmente ou por intermédio de representante ou procurador, desde que esteja quite com as obrigações condominiais, em:

a) assembleia geral do condomínio em multipropriedade, e o voto do multiproprietário corresponderá à quota de sua fração de tempo no imóvel;

b) assembleia geral do condomínio edilício, quando for o caso, e o voto do multiproprietário corresponderá à quota de sua fração de tempo em relação à quota de poder político atribuído à unidade autônoma na respectiva convenção de condomínio edilício.

São obrigações do multiproprietário, além daquelas previstas no instrumento de instituição e na convenção de condomínio em multipropriedade:

I – pagar a contribuição condominial do condomínio em multipropriedade e, quando for o caso, do condomínio edilício, ainda que renuncie ao uso e gozo, total ou parcial, do imóvel, das áreas comuns ou das respectivas instalações, equipamentos e mobiliário;

II – responder por danos causados ao imóvel, às instalações, aos equipamentos e ao mobiliário por si, por qualquer de seus acompanhantes, convidados ou prepostos ou por pessoas por ele autorizadas;

III – comunicar imediatamente ao administrador os defeitos, avarias e vícios no imóvel dos quais tiver ciência durante a utilização;

IV – não modificar, alterar ou substituir o mobiliário, os equipamentos e as instalações do imóvel;

V – manter o imóvel em estado de conservação e limpeza condizente com os fins a que se destina e com a natureza da respectiva construção;

VI – usar o imóvel, bem como suas instalações, equipamentos e mobiliário, conforme seu destino e natureza;

VII – usar o imóvel exclusivamente durante o período correspondente à sua fração de tempo;

VIII – desocupar o imóvel, impreterivelmente, até o dia e hora fixados no instrumento de instituição ou na convenção de condomínio em multipropriedade, sob pena de multa diária, conforme convencionado no instrumento pertinente;

IX – permitir a realização de obras ou reparos urgentes.

Conforme previsão que deverá constar da respectiva convenção de condomínio em multipropriedade, o multiproprietário estará sujeito a:

I – multa, no caso de descumprimento de qualquer de seus deveres;

II – multa progressiva e perda temporária do direito de utilização do imóvel no período correspondente à sua fração de tempo, no caso de descumprimento reiterado de deveres.

A responsabilidade pelas despesas referentes a reparos no imóvel, bem como suas instalações, equipamentos e mobiliário, será:

I – de todos os multiproprietários, quando decorrentes do uso normal e do desgaste natural do imóvel;

II – exclusivamente do multiproprietário responsável pelo uso anormal, sem prejuízo de multa, quando decorrentes de uso anormal do imóvel.

São equiparados aos multiproprietários os promitentes compradores e os cessionários de direitos relativos a cada fração de tempo.

A transferência do direito de multipropriedade e a sua produção de efeitos perante terceiros dar-se-ão na forma da lei civil e não dependerão da anuência ou cientificação dos demais multiproprietários.

Não haverá direito de preferência na alienação de fração de tempo, salvo se estabelecido no instrumento de instituição ou na convenção do condomínio em multipropriedade em favor dos demais multiproprietários ou do instituidor do condomínio em multipropriedade.

O adquirente será solidariamente responsável com o alienante pelas obrigações de que trata o § 5º do art. 1.358-J do CC caso não obtenha a declaração de inexistência de débitos referente à fração de tempo no momento de sua aquisição.

A administração do imóvel e de suas instalações, equipamentos e mobiliário será de responsabilidade da pessoa indicada no instrumento de instituição ou na convenção de condomínio em multipropriedade, ou, na falta de indicação, de pessoa escolhida em assembleia geral dos condôminos.

O administrador exercerá, além daquelas previstas no instrumento de instituição e na convenção de condomínio em multipropriedade, as seguintes atribuições:

I – coordenação da utilização do imóvel pelos multiproprietários durante o período correspondente a suas respectivas frações de tempo;

II – determinação, no caso dos sistemas flutuante ou misto, dos períodos concretos de uso e gozo exclusivos de cada multiproprietário em cada ano;

III – manutenção, conservação e limpeza do imóvel;

IV – troca ou substituição de instalações, equipamentos ou mobiliário, inclusive:

a) determinar a necessidade da troca ou substituição;

b) providenciar os orçamentos necessários para a troca ou substituição;

c) submeter os orçamentos à aprovação pela maioria simples dos condôminos em assembleia;

V – elaboração do orçamento anual, com previsão das receitas e despesas;

VI – cobrança das quotas de custeio de responsabilidade dos multiproprietários;

VII – pagamento, por conta do condomínio edilício ou voluntário, com os fundos comuns arrecadados, de todas as despesas comuns.

A convenção de condomínio em multipropriedade poderá regrar de forma diversa a atribuição prevista no inciso IV do § 1º do art. 1.358-M do CC.

O instrumento de instituição poderá prever fração de tempo destinada à realização, no imóvel e em suas instalações, em seus equipamentos e em seu mobiliário, de reparos indispensáveis ao exercício normal do direito de multipropriedade, e poderá ser atribuída:

I – ao instituidor da multipropriedade; ou

II – aos multiproprietários, proporcionalmente às respectivas frações.

Em caso de emergência, os reparos de que trata o *caput* do art. 1.358-N do CC poderão ser feitos durante o período correspondente à fração de tempo de um dos multiproprietários.

O condomínio edilício poderá adotar o regime de multipropriedade em parte ou na totalidade de suas unidades autônomas, mediante:

I – previsão no instrumento de instituição; ou

II – deliberação da maioria absoluta dos condôminos.

No caso previsto no inciso I do art. 1.358-O do CC, a iniciativa e a responsabilidade para a instituição do regime da multipropriedade serão atribuídas às mesmas pessoas e observarão os mesmos requisitos indicados nas alíneas *a*, *b* e *c* e no § 1º do art. 31 da Lei n. 4.591, de 16 de dezembro de 1964.

Na hipótese do art. 1.358-O do CC, a convenção de condomínio edilício deve prever, além das matérias elencadas nos arts. 1.332, 1.334 e, se for o caso, 1.358-G do mesmo Código:

I – a identificação das unidades sujeitas ao regime da multipropriedade, no caso de empreendimentos mistos;

II – a indicação da duração das frações de tempo de cada unidade autônoma sujeita ao regime da multipropriedade;

III – a forma de rateio, entre os multiproprietários de uma mesma unidade autônoma, das contribuições condominiais relativas à unidade, que, salvo se disciplinada de forma diversa no instrumento de instituição ou na convenção de condomínio em multipropriedade, será proporcional à fração de tempo de cada multiproprietário;

IV – a especificação das despesas ordinárias, cujo custeio será obrigatório, independentemente do uso e gozo do imóvel e das áreas comuns;

V – os órgãos de administração da multipropriedade;

VI – a indicação, se for o caso, de que o empreendimento conta com sistema de administração de intercâmbio, na forma prevista no § 2º do art. 23 da Lei n. 11.771, de 17 de setembro de 2008, seja do período de fruição da fração de tempo, seja do local de fruição, caso em que a responsabilidade e as obrigações da companhia de intercâmbio limitam-se ao contido na documentação de sua contratação;

VII – a competência para a imposição de sanções e o respectivo procedimento, especialmente nos casos de mora no cumprimento das obrigações de custeio e nos casos de descumprimento da obrigação de desocupar o imóvel até o dia e hora previstos;

VIII – o quórum exigido para a deliberação de adjudicação da fração de tempo na hipótese de inadimplemento do respectivo multiproprietário;

IX – o quórum exigido para a deliberação de alienação, pelo condomínio edilício, da fração de tempo adjudicada em virtude do inadimplemento do respectivo multiproprietário.

Na hipótese do art. 1.358-O do CC, o regimento interno do condomínio edilício deve prever:

I – os direitos dos multiproprietários sobre as partes comuns do condomínio edilício;

II – os direitos e obrigações do administrador, inclusive quanto ao acesso ao imóvel para cumprimento do dever de manutenção, conservação e limpeza;

III – as condições e regras para uso das áreas comuns;

IV – os procedimentos a serem observados para uso e gozo dos imóveis e das instalações, equipamentos e mobiliário destinados ao regime da multipropriedade;

V – o número máximo de pessoas que podem ocupar simultaneamente o imóvel no período correspondente a cada fração de tempo;

VI – as regras de convivência entre os multiproprietários e os ocupantes de unidades autônomas não sujeitas ao regime da multipropriedade, quando se tratar de empreendimentos mistos;

VII – a forma de contribuição, destinação e gestão do fundo de reserva específico para cada imóvel, para reposição e manutenção dos equipamentos, instalações e mobiliário, sem prejuízo do fundo de reserva do condomínio edilício;

VIII – a possibilidade de realização de assembleias não presenciais, inclusive por meio eletrônico;

IX – os mecanismos de participação e representação dos titulares;

X – o funcionamento do sistema de reserva, os meios de confirmação e os requisitos a serem cumpridos pelo multiproprietário quando não exercer diretamente sua faculdade de uso;

XI – a descrição dos serviços adicionais, se existentes, e as regras para seu uso e custeio.

O regimento interno poderá ser instituído por escritura pública ou por instrumento particular.

O condomínio edilício em que tenha sido instituído o regime de multipropriedade em parte ou na totalidade de suas unidades autônomas terá necessariamente um administrador profissional.

O prazo de duração do contrato de administração será livremente convencionado.

O administrador do condomínio referido no *caput* do art. 1.358-R do CC será:

I – o administrador de todos os condomínios em multipropriedade de suas unidades autônomas;

II – o mandatário legal de todos os multiproprietários, exclusivamente para a realização dos atos de gestão ordinária da multipropriedade, incluindo manutenção, conservação e limpeza do imóvel e de suas instalações, equipamentos e mobiliário;

III – quem poderá modificar o regimento interno quanto aos aspectos estritamente operacionais da gestão da multipropriedade no condomínio edilício;

IV – ou não um prestador de serviços de hospedagem.

Na hipótese de inadimplemento, por parte do multiproprietário, da obrigação de custeio das despesas ordinárias ou extraordinárias, é cabível, na forma da lei processual civil, a adjudicação ao condomínio edilício da fração de tempo correspondente.

Na hipótese de o imóvel objeto da multipropriedade ser parte integrante de empreendimento em que haja sistema de locação das frações de tempo no qual os titulares possam ou sejam obrigados a locar suas frações de tempo exclusivamente por meio de uma administração única, repartindo entre si as receitas das locações independentemente da efetiva ocupação de cada unidade autônoma, poderá a convenção do condomínio edilício regrar que em caso de inadimplência:

I – o inadimplente fique proibido de utilizar o imóvel até a integral quitação da dívida;

II – a fração de tempo do inadimplente passe a integrar o *pool* da administradora;

III – a administradora do sistema de locação fique automaticamente munida de poderes e obrigada a, por conta e ordem do inadimplente, utilizar a integralidade dos valores líquidos a que o inadimplente tiver direito para amortizar suas dívidas condominiais, seja do condomínio edilício, seja do condomínio em multipropriedade, até sua integral quitação, devendo eventual saldo ser imediatamente repassado ao multiproprietário.

O multiproprietário somente poderá renunciar de forma translativa a seu direito de multipropriedade em favor do condomínio edilício, e só é admitida se o multiproprietário estiver em dia com as contribuições condominiais, com os tributos imobiliários e, se houver, com o foro ou a taxa de ocupação.

As convenções dos condomínios edilícios, os memoriais de loteamentos e os instrumentos de venda dos lotes em loteamentos urbanos poderão limitar ou impedir a instituição da multipropriedade nos respectivos imóveis, vedação que somente poderá ser alterada no mínimo pela maioria absoluta dos condôminos.

5.6 FUNDO DE INVESTIMENTO (UM CONDOMÍNIO ESPECIAL)

A Lei da Liberdade Econômica (Lei n. 13.874, de 2019) criou uma modalidade de condomínio especial chamada Fundo de Investimento, incluindo no Código Civil os arts. 1.368-C ao 1.368-F.

O fundo de investimento é uma comunhão de recursos, constituído sob a forma de condomínio de natureza especial, destinado à aplicação em ativos financeiros, bens e direitos de qualquer natureza.

Não se aplicam ao fundo de investimento as disposições constantes dos arts. 1.314 ao 1.358-A do CC.

Competirá à Comissão de Valores Mobiliários disciplinar os fundos de investimento, e o registro dos seus respectivos regulamentos dos fundos de investimentos na Comissão de Valores Mobiliários é condição suficiente para garantir a sua publicidade e a oponibilidade de efeitos em relação a terceiros.

O regulamento do fundo de investimento poderá, observado o disposto na regulamentação a que se refere o § 2º do art. 1.368-C do CC, estabelecer:

I – a limitação da responsabilidade de cada investidor ao valor de suas cotas;

II – a limitação da responsabilidade, bem como parâmetros de sua aferição, dos prestadores de serviços do fundo de investimento, perante o condomínio e entre si, ao cumprimento dos deveres particulares de cada um, sem solidariedade; e

III – classes de cotas com direitos e obrigações distintos, com possibilidade de constituir patrimônio segregado para cada classe. O patrimônio segregado só responderá por obrigações vinculadas à classe respectiva, nos termos do regulamento.

A adoção da responsabilidade limitada por fundo de investimento constituído sem a limitação de responsabilidade somente abrangerá fatos ocorridos após a respectiva mudança em seu regulamento.

A avaliação de responsabilidade dos prestadores de serviço deverá levar sempre em consideração os riscos inerentes às aplicações nos mercados de atuação do fundo de investimento e a natureza de obrigação de meio de seus serviços.

Os fundos de investimento respondem diretamente pelas obrigações legais e contratuais por eles assumidas, e os prestadores de serviço não respondem por essas obrigações, mas respondem pelos prejuízos que causarem quando procederem com dolo ou má-fé.

Se o fundo de investimento com limitação de responsabilidade não possuir patrimônio suficiente para responder por suas dívidas, aplicam-se as regras de insolvência previstas nos arts. 955 a 965 do CC.

A insolvência pode ser requerida judicialmente por credores, por deliberação própria dos cotistas do fundo de investimento, nos termos de seu regulamento, ou pela Comissão de Valores Mobiliários.

O fundo de investimento constituído por lei específica e regulamentado pela Comissão de Valores Mobiliários deverá, no que couber, seguir as disposições das regras sobre o tema previstas no CC.

Capítulo 6
DOS DIREITOS REAIS SOBRE COISAS ALHEIAS IMÓVEIS

6.1 DOS DIREITOS REAIS SOBRE COISAS ALHEIAS DE GOZO OU FRUIÇÃO

De acordo com o art. 1.225 do Código Civil, os direitos reais se subdividem em:

Direitos reais sobre coisa própria (*jus in re propria*): aqueles em que o titular possui um direito sobre algo que lhe pertence (exemplo: a propriedade).

Direitos reais sobre coisa alheia (*jus in re aliena*): aqueles em que o titular possui um direito sobre algo que pertence a outra pessoa. Eles se dividem em:

a) Direitos reais sobre coisa alheia de gozo ou fruição: quando o titular do direito real sobre uma coisa alheia tiver como objetivo gozar ou fruir. Exemplos: a superfície, as servidões, o usufruto, o uso, a habitação, a concessão de uso especial para fins de moradia e a concessão de direito real de uso.

b) Direitos reais sobre coisa alheia à aquisição: quando o titular do direito real sobre uma coisa alheia tiver como objetivo adquirir a propriedade do bem sobre o qual recai esse direito. Exemplo: o direito do promitente comprador do imóvel.

c) Direitos reais sobre coisa alheia de garantia: quando o titular do direito real sobre uma coisa alheia tiver como objetivo um bem em garantia do adimplemento de uma obrigação da qual é credor. Exemplos: o penhor, a hipoteca e a anticrese.

Vamos começar o estudo dos direitos reais sobre coisas alheias pelos de gozo ou fruição.

6.1.1 Direito real de superfície (arts. 1.369 a 1.377 do CC)

Trata-se da faculdade que tem o proprietário de conceder a um terceiro (superficiário) a propriedade das construções e plantações que este efetue sobre solo alheio (solo, subsolo ou espaço aéreo de terreno), por tempo determinado ou indeterminado, desde que institua por escritura pública e a registre no registro imobiliário.

Trata-se de um direito real que auxilia o imóvel a cumprir sua função social, evitando, assim, sanções municipais decorrentes da subutilização.

Não se confunde com a enfiteuse, que é um direito real que consiste no arrendamento perpétuo de terras improdutivas ou de terreno de marinha, que ensejava o pagamento anual do foro, e, por ser um direito alienável, sujeitava o enfiteuta (titular do direito real) a pagar ao senhorio direto (proprietário do imóvel) o laudêmio, calculado sobre o valor da alienação (em regra 5%).

O art. 2.038 do CC proíbe a constituição de novas enfiteuses e subenfiteuses, subordinando-se as existentes, até sua extinção, aos princípios do Código Civil de 1916, motivo pelo qual ela ainda prevalece em nossa sociedade.

A enfiteuse em terreno de marinha é regida pelo Decreto-Lei n. 3.438/41, que esclarece e amplia o Decreto-Lei n. 2.490/40, que trata das normas para o aforamento de terreno de marinha.

Os sujeitos na superfície são:

a) **fundieiro**, que é o dono do imóvel;

b) **superficiário**, que é o titular do direito real de superfície.

Esse direito real cria para o superficiário um direito de propriedade sobre as acessões do imóvel. Assim, a propriedade do terreno pertence ao fundieiro, mas o superficiário é dono das construções ou plantações que realizar no solo.

Quatro são as espécies de direito de superfície, por força de certas peculiaridades.

a) **Direito de superfície simples:** é aquele desprovido de qualquer peculiaridade que o individualize. Também denominado puro;

b) **Direito de superfície social:** é aquele destinado a solucionar o problema de escassez de moradia das classes menos favorecidas;

c) **Direito de superfície** *ad aedificandum* e *ad plantandum*: é o direito de superfície constituído com finalidade específica de construir ou plantar preestabelecida;

d) **Direito de superfície por cisão:** é aquele que incide sobre terreno já edificado ou plantado. O Enunciado 250 do CJF estabelece que o art. 1.369 do Código Civil admite a constituição do direito de superfície por cisão.

A superfície é regida pelo Código Civil (arts. 1.369 a 1.377) e pelo Estatuto da Cidade (arts. 21 a 24).

Características da superfície:

1) Pode ser gratuita ou onerosa. Neste último caso, a renda que será propiciada ao proprietário deverá ser paga de uma só vez, ou mensalmente, pelo superficiário, hipótese em que será denominada **solarium** ou **cânon superficiário** (nome da remuneração mensal).

2) Trata-se de um direito alienável, já que a superfície pode ser transferida *inter vivos* ou *mortis causa* para alguém. Se a transferência for onerosa, o proprietário terá direito de preferência.

3) O superficiário pode manejar os interditos possessórios (ação de reintegração ou manutenção de posse e o interdito proibitório).

4) O contrato que originará a superfície deve ser celebrado por instrumento público e, obrigatoriamente, levado a registro no Cartório de Imóveis. Por previsão expressa do art. 1.369 do Código Civil, não se pode constituir superfície por instrumento particular, motivo pelo qual não se aplica *in casu* o art. 108 do Código Civil, que constitui uma regra geral.

5) O direito de superfície deverá ter prazo determinado (se regido pelo Código Civil) ou indeterminado (se regido pelo Estatuto da Cidade).

6) A superfície pode ser dada em usufruto ou ser hipotecada, já que o superficiário tem a propriedade das construções e plantações. O Enunciado 249 do CJF estabelece que o art. 1.369 do Código Civil permite que a propriedade superficiária seja autonomamente objeto de direitos reais de gozo e de garantia, cujo prazo não exceda a duração da concessão da superfície, não se lhe aplicando o art. 1.474.

7) Os tributos que incidem sobre o imóvel são de responsabilidade do superficiário.

8) Finda a superfície, as construções e plantações passam ao dono do imóvel, sem direito de indenização, salvo estipulação diversa no contrato.

9) A superfície regida pelo Código Civil não autoriza obras no subsolo, salvo se for inerente ao objeto da concessão; já a que é regulamentada pelo Estatuto da Cidade abrange o direito de utilizar o subsolo ou o espaço aéreo, respeitada a legislação urbanística.

10) A superfície regida pelo Código Civil não autoriza pagamento para realizar a sua transferência para terceiros; já a que é regulamentada pelo Estatuto da Cidade permite que isso ocorra, se estiver descrita no contrato que a criar.

11) A extinção da superfície se dá nas seguintes hipóteses:

a) pelo advento do prazo;

b) se for dada destinação diversa pelo superficiário;

c) se o superficiário nada executar no solo;

d) se houver falta de pagamento do *solarium* e dos tributos;

e) se houver desapropriação do imóvel, parte da indenização recebida pelo proprietário do imóvel irá para o superficiário.

TABELA COMPARATIVA SOBRE AS REGRAS DE SUPERFÍCIE

Código Civil (estabelece regras para a superfície rural)	Estatuto da Cidade (estabelece regras para a superfície urbana)
Art. 1.369. O proprietário pode conceder a outrem o direito de construir ou de plantar em seu terreno, por tempo determinado, mediante escritura pública devidamente registrada no Cartório de Registro de Imóveis.	**Art. 21.** O proprietário **urbano** poderá conceder a outrem o direito de superfície do seu terreno, por tempo determinado **ou indeterminado**, mediante escritura pública registrada no Cartório de Registro de Imóveis.
Parágrafo único. **O direito de superfície não autoriza obra no subsolo**, salvo se for inerente ao objeto da concessão.	§ 1º **O direito de superfície abrange o direito de utilizar o solo, o subsolo** ou o espaço aéreo relativo ao terreno, na forma estabelecida no contrato respectivo, atendida a legislação urbanística.
Art. 1.370. A concessão da superfície será gratuita ou onerosa; se onerosa, estipularão as partes se o pagamento será feito de uma só vez, ou parceladamente.	§ 2º A concessão do direito de superfície poderá ser gratuita ou onerosa.

Código Civil (estabelece regras para a superfície rural)	Estatuto da Cidade (estabelece regras para a superfície urbana)
Art. 1.371. O superficiário responderá pelos encargos e tributos que incidirem sobre o imóvel.	§ 3º O superficiário responderá integralmente pelos encargos e tributos que incidirem sobre a propriedade superficiária, arcando, ainda, proporcionalmente à sua parcela de ocupação efetiva, com os encargos e tributos sobre a área objeto da concessão do direito de superfície, salvo disposição em contrário do contrato respectivo.
Art. 1.372. O direito de superfície pode transferir-se a terceiros e, por morte do superficiário, aos seus herdeiros. Parágrafo único. **Não poderá ser estipulado** pelo concedente, a nenhum título, qualquer **pagamento pela transferência**.	§ 4º O direito de superfície pode ser transferido a terceiros, **obedecidos os termos do contrato respectivo**. § 5º Por morte do superficiário, os seus direitos transmitem-se a seus herdeiros.
Art. 1.373. Em caso de alienação do imóvel ou do direito de superfície, o superficiário ou o proprietário tem direito de preferência, em igualdade de condições.	Art. 22. Em caso de alienação do terreno, ou do direito de superfície, o superficiário e o proprietário, respectivamente, terão direito de preferência, em igualdade de condições à oferta de terceiros.
Art. 1.374. Antes do termo final, resolver-se-á a concessão se o superficiário der ao terreno destinação diversa daquela para que foi concedida.	§ 1º do art. 24 – Antes do termo final do contrato, extinguir-se-á o direito de superfície se o superficiário der ao terreno destinação diversa daquela para a qual for concedida.
Art. 1.375. Extinta a concessão, o proprietário passará a ter a propriedade plena sobre o terreno, construção ou plantação, independentemente de indenização, se as partes não houverem estipulado o contrário.	Art. 24. Extinto o direito de superfície, o proprietário recuperará o pleno domínio do terreno, bem como das acessões e benfeitorias introduzidas no imóvel, independentemente de indenização, se as partes não houverem estipulado o contrário no respectivo contrato.
Sem correspondente	Art. 23. Extingue-se o direito de superfície: I – pelo advento do termo; II – pelo descumprimento das obrigações contratuais assumidas pelo superficiário.
Sem correspondente	§ 2º do art. 24 – A extinção do direito de superfície será averbada no Cartório de Registro de Imóveis.
Art. 1.376. No caso de extinção do direito de superfície em consequência de desapropriação, a indenização cabe ao proprietário e ao superficiário, no valor correspondente ao direito real de cada um.	Sem correspondente
Art. 1.377. O direito de superfície, constituído por pessoa jurídica de direito público interno, rege-se por este Código, no que não for diversamente disciplinado em lei especial.	Sem correspondente

6.1.2 Servidão (arts. 1.378 a 1.389 do CC)

Trata-se de direito real que impõe restrições (de uso e gozo) a um bem imóvel em proveito de outro, pertencente a diferente dono. O prédio dominante é o favorecido pela restrição, enquanto o prédio serviente é o que suporta a restrição.

Neste caso, a propriedade sofre restrição em relação às faculdades de uso e gozo, assume o encargo de suportar certas limitações instituídas em favor do dominante, restringindo assim a liberdade natural da coisa. Exemplos: servidão de passagem, servidão de aqueduto.

Elementos constitutivos:

a) **Existência de ônus ou encargo:** tal direito deve gerar a tolerância consistente em não praticar determinado ato de utilização de seu bem, ou seja, haverá uma ação positiva do dominante e inércia do serviente.

b) **Incidência num prédio em proveito de outro:** a servidão exige a pluralidade de bens imóveis.

c) **Prédios pertencerem a donos diferentes:** se os prédios dominante e serviente pertencerem ao mesmo dono haverá serventia, que não é direito real e, portanto, não é uma servidão.

Formas de constituição da servidão:

a) **Negócios unilaterais:** por exemplo, o testamento.

b) **Contrato:** é o modo mais comum de constituir a servidão, podendo ser gratuito ou oneroso, porém deverá ser levado a registro no Cartório de Imóveis. Como o art. 1.378 do Código Civil não exige a escritura pública, aplica-se no caso o art. 108 do mesmo Código, que permitirá o título constitutivo da servidão ser constituído por instrumento público ou particular.

c) **Usucapião:** se o possuidor exercer posse mansa e pacífica de uma servidão, sem *animus domini*, ele não poderá usucapir a propriedade, mas, sim, a servidão, que lhe dará legitimidade para ser titular do direito real mesmo não havendo título hábil. Para que seja possível a usucapião de servidão, ela deve ser contínua e aparente, ou seja, devem ter sido realizadas obras no imóvel pelo possuidor.

A servidão não aparente não possui sinais claros da posse, motivo pelo qual se configurará um ato de mera tolerância, que não irá induzir posse (art. 1.208 do CC), e que por isso não permitirá a usucapião.

O prazo da usucapião de servidão, previsto no art. 1.379 do Código Civil, é de 10 anos se o possuidor tiver título e de 20 anos se ele não tiver título. Cumpre salientar que o primeiro prazo está em consonância com a usucapião ordinária de bem imóvel (10 anos quando se exige justo título e boa-fé). Mas o segundo prazo não se coaduna com a usucapião extraordinária de bem imóvel (que exige 15 anos quando se dispensam o justo título e a boa-fé).

Assim sendo, verifica-se que o legislador, ao reduzir o prazo da usucapião extraordinária de bem imóvel de 20 para 15 anos (art. 1.238 do CC), não o fez com a servidão, que, desde o Código Civil de 1916, possui tal prazo. Porém, sabemos que o direito de propriedade é muito mais importante que qualquer outro, motivo pelo qual o Enunciado 251 do CJF concluiu que "o prazo máximo para o usucapião extraordinário de servidões deve ser de 15 anos, em conformidade com o sistema geral de usucapião previsto no Código Civil". Não concordamos com o teor do Enunciado, mesmo entendendo os argumentos, haja vista que prazo não admite interpretação analógica, ou seja, não tem explicação lógica ou jurídica. O Projeto de Lei do Senado n. 309/2009 busca alterar o Código Civil para modificar esse prazo para 15 anos e adequá-lo ao art. 1.238 do referido *Codex*.

Classificação das servidões:

a) **Servidão positiva:** é aquela que confere poder de praticar algum ato. Exemplo: a servidão de trânsito ou passagem.

b) **Servidão negativa:** é aquela que impõe o dever de abster-se da prática de determinado ato. Exemplo: a proibição de construir acima de determinada altura, ou de fazer janelas próximas ao vizinho.

c) **Servidão contínua:** é aquela imposta pela natureza, tal como a servidão para passagem de água.

d) **Servidão descontínua:** é aquela fruto da intervenção humana, tal como a servidão de passagem.

e) **Servidão aparente:** é a visível, tal como a servidão de passagem.

f) **Servidão não aparente:** é aquela que não é visível, tal como a de não construir acima de determinada altura.

g) **Servidão administrativa:** é aquela em que o Estado utiliza a propriedade imóvel alheia para executar obras e serviços de interesse coletivo. Inexistindo prédio dominante, haverá uma utilidade pública como beneficiária.

Características da servidão:

a) A servidão é inalienável (pois é um direito acessório ao de propriedade), indivisível (pois não pode ser instituída servidão da servidão) e perpétua (pois só pode ser extinta nas hipóteses dos arts. 1.387 a 1.389 do CC).

b) A servidão deve estar no local menos gravoso para o prédio serviente, já que ela serve ao imóvel e não ao dono. O dono do prédio serviente pode remover a servidão de local, a suas expensas, desde que não prejudique o prédio dominante.

c) As despesas necessárias ao uso e à conservação da servidão são de responsabilidade do prédio dominante, salvo convenção diversa.

d) A servidão não pode ser utilizada para fim diverso do estabelecido, já que não se presume.

e) O local da servidão pode ser alterado pelo prédio serviente se não prejudicar o dominante, ou pelo dominante se também não prejudicar o serviente. As despesas ficam por conta de quem solicitou a mudança.

Formas de extinção da servidão:

a) Com o cancelamento do registro no Ofício Imobiliário, salvo no caso de desapropriação que fizer nascer a servidão administrativa. Assim, se o prédio dominante estiver hipotecado e a servidão mencionada no título hipotecário, o cancelamento se dará somente com anuência do credor hipotecário.

b) Com a renúncia do dono do prédio dominante à servidão.

c) Com a perda da utilidade ao prédio dominante.

d) Se o dono do prédio serviente resgatar a servidão pagando ao dono do prédio dominante determinada quantia para liberar seu prédio do ônus.

e) Pela confusão, quando os prédios serviente e dominante pertencerem à mesma pessoa (transforma-se em serventia).

f) Com a supressão de obras que indicavam o aproveitamento da servidão, com o consentimento das partes.

g) Pelo não uso durante 10 anos contínuos (hipótese em que ocorre a perda da função social da servidão).

Ações judiciais que são propostas na hipótese de servidão:

a) *Ação confessória:* que é proposta quando o reconhecimento do direito real for contestado pelo dono do prédio serviente ou por terceiros.

b) *Ação negatória:* que é proposta quando o dono do prédio serviente quiser ver negada a existência da servidão.

c) *Interditos possessórios:* são propostos nos casos de servidão aparente.

Não podemos confundir a servidão com o direito de passagem forçada, já estudado anteriormente, e que é um direito de vizinhança (recomenda-se a leitura das observações feitas quando o instituto foi estudado). Por esse motivo, segue, abaixo, tabela comparativa dos dois institutos[1]:

Servidão (art. 1.378 do CC)	Passagem forçada (art. 1.285 do CC)
Trata-se de direito real sobre coisa alheia de gozo ou fruição.	Trata-se de um direito de vizinhança.
É constituída mediante registro no Cartório de Imóveis.	É constituída mediante sentença.
Pode ser gratuita ou onerosa.	Obrigatoriamente é onerosa, pois exige pagamento de indenização.
É concedida quando houver utilidade para o vizinho.	É concedida quando houver necessidade (encravamento[39]) para o vizinho.

6.1.3 Usufruto (arts. 1.390 a 1.411 do CC)

Trata-se de um direito real temporário, intransmissível e impenhorável, concedido a uma pessoa para desfrutar um objeto alheio como se fosse próprio, sem alterar sua substância. Os poderes inerentes à propriedade ficam divididos entre os sujeitos da seguinte forma:

---

1. Encravamento significa não ter acesso a via pública nascente ou porto, porém o Enunciado 88 do CJF afirma que o direito de passagem forçada, previsto no art. 1.285 do CC, também é garantido nos casos em que o acesso for insuficiente ou inadequado, consideradas, inclusive, as necessidades de exploração econômica.

Nu-proprietário: terá os poderes de disposição e de reivindicação.

Usufrutuário: terá os poderes de uso e gozo (retirar os frutos naturais, industriais e civis).

Objeto do usufruto:

a) **Bem imóvel:** que deverá ser registrado no Ofício Imobiliário para ser constituído, salvo o usufruto dos pais com relação aos bens dos filhos enquanto menores, previsto no art. 1.689, I, do Código Civil (conforme o art. 167, I, item 7, da LRP).

b) **Bem móvel:** o bem móvel objeto de usufruto deve ser infungível e inconsumível. Existia na legislação anterior a figura do quase usufruto (ou usufruto impróprio), que incidia sobre bens consumíveis, porém tal modalidade não mais é prevista pelo Código Civil. O usufruto de bem móvel deve ser registrado no Cartório de Títulos e Documentos (art. 127, I, da LRP).

c) **Direitos:** o usufruto pode recair sobre direitos reais ou pessoais, desde que o direito seja transmissível (exemplo: usufruto do direito de superfície).

d) **Créditos:** nessa modalidade o usufrutuário cobra um crédito que pertence ao nu-proprietário e aplica o dinheiro em títulos, para no final do usufruto devolver o valor de crédito e reter os frutos civis.

Modalidades de usufruto:

a) **Usufruto legal:** é aquele instituído por lei. Exemplo: o usufruto dos pais sobre os bens dos filhos enquanto menores (art. 1.689, I, do CC).

b) **Usufruto indígena:** é aquele que recai sobre terras públicas ocupadas pelos indígenas (arts. 20, XI, e 231, § 2º, da CF).

c) **Usufruto judicial:** em caso de execução de crédito, é lícito, com anuência das partes, a instituição pelo magistrado de usufruto por prazo determinado, em favor do exequente, até a satisfação do débito. Exemplo: o usufruto das cotas da empresa, até o pagamento do débito pela retirada do faturamento.

d) **Usufruto convencional ou voluntário:** é aquele constituído por negócio jurídico unilateral ou bilateral, *inter vivos* ou *mortis causa*. Duas são as espécies de usufruto convencional: a) usufruto convencional por alienação, que é aquele em que o proprietário concede o usufruto do seu bem por certo prazo; e b) usufruto convencional por retenção, que é aquele em que o proprietário doa um bem de sua propriedade, e reserva para si o usufruto ao efetuar a doação.

e) **Usufruto por usucapião:** trata-se de modalidade em que a aquisição do usufruto se dá pela prescrição aquisitiva. Exemplo: o caso do possuidor que obteve a posse direta de um bem por usufruto, que foi dado por uma pessoa que não é mais a legítima proprietária do bem (perdeu a propriedade por sentença judicial depois de conceder o usufruto). Pelo fato de desenvolver posse mansa e pacífica (denominada **quase posse** por incidir sobre direitos reais) com justo título e boa-fé, poderá usucapir o usufruto. No citado caso o possuidor não poderá usucapir a propriedade, pois a sua posse não tem *animus domini*, já que ele sempre respeitou a existência do nu-proprietário.

f) **Usufruto simultâneo:** é aquele instituído em favor de vários usufrutuários. De acordo com o art. 1.411 do Código Civil, constituído o usufruto vitalício em favor de duas ou mais pessoas, extinguir-se-á a parte em relação a cada uma das que falecerem, salvo se, por estipulação expressa, o quinhão desses couber ao sobrevivente, ou seja, não existe direito de acrescer, em regra, nessa modalidade, salvo previsão contratual expressa em sentido contrário.

Tal regra não se coaduna com o usufruto constituído por testamento, pois o art. 1.946 do CC estabelece que, se for legado um só usufruto conjuntamente a duas ou mais pessoas, a parte da que faltar acresce aos colegatários, ou seja, quando advém do testamento, o direito de acrescer é regra no usufruto simultâneo, que só poderá ser mudada por estipulação diversa.

g) **Usufruto pleno:** é aquele que não possui restrições. Essa modalidade incide, também, sobre os acessórios da coisa, como construções, plantações e acessões naturais (aluvião, avulsão, formação de ilhas, álveo abandonado). O *caput* do art. 1.392 do Código Civil estabelece que essa modalidade é regra.

h) **Usufruto restrito:** nessa modalidade, o usufrutuário terá limitação ao proveito da coisa, por exemplo, quando o usufruto de uma fazenda ficar limitado à sua sede.

i) **Usufruto universal:** é aquele que recai sobre a integralidade do patrimônio ou de uma fração.

j) **Usufruto particular:** é aquele que incide sobre bem certo e determinado.

k) **Usufruto temporário:** é aquele que possui prazo certo de duração.

l) **Usufruto vitalício:** é aquele que se extingue com a morte do usufrutuário. O usufruto deve ter um prazo, determinado ou indeterminado, para a sua extinção, pois, no Brasil, é vedado o usufruto sucessivo, ou seja, o que pode ser transmitido para terceiros. Cumpre lembrar que a morte do nu-proprietário não extingue o usufruto, já que a nua propriedade será transferida aos herdeiros, que terão que respeitar a existência do direito real.

Dos direitos do usufrutuário:

a) **Direito à posse da coisa:** o usufrutuário possui posse qualificada (justa e direta), motivo pelo qual poderá utilizar os interditos possessórios contra todos para defender a posse, e a ação confessória, no juízo petitório, para defender o usufruto.

b) **Direito de fruir as utilidades da coisa:** o usufrutuário poderá perceber frutos naturais, industriais e civis, bem como os produtos (utilidades que diminuem o valor da coisa à medida que são retiradas, por exemplo, o carvão que o bem possuir).

c) **Direito de administrar a coisa:** o usufrutuário deve preservar a substância da coisa, já que a posse do bem deverá, um dia, ser devolvida ao nu-proprietário (salvo no caso dos pais com relação aos bens dos filhos, já que os pais agem no interesse deles).

d) **Direito de ceder o exercício a título gratuito ou oneroso:** o direito ao usufruto é inalienável e intransmissível, mas seu exercício pode ser cedido, por meio da locação ou do comodato, por exemplo. A intransmissibilidade do usufruto decorre do seu caráter personalíssimo, já que o usufrutuário não pode aliená-lo a terceiros (gratuita ou onerosamente), nem o transferir por testamento, uma vez que é vedado o usufruto sucessivo. Porém, excepcionalmente, a jurisprudência e a doutrina aceitam que o usufrutuário aliene o usufruto somente para uma pessoa: o nu-proprietário.

O usufruto é impenhorável, mas os seus frutos (aluguéis) podem ser objeto de penhora. A nua propriedade pode ser penhorada, mas o adquirente no leilão deverá respeitar o usufruto.

Obrigações do usufrutuário:

a) **Inventariar os bens recebidos:** ele deve descrever, de forma pormenorizada, os objetos que compõem o bem concedido em usufruto.

b) **Dar garantia real (penhor, hipoteca ou anticrese) ou pessoal (fiança ou aval):** se o nu-proprietário exigir, sob pena de não poder administrar o bem.

c) **Conservar a coisa e restituí-la no estado em que a recebeu:** trata-se do dever de efetuar as reparações ordinárias módicas (conservação e manutenção), inferior a 2/3 dos rendimentos líquidos anuais do usufrutuário, bem como de pagar as despesas tributárias sobre o bem e de condomínio, que poderão ser exigidas, também, do nu-proprietário, que terá direito de regresso se for obrigado a pagá-las.

Extinção do usufruto:

a) pela morte do usufrutuário;

b) por renúncia expressa ao usufruto;

c) por sentença, se provada culpa do usufrutuário na depreciação do bem;

d) por destruição total da coisa concedida em usufruto;

e) pela consolidação, que ocorre com a reunião da nua propriedade e do usufruto na titularidade de uma mesma pessoa (espécie de confusão). Como exemplo citamos o caso do usufrutuário que adquire a nua propriedade, ou do nu-proprietário que adquire o usufruto (exceção à inalienabilidade);

f) pelo termo de sua duração;

g) pelo implemento de condição resolutiva;

h) pela decadência, na hipótese do não uso da coisa sobre a qual o usufruto recai;

i) por cessação do motivo pelo qual se originou o usufruto, por exemplo, maioridade no caso do usufruto legal dos pais sobre bens de filho menor;

j) por resolução da propriedade, se quem concedeu o usufruto tinha propriedade resolúvel;

k) após 30 anos, se o usufruto foi concedido para pessoa jurídica, ou, ainda, se ela for extinta.

6.1.4 Uso (arts. 1.412 e 1.413 do CC)

O uso se distingue do usufruto já que o titular não tem direito de gozo. É um direito temporário, indivisível, intransmissível, personalíssimo, e serve para bens móveis e imóveis.

A finalidade de bens imóveis pode ser tanto para fins residenciais quanto comerciais, pois, para o art. 1.412 do Código Civil, o usuário usará da coisa e perceberá os seus frutos quanto o exigirem as necessidades suas e as de sua família.

As necessidades pessoais do usuário serão avaliadas conforme a sua condição social e o lugar onde viver, e as necessidades da família do usuário compreendem as de seu cônjuge, dos filhos solteiros e das pessoas de seu serviço doméstico.

Cumpre salientar que são aplicáveis ao uso, no que não forem contrárias à sua natureza, as disposições relativas ao usufruto.

6.1.5 Habitação (arts. 1.414 a 1.416 do CC)

Trata-se de um direito de uso limitado à habitação, que permite ao titular residir gratuita e temporariamente em imóvel alheio, pois, de acordo com o art. 1.414 do Código Civil, quando o uso consistir no direito de habitar gratuitamente imóvel alheio, o titular deste direito não o pode alugar, nem emprestar, mas simplesmente ocupá-lo com sua família.

É um direito intransferível, isto é, restringe-se o uso de imóvel ao titular e sua família, não podendo alugar ou emprestar, sob pena de perder o direito real.

Se o direito real de habitação for conferido a mais de uma pessoa, qualquer delas que sozinha habite o imóvel não terá de pagar aluguel à outra, ou às outras, mas não as pode inibir de exercer, querendo, o direito, que também lhes compete, de habitá-la.

O direito real de habitação que mais se vê na prática decorre do direito sucessório, já que o art. 1.831 do Código Civil estabelece que ao cônjuge sobrevivente, qualquer que seja o regime de bens, será assegurado, sem prejuízo da participação que lhe caiba na herança, o direito real de habitação relativamente ao imóvel destinado à residência da família, desde que seja o único daquela natureza a inventariar.

É um direito temporário para instituir moradia gratuita num bem imóvel, mas deve ser registrado no Cartório de Registro de Imóveis, mesmo que tal direito tenha origem na sucessão *mortis causa*, pelos argumentos que apresentamos no capítulo de sucessão (mais adiante), quando tratamos desse direito dado ao cônjuge e ao companheiro em decorrência da morte.

Por fim, também são aplicáveis à habitação, no que não forem contrárias à sua natureza, as disposições relativas ao usufruto.

6.2 DO DIREITO REAL À AQUISIÇÃO DE COISA ALHEIA

6.2.1 Direito do promitente comprador do imóvel (arts. 1.417 e 1.418 do CC)

Trata-se de um direito real sobre coisas alheias à aquisição, pois a promessa de compra e venda, irretratável, por instrumento público ou particular, registrado no Cartório de Registro de Imóveis, dá ao promissário comprador o direito real à aquisição do imóvel. O Código Civil o normatiza nos arts. 1.417 e 1.418.

Mas cumpre salientar que a Súmula 239 do STJ estabelece que "o direito à adjudicação compulsória não se condiciona ao registro do compromisso de compra e venda no cartório de imóveis". Essa súmula, criticada por alguns porque seria *contra legem*, vem sendo aplicada pela jurisprudência no caso de adjudicação compulsória contra o promitente vendedor, que foi quem assinou o contrato; já contra terceiros se faz necessário o registro na matrícula imobiliária.

Tal direito confere ao seu titular o poder de exigir do vendedor, ou de qualquer pessoa, a outorga da escritura definitiva que, se não feita voluntariamente, poderá ensejar o requerimento da adjudicação do imóvel em juízo.

A promessa de compra e venda é um contrato preliminar, cujo objetivo é a celebração de um contrato definitivo. Ela gera duas obrigações: de dar o preço ao promitente comprador e de fazer o contrato definitivo, após a quitação da promessa, ao promitente vendedor.

6.2.2 Características do direito do promitente comprador do imóvel, de acordo com o Código Civil – a promessa de compra e venda de bem imóvel

1) Para gerar direito real não se pode pactuar arrependimento no contrato.
2) O contrato pode ser celebrado por instrumento público ou particular.
3) O contrato deve ser registrado no Ofício Imobiliário para ser oponível *erga omnes*.
4) Se o promitente vendedor não fizer o contrato definitivo, pode o promitente comprador exigir dele, ou de terceiros, a outorga de escritura definitiva ou a adjudicação compulsória do imóvel judicialmente.

O Código Civil denomina o contrato preliminar de compra e venda de imóveis como promessa de compra e venda, porém a Lei de Parcelamento do Solo Urbano (Lei n. 6.766/79), nos arts. 25 a 36, denomina como compromisso de compra e venda de imóvel o contrato preliminar para a aquisição de imóveis loteados (lotes). Assim, se a compra e venda for de imóveis loteados, denomina-se o contrato **compromisso de**

compra e venda, pois ele será normatizado pela Lei n. 6.766/79, mas, se tiver como objetivo qualquer outro tipo de imóvel, o nome a ser utilizado é **promessa de compra e venda**, pois a normatização será feita pelo Código Civil.

6.2.3 Características do direito do compromissário comprador do imóvel, de acordo com a Lei de Parcelamento do Solo Urbano – o compromisso de compra e venda de bem imóvel

1) São irretratáveis os compromissos de compra e venda, cessão e promessa de cessão, os que atribuam direito a adjudicação compulsória, e estando registrados, confiram direito real oponível a terceiros.

2) Os compromissos de compra e venda, as cessões, ou promessas de cessão, poderão ser feitos por escritura pública ou por instrumento particular, devendo constar as seguintes indicações:

   a) nome, registro civil, cadastro fiscal no Ministério da Fazenda, nacionalidade, estado civil e residência dos contratantes;

   b) denominação e situação do loteamento, número e data da inscrição;

   c) descrição do lote ou dos lotes que forem objeto de compromissos, confrontações, área e outras características;

   d) preço, prazo, forma e local de pagamento, bem como a importância do sinal;

   e) taxa de juros incidentes sobre o débito em aberto e sobre as prestações vencidas e não pagas, bem como a cláusula penal, nunca excedente a 10% do débito e só exigível nos casos de intervenção judicial ou de mora superior a três meses;

   f) indicação sobre a quem incumbe o pagamento dos impostos e taxas incidentes sobre o lote compromissado;

   g) declaração das restrições urbanísticas convencionais do loteamento, supletivas da legislação pertinente.

3) O contrato deverá ser firmado em três vias ou extraído em três traslados, sendo um para cada parte e o terceiro para arquivo no registro imobiliário, após o registro e anotações devidas.

4) Quando o contrato houver sido firmado por procurador de qualquer das partes, será obrigatório o arquivamento da procuração no registro imobiliário.

5) Se aquele que se obrigou a concluir contrato de promessa de venda ou de cessão não cumprir a obrigação, o credor poderá notificar o devedor para outorga do contrato ou oferecimento de impugnação no prazo de 15 dias, sob pena de proceder-se ao registro do pré-contrato, desde que comprovado que o pagamento do imóvel já foi concluído, passando as relações entre as partes a serem regidas pelo contrato-padrão.

6) Qualquer alteração ou cancelamento parcial do loteamento registrado dependerá de acordo entre o loteador e os adquirentes de lotes atingidos pela alteração, bem

como da aprovação pela Prefeitura Municipal, ou do Distrito Federal quando for o caso, devendo ser depositada no Registro de Imóveis, em complemento ao projeto original, com a devida averbação.

7) Aquele que adquirir a propriedade loteada mediante ato *inter vivos*, ou por sucessão *causa mortis*, sucederá ao transmitente em todos os seus direitos e obrigações, ficando obrigado a respeitar os compromissos de compra e venda ou as promessas de cessão, em todas as cláusulas, sendo nula qualquer disposição em contrário, ressalvado o direito do herdeiro ou legatário de renunciar à herança ou ao legado.

8) A sentença declaratória de falência ou da insolvência de qualquer das partes não rescindirá os contratos de compromisso de compra e venda ou de promessa de cessão que tenham por objeto a área dela loteada ou seus lotes. Se a falência ou insolvência for do proprietário da área loteada ou do titular de direito sobre ela, incumbirá ao síndico ou ao administrador dar cumprimento aos referidos contratos, mas, se for do adquirente do lote, seus direitos serão levados à praça.

9) O contrato particular pode ser transferido por simples **trespasse**, lançado no verso das vias em poder das partes, ou por instrumento em separado, declarando-se o número do registro do loteamento, o valor da cessão e a qualificação do concessionário, para o devido registro. A cessão independe da anuência do loteador, mas, em relação a este, seus efeitos só se produzem depois de cientificado, por escrito, pelas partes ou quando registrada a cessão. Uma vez registrada a cessão, feita sem anuência do loteador, o Oficial do Registro dar-lhe-á ciência, por escrito, dentro de dez dias.

10) Vencida e não paga a prestação, o contrato será considerado rescindido 30 dias depois de constituído em mora o devedor, que deverá ser intimado, a requerimento do credor, pelo oficial do Registro de Imóveis, a satisfazer as prestações vencidas e as que se vencerem até a data do pagamento, os juros convencionados e as custas de intimação. Purgada a mora, convalescerá o contrato. Com a certidão de não haver sido feito o pagamento em cartório, o vendedor requererá ao oficial do registro o cancelamento da averbação.

11) Se o credor das prestações se recusar a recebê-las ou furtar-se ao seu recebimento, será constituído em mora mediante notificação do oficial do Registro de Imóveis para vir receber as importâncias depositadas pelo devedor no próprio Registro de Imóveis. Decorridos 15 dias após o recebimento da intimação, considerar-se-á efetuado o pagamento, a menos que o credor impugne o depósito e, alegando inadimplente o devedor, requeira a intimação deste para os fins do disposto no art. 32 da Lei n. 6.766/79.

12) Em qualquer caso de rescisão por inadimplemento do adquirente, as benfeitorias necessárias ou úteis por ele levadas a efeito no imóvel deverão ser indenizadas, sendo de nenhum efeito qualquer disposição contratual em contrário. Não serão indenizadas as benfeitorias feitas em desconformidade com o contrato ou com a lei.

13) Ocorrendo o cancelamento do registro por inadimplemento do contrato e tendo havido o pagamento de mais de um terço do preço ajustado, o oficial do Registro de Imóveis mencionará este fato e a quantia paga no ato do cancelamento, e somente será efetuado novo registro relativo ao mesmo lote se for comprovada a restituição do valor pago pelo vendedor ao titular do registro cancelado, ou mediante depósito em dinheiro à sua disposição junto ao Registro de Imóveis. Ocorrendo o depósito, o oficial do Registro de Imóveis intimará o interessado para vir recebê-lo no prazo de 10 dias, sob pena de ser devolvido ao depositante. No caso de não ser encontrado o interessado, o oficial do Registro de Imóveis depositará a quantia em estabelecimento de crédito, segundo a ordem prevista no inciso I do art. 840 do CPC/2015, em conta com incidência de juros e correção monetária.

14) O registro do compromisso, cessão ou promessa de cessão só poderá ser cancelado:
    a) por decisão judicial;
    b) a requerimento conjunto das partes contratantes;
    c) quando houver rescisão comprovada do contrato.

6.3 DOS DIREITOS REAIS DE GARANTIA

Os direitos reais de garantia têm por objetivo garantir o cumprimento de uma obrigação, motivo pelo qual se trata de um direito acessório, cuja existência depende da do principal (art. 1.419 do CC).

Nos primórdios a responsabilidade era física e moral. Os credores egípcios podiam adjudicar o devedor, e, entre os hebreus, o devedor, sua mulher e seus filhos tornavam-se escravos do credor. Os romanos podiam vender o devedor em três feiras sucessivas, ou ainda matá-lo (Lei das XII Tábuas – Tábua III). Havendo concurso de credores, o devedor era morto no Rio Tibre e o seu corpo, dividido.

Em 326 a.C., a *Lex Poetelia Papiria* estabelece que a garantia pelo adimplemento das obrigações é o patrimônio do devedor. Assim, para dar efetividade às garantias patrimoniais, surgem duas espécies de garantia: **garantia pessoal ou fidejussória**, que é aquela em que um terceiro se compromete a pagar em caso de inadimplemento. Exemplos: a fiança e o aval; **garantia real**, que é aquela em que parte do patrimônio do devedor, ou de terceiro, é usada para garantia.

A primeira garantia real da história foi a **fidúcia** (confiança), na qual o devedor transferia a propriedade de um bem para o credor, bem esse que só seria devolvido após o pagamento (não sobreviveu pelo risco de o devedor não receber o bem de volta).

A segunda garantia real da história foi o *pignus*, em que se oferecia como garantia a posse, e não a propriedade, de certo bem, que era garantida pelos interditos possessórios.

A terceira garantia real da história foi a **hipoteca**, que teve origem no *pignus* e foi adotada pelos romanos, que estava dando certo na Grécia, mas que, porém, só seria utilizada para bens imóveis.

Atualmente, temos quatro direitos reais de garantia: o penhor, a hipoteca, a anticrese e a alienação fiduciária em garantia.

Requisitos dos direitos reais de garantia:

Requisitos subjetivos: quem os confere deve ter capacidade para alienar o bem (art. 1.420 do CC – só quem pode alienar pode dar em garantia). Vejamos, abaixo, alguns exemplos que mostram pessoas impossibilitadas de dar algo em garantia:

1) Tutor e curador precisam de autorização judicial para dar em garantia bens do tutelado ou curatelado (arts. 1.691 e 1.782 do CC).

2) Pessoa casada depende da vênia conjugal para dar bens imóveis em garantia, salvo se casada no regime da separação absoluta (art. 1.647, I, do CC).

3) O ascendente não pode dar um de seus bens em garantia de dívida de um descendente, salvo se os outros descendentes autorizarem, juntamente com o cônjuge do alienante, exceto se casado no regime da separação obrigatória (art. 496 do CC).

4) O inventariante depende de autorização judicial para dar bem da herança em garantia (art. 1.793 do CC).

5) O falido, privado da administração dos bens desde a declaração da falência, não pode constituir direito real de garantia (art. 103 da Lei n. 11.101/2005 – Lei de Falência e Recuperação de Empresas).

6) O mandatário só pode dar em garantia se tiver poderes especiais (art. 661, § 1º, do CC).

7) Bem em condomínio só pode ser dado em garantia real, na totalidade, com a anuência de todos os condôminos, mas cada condômino pode dar, individualmente, a parte que tiver (art. 1.420, § 2º, do CC).

8) Para dar o bem que pertence a pessoa jurídica em garantia, é necessário um ato da diretoria autorizando, desde que não exista vedação para isso no ato constitutivo.

9) Já para dar bens da pessoa jurídica de direito público em garantia, é necessária autorização legislativa.

10) O bem de terceiro pode ser dado em garantia, porém, como este não é codevedor nem fiador, estará desobrigado de reforçá-la (art. 1.427 do CC).

Requisitos objetivos: somente bens alienáveis podem ser dados em garantia (art. 1.420, segunda parte, do CC). Vejamos, abaixo, alguns exemplos de bens que não podem ser dados em garantia:

1) O bem de família convencional não pode ser dado em garantia por ser inalienável (art. 1.717 do CC). Já o bem de família legal pode ser dado em garantia, já que é alienável (Lei n. 8.009/90).

2) A garantia dada por adquirente de venda *a non domino* é nula, pois ele não pode aliená-lo.

3) A propriedade superveniente de quem não era dono torna eficaz a garantia, pois retroage até o seu registro (*ex tunc*).

4) O bem gravado com cláusula de inalienabilidade não pode ser dado em garantia.

Requisitos formais: para o direito real ter eficácia (*erga omnes*), são necessárias publicidade e especialização.

1) **Publicidade:** é dada pelo registro de bem imóvel e pela tradição de bem móvel (exceto no penhor, pois o art. 1.432 do CC exige o registro).

2) **Especialização:** é a descrição minuciosa dos elementos que compõem a obrigação (art. 1.424 do CC). São eles:

   a) o valor do crédito, sua estimação ou valor máximo. Nos contratos de financiamento para construção ou de abertura de crédito em conta corrente, por não ser possível estabelecer o seu valor, deve-se estimar o valor máximo garantido. Do que ultrapassar, o mutuante será mero credor quirografário;

   b) o prazo para pagamento do débito. Na ausência de prazo, aplicam-se os arts. 134, 331 e 332 do Código Civil;

   c) a taxa de juros compensatórios e moratórios;

   d) a especificação da coisa dada em garantia. No **penhor** a especificação deve conter a natureza do objeto, a qualidade, a quantidade, a marca, o número e a procedência. Já na **hipoteca** e na **anticrese**, deve conter a situação, a denominação, a superfície e os dados do imóvel. Cumpre salientar que a ausência dos requisitos formais (publicidade e especialização) não invalida a garantia, mas a transforma em direito pessoal, com eficácia, somente, *inter partes*.

Efeitos dos direitos reais de garantia:

Preferência em benefício do credor pignoratício ou hipotecário (art. 1.422, segunda parte, do CC):

1) O valor da venda do bem é destinado ao pagamento de débito com garantia real.

2) O que sobrar é devolvido ao devedor ou se pagam os outros credores se instaurado um concurso entre eles (art. 956 do CC).

3) Se o valor do bem for insuficiente, o credor com garantia real pode buscar a diferença no patrimônio do devedor, mas será tido como credor quirografário (art. 1.430 do CC). Essa regra não se aplica ao credor anticrético que tem direito à retenção até o débito ser extinto. Esse direito à retenção se extingue em 15 anos contados da data do registro no Ofício Imobiliário (art. 1.423 do CC).

Ordem de preferência entre os créditos:

a) Créditos com garantia real (penhor, hipoteca e anticrese).

b) Créditos pessoais na seguinte ordem:

   b1) Créditos privilegiados na seguinte ordem:

b1.1) privilégio especial (art. 964 do CC);

b1.2) privilégio geral (art. 965 do CC).

b2) Créditos simples (sem privilégios ou quirografários).

Na falência, a ordem dos créditos é a descrita no art. 83 da Lei n. 11.101/2005.

Direito à excussão da coisa hipotecada ou empenhada

1) Se o débito vencer e não for pago, o bem é vendido para pagamento da obrigação.

2) É vedado o **pacto comissório real** (art. 1.428 do CC), já que é nula a cláusula que autoriza o credor pignoratício, anticrético ou hipotecário a ficar com o objeto da garantia, se a dívida não for paga no vencimento. Na propriedade fiduciária existe, também, tal vedação, consoante o art. 1.365 do Código Civil. Também será nula a compra e venda com cláusula de retrovenda, para esconder um pacto comissório (pois caracteriza uma simulação se o vendedor vender bem para receber dinheiro e ganhar direito de resgate que pode ser exercido de forma parcelada).

3) A vedação ao pacto comissório real não gera proibição de se convencionar o **pacto marciano**[2], onde se clausula que, se o débito não for pago, a coisa poderá passar à propriedade plena do credor pelo seu justo valor, a ser estimado, antes ou depois de vencida a dívida, por terceiros[3]. Já há na jurisprudência julgados[4] que confirmam a licitude do pacto marciano.

4) Na hipótese de hipoteca, observa-se a prioridade do registro. Com isso o credor da segunda hipoteca, que tem privilégio em relação aos quirografários, só recebe após a extinção da dívida com o primeiro credor hipotecário.

5) Após o vencimento da dívida o devedor pode dar o bem em pagamento dela, se quiser (art. 1.428, parágrafo único, do CC).

6) Se isso não ocorrer, inicia-se a execução (art. 784, V, do CPC/2015), com exceção da **alienação fiduciária**, na qual o credor pode vender judicial ou extrajudicialmente o bem gravado, devolvendo ao devedor o que sobra (art. 1.364 do CC).

Direito de sequela: é o direito de perseguir o bem onde quer que ele esteja e na mão de quem quer que seja (*jus persequendi*).

Indivisibilidade dos direitos reais de garantia: pelo art. 1.421 do Código Civil, o pagamento de parte da dívida não importa exoneração proporcional da garantia. Se um condômino paga a sua parte da dívida, o bem em condomínio continua hipotecado. O mesmo ocorre na sucessão se o devedor falecer e vários forem os herdeiros.

---

2. Que tem esse nome por ter sido defendido pelo jurisconsulto romano Marciano e confirmado em rescrito dos imperadores Severo e Antonino.
3. ALVES, José Carlos Moreira. *Da alienação fiduciária em garantia*. São Paulo: Saraiva, 1973, p. 127.
4. Como exemplo, citamos o Processo 9103689-29.2008.8.26.0000, julgado pela 4ª Câmara de Direito Privado do Tribunal de Justiça de São Paulo, em 27-8-2009, e relatado pelo Desembargador Enio Zuliani.

Remição total do penhor e da hipoteca: o coerdeiro do devedor que quiser ver extinta a garantia deve pagar totalmente a dívida e se sub-rogar nos direitos creditícios na quota que pagou (art. 1.429, parágrafo único, do CC).

6.3.1 Do penhor (arts. 1.431 a 1.472 do CC)

Trata-se de um direito real em que o devedor ou um terceiro transfere a posse da coisa móvel ou mobilizável, de sua propriedade, suscetível de alienação, para garantir uma obrigação. Os sujeitos do penhor, que é um direito real de garantia e por isso pressupõe a existência de uma obrigação, são: credor pignoratício (que fica com a posse direta) e devedor pignoratício (que fica com a posse indireta).

Características do penhor:

a) É um direito real de garantia (art. 1.225, VIII, do CC).

b) Em regra, é registrado no Cartório de Títulos e Documentos (art. 1.432 do CC e art. 127, II da Lei 6.015/73).

c) É um direito acessório, pois garante o cumprimento de uma obrigação principal.

d) Exige, em regra, a tradição do bem empenhado (art. 1.431 do CC), salvo nas hipóteses do penhor rural, industrial, mercantil e de veículos (parágrafo único do art. 1.431 do CC).

e) Feita a tradição, o credor pignoratício se torna depositário, motivo pelo qual não pode gozar do bem (art. 652 do CC).

f) Recai sobre coisa móvel, em regra, salvo no caso do penhor rural, industrial e de direitos, que recai sobre bens imóveis por acessão física, motivo pelo qual o contrato que o cria deve ser levado a registro no Cartório de Imóveis.

g) Trata-se de um direito temporário, pois não pode ultrapassar o prazo estabelecido pelas partes no contrato.

h) O credor pignoratício tem direito de retenção até o pagamento do débito.

i) Depois do pagamento, o bem deve ser restituído com seus frutos e acessões.

Formas de constituição do penhor:

a) **Por convenção:** essa modalidade depende de instrumento particular ou público, e que deverá ser registrado, em regra, no Cartório de Títulos e Documentos (art. 1.432 do CC e art. 127, II, da LRP).

b) **Por lei:** trata-se de modalidade que independe de convenção, já que vem imposta pela lei nas hipóteses descritas no art. 1.467 do Código Civil, que estabelecem ser credores pignoratícios, independentemente de convenção:

    b.1) os hospedeiros, ou fornecedores de pousada ou alimento, sobre as bagagens, móveis, joias ou dinheiro que os seus consumidores ou fregueses tiverem consigo nas respectivas casas ou estabelecimentos, pelas despesas ou consumo que aí tiverem feito;

b.2) o dono do prédio rústico ou urbano, sobre os bens móveis que o rendeiro ou inquilino tiver guarnecendo o mesmo prédio, pelos aluguéis ou rendas.

Essa modalidade depende de reconhecimento judicial (sentença), podendo-se requerer uma tutela antecipada.

Dos direitos e deveres do credor pignoratício:

De acordo com o art. 1.433 do Código Civil, o credor pignoratício tem direito:

a) à posse da coisa empenhada;

b) à retenção dela, até que o indenizem das despesas devidamente justificadas, que tiver feito, não sendo ocasionadas por culpa sua;

c) ao ressarcimento do prejuízo que houver sofrido por vício da coisa empenhada;

d) a promover a execução judicial, ou a venda amigável, se lhe permitir expressamente o contrato, ou lhe autorizar o devedor mediante procuração;

e) a apropriar-se dos frutos da coisa empenhada que se encontra em seu poder;

f) a promover a venda antecipada, mediante prévia autorização judicial, sempre que haja receio fundado de que a coisa empenhada se perca ou deteriore, devendo o preço ser depositado. O dono da coisa empenhada pode impedir a venda antecipada, substituindo-a, ou oferecendo outra garantia real idônea;

g) a não poder ser constrangido a devolver a coisa empenhada, ou uma parte dela, antes de ser integralmente pago, podendo o juiz, a requerimento do proprietário, determinar que seja vendida apenas uma das coisas, ou parte da coisa empenhada, suficiente para o pagamento do credor.

De acordo com o art. 1.435 do Código Civil, o credor pignoratício é obrigado:

a) à custódia da coisa, como depositário, e a ressarcir ao dono a perda ou deterioração de que for culpado, podendo ser compensada na dívida, até a concorrente quantia, a importância da responsabilidade;

b) à defesa da posse da coisa empenhada e a dar ciência, ao dono dela, das circunstâncias que tornarem necessário o exercício de ação possessória;

c) a imputar o valor dos frutos, de que se apropriar nas despesas de guarda e conservação, nos juros e no capital da obrigação garantida, sucessivamente;

d) a restituir a coisa, com os respectivos frutos e acessões, uma vez paga a dívida;

e) a entregar o que sobeje do preço, quando a dívida for paga, no caso de promover a execução judicial, ou a venda amigável, se lhe permitir expressamente o contrato, ou lhe autorizar o devedor mediante procuração.

Das espécies de penhor convencional:

a) **Penhor rural:** encontra-se normatizado pela Lei n. 492/37 e pelos arts. 1.442 a 1.446 do Código Civil. Trata-se de uma modalidade de penhor em que o devedor não precisa fazer a tradição da coisa empenhada ao credor. O penhor rural pode ser agrícola ou pecuário.

a1) Penhor rural agrícola: grava colheitas pendentes ou em vias de formação, frutos armazenados ou acondicionados para venda, lenha cortada e carvão vegetal, máquinas e instrumentos agrícolas, animais do serviço ordinário de estabelecimento agrícola (art. 1.442 do CC).

a2) Penhor rural pecuário: grava animais (bois, cavalos, ovelhas, cabras) que integram a atividade pastoril agrícola ou de laticínios (art. 1.444 do CC).

O penhor rural deve ser registrado no Cartório de Registro de Imóveis da localidade em que estiverem situados os bens ou animais empenhados (arts. 1.438 do Código Civil e 167, I, n. 15, da LRP). E para deixar isso claro, a Lei 14.382/2022, revogou o art. 127, IV da LRP, que previa duplicidade de registro, também, no Cartório de Títulos e Documentos, sede do registro do penhor nas hipóteses em geral (menos essa que ficou como exceção).

No penhor rural pecuário o devedor não pode vender o animal empenhado sem prévio consentimento, por escrito, do credor (art. 1.445 do CC), sob pena de se configurar o crime de defraudação do penhor (art. 171, § 2º, III, do CP).

Se animais falecerem, o devedor deve substituí-los. A compra de animais para substituir os que estavam empenhados e morreram presume sub-rogação, desde que averbada no Registro Imobiliário (art. 1.446 do CC).

O prazo máximo que pode ser convencionado para o penhor agrícola é de 3 anos, prorrogáveis por mais 3 (art. 1.439 do CC). Já para o penhor pecuário, o máximo são 4 anos, prorrogáveis por mais 4 (art. 1.439 do CC).

O devedor, prometendo pagar dívida em dinheiro, pode emitir, em favor do credor, um título de crédito denominado cédula rural pignoratícia (título de crédito negociável e transferível por endosso), que deverá ser registrado no Ofício Imobiliário. O oficial do Registro de Imóveis pode emiti-la a pedido do credor quando do registro do contrato (art. 15 da Lei n. 492/37). Esse título dispensa protesto para constituição em mora e não enseja pedido de falência.

b) Penhor industrial: encontra-se normatizado nos arts. 1.447 e seguintes do Código Civil. Podem ser objeto de penhor máquinas, aparelhos, materiais, instrumentos, instalados e em funcionamento, com os acessórios ou sem eles, animais, utilizados na indústria; sal e bens destinados à exploração das salinas, produtos de suinocultura, animais destinados à industrialização de carnes e derivados, matérias-primas e produtos industrializados. Tal modalidade também dispensa a tradição do bem ao credor.

Nesse caso, excepcionalmente, o registro do contrato deve ser feito no Ofício Imobiliário onde os bens gravados se encontrem (art. 1.448 do CC).

Pode ser emitida cédula de crédito industrial, se o pagamento for feito em dinheiro (art. 1.448, parágrafo único, do CC).

O devedor não pode alienar os bens empenhados sem autorização do credor (art. 1.449, segunda parte, do CC).

c) **Penhor mercantil:** também encontra-se normatizado nos arts. 1.447 e seguintes do Código Civil, motivo pelo qual não há diferença entre este penhor e o penhor industrial, exceto quanto à obrigação que visa garantir (mesmas regras do penhor industrial).

d) **Penhor de direitos:** refere-se a bens incorpóreos, consoante o art. 1.472 do Código Civil. Como exemplo de bens incorpóreos, suscetíveis de penhor, temos: ações de sociedade anônima, frações do capital social de uma sociedade, patentes e direitos autorais. Deve ser celebrado por instrumento público ou particular, e registrado no Cartório de Títulos e Documentos. O titular de direito empenhado deve entregar ao credor os documentos comprobatórios desse direito, salvo se tiver interesse legítimo em conservá-lo.

e) **Penhor de títulos de crédito:** recai sobre títulos de crédito, tais como a NP, letra de câmbio etc. Essa modalidade também é chamada de caução, pois o credor não pode receber crédito antes do vencimento da obrigação, e o contrato deve, também, estar registrado no Cartório de Títulos e Documentos (art. 1.458 do Código Civil). Deve ser celebrado por instrumento público ou particular, e registrado no Cartório de Títulos e Documentos. Nessa modalidade o devedor do título de crédito precisa ser notificado, e declarar a sua ciência em instrumento público ou particular.

f) **Penhor de veículos:** trata-se de modalidade de penhor que tem por objeto veículos de transporte ou condução, consoante o art. 1.461 do Código Civil. Deve ser celebrado por instrumento público ou particular, e registrado no Cartório de Títulos e Documentos do domicílio do devedor e anotado no certificado de propriedade expedido pelo DETRAN.

Em função da desnecessidade de transferir a posse da coisa, esta modalidade de penhor permite que o devedor emita em favor do credor a cédula pignoratícia, prometendo quitar a dívida em dinheiro.

O penhor só poderá ser feito após a contratação de seguro para o veículo empenhado. O prazo convencional máximo para essa modalidade é de dois anos, prorrogáveis por igual período.

Da extinção do penhor

Segundo o disposto no art. 1.436 do Código Civil, extingue-se o penhor:

a) extinguindo-se a obrigação principal (ocorrendo o pagamento direto ou indireto);

b) com o perecimento da coisa;

c) com a renúncia à garantia (e não à dívida) por parte do credor pignoratício. Se o credor devolve o bem ao devedor, opera-se a chamada **renúncia tácita**;

d) havendo confusão total entre credor e devedor;

e) por adjudicação, arrematação ou remissão do débito.

6.3.2 Da hipoteca (arts. 1.473 a 1.505 do CC)

Trata-se de um direito real de garantia, que visa garantir o cumprimento da obrigação principal, que incide sobre bens imóveis, em regra, podendo recair sobre certos bens móveis (art. 1.473 do CC). As partes do contrato de hipoteca são o credor hipotecário, que terá o direito de sequela, e o devedor hipotecário, que poderá usar, gozar e dispor do bem.

Na hipoteca ocorre a entrega de coisa imóvel para garantia de pagamento de dívida, sem transferência da posse. Ela é considerada contrato acessório porque serve de garantia para o principal, e deve estar registrada no Cartório de Registro de Imóveis.

O imóvel poderá ser hipotecado mais de uma vez, quer em favor do mesmo credor, quer de outra pessoa.

É direito real de garantia que grava coisa imóvel, pertencente ao devedor ou a terceiro, sem a transmissão de posse ao credor, conferindo a este o direito de promover sua venda judicial, pagando-se, preferentemente se inadimplente, o devedor.

O artigo 1.494 do CC, que proibia o registro, no mesmo dia, de duas hipotecas, ou uma hipoteca e outro direito real, sobre o mesmo imóvel, em favor de pessoas diversas, salvo se as escrituras, do mesmo dia, indicarem a hora em que foram lavradas, foi **revogado** pela Lei 14.382/2022, para deixar claro que tal proibição não existe mais.

Características da hipoteca:

a) O bem deve pertencer ao devedor, senão o terceiro deve autorizar.

b) A aquisição superveniente do bem revalida o ônus real.

c) Não podem ser hipotecados os bens inalienáveis, tais como:

  c1) bens públicos de uso comum do povo e de uso especial;

  c2) bem de família voluntário (art. 1.711 do CC);

  c3) bens de menores, salvo com autorização judicial;

  c4) bens de menores órfãos, que estejam sob tutela;

  c5) direitos hereditários;

  c6) bens gravados com cláusula de inalienabilidade.

d) A pluralidade de hipotecas é admitida (denomina-se sub-hipoteca) e a ordem de preferência é da que tiver prioridade no assento (art. 1.493, parágrafo único, do CC).

e) Quando se apresentar ao oficial do registro título de hipoteca que mencione a constituição de anterior, não registrada, sobrestará ele na inscrição da nova, depois de a prenotar, até 30 dias, aguardando que o interessado inscreva a precedente. Esgotado o prazo, sem que se requeira a inscrição desta, a hipoteca ulterior será registrada e obterá preferência.

f) A alienação do bem hipotecado pode ser feita e a cláusula que a proíbe é nula (art. 1.475 do CC). Exceção feita à hipótese de hipoteca já existente que favorece o

Sistema Financeiro da Habitação (Lei n. 6.941/81), e nesse caso não pode haver, também, sub-hipoteca.

g) Pode ser convencionado o vencimento antecipado do crédito hipotecário se o imóvel for alienado.

h) O registro marca o termo inicial para a vigência da hipoteca, que não pode ultrapassar 30 anos (art. 1.485 do CC, modificado pela Lei n. 10.931/2004, com o mesmo prazo do art. 238 da Lei n. 6.015/73).

i) Pode ser constituída servidão e usufruto no bem hipotecado.

j) Se o devedor hipotecário se tornar insolvente, o usufruto registrado posteriormente à hipoteca torna-se ineficaz.

k) Salvo o caso de insolvência do devedor, o credor da segunda hipoteca, embora vencida, não poderá executar o imóvel antes de vencida a primeira. Não se considera insolvente o devedor por faltar ao pagamento das obrigações garantidas por hipotecas posteriores à primeira. O inadimplemento da obrigação garantida por hipoteca faculta ao credor declarar vencidas as demais obrigações de que for titular garantidas pelo mesmo imóvel. A Lei nº 14.711 de 2023 fez a adequação dessas regras.

l) O credor hipotecário que efetuar o pagamento, a qualquer tempo, das dívidas garantidas pelas hipotecas anteriores sub-rogar-se-á nos seus direitos, sem prejuízo dos que lhe competirem contra o devedor comum (Inovação de redação trazida pela Lei nº 14.711, de 2023). Se o primeiro credor estiver promovendo a execução da hipoteca, o credor da segunda depositará a importância do débito e as despesas judiciais.

m) A hipoteca poderá, por requerimento do proprietário, ser posteriormente estendida para garantir novas obrigações em favor do mesmo credor, mantidos o registro e a publicidade originais, mas respeitada, em relação à extensão, a prioridade de direitos contraditórios ingressos na matrícula do imóvel. A extensão da hipoteca não poderá exceder ao prazo e ao valor máximo garantido constantes da especialização da garantia original. A extensão da hipoteca será objeto de averbação subsequente na matrícula do imóvel, assegurada a preferência creditória em favor da obrigação:

I – inicial, em relação às obrigações alcançadas pela extensão da hipoteca;

II – mais antiga, considerando-se o tempo da averbação, no caso de mais de uma extensão de hipoteca.

n) Na hipótese de superveniente multiplicidade de credores garantidos pela mesma hipoteca estendida, apenas o credor titular do crédito mais prioritário, conforme estabelecido no item anterior, poderá promover a execução judicial ou extrajudicial da garantia, exceto se convencionado de modo diverso por todos os credores.

o) Segundo a **Súmula 308 do STJ**, a hipoteca firmada entre a construtora e o agente financeiro, anterior ou posterior à celebração da promessa de compra e venda, não tem eficácia perante os adquirentes do imóvel. E a 3ª Turma[5] do Superior Tribunal de Justiça (STJ) entendeu ser possível a extensão da Súmula 308, aplicável aos casos de hipoteca, às hipóteses em que o imóvel adquirido pelo comprador possui registro de garantia em virtude de alienação fiduciária firmada entre a construtora e a instituição financeira.

Bens que podem ser objeto de hipoteca (art. 1.473 do CC[6]):

Imóveis: incluindo acessões naturais (aluvião, avulsão) e artificiais (construções e plantações) feitas no solo. Se o bem for loteado ou for construído condomínio edilício (art. 1.488 do CC), o ônus será desmembrado. Os bens imóveis rurais dependem, para serem hipotecados, de certificado do INCRA (art. 22, § 1º, da Lei n. 4.947/66).

Domínio direto: do senhorio direto na enfiteuse.

Domínio útil: do enfiteuta. No caso de excussão hipotecária o laudêmio, nesta hipótese, não é devido.

Estradas de ferro: compreendem trilhos assentados, oficinas, estações, linhas telegráficas, equipamentos de sinalização, vagões, locomotivas etc. Neste caso a hipoteca pode se referir a todas as linhas ou a linha especificada na escritura (art. 1.504, primeira parte, do CC). Essa hipoteca deve ser registrada no município da estação inicial da respectiva linha (art. 1.502 do CC). O art. 1.505 do Código Civil confere direito de preferência na execução da hipoteca à União ou ao Estado.

Recursos naturais: jazidas, minas, pedreiras, minérios, potenciais de energia hidráulica. As minas dependem de concessão para ser hipotecadas, pois a União tem preferência na exploração, assim como outros recursos descritos no art. 176 da CF. As pedreiras não exigem concessão.

Navios: o registro dessa hipoteca é feito na Capitania dos Portos ou no Tribunal Marítimo.

Aeronaves: o registro dessa hipoteca é feito no Registro Aeronáutico Brasileiro.

Direito de uso especial para fins de moradia: incluído pela Lei n. 11.481/2007, que alterou os arts. 1.225 e 1.473 do Código Civil, além de incluir o art. 290-A na LRP. Esse direito real é regulamentado pela Medida Provisória n. 2.220/2001.

Direito real de uso: também incluído pela Lei n. 11.481/2007.

Propriedade superficiária: também incluída pela Lei n. 11.481/2007.

Direitos oriundos da imissão provisória na posse: quando concedida à União, aos Estados, ao Distrito Federal, aos Municípios ou às suas entidades delegadas e a respectiva cessão e promessa de cessão (incluído pela Lei 14.620/2023).

---

5. REsp n. 1.576.164/DF, Dje 23-5-2019.
6. Como a Medida Provisória n. 700, de 2015, não foi votada no Congresso Nacional, ela perdeu sua eficácia em 17-5-2016 em razão do ATO DECLARATÓRIO DO PRESIDENTE DA MESA DO CONGRESSO NACIONAL n. 23, de 2016. Ela incluía o inciso XI no art. 1.473 do CC, para permitir que pudesse ser objeto de hipoteca os direitos oriundos da imissão provisória na posse, quando concedida à União, aos Estados, ao Distrito Federal, aos Municípios ou às suas entidades delegadas e respectiva cessão e promessa de cessão.

Gasoduto: imóvel em que se tenham as estações de compressão e dutos (partes integrantes), maquinários e equipamentos. O registro dessa hipoteca é feito no Cartório de Imóveis onde se localiza a primeira estação de compressão (interpretação analógica – art. 4º da LINDB (antiga Lei de Introdução ao Código Civil – LICC) – do art. 1.502 do CC).

Espécies de hipoteca:

Convencional: é aquela constituída por acordo de vontades (negócio jurídico bilateral).

A hipoteca sobre bem de menor depende de autorização judicial. O bem dado em hipoteca pode garantir débito de terceiros. O condômino pode dar em hipoteca sua fração ideal (art. 1.420, § 2º, do CC). Bem de família legal (Lei n. 8.009/90) é suscetível de hipoteca (já que é apenas impenhorável).

Legal: é aquela constituída por lei e independe da vontade das partes, nas hipóteses do art. 1.489 do Código Civil, que confere hipoteca:

a) às pessoas de direito público interno sobre os imóveis pertencentes aos encarregados da cobrança, guarda ou administração dos respectivos fundos e rendas;

b) aos filhos, sobre os imóveis do pai ou da mãe que passar a outras núpcias, antes de fazer o inventário do casal anterior;

c) ao ofendido, ou aos seus herdeiros, sobre os imóveis do delinquente, para satisfação do dano causado pelo delito e pagamento das despesas judiciais;

d) ao coerdeiro, para garantia do seu quinhão ou torna da partilha, sobre o imóvel adjudicado ao herdeiro reponente;

e) ao credor sobre o imóvel arrematado, para garantia do pagamento do restante do preço da arrematação.

A hipoteca legal deve ser especializada por ação judicial e depois levada a registro.

Judicial: tem como objetivo garantir o cumprimento de uma decisão judicial futura.

De acordo com o art. 495 do CPC/2015, a sentença que condenar o réu no pagamento de uma prestação, consistente em dinheiro ou em coisa, valerá como título constitutivo de hipoteca judiciária, cuja inscrição será ordenada pelo juiz na forma prescrita na Lei de Registros Públicos. A sentença condenatória produz a hipoteca judiciária:

a) embora a condenação seja genérica;

b) pendente arresto de bens do devedor;

c) ainda quando o credor possa promover a execução provisória da sentença.

Cedular: garante o pagamento de valor descrito na cédula hipotecária, que consiste num título representativo de crédito com esse ônus real, sempre nominativo, mas transferível por endosso e emitido pelo credor, e que será registrado no Registro de Imóveis (art. 1.486 do CC e Decreto-Lei n. 70/66).

Extinção da hipoteca:

Segundo o disposto no art. 1.499 do Código Civil, a hipoteca extingue-se:

a) pela extinção da obrigação principal;

b) pelo perecimento da coisa;

c) pela resolução da propriedade;

d) pela renúncia pelo credor à garantia hipotecária (a garantia e não a dívida – torna-se credor quirografário);

e) pela remição – pagamento após o início da execução, antes da arrematação ou adjudicação;

f) pela arrematação ou adjudicação.

6.3.3 Da anticrese (arts. 1.506 a 1.510 do CC)

Trata-se de um direto real de garantia, em que o devedor anticrético entrega o gozo de um bem imóvel ao credor anticrético, para que o administre, retirando dele os frutos, rendimentos ou utilidades, que servirão para amortizar a dívida, incluindo os juros, até que ela seja integralmente paga. Todos os frutos são vinculados à solução da dívida. É uma transferência do imóvel dado em garantia ao credor, privando-se o devedor de sua posse e gozo. O credor administra a coisa e percebe-lhe os frutos, amortizando assim a dívida.

O credor deve guardar e conservar o imóvel como se fosse seu, prestar contas de sua administração, e restituí-lo, findo o prazo do contrato, ou quando o débito for liquidado. O devedor anticrético permanece como proprietário do bem gravado durante o período do contrato.

É permitido estipular que os frutos e rendimentos do imóvel sejam percebidos pelo credor à conta de juros, mas, se o seu valor ultrapassar a taxa máxima permitida em lei para as operações financeiras, o remanescente será imputado ao capital.

Quando a anticrese recair sobre bem imóvel, este poderá ser hipotecado pelo devedor ao credor anticrético, ou a terceiros, assim como o imóvel hipotecado poderá ser dado em anticrese (pode haver cumulação da anticrese com hipoteca).

O credor anticrético pode administrar os bens dados em anticrese e fruir seus frutos e utilidades, mas deverá apresentar anualmente balanço, exato e fiel, de sua administração.

Se o devedor anticrético não concordar com o que se contém no balanço, por ser inexato, ou ruinosa a administração, poderá impugná-lo, e, se o quiser, requerer a transformação em arrendamento, fixando o juiz o valor mensal do aluguel, o qual poderá ser corrigido anualmente.

É permitido ao credor anticrético, salvo pacto em sentido contrário, arrendar os bens dados em anticrese a terceiro, mantendo, até ser pago, direito de retenção do imóvel, pelo prazo máximo de 15 anos, embora o aluguel desse arrendamento não seja vinculativo para o devedor.

São de responsabilidade do credor anticrético as deteriorações que, por culpa sua, o imóvel vier a sofrer, e pelos frutos e rendimentos que, por sua negligência, deixar de perceber.

O credor anticrético pode vindicar os seus direitos contra o adquirente dos bens, os credores quirografários e os hipotecários posteriores ao registro da anticrese.

Se executar os bens por falta de pagamento da dívida, ou permitir que outro credor o execute, sem opor o seu direito de retenção ao exequente, não terá preferência sobre o preço.

Não haverá direito de preferência ao credor anticrético sobre a indenização do seguro quando o prédio seja destruído, nem se forem desapropriados os bens, com relação à desapropriação.

O adquirente dos bens dados em anticrese poderá remi-los, antes do vencimento da dívida, pagando a sua totalidade à data do pedido de remição e imitir-se-á, se for o caso, na sua posse.

6.3.4 Da laje

O direito real da laje teve origem com a Lei n. 13.465, de 11 de julho de 2017, que converteu a Medida Provisória n. 759/2016 em lei, responsável por fazer a sua primeira normatização.

Esse direito está previsto nos **arts. 1.510-A a 1.510-E** do Código Civil.

Segundo a norma, o proprietário de uma construção-base poderá ceder a superfície superior ou inferior de sua construção a fim de que o titular da laje mantenha unidade distinta daquela originalmente construída sobre o solo.

O direito real de laje contempla o espaço aéreo ou o subsolo de terrenos públicos ou privados, tomados em projeção vertical, como unidade imobiliária autônoma, não contemplando as demais áreas edificadas ou não pertencentes ao proprietário da construção-base.

O titular do direito real de laje responderá pelos encargos e tributos que incidirem sobre a sua unidade.

Os titulares da laje, unidade imobiliária autônoma constituída em matrícula própria, poderão dela usar, gozar e dispor.

A instituição do direito real de laje não implica a atribuição de fração ideal de terreno ao titular da laje ou a participação proporcional em áreas já edificadas.

Os Municípios e o Distrito Federal poderão dispor sobre posturas edilícias e urbanísticas associadas ao direito real de laje.

O titular da laje poderá ceder a superfície de sua construção para a instituição de um sucessivo direito real de laje, desde que haja autorização expressa dos titulares da construção-base e das demais lajes, respeitadas as posturas edilícias e urbanísticas vigentes.

É expressamente vedado ao titular da laje prejudicar com obras novas ou com falta de reparação a segurança, a linha arquitetônica ou o arranjo estético do edifício, observadas as posturas previstas em legislação local.

Sem prejuízo, no que couber, das normas aplicáveis aos condomínios edilícios, para fins do direito real de laje, as despesas necessárias à conservação e fruição das partes que sirvam a todo o edifício e ao pagamento de serviços de interesse comum serão partilhadas entre o proprietário da construção-base e o titular da laje, na proporção que venha a ser estipulada em contrato.

Art. 1.510-C. (...)

§ 1º (...)

São partes que servem a todo o edifício:

I – os alicerces, colunas, pilares, paredes-mestras e todas as partes restantes que constituam a estrutura do prédio;

II – o telhado ou os terraços de cobertura, ainda que destinados ao uso exclusivo do titular da laje;

III – as instalações gerais de água, esgoto, eletricidade, aquecimento, ar-condicionado, gás, comunicações e semelhantes que sirvam a todo o edifício; e

IV – em geral, as coisas que sejam afetadas ao uso de todo o edifício.

É assegurado, em qualquer caso, o direito de qualquer interessado a promover reparações urgentes na construção, na forma do parágrafo único do art. 249 do Código Civil.

Em caso de alienação de qualquer das unidades sobrepostas, terão direito de preferência, em igualdade de condições com terceiros, os titulares da construção-base e da laje, nessa ordem, que serão cientificados por escrito para que se manifestem no prazo de 30 dias, salvo se o contrato dispuser de modo diverso.

O titular da construção-base ou da laje a quem não se der conhecimento da alienação poderá, mediante depósito do respectivo preço, haver para si a parte alienada a terceiros, se o requerer no prazo decadencial de 180 dias, contado da data de alienação.

Se houver mais de uma laje, terá preferência, sucessivamente, o titular das lajes ascendentes e o titular das lajes descendentes, assegurada a prioridade para a laje mais próxima à unidade sobreposta a ser alienada.

> A ruína da construção-base implica a extinção do direito real de laje, sem afastar o direito a eventual reparação civil contra o culpado pela ruína, salvo:
> I – se este tiver sido instituído sobre o subsolo;
> II – se a construção-base for reconstruída no prazo de cinco anos (redação dada pela Lei 14.382/2022)
> Cumpre lembrar que, tal hipóteses, não afasta o direito a reparação civil contra o culpado pela ruína.

6.3.5 Da alienação fiduciária em garantia

No Direito Romano existiam dois tipos de contrato de fidúcia (que significa confiança), que deram origem à alienação fiduciária em garantia:

a) **Fidúcia *cum amico***: trata-se de um contrato de confiança, no qual ocorria a alienação de bens até acontecer certo fato, por exemplo, uma guerra.

b) **Fidúcia *cum creditore***: trata-se de um contrato de garantia, em que o devedor vendia os seus bens para recuperá-los no futuro.

Atualmente, em nossa legislação, existem dois tipos de alienação fiduciária:

a) **Alienação fiduciária de bem móvel**: regulamentada pelas Leis n. 4.728/65 (atualizada pelo Decreto-Lei n. 911/69) e n. 6.071/74. Em caso de inadimplemento do fiduciante (devedor), pode o fiduciário (credor) propor busca e apreensão do bem móvel alienado fiduciariamente.

b) Alienação fiduciária de bem imóvel: regulamentada pelos arts. 22 a 33 da Lei n. 9.514/97. Em caso de inadimplemento do fiduciante (devedor), pode o fiduciário (credor) propor reintegração de posse do bem imóvel alienado fiduciariamente.

Em ambos os casos aplicam-se as normas da propriedade fiduciária descritas nos arts. 1.361 a 1.368-B do Código Civil, lembrando que a Lei n. 13.043/2014 modificou a redação do art. 1.367 e incluiu os arts. 1.368-A e 1.368-B.

No art. 1.367 do Código Civil, a regra é que a propriedade fiduciária em garantia de bens móveis ou imóveis sujeita-se às disposições gerais do penhor, da hipoteca e da anticrese (arts. 1.419 a 1.430 do Código Civil) e, no que for específico, à legislação especial pertinente, não se equiparando, para quaisquer efeitos, à propriedade plena de que trata o art. 1.231 do mesmo Código.

Já no art. 1.368-A do Código Civil, a regra é que as demais espécies de propriedade fiduciária ou de titularidade fiduciária submetem-se à disciplina específica das respectivas leis especiais, somente se aplicando as disposições do Código Civil naquilo que não for incompatível com a legislação especial.

O art. 1.368-B do Código Civil afirma que a alienação fiduciária em garantia de bem móvel ou imóvel confere direito real de aquisição ao fiduciante, seu cessionário ou sucessor, e que o credor fiduciário que se tornar proprietário pleno do bem, por efeito de realização da garantia, mediante consolidação da propriedade, adjudicação, dação ou outra forma pela qual lhe tenha sido transmitida a propriedade plena, passa a responder pelo pagamento dos tributos sobre a propriedade e a posse, taxas, despesas condominiais e quaisquer outros encargos, tributários ou não, incidentes sobre o bem objeto da garantia, a partir da data em que vier a ser imitido na posse direta do bem. Com isso, o IPVA e o IPTU, por exemplo, durante o prazo contratual, deverão ser cobrados pelo fisco, exclusivamente, do fiduciante (devedor), até que o fiduciário (credor) consolide a propriedade em seu nome.

6.4 SÚMULAS REFERENTES AO DIREITO DO PROMITENTE COMPRADOR DO IMÓVEL

→ **Súmulas do STJ**

Súm. 76
A falta de registro do compromisso de compra e venda de imóvel não dispensa a prévia interpelação para constituir em mora o devedor.

Súm. 84
É admissível a oposição de embargos de terceiro fundados em alegação de posse advinda de compromisso de compra e venda de imóvel, ainda que desprovido do registro.

Súm. 239
O direito à adjudicação compulsória não se condiciona ao registro do compromisso de compra e venda no cartório de imóveis.

6.5 SÚMULAS E ENUNCIADOS SOBRE DIREITO DAS COISAS

→ **Súmulas do STJ**

Súm. 193
O direito de uso de linha telefônica pode ser adquirido por usucapião.

Súm. 260
A convenção de condomínio aprovada, ainda que sem registro, é eficaz para regular as relações entre os condôminos.

Súm. 308
A hipoteca firmada entre a construtora e o agente financeiro, anterior ou posterior à celebração da promessa de compra e venda, não tem eficácia perante os adquirentes do imóvel.

Súm. 384
Cabe ação monitória para haver saldo remanescente oriundo de venda extrajudicial de bem alienado fiduciariamente em garantia.

Súm. 449
A vaga de garagem que possui matrícula própria no registro de imóveis não constitui bem de família para efeito de penhora.

Súm. 478
Na execução de crédito relativo a cotas condominiais, este tem preferência sobre o hipotecário.

Súm. 496
Os registros de propriedade particular de imóveis situados em terrenos de marinha não são oponíveis à União.

→ **Súmulas do STF**

Súm. 122
O enfiteuta pode purgar a mora enquanto não decretado o comisso por sentença.

O novo Código Civil proibiu a constituição de novas enfiteuses (art. 2.038), subordinando-se as já existentes, até sua extinção, ao Código Civil de 1916.

Súm. 169
Depende de sentença a aplicação da pena de comisso.

Súm. 170
É resgatável a enfiteuse instituída anteriormente à vigência do Código Civil.

Súm. 237
O usucapião pode ser arguido em defesa.

Súm. 263
O possuidor deve ser citado pessoalmente para a ação de usucapião.

Súm. 340
Desde a vigência do Código Civil, os bens dominicais, como os demais bens públicos, não podem ser adquiridos por usucapião.

Súm. 391
O confinante certo deve ser citado, pessoalmente, para a ação de usucapião.

Súm. 414
Não se distingue a visão direta da oblíqua na proibição de abrir janela, ou fazer terraço, eirado, ou varanda, a menos de metro e meio do prédio de outrem.

Súm. 415
Servidão de trânsito não titulada, mas tornada permanente, sobretudo pela natureza das obras realizadas, considera-se aparente, conferindo direito à proteção possessória.

Súm. 487
Será deferida a posse a quem, evidentemente, tiver o domínio, se com base neste for ela disputada.

→ **Súmula Vinculante do STF**

Súm. Vinc. 23
A Justiça do Trabalho é competente para processar e julgar ação possessória ajuizada em decorrência do exercício do direito de greve pelos trabalhadores da iniciativa privada.

→ **Enunciados do CJF das Jornadas de Direito Civil**

En. 49
Art. 1.228, § 2º: A regra do art. 1.228, § 2º, do novo Código Civil interpreta-se restritivamente, em harmonia com o princípio da função social da propriedade e com o disposto no art. 187.

En. 76
Art. 1.197: O possuidor direto tem direito de defender a sua posse contra o indireto, e este, contra aquele (art. 1.197, *in fine*, do novo Código Civil).

En. 77
Art. 1.205: A posse das coisas móveis e imóveis também pode ser transmitida pelo constituto possessório.

En. 78
Art. 1.210: Tendo em vista a não recepção pelo novo Código Civil da *exceptio proprietatis* (art. 1.210, § 2º) em caso de ausência de prova suficiente para embasar decisão liminar ou sentença final ancorada exclusivamente no *ius possessionis*, deverá o pedido ser indeferido e julgado improcedente, não obstante eventual alegação e demonstração de direito real sobre o bem litigioso.

En. 79
Art. 1.210: A *exceptio proprietatis*, como defesa oponível às ações possessórias típicas, foi abolida pelo Código Civil de 2002, que estabeleceu a absoluta separação entre os juízos possessório e petitório.

En. 80
Art. 1.212: É inadmissível o direcionamento de demanda possessória ou ressarcitória contra terceiro possuidor de boa-fé, por ser parte passiva ilegítima diante do disposto no art. 1.212 do novo Código Civil. Contra o terceiro de boa-fé, cabe tão somente a propositura de demanda de natureza real.

En. 81
Art. 1.219: O direito de retenção previsto no art. 1.219 do Código Civil, decorrente da realização de benfeitorias necessárias e úteis, também se aplica às acessões (construções e plantações) nas mesmas circunstâncias.

En. 82
Art. 1.228: É constitucional a modalidade aquisitiva de propriedade imóvel prevista nos §§ 4º e 5º do art. 1.228 do novo Código Civil.

En. 83
Art. 1.228: Nas ações reivindicatórias propostas pelo Poder Público, não são aplicáveis as disposições constantes dos §§ 4º e 5º do art. 1.228 do novo Código Civil.

En. 84
Art. 1.228: A defesa fundada no direito de aquisição com base no interesse social (art. 1.228, §§ 4º e 5º, do novo Código Civil) deve ser arguida pelos réus da ação reivindicatória, eles próprios responsáveis pelo pagamento da indenização.

En. 85
Art. 1.240: Para efeitos do art. 1.240, *caput*, do novo Código Civil, entende-se por "área urbana" o imóvel edificado ou não, inclusive unidades autônomas vinculadas a condomínios edilícios.

En. 86
Art. 1.242: A expressão "justo título" contida nos arts. 1.242 e 1.260 do Código Civil abrange todo e qualquer ato jurídico hábil, em tese, a transferir a propriedade, independentemente de registro.

En. 87
Art. 1.245: Considera-se também título translativo, para fins do art. 1.245 do novo Código Civil, a promessa de compra e venda devidamente

quitada (arts. 1.417 e 1.418 do CC e § 6º do art. 26 da Lei n. 6.766/79).

En. 88
Art. 1.285: O direito de passagem forçada, previsto no art. 1.285 do Código Civil, também é garantido nos casos em que o acesso à via pública for insuficiente ou inadequado, consideradas, inclusive, as necessidades de exploração econômica.

En. 89
Art. 1.331: O disposto nos arts. 1.331 a 1.358 do novo Código Civil aplica-se, no que couber, aos condomínios assemelhados, tais como loteamentos fechados, multipropriedade imobiliária e clubes de campo.

En. 90
Art. 1.331: Deve ser reconhecida personalidade jurídica ao condomínio edilício.
• Alterado pelo Enunciado 246 da III Jornada.

En. 91
Art. 1.331: A convenção de condomínio ou a assembleia geral podem vedar a locação de área de garagem ou abrigo para veículos a estranhos ao condomínio.

En. 92
Art. 1.337: As sanções do art. 1.337 do novo Código Civil não podem ser aplicadas sem que se garanta direito de defesa ao condômino nocivo.

En. 93
Art. 1.369: As normas previstas no Código Civil sobre direito de superfície não revogam as relativas a direito de superfície constantes do Estatuto da Cidade (Lei n. 10.257/2001) por ser instrumento de política de desenvolvimento urbano.

En. 94
Art. 1.371: As partes têm plena liberdade para deliberar, no contrato respectivo, sobre o rateio dos encargos e tributos que incidirão sobre a área objeto da concessão do direito de superfície.

En. 95
Art. 1.418: O direito à adjudicação compulsória (art. 1.418 do novo Código Civil), quando exercido em face do promitente vendedor, não se condiciona ao registro da promessa de compra e venda no cartório de registro imobiliário (Súmula 239 do STJ).

En. 236
Arts. 1.196, 1.205 e 1.212: Considera-se possuidor, para todos os efeitos legais, também a coletividade desprovida de personalidade jurídica.

En. 237
Art. 1.203: É cabível a modificação do título da posse – *interversio possessionis* – na hipótese em que o até então possuidor direto demonstrar ato exterior e inequívoco de oposição ao antigo possuidor indireto, tendo por efeito a caracterização do *animus domini*.

En. 238
Art. 1.210: Ainda que a ação possessória seja intentada além de "ano e dia" da turbação ou esbulho, e, em razão disso, tenha seu trâmite regido pelo procedimento ordinário (CPC/1973, art. 924[7]), nada impede que o juiz conceda a tutela possessória liminarmente, mediante antecipação de tutela, desde que presentes os requisitos autorizadores do art. 273, I ou II[8], bem como aqueles previstos no art. 461-A[9] e parágrafos, todos do Código de Processo Civil de 1973.

En. 239
Art. 1.210: Na falta de demonstração inequívoca de posse que atenda à função social, deve-se utilizar a noção de "melhor posse", com base nos critérios previstos no parágrafo único do art. 507 do Código Civil de 1916.

En. 240
Art. 1.228: A justa indenização a que alude o § 5º do art. 1.228 não tem como critério valorativo, necessariamente, a avaliação técnica lastreada no mercado imobiliário, sendo indevidos os juros compensatórios.

En. 241
Art. 1.228: O registro da sentença em ação reivindicatória, que opera a transferência da propriedade para o nome dos possuidores, com fundamento no interesse social (art. 1.228, § 5º), é condicionado ao pagamento da respectiva indenização, cujo prazo será fixado pelo juiz.

En. 242
Art. 1.276: A aplicação do art. 1.276 depende do devido processo legal, em que seja assegu-

---
7. Equivale ao art. 558 do CPC/2015.
8. Equivale ao art. 300 do CPC/2015.
9. Equivale ao art. 498 do CPC/2015.

rado ao interessado demonstrar a não cessação da posse.

En. 243
Art. 1.276: A presunção de que trata o § 2º do art. 1.276 não pode ser interpretada de modo a contrariar a norma-princípio do art. 150, IV, da Constituição da República.

En. 244
Art. 1.291: O art. 1.291 deve ser interpretado conforme a Constituição, não sendo facultada a poluição das águas, quer sejam essenciais ou não às primeiras necessidades da vida.

En. 245
Art. 1.293: Muito embora omisso acerca da possibilidade de canalização forçada de águas por prédios alheios, para fins da agricultura ou indústria, o art. 1.293 não exclui a possibilidade da canalização forçada pelo vizinho, com prévia indenização aos proprietários prejudicados.

En. 246
Art. 1.331: Fica alterado o Enunciado n. 90, com supressão da parte final: "nas relações jurídicas inerentes às atividades de seu peculiar interesse". Prevalece o texto: "Deve ser reconhecida personalidade jurídica ao condomínio edilício".

En. 247
Art. 1.331: No condomínio edilício é possível a utilização exclusiva de área "comum" que, pelas próprias características da edificação, não se preste ao "uso comum" dos demais condôminos.

En. 248
Art. 1.334, V: O *quorum* para alteração do regimento interno do condomínio edilício pode ser livremente fixado na convenção.

En. 249
Art. 1.369: A propriedade superficiária pode ser autonomamente objeto de direitos reais de gozo e de garantia, cujo prazo não exceda a duração da concessão da superfície, não se lhe aplicando o art. 1.474.

En. 250
Art. 1.369: Admite-se a constituição do direito de superfície por cisão.

En. 251
Art. 1.379: O prazo máximo para o usucapião extraordinário de servidões deve ser de quinze anos, em conformidade com o sistema geral de usucapião previsto no Código Civil.

En. 252
Art. 1.410: A extinção do usufruto pelo não uso, de que trata o art. 1.410, inciso VIII, independe do prazo previsto no art. 1.389, inciso III, operando-se imediatamente. Tem-se por desatendida, nesse caso, a função social do instituto.

En. 253
Art. 1.417: O promitente comprador, titular de direito real (art. 1.417), tem a faculdade de reivindicar de terceiro o imóvel prometido à venda.

En. 299
Art. 2.028: Iniciada a contagem de determinado prazo sob a égide do Código Civil de 1916, e vindo a lei nova a reduzi-lo, prevalecerá o prazo antigo, desde que transcorrido mais de metade deste na data da entrada em vigor do novo Código. O novo prazo será contado a partir de 11 de janeiro de 2003, desprezando-se o tempo anteriormente decorrido, salvo quando o não aproveitamento do prazo já decorrido implicar aumento do prazo prescricional previsto na lei revogada, hipótese em que deve ser aproveitado o prazo já decorrido durante o domínio da lei antiga, estabelecendo-se uma continuidade temporal (aplicável à usucapião).

En. 301
Art. 1.198 c/c o art. 1.204: É possível a conversão da detenção em posse, desde que rompida a subordinação, na hipótese de exercício em nome próprio dos atos possessórios.

En. 302
Arts. 1.200 e 1.214: Pode ser considerado justo título para a posse de boa-fé o ato jurídico capaz de transmitir a posse *ad usucapionem*, observado o disposto no art. 113 do Código Civil.

En. 303
Art. 1.201: Considera-se justo título para presunção relativa da boa-fé do possuidor o justo motivo que lhe autoriza a aquisição derivada da posse, esteja ou não materializado em instrumento público ou particular. Compreensão na perspectiva da função social da posse.

En. 304
Art. 1.228: São aplicáveis as disposições dos §§ 4º e 5º do art. 1.228 do Código Civil às ações reivindicatórias relativas a bens públicos dominicais, mantido, parcialmente, o Enunciado 83 da I Jornada de Direito Civil, no que concerne às demais classificações dos bens públicos.

En. 305
Art. 1.228: Tendo em vista as disposições dos §§ 3º e 4º do art. 1.228 do Código Civil, o Ministério Público tem o poder-dever de atuação nas hipóteses de desapropriação, inclusive a indireta, que envolvam relevante interesse público, determinado pela natureza dos bens jurídicos envolvidos.

En. 306
Art. 1.228: A situação descrita no § 4º do art. 1.228 do Código Civil enseja a improcedência do pedido reivindicatório.

En. 307
Art. 1.228: Na desapropriação judicial (art. 1.228, § 4º), poderá o juiz determinar a intervenção dos órgãos públicos competentes para o licenciamento ambiental e urbanístico.

En. 308
Art. 1.228: A justa indenização devida ao proprietário em caso de desapropriação judicial (art. 1.228, § 5º) somente deverá ser suportada pela Administração Pública no contexto das políticas públicas de reforma urbana ou agrária, em se tratando de possuidores de baixa renda e desde que tenha havido intervenção daquela nos termos da lei processual. Não sendo os possuidores de baixa renda, aplica-se a orientação do Enunciado 84 da I Jornada de Direito Civil.

En. 309
Art. 1.228: O conceito de posse de boa-fé de que trata o art. 1.201 do Código Civil não se aplica ao instituto previsto no § 4º do art. 1.228.

En. 310
Interpreta-se extensivamente a expressão "imóvel reivindicado" (art. 1.228, § 4º), abrangendo pretensões tanto no juízo petitório quanto no possessório.

En. 311
Caso não seja pago o preço fixado para a desapropriação judicial, e ultrapassado o prazo prescricional para se exigir o crédito correspondente, estará autorizada a expedição de mandado para registro da propriedade em favor dos possuidores.

En. 312
Art. 1.239: Observado o teto constitucional, a fixação da área máxima para fins de usucapião especial rural levará em consideração o módulo rural e a atividade agrária regionalizada.

En. 313
Arts. 1.239 e 1.240: Quando a posse ocorre sobre área superior aos limites legais, não é possível a aquisição pela via da usucapião especial, ainda que o pedido restrinja a dimensão do que se quer usucapir.

En. 314
Art. 1.240: Para os efeitos do art. 1.240, não se deve computar, para fins de limite de metragem máxima, a extensão compreendida pela fração ideal correspondente à área comum.

En. 315
Art. 1.241: O art. 1.241 do Código Civil permite que o possuidor que figurar como réu em ação reivindicatória ou possessória formule pedido contraposto e postule ao juiz seja declarada adquirida, mediante usucapião, a propriedade imóvel, valendo a sentença como instrumento para registro imobiliário, ressalvados eventuais interesses de confinantes e terceiros.

En. 316
Art. 1.276: Eventual ação judicial de abandono de imóvel, caso procedente, impede o sucesso de demanda petitória.

En. 317
Art. 1.243: A *accessio possessionis*, de que trata o art. 1.243, primeira parte, do Código Civil, não encontra aplicabilidade relativamente aos arts. 1.239 e 1.240 do mesmo diploma legal, em face da normatividade do usucapião constitucional urbano e rural, arts. 183 e 191, respectivamente.

En. 318
Art. 1.258: O direito à aquisição da propriedade do solo em favor do construtor de má-fé (art. 1.258, parágrafo único) somente é viável quando, além dos requisitos explícitos previstos em lei, houver necessidade de proteger terceiros de boa-fé.

En. 319
Art. 1.277: A condução e a solução das causas envolvendo conflitos de vizinhança devem guardar estreita sintonia com os princípios constitucionais da intimidade, da inviolabilidade da vida privada e da proteção ao meio ambiente.

En. 320
Arts. 1.338 e 1.331: O direito de preferência de que trata o art. 1.338 deve ser assegurado não apenas nos casos de locação, mas também na hipótese de venda da garagem.

En. 321
Art. 1.369: Os direitos e obrigações vinculados ao terreno e, bem assim, aqueles vinculados à construção ou à plantação formam patrimônios distintos e autônomos, respondendo cada um dos seus titulares exclusivamente por suas próprias dívidas e obrigações, ressalvadas as fiscais decorrentes do imóvel.

En. 322
Art. 1.376: O momento da desapropriação e as condições da concessão superficiária serão considerados para fins da divisão do montante indenizatório (art. 1.376), constituindo-se litisconsórcio passivo necessário simples entre proprietário e superficiário.

En. 323
É dispensável a anuência dos adquirentes de unidades imobiliárias no "termo de afetação" da incorporação imobiliária.

En. 324
É possível a averbação do termo de afetação de incorporação imobiliária (Lei n. 4.591/64, art. 31b) a qualquer tempo, na matrícula do terreno, mesmo antes do registro do respectivo Memorial de Incorporação no Registro de Imóveis.

En. 325
É impenhorável, nos termos da Lei n. 8.009/90, o direito real de aquisição do devedor fiduciante.

En. 492
A posse constitui direito autônomo em relação à propriedade e deve expressar o aproveitamento dos bens para o alcance de interesses existenciais, econômicos e sociais merecedores de tutela.

En. 493
O detentor (art. 1.198 do Código Civil) pode, no interesse do possuidor, exercer a autodefesa do bem sob seu poder.

En. 494
A faculdade conferida ao sucessor singular de somar ou não o tempo da posse de seu antecessor não significa que, ao optar por nova contagem, estará livre do vício objetivo que maculava a posse anterior.

En. 495
No desforço possessório, a expressão "contanto que o faça logo" deve ser entendida restritivamente, apenas como a reação imediata ao fato do esbulho ou da turbação, cabendo ao possuidor recorrer à via jurisdicional nas demais hipóteses.

En. 496
O conteúdo do art. 1.228, §§ 4º e 5º, pode ser objeto de ação autônoma, não se restringindo à defesa em pretensões reivindicatórias.

En. 497
O prazo, na ação de usucapião, pode ser completado no curso do processo, ressalvadas as hipóteses de má-fé processual do autor.

En. 498
A fluência do prazo de 2 anos previsto pelo art. 1.240-A para a nova modalidade de usucapião nele contemplada tem início com a entrada em vigor da Lei n. 12.424/2011.

• O Enunciado 499 foi revogado pelo 595 na VII Jornada em 2015.

En. 500
A modalidade de usucapião prevista no art. 1.240-A do Código Civil pressupõe a propriedade comum do casal e compreende todas as formas de família ou entidades familiares, inclusive homoafetivas.

En. 501
As expressões "ex-cônjuge" e "ex-companheiro", contidas no art. 1.240-A do Código Civil, correspondem à situação fática da separação, independentemente de divórcio.

En. 502
O conceito de posse direta referido no art. 1.240-A do Código Civil não coincide com a acepção empregada no art. 1.197 do mesmo Código.

En. 503
É relativa a presunção de propriedade decorrente do registro imobiliário, ressalvado o sistema Torrens.

En. 504

A escritura declaratória de instituição e convenção firmada pelo titular único de edificação composta por unidades autônomas é título hábil para registro da propriedade horizontal no competente registro de imóveis, nos termos dos arts. 1.332 a 1.334 do Código Civil.

En. 505

É nula a estipulação que, dissimulando ou embutindo multa acima de 2%, confere suposto desconto de pontualidade no pagamento da taxa condominial, pois configura fraude à lei (Código Civil, art. 1.336, § 1°), e não redução por merecimento.

En. 506

Estando em curso contrato de alienação fiduciária, é possível a constituição concomitante de nova garantia fiduciária sobre o mesmo bem imóvel, que, entretanto, incidirá sobre a respectiva propriedade superveniente que o fiduciante vier a readquirir, quando do implemento da condição a que estiver subordinada a primeira garantia fiduciária; a nova garantia poderá ser registrada na data em que convencionada e será eficaz desde a data do registro, produzindo efeito *ex tunc*.

En. 507

Na aplicação do princípio da função social da propriedade imobiliária rural, deve ser observada a cláusula aberta do § 1° do art. 1.228 do Código Civil, que, em consonância com o disposto no art. 5°, inciso XXIII, da Constituição de 1988, permite melhor objetivar a funcionalização mediante critérios de valoração centrados na primazia do trabalho.

En. 508

Verificando-se que a sanção pecuniária mostrou-se ineficaz, a garantia fundamental da função social da propriedade (arts. 5°, XXIII, da CRFB e 1.228, § 1°, do CC) e a vedação ao abuso do direito (arts. 187 e 1.228, § 2°, do CC) justificam a exclusão do condômino antissocial, desde que a ulterior assembleia prevista na parte final do parágrafo único do art. 1.337 do Código Civil delibere a propositura de ação judicial com esse fim, asseguradas todas as garantias inerentes ao devido processo legal.

En. 509

A resolução da propriedade, quando determinada por causa originária, prevista no título, opera *ex tunc* e *erga omnes*; se decorrente de causa superveniente, atua *ex nunc* e *inter partes*.

En. 510

Ao superficiário que não foi previamente notificado pelo proprietário para exercer o direito de preferência previsto no art. 1.373 do CC é assegurado o direito de, no prazo de seis meses, contado do registro da alienação, adjudicar para si o bem mediante depósito do preço.

En. 511

Do leilão, mesmo que negativo, a que se refere o art. 27 da Lei n. 9.514/1997, será lavrada ata que, subscrita pelo leiloeiro, poderá ser averbada no registro de imóveis competente, sendo a transmissão da propriedade do imóvel levado a leilão formalizada mediante contrato de compra e venda.

En. 563

Art. 1.196: O reconhecimento da posse por parte do Poder Público competente anterior à sua legitimação nos termos da Lei n. 11.977/2009 constitui título possessório.

En. 564

Art. 1.238: As normas relativas à usucapião extraordinária (art. 1.238, *caput*, CC) e à usucapião ordinária (art. 1.242, *caput*, CC), por estabelecerem redução de prazo em benefício do possuidor, têm aplicação imediata, não incidindo o disposto no art. 2.028 do Código Civil.

En. 565

Art. 1.275, III: Não ocorre a perda da propriedade por abandono de resíduos sólidos, que são considerados bens socioambientais, nos termos da Lei n. 12.305/2012.

En. 566

Art. 1.335, I, do Código Civil e art. 19 da Lei n. 4.591/64: A cláusula convencional que restringe a permanência de animais em unidades autônomas residenciais deve ser valorada à luz dos parâmetros legais de sossego, insalubridade e periculosidade.

En. 567

Art. 27, § 1°, da Lei n. 9.514/97: A avaliação do imóvel para efeito do leilão previsto no § 1° do art. 27 da Lei n. 9.514/97 deve contemplar o maior valor entre a avaliação efetuada pelo município para cálculo do imposto de transmissão *inter vivos* (ITBI) devido para a consolidação da propriedade no patrimônio do credor fiduciário e o critério fixado contratualmente.

En. 568

Art. 1.369 do Código Civil e art. 21 do Estatuto da Cidade: O direito de superfície abrange o direito de utilizar o solo, o subsolo ou o espaço aéreo relativo ao terreno, na forma estabelecida no contrato, admitindo-se o direito de sobrelevação, atendida a legislação urbanística.

En. 569

Art. 1.242, parágrafo único: No caso do art. 1.242, parágrafo único, a usucapião, como matéria de defesa, prescinde do ajuizamento da ação de usucapião, visto que, nessa hipótese, o usucapiente já é o titular do imóvel no registro.

En. 591

Arts. 26, 27, 30 e 37-A da Lei n. 9.514/1997: A ação de reintegração de posse nos contratos de alienação fiduciária em garantia de coisa imóvel pode ser proposta a partir da consolidação da propriedade do imóvel em poder do credor fiduciário, e não apenas após os leilões extrajudiciais previstos no art. 27 da Lei n. 9.514/1997.

En. 592

Art. 519 e art. 35 do Decreto-Lei n. 3.365/1941: O art. 519 do Código Civil derroga o art. 35 do Decreto-Lei n. 3.365/1941 naquilo que diz respeito a cenários de tredestinação ilícita. Assim, ações de retrocessão baseadas em alegações de tredestinação ilícita não precisam, quando julgadas depois da incorporação do bem desapropriado ao patrimônio da entidade expropriante, resolver-se em perdas e danos.

En. 593

Art. 1.196 e art. 56 e 57 da Lei n. 11.977/2009: É indispensável o procedimento de demarcação urbanística para regularização fundiária social de áreas ainda não matriculadas no Cartório de Registro de Imóveis como requisito à emissão dos títulos de legitimação da posse e de domínio.

En. 594

Art. 1.239: É possível adquirir a propriedade de área menor do que o módulo rural estabelecido para a região por meio da usucapião especial rural.

En. 595

Art. 1.240-A: O requisito "abandono do lar" deve ser interpretado na ótica do instituto da usucapião familiar como abandono voluntário da posse do imóvel somado à ausência da tutela da família, não importando em averiguação da culpa pelo fim do casamento ou união estável. Revogado o Enunciado 499.

En. 596

Art. 1.243-A: O condomínio edilício pode adquirir imóvel por usucapião.

En. 597

Art. 1.276: A posse impeditiva da arrecadação, prevista no art. 1.276 do Código Civil, é efetiva e qualificada por sua função social.

En. 598

Art. 1.293: Na redação do art. 1.293, "agricultura e indústria" não são apenas qualificadores do prejuízo que pode ser causado pelo aqueduto, mas também finalidades que podem justificar sua construção.

En. 623

Art. 504: Ainda que sejam muitos os condôminos, não há direito de preferência na venda da fração de um bem entre dois coproprietários, pois a regra prevista no art. 504, parágrafo único, do Código Civil, visa somente a resolver eventual concorrência entre condôminos na alienação da fração a estranhos ao condomínio.

En. 624

Art. 1.247: A anulação do registro, prevista no art. 1.247 do Código Civil, não autoriza a exclusão dos dados invalidados do teor da matrícula.

En. 625

Art. 1.358: A incorporação imobiliária que tenha por objeto o condomínio de lotes poderá ser submetida ao regime do patrimônio de afetação, na forma da lei especial.

En. 626

Art. 1.428: Não afronta o art. 1.428 do Código Civil, em relações paritárias, o pacto marciano, cláusula contratual que autoriza que o credor se torne proprietário da coisa objeto da garantia mediante aferição de seu justo valor e restituição do supérfluo (valor do bem em garantia que excede o da dívida).

En. 627
Art. 1.510: O direito real de laje é passível de usucapião.

En. 628
Art. 1.711: Os patrimônios de afetação não se submetem aos efeitos de recuperação judicial da sociedade instituidora e prosseguirão sua atividade com autonomia e incomunicáveis em relação ao seu patrimônio geral, aos demais patrimônios de afetação por ela constituídos e ao plano de recuperação até que extintos, nos termos da legislação respectiva, quando seu resultado patrimonial, positivo ou negativo, será incorporado ao patrimônio geral da sociedade instituidora.

En. 663
Art. 51, § 3º: Para evitar a extinção do registro marcário, os sócios de sociedade liquidada poderão requerer ao Instituto Nacional da Propriedade Industrial – INPI a transferência da titularidade da marca.

En. 664
Art. 1.240-A: O prazo da usucapião contemplada no art. 1.240-A só iniciará seu curso caso a composse tenha cessado de forma efetiva, não sendo suficiente, para tanto, apenas o fim do contato físico com o imóvel.

En. 665
Art. 1.351: A reconstrução de edifício realizada com o propósito de comercialização das unidades durante a obra sujeita-se ao regime da incorporação imobiliária e torna exigível o registro do Memorial de Incorporação.

En. 666
Art. 1.424, IV: No penhor de créditos futuros, satisfaz o requisito da especificação, de que trata o art. 1.424, IV, do Código Civil, a definição, no ato constitutivo, de critérios ou procedimentos objetivos que permitam a determinação dos créditos alcançados pela garantia.

En. 667
Art. 1.424, IV: No penhor constituído sobre bens fungíveis, satisfaz o requisito da especificação de que trata o art. 1.424, IV, do Código Civil, a definição, no ato constitutivo, da espécie, qualidade e quantidade dos bens dados em garantia.

En. 668
Art. 1.431, parágrafo único: Os direitos de propriedade industrial caracterizados pela exclusividade são suscetíveis de penhor, observadas as necessidades de averbação junto ao Instituto Nacional da Propriedade Industrial para a plena eficácia perante terceiros.

En. 669
Art. 1.510-A: É possível o registro do direito real de laje sobre construção edificada antes da vigência da lei, desde que respeitados os demais requisitos previstos tanto para a forma quanto para o conteúdo material da transmissão.

Capítulo 7
DO BEM DE FAMÍLIA
(ARTS. 1.711 A 1.722 DO CC)

7.1 DO BEM DE FAMÍLIA (ARTS. 1711 A 1722 DO CC)

Bem de família é o bem que se encontra protegido de execução por dívidas. Tem por objetivo garantir o direito à moradia da família, ou seja, é um direito fundamental que tem íntima relação com a dignidade da pessoa humana.

Duas são as espécies de bem de família: o legal e o convencional.

Bem de família legal: é o protegido pela Lei n. 8.009/90. Não é necessário a família fazer nada, pois a lei protege o único bem destinado à moradia da família e, havendo mais de um, o de menor valor.

O art. 1º da Lei n. 8.009/90 determina que o imóvel residencial próprio do casal, ou da entidade familiar, é impenhorável e não responderá por qualquer tipo de dívida civil, comercial, fiscal, previdenciária ou de outra natureza, contraída pelos cônjuges ou pelos pais ou filhos que sejam seus proprietários e nele residam, salvo nas seguintes hipóteses:

a) pelo titular do crédito decorrente do financiamento destinado à construção ou à aquisição do imóvel, no limite dos créditos e acréscimos constituídos em função do respectivo contrato;

b) pelo credor da pensão alimentícia, resguardados os direitos, sobre o bem, do seu coproprietário que, com o devedor, integre união estável ou conjugal, observadas as hipóteses em que ambos responderão pela dívida (redação dada pela Lei n. 13.144, de 2015);

c) para cobrança de impostos, predial ou territorial, taxas e contribuições devidas em função do imóvel familiar;

d) para execução de hipoteca sobre o imóvel oferecido como garantia real pelo casal ou pela entidade familiar;

e) por ter sido adquirido com produto de crime ou para execução de sentença penal condenatória a ressarcimento, indenização ou perdimento de bens;

f) por obrigação decorrente de fiança concedida em contrato de locação.

> Como houve muita discussão sobre a constitucionalidade do dispositivo da letra f acima, que determina ser o imóvel residencial próprio do casal, ou da entidade familiar, impenhorável e não respondendo por qualquer tipo de dívida civil, comercial, fiscal, previdenciária ou de outra natureza, contraída pelos cônjuges ou pelos pais ou filhos que sejam seus proprietários e nele residam, salvo por obrigação decorrente de fiança concedida em contrato de locação, o STJ, em outubro de 2015, editou a **Súmula 549***, corroborando a tese, mas, na sessão do dia 12-6-2018, a 1ª Turma do STF, ao concluir o julgamento do **RE 605.709**, iniciado em outubro de 2014, tendo como relator o ministro Dias Toffoli, então ainda integrante da turma, decidiu, por maioria de votos (3 a 2) – Rosa Weber, Marco Aurélio e Luiz Fux favoráveis e Toffoli e Barroso contrários –, pela impenhorabilidade do bem de família do fiador em contrato de locação comercial. A citada decisão relativiza a súmula 549 do STJ que determina ser válida a penhora de bem de família pertencente a fiador de contrato de locação. Com o julgamento, a interpretação da súmula deverá ser no sentido de que **é válida a penhora de bem de família pertencente a fiador, somente se o contrato de locação for residencial**.

* Vale ressaltar que a impenhorabilidade é oponível em razão dos créditos de trabalhadores da própria residência e das respectivas contribuições previdenciárias, já que a Lei Complementar n. 150, de 1-6-2015, conhecida como Lei das Domésticas, revogou o inciso I do art. 3º da Lei n. 8.009/90, visto que deu os mesmos direitos aos trabalhadores domésticos que os demais.

A 4ª Turma do Superior Tribunal de Justiça entende que, na execução de sentença homologatória de acordo celebrado entre as partes no âmbito civil, é possível a penhora de imóvel residencial tido como bem de família, se o executado foi condenado criminalmente pelo mesmo fato. A decisão analisou recurso em que se alegava a nulidade da penhora de um imóvel, tendo em vista a não inclusão da circunstância na exceção prevista pelo inciso VI do art. 3º da Lei n. 8.009/90. Trata-se do **REsp 1.021.440/SP, rel. Min. Luis Felipe Salomão, j. em 2-5-2013**.

O bem de família, garantido por lei com respaldo constitucional, não pode ser objeto de renúncia por escritura. Esse é o posicionamento do STJ no AgRg nos Embargos de Divergência em **REsp 888.654/ES (2007/0212009-6), rel. Min. João Otávio de Noronha, j. 14-3-2011, v.u**.

A impenhorabilidade compreende o imóvel sobre o qual se assentam a construção, as plantações, as benfeitorias de qualquer natureza e todos os equipamentos, inclusive os de uso profissional, ou móveis que guarneçam a casa, desde que quitados.

Excluem-se da impenhorabilidade os veículos de transporte, obras de arte e adornos suntuosos.

No caso de imóvel locado, a impenhorabilidade aplica-se aos bens móveis quitados que guarneçam a residência e que sejam de propriedade do locatário.

Não se beneficiará do disposto na Lei n. 8.009/90 aquele que, sabendo-se insolvente, adquire de má-fé imóvel mais valioso para transferir a residência familiar, desfazendo-se ou não da moradia antiga. Neste caso, poderá o juiz, na respectiva ação do credor, transferir a impenhorabilidade para a moradia familiar anterior, ou anular-lhe a venda, liberando a mais valiosa para execução ou concurso, conforme a hipótese.

Quando a residência familiar constituir-se em imóvel rural, a impenhorabilidade restringir-se-á à sede de moradia, com os respectivos bens móveis, e, nos casos do art. 5º, XXVI, da Constituição, à área limitada como pequena propriedade rural.

Tratando-se de bem de família que se constitua em imóvel rural, é possível que se determine a penhora da fração que exceda o necessário à moradia do devedor e de sua família. É certo que a Lei n. 8.009/90 assegura a impenhorabilidade do imóvel residencial próprio do casal ou da entidade familiar. Entretanto, de acordo com o § 2º do art.

4º dessa Lei, quando "*a residência familiar constituir-se em imóvel rural, a impenhorabilidade restringir-se-á à sede de moradia, com os respectivos bens móveis*". Assim, deve-se considerar como legítima a penhora incidente sobre a parte do imóvel que exceda o necessário à sua utilização como moradia. Isso ficou decidido no **REsp 1.237.176-SP, rel. Min. Eliana Calmon, j. em 4-4-2013.**

Para os efeitos de impenhorabilidade, de que trata a Lei n. 8.009/90, considera-se residência um único imóvel utilizado pelo casal ou pela entidade familiar para moradia permanente.

Na hipótese de o casal, ou entidade familiar, ser possuidor de vários imóveis utilizados como residência, a impenhorabilidade recairá sobre o de menor valor, salvo se outro tiver sido registrado, para esse fim, no Registro de Imóveis.

Caso ocorra esvaziamento do patrimônio do devedor em ofensa ao princípio da boa-fé, a impenhorabilidade do imóvel ocupado pela família pode ser afastada. Esse é o entendimento da **3ª Turma do STJ, no REsp 1.299.580/RJ, rel. Min. Nancy Andrighi, j. em 20-3-2012.**

Bem de família convencional: é o instituído pelos cônjuges ou pela entidade familiar, por meio de escritura pública, ou testamento, que deverá ser registrada na matrícula do imóvel (art. 1.714 do CC e art. 167, I, da Lei n. 6.015/73). Essa modalidade é importante quando a família tem mais de um bem imóvel destinado a moradia e não quer ver protegido o de menor valor. A parte do patrimônio a ser destinada como bem de família não pode ultrapassar um terço do patrimônio líquido existente ao tempo da instituição, mantidas as regras sobre a impenhorabilidade do imóvel residencial estabelecidas na Lei n. 8.009/90.

O bem de família convencional consistirá em prédio residencial urbano ou rural, com suas pertenças e acessórios, destinando-se, em ambos os casos, a domicílio familiar, e poderá abranger valores mobiliários, cuja renda será aplicada na conservação do imóvel e no sustento da família, e que não poderão exceder o valor do prédio instituído em bem de família, à época de sua instituição.

Deverão os valores mobiliários ser devidamente individualizados no instrumento de instituição do bem de família. Se se tratar de títulos nominativos, a sua instituição como bem de família deverá constar dos respectivos livros de registro. O instituidor poderá determinar que a administração dos valores mobiliários seja confiada a instituição financeira, bem como disciplinar a forma de pagamento da respectiva renda aos beneficiários, caso em que a responsabilidade dos administradores obedecerá às regras do contrato de depósito.

O bem de família convencional, quer instituído pelos cônjuges ou por terceiro, constitui-se pelo registro de seu título no Registro de Imóveis.

O bem de família convencional é isento de execução por dívidas posteriores à sua instituição, salvo as que provierem de tributos relativos ao prédio, ou de despesas de condomínio. No caso de execução pelas citadas dívidas, o saldo existente será aplicado em outro prédio, como bem de família, ou em títulos da dívida pública, para sustento familiar, salvo se motivos relevantes aconselharem outra solução, a critério do juiz. A referida isenção durará enquanto viver um dos cônjuges, ou, na falta destes, até que os filhos completem a maioridade.

O prédio e os valores mobiliários, constituídos como bem da família, não podem ter destino diverso do domicílio familiar, ou ser alienados sem o consentimento dos interessados e seus representantes legais, ouvido o Ministério Público. Por esse motivo é que se verifica ser o bem de família convencional inalienável, diferentemente do bem de família legal, que é alienável, já que é desnecessária a sua constituição por um ato formal.

Qualquer forma de liquidação da entidade administradora, no caso de o instituidor determinar que a administração dos valores mobiliários seja confiada a instituição financeira, bem como disciplinar a forma de pagamento da respectiva renda aos beneficiários, não atingirá os valores a ela confiados, ordenando o juiz a sua transferência para outra instituição semelhante, obedecendo-se, no caso de falência, ao disposto sobre pedido de restituição.

Comprovada a impossibilidade da manutenção do bem de família nas condições em que foi instituído, poderá o juiz, a requerimento dos interessados, extingui-lo ou autorizar a sub-rogação dos bens que o constituem em outros, ouvidos o instituidor e o Ministério Público.

Salvo disposição em contrário do ato de instituição, a administração do bem de família compete a ambos os cônjuges, resolvendo o juiz em caso de divergência. Com o falecimento de ambos os cônjuges, a administração passará ao filho mais velho, se for maior, e, do contrário, a seu tutor.

A dissolução da sociedade conjugal não extingue o bem de família. Dissolvida a sociedade conjugal pela morte de um dos cônjuges, o sobrevivente poderá pedir a extinção do bem de família, se for o único bem do casal.

Extingue-se, igualmente, o bem de família com a morte de ambos os cônjuges e a maioridade dos filhos, desde que não sujeitos a curatela.

A 3ª Turma do Superior Tribunal de Justiça ampliou o conceito de entidade familiar para proteção de bem de família, ao considerar possível que a impenhorabilidade do bem de família atinja simultaneamente dois imóveis do devedor – aquele onde ele mora com sua esposa e outro no qual vivem as filhas, nascidas de relação extraconjugal, conforme notícia divulgada no site do Tribunal em 27-5-2013.

7.2 ALGUMAS QUESTÕES INTERESSANTES NA JURISPRUDÊNCIA DO STJ SOBRE BEM DE FAMÍLIA

A **Súmula 364 do STJ** estabelece regra muito importante, no sentido de que *"O conceito de impenhorabilidade de bem de família abrange também o imóvel pertencente a pessoas solteiras, separadas e viúvas"*.

Conforme a **Súmula 449 do STJ**, temos uma inovação bem interessante, no sentido de que *"A vaga de garagem que possui matrícula própria no registro de imóveis não constitui bem de família para efeito de penhora"*.

Não menos importante é o conteúdo da **Súmula 486 do STJ**, que afirma ser *"impenhorável o único imóvel residencial do devedor que esteja locado a terceiros, desde que a renda obtida com a locação seja revertida para a subsistência ou a moradia da sua família"*.

A 2ª Seção do STJ reafirma no **REsp 1.363.368** que bem de família do fiador em contrato de aluguel é penhorável.

O bem que retorna ao patrimônio do devedor, por força de reconhecimento de fraude à execução, não goza da proteção da impenhorabilidade disposta na Lei n. 8.009/90, como decide o STJ, no **REsp 1.364.509-RS, rel. Min. Nancy Andrighi, j. em 10-6-2014**.

Também é bem de família insuscetível de penhora o único imóvel do devedor, mesmo que ele não resida nele, como decide o STJ no **EREsp 1.216.187/SC, rel. Min. Arnaldo Esteves Lima, j. em 14-5-2014**.

É penhorável bem de família dado como garantia de dívida de empresa familiar, como decide o STJ no **REsp 1.413.717**.

O STJ fixou importante precedente tanto na 3ª Turma (**REsp 1.560.562/SC**, *DJe* 24-9-2019) quanto na 4ª Turma (**REsp. 1.559.348-DF**, *DJe* 5-8-2019), de que a impenhorabilidade do bem de família não prevalece em alienação fiduciária, pela garantia ter sido dada voluntariamente e o instituto não poder ser utilizado de forma abusiva.

O TST profere magnífica decisão, respeitadas a Lei n. 8.009/90 do bem de família e a jurisprudência do STJ, em casos trabalhistas. Processo: **RR-1788-43.2010.5.03.0114**.

Parte III
DIREITO REGISTRAL IMOBILIÁRIO

Capítulo 8
ASPECTOS REGISTRAIS

8.1 SISTEMAS DE REGISTRO DE IMÓVEIS

Antes de aprofundarmos o estudo do sistema de registro de imóveis brasileiro, é importante destacar que existem diversos sistemas registrais imobiliários no mundo.

O direito de propriedade e os outros direitos reais precisam ser inscritos em algum lugar público, para que todos saibam quem são seus titulares. Após o registro, surgem os efeitos que a lei prevê, variando de acordo com a cultura de cada país. Antes de estudarmos o sistema de registro de imóveis brasileiro, é preciso compreender que pelo menos três sistemas se destacam, com variantes, ao redor do mundo. São eles o sistema consensual ou privatista, o sistema publicista e o sistema eclético.

Ensina Afrânio de Carvalho[1] que o sistema consensual ou privatista é assim chamado porque o título que representa o negócio jurídico é decisivo e a publicidade alcançada por meio do registro serve apenas de aviso a terceiros. Não é o registro que transfere o direito, mas, sim, o título. O registro serve para dar publicidade ao título e avisar aos terceiros que não levaram seus direitos para o registro que agora o direito inscrito é oponível a todos[2]. Este é o sistema francês. Marcelo Augusto Santana de Melo[3] alerta que, apesar de o sistema francês transmitir o direito de propriedade pelo consenso, não significa dizer que não existe um sistema de transcrição. Ele existe, mas não é de direitos, e sim de documentos, pois a publicidade alcançada não é constitutiva nem declarativa.

Já no sistema publicista, a publicidade é o elemento essencial, pois é a partir do registro que se constitui o direito[4]. Após o registro ele se desprende do título, por isso se diz que há uma abstração[5] do negócio realizado, com uma garantia quase absoluta para o adquirente[6]. Aplica-se integralmente o princípio da fé pública[7]. Esse é o sistema

---

1. CARVALHO, Afrânio de. **Registro de Imóveis: comentários ao sistema de registro em face da lei 6015/73.** Rio de Janeiro: Forense, 2001, pág.15.
2. MAGALHÃES, Vilobaldo Bastos de. **Compra e Venda e sistemas de transmissão de propriedade.** Rio de Janeiro: Editora Forense, 1981, pág. 22.
3. MELO, Marcelo Augusto Santana de. **Teoria Geral do registro de imóveis: estrutura e função.** Porto Alegre: Sérgio Antonio Fabis Editor, 2016, pág.94.
4. CARVALHO, Afrânio de. **Registro de Imóveis: comentários ao sistema de registro em face da lei 6015/73.** Rio de Janeiro: Forense, 2001, pág.15.
5. MAGALHÃES, Vilobaldo Bastos de. **Compra e Venda e sistemas de transmissão de propriedade.** Rio de Janeiro: Editora Forense, 1981, pág.27.
6. MELO, Marcelo Augusto Santana de. **Teoria Geral do registro de imóveis: estrutura e função.** Porto Alegre: Sérgio Antonio Fabis Editor, 2016, pág.86.
7. SARMENTO FILHO. Eduardo Sócrates Castanheira. **Direito registral imobiliário: teoria geral.** Vol. I Curitiba: Juruá, 2017, pág.50.

alemão. Uma das variantes deste sistema é o espanhol, onde, apesar de o registro ser declarativo e a propriedade se transferir pelo contrato, o adquirente de boa-fé a título oneroso é protegido após o registro, pela fé pública registrária[8].

Por fim, Afrânio de Carvalho cita um terceiro sistema, denominado de eclético[9], o qual combina o título com o modo de adquirir, a exemplo do sistema publicista, porém não ocorre a abstração do registro em relação ao título, permanecendo o vínculo causal. O registro poderá ser anulado, desde que comprovada a invalidade. A doutrina sempre discutiu essa questão tentando atribuir mais força ao registro de imóveis, mas sempre prevaleceu que o registro possuía presunção relativa. Desde a publicação da Lei 13.097/15 o debate foi reaquecido[10], pois o sistema passou a repudiar o que não está inscrito na matrícula do imóvel, beneficiando o terceiro de boa-fé.

Leonardo Brandelli[11] explica que o sistema de registros brasileiro assemelha-se ao alemão e espanhol, onde a proteção decorre da tutela da aparência jurídica em relação ao terceiro que confiou nas informações do registro de imóveis. Brandelli cita também o Sistema Torrens, ou australiano, como outro exemplo de registro de direitos, mas lembra que neste caso a proteção decorre da publicidade registral, que tem característica sanante e produz eficácia absoluta. No Brasil o sistema Torrens foi adotado para imóveis rurais, mas é pouco utilizado[12].

8.2 NATUREZA JURÍDICA DA ATIVIDADE REGISTRAL NO BRASIL

O registrador de imóveis é o responsável pela manutenção, conservação e proteção dos direitos reais. Em alguns países ele é chamado de conservador da propriedade. O termo "oficial[13]" é genérico, servindo tanto para notários[14] como para registradores.

---

8. MELO, Marcelo Augusto Santana de. **Teoria Geral do registro de imóveis: estrutura e função**. Porto Alegre: Sérgio Antonio Fabis Editor, 2016, pág.88.
9. CARVALHO, Afrânio de. **Registro de Imóveis: comentários ao sistema de registro em face da lei 6015/73**. Rio de Janeiro: Forense, 2001, pág.15.
10. SARMENTO FILHO. Eduardo Sócrates Castanheira. **Direito registral imobiliário: teoria geral**. Vol. I Curitiba: Juruá, 2017, pág.54.
11. BRANDELLI, Leonardo. **Registro de Imóveis: eficácia material**. Rio de Janeiro: Forense, 2016, pág.54.
12. Lei 6015/73, artigos 277 e 278.
13. Apesar de ser largamente utilizado para referir-se ao oficial de registro, o Código Civil ainda se refere ao tabelião como "oficial" no artigo 1.864, inciso I, e no artigo 1.873 quando trata de testamentos. A designação mais técnica e moderna é "registrador imobiliário" ou "registrador de imóveis", apesar de muito se utilizar a consagrada expressão "oficial do registro de imóveis". Algumas pessoas tentam unificar as designações chamando de "oficial registrador de imóveis" ou "oficial registrador imobiliário". A Lei nº 8.935/94 trata disso no artigo 3º.
14. Notários e Tabeliães são expressões sinônimas no Brasil. O ofício de tabelião data em Portugal e outros países da Europa, da introdução do Direito Romano no regime do país. A Europa feudal não os conhecia, porquanto os contratos eram celebrados na presença do Castellão, e assinados por três ou mais testemunhas, segundo a importância do negócio. Muitas vezes era perante o Bispo que se faziam estes atos e, posteriormente, perante o juiz territorial, regulando quase sempre a boa-fé e equidade. Os romanos conheciam o Tabularius, o Notário propriamente dito, e o tabellio que veio substituir aquele no tempo do Império e que exercia outras funções anexas ao Notariado. Era também Escrivão. O Tabularius derivava o seu nome de tabula, isto é, a tabua coberta de cera, em que outrora em Roma se escreviam os contratos e testamentos. O Tabelião provinha de tabela, pequena tábua em que os juízes lavraram as suas sentenças e se lançava qualquer ato público. O tabelião de notas corresponde ao Tabularius Romano e o Judicial ao Tabelião. E por isso entre nós não há simplesmente notário, mas há cumulativamente o escrivão. O Notário Romano tinha por missão lavrar os contratos privados,

O registrador presta um serviço público e, portanto, a expressão "cartório" muitas vezes é substituída pela expressão "serviço de registro[15]". Para compreender o serviço de registro de imóveis no Brasil, é necessário localizar a atividade na CF/88. É o artigo 236 que ilumina o caminho, determinando que "os serviços notariais e de registros são exercidos em caráter privado, por delegação do poder público[16]".

Aqui o destaque é para a confusão que algumas pessoas fazem quando dizem que os oficiais (notários e registradores) são funcionários públicos. Não são. Eles recebem uma delegação (instrumento administrativo pelo qual o Estado descentraliza suas funções) para exercer de forma privada um serviço público. Quando a CF/88 fala em caráter privado, significa que os oficiais devem contratar seus funcionários[17] pelo regime celetista, vinculando o seu contrato de trabalho à pessoa do titular, delegatário, pois é ele o responsável. Vale lembrar que os cartórios não são pessoas jurídicas[18], mas possuem um Cadastro Nacional da Pessoa Jurídica (CNPJ) para fins de prestar informações a órgãos do governo, como a Receita Federal do Brasil (RFB) mediante a Declaração de Operações Imobiliárias (DOI)[19].

Portanto, a palavra cartório refere-se ao local, ao prédio, e não a uma pessoa jurídica. É o oficial que contrata, que adquire o material de expediente, o maquinário necessário para a execução do serviço, recolhendo os tributos como pessoa física – Instituto Nacio-

---

visto que os romanos da primitiva república não sabiam ler, mas tais atos não tinham caráter algum público, não mereciam fé, como posteriormente aconteceu com a criação do Tabellio. E por isso o Tabulario era considerado vil, porquanto aqueles atos eram feitura de escravos que sabiam ler e escrever e bem posteriormente fossem tais ofícios ocupados por homens livres, eram não bastante chamados de servos públicos. Pelo contrário, os tabeliães criados mais tarde para aceitarem e aprovarem testamentos, e lavrarem quaisquer atos, diferiam dos primeiros, não só quanto à condição, porque eram homens livres, mas quanto à natureza das funções, visto que eram verdadeiros empregados públicos. Os Tabeliães romanos constituíram uma corporação com um chefe denominado- Primicerius, que nomeava os novos tabeliães de acordo com os colegas e nenhum era admitido sem aprovação de probidade, prática de escrever e falar além do conhecimento da legislação. (ORDENAÇÕES FILIPINAS. Livro I. Nota de apresentação de Mário Júlio de Almeida Costa. Rio de Janeiro: Fundação Calouste Gulbenkian, 1870, p. 179).

15. Lei nº 8.935/94. "Artigo 4º. Os serviços notariais e de registro serão prestados, de modo eficiente e adequado, em dias e horários estabelecidos pelo juízo competente, atendidas as peculiaridades locais, em local de fácil acesso ao público e que ofereça segurança para o arquivamento de livros e documentos".
16. BRASIL. [Constituição (1988)
17. Provimento nº 69 do CNJ regula a modalidade de teletrabalho nas serventias extrajudiciais. (BRASIL. Conselho Nacional de Justiça. **Provimento nº 69 de 12 de junho de 2018**. Dispõe sobre o teletrabalho no âmbito dos serviços notariais e de registro do Brasil. Disponível em: https://atos.cnj.jus.br/atos/detalhar/2606 Acesso em: 15 nov. 2021).
18. Jurisprudência em Teses nº 80 – STJ: Os serviços de registros públicos, cartorários e notariais, não detêm personalidade jurídica, de modo que o titular do cartório à época dos fatos é o responsável pelos atos decorrentes da atividade desempenhada. (BRASIL. Superior Tribunal de Justiça (2. Seção). **AgInt nos EDv nos EAREsp 846180/GO**, Rel. Min. Antonio Carlos Ferreira, julgado em 08/02/2017, DJe 13/02/2017. Disponível em: https://www.stj.jus.br/internet_docs/jurisprudencia/jurisprudenciaemteses/Jurisprud%C3%AAncia%20em%20teses%2080%20-%20Registros%20P%C3%BAblicos.pdf Acesso em: 15 nov. 2021). (vide informativo de jurisprudência nº 448).
19. Sobre Declarações de Operações Imobiliárias vide a Instrução Normativa nº 1.112 de 28 de dezembro de 2010 da Secretaria da RFB. (BRASIL. Instrução Normativa RFB nº 1112, de 28 de dezembro de 2010. Aprova o programa e as instruções para preenchimento da Declaração sobre Operações Imobiliárias, versão 6.1, define regras para a sua apresentação e dá outras providências. **Diário Oficial da União**, 30/12/2010, p. 95. Disponível em: http://normas.receita.fazenda.gov.br/sijut2consulta/link.action?visao=anotado&idAto=16084 Acesso em: 15 nov. 2021).

nal do Seguro Social (INSS), Imposto de Renda (IR), Selos[20]. Quanto ao Imposto sobre Serviços de Qualquer Natureza (ISSQN)[21], existia uma divergência sobre o seu recolhimento, ora sendo enquadrado pelos municípios como um valor fixo, ora enquadrado como um percentual da receita bruta, a qual foi solucionada pelo Superior Tribunal de Justiça (STJ)[22]. Alguns municípios permitem o repasse ao usuário; outros não.

O artigo 236 da CF/88 fala ainda que "lei regulará as atividades, disciplinará a responsabilidade civil e criminal dos notários, dos oficiais de registro e de seus prepostos, e definirá a fiscalização de seus atos pelo poder Judiciário[23]". Trata-se da Lei nº 8.935/94[24], que deve ser observada por todos aqueles que trabalham na atividade.

Quanto à responsabilidade civil, o Supremo Tribunal Federal (STF) alterou a sua compreensão sobre o tema em 2019, quando analisou o Recurso Extraordinário (RE) nº 842846/SC, definindo que a responsabilidade civil do Estado será objetiva pelos danos que os tabeliães e registradores causarem a terceiros, assentado o direito de regresso contra o responsável, nos casos de dolo ou culpa, sob pena de improbidade administrativa.[25]

Já a fiscalização da atividade notarial e registral ocorre pelo Poder Judiciário por meio de juízes corregedores[26] das comarcas, cabendo recurso de suas decisões ao Tribunal a que se acham vinculados. Além disso, o CNJ também pode exercer essa fiscalização, conforme artigo 103-B, § 4º, inciso III, da CF/88[27]. Em razão da competência para fisca-

---

20. Cada Estado possui normas próprias quanto ao recolhimento de selos de fiscalização ao poder Judiciário e, eventualmente, a outras entidades.
21. Conforme ADI nº 3.089 do STF, a atividade notarial e registral é tributável. (BRASIL. Supremo Tribunal Federal. **ADI nº 3.089/DF**, Rel. Min. Carlos Britto, Tribunal Pleno, 13/02/2008. Disponível em: https://redir.stf.jus.br/paginadorpub/paginador.jsp?docTP=AC&docID=539087 Acesso em: 15 nov. 2021).
    No REsp 1.187.464/RS ficou definido que a atividade notarial e registral é similar à atividade empresarial e, portanto, lucrativa. (BRASIL. Superior Tribunal de Justiça (2ª Turma). **REsp 1.187.464/RS**, j. 1.6.2010, Rel. Min. Herman Benjamin, DJe 01/07/2010. Disponível em: https://stj.jusbrasil.com.br/jurisprudencia/19138605/recurso-especial-resp-1187464-rs-2010-0053685-4-stj/relatorio-e-voto-19138607 Acesso em: 15 nov. 2021).
22. Jurisprudência em teses nº 80: Não se aplica à prestação de serviços de registros públicos cartorários e notariais o regime especial de alíquota fixa do ISS previsto no § 1º do artigo 9º do DL nº 406/1968. (BRASIL. Superior Tribunal de Justiça (1. Turma). **AgInt no REsp 1630011/RJ**, Rel. Min. Regina Helena Costa, julgado em 21/03/2017, DJe 30/03/2017. Disponível em: https://www.stj.jus.br/internet_docs/jurisprudencia/jurisprudenciaemteses/Jurisprud%C3%AAncia%20em%20teses%2080%20-%20Registros%20P%C3%BAblicos.pdf Acesso em: 15 nov. 2021).
23. BRASIL. [Constituição (1988)]. **Constituição da República Federativa do Brasil de 1988**. Brasília, DF: Presidência da República, [2021]. Disponível em: http://www.planalto.gov.br/ccivil_03/Constituicao/Constituiçao.htm. Acesso em: 15 nov. 2021.
24. BRASIL. Lei nº 8.935, de 18 de novembro de 1994. Regulamenta o artigo 236 da Constituição Federal, dispondo sobre serviços notariais e de registro. (Lei dos cartórios). Disponível em: http://www.planalto.gov.br/ccivil_03/leis/l8935.htm Acesso em: 15 nov. 2021.
25. BRASIL. Supremo Tribunal Federal. **RE nº 842846**, Rel. Min. Luiz Fux. DJ: 27 fev. 2019. Disponível em: https://jurisprudencia.stf.jus.br/pages/search/sjur408487/false Acesso em: 15 nov. 2021.
26. Dependendo do Estado, pode ser chamado de juiz corregedor, juiz diretor do foro com atribuição de corregedor ou juiz da vara dos registros públicos.
27. "Receber e conhecer das reclamações contra membros ou órgãos do Poder Judiciário, inclusive contra seus serviços auxiliares, serventias e órgãos prestadores de serviços notariais e de registro que atuem por delegação do poder público ou oficializados, sem prejuízo da competência disciplinar e correcional dos tribunais, podendo avocar processos disciplinares em curso, determinar a remoção ou a disponibilidade e aplicar outras sanções administrativas, assegurada ampla defesa;". (Constituição Federal da República Federativa do Brasil com redação da Emenda Constitucional nº 103 de 2019). (BRASIL. Emenda Constitucional nº 103, de 12 de novembro de 2019. Altera o sistema de previdência social e estabelece regras de transição e disposições transitórias. Disponível em: http://www.planalto.gov.br/ccivil_03/constituicao/emendas/emc/emc103.htm Acesso em: 15 nov. 2021).

lizar a atividade, o Poder Judiciário expede normas que regulam temas específicos, tais como provimentos[28], resoluções, portarias etc.

A CF/88 ainda determina que "lei federal estabelecerá normas gerais para a fixação de emolumentos relativos aos atos praticados pelos serviços notariais e de registro." Trata-se da Lei nº 10.169/00[29], que determina as regras gerais, pertencendo aos Estados a competência para legislar sobre questões locais[30].

Os emolumentos são a receita bruta arrecadada pelo oficial, incluindo selos de fiscalização (a depender do Estado), com os quais o oficial manterá a atividade, cobrindo as despesas do serviço e realizando investimentos, tudo mediante escrituração em livro caixa. Quitadas as despesas e recolhidos os tributos, o oficial chegará à receita líquida do serviço. Sobre esse valor, será tributado 27,5% de IR[31]. Não há 13º salário, adicional de férias ou vantagens ao oficial. Muito pelo contrário, o oficial deve pagar isso aos seus colaboradores[32], conforme reza a Consolidação das Leis Trabalhistas. A aposentadoria dos notários e registradores está vinculada ao INSS[33].

Por fim, o artigo 236 da CF/88[34] traz no seu § 3º que "o ingresso na atividade notarial e de registro depende de concurso público[35] de provas e títulos, não se per-

---

28. De regra, os Estados possuem Códigos de Normas ou Consolidações Normativas regulando a atividade. O CNJ publica as normas gerais mediante provimentos ou resoluções. Estima-se que no futuro, haverá um Código de Normas para todo o país, tarefa árdua pois cada Estado possui peculiaridades próprias.
29. BRASIL. Lei nº 10.169, de 29 de dezembro de 2000. Regula o § 2º do artigo 236 da Constituição Federal, mediante o estabelecimento de normas gerais para a fixação de emolumentos relativos aos atos praticados pelos serviços notariais e de registro. Disponível em: http://www.planalto.gov.br/ccivil_03/leis/l10169.htm Acesso em: 15 nov. 2021.
30. Emolumentos possuem caráter de taxa (BRASIL. Supremo Tribunal Federal. **ADI 1.378-MC**, Rel. Min. Celso de Mello, julgamento em 30-11-1995, Plenário, DJ de 30-05-1997. Disponível em: http://redir.stf.jus.br/paginadorpub/paginador.jsp?docTP=AC&docID=347013&pgI=1&pgF=100000 Acesso em: 02 nov. 2021).
31. BRASIL. **Decreto nº 9.580 de 22 de novembro de 2018**. Regulamenta a tributação, a fiscalização, a arrecadação e a administração do Imposto sobre a Renda e Proventos de Qualquer Natureza. Disponível em: http://www.planalto.gov.br/ccivil_03/_ato2015-2018/2018/decreto/D9580.htm Acesso em: 15 nov. 2021.
32. Lei nº 8.935/94. Artigo 20. Os notários e os oficiais de registro poderão, para o desempenho de suas funções, contratar escreventes, dentre eles escolhendo os substitutos, e auxiliares como empregados, com remuneração livremente ajustada e sob o regime da legislação do trabalho. § 1º Em cada serviço notarial ou de registro haverá tantos substitutos, escreventes e auxiliares quantos forem necessários, a critério de cada notário ou oficial de registro. § 2º Os notários e os oficiais de registro encaminharão ao juízo competente os nomes dos substitutos. § 3º Os escreventes poderão praticar somente os atos que o notário ou o oficial de registro autorizar. § 4º Os substitutos poderão, simultaneamente com o notário ou o oficial de registro, praticar todos os atos que lhe sejam próprios exceto, nos tabelionatos de notas, lavrar testamentos. § 5º Dentre os substitutos, um deles será designado pelo notário ou oficial de registro para responder pelo respectivo serviço nas ausências e nos impedimentos do titular. (BRASIL. Lei nº 8.935, de 18 de novembro de 1994. Regulamenta o artigo 236 da Constituição Federal, dispondo sobre serviços notariais e de registro. (Lei dos cartórios). Disponível em: http://www.planalto.gov.br/ccivil_03/leis/l8935.htm Acesso em: 15 nov. 2021).
33. Lei nº 8.935/94. Artigo 40. Os notários, oficiais de registro, escreventes e auxiliares são vinculados à previdência social, de âmbito federal, e têm assegurada a contagem recíproca de tempo de serviço em sistemas diversos. (BRASIL. Lei nº 8.935, de 18 de novembro de 1994. Regulamenta o artigo 236 da Constituição Federal, dispondo sobre serviços notariais e de registro. (Lei dos cartórios). Disponível em: http://www.planalto.gov.br/ccivil_03/leis/l8935.htm Acesso em: 15 nov. 2021).
34. BRASIL. [Constituição (1988)]. **Constituição da República Federativa do Brasil de 1988**. Brasília, DF: Presidência da República, [2021]. Disponível em: http://www.planalto.gov.br/ccivil_03/Constituicao/Constituiçao.htm. Acesso em: 15 nov. 2021.
35. Jurisprudência em Teses nº 80. O substituto do titular de serventia extrajudicial não possui direito adquirido à efetivação na titularidade de cartório se a vacância do cargo ocorreu após a vigência da Constituição Federal de

mitindo que qualquer serventia fique vaga, sem abertura de concurso de provimento ou remoção, por mais de seis meses". É mediante o concurso público que se chega à delegação do serviço, bem como se alcança a remoção de uma serventia para outra. A Resolução nº 81 do CNJ[36] regulamenta os concursos de provimento e remoção em todo o país, atribuindo grande importância aos títulos dos candidatos. Ou seja, para ser registrador ou notário é necessário manter-se atualizado estudando, além de buscar títulos na carreira.

Em relação às serventias vagas sem um titular concursado, que estão na lista dos tribunais para preenchimento por concurso público, elas são administradas por interinos nomeados pelo Poder Judiciário[37]. A Lei nº 8.935/94 prevê que o substituto mais antigo[38] assumirá o serviço quando este for declarado vago. Na ausência de substituto, o juiz responsável nomeará outro titular da sua confiança, preferencialmente que possua a mesma especialidade. Aquele que assume a serventia vaga, é chamado de interino[39], seja ele titular em outra serventia ou não. Os interinos são nomeados pelo juiz responsável pelo serviço, arrecadam os emolumentos da mesma forma que os titulares, porém sua remuneração está limitada ao teto constitucional. O excedente deve ser depositado em favor do Poder Judiciário.

1988, que passou a exigir a realização de concurso público para o ingresso na atividade notarial e de registro. (BRASIL. Superior Tribunal de Justiça (2. Turma). **AgRg no RMS 44635/PR**, Rel. Min. Assusete Magalhães, julgado em 01/03/2016, DJe 14/03/2016. Disponível em: https://www.stj.jus.br/internet_docs/jurisprudencia/jurisprudenciaemteses/Jurisprud%C3%AAncia%20em%20teses%2080%20-%20Registros%20P%C3%BAblicos.pdf Acesso em: 15 nov. 2021.

36. BRASIL. Conselho Nacional de Justiça. **Resolução nº 81 de 09 de junho de 2009**. Dispõe sobre os concursos públicos de provas e títulos, para a outorga das Delegações de Notas e de Registro, e minuta de edital. Disponível em: https://atos.cnj.jus.br/atos/detalhar/104 Acesso em: 15 nov. 2021.

37. Regulam essa matéria o Provimento nº 77/2018 e a Recomendação nº 39/2019, ambas do CNJ. (BRASIL. Conselho Nacional de Justiça. **Provimento nº 77 de 07 de novembro de 2018**. Dispõe sobre a designação de responsável interino pelo expediente. Disponível em: https://atos.cnj.jus.br/atos/detalhar/2736 Acesso em: 15 nov. 2021; BRASIL. Conselho Nacional de Justiça. **Recomendação nº 39 de 19 de junho de 2019**. Dispõe sobre a necessidade de observância das decisões da Corregedoria Nacional de Justiça relacionadas à vedação de designação de interinos parentes de antigos delegatários titulares das serventias vagas. Disponível em: https://atos.cnj.jus.br/files//recomendacao/recomendacao_39_19062019_24062019131331.pdf Acesso em: 15 nov. 2021).

38. Lei nº 8.935/94. Artigo 39, § 2º. Extinta a delegação a notário ou a oficial de registro, a autoridade competente declarará vago o respectivo serviço, designará o substituto mais antigo para responder pelo expediente e abrirá concurso. (BRASIL. Lei nº 8.935, de 18 de novembro de 1994. Regulamenta o artigo 236 da Constituição Federal, dispondo sobre serviços notariais e de registro. (Lei dos cartórios). Disponível em: http://www.planalto.gov.br/ccivil_03/leis/l8935.htm Acesso em: 15 nov. 2021.

39. Provimentos 45, 76 e 77 do CNJ.
BRASIL. Conselho Nacional de Justiça. **Provimento nº 45 de 13 de maio de 2015**. Revoga o Provimento 34 de 09/07/2013 e a Orientação 6 de 25/11/2013 e consolida as normas relativas à manutenção e escrituração dos livros Diário Auxiliar, Visitas e Correições e Controle de Depósito Prévio pelos titulares de delegações e responsáveis interinos do serviço extrajudicial de notas e registros públicos, e dá outras providências. Disponível em: https://atos.cnj.jus.br/atos/detalhar/2508 Acesso em: 15 nov. 2021.
BRASIL. Conselho Nacional de Justiça. **Provimento nº 76 de 12 de setembro de 2018**. Altera a periodicidade do recolhimento do valor da renda líquida excedente, pelos responsáveis interinos do serviço extrajudicial de notas e registros públicos, ao tribunal de justiça, previsto no Provimento n. 45 de 13/5/2015. Disponível em: https://atos.cnj.jus.br/atos/detalhar/2692 Acesso em: 15 nov. 2021.
BRASIL. Conselho Nacional de Justiça. **Provimento nº 77 de 07 de novembro de 2018**. Dispõe sobre a designação de responsável interino pelo expediente. Disponível em: https://atos.cnj.jus.br/atos/detalhar/2736 Acesso em: 15 nov. 2021

Recentemente, o STF entendeu que o substituto nomeado interino não deve exercer a função por mais de seis meses, sendo essa nomeação incompatível com a CF/88. Assim, passado este período, poderá o Poder Judiciário nomear um titular concursado de outro serviço[40].

8.2.1 Finalidades, atribuições, livros e conservação

O registro de imóveis é o local onde se concentram todas as informações referentes ao imóvel e às pessoas que possuem direitos sobre ele. Os títulos são apresentados ao registrador, que deve protocolá-los[41] no Livro 1, denominado Protocolo. Ao inscrever o título no Livro 1, ainda não se sabe se ele será registrado ou averbado. O protocolo assegura a prioridade do direito, e a preferência, caso colida com outros títulos no mesmo dia.

Após o protocolo o registrador analisará o título, ato denominado de qualificação registral, e depois decidirá se está apto a ingressar nos livros do serviço. O título poderá ser registrado ou averbado. Caso entenda que não preencheu os requisitos, lavrará nota devolutiva, justificando por que recusou. Se a parte não se conformar, poderá pedir ao registrador que suscite dúvida[42], a qual será dirimida pelo juiz de direito responsável.

No registro de imóveis, cada imóvel deve ser descrito em matrícula[43] própria, onde serão lançados todos os registros e averbações de forma narrativa e em ordem cronológica[44], tornando pública toda a sua história[45]. As matrículas descrevem o imóvel, criando um sistema que gravita em torno do próprio imóvel, diferentemente das transcrições do sistema anterior, quando o sistema gravitava em razão dos nomes das pessoas.

Nas matrículas são realizados registros de direitos e averbações de alterações ou ocorrências[46] destes registros ou da própria matrícula. As transcrições que ainda não foram encerradas permanecem ativas, aguardando o momento oportuno de seu encerramento e, consequentemente, a abertura de uma nova matrícula para aquele imóvel.

---

40. BRASIL. Supremo tribunal Federal. **ADI nº 1.183/DF**, Rel. Min. Nunes Marques, julgado em 07/06/2021. Informativo 1020 do STF. Disponível em: https://informativos.trilhante.com.br/julgados/stf-adi-1183-df Acesso em: 15 nov. 2021.
41. Salvo requerimento expresso para apenas exame e cálculo (artigo 12 da Lei nº 6.015/73).
42. Artigo 198 e seguintes da Lei nº 6.015/73.
43. Os requisitos da matrícula estão no artigo 176 da Lei nº 6.015/73.
44. Artigo 231 da Lei nº 6.015/73.
45. Existem exceções, como por exemplo a alteração de gênero, permitida aos Transexuais por força do Provimento 73 do CNJ. (BRASIL. Conselho Nacional de Justiça. **Provimento nº 73, de 28 de junho de 2018.** Dispõe sobre a averbação da alteração do prenome e do gênero nos assentos de nascimento e casamento de pessoa transgênero no Registro Civil das Pessoas Naturais (RCPN). Disponível em: https://www.anoreg.org.br/site/2018/06/29/provimento-no-73-do-cnj-regulamenta-a-alteracao-de-nome-e-sexo-no-registro-civil-2/ Acesso em: 15 nov. 2021).
46. Artigo 246 da Lei nº 6.015/73. (BRASIL. **Lei nº 6.015 de 31 de dezembro de 1973.** Dispõe sobre os registros públicos, e dá outras providências. Disponível em: http://www.planalto.gov.br/ccivil_03/leis/l6015compilada.htm Acesso em: 15 nov. 2021.

O registro de imóveis tem a função de dar publicidade e eficácia aos atos relativos a imóveis, constituindo, extinguindo ou declarando os direitos[47] reais[48], ou pessoais com eficácia real[49]. É nesse sentido que sinalizam o artigo 172[50] da Lei nº 6.015/73 e o artigo 1.227 do Código Civil[51].

Com a inscrição[52], alguns negócios jurídicos se constituem no registro de imóveis, e outros apenas recebem a publicidade devida, pois se constituíram em outro momento, necessitando do registro para assegurar a continuidade e disponibilidade[53]. É o caso da compra e venda imobiliária, que se constitui[54] com o registro na matrícula do imóvel. Dessa forma, o registro é constitutivo do direito real e confere eficácia *erga omnes*. Não há nenhuma sanção prevista caso não seja feito o registro; o que ocorre é a não aquisição do direito real sobre aquele imóvel.

Já para os atos "*mortis causa*" o registro tem efeito declaratório e não constitutivo, como é o caso da sucessão, onde os herdeiros adquirem a herança pela *saisine* e não pelo registro. Neste caso, o registro da partilha (judicial ou extrajudicial) é apenas para preservar a continuidade das transmissões de forma declarativa e assegurar o direito de

---

47. Leonardo Brandelli entende que o os direitos reais são *numerus clausus*, "pois à medida que afeta terceiros, não participantes da relação jurídica que os criou, a garantia desses terceiros exige normas imperativas, limitadoras da liberdade de criação e configuração desses direitos. Com isso, evita-se que proliferem fenômenos e técnicas, o que causaria a desordem, Distinta é a situação dos direitos meramente obrigacionais, que, por terem eficácia somente inter partes, no seu interesse, permitem maior liberdade de autorregulação". (BRANDELLI, Leonardo. **Registro de imóveis**: eficácia material. Rio de janeiro: Forense, 2016, p. 5).
48. Flávio Tartuce entende que o rol de direitos reais previsto no artigo 1.225 do Código Civil é exemplificativo e cita julgados do STJ reconhecendo o direito real sobre a multipropriedade, bem como o fato de que a Alienação Fiduciária não pertence ao rol do Código Civil, mas consta no artigo 17 da lei 9514/97 como direito real. Haveria, portanto uma tipicidade (os direitos reais dependem de lei), mas não uma taxatividade, pois o rol do artigo 1.225 do Código Civil seria apenas exemplificativo. (TARTUCE, Flávio. **Direito Civil**: direito das coisas. 13. ed. Rio de Janeiro: Forense, 2021, p. 9-16).
49. Em alguns casos o legislador resolve proteger relações obrigacionais contra terceiros, possibilitando a inscrição do contrato na matrícula do imóvel. Surge assim uma obrigação pessoal com eficácia real, erga omnes. É o caso do registro da cláusula de vigência do contrato de locação de imóvel (artigo 167, I, 3 da lei 6015/73) bem como da averbação do direito de preferência na matrícula do imóvel (artigo 167, II, 16 da lei 6015/73). Trata-se de um direito pessoal com eficácia real. (VENOSA, Silvio de Sálvo. **Lei do Inquilinato Comentada**. Doutrina e prática. 15. ed. São Paulo: Atlas, 2020, p. 58).
50. Artigo 172. No Registro de Imóveis serão feitos, nos termos desta Lei, o registro e a averbação dos títulos ou atos constitutivos, declaratórios, translativos e extintos de direitos reais sobre imóveis reconhecidos em lei, " intervivos" ou " mortis causa" quer para sua constituição, transferência e extinção, quer para sua validade em relação a terceiros, quer para a sua disponibilidade. (Renumerado do artigo 168, § 1º, para artigo autônomo com nova redação pela Lei nº 6.216, de 1975). (BRASIL. **Lei nº 6.015 de 31 de dezembro de 1973**. Dispõe sobre os registros públicos, e dá outras providências. Disponível em: http://www.planalto.gov.br/ccivil_03/leis/l6015compilada.htm Acesso em: 15 nov. 2021).
51. Artigo 1.227. Os direitos reais sobre imóveis constituídos, ou transmitidos por atos entre vivos, só se adquirem com o registro no Cartório de Registro de Imóveis dos referidos títulos (arts. 1.245 a 1.247), salvo os casos expressos neste Código. (BRASIL. **Lei nº 10.406, de 10 de janeiro de 2002**. Institui o Código Civil. Disponível em: http://www.planalto.gov.br/ccivil_03/leis/2002/l10406compilada.htm Acesso em: 15 nov. 2021).
52. A inscrição é o ato de inscrever, que genericamente significa todo o ato lavrado pelo registrador em seus livros.
53. A usucapião e herança, por exemplo.
54. Artigo 1.245. Transfere-se entre vivos a propriedade mediante o registro do título translativo no Registro de Imóveis. § 1º Enquanto não se registrar o título translativo, o alienante continua a ser havido como dono do imóvel. (BRASIL. **Lei nº 10.406, de 10 de janeiro de 2002**. Institui o Código Civil. Disponível em: http://www.planalto.gov.br/ccivil_03/leis/2002/l10406compilada.htm Acesso em: 15 nov. 2021).

dispor do bem. Convém lembrar que a usucapião também não se constitui pelo registro de título, assim como a penhora judicial.

Quanto às atribuições do registro de imóveis, o artigo 167 da Lei de Registros Públicos (Lei nº 6.015/73[55]) traz as hipóteses de registro, que antes constituía um rol taxativo. Contudo, a Lei 14.711, de 30 de outubro de 2023, acrescentou o item 48 ao artigo 167, I, da Lei 6.015/73[56], tornando o rol dos atos de registro meramente exemplificativo, com a possibilidade de registro de outros negócios jurídicos de transmissão do direito real de propriedade sobre imóveis ou de instituição de direitos reais sobre imóveis, que não os previstos expressamente no referido artigo.

A Lei nº 13.097/15, reforçando o sistema criado pela Lei nº 6.015/73, determina que sejam inscritas[57] e concentradas na matrícula do imóvel todas as informações relevantes para a sociedade, aumentando a segurança jurídica das transações imobiliárias.

Dessa forma, no registro de imóveis os imóveis são matriculados[58], e, na matrícula, são registrados direitos[59] previstos em lei, bem como averbadas[60] as alterações, complementações e ocorrências destes registros e dos dados das matrículas. Nas transcrições, ainda existentes e ativas, podem ser realizadas averbações, devendo ser aberta a matrícula do imóvel quando não houver mais espaço[61] para averbar ou quando for necessário lavrar um registro. Os títulos que chegam ao registro de imóveis são protocolados no Livro 1, protocolo, e depois de feito o registro ou averbação, anota-se no livro protocolo que o ato foi realizado.

Além de ser o local onde se concentram todos os direitos e informações relevantes sobre os imóveis, o registro de imóveis também é competente para registros de outros atos, que não dizem respeito diretamente com algum imóvel matriculado, mas são registros previstos expressamente em lei. Neste caso, atribuem-se estes registros ao Livro 3, Registro Auxiliar, conforme artigo 178 da Lei nº 6.015/73[62], *in verbis*:

---

55. BRASIL. **Lei nº 6.015 de 31 de dezembro de 1973**. Dispõe sobre os registros públicos, e dá outras providências. Disponível em: http://www.planalto.gov.br/ccivil_03/leis/l6015compilada.htm Acesso em: 15 nov. 2021.
56. "Artigo 167. No Registro de Imóveis, além da matrícula, serão feitos: I – o registro: 48. de outros negócios jurídicos de transmissão do direito real de propriedade sobre imóveis ou de instituição de direitos reais sobre imóveis, ressalvadas as hipóteses de averbação previstas em lei e respeitada a forma exigida por lei para o negócio jurídico, a exemplo do art. 108 da Lei nº 10.406, de 10 de janeiro de 2002 (Código Civil)." (BRASIL. **Lei nº 6.015 de 31 de dezembro de 1973**. Dispõe sobre os registros públicos, e dá outras providências. Disponível em: http://www.planalto.gov.br/ccivil_03/leis/l6015compilada.htm Acesso em: 15 fev. 2023).
57. Artigos 54, 55 e 56 da Lei nº 13.097/15, conhecida como Lei da Concentração de atos na matrícula do imóvel. (BRASIL. Lei nº 13.097, de 19 de janeiro de 2015. Reduz a zero as alíquotas da Contribuição para o PIS/PASEP, da COFINS, da Contribuição para o PIS/PASEP – Importação e da COFINS – Importação incidentes sobre a receita de vendas e na importação de partes utilizadas em aerogeradores; [...]. Disponível em: http://www.planalto.gov.br/ccivil_03/_ato2015-2018/2015/lei/l13097.htm Acesso em: 15 nov. 2021).
58. Cada imóvel terá matrícula própria, diz o princípio da unitariedade, que será estudado oportunamente.
59. Também chamados de direitos inscritíveis.
60. O artigo 246 da Lei nº 6.015/73, alterado pela Lei 14382/2022 abre o leque das averbações na matrícula do imóvel ao considerar possível averbar outras ocorrências que, por qualquer modo, alterem o registro ou repercutam nos direitos relativos ao imóvel.
61. Artigo 295 da Lei nº 6.015/73.
62. BRASIL. **Lei nº 6.015 de 31 de dezembro de 1973**. Dispõe sobre os registros públicos, e dá outras providências. Disponível em: http://www.planalto.gov.br/ccivil_03/leis/l6015compilada.htm Acesso em: 15 nov. 2021.

Artigo 178. Registrar-se-ão no Livro nº 3 – Registro Auxiliar:

I – a emissão de debêntures, sem prejuízo do registro eventual e definitivo, na matrícula do imóvel, da hipoteca, anticrese ou penhor que abonarem especialmente tais emissões, firmando-se pela ordem do registro a prioridade entre as séries de obrigações emitidas pela sociedade[63];

II – as cédulas de crédito industrial, sem prejuízo do registro da hipoteca cedular[64];

III – as convenções de condomínio[65] edilício, condomínio geral voluntário e condomínio em multipropriedade[66];

IV – o penhor[67] de máquinas e de aparelhos utilizados na indústria, instalados e em funcionamento, com os respectivos pertences ou sem eles;

V – as convenções antenupciais[68];

VI – os contratos[69] de penhor[70] rural[71];

---

63. A doutrina entende que este inciso I está revogado pela Lei nº 10.303/2001 que transferiu a competência deste registro para as juntas comerciais (Registro Público de Empresas Mercantis da sede da sociedade emissora, que deve ter um livro próprio para este fim. Se a debênture tiver garantia real, então esta garantia será registrada no livro 2. (BRASIL. Lei nº 10.303, de 31 de outubro de 2001. Altera e acrescenta dispositivos na Lei nº 6.404, de 15 de dezembro de 1976, que dispõe sobre as Sociedades por Ações, e na Lei nº 6.385, de 7 de dezembro de 1976, que dispõe sobre o mercado de valores mobiliários e cria a Comissão de Valores Mobiliários. Disponível em: http://www.planalto.gov.br/ccivil_03/leis/leis_2001/l10303.htm Acesso em: 15 nov. 2021).

64. Alterado pela Lei nº 13.986/2020 que retirou o registro da Cédula de Crédito Rural do Livro 3. (BRASIL. Lei nº 13.986, de 7 de abril de 2020. Institui o Fundo Garantidor Solidário (FGS); dispõe sobre o patrimônio rural em afetação, a Cédula Imobiliária Rural (CIR), a escrituração de títulos de crédito e a concessão de subvenção econômica para empresas cerealistas; [...]. Disponível em: http://www.planalto.gov.br/ccivil_03/_ato2019-2022/2020/lei/L13986.htm Acesso em: 15 nov. 2021).

65. A convenção de condomínio possui caráter estatutário, atingindo a todos que ingressam no condomínio. Seu registro é constitutivo e gera efeitos erga omnes. O STJ publicou a Súmula nº 260. (BRASIL. Superior Tribunal de Justiça. **Súmula nº 260**. A convenção de condomínio aprovada, ainda que sem registro, é eficaz para regular as relações entre os condôminos. Disponível em: https://www.stj.jus.br/docs_internet/revista/eletronica/stj-revista-sumulas-2011_19_capSumula260.pdf Acesso em: 15 nov. 2021).

66. Alterado pela Lei nº 13.777/2018 que inseriu no Código civil os artigos 1358-B a 1358-U e alterou os artigos 176 e 178 da Lei nº 6.015/73. (BRASIL. Lei nº 13.777, de 20 de dezembro de 2018. Altera as Leis n º 10.406, de 10 de janeiro de 2002 (Código Civil), e 6.015, de 31 de dezembro de 1973 (Lei dos Registros Públicos), para dispor sobre o regime jurídico da multipropriedade e seu registro. Disponível em: http://www.planalto.gov.br/ccivil_03/_ato2015-2018/2018/lei/L13777.htm Acesso em: 15 nov. 2021).

67. O penhor industrial está previsto no Código Civil, artigo 1.447 e no Decreto-lei nº 413 de 1969. (BRASIL. **Lei nº 10.406, de 10 de janeiro de 2002**. Institui o Código Civil. Disponível em: http://www.planalto.gov.br/ccivil_03/leis/2002/l10406compilada.htm Acesso em: 15 nov. 2021; BRASIL. Decreto-lei nº 413, de 09 de janeiro de 1969. Dispõe sobre títulos de crédito industrial e dá outras providências. Disponível em: http://www.planalto.gov.br/ccivil_03/decreto-lei/1965-1988/del0413.htm Acesso em: 15 nov. 2021).

68. O artigo 244 da Lei nº 6.015/73 prevê que as escrituras públicas de pacto antenupcial serão registradas no Livro 3 do cartório do domicílio conjugal sem prejuízo da averbação na matrícula. A escritura pública é da essência do pacto antenupcial, sob pena de nulidade. Lavrada escritura, pública de pacto antenupcial, e não ocorrendo o casamento ela é ineficaz (artigo 1.653 do Código Civil).

O STJ entendeu que a escritura pública de pacto antenupcial, mesmo não tendo sido realizado o casamento, gera efeitos se depois dela ocorrer a união estável (BRASIL. Superior Tribunal de Justiça (4. Turma). **Ag. REsp 1.318.249/GO**, Rel. Min. Luis Felipe Salomão, j. 22.05.2018, DJe 04.06.2018). Disponível em: https://stj.jusbrasil.com.br/jurisprudencia/595920943/agravo-interno-no-recurso-especial-agint-no-resp-1318249-go-2011-0066611-2/inteiro-teor-595920951 Acesso em: 15 nov. 2021).

69. O registro do contrato de penhor rural independe da anuência do credor hipotecário (artigo 219 da Lei nº 6.015/73 e artigo 1.440 do Código Civil).

70. Os requisitos do contrato de Penhor Rural estão no artigo 2º da Lei nº 492/37. (BRASIL. Lei nº 492, de 30 de agosto de 1937. Regula o penhor rural e a cédula pignoratícia. Disponível em: http://www.planalto.gov.br/ccivil_03/leis/1930-1949/l0492.htm Acesso em: 15 nov. 2021).

71. O penhor rural pode ser pecuário ou agrícola. Considera-se Penhor Rural o Penhor Pecuário previsto nos artigos 1.444 a 1.446 do Código Civil e o previsto na Lei nº 492/37 e refere-se a animais que integram a atividade agrícola,

VII – os títulos[72] que, a requerimento do interessado[73], forem registrados no seu inteiro teor, sem prejuízo do ato, praticado no Livro nº 2.

Depois de lavrados os atos, matrículas, registros e averbações, o registrador mencionará isso nos seus fichários, chamados de indicadores, sendo um deles acessível pelo imóvel (lote, gleba etc.), denominado de Livro 4[74], e outro pela pessoa (física ou jurídica), sendo denominado Livro 5[75]. Atualmente, o sistema é informatizado, possibilitando buscas rápidas pelos dados informados, mas ainda existem os fichários físicos antigos, os quais são de suma importância para a história da propriedade imobiliária no país.

Quanto à conservação dos livros, fichas e documentos, a regra é que não devem sair do registro de imóveis, salvo por determinação judicial. Qualquer diligência judicial ou extrajudicial será realizada no próprio serviço[76]. Os registradores respondem pela ordem, segurança e conservação do acervo, que permanecerá na sede do cartório indefinidamente, mesmo que criado outro ofício mediante desmembramento. Em 2012, o CNJ publicou o Provimento nº 23/2012[77], regulamentando a restauração de livros e duplicidade de matrículas, e em 2015 publicou o Provimento nº 50/2015[78], autorizando os oficiais a descartarem documentos antigos mediante requisitos próprios, seguindo uma tabela de prazos. Semestralmente, o juiz competente deverá ser informado do descarte.

Por fim, mas não menos importante, apesar de a lei de registros não mencionar, existe um outro livro, denominado Livro de Registro de Aquisição de Terras Rurais por

---

pastoril ou de laticínios. Fora destas hipóteses o Penhor de Animais é registrado no cartório de registro de títulos e documentos (artigo 127, IV da Lei nº 6.015/73). Considera-se penhor agrícola aquele previsto nos artigos 1.442 a 1.442 do Código Civil.

72. A lei abre a porta do Livro 3 para quaisquer títulos, assemelhando-se ao cartório de registro de títulos e documentos.
73. Deve haver requerimento expresso para registro, sendo ele realizado de forma integral, ou seja, sendo transcrito, e não por extrato.
74. Artigo 179. O Livro 4 – Indicador Real – será o repositório de todos os imóveis que figurarem nos demais livros, devendo conter sua identificação, referência aos números de ordem dos outros livros e anotações necessárias.

§ 1º Se não for utilizado o sistema de fichas, o Livro nº 4 conterá, ainda, o número de ordem, que seguirá indefinidamente, nos livros da mesma espécie.

§ 2º Adotado o sistema previsto no parágrafo precedente, os oficiais deverão ter, para auxiliar a consulta, um livro-índice ou fichas pelas ruas, quando se tratar de imóveis urbanos, e pelos nomes e situações, quando rurais. (BRASIL. **Lei nº 6.015 de 31 de dezembro de 1973**. Dispõe sobre os registros públicos, e dá outras providências. Disponível em: http://www.planalto.gov.br/ccivil_03/leis/l6015compilada.htm Acesso em: 15 nov. 2021).
75. Artigo 180. O Livro nº 5 – Indicador Pessoal – dividido alfabeticamente, será o repositório dos nomes de todas as pessoas que, individual ou coletivamente, ativa ou passivamente, direta ou indiretamente, figurarem nos demais livros, fazendo-se referência aos respectivos números de ordem.

Parágrafo único. Se não for utilizado o sistema de fichas, o Livro nº 5 conterá, ainda, o número de ordem de cada letra do alfabeto, que seguirá indefinidamente, nos livros da mesma espécie. Os oficiais poderão adotar, para auxiliar as buscas, um livro-índice ou fichas em ordem alfabética. (BRASIL. **Lei nº 6.015 de 31 de dezembro de 1973**. Dispõe sobre os registros públicos, e dá outras providências. Disponível em: http://www.planalto.gov.br/ccivil_03/leis/l6015compilada.htm Acesso em: 15 nov. 2021).
76. Lei nº 6.015/73 artigos 22 a 27 e Lei nº 8.935/94 artigos 30, inciso I e 46.
77. BRASIL. Conselho Nacional de Justiça. **Provimento nº 23 de 24 de outubro de 2012**. Dispõe sobre a restauração de livros extraviados ou danificados no serviço extrajudicial de notas e de registro. Disponível em: https://www.26notas.com.br/blog/?p=6500 Acesso em: 15 nov. 2021.
78. BRASIL. Conselho Nacional de Justiça. **Provimento nº 50 de 28 de setembro de 2015**. Dispõe sobre a conservação de documentos nos cartórios extrajudiciais. Disponível em www.cnj.jus.br Acesso em: 15 nov. 2021.

Pessoas Físicas ou Jurídicas Estrangeiras, previsto em legislação própria[79], o qual realiza o controle da quantidade de áreas rurais adquiridas por estrangeiros, com restrições de tamanho, impondo aos registradores alguns deveres. Esse registro não dispensa o registro realizado no Livro 2, Registro geral, ou seja, registra-se a compra e venda na matrícula e no Livro de Aquisição de Imóveis Rurais por Estrangeiros. Quanto à aquisição de imóvel rural por estrangeiro em processo de usucapião, o STJ já se manifestou que aplicam-se as mesmas restrições.

8.3 A MATRÍCULA

A matrícula, ou matriz, foi implantada no Brasil pela Lei nº 6.015/73, que entrou em vigor em 1º de janeiro de 1976[80], sendo carinhosamente chamada de fólio real[81], ou seja, a "folha da coisa" (*folium*=folha + *res*=coisa), e procura atrair a representação do imóvel, como forma de publicizar tudo que lhe diz respeito. Para Nicolau Balbino Filho[82], a matrícula é "o ingresso de um imóvel na vida tabular do registro". Antes da matrícula, o imóvel estava descrito no corpo de uma transcrição de um título, no Livro 3 – chamado de Livro da Transcrição das Transmissões. É de lá que vieram transportadas

---

79. Lei nº 5.709/71, artigo 10 e Decreto nº 74.965/74 artigo 15, Instrução Normativa do INCRA nº 88 e Provimento nº 43/2015 do CNJ quando se tratar de arrendamento. (BRASIL. Lei nº 5.709, de 7 de outubro de 1971. Regula a Aquisição de Imóvel Rural por Estrangeiro Residente no País ou Pessoa Jurídica Estrangeira Autorizada a Funcionar no Brasil, e dá outras Providências. Disponível em: http://www.planalto.gov.br/ccivil_03/leis/l5709.htm Acesso em: 15 nov. 2021; BRASIL. Decreto nº 74.965, de 26 de novembro de 1974. Regulamenta a Lei nº 5.709, de 7 de outubro de 1971, que dispõe sobre a aquisição de imóvel rural por estrangeiro residente no País ou pessoa jurídica estrangeira autorizada a funcionar no Brasil. Disponível em: http://www.planalto.gov.br/ccivil_03/decreto/1970-1979/d74965.htm Acesso em: 15 nov. 2021; BRASIL. Instrução Normativa INCRA nº 88 de 13 de dezembro de 2017. Dispõe sobre a aquisição e o arrendamento de imóvel rural por pessoa natural estrangeira residente no País, pessoa jurídica estrangeira autorizada a funcionar no Brasil e pessoa jurídica brasileira equiparada à estrangeira e dá outras providências. **Diário Oficial da União**, 14/12/2017. Disponível em: https://www.legisweb.com.br/legislacao/?id=353644 Acesso em: 15 nov. 2021; BRASIL. Conselho Nacional de Justiça. **Provimento nº 43, de 17 de abril de 2015**. Dispõe sobre o arrendamento de imóvel rural por estrangeiro residente ou autorizado a funcionar no Brasil, bem como por pessoa jurídica brasileira da qual participe, a qualquer título, pessoa estrangeira física ou jurídica que resida ou tenha sede no exterior e possua a maioria do capital social. Disponível em: https://www.26notas.com.br/blog/?p=10812 Acesso em: 15 nov. 2021).
80. A extensa *vacacio legis* tentou preparar os operadores do direito para uma das maiores transformações já ocorridas no sistema imobiliário nacional, porém, sem muitos resultados práticos durante esse período. O sistema tabular, onde cada imóvel recebe uma matrícula, na prática foi violado com a abertura de matrículas de frações ideais, despedaçando a propriedade em várias matrículas, todas elas com a mesma descrição originária, porém, referindo-se ao proprietário daquela cota. Noutros rincões, onde uma determinada transcrição continha dois imóveis, objeto de um negócio jurídico só, ao serem transportados os dados, abria-se uma única matrícula para os dois imóveis, ao invés de duas matrículas para cada imóvel. O sistema havia mudado. Não se registrava mais o negócio jurídico em si, transcrevendo-o, mas sim registrava-se agora o direito, na matrícula de um imóvel.
81. Ricardo Dip ensina que o fólio real, que representa um imóvel, está intimamente ligado à ideia de território, de lugar. Se voltarmos ao passado, a origem das cidades foi um ajuntamento de casas, e não de pessoa, e as cidades eram muradas para que tudo ali dentro fosse protegido das ameaças externas. Dentro das muralhas, havia um sistema próprio de comunicação com arquivos, registros, escolas. O fólio real é a muralha espiritualizada, é a folha do território, onde se protege o imóvel e os direitos das pessoas que possuem relação com ele, evitando a anarquia, o caos, a injustiça do mais forte sobre o mais fraco e o abuso do poder público. (DIP, Ricardo. **Registro de Imóveis (princípios)**. Tomo III. São Paulo: Editorial Lepanto, 2019, p. 175).
82. BALBINO FILHO, Nicolau. **Registro de Imóveis**: doutrina, prática e jurisprudência. 16. ed. rev. e atual. São Paulo: Saraiva, 2012, p. 118.

as informações da história dominial do imóvel para a matrícula, após a nova lei entrar em vigor[83]. Vale lembrar quais eram os livros do sistema anterior à Lei nº 6.015/73:

- *Livro nº 1 – protocolo;*
- *Livro nº 2 – inscrição hipotecária;*
- *Livro nº 3 – transcrição das transmissões (Compra e Venda, Doação, Sucessão etc.);*
- *Livro nº 4 – registros diversos (Promessas de Compra e Venda, Aforamento etc.);*
- *Livro nº 5 – emissão de debêntures;*
- *Livro nº 6 – indicador real;*
- *Livro nº 7 – indicador pessoal;*
- *Livro nº 8 – registro especial (Convenções de Condomínio, Loteamentos etc.);*
- *Livro nº 9 – registro de cédulas de crédito rural;*
- *Livro nº 10 – registro de cédulas de crédito industrial.*

Marinho Dembinski Kern[84] ressalta que no sistema anterior o fólio era pessoal, ou seja, o cerne do sistema era a pessoa e, portanto, poderiam ocorrer transcrições de uma parte ideal do imóvel, bem como existiam transcrições de um adquirente com vários imóveis. Além disso, havia uma diversidade de direitos lançados em vários livros, o que dificultava a compreensão sobre o verdadeiro status jurídico do imóvel. Afrânio de Carvalho[85] explica que no livro das Transcrições das Transmissões havia uma folha coletiva, com vários imóveis e seus dados destacados em colunas, consignando os atos nelas por extrato.

Os assentos, ensina Maria Helena Diniz[86], eram centralizados no indicador pessoal e não no imóvel. Após a Lei nº 6.015/73, surge o Livro 2 – Registro Geral, o qual é inaugurado com a matrícula do imóvel, e recebe por narrativa os registros e averbações em ordem cronológica, de acordo com a apresentação de títulos no protocolo. O sistema registral imobiliário brasileiro aproximou-se do sistema alemão, com a diferença de que lá o registro não permite a invalidação e aqui permite, gerando apenas a presunção do domínio. A matrícula, em si, não transfere a propriedade. Ela apenas caracteriza e confronta o imóvel, recebendo logo abaixo os registros e averbações. Não é possível registrar ou averbar algo no Livro 2, se antes não estiver descrita a matrícula do imóvel.

---

83. A abertura de matrícula não ocorreu de forma automática. A lei de registros determinou a sua abertura quando fosse necessário registrar um título referente ao imóvel. As averbações necessárias permaneciam no livro das transcrições. Caso não houvesse mais espaço para averbações no livro, então o registrador deveria abrir a matrícula, prática que ocorre até os dias atuais.
84. KERN, Marinho Dembinski; COSTA JUNIOR, Francisco José de Almeida Prado Ferraz. **Princípios do Registro de Imóveis brasileiro**. (Coleção de Direito Imobiliário), São Paulo: Thomson Reuters Brasil, 2020, v. II, p. 161.
85. CARVALHO, Afrânio de. **Registro de Imóveis**: comentários ao sistema de registro em face da lei 6015 de 1973, com alterações da lei 6216 de 1975, lei 8.009 de 1990 e lei 8935 de 18.11.1994. 4. ed. Rio de janeiro: Forense, 2001, p. 354.
86. DINIZ, Maria Helena. **Sistemas de registro de imóveis**. 11. ed. São Paulo: Saraiva, 2014, p. 88.

A lei determinou que o Livro 2 será o Registro Geral dos direitos reais ou obrigacionais de eficácia real[87], constando no topo a descrição do imóvel, ato este que chamamos de matrícula, mencionando logo abaixo os proprietários e a origem desta matrícula, que de regra vem de uma transcrição. A matrícula não é um ato de registro, ela é um ato de inscrição[88], expressão genérica, onde o registrador transporta os elementos da transcrição para o Livro 2, abrindo a matrícula e realizando logo abaixo, de forma narrativa e cronológica, os registros e as averbações.

8.3.1 Abertura de matrícula

De regra, a matrícula[89] origina-se de uma transcrição, mas também poderá ser aberta em virtude de uma determinação judicial[90], de ofício pelo registrador, no caso de usucapião extrajudicial[91] ou de outras modalidades de aquisição originária descritas no Art. 176-A, § 5º, da Lei nº 6.015/73[92] (sem prejuízo de outras existentes), quando o imóvel não estiver matriculado ou transcrito, ou quando atingir parte de imóvel objeto de registro anterior ou atingir, total ou parcialmente, mais de um imóvel objeto de

---

87. Leonardo Brandelli, de forma brilhante, diferencia obrigações com eficácia real de obrigações reais (propter rem). As obrigações com eficácia real são aquelas que não perdem o seu caráter pessoal, ou seja, não são direito reais, mas são dotadas de uma eficácia erga omnes, opondo-se a toda coletividade após o registro. A obrigação real (propter rem) são acessórias a um direito real, impondo-se a quem seja o titular do direito real. (BRANDELLI, Leonardo. **Registro de imóveis**: eficácia material. Rio de janeiro: Forense, 2016, p. 86).
88. CARVALHO, Afrânio de. **Registro de Imóveis**: comentários ao sistema de registro em face da lei 6015 de 1973, com alterações da lei 6216 de 1975, lei 8.009 de 1990 e lei 8935 de 18.11.1994. 4. ed. Rio de janeiro: Forense, 2001, p. 356.
89. As matrículas podem ser de imóveis urbanos ou rurais, bem como de propriedade individual ou em condomínio. Podem se referir a áreas públicas ou privadas e podem descrever a propriedade do solo, da laje, bem como ao tempo de uso, como na multipropriedade.
90. Na usucapião de um imóvel que não possui matrícula, nem transcrição, será aberta matrícula nova de imóvel atendendo a determinação judicial.
91. Provimento nº 149 do CNJ, nos artigos 398 e seguintes, prevê a usucapião extrajudicial de imóvel sem matrícula ou transcrição. (BRASIL. Conselho Nacional de Justiça. Provimento nº 149 de 30 de agosto de 2023. Institui o Código Nacional de Normas da Corregedoria Nacional de Justiça do Conselho Nacional de Justiça - Foro Extrajudicial (CNN/ CN/CNJ-Extra), que regulamenta os serviços notariais e de registro. Disponível em: https://atos.cnj.jus.br/atos/detalhar/5243. Acesso em: 15 fev. 2024).
92. "Artigo 176-A. O registro de aquisição originária ensejará a abertura de matrícula relativa ao imóvel adquirido, se não houver, ou quando: I – atingir parte de imóvel objeto de registro anterior; ou II – atingir, total ou parcialmente, mais de um imóvel objeto de registro anterior. § 1º A matrícula será aberta com base em planta e memorial descritivo do imóvel utilizados na instrução do procedimento administrativo ou judicial que ensejou a aquisição. § 2º As matrículas atingidas deverão, conforme o caso, ser encerradas ou receber averbação dos respectivos desfalques, dispensada, para esse fim, a retificação do memorial descritivo da área remanescente. § 4º Se a área adquirida em caráter originário for maior do que a constante do registro existente, a informação sobre a diferença apurada será averbada na matrícula aberta. § 4º-A. Eventuais divergências entre a descrição do imóvel constante do registro e aquela apresentada pelo requerente não obstarão o registro. § 5º O disposto neste artigo aplica-se, sem prejuízo de outros, ao registro de: I – ato de imissão provisória na posse, em procedimento de desapropriação; II – carta de adjudicação, em procedimento judicial de desapropriação; III – escritura pública, termo ou contrato administrativo, em procedimento extrajudicial de desapropriação; IV – aquisição de área por usucapião ou por concessão de uso especial para fins de moradia; V – sentença judicial de aquisição de imóvel, em procedimento expropriatório de que tratam os §§ 4º e 5º do art. 1.228 da Lei nº 10.406, de 10 de janeiro de 2002 (Código Civil)". ((BRASIL. **Lei nº 6.015 de 31 de dezembro de 1973**. Dispõe sobre os registros públicos, e dá outras providências. Disponível em: http://www.planalto.gov.br/ccivil_03/leis/l6015compilada.htm Acesso em: 15 fev. 2024).

registro anterior, ou a pedido administrativo[93] do município, Estado, União ou Distrito Federal, em razão de parcelamento[94] ou unificação do solo, entre outras hipóteses[95].

Afrânio de Carvalho defende que a oportunidade de abertura de matrícula deve ser franqueada com maior largueza, pois o objetivo da lei é matricular todos os imóveis particulares[96]. E, com certeza, este é o melhor entendimento, pois o sistema antigo de transcrições está superado, sem perder seu valor dominial e histórico, devendo o registrador facilitar a abertura de novas matrículas em seu ofício, mas sempre respeitando a unicidade matricial. É importante destacar que, quando a matrícula é oriunda de uma transcrição, essa não será cancelada, nem perde a sua eficácia real[97], pois o ato aquisitivo está naquele livro, ocorrendo apenas o transporte dos seus elementos para o Livro 2, onde se abrirá a matrícula e se mencionará a origem[98].

A Lei nº 6.015/73 determinou a abertura de matrícula por ocasião do primeiro[99] registro após a sua entrada em vigor. Afrânio de Carvalho[100] explica que a palavra registro foi utilizada pela lei em sentido amplo de primeiro ato, seja registro ou averbação[101]. Para o autor, tão logo apresentado o primeiro título referente ao imóvel transcrito, deverá ser aberta a matrícula, pois essa é a finalidade da lei, embora a própria norma permita averbações[102] nas transcrições. A Lei 14.382/2022 corrigiu essa lacuna, determinando que a matrícula será aberta também quando da primeira averbação, desde que a transcrição possua todos os requisitos necessários.

---

93. Lei nº 6.015/73 artigo 195-A e artigo 195-B. (BRASIL. **Lei nº 6.015 de 31 de dezembro de 1973.** Dispõe sobre os registros públicos, e dá outras providências. Disponível em: http://www.planalto.gov.br/ccivil_03/leis/l6015compilada.htm Acesso em: 15 nov. 2021).
94. Lei nº 6.766/79 trata do parcelamento do solo urbano. (BRASIL. Lei nº 6.766, de 19 de dezembro de 1979. Dispõe sobre o Parcelamento do Solo Urbano e dá outras Providências. Disponível em: http://www.planalto.gov.br/ccivil_03/leis/l6766.htm Acesso em: 15 nov. 2021).
    A Lei nº 4.591/64 trata da venda de unidades autônomas em incorporação imobiliária. (BRASIL. Lei nº 4.591, de 16 de dezembro de 1964. Dispõe sobre o condomínio em edificações e as incorporações imobiliárias. Disponível em: http://www.planalto.gov.br/ccivil_03/leis/l4591.htm Acesso em: 15 nov. 2021).
95. A requerimento do interessado é possível abertura de matrícula, quando ela já estiver extensa e de difícil leitura, devendo o registrador, antes, promover um despacho saneador por averbação, mencionando qual a situação do imóvel pessoas e direitos ali inscritos em vigor, encerrando a matrícula e abrindo uma nova com as informações condensadas no topo, salvo os ônus vigentes, que devem ser averbados logo abaixo da matrícula.
96. CARVALHO, Afrânio de. **Registro de Imóveis:** comentários ao sistema de registro em face da lei 6015 de 1973, com alterações da lei 6216 de 1975, lei 8.009 de 1990 e lei 8935 de 18.11.1994. 4. ed. Rio de janeiro: Forense, 2001, p. 356.
97. CARVALHO, Afrânio de. **Registro de Imóveis:** comentários ao sistema de registro em face da lei 6015 de 1973, com alterações da lei 6216 de 1975, lei 8.009 de 1990 e lei 8935 de 18.11.1994. 4. ed. Rio de janeiro: Forense, 2001, p. 355.
98. Toda matrícula deve mencionar a sua origem em relação ao registro anterior, conforme artigo 176 da Lei nº 6.015/73. Excepcionalmente, quando se abre matrícula sem origem em transcrição anterior, será mencionada outra circunstância que lhe deu origem como por exemplo nos casos de regularização fundiária (artigo 50, inciso II da Lei nº 13.465/17), ou usucapião extrajudicial (artigo 20 do Provimento nº 65 do CNJ).
99. Lei nº 6.015/73, artigo 176, parágrafo único, inciso I e artigo 228.
100. CARVALHO, Afrânio de. **Registro de Imóveis:** comentários ao sistema de registro em face da lei 6015 de 1973, com alterações da lei 6216 de 1975, lei 8.009 de 1990 e lei 8935 de 18.11.1994. 4. ed. Rio de janeiro: Forense, 2001, p. 356
101. Este também é o entendimento de Sérgio Jacomino (JACOMINO, Sérgio. O estado agônico dos antigos livros de registro. Uma proposta de encerramento após o seu encerramento. **Revista de Direito Imobiliário,** São Paulo, Editora Revista dos Tribunais, v. 77, 2014, p. 115).
102. Lei nº 6.015/73, artigo 169, inciso I, in fine e artigo 295.

E realmente não há sentido em manter as transcrições vivas, se o sistema caminha para o fólio real. Todavia, em razão das exigências criadas pela própria lei de registros, elencando os requisitos para abertura de matrícula, a realidade brasileira manteve os dois sistemas atuantes, pois as antigas transcrições não possuíam todos os requisitos que hoje a matrícula pede. Aqui, a divergência de procedimentos, em nível nacional, é visível, principalmente em relação aos imóveis rurais que no passado possuíam confrontações precárias[103]. A Lei 14382/2022 buscou flexibilizar o procedimento inserindo os parágrafos 14,15,16,17 e 18 ao artigo 176 da lei 6.015/73.

Alguns registradores entendem que para abrir matrícula os requisitos do artigo 176 da Lei nº 6.015/73 devem estar preenchidos na transcrição, pensamento esse sustentado pela permissão da lei em manter as averbações nestes livros. Por outro lado, registradores lecionam pela abertura de matrícula, mesmo com ausência dos requisitos legais, mas desde que as informações faltantes sejam averbadas logo após a abertura da matrícula. Uma terceira corrente, um tanto minoritária, entende ser possível abrir a matrícula mesmo com os elementos faltantes, sem necessidade de averbar logo em seguida, ficando a critério do proprietário o momento[104] oportuno de averbar estes dados, pois a matrícula é apenas o transporte dos elementos da transcrição para o Livro 2, Registro Geral.

8.3.2 Criação de novas circunscrições imobiliárias

Outra situação curiosa ocorre em relação à criação de novos cartórios de registros de imóveis, o que tem sido cada vez mais frequente. Ao ser instalada nova serventia, e provida por concurso, fica o registrador empossado com a competência para lavrar os atos relativos aos imóveis daquela circunscrição, mas o cartório que respondia antes por aquela circunscrição territorial continuará responsável por todo acervo utilizado até aquela data[105]. Para que o novo registrador pratique atos, será necessário solicitar uma certidão atualizada daquele imóvel no cartório antigo[106], comprobatória do registro existente (poderá ser de inteiro teor ou de situação jurídica do imóvel) mencionando a existência ou não de ônus[107], e então o interessado deverá levar essa

---

103. Precárias no sentido de a "aproximadas".
104. Aqui apresenta-se, claramente, um choque entre princípios registrais imobiliários. O princípio da unicidade da matrícula quer que o imóvel esteja matriculado, por outro lado o princípio da especialidade objetiva e subjetiva requerem todos os elementos necessários para a abertura de matrícula. Para piorar, em alguns casos, é apresentado um título de formal de partilha, oriundo de inventário, para registro, e o imóvel transcrito está incompleto para fins de matrícula. Não se consegue abrir matrícula porque os requisitos estão incompletos, não se consegue registrar porque a transcrição não admite registro e o sistema clama para que todos os imóveis estejam matriculados. Nestes casos, procederá o registrador a análise minuciosa do caso concreto, podendo exigir documentos que lhe auxiliem na abertura de matrícula e identificação do imóvel e titulares.
105. Lei nº 6.015/73. Artigo 27. Quando a lei criar novo cartório, e enquanto este não for instalado, os registros continuarão a ser feitos no cartório que sofreu o desmembramento, não sendo necessário repeti-los no novo ofício. Parágrafo único. O arquivo do antigo cartório continuará a pertencer-lhe.
106. Que pode se referir a uma transcrição ou até mesmo uma matrícula. (BRASIL. **Lei nº 6.015 de 31 de dezembro de 1973.** Dispõe sobre os registros públicos, e dá outras providências. Disponível em: http://www.planalto.gov.br/ccivil_03/leis/l6015compilada.htm Acesso em: 15 nov. 2021).
107. Ao abrir a matrícula no cartório da nova circunscrição, e constando ônus sobre o imóvel, o registrador averbará o ônus, por transporte, como primeiro ato, conforme previsto na Lei nº 6.015/73, artigo 230, que diz: "Artigo 230. Se na certidão constar ônus, o oficial fará a matrícula, e, logo em seguida ao registro, averbará a existência do ônus,

certidão ao novo cartório para correspondente abertura de matrícula. Logo em seguida à abertura da nova matrícula na nova circunscrição, o registrador comunicará ao registrador do cartório anterior para que proceda ao encerramento do assento, o qual permanecerá válido e dele poderão ser emitidas certidões normalmente[108]. Aqui reside o cuidado da abertura de matrícula em nova circunscrição, de todo o imóvel, e não apenas de fração dele.

8.3.3 Matrículas de frações ideais

Tão logo a Lei nº 6.015/73 foi publicada, em 31 de dezembro de 1973, percebeu-se a grande mudança no sistema registral brasileiro, pois o sistema de transcrições cederia seu espaço para o novo sistema de matrículas. A própria lei determinou que a *vacacio legis* seria até 1ª de janeiro de 1976, data da sua entrada em vigor, pois a mudança seria substancial no sistema imobiliário registral. O tempo entre a publicação e a entrada em vigor permitiria uma maior reflexão por todos os operadores do direito, em especial os registradores de imóveis.

As novas regras exigiam que cada imóvel fosse transportado da transcrição em que ele era mencionado para uma matrícula. Se uma transcrição tivesse dois ou mais imóveis, seria aberta uma matrícula para cada qual, mencionando-se em cada, como registro anterior, a mesma transcrição. Caso uma transcrição tivesse dois ou mais proprietários, em condomínio sobre um único imóvel, deveria ser aberta uma matrícula para o imóvel com a menção de todos os proprietários. Jamais deveria ser aberta a matrícula da parte de um condômino, apenas, pois o sistema gravitaria, agora, em torno do imóvel e não da pessoa. Assim, matrículas de partes ideais, frações ideais, seriam espúrias ao novo sistema e deveriam ser repudiadas pelo registrador de imóveis.

Com a entrada em vigor da lei de registros, em 1976, a realidade se apresentou de maneira diversa do que a norma sonhava e o princípio da unitariedade foi ferido de morte, várias vezes. Quando a transcrição se referia a um imóvel e tinha apenas um proprietário, ficava fácil. Transportava-se o imóvel para a matrícula. A ausência de requisitos era suprida por documentos apresentados junto com o requerimento. Porém, quando a transcrição estava em condomínio, ou existiam várias transcrições referindo-se a um único imóvel, como no caso de herança, quando cada herdeiro recebeu seu formal de partilha, então surgiram as primeiras dúvidas: no caso de uma transcrição com mais de um proprietário, abrir matrícula atraindo todos os proprietários para ela, ou abrir matrícula apenas da parte ideal de quem solicitou o transporte? E no caso de várias transcrições, referindo-se a apenas um imóvel (herança), abrir matrícula de todo o imóvel, atraindo

---

sua natureza e valor, certificando o fato no título que devolver à parte, o que o correrá, também, quando o ônus estiver lançado no próprio cartório". (BRASIL. **Lei nº 6.015 de 31 de dezembro de 1973**. Dispõe sobre os registros públicos, e dá outras providências. Disponível em: http://www.planalto.gov.br/ccivil_03/leis/l6015compilada.htm Acesso em: 15 nov. 2021).

108. O encerramento é um ato formal que significa que o imóvel está matriculado em outro fólio, com nova numeração. É diferente do cancelamento da matrícula, ato judicial, que não permite a inscrição de novos atos. O assento encerrado poderá, excepcionalmente, ser reaberto para alguma retificação necessária, procedendo-se a novo encerramento.

para a matrícula todos os proprietários dele, mesmo que constantes em transcrições diversas, ou abrir uma matrícula para cada parte ideal, descrita em uma transcrição?

O sonho da norma é que cada imóvel tivesse matrícula própria. Nos negócios jurídicos transcritos, a confrontação do imóvel representava um todo, que poderia ter vários proprietários, de partes ou frações. Não existia parte ou fração individualizada, com confrontações próprias, o que levaria naturalmente à divisão e extinção do condomínio. Então sempre a matrícula deveria ser aberta mencionando todo o imóvel e atraindo para ela todas as pessoas que titulam algum direito, bem como os ônus referentes à propriedade. Mas não foi o que ocorreu. As matrículas foram abertas em partes, mencionando apenas frações de um imóvel maior. No cabeçalho do Livro 2, descrevia-se o imóvel como um todo, enorme, e logo depois colocava-se uma vírgula e mencionava-se "somente a área de ...". Em outros casos fazia-se o contrário. Abria-se a matrícula mencionando a "fração de terras com área de..." e logo depois se escrevia "dentro de um todo maior..." e, então, se descrevia a totalidade do imóvel. Casos mais graves foram identificados quando um proprietário de uma fração matriculada faleceu e, deixando filhos, abriram-se várias novas matrículas para registrar os formais de partilha dos herdeiros.

Exemplificando, se um imóvel possuía um mil hectares e possuía um casal de proprietários com cinco filhos, quando do falecimento os herdeiros adquiriram suas frações do imóvel, sendo elas transcritas no Livro das Transmissões. Uma transcrição para cada formal de partilha gerando um condomínio sobre o imóvel. Depois, de forma equivocada, cada condômino abria uma matrícula para sua fração, ficando o imóvel retalhado em cinco. Ocorrendo o falecimento de um destes cinco, e deixando três herdeiros, os registros dos formais ocorriam na matrícula da fração, mas depois eram abertas novas matrículas de frações para cada um destes herdeiros. Dessa forma, um único imóvel poderia estar fracionado em dez matrículas, sendo que nenhuma apresentava a descrição da fração, mas, sim, a descrição do todo maior. Essa é uma herança que hoje se tentar consertar, de várias formas.

Dentro desse mesmo fenômeno, um outro se encaixou gradativamente. O sistema bancário começou a aceitar em hipoteca essas frações matriculadas, e até preferia que cada proprietário tivesse matrícula própria de sua fração, pois entendia isso como uma facilidade na hora de executar a garantia, que aparentemente não estava em condomínio com outras pessoas. E, realmente, a lei não impede ao condômino a possibilidade de gravar sua parte, o que já estava previsto no artigo 623, inciso IIII, do Código Civil de 1916[109] e foi repetido no artigo 1.314 do Código Civil de 2002[110].

Mais tarde, um outro problema se encaixou nesses dois. Ao abrir matrícula de uma fração ideal, deveria o registrador averbar na transcrição que agora o imóvel ali descrito estava matriculado. Sendo no mesmo cartório, um ato interno. Sendo a matrícula aberta em um cartório novo de outra circunscrição, deveria o registrador enviar-lhe

---

109. BRASIL. Lei nº 3.071, de 1º de janeiro de 1916. Código Civil dos Estados Unidos do Brasil. Disponível em: http://www.planalto.gov.br/ccivil_03/leis/l3071.htm Acesso em: 15 nov. 2021.
110. BRASIL. Lei nº 10.406, de 10 de janeiro de 2002. Institui o Código Civil. Disponível em: http://www.planalto.gov.br/ccivil_03/leis/2002/l10406compilada.htm Acesso em: 15 nov. 2021.

correspondência com os respectivos emolumentos, para averbação. Nem sempre isso foi feito. O resultado foi evidente, matrículas de frações foram abertas em duplicidade. Duas matrículas referindo-se à mesma fração que estava transcrita. Um problema grave, que em alguns casos ficava ainda pior, quando anos mais tarde se encontravam as duas matrículas no acervo e elas possuíam registros diferentes, contraditórios.

8.3.4 Recomposição de matrículas

Nesses casos narrados, de abertura de matrícula de fração ou parte ideal, deparando-se o registrador com tais situações, deve tentar resolver recompondo a unicidade da matrícula, exigindo certidões das transcrições e matrículas fracionadas, quando pertencentes a outro ofício, ou examinando o seu acervo, realizando a recomposição de matrículas, ou recomposição do imóvel. Com todas as certidões das frações em mãos, formará um expediente interno e emitirá um parecer, descrevendo toda a história do imóvel e, ao final, mencionará os atos realizados. Deverá averbar nas matrículas que se trata de um único imóvel e que, atendendo ao princípio da unicidade matricial, previsto no artigo 176, § 1º, inciso I, da Lei nº 6.015/73[111], encerra a matrícula transportando seus dados para uma nova. Havendo transcrição ainda aberta, procederá também à devida averbação nela.

Não se trata de unificação ou fusão, institutos diversos, mas, sim, de recomposição. A unificação e a fusão criam um novo imóvel decorrente de outros. A recomposição de matrículas organiza o fólio real, tornando-o uno, e criando uma correspondência entre a unitariedade da matrícula e a unidade físico-jurídica do imóvel[112]. O ato de recomposição poderá ser praticado a requerimento de qualquer um dos condôminos, pois não se trata de alteração, mas, sim, de recomposição da situação jurídica. Poderá ser praticado também de ofício pelo registrador, quando, recebido algum título para registro, perceber que deve ser realizada a recomposição antes do registro do título apontado. Neste caso, protocola o título e, na qualificação, caso falte algum documento, deverá explicar a situação mediante nota devolutiva, solicitando as certidões faltantes. Caso o registrador entenda que é possível recompor as matrículas sem necessidade de solicitar mais documentos ao interessado, após o protocolo emitirá parecer e fará de ofício a recomposição, registrando logo em seguida o título apresentado. O registrador não deve solicitar documentos de outros condôminos na recomposição, evitando onerar o apresentante do título. Essas exigências ficarão para o momento oportuno em que o proprietário com documentos faltantes solicitar algum registro.

8.3.5 Unificação, fusão e destaque

A lei de registros prevê a possibilidade de juntar dois imóveis, ou em uma única matrícula, desde que os imóveis sejam contíguos e pertençam ao mesmo proprietário.

---

111. BRASIL. **Lei nº 6.015 de 31 de dezembro de 1973.** Dispõe sobre os registros públicos, e dá outras providências. Disponível em: http://www.planalto.gov.br/ccivil_03/leis/l6015compilada.htm Acesso em: 15 nov. 2021.
112. A matrícula deve refletir o imóvel.

Estando ambos os imóveis matriculados, o ato será uma averbação de fusão[113] nas matrículas primitivas, encerrando-as[114] e, logo em seguida, será aberta matrícula nova para o imóvel, mencionando-se a origem. Se os imóveis não estiverem matriculados, sendo ainda objeto de transcrição, o ato lavrado será de unificação, com o encerramento delas e abertura de uma matrícula, mencionando a origem. Se os imóveis estiverem em sistemas diferentes, um está matriculado e o outro transcrito, o ato também será de unificação, procedendo-se da mesma forma.

Quanto ao fato de os imóveis pertencerem ao mesmo proprietário para fusão ou unificação, existe uma pequena divergência em relação aos códigos de normas do país. Não raro, os proprietários de dois imóveis contíguos querem edificar um prédio e, para tanto, pretendem transformar os dois terrenos em um só. Porém, não são condôminos, então precisam permutar áreas. Aqui está a divergência. Alguns Códigos de Normas entendem que somente é possível a fusão/unificação se em ambas as matrículas os proprietários forem titulares do mesmo percentual (no caso, como são dois proprietários, 50% em cada matrícula). Noutros Estados, o Código de Normas é omisso, o que permite a fusão/unificação possuindo percentuais diversos.

Situação anômala foi trazida pela Lei n° 12.424/2011[115], que alterou o artigo 235 da lei de registros[116], permitindo unificar dois imóveis contíguos, urbanos, fruto de desapropriação para implantação de programas habitacionais[117] ou de regularização fundiária, mesmo que somente com a imissão na posse deferida. Trata-se da hipótese de unificar um imóvel de propriedade pública[118] com um imóvel de posse, uma das raras possibilidades de registro de posse na matrícula do imóvel. O Decreto-lei n°

---

113. Lei n° 6.015/73. Artigo 234. Quando dois ou mais imóveis contíguos pertencentes ao mesmo proprietário, constarem de matrículas autônomas, pode ele requerer a fusão destas em uma só, de novo número, encerrando-se as primitivas. (BRASIL. **Lei n° 6.015 de 31 de dezembro de 1973**. Dispõe sobre os registros públicos, e dá outras providências. Disponível em: http://www.planalto.gov.br/ccivil_03/leis/l6015compilada.htm Acesso em: 15 nov. 2021).
114. A lei de registros diz, por equívoco, no seu artigo 133, inciso II e III que a matrícula será cancelada, quando deveria prever o encerramento, pois a matrícula só é cancelada por determinação judicial, cabendo ao registrador apenas o seu encerramento.
115. BRASIL. Lei n° 12.424, de 16 de junho de 2011. Altera a Lei n° 11.977, de 7 de julho de 2009, que dispõe sobre o Programa Minha Casa, Minha Vida – PMCMV e a regularização fundiária de assentamentos localizados em áreas urbanas, as Leis n°s 10.188, de 12 de fevereiro de 2001, 6.015, de 31 de dezembro de 1973, 6.766, de 19 de dezembro de 1979, 4.591, de 16 de dezembro de 1964, 8.212, de 24 de julho de 1991, e 10.406, de 10 de janeiro de 2002 – Código Civil; revoga dispositivos da Medida Provisória n° 2.197-43, de 24 de agosto de 2001; e dá outras providências. Disponível em: http://www.planalto.gov.br/ccivil_03/_ato2011-2014/2011/lei/l12424.htm Acesso em: 15 nov. 2021.
116. Lei n° 6.015/73, artigo 235, inciso III – 2 (dois) ou mais imóveis contíguos objeto de imissão provisória na posse registrada em nome da União, Estado, Município ou Distrito Federal.
117. Lei n° 6.015/73, artigo 235, § 2° A hipótese de que trata o inciso III somente poderá ser utilizada nos casos de imóveis inseridos em área urbana ou de expansão urbana e com a finalidade de implementar programas habitacionais ou de regularização fundiária, o que deverá ser informado no requerimento de unificação. (BRASIL. **Lei n° 6.015 de 31 de dezembro de 1973**. Dispõe sobre os registros públicos, e dá outras providências. Disponível em: http://www.planalto.gov.br/ccivil_03/leis/l6015compilada.htm Acesso em: 15 nov. 2021).
118. Lei n° 6.015/73, artigo 235, § 3° Na hipótese de que trata o inciso III, a unificação das matrículas poderá abranger um ou mais imóveis de domínio público que sejam contíguos à área objeto da imissão provisória na posse. (BRASIL. **Lei n° 6.015 de 31 de dezembro de 1973**. Dispõe sobre os registros públicos, e dá outras providências. Disponível em: http://www.planalto.gov.br/ccivil_03/leis/l6015compilada.htm Acesso em: 15 nov. 2021).

3.365/41[119] trata da desapropriação para fins de utilidade pública e prevê que a imissão na posse, deferida pelo juiz de direito, é objeto de registro no registro de imóveis. A lei de registros foi alterada para receber a novidade, em seus artigos 167, I, 36 e 176, § 8º.

No Decreto de desapropriação deve constar a especialização do imóvel, ou seja, a sua descrição pormenorizada para que ele seja destacado da matrícula primitiva e seja objeto de uma matrícula nova. É essa matrícula nova que mencionará a posse do desapropriante, que será objeto de fusão com outra matrícula de propriedade do município

Nos casos de desapropriação, o ideal é averbar na matrícula do imóvel o decreto expropriatório[120], como forma de publicizar a situação perante terceiros. Após o decreto de desapropriação, poderão ocorrer duas situações: um acordo entre o município e o desapropriado ou a judicialização pelo desapropriante, que poderá pedir ao juiz a imissão na posse[121]. Havendo acordo na desapropriação, esta poderá ser feita por termo administrativo[122], ou por escritura pública de desapropriação amigável[123]. Não havendo acordo, o juiz poderá deferir a imissão na posse, que será averbada na matrícula do imóvel. Após essa averbação, deve-se averbar o destaque da área desapropriada para abertura de nova matrícula, a qual poderá, então, ser unificada com outra matrícula de propriedade do município. Não existe risco de retrocessão[124] nesses casos.

Comumente os municípios não precisam de matrícula para o seu patrimônio, que está sob domínio público. Eventualmente, necessitam abrir matrícula para algum fim específico. De regra, quando ocorre um procedimento de loteamento urbano, o município recebe áreas públicas para fins de arruamento, equipamentos comunitários e equipamentos urbanos. Nesses casos, o registrador deverá abrir de ofício as matrículas. Todavia, sabe-se que existe um passivo de matrículas não abertas de loteamentos passados, registrados ou apenas implantados. Em razão disso, a lei de registros foi alterada pela Lei nº 13.465/17[125] e recebeu o artigo 195-A, que permite ao município requerer

---

119. BRASIL. Decreto-lei nº 3.365, de 21 de junho de 1941. Dispõe sobre desapropriações por utilidade pública. Disponível em: http://www.planalto.gov.br/ccivil_03/decreto-lei/del3365.htm Acesso em: 15 nov. 2021.
120. Alguns Códigos de Normas já trazem esta previsão.
121. Decreto-lei nº 3.365/41, artigo 15, §4º.
122. Decreto-lei nº 3.365/41. Artigo 34-A. Se houver concordância, **reduzida a termo**, do expropriado, a decisão concessiva da imissão provisória na posse implicará a aquisição da propriedade pelo expropriante com o consequente registro da propriedade na matrícula do imóvel. (grifo nosso). (BRASIL. Decreto-lei nº 3.365, de 21 de junho de 1941. Dispõe sobre desapropriações por utilidade pública. Disponível em: http://www.planalto.gov.br/ccivil_03/decreto-lei/del3365.htm Acesso em: 15 nov. 2021).
123. A doutrina discute se a escritura pública de desapropriação amigável possui natureza jurídica de aquisição derivada da propriedade ou originária, em razão do decreto de desapropriação.
124. Decreto-lei nº 3.365/41. Artigo 5º, § 3º. Ao imóvel desapropriado para implantação de parcelamento popular, destinado às classes de menor renda, não se dará outra utilização nem haverá retrocessão. (BRASIL. Decreto-lei nº 3.365, de 21 de junho de 1941. Dispõe sobre desapropriações por utilidade pública. Disponível em: http://www.planalto.gov.br/ccivil_03/decreto-lei/del3365.htm Acesso em: 15 nov. 2021).
125. BRASIL. Lei nº 13.465, de 11 de julho de 2017. Dispõe sobre a regularização fundiária rural e urbana, sobre a liquidação de créditos concedidos aos assentados da reforma agrária e sobre a regularização fundiária no âmbito da Amazônia Legal; institui mecanismos para aprimorar a eficiência dos procedimentos de alienação de imóveis da União; [...]. Disponível em: http://www.planalto.gov.br/ccivil_03/_ato2015-2018/2017/lei/l13465.htm Acesso em: 15 nov. 2021.

ao registrador a abertura de matrícula de área pública oriunda de parcelamento do solo implantado, ainda que não registrado.

Assim como o estudo da fusão e a unificação são importantes para unir dois imóveis, também são importantes os procedimentos de divisão de imóveis, onde uma matrícula poderá dar origem a várias outras. Assim são os procedimentos de desdobro, desmembramento e loteamento. De outra banda, a matrícula pode ensejar empreendimentos imobiliários complexos, criando novas matrículas por unidades autônomas tais como a incorporação, condomínio edilício, condomínio de lotes, multipropriedade (neste caso por frações de tempo de uso) e a laje, que serve, também, para regularização imobiliária.

8.3.6 Encerramento, cancelamento e bloqueio

Como já vimos, a matrícula pode ser encerrada, quando der origem a outras ou passar pelo procedimento de recomposição. O encerramento compete ao registrador sem necessidade de autorização judicial, pois é ato da sua competência, podendo realizar a requerimento do interessando, ou de ofício, desde que fundamentado na lei. O encerramento não invalida os atos passados, pois apenas reorganiza o sistema tabular. Da matrícula encerrada, emitem-se certidões normalmente.

O cancelamento[126], por sua vez, é um ato judicial. Aqui ocorre a necessidade de expurgar do sistema a tábula, pois ela surge com algum vício. Poderá ser requerida pelo interessado ou, em alguns casos, pelo próprio registrador, como no caso de duplicidade de matrículas com direitos contraditórios. Não se confunde cancelamento de matrícula com cancelamento de registro ou com cancelamento do título. A matrícula deve ser cancelada quando a sua abertura possuía um vício, que pode ser nela, no registro anterior a ela (em uma transcrição ou em outra matrícula) ou no título que deu origem ao registro anterior, que resultou na abertura de matrícula posterior. Também poderá ser cancelada quando aberta equivocadamente e não for caso de encerramento pelo registrador. O cancelamento da matrícula ocorre por averbação e não devem mais ser fornecidas certidões, salvo por determinação judicial. A lei não exige o trânsito em julgado da decisão.

Já o cancelamento do registro (artigo 214 e 250) ocorre por decisão judicial transitada em julgado (quando ocorre algum vício), a requerimento unânime das partes que participaram do ato registrado (manifestação de vontade bilateral ou plurilateral), a requerimento do interessado, apresentando o documento hábil (manifestação de vontade unilateral) ou a requerimento da fazenda quando da reversão de imóvel ao patrimônio público. Por fim, o cancelamento do título ocorre quando da anulação do

---

126. A Lei nº 6.015/73 prevê cancelamento de matrícula no seu artigo 233. Trata o dispositivo de três hipóteses, mas a doutrina aceita apenas o inciso I, quando por determinação judicial. No inciso II e no inciso II entende-se como encerramento, o que se compreende com mais atenção ao ler o artigo seguinte (234). (BRASIL. **Lei nº 6.015 de 31 de dezembro de 1973**. Dispõe sobre os registros públicos, e dá outras providências. Disponível em: http://www.planalto.gov.br/ccivil_03/leis/l6015compilada.htm Acesso em: 15 nov. 2021).

negócio jurídico (nulidade ou anulabilidade). Se o título estava registrado, deve ser anulado, também[127], o registro[128].

Já o bloqueio[129] da matrícula ocorre quando o juiz entende que novos registros poderão causar danos de difícil reparação, ficando o registrador impedido de lavrar qualquer ato, salvo com autorização judicial. Fica permitido aos interessados a prenotação de seus títulos, os quais ficarão com prazos suspensos até a solução final do bloqueio.

Por fim, podemos sintetizar que a matrícula é o espelho do imóvel, localizada no *caput* da ficha do Livro 2, onde recebe os registros e averbações necessários para concentrar o máximo de direitos e outras ocorrências que devem ser publicizadas para gerar os efeitos necessários. Analisar uma matrícula é estudar a história jurídica do imóvel, sua origem e características próprias. A Lei nº 6.015/73 implantou a matrícula no sistema brasileiro, mas manteve válidas as transcrições, muitas ainda em uso.

8.4 INSCRIÇÃO (REGISTROS E AVERBAÇÕES)

Inscrição vem do verbo latino *inscriptum*, que significa "escrito", "gravado", "registrado", servindo de meio para dar conhecimento de algo. A inscrição nada mais é que um sinal[130] de comunicação da humanidade, ou seja, uma marcação com um significado próprio[131]. A inscrição é o ato realizado pelo registrador nos seus livros, ou seja, após o recebimento do título ocorrem a prenotação (inscrição prenotante) e a sua qualificação (ato intelectual), e então o direito será inscrito (registrado ou averbado), em livro próprio, de regra, por extrato[132], com as devidas anotações nos indicadores.

A inscrição do título no Livro 1, protocolo, gera a prioridade (de análise) e a preferência (do direito). Portanto, toda vez que o registrador entender como possível, dentro da legalidade, escrever em livro próprio algo de interesse de toda sociedade, estaremos diante do princípio da inscrição. Nesse sentido, Afrânio de Carvalho[133]

---

127. Artigo 252. O registro, enquanto não cancelado, produz todos os efeitos legais ainda que, por outra maneira, se prove que o título está desfeito, anulado, extinto ou rescindido. (BRASIL. **Lei nº 6.015 de 31 de dezembro de 1973**. Dispõe sobre os registros públicos, e dá outras providências. Disponível em: http://www.planalto.gov.br/ccivil_03/leis/l6015compilada.htm Acesso em: 15 nov. 2021).
128. A anulação de um registro opera-se de forma diferente da ineficácia do registro. Araken de Assis, diferenciando fraude contra credores de fraude à execução explica que a fraude contra credores provoca a anulação do registro, restituindo-se o status anterior, ou seja, retornando a propriedade ao transmitente. Já na fraude à execução ocorre a ineficácia do registro, não desconstituindo o negócio jurídico e, ocorrendo a alienação do bem, será registrado o título (carta de arrematação ou adjudicação) sem o cancelamento do registro fraudulento, sendo uma exceção ao princípio da continuidade. (ASSIS, Araken de. Fraude contra execução no registro de imóveis. In: DIP, Ricardo (Coord.). **Direito registral e o novo Código de Processo Civil**. Rio de Janeiro: Forense, 2016, p. 44-46.
129. Lei nº 6.015, artigo 214, § 3º e § 4º. (BRASIL. **Lei nº 6.015 de 31 de dezembro de 1973**. Dispõe sobre os registros públicos, e dá outras providências. Disponível em: http://www.planalto.gov.br/ccivil_03/leis/l6015compilada.htm Acesso em: 15 nov. 2021).
130. Aqui leia-se o ato de registrar, averbar, prenotar ou anotar.
131. DIP, Ricardo. **Registro de Imóveis (princípios)**. Registros Sobre Registros. Tomo I. Campinas: Editora PrimVs, 2017, p. 77.
132. De regra, o registrador resume os elementos do título ao lavrar o registro ou averbação. Excepcionalmente poderá ocorrer a transcrição integral do título.
133. CARVALHO, Afrânio de. **Registro de Imóveis**: comentários ao sistema de registro em face da lei 6015 de 1973, com alterações da lei 6216 de 1975, lei 8.009 de 1990 e lei 8935 de 18.11.1994. 4. ed. Rio de janeiro: Forense, 2001, p. 141.

ensina que todo o assento feito em livro do registro imobiliário insere-se no conceito amplo de inscrição, a qual pode ser autônoma (registro) ou dependente (averbação). Inscrevem-se os direitos que recaem sobre os imóveis, bem como os fatos a eles correspondentes.

A doutrina chama de registro *lato sensu* os atos de registro e averbação. Considera registro[134] *stricto sensu*, os atos registráveis previstos no artigo 167, I, da Lei nº 6.015/73. Quanto à averbação, existe uma flexibilidade maior, pois a Lei nº 6.015/73[135] enumera diversos atos no artigo 167, II, mas deixa a porta aberta quando fala no artigo 246 que serão, também[136], averbadas "outras ocorrências que, por qualquer modo, alterem o registro". O artigo 168 da Lei de Registros Públicos tenta condensar expressões da legislação anterior, *in verbis*: "Artigo 168. Na designação genérica de registro, consideram-se englobadas a inscrição e a transcrição a que se referem as leis civis"[137].

Marinho Dembinski Kerb[138] ensina que as expressões "transcrição" e "inscrição" eram utilizadas de maneira equivocada na legislação anterior, pois "transcrição" refere-se à cópia do título e "inscrição" refere-se à técnica de escrituração em que se extraem os elementos mais importantes do título, mencionando-se no próprio registro que não se tratava de cópia integral. Essa era a técnica utilizada para o ato registral de alteração da propriedade. A Lei nº 6.015/73 tentou sanar esse problema.

Mesmo assim, algumas lacunas ficaram em relação à natureza jurídica de cada ato registral imobiliário. A abertura de matrícula[139] também deve ser considerada uma inscrição[140], pois é ela que inaugura o fólio real. Na matrícula serão praticados os atos de registro e averbação (ambos são considerados registro *lato sensu*). Assim, a inscrição é todo o ato praticado pelo registrador em seus livros, desde o protocolo, a matrícula, o registro, a averbação e as anotações. No estudo das possíveis espécies de inscrições, a doutrina estuda a inscrição constitutiva, inscrição declarativa pura[141] ou integrativa, inscrição declarativa preventiva, inscrição positiva e inscrição negativa, convalidante, inscrição repristinatória, inscrição prenotante, inscrição noticiosa. O registrador deve compreender os diferentes efeitos gerados por cada espécie.

---

134. O registro é praticado com os elementos do artigo 176 $ 1, III da Lei nº 6.015/73, mas, curiosamente, em alguns casos a norma ainda prevê a transcrição integral do título, como no caso do artigo 178, VII da Lei nº 6.015/73.
135. BRASIL. **Lei nº 6.015 de 31 de dezembro de 1973.** Dispõe sobre os registros públicos, e dá outras providências. Disponível em: http://www.planalto.gov.br/ccivil_03/leis/l6015compilada.htm Acesso em: 15 nov. 2021.
136. Aqui foi a porta aberta para a o princípio da concentração.
137. BRASIL. **Lei nº 6.015 de 31 de dezembro de 1973.** Dispõe sobre os registros públicos, e dá outras providências. Disponível em: http://www.planalto.gov.br/ccivil_03/leis/l6015compilada.htm Acesso em: 15 nov. 2021.
138. KERN, Marinho Dembinski. Princípio da inscrição. In: KERN, Marinho Dembinski; COSTA JUNIOR, Francisco José de Almeida Prado Ferraz. **Princípios do Registro de Imóveis brasileiro.** (Coleção de Direito Imobiliário), São Paulo: Thomson Reuters Brasil, 2020, v. II, p. 92.
139. A abertura de matrícula, quando oriunda de uma transcrição ou sendo a primeira tábula do imóvel não transcrito, é uma inscrição inaugural. Já a abertura de matrícula proveniente de outra matrícula é uma inscrição decorrente.
140. CARVALHO, Afrânio de. **Registro de Imóveis:** comentários ao sistema de registro em face da lei 6015 de 1973, com alterações da lei 6216 de 1975, lei 8.009 de 1990 e lei 8935 de 18.11.1994. 4. ed. Rio de janeiro: Forense, 2001, p. 144.
141. Afrânio de Carvalho e Marinho Dembiski Kern chamam de inscrição declarativa integrativa. Ricardo Dip chama de inscrição declarativa post factum constituitivum. Preferimos chamar de inscrição declarativa pura.

8.4.1 Inscrição constitutiva

No sistema brasileiro, a inscrição constitutiva é determinante para dar eficácia aos negócios jurídicos *inter vivos*. Em outras palavras, a constituição, transmissão e extinção de direitos reais, *inter vivos*, só ocorrem após o registro do título no cartório de registro de imóveis. É o momento em que nasce, a mutação jurídico-real. É quando o direito real se desloca de uma pessoa para outra e se exterioriza contra todos[142]. Nesse sentido, é o Código Civil Brasileiro[143]:

> Artigo 1.227. Os direitos reais sobre imóveis constituídos, ou transmitidos por atos entre vivos, só se adquirem com o registro no Cartório de Registro de Imóveis dos referidos títulos (arts. 1.245 a 1.247), salvo os casos expressos neste Código.

Portanto, o direito real, ensina Marinho, nasce da conjugação de dois elementos: título e inscrição (também chamada de modo ou tradição solene). A instrumentalização do negócio jurídico é insuficiente para a transmissão da propriedade imóvel e dos direitos reais *inter vivos*, sendo obrigatório o registro. O caminho natural do título é o registro. É lá que ocorrerá a transformação do direito obrigacional em direito real. Todavia, o título, após ser protocolado, poderá ser devolvido pelo oficial do registro de imóveis, quando este não se revestir dos elementos necessários para a sua inscrição ou ocorrer alguma outra causa impeditiva[144]. Assim, o título é recepcionado[145], protocolado, qualificado e receberá a nota devolutiva, aguardando que o interessado, no prazo legal, corrija o vício apontado. Enquanto não inscrito, enquanto não registrado, não existe o direito real. Ou seja, o título, que passou por toda análise de validade[146] quando da sua confecção, possui uma possibilidade[147] de direito real, que se constituirá após a sua inscrição.

A inscrição constitutiva é a versão moderna da tradição dos romanos[148], onde ocorria a transmissão da posse e, consequentemente, junto, a transmissão da propriedade. No sistema romano, a propriedade não se transmitia com base no simples acordo de vontade, era necessário algo mais[149], um *modus* (modo). Dentre os modos,

---

142. CARVALHO, Afrânio de. **Registro de Imóveis**: comentários ao sistema de registro em face da lei 6015 de 1973, com alterações da lei 6216 de 1975, lei 8.009 de 1990 e lei 8935 de 18.11.1994. 4. ed. Rio de Janeiro: Forense, 2001, p. 137.
143. BRASIL. **Lei nº 10.406, de 10 de janeiro de 2002.** Institui o Código Civil. Disponível em: http://www.planalto.gov.br/ccivil_03/leis/2002/l10406compilada.htm Acesso em: 15 nov. 2021.
    O Código Civil de 1916 trazia este mesmo dispositivo no artigo 676. (BRASIL. **Lei nº 3.071, de 1º de janeiro de 1916.** Código Civil dos Estados Unidos do Brasil. Disponível em: http://www.planalto.gov.br/ccivil_03/leis/l3071.htm Acesso em: 15 nov. 2021).
144. Lei nº 6.015/73. Artigo 198.
145. A recepção é a leitura prévia de balcão, onde pode ser constatada alguma falha gravíssima, em relação ao plano da existência, e o título não será protocolado.
146. Agente, objeto e forma (artigo 104 do Código Civil).
147. Expressão utilizada por Ricardo Dip.
148. CARVALHO, Afrânio de. **Registro de Imóveis**: comentários ao sistema de registro em face da lei 6015 de 1973, com alterações da lei 6216 de 1975, lei 8.009 de 1990 e lei 8935 de 18.11.1994. 4. ed. Rio de Janeiro: Forense, 2001, p. 137.
149. KERN, Marinho Dembinski. Princípio da inscrição. In: KERN, Marinho Dembinski; COSTA JUNIOR, Francisco José de Almeida Prado Ferraz. **Princípios do Registro de Imóveis brasileiro.** (Coleção de Direito Imobiliário), São Paulo: Thomson Reuters Brasil, 2020, v. II, p. 77

havia a tradição (*traditio*). Ao longo dos anos, a tradição recebeu diversos formatos, tornando-se uma ficção, *traditio ficta*[150], com maior ou menor solenidade[151]. Assim, a inscrição constitutiva é aquela que constitui um direito real, gerando uma mutação jurídico-real.

8.4.2 Inscrição declarativa

Outra espécie de inscrição é a declarativa. O vocábulo "declaração" vem do latim "*declaratio*", que significa o pronunciamento de um conteúdo para torná-lo claro, iluminado[152]. Trata-se de uma inscrição com o propósito de aproximar a situação registral à realidade externa do imóvel. O direito já existe, já se constituiu, mas precisa ficar público para toda sociedade. Portanto, a inscrição é declarativa do título e não do direito, pois este já se constituiu. São exemplos de inscrições declarativas, ou seja, que se constituem antes do registro, a usucapião e a sucessão *mortis causa*. A inscrição declarativa torna públicos direitos que existiam antes dela, ou torna públicos os riscos, as ameaças aos direitos inscritos[153].

Na usucapião, a propriedade se constitui quando ocorrem todos os requisitos exigidos pela lei. O registro apenas vai declarar o que já é uma realidade. Assim, também, é a sucessão *mortis causa*. Pelo princípio da *saisine*, a herança já se transmitiu aos herdeiros, como um todo unitário. Após a partilha, ela será registrada apenas para fins declarativos. Em ambos os casos, já existe a propriedade, porém limitada, sem o direito de dispor, o que se alcança com o registro. O artigo 172 da Lei nº 6.015/73 trata do tema, *in verbis*[154]:

> Artigo 172. No Registro de Imóveis serão feitos, nos termos desta Lei, o registro e a averbação dos títulos ou atos constitutivos, declaratórios, translativos e extintos de direitos reais sobre imóveis reconhecidos em lei, " inter vivos" ou " *mortis causa*" quer para sua constituição, transferência e extinção, quer para sua validade em relação a terceiros, **quer para a sua disponibilidade.** (grifo nosso)

Afrânio de Carvalho[155] leciona que a inscrição declarativa também pode ser preventiva, servido para divulgar riscos e ameaças sobre os direitos já inscritos, visando chamar a atenção de toda sociedade. Ela não impede negócios jurídicos que a desprezem, mas eles podem ser anulados mais tarde[156]. As inscrições declaratórias preventivas podem

---

150. Um exemplo é o constituto possessório, muito utilizado na redação notarial atual.
151. DIP, Ricardo. **Registro de Imóveis (princípios)**. Registros Sobre Registros. Tomo I. Campinas: Editora PrimVs, 2017, p. 96.
152. DIP, Ricardo. **Registro de Imóveis (princípios)**. Registros Sobre Registros. Tomo I. Campinas: Editora PrimVs, 2017, p. 88.
153. CARVALHO, Afrânio de. **Registro de Imóveis:** comentários ao sistema de registro em face da lei 6015 de 1973, com alterações da lei 6216 de 1975, lei 8.009 de 1990 e lei 8935 de 18.11.1994. 4. ed. Rio de janeiro: Forense, 2001, p. 146.
154. BRASIL. **Lei nº 6.015 de 31 de dezembro de 1973**. Dispõe sobre os registros públicos, e dá outras providências. Disponível em: http://www.planalto.gov.br/ccivil_03/leis/l6015compilada.htm Acesso em: 15 nov. 2021.
155. CARVALHO, Afrânio de. **Registro de Imóveis:** comentários ao sistema de registro em face da lei 6015 de 1973, com alterações da lei 6216 de 1975, lei 8.009 de 1990 e lei 8935 de 18.11.1994. 4. ed. Rio de janeiro: Forense, 2001, p. 147.
156. Ou podem receber declaração de ineficácia.

ser constritivas (penhora[157], arresto, sequestro[158]), bem como citatórias (ações reais ou pessoais reipersecutórias[159]) e são provisórias[160], podendo ser canceladas ou transformadas em inscrição definitiva[161].

Para Marinho Dembinski Kern[162], a Lei nº 13.097/15 trouxe no seu artigo 54, em especial o incisos IV e V, novas possibilidades de inscrições preventivas serem averbadas na matrícula[163] do imóvel, por decisão judicial, quando ocorrerem fatos que possam levar o proprietário à insolvência ou de qualquer tipo de constrição judicial incidente sobre o imóvel ou sobre o patrimônio do titular do imóvel, inclusive a proveniente de ação de improbidade administrativa ou a oriunda de hipoteca judiciária (Lei 14.825/24). E, realmente, a Lei nº 13.097/15 procurou concentrar[164], por meio do seu artigo 54, na matrícula do imóvel todas as ocorrências que possam de qualquer forma afetar o tráfego imobiliário, alertando que a falta de registro ou de averbação dos atos mencionados não pode ser oposta[165] a terceiros de boa-fé que consultaram a matrícula do imóvel.

> Artigo 54. Os negócios jurídicos que tenham por fim constituir, transferir ou modificar direitos reais sobre imóveis são eficazes em relação a atos jurídicos precedentes, nas hipóteses em que não tenham sido registradas ou averbadas na matrícula do imóvel as seguintes informações:
>
> I – registro de citação de ações reais ou pessoais reipersecutórias;
>
> II – averbação, por solicitação do interessado, de constrição judicial, de que a execução foi admitida pelo juiz ou de fase de cumprimento de sentença, procedendo-se nos termos previstos no art. 828 da Lei nº 13.105, de 16 de março de 2015 (Código de Processo Civil); (Redação dada pela Lei nº 14.382, de 2022)
>
> III – averbação de restrição administrativa ou convencional ao gozo de direitos registrados, de indisponibilidade ou de outros ônus quando previstos em lei;

---

157. A penhora se constitui nos autos do processo. Sua averbação é declaratória e não impede a venda do bem, salvo a penhora prevista no artigo 53, § 1º da Lei nº 8.212/91. (BRASIL. Lei nº 8.212, de 24 de julho de 1991. Dispõe sobre a organização da Seguridade Social, institui Plano de Custeio, e dá outras providências. Disponível em: http://www.planalto.gov.br/ccivil_03/leis/l8212cons.htm Acesso em: 15 nov. 2021).
158. Artigo 167, I, 5 da Lei nº 6.015/73.
159. Artigo 167, I, 21 da Lei nº 6.015/73.
160. CARVALHO, Afrânio de. **Registro de Imóveis**: comentários ao sistema de registro em face da lei 6015 de 1973, com alterações da lei 6216 de 1975, lei 8.009 de 1990 e lei 8935 de 18.11.1994. 4. ed. Rio de janeiro: Forense, 2001, p. 147, diferencia a inscrição provisória preventiva que é declarativa com a inscrição provisória constitutiva, que é o caso da promessa de compra e venda e da locação com clausula de vigência, que só produz efeitos após a inscrição.
161. Marcelo K.F. Torres, explica que os assentos podem ser classificados naqueles que possuem caráter provisório, transitório, e caráter definitivo. A inscrição provisória é uma técnica que visa enfraquecer a fé pública registral em favor do adquirente de boa-fé, que não poderá invocá-la em seu favor. (TORRES, Marcelo Krug Fachin. **Assentos registrais provisórios**. Rio de Janeiro: Lumen Juris, 2021, p. 49-52).
162. KERN, Marinho Dembinski. Princípio da inscrição. In: KERN, Marinho Dembinski; COSTA JUNIOR, Francisco José de Almeida Prado Ferraz. **Princípios do Registro de Imóveis brasileiro**. (Coleção de Direito Imobiliário), São Paulo: Thomson Reuters Brasil, 2020, v. II, p. 97.
163. Apesar do artigo 54 da Lei nº 13.097/15 falar em matrícula, a Lei nº 6.015/73 ainda permite a averbação em transcrições, conforme artigo 169. (BRASIL. **Lei nº 6.015 de 31 de dezembro de 1973**. Dispõe sobre os registros públicos, e dá outras providências. Disponível em: http://www.planalto.gov.br/ccivil_03/leis/l6015compilada.htm Acesso em: 15 nov. 2021).
164. Para alguns autores, a Lei nº 13.097/15 trouxe o princípio da concentração e da fé pública registral.
165. De certa forma, enquanto não inscrito o direito, ele não pode ser oposto a terceiros, então a inscrição é. Assim, a inscrição declarativa preventiva possui um caráter de inscrição constitutiva, apesar de toda a doutrina entender que é simplesmente declarativa.

IV – averbação, mediante decisão judicial, da existência de outro tipo de ação cujos resultados ou responsabilidade patrimonial possam reduzir seu proprietário à insolvência, nos termos do inciso IV do *caput* do art. 792 da Lei nº 13.105, de 16 de março de 2015 (Código de Processo Civil). (Redação dada pela Lei nº 14.382, de 2022)

V – averbação, mediante decisão judicial, de qualquer tipo de constrição judicial incidente sobre o imóvel ou sobre o patrimônio do titular do imóvel, inclusive a proveniente de ação de improbidade administrativa ou a oriunda de hipoteca judiciária. (Incluído pela Lei nº 14.825, de 2024)

§ 1º Não poderão ser opostas situações jurídicas não constantes da matrícula no registro de imóveis, inclusive para fins de evicção, ao terceiro de boa-fé que adquirir ou receber em garantia direitos reais sobre o imóvel, ressalvados o disposto nos arts. 129 e 130 da Lei nº 11.101, de 9 de fevereiro de 2005, e as hipóteses de aquisição e extinção da propriedade que independam de registro de título de imóvel.

§ 2º Para a validade ou eficácia dos negócios jurídicos a que se refere o *caput* deste artigo ou para a caracterização da boa-fé do terceiro adquirente de imóvel ou beneficiário de direito real, não serão exigidas:

I – a obtenção prévia de quaisquer documentos ou certidões além daqueles requeridos nos termos do § 2º do art. 1º da Lei nº 7.433, de 18 de dezembro de 1985; e

II – a apresentação de certidões forenses ou de distribuidores judiciais.[166]

Ao analisar os dispositivos, Marinho leciona que a falta de inscrição declarativa preventiva das hipóteses previstas no artigo 54 da Lei nº 13.097/15 leva à impossibilidade de oposição destas situações a terceiros de boa-fé, como é o caso da necessidade de inscrição da penhora na fraude à execução[167]. E é nesse sentido o discurso que a Lei nº 13.097/15 inseriu no sistema registral brasileiro o princípio da concentração e a fé pública registral, pois aquilo que o registrador certifica é o que está na matrícula, e o que não está na matrícula não pode ser oposto a terceiros de boa-fé.

8.4.3 Inscrição positiva e inscrição negativa

A inscrição constitutiva e a inscrição declarativa podem ser positivas ou negativas. Será constitutiva positiva ao instituir o direito real pretendido e será constitutiva negativa (ou desconstitutiva) ao cancelar o direito real da matrícula. A inscrição constitutiva positiva leva para a matrícula o direito ou a ameaça ao direito (pode ser por registro ou averbação). Já a inscrição constitutiva negativa ocorre por averbação, extinguindo o ônus, cláusulas ou condições sobre o imóvel, ou mesmo deslocando a propriedade de volta, como na hipótese da morte do donatário antes do doador, quando há cláusula de reversão[168].

---

166. BRASIL. **Lei nº 13.097, de 19 de janeiro de 2015.** Reduz a zero as alíquotas da Contribuição para o PIS/PASEP, da COFINS, da Contribuição para o PIS/Pasep-Importação e da Cofins-Importação incidentes sobre a receita de vendas e na importação de partes utilizadas em aerogeradores; [...]. Disponível em: http://www.planalto.gov.br/ccivil_03/_ato2015-2018/2015/lei/l13097.htm Acesso em: 15 fev. 2024.
167. BRASIL. Superior Tribunal de Justiça. **Súmula nº 375**. O reconhecimento da fraude à execução depende do registro da penhora do bem alienado ou da prova de má-fé do terceiro adquirente. Disponível em: https://www.stj.jus.br/docs_internet/revista/eletronica/stj-revista-sumulas-2013_33_capSumula375.pdf Acesso em: 15 nov. 2021.
168. Código Civil, artigo 547. (BRASIL. **Lei nº 10.406, de 10 de janeiro de 2002.** Institui o Código Civil. Disponível em: http://www.planalto.gov.br/ccivil_03/leis/2002/l10406compilada.htm Acesso em: 15 nov. 2021).

Leciona Afrânio de Carvalho[169] que o cancelamento é o desfazimento jurídico da inscrição e pode ocorrer por título unilateral, oriundo de apenas uma das partes. Enquanto a inscrição positiva cria o direito, a negativa o destrói[170].

Também, a inscrição declarativa preventiva poderá ser positiva ou negativa. Será positiva quando inscrever na matrícula do imóvel ameaças aos direitos lá inscritos, como, por exemplo, as elencadas no artigo 54 da Lei nº 13.097/15. Todavia, será declarativa negativa quando a ameaça cessar, e o pedido de cancelamento for apresentado e protocolado no ofício imobiliário.

Parece-nos difícil conceber que a inscrição declarativa preventiva não possua eficácia constitutiva, pois a sua ausência no fólio real impedirá a oposição contra terceiros de boa-fé. Demonstra-se mais apropriada a ideia de que a inscrição possui diversas cargas predominantes de efeitos, mas sem excluir uns aos outros. Nesse sentido, leciona Ricardo Dip[171] que a inscrição declarativa é predominantemente de fins declaratórios, mas não exclui o seu caráter de notícia[172] e, sendo uma inscrição constitutiva, ela também noticia e declara[173].

8.4.4 Inscrição superveniente convalidante

A inscrição convalidante é aquela que ocorre após uma outra inscrição e visa sanear vícios desta. Aplica-se ao registro de atos anuláveis, buscando confirmar o que as partes determinaram em outro momento, mas lhe faltavam elementos previstos na norma, que continha como sanção a anulabilidade. Ricardo Dip[174] chama esta inscrição de direito registrário de escolha, pois as partes optam em confirmar o direito inscrito, ao invés de pleitear a anulação. São casos clássicos de inscrições anuláveis a compra e venda de ascendente para descendente (artigo 496 do Código Civil), a celebração de negócio jurídico consigo mesmo sem previsão legal (artigo 117 do Código Civil), entre outros[175].

A inscrição convalidante amparar-se-á, também, no artigo 246 da lei de registros, mediante averbação instruída com documentos comprobatórios e no artigo 172 do Código Civil. Não há necessidade de o oficial mencionar que o ato anterior é anulável e agora está sanado. Nem deve, pois a averbação convalidante não inibe eventual demanda judicial questionando todos os atos, já que no Brasil o registro é passível de anulação. Assim, recebido o requerimento para inscrição convalidante, bastará o oficial inscrever

---

169. Por exemplo, o credor hipotecário emite documento autorizando o cancelamento da hipoteca.
170. CARVALHO, Afrânio de. **Registro de Imóveis:** comentários ao sistema de registro em face da lei 6015 de 1973, com alterações da lei 6216 de 1975, lei 8.009 de 1990 e lei 8935 de 18.11.1994. 4. ed. Rio de janeiro: Forense, 2001, p. 154.
171. DIP, Ricardo. **Registro de Imóveis (princípios).** Registros Sobre Registros. Tomo I. Campinas: Editora PrimVs, 2017, p. 90.
172. DIP, Ricardo. **Registro de Imóveis (princípios).** Registros Sobre Registros. Tomo I. Campinas: Editora PrimVs, 2017, p. 95.
173. DIP, Ricardo. **Registro de Imóveis (princípios).** Registros Sobre Registros. Tomo I. Campinas: Editora PrimVs, 2017, p. 95.
174. DIP, Ricardo. **Registro de Imóveis (princípios).** Registros Sobre Registros. Tomo I. Campinas: Editora PrimVs, 2017, p. 98.
175. BRASIL. **Lei nº 10.406, de 10 de janeiro de 2002.** Institui o Código Civil. Disponível em: http://www.planalto.gov.br/ccivil_03/leis/2002/l10406compilada.htm Acesso em: 15 nov. 2021.

na matrícula a complementação das informações do ato anterior, mencionando que lhe foi requerido.

Outra possibilidade de inscrição convalidante, ensina Ricardo Dip[176], é aquela proveniente de retificação oficiosa prevista no artigo 213, inciso I, da Lei nº 6.015/73[177]. Aqui, o oficial registrador percebe que houve uma falha na transposição de dados do título para o registro e corrige de ofício. Admite-se, também, a provocação por requerimento, visando suprir a ausência de algum dado registral. Observa-se que, neste caso de ausência de dados, a norma nem sempre prevê a invalidade do registro, mas tão somente a seu *status* irregular (por exemplo não constar o número do CPF da esposa do adquirente no registro de compra e venda). A inscrição convalidante vai preencher os elementos faltantes do registro, mediante averbação de retificação.

Parece-nos possível falar em inscrição convalidante quando se tratar de abertura de matrícula em duplicidade, conforme já estudamos na recomposição de matrículas. Far-se-á a averbação de encerramento da matrícula posterior, mencionando a outra, ou quando se tratar de abertura de fração ideal de imóvel em várias matrículas, a averbação do encerramento de todas, fazendo a recomposição do todo maior com abertura de novo fólio real.

8.4.5 Inscrição repristinatória

Uma preocupação recorrente ocorre em relação aos efeitos do cancelamento de um cancelamento (inscrição negativa). Haverá, ou não, efeitos repristinatórios do registro anterior?

Afrânio de Carvalho[178] leciona que a Lei nº 6.015/73[179] autorizou o cancelamento total e parcial de um registro (artigo 249) e que o segundo cancelamento, total ou parcial, restaura a inscrição anterior, o que é previsto pelo próprio Código Civil no seu artigo 182[180]. Este também é o entendimento de Marinho Dembinski Kern[181], que leciona que, se não for admitido o efeito repristinatório do registro anterior, o segundo cancelamento não produzirá efeitos. Diferente é o posicionamento de Ricardo Dip[182], que condiciona o efeito repristinatório quando o segundo cancelamento é oriundo de nulidade[183], assim

---

176. DIP, Ricardo. **Registro de Imóveis (princípios)**. Registros Sobre Registros. Tomo I. Campinas: Editora PrimVs, 2017, p. 99.
177. BRASIL. **Lei nº 6.015 de 31 de dezembro de 1973**. Dispõe sobre os registros públicos, e dá outras providências. Disponível em: http://www.planalto.gov.br/ccivil_03/leis/l6015compilada.htm Acesso em: 15 nov. 2021).
178. CARVALHO, Afrânio de. **Registro de Imóveis**: comentários ao sistema de registro em face da lei 6015 de 1973, com alterações da lei 6216 de 1975, lei 8.009 de 1990 e lei 8935 de 18.11.1994. 4. ed. Rio de Janeiro: Forense, 2001, p. 159.
179. BRASIL. **Lei nº 6.015 de 31 de dezembro de 1973**. Dispõe sobre os registros públicos, e dá outras providências. Disponível em: http://www.planalto.gov.br/ccivil_03/leis/l6015compilada.htm Acesso em: 15 nov. 2021.
180. BRASIL. **Lei nº 10.406, de 10 de janeiro de 2002**. Institui o Código Civil. Disponível em: http://www.planalto.gov.br/ccivil_03/leis/2002/l10406compilada.htm Acesso em: 15 nov. 2021.
181. KERN, Marinho Dembinski; COSTA JUNIOR, Francisco José de Almeida Prado Ferraz. **Princípios do Registro de Imóveis brasileiro**. (Coleção de Direito Imobiliário), São Paulo: Thomson Reuters Brasil, 2020, v. II, p. 99
182. DIP, Ricardo. **Registro de Imóveis (princípios)**. Registros Sobre Registros. Tomo I. Campinas: Editora PrimVs, 2017, p. 101-102.
183. Ricardo Dip sustenta que a nulidade pode ser material (no próprio título) ou formal (no ato de averbação).

declarada judicialmente. Para ele, se o segundo cancelamento for oriundo de vontade das partes, mediante requerimento, não há que se falar em efeito repristinatório, pois afetaria o tráfico imobiliário e a segurança jurídica dinâmica. Neste caso, após o segundo cancelamento, haveria, então, uma limitação dos efeitos repristinatórios, sem eficácia *ex tunc*.

Percebe-se que os três autores concordam que o segundo cancelamento, se judicial, produzirá efeitos repristinatórios *ex tunc*. A dúvida existe se o registro anterior será ressuscitado, e a partir de quando, caso um requerimento aporte no registro de imóveis, solicitando o cancelamento do cancelamento. Podemos visualizar essa situação prática nos casos de cancelamento de alienação fiduciária de bem imóvel. Não raro, o credor intima o devedor para pagar a mora e, quando não ocorre, consolida a propriedade fiduciária em seu nome. Concomitantemente, ocorre o cancelamento do registro da garantia (alienação fiduciária). Dias depois, credor e devedor entram em acordo e chega ao registro de imóveis um requerimento, pedindo o cancelamento da consolidação da propriedade e, concomitantemente, o cancelamento do cancelamento da alienação fiduciária em garantia, com restabelecimento da situação anterior. Este é o ponto.

É inaceitável que as partes possam restabelecer a situação anterior por mero requerimento. Isso, com certeza, causará um ferimento profundo à segurança jurídica dinâmica, assim como não se demonstra apropriado inscrever o cancelamento do cancelamento, tumultuando a matrícula do imóvel, sem que o ato seja validado judicialmente. Dessa forma, concordamos com o entendimento de Marinho Dembiski Kern[184], no sentido de negar a inscrição, salvo a ocorrência de alguma nulidade ou erro justificável. Todavia, ressalta-se que a negativa deve ocorrer por nota devolutiva fundamentada, após o devido protocolo, facultando às partes o procedimento de dúvida. Caso o juiz entenda como possível a realização do segundo cancelamento, deverá determinar expressamente o efeito repristinatório alcançado[185].

8.4.6 Inscrição de mera notícia

A averbação de mera notícia é cada vez mais usual no direito pátrio. Recentemente, a Lei nº 13.465/17[186] elencou a averbação de mera notícia das edificações, para dispensar a apresentação de habite-se e certidões negativas de tributos e contribuições previdenciárias, *in verbis*[187]:

---

184. KERN, Marinho Dembinski; COSTA JUNIOR, Francisco José de Almeida Prado Ferraz. **Princípios do Registro de Imóveis brasileiro.** (Coleção de Direito Imobiliário), São Paulo: Thomson Reuters Brasil, 2020, v. II, p. 100.
185. Neste caso, o registrador deve indagar o juiz a respeito dos efeitos repristinatórios quando do procedimento de dúvida.
186. Repetida no artigo 72 do Decreto nº 9.310/18. (BRASIL. Decreto nº 9.310, de 15 de março de 2018. Institui as normas gerais e os procedimentos aplicáveis à Regularização Fundiária Urbana e estabelece os procedimentos para a avaliação e a alienação dos imóveis da União. Disponível em: http://www.planalto.gov.br/ccivil_03/_ato2015-2018/2018/decreto/d9310.htm Acesso em: 15 nov. 2021).
187. BRASIL. Lei nº 13.465, de 11 de julho de 2017. Dispõe sobre a regularização fundiária rural e urbana, sobre a liquidação de créditos concedidos aos assentados da reforma agrária e sobre a regularização fundiária no âmbito da Amazônia Legal; institui mecanismos para aprimorar a eficiência dos procedimentos de alienação de imóveis da União; [...]. Disponível em: http://www.planalto.gov.br/ccivil_03/_ato2015-2018/2017/lei/l13465.htm Acesso em: 15 nov. 2021.

Artigo 63. No caso da Reurb-S, a averbação das edificações poderá ser efetivada a partir de **mera notícia**, a requerimento do interessado, da qual constem a área construída e o número da unidade imobiliária, dispensada a apresentação de habite-se e de certidões negativas de tributos e contribuições previdenciárias. **(grifo nosso)**

Não é comum a norma prever expressamente a inscrição de mera notícia no fólio real. A construção da ideia de inscrição de mera notícia é uma adaptação criada pela doutrina para certos atos que não se encaixavam no sistema e possui ligação direita com a concentração de dados na matrícula. É o caso do contrato de arrendamento rural, que não possui previsão legal para ser registrado ou averbado, mas alguns Estados[188] permitem a sua inscrição como forma de publicizar a existência da relação jurídica sobre aquele imóvel. Duas questões são importantes em relação à inscrição de mera notícia:

1- Quais os efeitos decorrentes desta inscrição?

2- Quais os limites desta inscrição?

A doutrina procura amparar a inscrição de notícia no artigo 246 da Lei n° 6.015/73, que, como já ressaltamos, deixou a porta aberta para um juízo subjetivo do registrador, *in verbis*: "Artigo 246. Além dos casos expressamente indicados no inciso II do *caput* do art. 167 desta Lei, serão averbadas na matrícula as sub-rogações e outras ocorrências que, por qualquer modo, alterem o registro ou repercutam nos direitos relativos ao imóvel"[189].

A norma traz um caráter subjetivo "outras ocorrências que, de qualquer modo, alterem o registro". Mais tarde, a Lei n° 13.097/15[190] especificou quais atos deveriam ser averbados na matrícula do imóvel, punindo com a falta de eficácia aqueles que mantinham as informações longe do registro. A dúvida criada é sobre a natureza jurídica destas averbações: seriam elas declarativas ou de mera notícia?

A averbação de mera notícia era muito utilizada quando os mandados judiciais de penhora aportavam no registro de imóveis e eram devolvidos por insuficiência de dados (especialização do fato inscritível). O juiz considerava realizada a penhora, mas o registrador não permitia o seu registro em razão da falta de elementos necessários previstos em lei. Assim, a saída encontrada foi noticiar que existia uma penhora, mas que ela não estava registrada. O efeito era mais moral do que jurídico, pois ninguém poderia alegar desconhecimento da constrição que estava noticiada na matrícula.

Porém, a solução gerava outro problema: caso fosse protocolada no registro de imóveis uma penhora da União, tornando indisponível o bem, mas não fosse possível

---

188. A II Jornada – Prevenção e Solução Extrajudicial de Litígios realizada pelo CJF aprovou o Enunciado n° 119, nestes termos: "Os contratos agrários de arrendamento rural e de parceria rural poderão ser averbados nas matrículas imobiliárias para fins de publicidade". (BRASIL. Conselho da Justiça Federal. II Jornada – Prevenção e Solução Extrajudicial de Litígios. **Enunciado n° 119**. Disponível em: https://www.cjf.jus.br/cjf/corregedoria-da-justica-federal/centro-de-estudos-judiciarios-1/eventos/ead-1/copy2_of_%20II-jornada-prevencao-%20solucao%20 extrajudicial-%20litigiostos-Articulacao-Centros-inteligencia%20 Acesso em: 15 nov. 2021).
189. BRASIL. **Lei n° 6.015 de 31 de dezembro de 1973**. Dispõe sobre os registros públicos, e dá outras providências. Disponível em: http://www.planalto.gov.br/ccivil_03/leis/l6015compilada.htm Acesso em: 15 nov. 2021.
190. BRASIL. Lei n° 13.097, de 19 de janeiro de 2015. Reduz a zero as alíquotas da Contribuição para o PIS/PASEP, da COFINS, da Contribuição para o PIS/Pasep-Importação e da Cofins-Importação incidentes sobre a receita de vendas e na importação de partes utilizadas em aerogeradores; [...]. Disponível em: http://www.planalto.gov.br/ ccivil_03/_ato2015-2018/2015/lei/l13097.htm Acesso em: 15 nov. 2021.

o seu registro, teria a averbação de mera notícia poder de torná-lo indisponível? Com certeza, depois desta averbação, o registrador respeitará os efeitos declarativos, não mero noticiosos.

A averbação de mera notícia também é utilizada para inscrever a união estável no fólio real. A base legal utilizada está no artigo 167, II, 5, da Lei nº 6.015/73, que prevê a averbação do nome por casamento ou divórcio e ainda "outras circunstâncias que, de qualquer modo, tenham influência no registro ou nas pessoas nele interessadas". Sabemos que esta averbação não produz os mesmos efeitos[191] do casamento, mas serve de alerta a todos que consultarem a matrícula do imóvel.

Ricardo Dip[192] leciona que a averbação de mera notícia não tem eficácia alguma sobre o fato jurídico inscrito, mas pode emanar, eventualmente, oponibilidade mínima ao *status* publicado, afastando a boa-fé de terceiros. O autor entende que as averbações premonitórias[193] são de mera notícia, o que é contestado por Marinho Dembinski Kern[194], argumentando que essas averbações produzem efeitos de oponibilidade contra terceiros e que não podem ser consideradas de mera notícia, mas, sim, declarativas preventivas, pois permitem o questionamento da alienação do bem em razão da inscrição.

O entendimento de Marinho D. Kern parece-me o mais próximo da sistemática registral brasileira. A inscrição de mera notícia serve, em raros casos, para concentrar na matrícula do imóvel informações importantes, não todas, mas apenas aquelas que realmente possam colaborar com a segurança jurídica, sem arranhá-la.

A averbação de mera notícia tornou-se um achado para muitos profissionais do direito[195]. O título ingressa na serventia e recebe uma nota devolutiva[196]. Então, o requerente pede a averbação de notícia da existência do título, que não se sabe se alcançará o registro. Nega-se a averbação e surge a dúvida inversa ao juiz corregedor com reclamação do registrador. Conclui-se, sem dúvida, que o uso demasiado da averbação de notícia é um risco à segurança jurídica.

---

191. A Resolução nº 35 do CNJ prevê a necessidade de reconhecimento dos herdeiros do falecido em relação à companheira, independentemente da existência de contrato de convivência ou união estável, salvo a declarada judicialmente. (BRASIL. Conselho Nacional de Justiça. **Resolução nº 35 de 24 de abril de 2007**. Disciplina a lavratura dos atos notariais relacionados a inventário, partilha, separação consensual, divórcio consensual e extinção consensual de união estável por via administrativa. (Redação dada pela Resolução nº 326, de 26.6.2020). Disponível em: https://atos.cnj.jus.br/atos/detalhar/179 Acesso em: 15 nov. 2021).
192. DIP, Ricardo. **Registro de Imóveis (princípios)**. Registros Sobre Registros. Tomo I. Campinas: Editora PrimVs, 2017, p. 88.
193. Averbação de citações prevista no artigo 167, I, nº 21 da Lei nº 6.015/73; Averbação prevista no artigo 828 do Código de Processo civil; Averbação prevista no artigo 54 da Lei nº 13.097/15.
194. KERN, Marinho Dembinski; COSTA JUNIOR, Francisco José de Almeida Prado Ferraz. **Princípios do Registro de Imóveis brasileiro**. (Coleção de Direito Imobiliário), São Paulo: Thomson Reuters Brasil, 2020, v. II, p. 101.
195. Em uma Comarca do interior do Rio Grande do Sul, o proprietário de um imóvel rural permitiu que uma família ali fixasse residência. Mais tarde o proprietário pediu o imóvel de volta e lhe foi negado. Judicializou o pedido, e a juíza negou a retomada, justificando que a família tinha a posse, mas não concedeu a usucapião por entender que os requisitos deveriam ser analisados em ação própria. Tão logo a decisão transitou em julgado, a advogada apresentou cópia da sentença com pedido expresso de averbação da posse na matrícula, para mera notícia, o que foi negado pelo educado registrador.
196. Discute-se a averbação de notícia de cessão de direitos hereditários, de escritura de compra e venda que recebeu nota devolutiva, de ata notarial de posse sem protocolo de usucapião extrajudicial, de direitos reais, entre outras tantas.

8.4.7 Inscrição prenotante

A inscrição prenotante ou eficácia prenotativa, como leciona Ricardo Dip[197], é o efeito alcançado pelo simples fato de protocolar um título no registro de imóveis, independentemente do sucesso alcançado, caso seja deferido o registro. A prenotação no Livro 1 de Protocolo demarca um direito posicional, surgindo a prioridade de examinar o título antes dos próximos que serão protocolados. Em um segundo momento, cria, também, uma prioridade jurídica em relação aos direitos que serão inscritos.

A questão é que certos títulos são protocolados apenas para sinalizar que algo está acontecendo no mundo jurídico e que, no futuro, isso poderá ser cobrado. É o caso clássico do registro de ações reais ou pessoais reipersecutórias (artigo 167, I, nº 21, da Lei nº 6.015/73) sobre imóveis. Para Ricardo Dip, o simples protocolo já alcançou o fim pretendido[198], e o registro não torna o bem indisponível. Assim, poderá a matrícula sofrer a inscrição de alienação do imóvel, mas sempre ficará aquela citação lá, registrada, aguardando o termo final do processo judicial. Assim, também, ocorre com a usucapião extrajudicial, em que o protocolo é prorrogado até o desfecho final do pedido. Quando do seu resultado, poderão os efeitos da inscrição prenotante repercutir nos registros posteriormente praticados, afetando-os diretamente[199]. Existe um debate sobre a possibilidade de averbar na matrícula do imóvel que está em andamento o pedido de usucapião extrajudicial. Esta averbação seria uma inscrição prenotante, a qual não tornaria o imóvel indisponível, mas alertaria toda sociedade sobre a tramitação do pedido. Por outro lado, poderíamos concluir que tal averbação não é necessária, pois de qualquer pedido de certidão da referida matrícula deverá constar a informação de título prenotado.

Na prática registral é comum que algumas pessoas realizem o protocolo sucessivo do mesmo título, que sempre recebe a nota devolutiva. Apontado, qualificado e com nota devolutiva, o título fica, de regra, vinte dias com efeitos protocolares. Depois disso, os efeitos se encerram automaticamente e, neste momento, o interessado novamente solicita o protocolo, por reiteradas vezes. A prática é condenável, mas ainda não foi objeto de normativa nacional, sendo objeto de algumas decisões isoladas pelos tribunais.

Assim, inscrição e concentração se complementam, buscando a fé pública registral e a segurança jurídica. Um sistema de registro, forte, com baixa probabilidade de anulações, garante um mercado imobiliário consistente. O cuidado do registrador em levar para a matrícula do imóvel todas as ocorrências que interessem à sociedade produz paz social, cumprindo o preceito constitucional de proteger o direito de propriedade.

---

197. DIP, Ricardo. **Registro de Imóveis (princípios)**. Registros Sobre Registros. Tomo I. Campinas: Editora PrimVs, 2017, p. 102.
198. DIP, Ricardo. **Registro de Imóveis (princípios)**. Registros Sobre Registros. Tomo I. Campinas: Editora PrimVs, 2017, p. 105.
199. Como por exemplo, a propriedade resolúvel, na forma do artigo 1.359 e 1.360 do Código Civil. (BRASIL. Lei nº 10.406, de 10 de janeiro de 2002. Institui o Código Civil. Disponível em: http://www.planalto.gov.br/ccivil_03/leis/2002/l10406compilada.htm Acesso em: 15 nov. 2021).

8.5 RETIFICAÇÃO NO REGISTRO DE IMÓVEIS

Retificação possui um sentido de corrigir, tornar exato o assento registral. Existe um erro na transcrição, na matrícula, no registro, ou na averbação, o qual precisa ser corrigido. Aqui, não se trata de erro do título que deu causa ao ato registral. O registrador não corrige o título[200], que, de regra, é realizado por alguém que a lei autoriza. Quem lavra o título também faz a sua correção, sendo, então, reapresentado ao registrador, agora perfeito, para averbação.

Ricardo Dip[201] observa que o assento imobiliário estará perfeito quando respeitar a legalidade (no ato de qualificação), a especialidade subjetiva (dados das pessoas), a especialidade objetiva (dados do imóvel) e o aspecto causal (referindo-se ao fato jurídico inscrito. Vale relembrar que o procedimento de retificação de registros sempre teve seu caminho trilhado pela necessidade de apreciação judicial, salvo os casos de erros evidentes.

A Lei nº 10.931, de 2 de agosto de 2004[202], realizou importante alteração na Lei de Registros Públicos, modificando os artigos 212 a 214, que passaram a regular a retificação imobiliária de forma direta, perante o registrador de imóveis, sem intervenção do juiz de direito.

Eduardo Agostinho Arruda Augusto[203] destaca que o procedimento de retificação é um importante instrumento para a regularização fundiária, "colaborando diretamente na formalização dos direitos pendentes e, indiretamente, no combate à pobreza". O procedimento administrativo é facultativo, podendo o interessado optar pela via judicial, *in verbis*[204]:

> Artigo 212. Se o registro ou a averbação for omissa, imprecisa ou não exprimir a verdade, a retificação será feita pelo Oficial do Registro de Imóveis competente, a requerimento do interessado, por meio do procedimento administrativo previsto no artigo 213, facultado ao interessado requerer a retificação por meio de procedimento judicial.
>
> Parágrafo único. A opção pelo procedimento administrativo previsto no artigo 213 não exclui a prestação jurisdicional, a requerimento da parte prejudicada.

---

200. Se considerarmos que a decisão deferindo a usucapião, emanada pelo registrador, é um título, que alcança o registro, poderíamos imaginar que, excepcionalmente, o registrador poderia retificar a decisão, o que seria a retificação de um título, mas neste caso, formado pelo próprio oficial.
201. DIP, Ricardo. **Registro de Imóveis:** vários estudos. Porto Alegre: Sérgio Fabris Editor, 2005, p. 266.
202. BRASIL. Lei nº 10.931, de 2 de agosto de 2004. Dispõe sobre o patrimônio de afetação de incorporações imobiliárias, Letra de Crédito Imobiliário, Cédula de Crédito Imobiliário, Cédula de Crédito Bancário, altera o Decreto-Lei nº 911, de 1º de outubro de 1969, as Leis nº 4.591, de 16 de dezembro de 1964, nº 4.728, de 14 de julho de 1965, e nº 10.406, de 10 de janeiro de 2002, e dá outras providências. Disponível em: http://www.planalto.gov.br/ccivil_03/_ato2004-2006/2004/lei/l10.931.htm Acesso em: 15 nov. 2021.
203. AUGUSTO, Eduardo Agostinho Arruda. **Registro de Imóveis, retificação e georreferenciamento:** fundamento e prática. São Paulo: Saraiva, 2013, p. 290.
204. BRASIL. Lei nº 10.931, de 2 de agosto de 2004. Dispõe sobre o patrimônio de afetação de incorporações imobiliárias, Letra de Crédito Imobiliário, Cédula de Crédito Imobiliário, Cédula de Crédito Bancário, altera o Decreto-Lei nº 911, de 1º de outubro de 1969, as Leis nº 4.591, de 16 de dezembro de 1964, nº 4.728, de 14 de julho de 1965, e nº 10.406, de 10 de janeiro de 2002, e dá outras providências. Disponível em: http://www.planalto.gov.br/ccivil_03/_ato2004-2006/2004/lei/l10.931.htm Acesso em: 15 nov. 2021.

O procedimento dispensa advogado, o que não se aconselha, e pode ser promovido pelo próprio interessado mediante requerimento ao oficial, indicando qual o registro que pretende retificar, os motivos e os documentos que fundamentam o pedido. O registrador deve analisar o mérito[205] do pedido, pois o procedimento não é um negócio jurídico que visa criar, alterar ou extinguir direitos, mas visa aprimorar o registro irregular. Em qualquer hipótese, poderá o oficial realizar diligências[206] para uma melhor compreensão do que está ocorrendo. A retificação poderá ocorrer em quatro formatos:

a) de ofício pelo próprio registrador;

b) a requerimento do interessado;

c) a requerimento bilateral, também chamada de retificação consensual;

d) judicialmente.

8.5.1 Retificação unilateral, de ofício ou de requerimento

Na legislação anterior existia a figura do "erro evidente", única hipótese em que o registrador poderia proceder. Nas demais, era necessária a manifestação judicial. Com a nova ordem, o artigo 213, inciso I[207], apresenta, de forma exemplificativa, as hipóteses em que o registrador poderá proceder de ofício, ou a requerimento do interessado:

> Artigo 213. O oficial retificará o registro ou a averbação:
>
> I- de ofício ou a requerimento do interessado nos casos de:
>
> a) omissão ou erro cometido na transposição de qualquer elemento do título;
>
> b) indicação ou atualização de confrontação;
>
> c) alteração de denominação de logradouro público, comprovada por documento oficial;
>
> d) retificação que vise a indicação de rumos, ângulos de deflexão ou inserção de coordenadas georreferenciadas, em que não haja alteração das medidas perimetrais;
>
> e) alteração ou inserção que resulte de mero cálculo matemático feito a partir das medidas perimetrais constantes do registro;
>
> f) reprodução de descrição de linha divisória de imóvel confrontante que já tenha sido objeto de retificação;
>
> g) inserção ou modificação dos dados de qualificação pessoal das partes, comprovada por documentos oficiais, ou mediante despacho judicial quando houver necessidade de produção de outras provas;

A primeira forma de retificação, chamada unilateral, é aquela em que o oficial poderá agir de ofício, ou por requerimento, sem necessidade de abrir um expediente próprio

---

205. AUGUSTO, Eduardo Agostinho Arruda. **Registro de Imóveis, retificação e georreferenciamento:** fundamento e prática. São Paulo: Saraiva, 2013, p. 291.
206. Artigo 213, § 12 da Lei nº 6.015/73. (BRASIL. **Lei nº 6.015 de 31 de dezembro de 1973.** Dispõe sobre os registros públicos, e dá outras providências. Disponível em: http://www.planalto.gov.br/ccivil_03/leis/l6015compilada.htm Acesso em: 15 nov. 2021).
207. BRASIL. Lei nº 10.931, de 2 de agosto de 2004. Dispõe sobre o patrimônio de afetação de incorporações imobiliárias, Letra de Crédito Imobiliário, Cédula de Crédito Imobiliário, Cédula de Crédito Bancário, altera o Decreto-Lei nº 911, de 1º de outubro de 1969, as Leis nº 4.591, de 16 de dezembro de 1964, nº 4.728, de 14 de julho de 1965, e nº 10.406, de 10 de janeiro de 2002, e dá outras providências. Disponível em: http://www.planalto.gov.br/ccivil_03/_ato2004-2006/2004/lei/l10.931.htm Acesso em: 15 nov. 2021.

comprobatório, mediante procedimento sumário[208], limitado ao interesse do titular do registro, sem envolver terceiros[209]. Trata-se de medida excepcional[210].

A alínea "a" trata da omissão ou erro cometido na transposição de qualquer elemento do título, quando o registrador não inseriu um dado relevante do documento apresentado, ou inseriu com algum erro. Neste caso, poderá, após analisar o título que deu causa ao registro (sentido genérico), corrigir de ofício ou por requerimento.

A alínea "b" prevê a indicação ou atualização de confrontação, como forma de a especialidade objetiva, determinada no artigo 176 da lei registraria. Venício Salles[211] lembra que as descrições antigas faziam referência ao "nome" do proprietário confrontante, e não aos dados do imóvel. Aqui, não nos parece simples afirmar que o registrador possa proceder de ofício, salvo se possui em seu acervo de matrículas a descrição exata do imóvel confrontante. Priscila Alves Patah[212] lembra que a certidão da prefeitura municipal não é documento hábil para retificação, pois a base de dados é completamente diferente (registro e cadastro), mas pode ajudar o registrador na sua decisão. Na dúvida, será mantido o registro e o rito adotado será o do artigo 213, inciso II, retificação bilateral.

A alínea "c" se refere à alteração de denominação de logradouro público, comprovada por documento oficial. Logradouros são os espaços públicos, desde ruas a praças. A retificação deve alterar apenas a denominação, ato simples comprovado por certidão do ente federativo titular do domínio público. A doutrina é unânime em alertar que nesta modalidade simples não se alteram área, divisa, confrontações, prolongamento etc. E, nesse sentido, vale a ressalva de que poderá o logradouro não ter matrícula, fato comum com a dominialidade pública, a qual poderá ser requerida, mediante procedimento previsto nos artigos 195-A e 195-B da Lei nº 6015/73[213].

A alínea "d" prevê a retificação que vise à indicação de rumos, ângulos de deflexão ou inserção de coordenadas georreferenciadas, em que não haja alteração das medidas perimetrais. Trata-se de tema polêmico no balcão do serviço. João Baptista de Mello e Souza Neto[214] explica que os rumos indicam a direção de uma linha divisória do imóvel (norte, sul...). Já os ângulos de deflexão são as variações lineares da descrição (deflete à direita em ângulo de 90º). Coordenadas georreferenciadas são aquelas previstas pela Lei nº 10.267/01[215] para os imóveis rurais, contendo as coordenadas dos vértices definidores

---

208. AUGUSTO, Eduardo Agostinho Arruda. **Registro de Imóveis, retificação e georreferenciamento**: fundamento e prática. São Paulo: Saraiva, 2013, p. 295.
209. DINIZ, Maria Helena. **Sistemas de registro de imóveis**. 11. ed. São Paulo: Saraiva, 2014, p. 356.
210. SOUZA NETO, João Baptista de Mello e. Comentários ao artigo 213. In: ALVIM NETO, José Manuel de Arruda; CLÁPIS, Alexandre Laizo; CAMBLER, Everaldo Augusto. (Coords.). **Lei de Registros Públicos Comentada**. Rio de Janeiro: Forense, 2014, p. 1109.
211. SALLES, Venício. **Direito registral imobiliário**. 2. ed. rev. São Paulo: Saraiva, 2007, p. 76.
212. PATAH, Priscila Alves. **Retificações no registro imobiliário**. (Coleção Direito Imobiliário). Coord. Alberto gentil de Almeida Pedroso. São Paulo: Thomson Reuters Brasil, 2020, v. IX, p. 129.
213. BRASIL. **Lei nº 6.015 de 31 de dezembro de 1973**. Dispõe sobre os registros públicos, e dá outras providências. Disponível em: http://www.planalto.gov.br/ccivil_03/leis/l6015compilada.htm Acesso em: 15 nov. 2021.
214. SOUZA NETO, João Baptista de Mello e. Comentários ao artigo 213. In: ALVIM NETO, José Manuel de Arruda; CLÁPIS, Alexandre Laizo; CAMBLER, Everaldo Augusto. (Coords.). **Lei de Registros Públicos Comentada**. Rio de Janeiro: Forense, 2014, p. 1110.
215. BRASIL. Lei nº 10.267, de 28 de agosto de 2001. Altera dispositivos das Leis nºs 4.947, de 6 de abril de 1966, 5.868, de 12 de dezembro de 1972, 6.015, de 31 de dezembro de 1973, 6.739, de 5 de dezembro de 1979, 9.393,

de limites. Nestas três hipóteses da alínea "d", não poderá ocorrer alteração das medidas perimetrais, ou seja, não poderá ocorrer a alteração da linha que forma o contorno do imóvel, com a soma dos lados.

A lei busca proteger os confrontantes que, neste procedimento, não precisam ser ouvidos. Por isso, o registrador deve ter muita cautela ao analisar esta possibilidade de retificação, para depois não ser responsabilizado pela sobreposição em outro imóvel. O embate surge em razão da combinação desta alínea com o artigo 176, § 13º, e a Recomendação nº 41[216], do CNJ, que preveem a dispensa de assinatura dos confrontantes, colocando o registrador em situação delicada. Todavia, deve ser considerado todo o histórico brasileiro da propriedade privada, com suas imprecisões, e, caso o registrador perceba que poderá a retificação unilateral prejudicar direitos de um confrontante, poderá negar o expediente, sugerindo que seja adotada a retificação bilateral, consensual, prevista no artigo 213[217], inciso II, da lei de registros.

A alínea "e" prevê a alteração ou inserção que resulte de mero cálculo matemático feito a partir das medidas perimetrais constantes do registro. Nesse caso, Eduardo Augusto[218] entende que deve haver uma apresentação de um memorial descritivo com participação de um agrimensor que deverá atestar a veracidade do cálculo. Poderá ocorrer alteração de área, alerta João Baptista de Mello e Souza Neto[219], ou mesmo da medida perimetral, desde que provado o erro matemático.

A alínea "f" prevê a retificação da descrição da linha divisória do imóvel confrontante que já tenha sido objeto de retificação. Aqui, ocorre uma questão de economia procedimental[220], onde a retificação de um imóvel aproveita o outro confrontante, pois a linha divisória pertence[221] aos dois imóveis. Neste caso, em que a lei permite o procedimento de ofício, e haverá uma averbação de retificação com abertura de nova matrícula, fica a dúvida sobre a cobrança de emolumentos, pois não se pode cobrar de quem não é o proprietário. Logo, na prática, tal retificação só ocorrerá quando o proprietário do imóvel confrontante, que não foi retificado, requerer o procedimento de aproveitamento de descrição de linha divisória.

---

de 19 de dezembro de 1996, e dá outras providências. Disponível em: http://www.planalto.gov.br/ccivil_03/leis/leis_2001/l10267.htm Acesso em: 15 nov. 2021.

216. BRASIL. Conselho Nacional de Justiça. **Recomendação nº 41 de 2 de julho de 2019**. Dispõe sobre a dispensa dos Cartórios de Registo de Imóveis da anuência dos confrontantes na forma dos §§ 3º e 4ª do artigo 176 da Lei 6.015, de 31 de dezembro de 1973, alterada pela Lei n. 13.838, de 4 de junho de 2019. Disponível em: https://www.26notas.com.br/blog/?p=14920 Acesso em: 15 nov. 2021.
217. BRASIL. **Lei nº 6.015 de 31 de dezembro de 1973**. Dispõe sobre os registros públicos, e dá outras providências. Disponível em: http://www.planalto.gov.br/ccivil_03/leis/l6015compilada.htm Acesso em: 15 nov. 2021.
218. AUGUSTO, Eduardo Agostinho Arruda. **Registro de Imóveis, retificação e georreferenciamento**: fundamento e prática. São Paulo: Saraiva, 2013, p. 295.
219. SOUZA NETO, João Baptista de Mello e. Comentários ao artigo 213. In: ALVIM NETO, José Manuel de Arruda; CLÁPIS, Alexandre Laizo; CAMBLER, Everaldo Augusto. (Coords.). **Lei de Registros Públicos Comentada**. Rio de Janeiro: Forense, 2014, p. 1117.
220. SOUZA NETO, João Baptista de Mello e. Comentários ao artigo 213. In: ALVIM NETO, José Manuel de Arruda; CLÁPIS, Alexandre Laizo; CAMBLER, Everaldo Augusto. (Coords.). **Lei de Registros Públicos Comentada**. Rio de Janeiro: Forense, 2014, p. 1118.
221. SARMENTO FILHO, Eduardo Sócrates Castanheira. **Direito Registral imobiliário**. Teoria Geral. 1. ed. 2ª impressão. Curitiba: Juruá, 2017, v. 1, p. 321.

A alínea "g" prevê a inserção ou modificação de dados de qualificação pessoal das partes, comprovada por documentos oficiais, ou mediante despacho judicial quando houver necessidade de produção de outras provas. Trata-se de possibilidade de retificação, buscando alcançar a especialidade subjetiva, necessariamente prevista no artigo 176 da Lei nº 6.015/73[222].

Sabe-se que as transcrições anteriores ao sistema de matrícula não possuíam tantos dados informativos em relação às partes. Não raro, o homem possuía um documento de identificação, que também servia para a esposa. Em alguns registros mais antigos, encontramos a qualificação como "João da Silva, brasileiro", o que torna difícil o reconhecimento dos seus herdeiros quando buscam atualizar os dados do registro. O registrador depara-se com enorme dificuldade nesta hipótese de retificação e, por isso, a norma prevê uma produção de provas com despacho judicial. Em casos extremos, o que pode ajudar é a declaração de IR do proprietário falecido, onde estava descrito o imóvel com número da transcrição. Uma ata notarial com declarações dos confrontantes também poderá ajudar, bem como comprovantes de pagamento de tributos. Todavia, é juízo prudencial do registrador formar um expediente para análise e aceitar ou não as provas apresentadas. Caso indefira, deverá remeter às vias ordinárias.

8.5.2 Retificação bilateral ou consensual

O artigo 213, inciso II, trata da retificação consensual ou bilateral, mediante um procedimento ordinário[223] que exige maior cautela do registrador, pois a retificação poderá atingir direitos de terceiros e, portanto, deve-lhes ser permitido o direito de se manifestar para prestar anuência, requisito de eficácia[224].

> Artigo 213. O oficial retificará o registro ou averbação:
>
> II – a requerimento do interessado, no caso de inserção ou alteração de medida perimetral de que resulte, ou não, alteração de área, instruído com planta e memorial descritivo assinado por profissional legalmente habilitado, com prova de anotação de responsabilidade técnica no competente Conselho Regional de Engenharia e Arquitetura – CREA, bem assim pelos confrontantes.

Neste caso, a retificação será da medida perimetral, aquela linha de contorno do imóvel, com ou sem alteração de área. Deve ser apresentado um requerimento pelo interessado, com firma reconhecida[225], instruído com planta (desenho arquitetônico) e memorial descritivo (documento descritivo do imóvel) assinado por quem o fez e pelos confrontantes, também com firma reconhecida. O profissional apresentará a ART/

---

222. BRASIL. **Lei nº 6.015 de 31 de dezembro de 1973**. Dispõe sobre os registros públicos, e dá outras providências. Disponível em: http://www.planalto.gov.br/ccivil_03/leis/l6015compilada.htm Acesso em: 15 nov. 2021.
223. AUGUSTO, Eduardo Agostinho Arruda. **Registro de Imóveis, retificação e georreferenciamento:** fundamento e prática. São Paulo: Saraiva, 2013, p. 296.
224. DINIZ, Maria Helena. **Sistemas de registro de imóveis**. 11. ed. São Paulo: Saraiva, 2014, p. 356.
225. Exigência do artigo 221, inciso II da Lei nº 6.015/73. (BRASIL. **Lei nº 6.015 de 31 de dezembro de 1973**. Dispõe sobre os registros públicos, e dá outras providências. Disponível em: http://www.planalto.gov.br/ccivil_03/leis/l6015compilada.htm Acesso em: 15 nov. 2021).

CREA. Quanto aos confrontantes, a Lei 14.382/2022 alterou o § 10º do artigo 213 da Lei nº 6.015/73[226] *in verbis*:

> Art. 213.
>
> § 10. Entendem-se como confrontantes os proprietários e titulares de outros direitos reais e aquisitivos sobre os imóveis contíguos, observado o seguinte: (Redação dada pela Lei nº 14.382, de 2022)
>
> I – o condomínio geral, de que trata o Capítulo VI do Título III do Livro III da Parte Especial da Lei nº 10.406, de 10 de janeiro de 2002 (Código Civil), será representado por qualquer um dos condôminos;   (Incluído pela Lei nº 14.382, de 2022)
>
> II – o condomínio edilício, de que tratam os arts. 1.331 a 1.358 da Lei nº 10.406, de 10 de janeiro de 2002 (Código Civil), será representado pelo síndico, e o condomínio por frações autônomas, de que trata o art. 32 da Lei nº 4.591, de 16 de dezembro de 1964, pela comissão de representantes; e (Incluído pela Lei nº 14.382, de 2022)
>
> III – não se incluem como confrontantes: (Incluído pela Lei nº 14.382, de 2022)
>
> *a)* os detentores de direitos reais de garantia hipotecária ou pignoratícia; ou (Incluída pela Lei nº 14.382, de 2022)
>
> *b)* os titulares de crédito vincendo, cuja propriedade imobiliária esteja vinculada, temporariamente, à operação de crédito financeiro. (Incluída pela Lei nº 14.382, de 2022)

O proprietário confrontante é aquele constante da matrícula ou transcrição. O § 17 do artigo 213 da Lei nº 6.015/73, incluído pela Lei nº 14.620/23[227], destaca que se forem realizadas buscas e não for possível identificar os titulares do domínio dos imóveis confrontantes do imóvel retificando, definidos no § 10, deverá ser colhida a anuência de eventual ocupante, devendo os interessados não identificados ser notificados por meio de edital eletrônico, publicado 1 (uma) vez na internet, para se manifestarem no prazo de 15 (quinze) dias úteis, com as implicações previstas no § 4º deste artigo.

Na maioria dos Estados, é dispensada a vênia conjugal, nos casos de bens particulares, por ser necessária apenas para alienar ou gravar o bem imóvel, conforme redação do artigo 1.647 do Código Civil[228]. Se o bem for comum, onde ambos são proprietários, instaura-se a divergência de procedimentos, normalmente sanada por normas estaduais. Todavia, se compreendermos que o casamento sobre os bens comuns institui um condomínio, estaria dispensada a assinatura do outro cônjuge proprietário, pois a própria norma permite que apenas um dos condôminos assine. Por outro lado, se compreendermos que o casamento gera um estado de mancomunhão sobre os bens comuns, então necessária a assinatura dos dois, pois ambos são proprietários do todo. Este é o nosso pensar. O § 16 do artigo 213 alerta que são considerados confrontantes

---

226. BRASIL. **Lei nº 6.015 de 31 de dezembro de 1973**. Dispõe sobre os registros públicos, e dá outras providências. Disponível em: http://www.planalto.gov.br/ccivil_03/leis/l6015compilada.htm Acesso em: 15 nov. 2021.
227. "Artigo 213. O oficial retificará o registro ou a averbação: § 17 Se, realizadas buscas, não for possível identificar os titulares do domínio dos imóveis confrontantes do imóvel retificando, definidos no § 10, deverá ser colhida a anuência de eventual ocupante, devendo os interessados não identificados ser notificados por meio de edital eletrônico, publicado 1 (uma) vez na internet, para se manifestarem no prazo de 15 (quinze) dias úteis, com as implicações previstas no § 4º deste artigo". (BRASIL. **Lei nº 6.015 de 31 de dezembro de 1973**. Dispõe sobre os registros públicos, e dá outras providências. Disponível em: http://www.planalto.gov.br/ccivil_03/leis/l6015compilada.htm Acesso em: 15 fev. 2024).
228. BRASIL. Lei nº 10.406, de 10 de janeiro de 2002. Institui o Código Civil. Disponível em: http://www.planalto.gov.br/ccivil_03/leis/2002/l10406compilada.htm Acesso em: 15 nov. 2021.

apenas os confinantes de divisas que sofrerem a inserção ou alteração de medidas perimetrais, todavia, o registrador sempre deve ter a cautela ao analisar o procedimento e, dependendo da situação, deverá exigir a anuência de todos, principalmente quando houver aumento de área total.

Se o proprietário confrontante for falecido, admite-se a assinatura dos herdeiros e meeira. Os herdeiros estão em estado de condomínio por força do artigo 1.791, parágrafo único, do Código Civil, portanto, em alguns Estados, a assinatura de apenas um deles é suficiente. Noutros Estados é necessária a assinatura de todos herdeiros ou nomeação de inventariante[229]. Analogia interessante ocorre com o artigo 409 do Provimento nº 149 do CNJ, que exige a apresentação de escritura pública[230] declaratória de únicos herdeiros com nomeação de inventariante, ou termo judicial de nomeação de inventariante. Para averiguação do número de herdeiros, poderá analisar essa informação na certidão de óbito do falecido. No caso de herdeiros menores, existe divergência quanto a procedimento, sendo permitido por alguns registradores em razão do artigo 1.689 do Código Civil e vedado por outros em razão do artigo 1.691. Como a retificação não é ato de disposição, mas de administração, parece mais coerente a possibilidade de o viúvo (a) representar os filhos menores desde que esteja nomeado como inventariante.

A lei prevê a possibilidade de anuência dos titulares de direitos reais aquisitivos, ou seja, aqueles que titularizam algum documento que lhes assegure o domínio[231], como, por exemplo, um contrato de promessa de compra e venda registrado, bem como a sua cessão registrada. Discute-se a aceitação de um titular de direito aquisitivo com uma sentença de usucapião não registrada, ou formal de partilha oriundo de inventário, porém não registrado.

Havendo condomínio edilício regular, bastará a assinatura do síndico e havendo condomínio de frações autônomas a exigir-se-á a assinatura dos membros da comissão de representantes. Se o condomínio é de fato, segue-se a regra do condomínio geral, sendo necessária a assinatura de um dos condôminos. Se o confrontante for imóvel público de uso comum do povo, de regra, dispensa-se a anuência. Se confrontar com um rio navegável, existe uma divergência. A primeira corrente entende que deve ser notificado o imóvel do outro lado do rio, com fundamento no Código de Águas (Decreto nº 24.643/1934[232]). Para a segunda corrente, com a CF/88[233], todos os rios são públicos

---

229. Letícia Araújo Faria leciona que os poderes do inventariante vão muito além dos poderes de representar o espólio, seja judicial ou extrajudicialmente, podendo para tanto administrar os bens deixados pelo falecido, efetuar pagamentos a credores e relacionar bens deixados na herança. FARIA, Letícia Araújo. **O inventário extrajudicial**. Coleção O Direito e o Extrajudicial. Vol 8. São Paulo: Thomson Reuters Brasil, 2021, pág.253.
230. A escritura pública lavrada pelo notário possui presunção de veracidade e o seu conteúdo presunção relativa que somente pode ser contestado mediante atividade comprobatória contrária. O tabelião é um intérprete da vontade das partes, exercendo uma função preventiva de conflitos. (BROCHADO, Tatiane Keunecke; BROCHADO, Rogério. **Questões controvertidas nos pressupostos de admissibilidade do inventário administrativo**. In Direito das Famílias e das Sucessões: perspectivas contemporâneas Porto Alegre: IBDFAM/RS, 2021, pág. 204.
231. Aqui a importância de diferenciar domínio e propriedade, apesar do legislador tratar como sinônimo várias vezes.
232. BRASIL. Decreto nº 24.643, de 10 de julho de 1934. Decreta o Código de Águas. Disponível em: http://www.planalto.gov.br/ccivil_03/decreto/d24643compilado.htm Acesso em: 15 nov. 2021.
233. BRASIL. [Constituição (1988)]. **Constituição da República Federativa do Brasil de 1988**. Brasília, DF: Presidência da República, [2021]. Disponível em: http://www.planalto.gov.br/ccivil_03/Constituicao/Constituiçao.htm. Acesso em: 15 nov. 2021.

(artigo 20, III e VII, e artigo 26, I) e, então, deve ser notificado o Poder Público[234] (União ou Estados). Bens públicos de uso especial, há o entendimento que deve ser notificado o ente público. No nosso pensar, no caso de bens públicos de uso comum do povo, ficam dispensadas as anuências, limitando-se a pedir aos entes que titularizam bens de uso especial e bens dominicais.

Quanto à diferença de área a ser retificada, a doutrina diverge novamente. Preliminarmente, é importante ressaltar que o procedimento de retificação não serve para aquisição de área, mas para corrigir um erro de registro, chamada retificacação intramuros. No sentir de Narciso Orlandi Neto[235]:

> Insiste-se em que o processo não contencioso de retificação de registro não é adequado como forma de aquisição de domínio, não é uma espécie simplificada de usucapião. Qualquer modificação da área do imóvel só pode ser objeto de averbação na forma do artigo 213 da lei 6015/73 se resultar de medição intramuros, isto é, dentro das divisas descritas no título. Nenhuma área externa ao título pode ser acrescentada, porque o processo destina-se, exclusivamente, a adequar o registro à realidade.

Neste tipo de retificação, com aumento de área, parte da doutrina entende que o limite máximo é 5%, fazendo uma analogia com a venda *ad mensuram*, prevista no artigo 500 do Código Civil[236]. Todavia, a corrente mais predominante não coloca limites na retificação de área, desde que seja retificação e não aquisição. Uma terceira corrente leciona que o limite de 5% aplica-se, apenas, aos imóveis urbanos oriundos de loteamentos regulares, restando livre a retificação intramuros para imóveis rurais. É a essa terceira corrente que nos filiamos, com um acréscimo: se os imóveis urbanos são originários de desdobros de áreas urbanizadas, que não passaram por loteamento regular, entendemos como possível a retificação intramuros sem limite dos 5%, desde que apurado no concreto pelo registrador imobiliário, que deve pesquisar a história local de crescimento do bairro e decidir fundamentadamente.

Não constando as assinaturas dos confrontantes, o registrador inicia o procedimento contencioso de notificações, previsto nos §§ 2º, 3º, 4º, 5º, e 6º do artigo 213 da Lei nº 6015/73, *in verbis*[237]:

> § 2º Se a planta não contiver a assinatura de algum confrontante, este será notificado pelo Oficial de Registro de Imóveis competente, a requerimento do interessado, para se manifestar em quinze dias, promovendo-se a notificação pessoalmente ou pelo correio, com aviso de recebimento, ou, ainda, por solicitação do Oficial de Registro de Imóveis, pelo Oficial de Registro de Títulos e Documentos da comarca da situação do imóvel ou do domicílio de quem deva recebê-la.
>
> § 3º A notificação será dirigida ao endereço do confrontante constante do Registro de Imóveis, podendo ser dirigida ao próprio imóvel contíguo ou àquele fornecido pelo requerente; não sendo encontrado o confrontante ou estando em lugar incerto e não sabido, tal fato será certificado pelo oficial encarregado

---

234. BRASIL. Superior Tribunal de Justiça (2ª Turma). **REsp 1.352.673/SP**, Rel. Min. Herman Benjamin. DJe 07.11.2016. Disponível em: https://stj.jusbrasil.com.br/jurisprudencia/863136699/recurso-especial-resp-1352673-sp-2012-0233411-0/inteiro-teor-863136708?ref=serp Acesso em: 15 nov. 2021.
235. ORLANDI NETO, Narciso. **Retificação no registro de imóveis**. São Paulo: Editora Oliveira Mendes, 1997, p. 122.
236. BRASIL. Lei nº 10.406, de 10 de janeiro de 2002. Institui o Código Civil. Disponível em: http://www.planalto.gov.br/ccivil_03/leis/2002/l10406compilada.htm Acesso em: 15 nov. 2021.
237. BRASIL. **Lei nº 6.015 de 31 de dezembro de 1973**. Dispõe sobre os registros públicos, e dá outras providências. Disponível em: http://www.planalto.gov.br/ccivil_03/leis/l6015compilada.htm Acesso em: 15 nov. 2021.

da diligência, promovendo-se a notificação do confrontante mediante edital, com o mesmo prazo fixado no § 2º, publicado por duas vezes em jornal local de grande circulação.

As notificações devem conter todos os elementos do pedido retificatório, ocorrendo no próprio imóvel confrontante. Caso não seja localizado, ou ninguém sabendo onde se encontra, será publicado edital no jornal de grande circulação com toda publicidade possível, por duas vezes. Não havendo impugnação, o silêncio presume a anuência. Havendo impugnação, o oficial procederá na forma dos parágrafos abaixo:

> Artigo 213.
>
> § 4º Presumir-se-á a anuência do confrontante que deixar de apresentar impugnação no prazo da notificação.
>
> § 5º Findo o prazo sem impugnação, o oficial averbará a retificação requerida; se houver impugnação fundamentada por parte de algum confrontante, o oficial intimará o requerente e o profissional que houver assinado a planta e o memorial a fim de que, no prazo de cinco dias, se manifestem sobre a impugnação.
>
> § 6º Havendo impugnação e se as partes não tiverem formalizado transação amigável para solucioná-la, o oficial remeterá o processo ao juiz competente, que decidirá de plano ou após instrução sumária, salvo se a controvérsia versar sobre o direito de propriedade de alguma das partes, hipótese em que remeterá o interessado para as vias ordinárias.

Um ponto sensível desses dispositivos é a negativa do confrontante após ser notificado, isto é, diz que não concorda, mas sem motivos. Alguns Estados entendem que o registrador poderá enfrentar a questão, decidindo pela retificação, quando tiver todos os elementos necessários e convencido. Em alguns Estados, o procedimento é legalista, ou seja, havendo qualquer tipo de impugnação, deve o registrador encaminhar para o juiz competente. Parece-nos que o registrador poderá enfrentar a questão, se faltar fundamentação ao confrontante impugnante, pois alguns dissabores da vida acabam criando mágoas, as quais por si sós não fundamentam a negativa de regularização da propriedade imóvel. O procedimento foi extrajudicializado, mas não pode ser banalizado. Se a impugnação se referir ao fato de que há invasão de área, o registrador deve parar o procedimento. Mas a simples negativa depois de intimado, sem fundamentação, por si só não impede a retificação, desde que o registrador esteja seguro, mediante apuração de outros elementos[238]. Nesse sentido, Venício Salles e Daniel Salles[239]:

> Evidente que não pode o registrador acolher como fundamento, o mero inconformismo ou alegação lacônica de desconformidade. O procedimento retificatório é um relevante instrumento legal de Direito Público, exigindo dos interessados consciência do que alegam. [...] A razoabilidade é padrão que deverá orientar o registrador para que este possa afastar pedidos sem base ou com propósitos ilícitos. Em qualquer caso, o juízo de admissibilidade deve ser feito celeremente.

---

238. Neste sentido, também concorda João Baptista de Mello e Souza Neto. (SOUZA NETO, João Baptista de Mello e. Comentários ao artigo 213. In: ALVIM NETO, José Manuel de Arruda; CLÁPIS, Alexandre Laizo; CAMBLER, Everaldo Augusto. (Coords.). **Lei de Registros Públicos Comentada**. Rio de Janeiro: Forense, 2014, p. 1133).
239. SALLES, Venício; SALLES, Daniel Mesquita de Paula. **Ação de retificação de registro imobiliário**. In: AHUALLI, Tania Mara; BENACCHIO, Marcelo. (Coords.). **Direito notarial e Registral**: homenagem às varas de registros públicos da Comarca de São Paulo. São Paulo: Quartier Latin, 2016, p. 464.

No interior do Brasil, em alguns casos, pessoas humildes retornam ao balcão do cartório após a intimação, na qualidade de confrontantes, para impugnar o pedido, mas não o fazem por escrito, apenas de forma verbal. Apesar de não existir previsão legal, não é proibido que o registrador tome a termo a impugnação, colha a assinatura e anexe ao expediente. Em casos mais complicados, o registrador recebe um confrontante analfabeto que não concorda com o procedimento de retificação. Mantemos o entendimento que o registrador, agente público, poderá tomar as declarações e lavrar o documento, colhendo a impressão datiloscópica, ou encaminhar ao tabelionato de notas para os atos de praxe. Com a impugnação fundamentada, por escrito, o registrador intimará o requerente e o profissional que assinou a planta para se manifestarem por escrito. Não havendo acordo, o expediente será remetido ao juiz competente na forma do § 6º do artigo 213 da Lei nº 6.015/73[240].

8.5.3 Descrição de remanescente e áreas públicas

O artigo 213 traz, no seu § 7º, a possibilidade de retificar a matrícula que teve vários destaques, vários transportes de áreas para outras matrículas, sem descrição do que sobrou, sem a descrição do remanescente. O procedimento conhecido como "apuração de remanescente" visa corrigir a realidade tabular do imóvel em relação à sua realidade fática. O procedimento assemelha-se ao procedimento de retificação bilateral, instaurado com um requerimento, planta e memorial, ART e assinatura dos confrontantes, que neste caso específico são os confrontantes reais do que sobrou da área, e não os confrontantes da matrícula originária despedaçada.

Nos casos de apuração do remanescente é comum, após a medição, a constatação de diferença de área. O registrador, ao analisar a matrícula despedaçada, sabe o quanto sobrou e, ao receber a planta e o memorial, percebe a diferença. Aqui surge a dificuldade de apuração, que é resolvida da mesma forma que a retificação bilateral, com toda cautela. O ponto sensível é saber se o proprietário da área remanescente pode vender a totalidade que sobrou sem proceder antes à apuração. Existe o entendimento de que deve ser apurado o remanescente antes da venda, e outro entendimento que o direito de propriedade não poderá ser limitado pelo registrador, o qual deve permitir a entrada do título de alienação no registro. Neste último caso, deve o registrador analisar todas as áreas destacadas, se tiveram suas medições e, para proceder ao registro de alienação da área, exigir que seja declarado pelo alienante que respeitou todas as divisas dos imóveis que foram antes destacados, e que o adquirente está ciente das divisas, e que assume a responsabilidade de especializar o imóvel. Parece-nos melhor do que impedir o direito de dispor.

8.5.4 Demarcação de divisas

O artigo 213, § 8º, prevê a possibilidade de retificação de demarcação ou retificação de áreas públicas pelos mesmos procedimentos descritos, retificação unilateral e

---

240. BRASIL. **Lei nº 6.015 de 31 de dezembro de 1973.** Dispõe sobre os registros públicos, e dá outras providências. Disponível em: http://www.planalto.gov.br/ccivil_03/leis/l6015compilada.htm Acesso em: 15 nov. 2021.

bilateral, desde que os imóveis constem do registro ou seus logradouros estejam averbados. Soma-se a isso a alteração promovida pela Lei nº 13.465/17[241], ao inserir na Lei nº 6.015/73 os artigos 195-A e 195-B, permitindo ao poder Público solicitar a abertura de matrícula de imóveis públicos não matriculados.

Já o artigo 213, § 9º, prevê um procedimento de demarcação privada consensual, quando dois ou mais confrontantes, por escritura pública, resolvem alterar ou estabelecer divisas entre si, com ou sem transferência de área. Neste caso específico precisamos analisar que a realidade local, fática é diferente da realidade registral. Todavia, não se trata de retificação, apesar de o § 9º pertencer ao artigo 213, assim como o § 11 também não é retificação. A própria norma diz isso no início do texto "independentemente de retificação". Então, o procedimento visa clarear as divisas dos imóveis, que, na realidade, não estão bem definidas. Demarcada a divisa, os proprietários mandam medir suas áreas. Não havendo alteração de área de cada um, corrigem-se as divisas. Havendo alteração de área, onde um perde e o outro ganha, haverá a necessidade de recolhimento do tributo correspondente. O tamanho mínimo do imóvel deve ser respeitado, de acordo com as normas vigentes.

8.5.5 Retificação e georreferenciamento de áreas rurais

A Lei nº 10.267/01 alterou o artigo 176[242] da Lei de Registros Públicos, inserindo a obrigatoriedade de georreferenciamento para identificação de imóveis rurais quando ele for dividido ou transferido, nestes termos:

> Artigo 176, § 3º. Nos casos de desmembramento, parcelamento ou remembramento de imóveis rurais, a identificação prevista na alínea a do item 3 do inciso II do § 1º será obtida a partir de memorial descritivo, assinado por profissional habilitado e com a devida Anotação de Responsabilidade Técnica – ART, contendo as coordenadas dos vértices definidores dos limites dos imóveis rurais, georreferenciadas ao Sistema Geodésico Brasileiro e com precisão posicional a ser fixada pelo INCRA, garantida a isenção de custos financeiros aos proprietários de imóveis rurais cuja somatória da área não exceda a quatro módulos fiscais.
>
> § 4º A identificação de que trata o § 3º tornar-se-á obrigatória para efetivação de registro, em qualquer situação de transferência de imóvel rural, nos prazos fixados por ato do Poder Executivo.
>
> § 5º Nas hipóteses do § 3º, caberá ao Incra certificar que a poligonal objeto do memorial descritivo não se sobrepõe a nenhuma outra constante de seu cadastro georreferenciado e que o memorial atende às exigências técnicas, conforme ato normativo próprio.

Com o georreferenciamento, o Instituto Nacional de Colonização e Reforma Agrária (INCRA) atualiza o cadastro imobiliário rural do país, o qual sempre foi impreciso

---

241. BRASIL. Lei nº 13.465, de 11 de julho de 2017. Dispõe sobre a regularização fundiária rural e urbana, sobre a liquidação de créditos concedidos aos assentados da reforma agrária e sobre a regularização fundiária no âmbito da Amazônia Legal; institui mecanismos para aprimorar a eficiência dos procedimentos de alienação de imóveis da União; [...]. Disponível em: http://www.planalto.gov.br/ccivil_03/_ato2015-2018/2017/lei/l13465.htm Acesso em: 15 nov. 2021.
242. BRASIL. Lei nº 10.267, de 28 de agosto de 2001. Altera dispositivos das Leis nºs 4.947, de 6 de abril de 1966, 5.868, de 12 de dezembro de 1972, 6.015, de 31 de dezembro de 1973, 6.739, de 5 de dezembro de 1979, 9.393, de 19 de dezembro de 1996, e dá outras providências. Disponível em: http://www.planalto.gov.br/ccivil_03/leis/leis_2001/l10267.htm Acesso em: 15 nov. 2021.

e de largas discussões judiciais pela demarcação de divisas. A precariedade das descrições constantes nas transcrições, em razão do sistema caótico criado pelas concessões de sesmarias e período de posses, ainda deixa marcas no sistema registral imobiliário.

A Lei do Geo foi regulamentada pelo Decreto nº 4.449/2002[243], o qual criou prazos para a exigência da medição. A insatisfação dos proprietários de imóveis rurais levou à edição de novos decretos, alterando os prazos, sob a alegação dos custos e incertezas documentais, salvo na usucapião judicial, o qual prevê aplicação imediata da norma[244].

Ao realizar a medição total da área com as coordenadas georreferenciadas para descrever detalhadamente o imóvel, podem surgir diferenças, as quais necessitam de retificação. Se a diferença não alterar as medidas perimetrais descritas na matrícula ou transcrição, será aplicado o procedimento previsto no artigo 213, inciso I, combinado com o artigo 176, § 13º, ambos da lei de Registros Públicos, e Resolução nº 41 do CNJ[245]. Todavia, havendo alteração das medidas perimetrais, que resulte ou não alteração de área, o oficial deverá proceder com base no artigo 213, Inciso II, da Lei de Registros Públicos, exigindo a assinatura dos confrontantes. A alteração de medida perimetral, com ou sem aumento de área, poderá invadir área de outro proprietário, resultando em sobreposição e, logicamente, problemas para o registrador.

8.5.6 Retificação e a caracterização do imóvel rural ou urbano

Ponto sensível da matéria é a caracterização dos imóveis rurais e urbanos, elemento essencial da matrícula[246]. A doutrina sempre discutiu o critério adotado, da localização – Código Tributário Nacional (CTN), artigos 29 e 32[247] -, ou da destinação (Decreto-lei nº 57/1966, artigo 15[248]; Estatuto da Terra, artigo 4º, inc. I[249], e Lei nº 8.629/93, artigo 4º, inc.

---

243. Decreto nº 4.449/2002, artigo 3º. (BRASIL. Decreto nº 4.449, de 30 de outubro de 2002. Regulamenta a Lei nº 10.267, de 28 de agosto de 2001, que altera dispositivos das Leis nºs. 4.947, de 6 de abril de 1966; 5.868, de 12 de dezembro de 1972; 6.015, de 31 de dezembro de 1973; 6.739, de 5 de dezembro de 1979; e 9.393, de 19 de dezembro de 1996, e dá outras providências. Disponível em: http://www.planalto.gov.br/ccivil_03/decreto/2002/d4449.htm Acesso em: 15 nov. 2021).
244. A obrigação do georreferenciamento neste caso não é para o deferimento judicial do pedido de usucapião, mas sim um requisito do registro.
245. BRASIL. Conselho Nacional de Justiça. **Recomendação nº 41 de 02 de julho de 2019**. Dispõe sobre a dispensa dos Cartórios de Registo de Imóveis da anuência dos confrontantes na forma dos §§ 3º e 4ª do artigo 176 da Lei 6.015, de 31 de dezembro de 1973, alterada pela Lei n. 13.838, de 4 de junho de 2019. Disponível em: https://www.26notas.com.br/blog/?p=14920 Acesso em: 15 nov. 2021.
246. Lei nº 6.015/73, artigo 176, II, nº 3. (BRASIL. **Lei nº 6.015 de 31 de dezembro de 1973**. Dispõe sobre os registros públicos, e dá outras providências. Disponível em: http://www.planalto.gov.br/ccivil_03/leis/l6015compilada.htm Acesso em: 15 nov. 2021).
247. BRASIL. Lei nº 5.172, de 25 de outubro de 1966. Dispõe sobre o Sistema Tributário Nacional e institui normas gerais de direito tributário aplicáveis à União, Estados e Municípios. Disponível em: http://www.planalto.gov.br/ccivil_03/leis/l5172compilado.htm Acesso em: 15 nov. 2021.
248. BRASIL. Decreto-lei nº 57, de 18 de novembro de 1966. Altera dispositivos sobre lançamento e cobrança do Imposto sobre a Propriedade Territorial Rural, institui normas sobre arrecadação da Dívida Ativa correspondente, e dá outras providências. Disponível em: http://www.planalto.gov.br/ccivil_03/decreto-lei/del0057.htm Acesso em: 15 nov. 2021.
249. BRASIL. Lei nº 4.504, de 30 de novembro de 1964. Dispõe sobre o Estatuto da Terra, e dá outras providências. Disponível em: http://www.planalto.gov.br/ccivil_03/leis/l4504.htm Acesso em: 15 nov. 2021.

I.[250]). O STJ[251] manteve o critério da localização[252]. Para o registrador de imóveis, o que já estiver na matrícula ou na transcrição é mantido, salvo por requerimento do interessado com documentos comprobatórios. Aqui, o ponto sensível é a alteração do imóvel de rural para urbano. A Lei nº 6.766/79 prevê a necessidade de audiência prévia do INCRA quando houver descaracterização do imóvel rural para imóvel urbano, nestes termos[253]:

> Artigo 53. Todas as alterações de uso do solo rural para fins urbanos dependerão de prévia audiência do Instituto Nacional de Colonização e Reforma Agrária – INCRA, do Órgão Metropolitano, se houver, onde se localiza o Município, e da aprovação da Prefeitura municipal, ou do Distrito Federal quando for o caso, segundo as exigências da legislação pertinente.

Portanto, sempre foi uma exigência do registrador o descadastramento da área rural, antes da averbação no registro de imóveis. Todavia, a Instrução Normativa nº 17-B, do INCRA[254], que regulava essa matéria, foi revogada, e logo depois foi emitida a Nota Técnica INCRA/DFC nº 02/2016, para explicar as razões da revogação, onde nas conclusões e recomendações constou no item 4, alínea "d"[255]:

> d) a prévia audiência do INCRA para alteração de uso do solo rural para fins urbanos, a que se refere o artigo 53 da lei 6766/79, deve ser interpretado como realização das operações cadastrais pertinentes, nos termos do Capítulo VI da Instrução normativa INCRA nº 82/2015, **após a prática dos atos registrais respectivos.** (grifo nosso)

Dessa forma, acompanhado de documento municipal comprobatório de que o imóvel se localiza em solo urbano, o registrador averbará a alteração na matrícula, devendo, posteriormente, o interessado atualizar o cadastro no INCRA.

Sobre a delimitação da área urbana, a Lei nº 6.766/79[256] determina o que é solo urbano[257], o perímetro urbano, a área de expansão urbana e a área de urbanização es-

---

250. BRASIL. Lei nº 8.629, de 25 de fevereiro de 1993. Dispõe sobre a regulamentação dos dispositivos constitucionais relativos à reforma agrária, previstos no Capítulo III, Título VII, da Constituição Federal. Disponível em: http://www.planalto.gov.br/ccivil_03/leis/l8629.htm Acesso em: 15 nov. 2021.
251. O STF já havia se manifestado no RE 140.773-5/210-SP, que resultou na Resolução nº 9/2005 do Senado Federal. (BRASIL. Senado Federal. **Resolução nº 9/2005**. Suspende a execução da Lei Municipal nº 2.200, de 3 de junho de 1983, que acrescentou o § 4º do artigo 27 da Lei Municipal nº 1.444, de 13 de dezembro de 1966, ambas do Município de Sorocaba, no Estado de São Paulo, e, em parte, a execução do artigo 12 da Lei Federal nº 5.868, de 12 de dezembro de 1972, no ponto em que revogou o artigo 15 do Decreto-Lei Federal nº 57, de 18 de novembro de 1966. Disponível em: https://www.senado.leg.br/publicacoes/anais/pdf/Resolucoes/2005.pdf Acesso em: 15 nov. 2021).
252. BRASIL. Superior Tribunal de Justiça (2ª Turma). **REsp 1.170.055/TO**, j. 8.6.2010, Rel. Min. Eliana Calmon, DJe 24.06.2010. Disponível em: https://stj.jusbrasil.com.br/jurisprudencia/14754334/recurso-especial-resp-1170055-to-2009-0240111-2/inteiro-teor-14754335 Acesso em: 15 nov. 2021.
253. BRASIL. Lei nº 6.766, de 19 de dezembro de 1979. Dispõe sobre o Parcelamento do Solo Urbano e dá outras Providências. Disponível em: http://www.planalto.gov.br/ccivil_03/leis/l6766.htm Acesso em: 15 nov. 2021.
254. BRASIL. INCRA. **Instrução Normativa 17-B, de 22 de dezembro de 1980**. Dispõe sobre o parcelamento de imóveis rurais. Disponível em: https://urbanismo.mppr.mp.br/arquivos/File/l17b_221280.pdf Acesso em: 15 nov. 2021.
255. BRASIL. **Nota Técnica INCRA/DFC nº 02/2016**. Discrimina as atribuições do Incra referente aos parcelamentos de solo rural. Disponível em: https://www.colegioregistralrs.org.br/noticias/nota-tecnica-incra-df-dfc-no-2-2016-referente-aos-parcelamentos-de-solo-rural/ Acesso em: 15 nov. 2021.
256. BRASIL. Lei nº 6.766, de 19 de dezembro de 1979. Dispõe sobre o Parcelamento do Solo Urbano e dá outras Providências. Disponível em: http://www.planalto.gov.br/ccivil_03/leis/l6766.htm Acesso em: 15 nov. 2021.
257. A Constituição da República no artigo 30, inciso VIII, atribuiu ao município a competência de promover o adequado ordenamento territorial, mediante planejamento e controle do uso, do parcelamento e ocupação do solo urbano. Portanto, compete ao município determinar as áreas urbanas. (BRASIL. [Constituição (1988)]. **Constituição da**

pecífica (artigo 3º). Recentemente, a Lei nº 13.465/17[258], que trata da REURB, previu o reconhecimento de núcleos urbanos informais consolidados mesmo que na zona rural (artigo 11), lembrando que existe a possibilidade de um imóvel rural, menor que a fração mínima de parcelamento, estar integrado à zona urbana do município (Lei nº 5.868/72, artigo 8º, § 4º[259]).

Delicada questão surge quando o imóvel rural possui parte pertencendo ao perímetro urbano ou à zona de expansão urbana e grande parte na zona rural. A Lei nº 6.015/73 prevê, no artigo 176, inciso II, § 3º[260], como requisito da matrícula à sua caracterização como urbano ou rural. Em alguns municípios se permite a divisão do imóvel, permanecendo o imóvel rural e matrícula própria, respeitada a fração mínima de parcelamento e abre-se uma nova matrícula para a área urbana, sendo uma gleba urbana. Em alguns municípios, esse processo somente pode ocorrer se for realizado um loteamento e em outros municípios admite-se o desdobro. Existem ainda casos, mais raros, em que é permitida a averbação do perímetro urbano em parte da matrícula rural.

Sendo matrícula de imóvel urbano ou rural, em ambos os casos, o registrador deverá observar a legislação que se refere ao tamanho mínimo do imóvel, para rurais determinada pelo INCRA e para urbanos determinada pelo município. A observância destas regras é de sua importância par fins de divisão do imóvel. O cuidado maior refere-se à divisão de imóveis rurais[261], cuja relação à fração mínima de parcelamento deve ser observada sob pena de nulidade do artigo (artigo 8º da Lei nº 5.858/72[262]), salvo as exceções previstas no Decreto nº 62.504/68[263] e na Lei nº 5868/72 (artigo 8º, § 4º). Vale lembrar que a aquisição *causa mortis* pelos herdeiros de áreas inferiores à fração mínima de parcelamento não impede o registro dos formais de partilha, que permanecerão em condomínio, vedada a divisão conforme artigo 65 do Estatuto da Terra[264].

Por fim, ressalta-se que o princípio da especialidade busca tornar a publicidade mais cristalina com o máximo de informações relevantes que possam colaborar com a segurança jurídica, que é o fim maior do registro de imóveis.

República Federativa do Brasil de 1988. Brasília, DF: Presidência da República, [2021]. Disponível em: http://www.planalto.gov.br/ccivil_03/Constituicao/Constituiçao.htm. Acesso em: 15 nov. 2021).

258. BRASIL. Lei nº 13.465, de 11 de julho de 2017. Dispõe sobre a regularização fundiária rural e urbana, sobre a liquidação de créditos concedidos aos assentados da reforma agrária e sobre a regularização fundiária no âmbito da Amazônia Legal; institui mecanismos para aprimorar a eficiência dos procedimentos de alienação de imó-veis da União; [...]. Disponível em: http://www.planalto.gov.br/ccivil_03/_ato2015-2018/2017/lei/l13465.htm Aces-so em: 15 nov. 2021.
259. BRASIL. Lei nº 5.868, de 12 de dezembro de 1972. Cria o Sistema Nacional de Cadastro Rural, e dá outras providências. Disponível em: http://www.planalto.gov.br/ccivil_03/leis/l5868.htm Acesso em: 15 nov. 2021.
260. BRASIL. **Lei nº 6.015 de 31 de dezembro de 1973**. Dispõe sobre os registros públicos, e dá outras providências. Disponível em: http://www.planalto.gov.br/ccivil_03/leis/l6015compilada.htm Acesso em: 15 nov. 2021.
261. Com a revogação da Instrução Normativa do INCRA, nº 17-B, de ser observada a Nota Técnica INCRA/DFC nº 02 de 2016.
262. BRASIL. Lei nº 5.868, de 12 de dezembro de 1972. Cria o Sistema Nacional de Cadastro Rural, e dá outras providências. Disponível em: http://www.planalto.gov.br/ccivil_03/leis/l5868.htm Acesso em: 15 nov. 2021.
263. BRASIL. Decreto nº 62.504, de 8 de abril de 1968. Regulamenta o artigo 65 da Lei número 4.504, de 30 de novembro de 1964, o artigo 11 e parágrafos do Decreto-lei nº 57, de 18 de novembro de 1966, e dá outras providências. Disponível em: http://www.planalto.gov.br/ccivil_03/decreto/antigos/d62504.htm Acesso em: 15 nov. 2021.
264. BRASIL. Lei nº 4.504, de 30 de novembro de 1964. Dispõe sobre o Estatuto da Terra, e dá outras providências. Disponível em: http://www.planalto.gov.br/ccivil_03/leis/l4504.htm Acesso em: 15 nov. 2021.

8.6 DO PROCEDIMENTO DE DÚVIDA

O título segue um caminho natural e previsível no registro de imóveis. É apresentado no balcão, protocolado e vai para qualificação. Se a qualificação for positiva, será inscrito nos livros. Se for negativa, será devolvido com uma nota de exigência, permanecendo o protocolo aberto pelo prazo que a lei determina, que, em regra, é de vinte dias[265].

Há de se diferenciar título de documento, pois a lei fala em título. O documento é gênero, do qual uma das espécies é o título. Serpa Lopes[266] explica que, enquanto o documento é qualquer escrito que possa servir de prova, o título, espécie de documento, é um instrumento com efeito jurídico próprio.

Genericamente a lei costuma se referir a documentos ou instrumentos, pois dessa forma está se referindo também ao título. Todo título é um documento, mas nem todo documento é um título. Os documentos podem ser instrumentalizados por forma pública ou particular. Os públicos podem ser extrajudiciais ou judiciais.

O Código Civil diz, em seu artigo 221, que o instrumento particular assinado pelas partes e pelas testemunhas, com as firmas reconhecidas, prova as obrigações. Já o Código de Processo Civil, no seu artigo 784, inciso II, exige duas testemunhas para que o documento particular seja considerado um título executivo extrajudicial.

Assim, o título representa uma obrigação, que pode servir de prova ou possuir força executiva. O título pode ser público ou particular. Se for público, pode ser extrajudicial ou judicial. A escritura pública é um título público, previsto no artigo 215 do Código Civil. Já a penhora é um título judicial previsto no artigo 838 do Código de Processo Civil.

A Lei de Registros Públicos se preocupa com os títulos, pois são eles que podem ser recepcionados no registro de Imóveis. Assim, os títulos estão previstos no artigo 221 da lei 6015/73, *in verbis*:

> Art. 221 – Somente são admitidos registro:
>
> I – escrituras públicas, inclusive as lavradas em consulados brasileiros;
>
> II – escritos particulares autorizados em lei, assinados pelas partes e pelas testemunhas, com as firmas reconhecidas;
>
> III – atos autênticos de países estrangeiros, com força de instrumento público, legalizados e traduzidos na forma da lei, e registrados no cartório do Registro de Títulos e Documentos, assim como sentenças proferidas por tribunais estrangeiros após homologação pelo Supremo Tribunal Federal;
>
> IV – cartas de sentença, formais de partilha, certidões e mandados extraídos de autos de processo;
>
> V – contratos ou termos administrativos, assinados com a União, Estados, Municípios ou o Distrito Federal, no âmbito de programas de regularização fundiária e de programas habitacionais de interesse social, dispensado o reconhecimento de firma;

---

265. "Artigo 205. Cessarão automaticamente os efeitos da prenotação se, decorridos 20 (vinte) dias da data do seu lançamento no Protocolo, o título não tiver sido registrado por omissão do interessado em atender às exigências legais". (BRASIL. **Lei nº 6.015 de 31 de dezembro de 1973**. Dispõe sobre os registros públicos, e dá outras providências. Disponível em: http://www.planalto.gov.br/ccivil_03/leis/l6015compilada.htm Acesso em: 15 fev. 2024).

266. LOPES, Miguel Maria Serpa. **Tratado de Registros Públicos**. Vol. I. 5ed. Brasília: Livraria e Editora Brasília Jurídica, 1995, pág. 26.

VI – contratos ou termos administrativos, assinados com os legitimados a que se refere o art. 3º do Decreto-Lei nº 3.365, de 21 de junho de 1941 (Lei da Desapropriação), no âmbito das desapropriações extrajudiciais.

A doutrina discute se este rol de títulos é taxativo ou exemplificativo. Parece-nos mais correto o entendimento de que é exemplificativo, pois não estão incluídas as cartas de arrematação, termos administrativos na desapropriação e cédulas de crédito, o que poderia se realizar uma interpretação, com mais força, para enquadrá-las no artigo. A discussão persiste.

Superada a questão do título, vale lembrar que todos eles merecem acolhimento no protocolo, conforme ao artigo 12 da lei registral[267], que veda qualquer tipo de exigência para a prenotação. O próprio dispositivo deixa claro que independem de protocolo os títulos apresentados para exame e cálculo de emolumentos. Sugere-se, aqui, um requerimento expresso do apresentante, para evitar desconfortos futuros. O protocolo de um título é ato de suma importância para o apresentante, pois gera prioridade e preferência dos direitos reais[268]. Ressalta-se que o art. 174 da lei de registros[269] prevê que "todos" os títulos serão protocolados, salvo a exceção do exame e cálculo de emolumentos.

Protocolado o título, ele será objeto de qualificação registral, um filtro que o registrador realiza, analisando o título com base nas regras e nos princípios de direito imobiliário, que se relacionam com o caso concreto. Neste momento intelectual surge a decisão de autorizar o registro do título ou devolvê-lo para a parte, a fim de suprir exigências[270], na forma do artigo 198[271] da Lei 6.015/73, *in verbis*:

> Art. 198. Se houver exigência a ser satisfeita, ela será indicada pelo oficial por escrito, dentro do prazo previsto no art. 188 desta Lei e de uma só vez, articuladamente, de forma clara e objetiva, com data, identificação e assinatura do oficial ou preposto responsável, para que: (Redação dada pela Lei nº 14.382, de 2022)
>
> I – (revogado); (Redação dada pela Lei nº 14.382, de 2022)
>
> II – (revogado); (Redação dada pela Lei nº 14.382, de 2022)
>
> III – (revogado); (Redação dada pela Lei nº 14.382, de 2022)
>
> IV – (revogado); (Redação dada pela Lei nº 14.382, de 2022)
>
> V – o interessado possa satisfazê-la; ou (Incluído pela Lei nº 14.382, de 2022)

---

267. Lei 6015/73, art. 12. Nenhuma exigência fiscal, ou dúvida, obstará a apresentação de um título e o seu lançamento do Protocolo com o respectivo número de ordem, nos casos em que da precedência decorra prioridade de direitos para o apresentante.
    Parágrafo único. Independem de apontamento no Protocolo os títulos apresentados apenas para exame e cálculo dos respectivos emolumentos.
268. Lei 6015/73. Art. 186 – O número de ordem determinará a prioridade do título, e esta a preferência dos direitos reais, ainda que apresentados pela mesma pessoa mais de um título simultaneamente.
269. Lei 6015/73, art. 174 – O livro nº 1 – Protocolo – servirá para apontamento de todos os títulos apresentados diariamente, ressalvado o disposto no parágrafo único do art. 12 desta Lei.
270. Em alguns casos o título é impugnado pelo registrador, pois não existem exigências que supram o vício. É o caso de um título com nulidade absoluta.
271. A Medida Provisória 1085/2021 alterou o artigo 198 da lei 6015/73. Optamos por deixar a redação original até que o texto seja convertido em lei.

VI – caso não se conforme ou não seja possível cumprir a exigência, o interessado requeira que o título e a declaração de dúvida sejam remetidos ao juízo competente para dirimi-la. (Incluído pela Lei nº 14.382, de 2022)

§ 1º O procedimento da dúvida observará o seguinte: (Incluído pela Lei nº 14.382, de 2022)

I – no Protocolo, o oficial anotará, à margem da prenotação, a ocorrência da dúvida; (Incluído pela Lei nº 14.382, de 2022)

II – após certificar a prenotação e a suscitação da dúvida no título, o oficial rubricará todas as suas folhas; (Incluído pela Lei nº 14.382, de 2022)

III – em seguida, o oficial dará ciência dos termos da dúvida ao apresentante, fornecendo-lhe cópia da suscitação e notificando-o para impugná-la perante o juízo competente, no prazo de 15 (quinze) dias; e (Incluído pela Lei nº 14.382, de 2022)

IV – certificado o cumprimento do disposto no inciso III deste parágrafo, serão remetidos eletronicamente ao juízo competente as razões da dúvida e o título. (Incluído pela Lei nº 14.382, de 2022)

§ 2º A inobservância do disposto neste artigo ensejará a aplicação das penas previstas no art. 32 da Lei nº 8.935, de 18 de novembro de 1994, nos termos estabelecidos pela Corregedoria Nacional de Justiça do Conselho Nacional de Justiça. (Incluído pela Lei nº 14.382, de 2022)

A norma fala "caso não se conforme ou não seja possível cumprir a exigência", poderá o interessado requerer que o registrador suscite dúvida ao juiz competente. Então, a parte que não concorda, ou não consegue atender à exigência, requer ao registrador a abertura, instauração, suscitação de dúvida. Não é admitida a irresignação parcial, ou seja, requerer dúvida de apenas alguns pontos da nota devolutiva, pois o título estaria prejudicado, de qualquer modo, pelos outros aspectos não questionados.

Discute-se a possibilidade de procedimento de dúvida em todos os atos registrais: registro[272], averbação ou abertura de matrícula. A depender do Estado, é possível o procedimento de dúvida para qualquer ato que for negado. Todavia, em alguns Estados o procedimento de dúvida é aceito apenas para o ato de registro, não valendo para averbação ou abertura de matrícula.

Josué Modesto Passos e Marcelo Benacchio[273] lecionam que, nesses casos, quando não cabível o procedimento de dúvida, será adotado o "procedimento administrativo comum" ou "pedido de providências", o qual segue o mesmo rito da dúvida, com a diferença na espécie do recurso da sentença: da dúvida cabe apelação, e do procedimento administrativo comum ou pedido de providências cabe recurso administrativo. Os Códigos de Normas estaduais disciplinam a matéria.

João Pedro Lamana Paiva[274] leciona que é necessário ter legitimidade (interessado do art. 199) para requerer o procedimento de dúvida, não bastando ser o apresentante do título, incidindo o princípio da rogação[275]. Todavia, o artigo 198 fala em "apresentante".

---

272. Aqui leia-se registro strictu sensu, ou seja, os atos previstos no art. 167, inciso I da lei de registros públicos.
273. PASSOS, Josué Modesto; BENACCHIO, Marcelo. **A dúvida no registro de imóveis**. In coleção Direito Imobiliário. Vol. III. 1ed. Coordenação: Alberto Gentil de Almeida Pedroso. São Paulo: Thomson Reuters Brasil, 2020, pág.53.
274. PAIVA, João Pedro Lamana. **Procedimento de dúvida no registro de imóveis: aspectos práticos e a possibilidade de participação do notário e a evolução dos sistemas registral e notarial no século XXI**. 3 ed. São Paulo: Saraiva, 2011, pág.66
275. Existem casos específicos em que a dúvida será suscitada de ofício pelo registrador, mas deve haver previsão expressa em lei. Por exemplo o artigo 18 d 2ª da lei 6766/79 e o artigo 32 d 6ª da lei 4591/64.

Dessa forma, parece-nos que ambos, apresentante e interessado, podem requerer a suscitação de dúvida. Porém, para impugnar sim, concordamos que somente o interessado[276].

Requerido o procedimento de dúvida, o registrador anotará no livro protocolo, onde o título está protocolado, que foi instaurado o procedimento de dúvida. Em seguida, lavrará a declaração de dúvida, anexando os documentos apresentados e protocolados, com suas razões, aprofundadas, sobre a negativa do ato. Certificará no título (que já está prenotado) que foi instaurada a dúvida. Rubricará todas as folhas.

Feito isso, notificará o interessado, fornecendo-lhe cópia de todo o expediente, para, se quiser, impugnar a dúvida no prazo de quinze dias, perante o juiz competente. O oficial lavrará certidão de que notificou o interessado e enviará todo expediente para o juízo. Aqui se encerra o estágio antejudicial da dúvida[277].

Notificado, poderá o interessado apresentar a impugnação em juízo, ou omitir-se. Se impugnada, o juiz ouvirá o Ministério Público (art. 200). Se não for impugnada, ainda assim ela será julgada por sentença (art.199). Poderão ser requeridas diligências e, após, o juiz proferirá a decisão em quinze dias (art. 201). Lamana Paiva[278] leciona que o Ministério Público sempre se manifestará no procedimento.

Em alguns Estados é necessária a participação de um advogado para impugnar a dúvida em juízo. Em outros Estados poderá o próprio interessado apresentar a impugnação. Da mesma forma, em alguns Estados é permitida a participação do tabelião no procedimento de dúvida, como terceiro interessado, quando o título devolvido se tratar de escritura pública.

Discute-se qual a natureza jurídica do procedimento de dúvida. O artigo 204 da Lei de Registros Públicos afirma, claramente, que o procedimento é administrativo, não sendo vedado, em momento algum, o processo contencioso competente. Além disso, o entendimento é de que não existe a necessidade de se esgotar o procedimento administrativo como requisito para judicializar.

Da sentença, cabe apelação pelo Ministério Público e pelo interessado ao Tribunal de Justiça (o registrador não pode apelar), e, neste caso, parece-nos necessária a presença de advogado. Em razão disso, na apelação, surge um entendimento de que o procedimento seria híbrido, administrativo-judicial. O que ainda não nos parece correto, pois o Poder Judiciário, quando atua em procedimento de dúvida, exerce função atípica, administrativa.

Transitada em julgado a decisão do procedimento de dúvida, se for julgada procedente, então o registrador estava certo, e será cancelado o protocolo e devolvidos os

---

276. Alguém vai ao registro de imóveis e apresenta uma escritura pública de compra e venda, a pedido de um amigo que adquiriu um imóvel, mas estava sem tempo para leva-la ao registro. A escritura é protocolada e recebe nota devolutiva. O apresentante pode pedir a instauração do procedimento de dúvida, mas quando for o momento de impugnar os termos da dúvida, perante o juiz, somente o interessado, adquirente do imóvel, poderá fazê-lo.
277. DIP, Ricardo Henry Marques. **Lei de registros públicos comentada**. Coordenação: José Manuel de Arruda Alvim Neto, Alexandre Laizo Clápis e Everaldo Augusto Cambler. Rio de Janeiro: Forense, 2014, pág.1071.
278. PAIVA, João Pedro Lamana. **Procedimento de dúvida no registro de imóveis: aspectos práticos e a possibilidade de participação do notário e a evolução dos sistemas registrai e notarial no século XXI**. 3 ed. São Paulo: Saraiva, 2011.

documentos para o interessado. Se for julgada improcedente, o interessado apresentará a decisão ao registrador para que proceda ao registro, mencionando no protocolo (art. 203).

Mesmo com trânsito em julgado, a decisão não produz coisa julgada material, ainda que julgada a apelação pelo Tribunal de Justiça. Após o procedimento administrativo, mesmo que julgado pelo Tribunal, admite-se o procedimento judicial. Como ensina Ricardo Dip,"(...) espanca a tese de que a disciplina da apelação como recurso legalmente previsto das sentenças na dúvida registraria, implicar-lhe-ia a processualização". Portanto, o procedimento é administrativo puro, apesar de uma corrente minoritária levantar a bandeira do procedimento misto ou híbrido.

Um ponto importante é a discussão sobre a possibilidade de procedimento de dúvida perante a Justiça Federal, nos casos que envolvam imóveis da União, suas fundações e autarquias, com base no art. 3ª da Lei 5.972/73 e art. 8-A, d 3ª, da Lei 6.739/79, com redação dada pela Lei 10.267/01. Parte da doutrina questiona a validade desses dispositivos, todavia, estão vigentes e, portanto, não compete ao registrador fazer controle de constitucionalidade da norma.

A doutrina também discute sobre a possibilidade da dúvida inversa, indireta ou dúvida às avessas, que é o procedimento de dúvida onde o interessado vai direto ao juízo competente, em razão da negativa do registrador em proceder ao ato registral e de não instaurar o procedimento de dúvida. Mesmo não havendo previsão na Lei 6.015/73, o procedimento continua sendo admitido na prática, talvez porque era previsto no regulamento anterior[279].

Lamana Paiva[280] explica que o registrador será intimado para se manifestar sobre o procedimento apresentado em juízo e deverá protocolar o documento expedido pelo magistrado, como forma de assegurar a prioridade e preferência, caso ao final seja atribuída a razão ao interessado. Como não há esta modalidade de dúvida na norma, o rito ficará a critério do juiz responsável pela serventia.

Por fim, não se admite a chamada dúvida doutrinária, onde o registrador consulta o juiz competente para esclarecer acerca de um procedimento que ele não tem certeza. Na qualidade de profissional do direto, deve o registrador tomar a decisão sobre a lavratura ou não de algum ato. Se incerto, expedirá nota devolutiva fundamentada aguardando que a parte requeira a suscitação de dúvida.

8.7 DO PARCELAMENTO DO SOLO URBANO

O registrador de imóveis deve conhecer as normas que regulam o parcelamento do solo urbano com maestria. O desconhecimento pode acarretar penalidades nas esferas administrativa, civil e até mesmo criminal. O atual caos urbano em que o Brasil está mergulhado poderia ser ainda pior, se não tivesse o efetivo controle do registro de

---

279. DIP, Ricardo. **Registro de Imóveis: princípios.** Tomo II. Descalvado/SP: Editora PrimVs, 2018, pág. 245.
280. PAIVA, João Pedro Lamana. **Procedimento de dúvida no registro de imóveis: aspectos práticos e a possibilidade de participação do notário e a evolução dos sistemas registrai e notarial no século XXI.** 3 ed. São Paulo: Saraiva, 2011.

imóveis que, muitas vezes, discorda inclusive das autorizações municipais. Um pouco de história nos ajuda...

No Brasil, as periferias[281] urbanas formaram-se após 1930, sendo o lugar dos trabalhadores pobres e para os trabalhadores pobres. Na virada do século, São Paulo já era considerada um espaço urbano caótico com fábricas, estradas de ferro e indústrias próximas a residências. As classes altas e baixas moravam relativamente perto, mas apenas os ricos tinham casa própria (equivalente a 20%), enquanto os demais moravam de aluguel, amontoados em habitações coletivas, algumas com 12m² abrigando seis pessoas.

A exemplo do que ocorreu em Paris, as elites progressistas se reuniram para reorganizar a cidade e a produção do trabalho, elegendo como vilões os cortiços nos bairros operários. Um dos grupos de estudos criados para resolver o problema urbano propôs eliminar os cortiços e encaminhar as famílias para casas próprias, financiadas, com sete cômodos para cada família, higiênicas, educativas e econômicas, onde seria moldado o caráter do trabalhador, disciplinando seus corpos, encerrando a infelicidade e a indisciplina de suas vidas, e criando assim uma força de trabalho confiável. Como em Paris, setenta anos antes, os pobres seriam colocados para fora da cidade, e as longas avenidas chegariam aos bairros operários.

Serpa Lopes[282] lembra que, a exemplo da França, no Brasil também a especulação imobiliária se fez presente. Havia a necessidade de se promover um equilíbrio entre a economia livre e a economia dirigida. Se de um lado as atividades contratuais poderiam se desenvolver sem limitações, era necessário evitar os abusos dessa mesma liberdade. A legislação sobre loteamentos era uma consequência natural do urbanismo, sendo uma norma eminentemente social, com caráter público e proteção irrenunciável. Havia uma grave crise na habitação, e a construção da casa própria era a melhor forma para a classe média e operária se livrar do aluguel pesado. Os aglomerados urbanos, muitos cubículos, apresentavam problemas de ar e higiene, transformando os membros da família em nômades. O incentivo à compra de imóveis loteados traria à família um maior bem-estar, mas era preciso uma norma que regulasse esses negócios jurídicos.

A crise econômica[283] mundial de 1929 acentuou o urbanismo no Brasil e a crise da economia cafeeira culminou com a Revolução de 30, pondo fim ao período chamado de República Velha. O texto constitucional de 1934[284], sob forte influência da Constituição democrática-social de Weimar de 1919, tratou da ordem econômica e social, da família, educação e cultura, direcionando o país para um Estado democrático e social de direito, mas apenas de maneira simbólico-ideológica.

---

281. HOLSTON, James. **Cidadania Insurgente**: disjunções da democracia e da modernidade no Brasil. Trad. Claudio Carina; revisão técnica Luísa Valentini. São Paulo: Companhia das Letras, 2013, p. 211.
282. LOPES, Miguel Maria de Serpa. **Tratado dos registros públicos**. 6. ed. Brasília: Livraria e Editora Brasília Jurídica, 1997, v. 3, p. 44.
283. NEVES, Marcelo. **Constituição e Direito na Modernidade Periférica**: uma abordagem teórica e uma interpretação do caso brasileiro. Trad. Antonio Luz Costa; revisão técnico-jurídica de Edvaldo Moita com colaboração de Agnes Macedo. São Paulo: Editora WMF Martins Fontes, 2018, p. 192.
284. BRASIL. Constituição da República dos Estados Unidos do Brasil (de 16 de julho de 1934). Disponível em: http://www.planalto.gov.br/ccivil_03/constituicao/constituicao34.htm Acesso em: 15 nov. 2021.

Getúlio Vargas havia assumido o poder[285] e adotado as classes trabalhadoras urbanas como sua base política, direcionando a economia para a indústria. Havia uma preocupação com as condições das habitações urbanas e, pela primeira vez, o governo federal formulou uma política habitacional criando programas de construção de casas populares acessíveis às classes trabalhadoras, mediante fundos de pensões e de seguridade social.

Todavia, as relações sociais permaneciam oligárquicas e intactas[286], mantendo os privilégios do setor público, em contrapartida à maioria da população, excluída. Com o aumento dos movimentos sociais, a Constituição de 1937[287] invocou a restauração da ordem nacional contra o totalitarismo estrangeiro de esquerda, encobrindo, na verdade, novas reivindicações das oligarquias dominantes. A alegação do caráter social do Estado Novo atingia apenas uma pequena parcela da população, a classe trabalhadora emergente, não se podendo falar em Estado Social, pois a Constituição e as normas subsequentes colocaram o movimento trabalhista sob controle do aparato estatal.

Pontes de Miranda[288] explica que a ausência de norma específica sobre loteamentos na década de trinta trouxe sérios problemas sociais, muitos deles em decorrência da desonestidade das empresas loteadoras. O Código de Beviláqua previa, no artigo 1.088[289], o direito de arrependimento pelas partes contratantes na compra e venda de imóveis em prestações, até o momento da assinatura da escritura pública definitiva. A sanção máxima, além da perda das arras, eram as perdas e danos. Isso gerava insegurança jurídica aos compradores de lotes que, muitas vezes, ficavam desamparados. Com isso, em junho de 1936 a Câmara dos Deputados recebe para análise um projeto de lei sobre compra e venda de imóveis em prestações.

O deputado Waldemar Martins Ferreira[290] idealizou o projeto de lei que revolucionou o procedimento de parcelamento do solo urbano e condicionou os proprietários loteadores ao interesse social. A base do projeto apresentado à Comissão de Constituição e Justiça da Câmara, no dia 09 de junho de 1936, descrevia a situação da época:

> Surgem, constantemente, reclamos de uma legislação reguladora dos contratos de compromissos de venda de imóveis em lotes, a prazo, mediante pagamento do preço em prestações periódicas e sucessivas. Lançam-se, em todos os pontos do país, empresas destinadas a explorar esse gênero de negócio, cuja comercialização é evidente, mas que, por enquanto, se choca com os princípios em que se abeberou o código de comerciantes. [...] Tem isso sucedido por vários motivos. Pela precariedade dos títulos de domínio dos vendedores, não examinados convenientemente e cuidadosamente. Pela existência

---

285. HOLSTON, James. **Cidadania Insurgente**: disjunções da democracia e da modernidade no Brasil. Trad. Claudio Carina; revisão técnica Luísa Valentini. São Paulo: Companhia das Letras, 2013, p. 215.
286. NEVES, Marcelo. **Constituição e Direito na Modernidade Periférica**: uma abordagem teórica e uma interpretação do caso brasileiro. Trad. Antonio Luz Costa; revisão técnico-jurídica de Edvaldo Moita com colaboração de Agnes Macedo. São Paulo: Editora WMF Martins Fontes, 2018, p. 193.
287. BRASIL. Constituição dos Estados Unidos do Brasil, de 10 de novembro de 1937. Disponível em: http://www.planalto.gov.br/ccivil_03/constituicao/constituicao37.htm Acesso em: 15 nov. 2021.
288. MIRANDA, Francisco Cavalcanti Pontes de. **Tratado de Direito Predial**. 3. ed. Rio de Janeiro: José Konfino editor, 1948, p. 44.
289. "Art. 1088. Quando o instrumento público for exigido como prova do contrato, qualquer das partes pode arrepender-se, antes, de o assignar, ressarcindo á outra as perdas e damos resultantes do arrependimento, sem prejuízo do estabelecido nos arts. 1095 e 1097."
290. FERREIRA, Waldemar Martins. **O loteamento e a venda de terrenos em prestações**. São Paulo: Revista dos Tribunais, 1938, p. 15.

de ônus reais gravando a propriedade loteada e, em dado momento, posta em regime de execução judicial. Penhora dos lotes compromissados em ações movidas por terceiros contra proprietários. Pelo fechamento das vias de comunicação. Por outras medidas tendentes a desalojar de suas posses os que as beneficiaram. Não confere o contrato de compromisso de compra e venda nenhum direito real. Sendo o instrumento público exigível para a prova do contrato de compra e venda de imóvel de valor superior a um conto de réis, qualquer das partes permite o artigo 1.088 do código civil arrepender-se, antes de o assinar, ressarcindo a outra a perdas e danos resultantes do arrependimento. Converteu-se esse dispositivo em fonte amarga de decepções e justificados desesperos. Urge secá-la para que se consagre, efetivamente, a norma salutar do artigo 1.126 daquele código, em razão da qual a compra e venda, quando pura, considerar-se-á obrigatória e perfeita, desde que as partes se acordarem no objeto e no preço. Com o intuito de proporcionar aos compradores de terras e terrenos a certeza, ainda assim relativa, de, cumpridas todas as obrigações, por eles assumidas, adquirirem a propriedade delas, por via judicial e mercê de uma adjudicação.

Após completar os devidos trâmites na Câmara, o projeto seguiu para o Senado, onde recebeu emendas, mas não chegou ao fim do seu percurso pois o Congresso Nacional foi fechado em virtude do golpe de Estado promovido por Getúlio Vargas[291], no dia 10 de novembro de 1937. Mesmo assim, o projeto foi publicado pelo Presidente como Decreto-lei nº 58, no dia 10 de dezembro de 1937[292], um mês após o golpe de Estado, sendo que a sua vigência começou na mesma data. A partir de então, os loteadores teriam que apresentar uma série de certidões negativas e um contrato padrão de compromisso de compra e venda, o qual, após a sua inscrição no registro de imóveis, gerava um direito real de aquisição, sendo irretratável.

A legislação de parcelamento do solo limitou as ações dos loteadores, impondo limites e restrições ao contratar. Os serviços de registro de imóveis ficaram responsáveis pela legalidade e publicidade dos empreendimentos, após a sua aprovação pelo município. Os contratos particulares de promessa de compra e venda foram prestigiados pela legislação, protegendo o comprador, normalmente a parte mais vulnerável do negócio jurídico. As vias de comunicação e os espaços livres constantes do memorial e da planta, após a inscrição, tornavam-se inalienáveis[293].

A legislação evoluiu. Veio o Decreto 3.079/38, depois o Decreto-Lei 271/67 e finalmente a Lei 6.766/79[294], a qual tratou apenas do parcelamento do solo urbano, e está em vigor até hoje, portanto é ela que vamos analisar com mais carinho neste capítulo.

É importante lembrar que a Constituição Federal determinou, em seu artigo 30, que compete aos municípios legislar sobre assuntos de interesse local, suplementar a

---

291. BRASIL. Câmara dos Deputados. **Parlamento brasileiro foi fechado ou dissolvido 18 vezes**, 27 set. 2018. Disponível em: https://www.camara.leg.br/noticias/545319-parlamento-brasileiro-foi-fechado-ou-dissolvido-18-vezes/ Acesso em: 24 set. 2021.
292. BRASIL. Decreto-lei nº 58, de 10 de dezembro de 1937. Dispõe sobre o loteamento e a venda de terrenos para pagamento em prestações. Disponível em: http://www.planalto.gov.br/ccivil_03/decreto-lei/1937-1946/del058.htm Acesso em: 15 nov. 2021.
293. Isso constava no artigo 3ª. do Decreto-Lei 57/38. Atualmente, o artigo 22 da lei 6766/79, prevê que as áreas são transferidas ao município por força de lei. Já a lei 6015/73, alterada pela lei 12.424/2011, prevê em seu artigo 195-A, d3ª a regularização em nome do município de áreas públicas, não se exigindo a formalização da doação para transferir ao domínio público, áreas oriundas de loteamentos realizados na vigência do Decreto-Lei 58/37.
294. No artigo 55 da lei 6766/79 consta que "revogam-se as disposições em contrário". Isso é objeto de debate na doutrina em razão da falta de especificação em relação às normas anteriores.

legislação federal[295] e estadual no que couber e promover o planejamento e controle do uso do solo urbano. Logo, trataremos aqui da lei federal, mas sempre o registrador deve ter o cuidado de conhecer as normas municipais[296], para uma atuação mais eficiente. Luiz Edson Fachin[297] ressalta que, apesar de o município ter a faculdade de complementar a legislação federal, não poderá afrontá-la, mesmo que alegando peculiaridades locais, as quais não constituem motivos, em hipótese alguma, para afastar a incidência da lei.

8.7.1 Conceitos introdutórios sobre parcelamento do solo urbano

O parcelamento do solo ocorre por loteamento, desmembramento ou desdobro (também chamado de fracionamento). A Lei 6.766/79 trata apenas do loteamento e do desmembramento, deixando o desdobro para os municípios ou, na ausência, para os Códigos de Normas dos Tribunais de Justiça. O legislador sempre imagina que uma gleba será dividida formando terrenos (lotes) e então classifica cada modalidade. Gleba é a área crua, aguardando divisão. O termo "gleba" é encontrado na legislação urbana e rural, e não existe um conceito definido. Tratemos a gleba como a área que está apta a ser dividida, nos termos da lei. O art. 2ª traz os conceitos de loteamento e desmembramento:

> Art. 2º. (...)
> § 1º Considera-se **loteamento** a subdivisão de gleba em lotes destinados a edificação, com **abertura de novas vias de circulação, de logradouros públicos ou prolongamento, modificação ou ampliação** das vias existentes.
>
> § 2º Considera-se **desmembramento** a subdivisão de gleba em lotes destinados a edificação, com **aproveitamento do sistema viário** existente, desde que **não implique** na abertura de novas vias e logradouros públicos, nem no prolongamento, modificação ou ampliação dos já existentes.

A diferença entre os dois institutos é clara. No loteamento, abrem-se ruas novas, ou se ampliam, modificam ou prolongam as que vinham de outro loteamento. A gleba é retalhada e são entregues áreas ao município (art. 22) para compor o sistema viário. Já no desmembramento, aproveita-se o sistema viário, sem abertura, modificação, ampliação ou prolongamento. No desmembramento as ruas já existem e não precisam ser mexidas.

Para se compreender com clareza, vamos imaginar que foi realizado um loteamento em uma gleba, onde foram abertas 20 quadras, o que equivale a um bairro, a depender do tamanho da cidade. Neste caso, pelo cálculo do engenheiro, dentro de cada quadra ficariam 10 terrenos. Então este loteamento produziria 200 terrenos novos ao mercado imobiliário. Ocorre que o loteador não tem interesse em colocar todos os lotes à venda, pois tem que colocar a estrutura em todas as quadras. Então ele fará um loteamento com as 20 quadras, mas apenas em 10 quadras ele vai delimitar os terrenos para venda. As outras quadras ficarão inteiras, sem lotes. Dez quadras com lotes e dez quadras inteiras,

---

295. São importantes também para o estudo do solo urbano a lei 10.257,01 (Estatuto das Cidades) e a lei 13.089/15 (Estatuto da Metrópole).
296. Lei 6766/79, **Art. 1º**. O parcelamento do solo para fins urbanos será regido por esta Lei.
    Parágrafo único – Os Estados, o Distrito Federal e os Municípios poderão estabelecer normas complementares relativas ao parcelamento do solo municipal para adequar o previsto nesta Lei às peculiaridades regionais e locais.
297. FACHIN, Luiz Edson. **Questões do direito civil brasileiro contemporâneo**. Rio de Janeiro: Renovar, 2008, pág.71.

sem lotes. Quando mais tarde o loteador resolver criar lotes nestas outras dez quadras, chamaremos isso de desmembramento, pois o sistema viário já existe e ele apenas vai fatiar o solo. Hely Lopes Meirelles[298] ilumina:

> Loteamento urbano é a divisão voluntária do solo em unidades edificáveis (lotes) com abertura de vias e logradouros públicos, na forma da legislação pertinente. Distingue-se do desmembramento, que é a simples divisão da área urbana ou urbanizável, com aproveitamento das vias públicas existentes. O loteamento e o desmembramento constituem modalidades do parcelamento do solo, mas apresentam características diversas: o loteamento é meio de urbanização, e só se efetiva por procedimento voluntário e formal do proprietário da gleba, que planeja sua divisão e a submete à aprovação da Prefeitura, para subsequente inscrição no registro imobiliário, transferência gratuita das áreas das vias públicas e espaços livres ao Município e alienação dos lotes aos interessados; o desmembramento é apenas a repartição da gleba, sem atos de urbanização, e tanto pode ocorrer pela vontade do proprietário (venda, doação, etc.) como por imposição judicial (arrematação, partilha, etc.), em ambos os casos sem qualquer transferência de área ao domínio público.

Por outro lado, o desdobro ou fracionamento[299] pode ser a divisão de um lote em dois ou mais, de acordo com a metragem mínima que o município permite, ou em áreas maiores, quando assim for autorizado. O desdobro é um procedimento muito simples, que escapa à Lei 6.766/79, e por isso é o preferido por muitas pessoas. Uma planta, um memorial com ART e a aprovação do município, e o desdobro chega ao registro de imóveis com um simples requerimento do proprietário.

No passado, à medida que a cidade avançava sobre a zona rural, em vez de loteamentos eram feitos desdobros, sucessivamente. Tudo sem planejamento, apenas para permitir que alguém colocasse alguns terrenos à venda, sem apresentar toda documentação prevista para loteamentos ou desmembramentos. As ruas, abertas sem controle, permaneciam nas matrículas originárias, e mais tarde se procurava alguma forma de regularizar[300].

Além de gleba, loteamento, desmembramento e desdobro, também precisamos conhecer o conceito de lote (art. 2, § 4ª), que é o terreno com infraestrutura básica[301] (art. 2, § 5ª), cujas dimensões atendam aos índices urbanísticos definidos

---

298. MEIRELLES, Hely Lopes. **Direito municipal brasileiro**. 18ed. atualizada por Giovani da Silva Corralo. São Paulo: Malheiros, 2017, pág.596.
299. Vicente Celeste Amandei e Vicente de Abreu Amandei lecionam que "o desmembramento de pequeno porte é desmembramento despido da feição de empreendimento imobiliário, aferível pelas circunstâncias objetivas do parcelamento, quantitativas (especialmente a da quantidade de lotes resultantes do fracionamento e de suas áreas) e qualitativas (atento não só a cadeia de assentos, mas também de domínio e ao lapso temporal entre as inscrições, dentre outras circunstâncias peculiares que se possam agregar, aptas a inferir a ocorrência, ou não, de fraude a lei), ao qual se admite a dispensa do registro especial (art. 18 da lei 6.766/79), bastando, então, a averbação de controle (art. 167, II, 4 da lei 6015/73) a vista da aprovação urbanística". (AMANDEI, Vicente Celeste; AMANDEI, Vicente de Abreu. **Como lotear uma gleba: o parcelamento do solo urbano em seus aspectos essenciais (loteamento e desmembramento)**. 4 ed. Campinas, SP: Millennium Editora, 2014, pág.23.
300. Doação, desapropriação, renúncia, etc.
301. Para Luiz Edson Fachin estrutura básica inclui equipamentos urbanos de escoamento de águas pluviais, iluminação pública, redes de esgoto sanitário e abastecimento de água potável, e de energia elétrica e domiciliar, além das vias de circulação. (FACHIN, Luiz Edson. **Questões do direito civil brasileiro contemporâneo**. Rio de Janeiro: Renovar, 2008.)

pelo plano diretor[302] ou lei municipal para a zona que está localizado. Vale notar que se for situado em zonas habitacionais de interesse social (ZHIS) terá menos exigências (art. 2ª, § 6ª).

Ainda no conceito de "lote", a lei do parcelamento do solo diz que ele pode ser um imóvel autônomo ou uma unidade imobiliária integrante de um condomínio de lotes[303]. Como imóvel autônomo, identificamos os terrenos oriundos de loteamentos. Todavia, quando a lei fala em unidade autônoma integrante de condomínio de lotes, refere-se à nova figura de parcelamento do solo, trazida ao sistema pela Lei 13.465/17, que inseriu o artigo 1358-A no Código Civil. Quando o lote integrar condomínio de lotes[304], poderão ser instituídas limitações administrativas e direitos reais sobre a coisa alheia em benefício do poder público, da população em geral e da proteção da paisagem (art. 4ª, § 4ª). O condomínio de lotes segue as regras da incorporação imobiliária (artigo 1.358-A, § 3ª) e do condomínio edilício (art. 1.358-A, § 2ª).

Outra figura importante é o loteamento de acesso controlado, uma espécie de loteamento, realmente fechado, mas com vias públicas[305] (art. 2ª, § 8ª), onde o acesso de pedestres e condutores de veículos, não residentes, somente ocorrerá mediante identificação e cadastro. O controle de acesso depende de lei municipal para regulamentar a matéria.

8.7.2 Zonas que podem receber o parcelamento do solo urbano

O parcelamento do solo urbano, em todas as suas modalidades, somente poderá ocorrer em zona urbana, zona de expansão urbana e zona de urbanização específica, todas definidas, assim, por lei. Para fins de cobrança de imposto sobre a propriedade predial e territorial urbana (IPTU), o Código Tributário Nacional trata da temática no artigo 32, definindo zona urbana, urbanizável e de expansão urbana.

Zona urbana é aquela própria para edificações contínuas e povoações. É também conhecida como perímetro urbano, afastando-se da ideia de área rural. Há uma estrutura própria da cidade, com serviços municipais e regramentos de vizinhança.

Logo depois da zona urbana, mas antes da zona rural, vem a zona de expansão urbana, a qual em breve passará a integrar o perímetro urbano. É para onde a cidade está crescendo, mas ainda não possui a estrutura necessária, que deverá surgir com os novos loteamentos.

---

302. O Plano Diretor é obrigatório para municípios com mais de 20 mil habitantes (CF 88, art. 182 d 1ª). No Estatuto da Cidade, lei 10.257/01, veja o artigo 40.
303. Bernardo Amorim Chezzi explica que *"o lote de um loteamento e o lote de um condomínio são unidades imobiliárias com regimes jurídicos completamente diferentes"*. (CHEZZI, Bernardo Amorim. **Condomínio de lotes: Aspectos Civis, Registrais e Urbanísticos**. São Paulo: Quartier Latin, 2020, pág. 122).
304. Marinho Dembinski Kern explica que "o condomínio de lotes consiste em uma modalidade de condomínio fechado em que os lotes (porções de terra individualizadas e demarcadas) constituem as unidades autônomas, e as vias públicas, praça e outros espaços livres constituem propriedade comum dos condôminos. (KERN, Marinho Dembinski. **Condomínio de lotes e Loteamentos Fechados**. São Paulo: IRIB, 2019, pág.20
305. Diferentemente do condomínio de lotes onde as vias de circulação são consideradas áreas comuns dos condôminos.

Por fim, a área de urbanização específica é aquela fora da zona urbana e da zona de expansão urbana, mas com elementos de urbanização, como distritos, balneários e outras aglomerações urbanas afastadas da cidade.

Além de delimitar as áreas passíveis de parcelamento do solo urbano, a Lei 6.766/79 também relaciona as áreas onde é proibido lotear, conforme o parágrafo único do art. 3º, *in verbis*:

> Art. 3º Somente será admitido o parcelamento do solo para fins urbanos em zonas urbanas, de expansão urbana ou de urbanização específica, assim definidas pelo plano diretor ou aprovadas por lei municipal.
>
> Parágrafo único – **Não será permitido o parcelamento do solo**:
>
> I – em terrenos alagadiços e sujeitos a inundações, **antes de tomadas as providências para assegurar o escoamento das águas;**
>
> II – em terrenos que tenham sido aterrados com material nocivo à saúde pública, **sem que sejam previamente saneados**;
>
> III – em terrenos com declividade igual ou superior a 30% (trinta por cento), **salvo se atendidas exigências específicas das autoridades competentes**;
>
> IV – em terrenos onde as condições geológicas não aconselham a edificação;
>
> V – em áreas de preservação ecológica ou naquelas onde a poluição impeça condições sanitárias suportáveis, **até a sua correção**.

Percebe-se, pela leitura do dispositivo, que o único impedimento absoluto é nas áreas onde as condições geológicas não aconselham a edificação. Nas outras hipóteses o legislador prevê saídas, mesmo que remotas.

8.7.3 Requisitos urbanísticos dos loteamentos

Para lotear uma gleba, é preciso respeitar os requisitos urbanísticas que a legislação impõe. A Lei 6.766/79 dá as diretrizes gerais (art. 4 e 5), que podem ser complementadas pela legislação estadual e municipal.

O loteamento deve acompanhar um plano de crescimento urbano, definido pelo município, e a cidade deve ser pensada para as próximas gerações. Por isso, as vias de circulação, os espaços públicos e a implantação de equipamentos comunitários[306] e urbanos[307] devem ser proporcionais à área ocupada por terrenos. Os lotes terão área mínima de 125m2 e frente mínima de 5 metros, salvo em conjuntos habitacionais de interesse social ou em áreas de urbanização específica.

Quando o loteamento for próximo a uma rodovia, deverá ser respeitada uma faixa de 15m, de cada lado da faixa de domínio público, considerada não edificável, que poderá ser reduzida até 5 metros por lei municipal (art. 4, III). Essa exigência poderá ser dispensada se as edificações próximas às rodovias, em perímetro urbano, já estavam construídas até a data de 25 de novembro de 2019 (art. 4, § 5ª). Quanto aos loteamen-

---

306. Educação, cultura, lazer e similares (art. 4ª d 2ª da lei 6766/79.
307. Abastecimento de água, serviço de esgotos, energia elétrica, coletas de águas pluviais, rede telefônica e gás canalizado (art. 5, parágrafo único). Nestes terrenos com equipamentos, o município poderá exigir uma faixa não edificável (non aedificandi).

tos próximos às águas dormentes e das ferrovias, permanece a exigência dos 15m não edificáveis. Recentemente o Superior Tribunal de Justiça[308] enfrentou a questão que envolvia a colisão entre o art. 4, inciso III-A, da Lei 6.766/79 e o art. 4, inciso I, da Lei 12.651/12, deliberando que em áreas urbanas consolidadas deve ser aplicado o Código Florestal (Tema 1.010).

8.7.4 Projeto e registro de loteamentos e desmembramentos

A aprovação de um projeto de loteamento se divide em duas fases. Na primeira, o empreendedor[309] vai até o setor competente municipal a fim de esclarecer quais são as diretrizes do solo sobre a área que pretende lotear (art. 6ª). Essas diretrizes valerão por quatro anos (art. 7°, parágrafo único). Cientificado das diretrizes, o empreendedor apresenta o projeto de loteamento (art. 9) com cronograma de obras de no máximo quatro anos[310]. O projeto de desmembramento, mais simples, está previsto no art. 10.

O projeto será aprovado (art. 12) pela prefeitura municipal, ou Distrito Federal, quando for o caso, cabendo ao Estado (arts. 13 a 15) disciplinar os casos em que a gleba se localiza em áreas de interesse social, ou em área limítrofe do município ou se pertencer a mais de um município, ou regiões metropolitanas ou de aglomeração urbana, ou quando o loteamento abranger área superior a 1.000.000m2.

Quanto à aprovação do projeto, a lei municipal deverá definir o prazo para aprovação ou rejeição e, durante a execução das obras, um prazo para aceitá-las ou recusá-las (art. 16). O silêncio do município configura desaprovação. Se não houver lei municipal, o prazo para aprovar o projeto será de 90 dias e para aprovar as obras, 60 dias.

Aprovado o projeto, ele será encaminhado pelo empreendedor ao registro de imóveis, no prazo máximo de 180 dias, acompanhado dos documentos, mínimos, previstos no artigo 18 da Lei 6.766/79. Referimo-nos a "documentos mínimos" porque cada Estado, cada município, possui suas próprias exigências. O artigo 18 apresenta o básico e, portanto, o registrador deve consultar o Código de Normas do seu Estado e conhecer a lei do município em que atua. Além desses documentos, Eduardo Sócrates Castanheira Sarmento Filho[311] lembra que também deve ser apresentado ao registro de imóveis o cronograma de obras do loteamento, com prazo máximo de quatro anos[312], devendo o município exigir garantia para o cumprimento da obra. Caso o loteamento esteja concluído, será apresentado termo de verificação das obras.

Se a documentação estiver em ordem, o registrador comunicará o município e fará publicar edital em jornal de grande circulação por três dias consecutivos, abrindo o prazo de quinze dias, a contar da última publicação, para impugnação do loteamento

---

308. REsp n. 1.770.760/SC
309. Lei 14.118/2021 inseriu o art. 2-A na lei 6766/79 especificando quem é o empreendedor para fins de parcelamento do solo urbano.
310. Prorrogáveis por mais quatro, conforme lei 14.118/2021 que alterou o inciso V do art. 18 da lei 6766/79.
311. SARMENTO FILHO, Eduardo Sócrates. **Direito Registral Imobiliário. Teoria Geral**. Volume I. Curitiba: Juruá, 2017. Pág.360.
312. Se o cronograma de obras constar que o prazo é de oito anos deve ser devolvido. A lei refere-se a quatro anos, prorrogáveis por mais quatro e não oito anos.

(art. 19). Durante o prazo para impugnação, a documentação poderá ser examinada[313] por qualquer pessoa (art. 24), tratando-se de um dos raros casos em que a norma permite a publicidade direta, ou seja, o próprio cidadão examina os documentos depositados, quebrando a regra da publicidade indireta, onde o registrador emite certidão.

Se for apresentada impugnação, o registrador intimará o empreendedor e o município para que se manifestem em cinco dias, sob pena de arquivamento do processo. Apresentadas as manifestações, o registrador encaminhará o expediente ao juiz responsável pela serventia, que, após ouvir o Ministério Público, decidirá (art. 19, § 2º).

Estando tudo em ordem, o loteamento será registrado na matrícula da gleba, abrindo-se matrículas para os lotes e para as áreas que o município[314] recebe por força de lei.

> Art. 20. O registro do loteamento será feito, por extrato, no livro próprio.
>
> Parágrafo único – No Registro de Imóveis far-se-á o registro do loteamento, com uma indicação para cada lote, a averbação das alterações, a abertura de ruas e praças e as áreas destinadas a espaços livres ou a equipamentos urbanos.
>
> Art. 22. Desde a data de registro do loteamento, passam a integrar o domínio do Município as vias e praças, os espaços livres e as áreas destinadas a edifícios públicos e outros equipamentos urbanos, constantes do projeto e do memorial descritivo.

Nos casos de parcelamento do solo implantado e não registrado, a Lei 14.620/2023 passou a prever a possibilidade do município requerer por meio da apresentação de planta de parcelamento elaborada pelo loteador ou aprovada pelo Município e de declaração de que o parcelamento se encontra implantado, o registro das áreas destinadas a uso público, que passarão dessa forma a integrar o seu domínio (art. 22, § 1º da Lei nº 6.766/79[315]).

Se a área loteada estiver em mais de uma circunscrição imobiliária, ou seja, se uma parte da área estiver matriculada em um registro de imóveis e a outra parte estiver matriculada em outro registro de imóveis, o registro será requerido primeiro onde estiver a maior parte da gleba e, depois de registrado, será requerido no outro ofício imobiliário. Trata-se de procedimento sucessivo. Se o registro for negado em uma das circunscrições, o registrador comunicará o colega para que cancele também o ato, salvo se o motivo

---

313. Um loteamento poderá ter restrições legais e convencionais. São restrições convencionais aquelas que o loteador estabelece, e devem ser mencionadas no contrato padrão de promessa de compra e venda (art. 26, inciso VII da lei 6.766/79). Por outro lado, as restrições legais são impostas por normas edilícias, de ordem pública, e possuem supremacia em relação às restrições convencionais. Ambas as espécies, restrições legais e convencionais, devem ser respeitadas conforme art. 45 da citada lei. No nosso entender, as restrições devem ser mencionadas no registro do loteamento e averbadas nas matrículas dos lotes, como forma de publicidade perante terceiros.
314. O art. 22, parágrafo único da lei 6.766/79 e o artigo 195-A da lei 6015/73 são importantes para a organização do patrimônio público municipal.
315. "Artigo 22. Desde a data de registro do loteamento, passam a integrar o domínio do Município as vias e praças, os espaços livres e as áreas destinadas a edifícios públicos e outros equipamentos urbanos, constantes do projeto e do memorial descritivo. § 1º Na hipótese de parcelamento do solo implantado e não registrado, o Município poderá requerer, por meio da apresentação de planta de parcelamento elaborada pelo loteador ou aprovada pelo Município e de declaração de que o parcelamento se encontra implantado, o registro das áreas destinadas a uso público, que passarão dessa forma a integrar o seu domínio". (BRASIL. **Lei nº 6.766 de 19 de dezembro de 1979.** Dispõe sobre o Parcelamento do Solo Urbano e dá outras Providências. Disponível em: https://www.planalto.gov.br/ccivil_03/leis/L6766compilado.htm Acesso em: 15 fev. 2024).

não se estender à outra área, devendo o interessado pedir manutenção do registro com aprovação do município (art. 21).

Após o registro do loteamento, poderá o loteador iniciar a venda dos lotes, que poderá ocorrer por instrumento particular de promessa de compra e venda, conforme modelo apresentado junto com os demais documentos do loteamento, ou escritura pública. Havendo promessa, ela será irretratável, na forma do artigo 25 e seguintes da Lei 6.766/79, e poderá ser objeto de cessão (trespasse), mesmo sem anuência do loteador. Apresentada para registro, a cessão da promessa de compra e venda deverá ser submetida pelo registrador à fazenda municipal para análise do caso concreto[316].

A promessa de compra e venda irretratável, registrada na matrícula do imóvel, gera o direito real de aquisição, permitindo o direito de sequela e adjudicação compulsória. Não registrada, permanece no campo obrigacional, mas, se quando da quitação o imóvel ainda estiver em nome do promitente vendedor, também é passível de adjudicação compulsória[317].

8.7.5 Adjudicação Compulsória Extrajudicial

Com o advento da lei 14.382/22 foi inserida no sistema a figura da adjudicação compulsória extrajudicial, limitada antes a necessidade de procedimento judicial. A lei 6.015/73 foi alterada e recebeu o artigo 216-B, in verbis:

> Art. 216-B. Sem prejuízo da via jurisdicional, a adjudicação compulsória de imóvel objeto de promessa de venda ou de cessão poderá ser efetivada extrajudicialmente no serviço de registro de imóveis da situação do imóvel, nos termos deste artigo.
>
> § 1º São legitimados a requerer a adjudicação o promitente comprador ou qualquer dos seus cessionários ou promitentes cessionários, ou seus sucessores, bem como o promitente vendedor, representados por advogado, e o pedido deverá ser instruído com os seguintes documentos:
>
> I – instrumento de promessa de compra e venda ou de cessão ou de sucessão, quando for o caso;
>
> II – prova do inadimplemento, caracterizado pela não celebração do título de transmissão da propriedade plena no prazo de 15 (quinze) dias, contado da entrega de notificação extrajudicial pelo oficial do registro de imóveis da situação do imóvel, que poderá delegar a diligência ao oficial do registro de títulos e documentos;
>
> III – ata notarial lavrada por tabelião de notas da qual constem a identificação do imóvel, o nome e a qualificação do promitente comprador ou de seus sucessores constantes do contrato de promessa, a prova do pagamento do respectivo preço e da caracterização do inadimplemento da obrigação de outorgar ou receber o título de propriedade;
>
> IV – certidões dos distribuidores forenses da comarca da situação do imóvel e do domicílio do requerente que demonstrem a inexistência de litígio envolvendo o contrato de promessa de compra e venda do imóvel objeto da adjudicação;
>
> V – comprovante de pagamento do respectivo Imposto sobre a Transmissão de Bens Imóveis (ITBI);

---

316. Apesar da promessa de compra e venda não ser tributada, nos casos de cessão alguns municípios entendem que é possível a tributação. O Supremo Tribunal Federal recentemente entendeu que não cabe tributação na cessão da promessa de compra e venda, conforme Recurso Extraordinário com Agravo 1294969, com Repercussão (Tema 1124). Todavia, o artigo 289 da lei de registros continua exigindo do registrador a fiscalização dos tributos. Logo, a competência para determinar se existe tributo, ou não, é do ente fazendário competente.
317. Súmula 239 do Superior Tribunal de Justiça.

VI – procuração com poderes específicos.

§ 2º O deferimento da adjudicação independe de prévio registro dos instrumentos de promessa de compra e venda ou de cessão e da comprovação da regularidade fiscal do promitente vendedor.

§ 3º À vista dos documentos a que se refere o § 1º deste artigo, o oficial do registro de imóveis da circunscrição onde se situa o imóvel procederá ao registro do domínio em nome do promitente comprador, servindo de título a respectiva promessa de compra e venda ou de cessão ou o instrumento que comprove a sucessão.

Como se percebe pela redação da nova lei, o procedimento foi extrajudicializado. Não me parece correto falar que foi desjudicializado, pois não foi retirado do Poder Judiciário, existindo as duas vias ainda como opção aos que se sentirem prejudicados.

Em setembro de 2023, o CNJ editou o Provimento nº 150 que alterou o Provimento 149 do CNJ, a fim de regulamentar o procedimento de Adjudicação compulsória extrajudicial.

Foi incluído um novo dispositivo, o artigo 440-B[318], que estabelece as bases para a adjudicação compulsória. Segundo o referido artigo, podem fundamentar a adjudicação compulsória diversos atos ou negócios jurídicos, incluindo promessas de compra e venda, promessas de permuta, bem como as respectivas cessões ou promessas de cessão. É importante observar que essa prerrogativa não se aplica nos casos em que existe o direito de arrependimento exercitável.

O Parágrafo único do Art. 440-B destaca uma exceção interessante: o direito de arrependimento exercitável não impedirá a adjudicação compulsória se o imóvel tiver sido objeto de parcelamento do solo urbano ou de incorporação imobiliária, desde que o prazo de carência já tenha decorrido.

Há toda uma discussão sobre o que configuraria um direito de arrependimento exercitável. Entende-se que uma vez quitado o contrato, não há mais a possibilidade de arrependimento pela parte e, portanto, mesmo havendo cláusula de arrependimento, este não seria exercitável, permitindo, assim, a adjudicação compulsória.

O procedimento ocorre perante o registrador de imóveis da situação do imóvel, com, no mínimo, os documentos elencados no dispositivo legal. Será apresentado pelo interessado requerimento, instruído necessariamente pela Ata Notarial e pelo instrumento do ato ou negócio jurídico em que se funda a adjudicação compulsória. O requerente deverá estar assistido por advogado ou defensor público, constituídos mediante procuração específica, conforme prevê o artigo 440-C[319].

---

318. "Artigo 440-B. Podem dar fundamento à adjudicação compulsória quaisquer atos ou negócios jurídicos que impliquem promessa de compra e venda ou promessa de permuta, bem como as relativas cessões ou promessas de cessão, contanto que não haja direito de arrependimento exercitável. Parágrafo único. O direito de arrependimento exercitável não impedirá a adjudicação compulsória, se o imóvel houver sido objeto de parcelamento do solo urbano (art. 2º da Lei n. 6.766, de 19 de dezembro de 1979) ou de incorporação imobiliária, com o prazo de carência já decorrido (art. 34 da Lei n. 4.591, de 16 de dezembro de 1964)". (BRASIL. Conselho Nacional de Justiça. Provimento nº 149 de 30 de agosto de 2023. Institui o Código Nacional de Normas da Corregedoria Nacional de Justiça do Conselho Nacional de Justiça - Foro Extrajudicial (CNN/ CN/CNJ-Extra), que regulamenta os serviços notariais e de registro. Disponível em: https://atos.cnj.jus.br/atos/detalhar/5243. Acesso em: 15 fev. 2024).

319. "Artigo 440-C. Possui legitimidade para a adjudicação compulsória qualquer adquirente ou transmitente nos atos e negócios jurídicos referidos no art. 440-B, bem como quaisquer cedentes, cessionários ou sucessores. Parágrafo

Como cedido anteriormente, uma ata notarial deverá ser apresentada junto com o requerimento ao registrador, a qual servirá, dentre outros fatos, para comprovação do pagamento da obrigação e caracterização do inadimplemento. O art. 440-G, §6º[320], do Provimento 149, traz um rol exemplificativo de fatos ou documentos que poderão ser objeto de prova da quitação.

Discute-se a possibilidade do tabelião analisar a prescrição da dívida quando não houver prova dos pagamentos e o prazo já exceder o que a lei prevê. Apesar de o provimento 150 não ter abordado expressamente essa hipótese, alguns códigos de normas estaduais trazem a prescrição como prova de quitação.

Importa mencionar que não há competência territorial para lavratura da Ata Notarial de adjudicação compulsória, salvo se envolver diligências no local do imóvel e observados, no caso de Ata Notarial eletrônica, a competência para os atos eletrônicos (art. 440-F[321]).

O promitente vendedor será notificado extrajudicialmente para se manifestar. A notificação será feita pelo Oficial de Registro de Imóveis, que o encaminhará pelo correio com aviso de recebimento ou, por solicitação deste, pelo Oficial de registro de títulos e documentos. Além disso, sem prejuízo dessas providências, deverá ser enviada mensagem eletrônica de notificação, se houver prova de endereço eletrônico (Art. 440-T, Provimento 149 CNJ[322]).

único. O requerente deverá estar assistido por advogado ou defensor público, constituídos mediante procuração específica". (BRASIL. Conselho Nacional de Justiça. Provimento nº 149 de 30 de agosto de 2023. Institui o Código Nacional de Normas da Corregedoria Nacional de Justiça do Conselho Nacional de Justiça – Foro Extrajudicial (CNN/ CN/CNJ-Extra), que regulamenta os serviços notariais e de registro. Disponível em: https://atos.cnj.jus.br/atos/detalhar/5243. Acesso em: 15 fev. 2024).

320. "§ 6º Para fins de prova de quitação, na ata notarial, poderão ser objeto de constatação, além de outros fatos ou documentos: I – ação de consignação em pagamento com valores depositados; II – mensagens, inclusive eletrônicas, em que se declare quitação ou se reconheça que o pagamento foi efetuado; III – comprovantes de operações bancárias; IV – informações prestadas em declaração de imposto de renda; V – recibos cuja autoria seja passível de confirmação; VI – averbação ou apresentação do termo de quitação de que trata a alínea 32 do inciso II do art. 167 da Lei n. 6.015, de 31 de dezembro de 1973; ou VII – notificação extrajudicial destinada à constituição em mora". (BRASIL. Conselho Nacional de Justiça. Provimento nº 149 de 30 de agosto de 2023. Institui o Código Nacional de Normas da Corregedoria Nacional de Justiça do Conselho Nacional de Justiça – Foro Extrajudicial (CNN/ CN/CNJ-Extra), que regulamenta os serviços notariais e de registro. Disponível em: https://atos.cnj.jus.br/atos/detalhar/5243. Acesso em: 15 fev. 2024).

321. "Artigo 440-F. A ata notarial (inciso III do § 1º do art. 216-B da Lei n. 6.015, de 31 de dezembro de 1973) será lavrada por tabelião de notas de escolha do requerente, salvo se envolver diligências no local do imóvel, respeitados os critérios postos nos arts. 8º e 9º da Lei n. 8.935, de 18 de novembro de 1994, e observadas, no caso de ata notarial eletrônica, as regras de competência territorial de que trata este Código Nacional de Normas". (BRASIL. Conselho Nacional de Justiça. Provimento nº 149 de 30 de agosto de 2023. Institui o Código Nacional de Normas da Corregedoria Nacional de Justiça do Conselho Nacional de Justiça – Foro Extrajudicial (CNN/ CN/CNJ-Extra), que regulamenta os serviços notariais e de registro. Disponível em: https://atos.cnj.jus.br/atos/detalhar/5243. Acesso em: 15 fev. 2024).

322. "Artigo 440-T. O instrumento da notificação será elaborado pelo oficial do registro de imóveis, que o encaminhará pelo correio, com aviso de recebimento, facultado o encaminhamento por oficial de registro de títulos e documentos. § 1º Sem prejuízo dessas providências, deverá ser enviada mensagem eletrônica de notificação, se houver prova de endereço eletrônico do requerido. § 2º As despesas de notificação, em qualquer modalidade, serão pagas pelo requerente". (BRASIL. Conselho Nacional de Justiça. Provimento nº 149 de 30 de agosto de 2023. Institui o Código Nacional de Normas da Corregedoria Nacional de Justiça do Conselho Nacional de Justiça – Foro Extrajudicial (CNN/ CN/CNJ-Extra), que regulamenta os serviços notariais e de registro. Disponível em: https://atos.cnj.jus.br/atos/detalhar/5243. Acesso em: 15 fev. 2024).

O Requerido será notificado para se manifestar em 15 dias úteis. Havendo anuência, poderá ser interrompido o procedimento de adjudicação compulsória extrajudicial para lavratura da Escritura Pública no prazo de 15 dias (Art. 216-B, § 1º, II, da Lei 6.015/73[323]), caso concorde o requerente. Destaca-se que a mera anuência desacompanhada de providência para a efetiva celebração da escritura, implicará o prosseguimento do processo extrajudicial (Art. 440-Y, §2º[324]).

Negando-se a outorgar a escritura pública, ou ficando silente após notificado, o procedimento seguirá no registro de imóveis.

Havendo impugnação pelo requerido, o oficial de registro de imóveis notificará o requerente para se manifestar em 15 dias úteis e, com ou sem manifestação, preferirá decisão em 10 dias úteis, podendo, se entender viável, instaurar a conciliação ou mediação dos interessados (Art. 440-AA[325]).

Poderá o oficial indeferir a impugnação quando infundada (Art. 440-AB[326]) ou acolher a impugnação fundamentada. Não havendo insurgência do requerente contra o acolhimento da impugnação, o processo será extinto e cancelada a prenotação (Art. 440-AD[327]).

---

323. "Artigo 216-B. Sem prejuízo da via jurisdicional, a adjudicação compulsória de imóvel objeto de promessa de venda ou de cessão poderá ser efetivada extrajudicialmente no serviço de registro de imóveis da situação do imóvel, nos termos deste artigo. § 1º São legitimados a requerer a adjudicação o promitente comprador ou qualquer dos seus cessionários ou promitentes cessionários, ou seus sucessores, bem como o promitente vendedor, representados por advogado, e o pedido deverá ser instruído com os seguintes documentos: II – prova do inadimplemento, caracterizado pela não celebração do título de transmissão da propriedade plena no prazo de 15 (quinze) dias, contado da entrega de notificação extrajudicial pelo oficial do registro de imóveis da situação do imóvel, que poderá delegar a diligência ao oficial do registro de títulos e documentos". (BRASIL. **Lei nº 6.015 de 31 de dezembro de 1973**. Dispõe sobre os registros públicos, e dá outras providências. Disponível em: http://www.planalto.gov.br/ccivil_03/leis/l6015compilada.htm Acesso em: 15 fev. 2024).

324. "Artigo 440-Y. A anuência do requerido poderá ser declarada a qualquer momento por instrumento particular, com firma reconhecida, por instrumento público ou por meio eletrônico idôneo, na forma da lei. § 1º A anuência também poderá ser declarada perante o oficial de registro de imóveis, em cartório, ou perante o preposto encarregado da notificação, que lavrará certidão no ato da notificação. § 2º A mera anuência, desacompanhada de providências para a efetiva celebração do negócio translativo de propriedade, implicará o prosseguimento do processo extrajudicial". (BRASIL. Conselho Nacional de Justiça. Provimento nº 149 de 30 de agosto de 2023. Institui o Código Nacional de Normas da Corregedoria Nacional de Justiça do Conselho Nacional de Justiça – Foro Extrajudicial (CNN/ CN/CNJ-Extra), que regulamenta os serviços notariais e de registro. Disponível em: https://atos.cnj.jus.br/atos/detalhar/5243. Acesso em: 15 fev. 2024).

325. "Artigo 440-AA. O oficial de registro de imóveis notificará o requerente para que se manifeste sobre a impugnação em 15 (quinze) dias úteis e, com ou sem a manifestação, proferirá decisão, no prazo de 10 (dez) dias úteis. Parágrafo único. Se entender viável, antes de proferir decisão, o oficial de registro de imóveis poderá instaurar a conciliação ou a mediação dos interessados, nos termos do Capítulo II do Título I do Livro I da Parte Geral deste Código de Normas". (BRASIL. Conselho Nacional de Justiça. Provimento nº 149 de 30 de agosto de 2023. Institui o Código Nacional de Normas da Corregedoria Nacional de Justiça do Conselho Nacional de Justiça – Foro Extrajudicial (CNN/ CN/CNJ-Extra), que regulamenta os serviços notariais e de registro. Disponível em: https://atos.cnj.jus.br/atos/detalhar/5243. Acesso em: 15 fev. 2024).

326. "Artigo 440-AB. O oficial de registro de imóveis indeferirá a impugnação, indicando as razões que o levaram a tanto, dentre outras hipóteses, quando: I – a matéria já houver sido examinada e refutada em casos semelhantes pelo juízo competente; II – não contiver a exposição, ainda que sumária, das razões da discordância; III – versar matéria estranha à adjudicação compulsória; IV – for de caráter manifestamente protelatório". (BRASIL. Conselho Nacional de Justiça. Provimento nº 149 de 30 de agosto de 2023. Institui o Código Nacional de Normas da Corregedoria Nacional de Justiça do Conselho Nacional de Justiça –Foro Extrajudicial (CNN/ CN/CNJ-Extra), que regulamenta os serviços notariais e de registro. Disponível em: https://atos.cnj.jus.br/atos/detalhar/5243. Acesso em: 15 fev. 2024).

327. "Artigo 440-AD. Acolhida a impugnação, o oficial de registro de imóveis notificará o requerente para que se manifeste em 10 (dez) dias úteis". (BRASIL. Conselho Nacional de Justiça. Provimento nº 149 de 30 de agosto

Com ou sem manifestação sobre o recurso ou havendo manifestação de insurgência do requerente contra o acolhimento, os autos serão encaminhados ao juízo que, de plano ou após instrução sumária, examinará apenas a procedência da impugnação.

Se acolhida a impugnação, o juiz determinará ao oficial de registro de imóveis a extinção do processo e o cancelamento da prenotação. Se rejeitada, o juiz determinará a retomada do processo perante o oficial de registro de imóveis. Importante mencionar que em qualquer das hipóteses, a decisão do juízo esgotará a instância administrativa acerca da impugnação. (Art. 440-AE[328]).

Outro ponto importante foi o afastamento da necessidade de registro dos contratos, seguindo o entendimento sumulado pelo Superior Tribunal de Justiça (Súmula 239).

Para alívio dos promitentes compradores, foi afastada também a necessidade de prova de regularidade fiscal do promitente vendedor, a qual sempre era alvo de longas discussões em razão das dificuldades financeiras dos empreendedores[329].

Sobre a apresentação no requerimento de certidões dos distribuidores forenses da comarca da situação do imóvel e do domicílio do requerente que demonstrem a inexistência de litígio envolvendo o contrato de promessa de compra e venda do imóvel objeto da adjudicação, apesar do Provimento 150 do CNJ, que regulamentou a Adjudicação compulsória, não ter trazido esse requisito, a Lei 6.015/73 traz essa necessidade (Art. 216-B, IV[330]).

Apesar de a norma mencionar que servirá de título a promessa de compra e venda, ou de cessão ou o instrumento que comprove a sucessão (Art. 216-B, § 2º, Lei 6015[331]),

---

de 2023. Institui o Código Nacional de Normas da Corregedoria Nacional de Justiça do Conselho Nacional de Justiça – Foro Extrajudicial (CNN/ CN/CNJ-Extra), que regulamenta os serviços notariais e de registro. Disponível em: https://atos.cnj.jus.br/atos/detalhar/5243. Acesso em: 15 fev. 2024).

328. "Artigo 440-AE. Com ou sem manifestação sobre o recurso ou havendo manifestação de insurgência do requerente contra o acolhimento, os autos serão encaminhados ao juízo que, de plano ou após instrução sumária, examinará apenas a procedência da impugnação". (BRASIL. Conselho Nacional de Justiça. Provimento nº 149 de 30 de agosto de 2023. Institui o Código Nacional de Normas da Corregedoria Nacional de Justiça do Conselho Nacional de Justiça – Foro Extrajudicial (CNN/ CN/CNJ-Extra), que regulamenta os serviços notariais e de registro. Disponível em: https://atos.cnj.jus.br/atos/detalhar/5243. Acesso em: 15 fev. 2024).

329. "Artigo 440-AI. Não é condição para o deferimento e registro da adjudicação compulsória extrajudicial a comprovação da regularidade fiscal do transmitente, a qualquer título. Artigo 440-AJ. Para as unidades autônomas em condomínios edilícios não é necessária a prévia prova de pagamento das cotas de despesas comuns". (BRASIL. Conselho Nacional de Justiça. Provimento nº 149 de 30 de agosto de 2023. Institui o Código Nacional de Normas da Corregedoria Nacional de Justiça do Conselho Nacional de Justiça – Foro Extrajudicial (CNN/ CN/CNJ-Extra), que regulamenta os serviços notariais e de registro. Disponível em: https://atos.cnj.jus.br/atos/detalhar/5243. Acesso em: 15 fev. 2024).

330. "Artigo 216-B. Sem prejuízo da via jurisdicional, a adjudicação compulsória de imóvel objeto de promessa de venda ou de cessão poderá ser efetivada extrajudicialmente no serviço de registro de imóveis da situação do imóvel, nos termos deste artigo. § 1º São legitimados a requerer a adjudicação o promitente comprador ou qualquer dos seus cessionários ou promitentes cessionários, ou seus sucessores, bem como o promitente vendedor, representados por advogado, e o pedido deverá ser instruído com os seguintes documentos: IV – certidões dos distribuidores forenses da comarca da situação do imóvel e do domicílio do requerente que demonstrem a inexistência de litígio envolvendo o contrato de promessa de compra e venda do imóvel objeto da adjudicação". (BRASIL. **Lei nº 6.015 de 31 de dezembro de 1973**. Dispõe sobre os registros públicos, e dá outras providências. Disponível em: http://www.planalto.gov.br/ccivil_03/leis/l6015compilada.htm Acesso em: 15 fev. 2024).

331. "§ 2º O deferimento da adjudicação independe de prévio registro dos instrumentos de promessa de compra e venda ou de cessão e da comprovação da regularidade fiscal do promitente vendedor". (BRASIL. **Lei nº 6.015 de**

necessário será o deferimento por escrito do registrador, relatando os documentos apresentados e pontuando porque deferiu o pedido.

O fato gerador do ITBI será, portanto, o deferimento do pedido de adjudicação pelo registrador que formará o título que gera o ITBI. Discute-se se serão devidos ITBI's referente às cessões da promessa de compra e venda ou se apenas será devido um único ITBI pelo procedimento de adjudicação deferido pelo registrador e que será, portanto, objeto de registro (Art. 440-AL[332]).

Por se tratar de procedimento especial novo, ainda há muitas questões a serem discutidas em âmbito doutrinário e jurisprudencial em sede de procedimento de dúvida.

8.7.6 Alteração e cancelamento do registro de loteamento

A lei diferencia o cancelamento parcial, chamando de alteração, do cancelamento total do loteamento. A expressão "cancelamento parcial" não nos parece adequada, pois o cancelamento do empreendimento, no nosso sentir, sempre depende de manifestação judicial, diferentemente da alteração. Nesse sentido o art. 28 da Lei 6.766/79:

> Art. 28. Qualquer alteração ou cancelamento parcial do loteamento registrado dependerá de acordo entre o loteador e os adquirentes de lotes atingidos pela alteração, bem como da aprovação pela Prefeitura Municipal, ou do Distrito Federal quando for o caso, devendo ser depositada no Registro de Imóveis, em complemento ao projeto original com a devida averbação.

Como se depreende da leitura do dispositivo, a alteração do registro de loteamento depende de acordo entre o loteador e os adquirentes dos lotes atingidos pela alteração, com aprovação do município ou Distrito federal. A alteração, ou "o cancelamento parcial", será averbado na matrícula.

Por outro lado, o cancelamento total do registro de loteamento dependerá sempre de manifestação judicial, seja por decisão ou por homologação. Vejamos o art. 23 da Lei 6766/79:

> Art. 23. O registro do loteamento só poderá ser cancelado:
>
> I – por decisão judicial;
>
> II – a requerimento do loteador, com anuência da Prefeitura, ou do Distrito Federal quando for o caso, enquanto nenhum lote houver sido objeto de contrato;
>
> III – a requerimento conjunto do loteador e de todos os adquirentes de lotes, com anuência da Prefeitura, ou do Distrito Federal quando for o caso, e do Estado.

---

31 de dezembro de 1973. Dispõe sobre os registros públicos, e dá outras providências. Disponível em: http://www.planalto.gov.br/ccivil_03/leis/l6015compilada.htm Acesso em: 15 fev. 2024).

332. "Art. 440-AL. O pagamento do imposto de transmissão será comprovado pelo requerente antes da lavratura do registro, dentro de 5 (cinco) dias úteis, contados da notificação que para esse fim lhe enviar o oficial de registro de imóveis. § 1º Esse prazo poderá ser sobrestado, se comprovado justo impedimento. § 2º Não havendo pagamento do imposto, o processo será extinto, nos termos do art. 440-J deste Código Nacional de Normas". (BRASIL. Conselho Nacional de Justiça. Provimento nº 149 de 30 de agosto de 2023. Instituí o Código Nacional de Normas da Corregedoria Nacional de Justiça do Conselho Nacional de Justiça – Foro Extrajudicial (CNN/ CN/CNJ-Extra), que regulamenta os serviços notariais e de registro. Disponível em: https://atos.cnj.jus.br/atos/detalhar/5243. Acesso em: 15 fev. 2024).

§ 1º – A Prefeitura e o Estado só poderão se opor ao cancelamento se disto resultar inconveniente comprovado para o desenvolvimento urbano ou se já se tiver realizado qualquer melhoramento na área loteada ou adjacências.

§ 2º – Nas hipóteses dos incisos II e III, o Oficial do Registro de Imóveis fará publicar, em resumo, edital do pedido de cancelamento, podendo este ser impugnado no prazo de 30 (trinta) dias contados da data da última publicação. Findo esse prazo, com ou sem impugnação, o processo será remetido ao juiz competente para homologação do pedido de cancelamento, ouvido o Ministério Público.

§ 3º – A homologação de que trata o parágrafo anterior será precedida de vistoria judicial destinada a comprovar a inexistência de adquirentes instalados na área loteada.

Na hipótese do inciso I, o cancelamento vem por decisão judicial, a qual o registrador deverá cumprir. Nas hipóteses dos incisos II e III, apresenta-se um pedido do loteador, direto ao registrador, para cancelar o registro, o qual ao final dependerá de homologação judicial.

Serpa Lopes[333] explica as diferenças do cancelamento por ato voluntário daquele por ato judicial. No cancelamento por ato voluntário do loteador, ocorre a desistência do empreendimento (inciso II), uma faculdade que lhe pertence porque não há contratos inscritos nas matrículas. Na segunda hipótese de cancelamento voluntário, com anuência dos compromissários (inciso III), não se trata de renúncia dos adquirentes, mas de rescisão contratual. Todavia, na hipótese do inciso III, havendo lotes que já foram transferidos definitivamente por escritura pública, Serpa Lopes entende que não é mais possível rescindir.

Nas duas últimas hipóteses (incisos II e III), além da anuência do município, será publicado edital por 30 dias, para alertar os interessados, e, depois, será enviado ao juiz de direito, que fará uma vistoria no local, aguardará parecer do Ministério Público e, após, homologará o pedido de cancelamento.

8.8 REGULARIZAÇÃO FUNDIÁRIA URBANA – REURB

A Lei nº 13.465/17, regulamentada pelo Decreto nº 9.310/18, é o procedimento ideal para a regularização fundiária urbana, atuando de forma clara e objetiva sobre núcleos urbanos informais[334]. A norma prevê que compete aos municípios o procedimento, podendo ser requerido pelos interessados (legitimados) ou instaurado de ofício. A REURB[335] poderá adotar as modalidades[336] de REURB-Social ou REURB-Específica, diferenciadas em especial pela renda familiar[337]. O município

---

333. LOPES, Miguel Maria de Serpa. Tratado dos Registros Públicos. Vol. III. 6ª edição, revisada e atualizada. Brasília: Livraria e Editora Brasília Jurídica, 1996, pág.122-123.
334. Lei nº 13.465/17, artigo 11, inciso II: núcleo urbano informal: aquele clandestino, irregular ou no qual não foi possível realizar, por qualquer modo, a titulação de seus ocupantes, ainda que atendida a legislação vigente à época de sua implantação ou regularização.
335. A doutrina entende que existe uma terceira modalidade de REURB, denominada Reurb-Inominada, prevista no artigo 69 da lei 13.465/17, com menor formalidades, mas aplicável apenas aos loteamentos ocorridos antes da lei 6766/79.
336. Lei nº 13.465/17, artigo 13.
337. O artigo 6º do Decreto nº 9.310/18 prevê que a REURB-S será aplicada para núcleos com famílias que possuam renda de até cinco salários-mínimos.

realizará um projeto[338] de regularização, incluindo medidas urbanísticas, ambientais, jurídicas, sociais e registrais e entregará uma Certidão de Regularização Fundiária (CRF) ao ocupante, a qual é o título para ser levado ao registro de imóveis. A CRF mencionará qual o direito foi outorgado ao ocupante, se propriedade, uso ou posse, e ele será inscrito no registro de imóveis, publicizando aquela situação.

Infelizmente, a Lei nº 13.465/17 é alvo de críticas por alguns setores da sociedade e está sendo questionada por meio das ADIs nºs 5.571, 5.787 e 5.883, que pedem a sua declaração de inconstitucionalidade perante o STF. Além disso, a sua implantação começou a decolar há pouco tempo, devido ao desconhecimento dos procedimentos necessários e falta de mão de obra técnica nos próprios municípios.

Soma-se a isso que, recentemente, parte da doutrina passou a defender que não se pode titularizar os ocupantes sem investir em infraestrutura, pois a vontade da norma seria a regularização plena, com implantação de infraestrutura e não apenas de titulação dos ocupantes para obtenção da propriedade formal. Defendem esta ideia amparados no artigo 22, § 2º, do Decreto nº 9.310/18, que determinou a obrigatoriedade do projeto de regularização, previsto nos artigos 35 e 36 da Lei nº 13.465/17. Assim, sem a infraestrutura, lecionam que não se pode titular os ocupantes, devendo o registrador de imóveis devolver o título apresentado para registro.

Com todo respeito aos defensores da regularização plena, parece que, novamente, surge a figura mascarada da "reserva do possível[339]", inimiga de morte dos direitos fundamentais, e que somente pode ser aplicada quando estamos diante de direitos sociais, e ainda com ressalvas, mas nunca diante de direitos individuais mínimos. É óbvio que é muito melhor entregar o título de propriedade quando toda infraestrutura de um núcleo informal está pronta, ou programada, com orçamento reservado, mas não se pode condicionar o acesso ao direito de propriedade a isso, sob pena de, novamente, ficarmos nas mãos do legislador, de acordo com seus critérios de prioridades, em um país de tantas desigualdades.

Assim, no nosso sentir, a titulação do direito real não pode ser condicionada ao mundo perfeito, pois exatamente o núcleo já é irregular, imperfeito, em razão dos problemas sociais que afligem o país. Há que se diferenciar o direito à moradia como direito social e o direito à habitação, como mínimo existencial. O direito à habitação, elemento do direito à moradia, está vinculado ao direito de morar de forma digna e, se for o caso, titularizar a propriedade que lhe pertence faticamente. É o núcleo duro do direito à moradia, ou seja, é a dignidade de viver, habitando um local que lhe pertence, um patrimônio mínimo do ser humano, onde ele se realiza como pessoa, desenvolve seus sonhos, manifesta-se como ser familiar e exala amor.

Portanto, quando se tratar de propriedade imobiliária urbana, limitada a 250m², na forma prevista constitucionalmente (artigo 183), não há que se falar em condicionar a titulação do ocupante a exigências orçamentárias de infraestrutura do núcleo.

---

338. Lei nº 13.465/17, artigo 35 e 36.
339. Entendimento doutrinário de que o Estado somente pode realizar direitos sociais se possuir reserva orçamentária delimitada e, arrolada dentro das suas prioridades.

Preenchidos os requisitos mínimos para titularizar a moradia, o direito real deve ser reconhecido imediatamente e, posteriormente, caberá ao Poder Público implantar a infraestrutura.

O direito à moradia é o fim almejado. O meio sempre será a usucapião ou a REURB. Todavia, o direito à moradia (*lato sensu*) se divide em dois: o direito social de moradia, que corresponde ao recebimento de uma propriedade pelo poder público por meio de políticas sociais, e o direito à habitação digna (moradia *stricto sensu*), que corresponde ao direito de regularizar a moradia que habita há cinco anos, com área de até 250m², conforme estrutura do artigo 183 da CF/88, sendo-lhe reconhecido o direito real correspondente (propriedade, uso ou posse).

8.8.1 Uma nova forma de regularizar a propriedade: a laje

O direto real de laje é uma nova forma de propriedade no Brasil. Não se trata de uma nova forma de aquisição da propriedade, mas da propriedade em si, pois é um direito constituído e cedido sobre (superior) ou sob (inferior) a superfície de uma construção, criando-se uma unidade distinta da originalmente construída, sem direitos sobre o solo[340]. A nova unidade recebe matrícula própria, distinta da matrícula do imóvel que permitiu a laje, respeitando o princípio da unicidade registral. Por isso, se trata de uma nova forma de propriedade e não um direito real sobre a propriedade alheia. Vale a pena relembrar a situação social, antes desta nova forma de propriedade.

A família brasileira acostumou-se a construir com o coração, mesmo que na informalidade. Os pais permitiam que os filhos construíssem sobre suas casas, e mais tarde, quando batiam asas, a nova residência era alugada para terceiros, ou até mesmo vendida, porém, sem direitos sobre o solo. Uma figura atípica, mas social. O Código Civil não contemplava essa situação, prevendo apenas o direito de superfície, que não é perpétuo, como hoje, a laje.

Em outras hipóteses, a laje surgia como uma fonte de renda, sendo cedida para alguém construir. Conversava-se com o dono do terreno e da construção-base, observava-se a estrutura e se autorizava a construção, surgindo a figura do lajeário, que fazia um acesso externo, pois as unidades eram independentes. E assim a vida seguia, com inúmeras edificações, que aos olhos da lei estavam irregulares.

Olhando de fora, para a estrutura, enxergava-se um prédio e, como tal, presumia-se o seu regramento pela lei de condomínios, onde cada unidade autônoma deveria ter uma fração do solo. Todavia, como o dono da construção base não vendia frações do seu terreno, nem queria isso, pois o terreno é da sua família, os puxadinhos ficavam irregulares, alheios à propriedade formal. Havia moradia, havia domínio, havia propriedade de fato, mas não havia propriedade formal. Um dia o legislador acordou.

---

340. Diferentemente do direito real de superfície, onde tudo fica concentrado em uma única matrícula e diferentemente de um condomínio edilício, onde cada unidade corresponde a uma fração do solo.

O Direito de laje foi inserido oficialmente no rol dos direitos reais[341] com a Lei nº 13.465/17[342], a qual inseriu os artigos 1.510-A a 1.510-E no Código Civil. Antes disso, a exposição de motivos da MP nº 759/2016, que foi convertida na Lei nº 13.465/17, justificava a criação do novo direito real, *in verbis*:

> 113. VI – SOBRE O DIREITO REAL DE LAJE. Em reforço ao propósito de adequação do Direito à realidade brasileira, marcada pela profusão de edificações sobrepostas, o texto prevê a criação do direito real de laje.
>
> 114. Por meio deste novo direito real, abre-se a possibilidade de se instituir unidade imobiliária autônoma, inclusive sob perspectiva registral, no espaço aéreo ou no subsolo de terrenos públicos ou privados, desde que esta apresente acesso exclusivo. Tudo para que não se confunda com as situações de condomínio.
>
> 115. O direito de laje não enseja a criação de codomínio sobre o solo ou sobre as edificações já existentes. Trata-se de mecanismo eficiente para a regularização fundiária de favelas.

Apesar de surgir no direito brasileiro por meio das normas de regularização fundiária, o instituto foi levado para o Código Civil, onde ganhou autonomia e pode ser aplicado em qualquer relação jurídica, desde que respeitadas as posturas municipais sobre a matéria. Como norma geral, o Código Civil[343] permite ao proprietário de uma construção base ceder a superfície superior ou inferior da sua edificação, a fim de que alguém mantenha unidade distinta da originalmente construída sobre o solo, com matrícula própria[344].

A doutrina discute se o novo direito real de laje é um direito de propriedade autônomo ou um direito sobre a propriedade alheia. A defesa do instituto como um novo direito de propriedade sobre a coisa própria[345], autônomo, sustenta que a laje possui ma-

---

341. Lei nº 10.406/02, artigo 1225, inciso XIII.
342. Antes, a MP nº 759//2016 tratou do tema.
343. Artigo 1.510-A. O proprietário de uma construção-base poderá ceder a superfície superior ou inferior de sua construção a fim de que o titular da laje mantenha unidade distinta daquela originalmente construída sobre o solo.
    § 1º O direito real de laje contempla o espaço aéreo ou o subsolo de terrenos públicos ou privados, tomados em projeção vertical, como unidade imobiliária autônoma, não contemplando as demais áreas edificadas ou não pertencentes ao proprietário da construção-base.
    § 2º O titular do direito real de laje responderá pelos encargos e tributos que incidirem sobre a sua unidade.
    § 3º Os titulares da laje, unidade imobiliária autônoma constituída em matrícula própria, poderão dela usar, gozar e dispor.
    § 4º A instituição do direito real de laje não implica a atribuição de fração ideal de terreno ao titular da laje ou a participação proporcional em áreas já edificadas.
    § 5º Os Municípios e o Distrito Federal poderão dispor sobre posturas edilícias e urbanísticas associadas ao direito real de laje.
    § 6º O titular da laje poderá ceder a superfície de sua construção para a instituição de um sucessivo direito real de laje, desde que haja autorização expressa dos titulares da construção-base e das demais lajes, respeitadas as posturas edilícias e urbanísticas vigentes. (BRASIL. Lei nº 10.406, de 10 de janeiro de 2002. Institui o Código Civil. Disponível em: http://www.planalto.gov.br/ccivil_03/leis/2002/l10406compilada.htm Acesso em: 15 nov. 2021).
344. Lei nº 6.015/73, artigo 176, § 9º: A instituição do direito real de laje ocorrerá por meio da abertura de uma matrícula própria no registro de imóveis e por meio da averbação desse fato na matrícula da construção-base e nas matrículas de lajes anteriores, com remissão recíproca..
345. OLIVEIRA, Carlos Eduardo Elias de. **Direito real de laje à luz da Lei nº 13.465/2017**: nova lei, nova hermenêutica. Brasília: Núcleo de Estudos e Pesquisas/CONLEG/Senado, 2017. (Texto para Discussão nº 238).

trícula própria, sem vinculação alguma com a construção base, podendo ser usucapida, alienada, onerada, inventariada, penhorada, bipartida[346], entre outras possibilidades.

Por outro lado, há quem sustente que a laje é um direito real sobre a coisa alheia, argumentando que, apesar de ter matrícula própria e possuir os direitos de usar, gozar e dispor, não possui direito de reivindicar[347], o qual não constou no artigo 1510-A, § 3º, diferentemente do que consta no artigo 1.228, quando trata da propriedade plena, *in verbis*: "Artigo 1.228. O proprietário tem a faculdade de usar, gozar e dispor da coisa, e o direito de reavê-la do poder de quem quer que injustamente a possua ou detenha". Além disso, como bem observa Flávio Tartuce[348], o legislador inseriu o direito de laje no Título XI do Livro III – Direito das Coisas, após os direitos reais de garantia, que estão no título X, o que parece deslocado do sistema.

No nosso entender, o direito real de laje é um direito autônomo, um direito de propriedade sobre a coisa própria, criado para regularizar a propriedade imóvel no Brasil, mas, também, permitindo a realização de negócios jurídicos próprios. O conceito de propriedade evolui conforme a sociedade evolui em suas relações pessoais, cabendo ao legislador adaptar a norma à realidade.

Dentro da ideia da Lei nº 13.465/17, ao processar a REURB, poderá o município reconhecer o direito de laje, expedindo CRF, indicando a laje como o direito adquirido, podendo ser reconhecida sobre imóveis públicos ou privados, e será objeto de matrícula própria no registro de imóveis. A laje é retirada do mundo dos fatos e alcança a propriedade formal, permitindo dignidade às pessoas.

Mas a laje não é a única forma de regularizar um imóvel, dentre as novidades da Lei nº 13.465/17. Admite-se, também, a legitimação fundiária, a legitimação de posse que poderá ter a conversão automática em propriedade, a usucapião, a venda do bem público, entre outras. Antes de analisarmos os institutos que estão relacionados com o direito à moradia digna, é importante conhecer o procedimento administrativo da regularização fundiária urbana, promovida pelo município.

8.8.2 O procedimento de regularização fundiária urbana

A Lei nº 13.465/17, além de inovar com o novo direito real de laje, uma nova forma de propriedade imóvel, também trouxe no seu contexto novas formas de aquisição de direitos reais, entre eles uma nova forma de aquisição da propriedade, não prevista no Código Civil.

O procedimento de REURB foi uma forma que o legislador encontrou de passar uma esponja em tudo que estava irregular, e trazer para a formalidade situações consolidadas, a exemplo da Lei de Terras, em 1850, como já estudamos. Pelo procedimento, poderão alguns interessados, chamados de legitimados, requerer a instauração do procedimento, conforme artigo 14 da Lei nº 13.465/17:

---

346. No caso de Doação da laje com reserva de usufruto da própria laje.
347. TARTUCE, Flávio. **Direito Civil**: direito das coisas. 13. ed. Rio de Janeiro: Forense, 2021, p. 580.
348. TARTUCE, Flávio. **Direito Civil**: direito das coisas. 13. ed. Rio de Janeiro: Forense, 2021, p. 574-575.

Artigo 14. Poderão requerer a REURB:

I – a União, os Estados, o Distrito Federal e os Municípios, diretamente ou por meio de entidades da administração pública indireta;

II – os seus beneficiários, individual ou coletivamente, diretamente ou por meio de cooperativas habitacionais, associações de moradores, fundações, organizações sociais, organizações da sociedade civil de interesse público ou outras associações civis que tenham por finalidade atividades nas áreas de desenvolvimento urbano ou regularização fundiária urbana;

III – os proprietários de imóveis ou de terrenos, loteadores ou incorporadores;

IV – a Defensoria Pública, em nome dos beneficiários hipossuficientes; e

V – o Ministério Público.

A regra é que o município deve promover, de ofício, a REURB de acordo com a análise criteriosa do núcleo urbano que pode ter se originado de um loteamento clandestino ou irregular, bem como de vendas informais de frações do solo, ou até mesmo de áreas invadidas, nunca reclamadas. Dentre as vendas irregulares destacam-se, no Brasil, a formação de sítios de recreio em áreas rurais, por contratos particulares ou inventários de imóveis rurais, onde os herdeiros adquirem, por sucessão, áreas inferiores à fração mínima de parcelamento, permanecendo em condomínio.

Mesmo identificado o núcleo urbano informal, nem sempre o município possui interesse em promover o procedimento de regularização, pois poderá ter que arcar com a despesa de infraestrutura, quando se tratar de REURB-Social, conforme artigo 33 da Lei nº 13.465/17, *in verbis*:

Artigo 33. Instaurada a Reurb, compete ao Município aprovar o projeto de regularização fundiária, do qual deverão constar as responsabilidades das partes envolvidas.

§ 1º A elaboração e o custeio do projeto de regularização fundiária e da implantação da infraestrutura essencial obedecerão aos seguintes procedimentos: (Incluído pela Lei nº 14.118, de 2021)

I – na Reurb-S, caberá ao Município ou ao Distrito Federal a responsabilidade de elaborar e custear o projeto de regularização fundiária e a implantação da infraestrutura essencial, quando necessária; (Redação dada pela Lei nº 14.118, de 2021)

a) (revogada);

b) (revogada);

II – na Reurb-E, a regularização fundiária será contratada e custeada por seus potenciais beneficiários ou requerentes privados; e

III – na Reurb-E sobre áreas públicas, se houver interesse público, o Município poderá proceder à elaboração e ao custeio do projeto de regularização fundiária e da implantação da infraestrutura essencial, com posterior cobrança aos seus beneficiários.

§ 2º Na Reurb-S, fica facultado aos legitimados promover, a suas expensas, os projetos e os demais documentos técnicos necessários à regularização de seu imóvel, inclusive as obras de infraestrutura essencial nos termos do § 1º do artigo 36 desta Lei. (Incluído pela Lei nº 14.118, de 2021)

É visível que a REURB pode trazer custos elevados ao município, o que poderá tornar inviável o procedimento, salvo se houver ajuda do Estado ou União. Recente alteração na Lei nº 13.465/17, promovida pela Lei nº 14.118/2021, permitiu que os legitimados promovam às suas expensas as obras de infraestrutura. Não se trata de, simplesmente, repassar a responsabilidade aos ocupantes, na maioria carentes, mas existem casos possíveis de cooperação, o que facilitará a emissão do título de propriedade, acelerando o procedimento.

Havendo inércia em iniciar o procedimento de regularização, ela poderá ser requerida pelos legitimados do artigo 14, sendo processada administrativamente na forma do artigo 28. Instaurado[349] o procedimento de REURB, segue-se o rito do artigo 31 da Lei nº 13.465/17. O município fará buscas de matrículas dos proprietários e intimará os confrontantes e titulares de direitos reais, dispensada esta hipótese (artigo 31, § 9º) se houver o prévio procedimento de demarcação urbanística, previsto nos artigos 19 a 22 da Lei nº 13.465/17, onde já ocorre este procedimento. Se houver demarcação urbanística, ela será averbada no registro de imóveis, nestes termos:

> Artigo 22. Decorrido o prazo sem impugnação ou caso superada a oposição ao procedimento, o auto de demarcação urbanística será encaminhado ao registro de imóveis e averbado nas matrículas por ele alcançadas.
>
> § 1º A averbação informará:
>
> I – a área total e o perímetro correspondente ao núcleo urbano informal a ser regularizado;
>
> II – as matrículas alcançadas pelo auto de demarcação urbanística e, quando possível, a área abrangida em cada uma delas; e
>
> III – a existência de áreas cuja origem não tenha sido identificada em razão de imprecisões dos registros anteriores.
>
> § 2º Na hipótese de o auto de demarcação urbanística incidir sobre imóveis ainda não matriculados, previamente à averbação, será aberta matrícula, que deverá refletir a situação registrada do imóvel, dispensadas a retificação do memorial descritivo e a apuração de área remanescente.
>
> § 3º Nos casos de registro anterior efetuado em outra circunscrição, para abertura da matrícula de que trata o § 2º deste artigo, o oficial requererá, de ofício, certidões atualizadas daquele registro.
>
> § 4º Na hipótese de a demarcação urbanística abranger imóveis situados em mais de uma circunscrição imobiliária, o oficial do registro de imóveis responsável pelo procedimento comunicará as demais circunscrições imobiliárias envolvidas para averbação da demarcação urbanística nas respectivas matrículas alcançadas.
>
> § 5º A demarcação urbanística será averbada ainda que a área abrangida pelo auto de demarcação urbanística supere a área disponível nos registros anteriores.
>
> § 6º Não se exigirá, para a averbação da demarcação urbanística, a retificação da área não abrangida pelo auto de demarcação urbanística, ficando a apuração de remanescente sob a responsabilidade do proprietário do imóvel atingido.

Durante o processamento da REURB, havendo ou não demarcação urbanística, o município vai cadastrando os ocupantes e identificando todo o núcleo de moradores. Diante disso, vai elaborar um projeto de regularização, na forma do artigo 35 da Lei nº 13.465/17 e do Decreto nº 9.310/18. Encerrada esta fase, será proferida a decisão de conclusão da REURB, na forma do artigo 40 da Lei nº 13.465/17. Sendo deferida a regularização, será emitido o título para ser levado ao registro de imóveis, denominado CRF. A própria Lei nº 13.465/17 conceitua:

---

349. Se o município entender que não se trata de regularização, mas sim de aplicação da lei do parcelamento do solo urbano (Lei nº 6.766/79), negará o pedido e indicará as medidas a serem tomadas, conforme artigo 32 da Lei nº 13.465/17.

Artigo 41. A Certidão de Regularização Fundiária (CRF) é o ato administrativo de aprovação da regularização que deverá acompanhar o projeto aprovado e deverá conter, no mínimo:

I – o nome do núcleo urbano regularizado;

II – a localização;

III – a modalidade da regularização;

IV – as responsabilidades das obras e serviços constantes do cronograma;

V – a indicação numérica de cada unidade regularizada, quando houver;

VI – a listagem com nomes dos ocupantes que houverem adquirido a respectiva unidade, por título de legitimação fundiária ou mediante ato único de registro, bem como o estado civil, a profissão, o número de inscrição no cadastro das pessoas físicas do Ministério da Fazenda e do registro geral da cédula de identidade e a filiação.

A CRF, ato administrativo discricionário[350], indicará qual o direito concedido ao ocupante e será encaminhada ao registro de imóveis junto com o projeto de regularização do núcleo. Recebida a CRF, cumprirá ao oficial do cartório de registro de imóveis prenotá-la, autuá-la, instaurar o procedimento registral e, no prazo de quinze dias, emitir a respectiva nota de exigência ou praticar os atos tendentes ao registro, à luz do artigo 44 da Lei 13.465/18.

A Lei 14.620/23 incluiu no citado artigo o § 8º, que determina que, durante a abertura de matrículas individuais em projetos de regularização fundiária, se um ocupante não estiver na lista de beneficiários, o oficial do cartório deve incluir o titular original como proprietário anterior, sem considerá-lo o atual. No campo de proprietário atual, deve ser inserido um texto informando que o futuro proprietário será citado na matrícula com listas complementares de beneficiários. Essa medida visa adequar o registro às circunstâncias específicas de regularização fundiária, assegurando a inclusão correta dos futuros proprietários.

O artigo 15 da Lei nº 13.465/17 exemplifica os instrumentos jurídicos que podem ser utilizados, tratando-se de escolha do município, por ser ato discricionário, alguns com maior importância ao registro de imóveis, *in verbis*:

Artigo 15. Poderão ser empregados, no âmbito da Reurb, sem prejuízo de outros que se apresentem adequados, os seguintes institutos jurídicos:

I – **a legitimação fundiária e a legitimação de posse**, nos termos desta Lei;

II – **a usucapião,** nos termos dos arts. 1.238 a 1.244 da Lei nº 10.406, de 10 de janeiro de 2002 (Código Civil), dos arts. 9º a 14 da Lei nº 10.257, de 10 de julho de 2001, e do artigo 216-A da Lei nº 6.015, de 31 de dezembro de 1973;

---

350. Paola de Castro Ribeiro Macedo entende que a CRF não é ato administrativo, mas sim o repositório material do ato de aprovação do pedido de regularização. Para a autora, a aprovação da regularização fundiária é o ato administrativo, sendo a certidão uma materialização desta aprovação. (MACEDO, Paola de Castro Ribeiro. Regularização fundiária urbana e seus mecanismos de titulação de ocupantes: Lei 13.465/2017 e Decreto 9.310/2018. In: PEDROSO, Alberto Gentil de Almeida. **Coleção Direito Imobiliário**. São Paulo: Thomson Reuters Brasil, 2020, v. V, p. 196). No nosso entendimento, a regularização fundiária é um procedimento administrativo que resulta no ato administrativo de aprovação e depois no ato administrativo de emissão da CRF. Portanto são dois atos, ambos discricionários. O primeiro decide se é viável aprovar a REURB ou não. No segundo, após a aprovação, escolhe-se qual o direito será concedido ao ocupante. O procedimento como um todo, não se trata de ato complexo ou composto e ambos podem ser atacados isoladamente.

III – a desapropriação em favor dos possuidores, nos termos dos §§ 4º e 5º do artigo 1.228 da Lei nº 10.406, de 10 de janeiro de 2002 (Código Civil);

IV – a arrecadação de bem vago, nos termos do artigo 1.276 da Lei nº 10.406, de 10 de janeiro de 2002 (Código Civil) ;

V – o consórcio imobiliário, nos termos do artigo 46 da Lei nº 10.257, de 10 de julho de 2001 ;

VI – a desapropriação por interesse social, nos termos do inciso IV do artigo 2º da Lei nº 4.132, de 10 de setembro de 1962;

VII – o direito de preempção, nos termos do inciso I do artigo 26 da Lei nº 10.257, de 10 de julho de 2001;

VIII – a transferência do direito de construir, nos termos do inciso III do artigo 35 da Lei nº 10.257, de 10 de julho de 2001 ;

IX – a requisição, em caso de perigo público iminente, nos termos do § 3º do artigo 1.228 da Lei nº 10.406, de 10 de janeiro de 2002 (Código Civil) ;

X – a intervenção do poder público em parcelamento clandestino ou irregular, nos termos do artigo 40 da Lei nº 6.766, de 19 de dezembro de 1979 ;

XI – a alienação de imóvel pela administração pública diretamente para seu detentor, nos termos da alínea f do inciso I do artigo 17 da Lei nº 8.666, de 21 de junho de 1993 ;

XII – a concessão de uso especial para fins de moradia;

XIII – a concessão de direito real de uso;

XIV – a doação; e

XV – a compra e venda. (grifo nosso).

Como se percebe, são vários institutos que podem ser adotados, mas alguns possuem uma maior proximidade com o registro de imóveis, proporcionando a regularização direta do imóvel, após o registro da CRF. Dentre esses, sem dúvida a legitimação fundiária é a grande novidade, pois se trata de uma forma de aquisição originária da propriedade imóvel[351], seja ela pública ou privada, em situação consolidada existente até 22 de dezembro de 2016. Trata-se de uma nova forma de aquisição da propriedade imóvel.

8.8.3 Da legitimação fundiária

A Lei nº 13.465/17 criou uma forma (nova) de aquisição originária da propriedade sobre o solo público ou privado, desconhecida do Código Civil. Trata-se da legitimação fundiária que pode ser concedida aos ocupantes de núcleos urbanos informais consolidados[352] que estejam em situação consolidada até 22 de dezembro de 2016, *in verbis*:

> Artigo 23. A legitimação fundiária constitui forma originária de aquisição do direito real de propriedade conferido por ato do poder público, exclusivamente no âmbito da Reurb, àquele que detiver em área pública ou possuir em área privada, como sua, unidade imobiliária com destinação urbana, integrante de núcleo urbano informal consolidado existente em 22 de dezembro de 2016.

---

351. A legitimação fundiária aplica-se para imóveis residenciais e não residenciais (Artigo 23, inciso III da Lei nº 13.465/17).
352. Pela leitura dos artigos 9º e 11, inciso III da Lei nº 13.465/17, a legitimação fundiária será aplicada apenas aos núcleos urbanos informais consolidados, ou seja, aqueles de difícil reversão, considerando o tempo de sua ocupação, a natureza das edificações, a localização de vias de circulação e a presença de equipamentos públicos, entre outras circunstâncias avaliadas pelo município.

A legitimação fundiária pode ser utilizada nos casos de REURB-Social[353] ou de REURB-Específica, tratando-se de aquisição originária, mas não pode ser confundida com usucapião[354], pois não se admite usucapião sobre imóveis públicos e porque o seu reconhecimento pela Administração é apenas uma das opções, dentre outras possíveis e elencadas pela norma[355]. Por se tratar de aquisição originária do direito real de propriedade, o ocupante adquire o imóvel urbano livre e desembaraçado de quaisquer[356] ônus, direitos reais, gravames ou inscrições.

Essa nova modalidade de aquisição da propriedade busca acelerar o reconhecimento de uma situação consolidada, encaminhando os ocupantes para a propriedade formal. Quando o instituto for aplicado na REURB-Social, que inclui famílias com renda de até cinco salários mínimos, não haverá cobrança de tributos, emolumentos no registro de imóveis ou penalidades tributárias, ficando vedado ao registrador exigir essas comprovações[357]. Flávio Tartuce[358] explica que o instituto foi criado para regularizar as numerosas ocupações irregulares, em especial as favelizadas.

A legitimação fundiária é a chave que leva à propriedade formal, podendo ser utilizada para imóveis públicos e privados, conjuntos habitacionais inacabados, condomínios irregulares, direito de laje, entre outros. Trata-se de um remédio eficaz para promover o acesso à propriedade formal, e, quando aplicado para regularizar moradias de pessoas carentes, trata-se da realização do mínimo existencial ou, em outras palavras, o acesso ao patrimônio mínimo. Ela também poderá ser aplicada para regularização de imóveis não residenciais, desde que reconhecido o interesse público na ocupação[359].

Infelizmente, o instituto, que serviria para acelerar a realização do acesso à propriedade, recebeu algumas interpretações negativas quanto à sua aplicação e vem sendo objeto de debate sobre quais documentos devem ser apresentados aos ofícios de registros de imóveis. A Lei nº 13.465/17 e o Decreto nº 9.310/18 preveem, claramente, quais documentos devem ser apresentados, *in verbis*:

> **Lei nº 13.465/17. Artigo 11, inciso V** – Certidão de Regularização Fundiária (CRF): documento expedido pelo Município ao final do procedimento da Reurb, constituído do projeto de regularização fundiária aprovado, do termo de compromisso relativo a sua execução e, no caso da legitimação fundiária e da legitimação de posse, da listagem dos ocupantes do núcleo urbano informal regularizado, da devida qualificação destes e dos direitos reais que lhes foram conferidos;

---

353. Na REURB-S, o legislador estipulou requisitos específicos, desnecessários na REURB-E.
354. Flávio Tartuce explica que o instituto da legitimação fundiária situa-se entre a legitimação de posse e a usucapião. (TARTUCE, Flávio. **Direito civil**: direito das coisas. 13. ed. Rio de Janeiro: Forense, 2021, p. 299).
355. Paola de Castro Ribeiro Macedo explica que a falta de critérios para concessão da legitimação fundiária é alvo de muitas críticas e deve ser observada pelos municípios no momento da outorga de títulos, analisando seus cadastros, bem como a apresentação de contratos, permanência do ocupante no local, dentre outros pontos. (MACEDO, Paola de Castro Ribeiro. Regularização fundiária urbana e seus mecanismos de titulação de ocupantes: lei 13.465/2017 e Decreto n. 9310/2018. In: PEDROSO, Alberto Gentil de Almeida (Coord.). **Coleção Direito imobiliário**. São Paulo: Thomson Reuters Brasil, 2020, v. V, p. 229).
356. Salvo se disser respeito ao próprio ocupante.
357. Lei nº 13.465/17, artigo 13.
358. TARTUCE, Flávio. **Direito civil**: direito das coisas. 13. ed. Rio de Janeiro: Forense, 2021, p. 299.
359. Lei nº 13.465/17, artigo 23, § 1º, inciso III.

Decreto nº 9.310/18. Artigo 3, inciso V – Certidão de Regularização Fundiária – CRF – documento expedido pelo Município ou pelo Distrito Federal ao final do procedimento da Reurb, constituído do projeto de regularização fundiária aprovado, do termo de compromisso relativo a sua execução e, no caso da legitimação fundiária e da legitimação de posse, da listagem dos ocupantes do núcleo urbano informal regularizado, da devida qualificação destes e dos direitos reais que lhes foram conferidos; (grifo nosso).

Apesar de menção expressa ao rol de documentos que deverão ser apresentados ao registro de imóveis, o Decreto nº 9.310/18, regulamentador da Lei nº 13.465/17, relativizou a apresentação de alguns documentos em casos especiais, buscando facilitar o acesso ao registro. Assim, analisando o Decreto, encontraremos dispensa de documentos nos artigos 21, §§ 2º e 3º, 30, §1º, 37, § 2º, 38, parágrafo único, 42, inciso III e §§ 4º, 5º e 6º, 43, 46, § 3º, 63, § 3º, 68, 70, 72, 87, 89 e 94.

Ponto delicado, que vem sendo discutido, refere-se à possibilidade de regularização imobiliária com emissão de títulos individuais. Existem interpretações mais restritivas, justificando que não é possível, pois somente o núcleo inteiro pode ser regularizado. Outras interpretações mais brandas, e com vistas à realização do direito à moradia, entendem como possível a titulação individual, amparados no artigo 10, § 4º, do Decreto nº 9.310/18, *in verbis*:

Artigo 10. **Na Reurb-S,** promovida sobre bem público, o registro projeto de regularização fundiária e a constituição de direito real em nome dos beneficiários poderão ser feitas em ato único, a critério do Poder Público promovente.

[...]

§ 4º O procedimento previsto neste artigo poderá ser aplicado no todo ou em **parte** do núcleo urbano informal e as unidades que não se enquadrarem neste artigo **poderão ser tituladas individualmente**. (grifo nosso).

Colabora com essa ideia, de emissão de títulos individuais, o artigo 36, § 2º, da Lei nº 13.465/17 e o artigo 31, § 2º, do Decreto nº 9.310/18, que permitem a implementação da regularização fundiária por etapas, abrangendo o núcleo urbano de forma parcial, senão vejamos:

Lei nº 13.465/17. Artigo 36. O projeto urbanístico de regularização fundiária deverá conter, no mínimo, indicação:

§ 2º A Reurb pode ser implementada por **etapas**, abrangendo o núcleo urbano informal de forma total ou **parcial**.

Decreto nº 9.310/18. Artigo 31. O projeto urbanístico de regularização fundiária indicará, no mínimo:

§ 2º A Reurb poderá ser implementada por **etapas** e abranger o núcleo urbano informal de forma total ou **parcial**. (grifo nosso).

Ao interpretar que a REURB poderá ser implementada por etapas, alguns setores da sociedade defendem que, apesar de a implementação fática ocorrer parcialmente, os títulos devem chegar ao registro de imóveis na sua totalidade, ou seja, de todos os ocupantes de uma vez só. É como se o primeiro ocupante a receber o título de regularização tivesse que esperar o último para ter o seu direito reconhecido. Considerando que existem núcleos urbanos que equivalem a bairros inteiros, com centenas de casas, parece-nos que o posicionamento de titular os ocupantes em conjunto não é o mais correto.

A implementação da REURB não pode ser interpretada apenas como transformações fáticas, mas, também, como a titulação do direito real, especialmente quando estamos tratando de acesso ao patrimônio mínimo, mediante legitimação fundiária em REURB-S. A própria norma já limita a emissão do título de legitimação fundiária na REURB-S, conforme artigo 23, § 1º, inciso II, da Lei nº 13.465/17, *in verbis*:

> Artigo 23. (...)
> § 1º **Apenas na Reurb-S, a legitimação fundiária será concedida ao beneficiário desde que atendidas as seguintes condições**:
> I – não ser o beneficiário concessionário, foreiro ou proprietário de imóvel urbano ou rural;
> **II – não ter sido o beneficiário contemplado com por legitimação de posse ou fundiária de imóvel urbano com a mesma finalidade, ainda que situado em núcleo urbano distinto**; e
> III – quanto a imóvel urbano com finalidade não residencial, ser reconhecido, pelo Poder Público, o interesse público de sua ocupação. (grifo nosso).

O legislador diferenciou a aplicação da legitimação fundiária na REURB-S e na REURB-E, pois elas espelham o nível de desigualdade social que vive o país. A REURB-S recebe alguns requisitos próprios que relembram novamente o núcleo duro do artigo 183 da CF/88[360], que prevê o meio, o caminho, para se alcançar a propriedade mínima, baseada na posse-moradia, no fato de não ser proprietário de outro imóvel e limitando este direito a apenas uma vez. Além disso, a Lei nº 13.465/17 determinou o registro imediato da legitimação fundiária, conforme o artigo 23, § 5º, *in verbis*:

> Artigo 23.(...)
> § 5º Nos casos previstos neste artigo, **o poder público encaminhará a CRF para registro imediato da aquisição de propriedade, dispensados a apresentação de título individualizado e as cópias da documentação referente à qualificação do beneficiário, o projeto de regularização fundiária aprovado, a listagem dos ocupantes e sua devida qualificação e a identificação das áreas que ocupam.** (grifo nosso).

A norma não diferencia se o registro imediato do título de legitimação fundiária será aplicado no caso de REURB-S ou REURB-E; e, pela leitura, se percebe que em ambas a CRF de legitimação fundiária será objeto de registro imediato, porém entendemos que, na REURB-S, ela possui função diferente da REURB-E, e, aqui, novamente nos reportamos aos ensinamentos de Norberto Bobbio[361] sobre estrutura e função. A legitimação fundiária, quando aplicada na REURB-S, tem uma estrutura própria do direito à moradia, com núcleo duro da propriedade mínima, um direito que só pode ser concedido uma única vez quando não se tem um imóvel. Sua função é a realização dos direitos da personalidade, o mínimo existencial e, por isso, deve ter o acesso franqueado ao registro de imóveis. Aqui, entendemos que se trata de registro imediato, mesmo que por titulação

---

360. BRASIL. [Constituição (1988)]. **Constituição da República Federativa do Brasil de 1988**. Brasília, DF: Presidência da República, [2021]. Disponível em: http://www.planalto.gov.br/ccivil_03/Constituicao/Constituiçao.htm. Acesso em: 15 nov. 2021.
361. BOBBIO, Norberto. **Da estrutura à função: novos estudos de teoria do direito**. Tradução de Daniela Beccaccia Versiane; revisão técnica de Orlando Seixas Bechara, Renata Nagamine. Barueri, SP: Manole, 2007.

individual, pois se trata de direito fundamental de realização imediata, diferentemente da REURB-E, que, por não exigir os mesmos requisitos, parece-nos vinculada aos direitos sociais. É na qualificação registral que surge a tomada de decisão pelo registrador. Marcelo Augusto Santana de Melo[362] explica os cuidados na qualificação registral, *in verbis*:

> A qualificação registral nos procedimentos de regularização fundiária deve levar em consideração os princípios estabelecidos na legislação urbanística em vigor, em especial o caráter excepcional das regularizações e a simplificação dos procedimentos, tendo o cuidado necessário para resguardar a segurança jurídica, procedendo-se, assim, à materialização do direito à moradia.

Assim, a legitimação fundiária é uma nova forma originária de aquisição da propriedade, a qual deve integrar o projeto de regularização fundiária de um núcleo urbano informal, permitindo a realização do direito à moradia e do acesso à propriedade. Todavia, quando se tratar de direito ao patrimônio mínimo, nos casos de REURB-S, poderá ser regularizada de forma individual, sendo relativizadas as exigências documentais por se tratar de direito fundamental vinculado à dignidade humana.

8.8.4 Da legitimação de posse

O instituto da legitimação de posse surgiu com a Lei de Terras, conforme já estudamos no segundo capítulo. Seu objetivo era separar o domínio privado do domínio público. O instituto foi levado para outros diplomas, em especial para o Decreto-Lei nº 9.760/46 (Bens da União), para a Lei nº 4.504/1964 (Estatuto da Terra) e para a Lei nº 6.383/76 (terras devolutas). Hely Lopes Meirelles[363] conceitua legitimação de posse como o "modo excepcional de transferência de domínio de terra devoluta, ou área pública sem utilização, ocupada por longo tempo por particular que nela se instala, cultivando-a ou levantando edificação para seu uso". O Decreto-Lei nº 9.760/46 trata da matéria nos artigos 164 a 174; a Lei nº 4.504/1964, nos artigos 11 e 97 a 102; e a Lei nº 6.383/76, no artigo 29, sempre incidindo sobre imóveis públicos.

Neste trabalho, a legitimação de posse que nos interessa é sobre imóveis urbanos privados, a qual estava prevista na Lei nº 11.977/09 e, agora, encontra previsão na Lei nº 13.465/17, em seu artigo 25, *in verbis*:

> Artigo 25. A legitimação de posse, instrumento de uso exclusivo para fins de regularização fundiária, constitui ato do poder público destinado a conferir título, por meio do qual fica reconhecida a posse de imóvel objeto da REURB, com a identificação de seus ocupantes, do tempo da ocupação e da natureza da posse, o qual é **conversível em direito real de propriedade**, na forma desta Lei.
>
> § 1º A legitimação de posse poderá ser transferida por **causa mortis** ou por ato **inter vivos**.
>
> § 2º A legitimação de posse não se aplica aos imóveis urbanos situados em área de titularidade do poder público. (grifo nosso).

---

362. MELO, Marcelo Augusto Santana de. A qualificação registral na regularização fundiária. In: NALINI, José Renato; LEVY, Wilson (Coords.). **Regularização fundiária**. 2. ed. ver. atual. e ampl. Rio de Janeiro: Forense, 2014, p. 408.
363. MEIRELLES, Hely Lopes. **Direito administrativo brasileiro**. 16. ed. atual. pela Constituição de 1988. São Paulo: Editora Revista dos tribunais, 1991, p. 441.

Como se percebe pela redação dos dispositivos, a legitimação de posse de imóveis urbanos só ocorre sobre imóveis privados[364], sendo utilizada, exclusivamente, como instrumento de REURB, a qual pode ser convertida em direito real de propriedade e pode ser herdada na sucessão *causa mortis*, ou cedida a terceiros por ato entre vivos.

Neste caso de regularização, município reconhece a posse dos ocupantes em um imóvel privado, mediante CRF, indicando que o instrumento de regularização é a legitimação de posse. Ou seja, o município reconhece a posse do ocupante e a torna um direito. O posseiro levará a CRF ao registro de imóveis e registrará na matrícula do imóvel a sua posse. Interessante é analisar: qual a natureza jurídica deste registro de posse? A posse é um fato ou um direito? E se a posse é um direito, neste caso, é um direito pessoal ou real?

Antes de adentrarmos neste ponto, é preciso destacar que esta posse, depois de cinco anos a contar do registro, será convertida automaticamente em propriedade, se atender aos requisitos da usucapião especial urbana, prevista no artigo 183 da CF/88, que limita essa forma de aquisição da propriedade à área de 250m², ininterrupta e sem oposição, utilizando o imóvel para moradia pessoal ou da família, desde que não seja proprietário de outro imóvel urbano ou rural e só poderá ocorrer uma única vez. Ou seja, trata-se do direito de acesso à propriedade, para fins de moradia, mediante a regularização de uma situação de fato, consolidada. Como já mencionamos, o artigo 183 da Constituição Federal foi regulamentado pelo Estatuto da Cidade entre os artigos 9º a 14, e replicado no artigo 1.240 do Código. Vejamos a redação da legitimação de posse na Lei nº 13.465/17:

> Artigo 26. Sem prejuízo dos direitos decorrentes do exercício da posse mansa e pacífica no tempo, aquele em cujo favor for expedido título de legitimação de posse, decorrido o prazo de cinco anos de seu registro, terá a conversão automática dele em título de propriedade, desde que atendidos os termos e as condições do artigo 183 da Constituição Federal, independentemente de prévia provocação ou prática de ato registral.

Observa-se que a conversão da posse em propriedade é automática, sem necessidade de provocação do interessado ou prática de ato registral[365]. Por técnica registral, sugere-se o registro da conversão da posse em propriedade após o prazo legal, devendo o registrador criar mecanismos de lembretes no sistema informatizado, para que proceda ao ato de ofício, sendo uma exceção ao princípio da rogação. Para que ocorra essa conversão, deverá a CRF indicativa de legitimação de posse já apresentar todos os requisitos da usucapião especial urbana. Para aferir a correta informação sobre o requisito referente ao fato de o possuidor não ser proprietário de outro imóvel, sugere-se uma consulta à Central de Registro de Imóveis do Brasil[366] no momento da conversão, bem como ao município, não descartados outros meios.

---

364. Diferentemente da legitimação de posse sobre imóveis rurais que realiza-se sobre imóveis públicos.
365. A Lei nº 13.465/17 inovou neste dispositivo. Antes, a norma que regulava a REURB era a Lei nº 11.977/09, que determinava o registro da conversão da posse em propriedade, na forma do seu artigo 60. A própria Lei nº 11.977/09 inseriu na Lei nº 6015/73 o registro da conversão da posse em propriedade, no artigo 167, I, n. 42, o qual não foi revogado expressamente pela Lei nº 13.465/17.
366. REGISTRO DE IMÓVEIS DO BRASIL. Disponível em: www.registrodeimoveis.org.br Acesso em: 22 nov. 2021.

Caso a legitimação de posse registrada não se enquadre na modalidade de usucapião especial urbana, então a conversão não será automática, dependendo de requerimento do interessado com a comprovação dos requisitos da modalidade pretendida.

> Art. 26 § 1º Nos casos não contemplados pelo artigo 183 da Constituição Federal, o título de legitimação de posse poderá ser convertido em título de propriedade, desde que satisfeitos os requisitos de usucapião estabelecidos na legislação em vigor, a requerimento do interessado, perante o registro de imóveis competente.

Neste caso, é prudente que o registrador adote o procedimento da usucapião extrajudicial, previsto no Provimento nº 65 do CNJ, pois não se trata de conversão automática, abrindo expediente próprio após requerimento do interessado, que poderá ser o próprio possuidor, ou de quem adquiriu a posse por ato *inter vivos*[367], ou *causa mortis*[368].

Percebe-se que o legislador tratou de maneira diferenciada a legitimação de posse em sede de REURB, permitindo-lhe a cessão *inter vivos* de maneira expressa, e a sua inscrição na matrícula do imóvel, gerando total publicidade, e determinando a sua conversão em propriedade, seja de forma automática ou a requerimento após o suprimento de requisitos próprios. É importante compreender o caráter dessa posse que escapa ao padrão sempre estudado, pois, no momento em que a posse é inscrita na matrícula, recebe uma certa proteção jurídica, o que já foi defendido por Rudolf Von Ihering[369].

8.8.5 Legitimação de posse na REURB: natureza jurídica da posse após o registro na matrícula do imóvel

A posse sempre foi repudiada pelo sistema registral imobiliário. O registro de imóveis sempre atraiu os direitos reais ou obrigacionais com eficácia real. Modernamente, o princípio da concentração começou a atrair outras ocorrências para a matrícula do imóvel. Porém, a posse não; a posse sempre foi tratada como um fato, e fatos não devem ir para a matrícula do imóvel, salvo, claro, algumas exceções como a união estável, instituto que produz grandes debates[370] entre notários, advogados e registradores.

---

367. Culturalmente, a posse é negociada no Brasil por ato intervivos. Pode ocorrer por instrumento público ou particular. No caso de instrumento público é norma a escritura pública de cessão de direitos possessórios. Todavia, nos casos de regularização fundiária, onde está registrada a legitimação de posse, tem-se observado a cessão de posse onerosa, por termo administrativo, lavrada pelo município, com recolhimento de Imposto sobre a Transmissão de Bens Imóveis (ITBI).
368. A posse adquirida por herança, também pode ser objeto de cessão de direitos hereditários. Neste caso, poderá ocorrer da legitimação de posse estar registrada na matrícula e o possuidor morrer, momento em que os herdeiros poderão ceder essa posse. Existe uma discussão sobre a possibilidade de inventariar a posse, ou levar este documento para o município, que promoverá novo título para ingressar ao registro de imóveis.
369. IHERING, Rudolf von. **Teoria Simplificada da posse**. Trad. Fernando Bragança. Belo Horizonte: Livraria Líder e Editora, 2009.
370. A união estável é um fato que pode ser documentado ou não, por instrumento público ou particular. As polêmicas surgem sobre a possibilidade de levar um documento particular para a matrícula, principalmente se houver regime de bens diverso do legal. Além disso, o Código Civil permitiu à pessoa casada e separada de fato estar em união estável, o que também gera dúvidas sobre como levar essa informação para a matrícula. (BRASIL. Lei nº 10.406, de 10 de janeiro de 2002. Institui o Código Civil. Disponível em: http://www.planalto.gov.br/ccivil_03/leis/2002/l10406compilada.htm Acesso em: 15 nov. 2021).

Porém, com a autorização legal de registro da legitimação de posse na matrícula do imóvel, o debate precisa ser reaquecido. Afinal, temos um registro e não uma simples averbação na matrícula. Mesmo assim, o legislador não mexeu no rol dos direitos reais do Código Civil, que, como já mencionamos anteriormente, aceita outros direitos reais, desde que descritos em lei[371]. A doutrina diverge sobre a natureza jurídica da posse, desde o Direito Romano.

8.8.6 Breves linhas sobre a discussão da natureza jurídica da posse

Gustavo Tepedino[372] explica que a natureza da posse sempre se apresentou por três correntes: a primeira corrente entende que a posse é um fato, sendo um de seus precursores Bernard Windscheid; a segunda corrente, baseada na doutrina de Ihering, defende que a posse é um direito, uma vez que seu interesse é protegido juridicamente, por meio dos interditos possessórios; e, por fim, a terceira corrente, apoiada por Savigny, afirma que a posse, em sua origem, é um fato, mas, em razão de seus efeitos e consequências, é também um direito.

Maria Helena Diniz[373], ao confirmar que existem três correntes sobre a posse, amplia o rol dos seus defensores, nomeando Windscheid, Trabucchi, Pacificci-Mazzoni, Dernburg, Bonfante, Van Wetter, Voet, De Filipis, Donellus e Cujacius, na ideia de que a posse é um fato. Já a corrente que defende a posse como um fato (na sua essência) e um direito (quanto aos seus efeitos) é amparada por Savigny, Merlin, Lafayette, Woddon, Namur, Domat, Ribas, Laurent e Pothier. Por fim, a terceira corrente, que defende a posse como um direito, é explanada por Ihering, Teixeira de Freitas, Coglio, Demolombe, Molitor, Stahl, Ortolan e Puchta. Para a professora, a maioria dos civilistas reconhece a posse como um direito, restando a divergência se este direito é pessoal ou real.

Como argumento para a defesa da posição, a posse como sendo um direito, Ihering[374] ressaltava a sua proteção jurídica que o ordenamento lhe atribui, nestas palavras:

> Partindo-se da definição de que os direitos são os interesses juridicamente protegidos, não pode haver menor dúvida de que é necessário reconhecer o caráter de direito à posse. [...] ela constitui a condição da utilização econômica da coisa. Pouco nos importa que essa utilização se torna assim possível para o possuidor legal, como para o que não tem direito; em todo caso, a posse oferece interesse como pura relação de fato- é a chave que abre o tesouro e é tão necessária para o ladrão como para o proprietário. A este elemento substancial de toda a noção jurídica, o direito acrescenta na posse um elemento formal- a proteção jurídica e por este modo concorrem todas as condições jurídicas de um direito. Se a posse como tal não fosse protegida, não constituiria, na verdade, senão uma relação de puro fato sobre a coisa; mas, desde o momento em que é protegida, reveste o caráter de relação jurídica, o que vale tanto como direito.

---

371. É o caso da alienação fiduciária e da multipropriedade.
372. TEPEDINO, Gustavo; MONTEIRO FILHO, Carlos Edison do Rêgo; RENTERIA, Pablo. **Direitos Reais**. Rio de Janeiro: Forense, 2020, p. 18.
373. DINIZ, Maria Helena. **Curso de Direito Civil Brasileiro**. Col. 4. Direito das coisas. 34. ed. São Paulo: Saraiva Educação, 2020, p. 67-68.
374. IHERING, Rudolf von. **Teoria Simplificada da posse**. Trad. Fernando Bragança. Belo Horizonte: Livraria Líder e Editora, 2009, p. 32-33.

Enquanto Ihering afirmava ser a posse um direito por ser um interesse juridicamente protegido, a corrente de Savigny[375] defendia que a posse transitava, simultaneamente, entre fato e direito:

> Com efeito, a posse é um fato, na medida em que se baseia numa situação complementar do direito, na detenção, e é por isso que os contratos que citamos não influenciam a aquisição da posse. Mas a posse é ao mesmo tempo um direito, na medida em que direitos estão vinculados a este estado de coisas, e é por isso que a posse pode, assim como propriedade, servir como objeto de venda ou outros contratos e torná-los válidos. Nesse sentido, então, a posse é tanto um direito quanto um fato. (tradução nossa)[376]

José Carlos Moreira Alves[377] lembra que esta posição de Savigny, de que a posse é fato quanto à sua própria essência, e direito quanto aos efeitos que produz, recebeu muitas críticas, merecendo destaque a crítica de Vacônio, na obra de Donelo: "fazer essa distinção seria como se se dissesse que a estátua, enquanto esculpe, é de cobre, e, pronta, é de ouro".

Pontes de Miranda[378] lecionava que a posse não mantinha relação com o direito real ou pessoal, sendo, simplesmente, um poder fático sobre coisas. Ao falar sobre a concepção de Savigny, o jurista evidencia o posicionamento de considerar posse como fato e direito:

> Analisando-se o suporte factivo da posse, segundo F. Von Savigny, tem-se de estranhar que o elemento *animus domini* seja, ao mesmo tempo, confusamente, fato e direito. Foram I. Kant e êle os que levaram a essa escapatória de se considerarem o lado *fáctico* da posse e o lado jurídico – sem se atender, contudo, à entrada de *todo o suporte fáctico* no mundo jurídico (o que a lógica de seu tempo não lhes permitia, por ser a distinção entre mundos, e.g., entre "mundo fáctico" e "mundo jurídico" posterior a êles) e aventurando-se que o fáctico tinha efeitos jurídicos, isto é, a posse é fato, mas jurídicos os efeitos dela[379].

Serpa Lopes[380] lembra que, quando da elaboração do Código Civil de 1916, Clóvis Beviláqua afirmou seguir a orientação de Ihering ao incluir a posse no capítulo do direito das coisas. Todavia, diferentemente de Ihering, que entendia que a posse deveria ser colocada após o estudo da propriedade, Beviláqua colocou a posse antes da propriedade, justificando que ela é um caminho que leva à propriedade, sendo um ponto de transição momentânea, entre um "fato", na ocupação, e um "estado", no caso de usucapião.

---

375. SAVIGNY, Fredéric Charles de. **Traité de La Possession em Droit Romain**. Traduit de LÀllemanda par Henru Staedtler. Paris: A.Durand Et Pedone-Lauriel Editeur,1879, p. 24-25.
376. Do original: "En effet, la possession est un fait, en tant qu˜elle se base sur un etat de choses complement étranger au droit, sur la detention, et voilá pourquoi ces contrats que nous avons cités nònt aucune influencesur làcquisition de la possession. Mais la possession est en meme temps un droit, en ce que des droit sont attaches à cet état de choses, et voila pourquoi la possession peut, aussi bien que la proprieté, servir dòbjet à la vendte ou à dàutres contrats et les rendre valables Dans ce sens donc, la possession est à la fois um droit et um fait".
377. ALVES, José Carlos Moreira. **Posse 1**: introdução histórica. Rio de Janeiro: Ed. Forense, 1985, p. 217.
378. MIRANDA, Francisco Cavalcante Pontes de. **Tratado de Direito Privado**: Parte Especial. Tomo X. Direito das Coisas: Posse. 2. ed. Rio de Janeiro: Borsoi, 1954, p. 55
379. MIRANDA, Francisco Cavalcante Pontes de. **Tratado de Direito Privado**: Parte Especial. Tomo X. Direito das Coisas: Posse. 2. ed. Rio de Janeiro: Borsoi, 1954, p. 48.
380. LOPES, Miguel Maria de Serpa. **Curso de Direito Civil**: direito das coisas: princípios gerais, posse, domínio e propriedade imóvel. Rio de Janeiro: Livraria Freitas Bastos, 1960, v. VI, p. 92.

Washington de Barros Monteiro[381] comentou a posição adotada por Clóvis Beviláqua, no sentido de a posse ser um direito especial, nestes termos:

> Para o ilustre civilista pátrio, a posse é um direito especial, a manifestação de um direito real, a propriedade ou algum de seus desmembramentos. Segundo ainda sua lição, posse é estado de fato. A lei protege-a em atenção à propriedade, de que constitui manifestação exterior. Assume o fato, assim, a posição de um direito, não propriamente a categoria de direito, imposta essa anomalia pela necessidade de manter a paz na vida econômica-jurídica.

Maria Helena Diniz[382] comenta que o enquadramento da posse com natureza *sui generis* decorre do fato de possuir uma posição autônoma que transita entre situação fática e proteção jurídica de direitos reais, sendo um direito protegido, independente de se enquadrar em direito pessoal ou real. Ela explica que Beviláqua se posicionou no sentido de a posse ser um direito especial pelo fato de não a enquadrar como direito real, primeiramente por não estar prevista no rol taxativo dos direitos reais e não gerar efeitos *erga omnes*, bem como não enquadrou a posse como direito pessoal por não estabelecer uma relação obrigacional entre possuidor e proprietário ou entre possuidor e terceiros.

Gustavo Tepedino[383] defende a posse como sendo um fato propriamente dito, um exercício de fato, uma vez que, exercendo um dos poderes inerentes ao domínio, independentemente de título ou relação com a propriedade, exercerá a posse como um direito autônomo com ações próprias e sem qualquer dependência com a propriedade. O autor esclarece que, com o novo Código Civil, a posse ganhou proteção autônoma, estando reconhecida independentemente de qualquer título demonstrativo de domínio, sendo protegida, inclusive, sem o domínio ou, até mesmo, contra o domínio. Nesse sentido, o Enunciado 492 da V Jornada de Direito Civil do Conselho da Justiça Federal (CJF)[384]: "*A posse constitui direito autônomo em relação à propriedade e deve expressar o aproveitamento dos bens para o alcance de interesses existenciais, econômicos e sociais merecedores de tutela*".

Flávio Tartuce[385] conceitua posse como o domínio fático que a pessoa exerce sobre a coisa e, levando em conta a teoria tridimensional de Miguel Reale, afirma que a posse constitui um direito com natureza jurídica especial de forma intermediária entre os direitos pessoais e reais. Nesse mesmo sentido, Cristiano Chaves de Farias e Nelson Rosenvald[386] também seguem o entendimento de que a posse é um direito subjetivo com estrutura peculiar, pois "*à medida que o ordenamento jurídico concede ao possuidor*

---

381. MONTEIRO, Washington de Barros. **Curso de Direito civil**. Direito das Coisas. 5. ed., rev. e ampl. São Paulo: Saraiva, 1963, p. 20.
382. DINIZ, Maria Helena. **Curso de Direito Civil Brasileiro**. Col. 4. Direito das coisas. 34. ed. São Paulo: Saraiva Educação, 2020, p. 68.
383. TEPEDINO, Gustavo José Mendes. Os Direitos Reais no Novo Código Civil. Revista da EMERJ – Escola da Magistratura do Estado do Rio de Janeiro. **Anais do "EMERJ Debate o Novo Código Civil"**, jul. 2002 a abr. 2003, p. 170. Disponível em: https://www.emerj.tjrj.jus.br/revistaemerj_online/edicoes/anais_onovocodigocivil/anais_especial_2/Anais_Parte_II_revistaemerj_168.pdf Acesso em: 22 nov. 2021.
384. BRASIL. Conselho da Justiça Federal. V Jornada de Direito Civil. **Enunciado 492**. Disponível em https://www.cjf.jus.br/enunciados/enunciado/561 Acesso em: 15 nov. 2021.
385. TARTUCE, Flávio. **Direito Civil**: direito das coisas. 13. ed. Rio de Janeiro: Forense, 2021, p. 34.
386. FARIAS, Cristiano Chaves de. **Curso de direito civil**: direitos reais. 17. ed. rev., ampl. e atual. Salvador: Ed. JusPodivm, 2021, p. 69-70.

o poder de satisfazer o direito fundamental de moradia, naturalmente defere-se uma gama de pretensões que lhe assegurem proteção perante terceiros".

O debate sobre fato ou direito, ou fato e direito, é defensável sob vários prismas. Porém, chama a atenção a posição de Ebert Vianna Chamoun, demonstrada por Maria Helena Diniz[387], no sentido de que a posse é um estado de fato porque não possui um título jurídico, e que o possuidor recebe a proteção legal porque aparenta uma situação regular, comportando-se como se fosse titular de um direito real.

Este é o cerne: a ausência de título jurídico afasta a posse do conceito puro de direito, colocando-a num limbo entre fato e direito. Ocorre que na legitimação de posse, objeto da REURB, como já vimos, existe um título, a CRF, que é atraída para a matrícula do imóvel, para ser inscrita como registro. Após o seu registro, a posse é exteriorizada para a sociedade, como regular, não apenas aparentando, mas, também, constituindo-se regular. Com o registro, recebe uma garantia, uma segurança, uma proteção. Por isso chamamos, particularmente, esta posse, registrada na matrícula como posse especial, qualificada, diferente da posse comum, discutida na doutrina. Resta saber se a posse especial, com direito, está no campo dos direitos pessoais, reais ou especiais (*sui generis*).

Se imaginarmos superada a discussão de que se a posse é um fato ou um direito, e reconhecendo que, pela sua proteção com ações próprias ela constitui um direito autônomo, resta saber se a posse constitui um direito pessoal, real ou *sui generis*. E, aqui, novamente, vamos diferenciar a posse comum, estudada ao longo dos anos desde as Ordenações, e trabalhada no Código Civil de 1916 e no Código Civil de 2002, da posse que chamamos de especial, qualificada, prevista na Lei da REURB com a legitimação de posse, a qual possui a chave para adentrar ao registro de imóveis. Para tanto, antes é importante diferenciar, brevemente, direitos pessoais de direitos reais.

8.8.7 Rápida distinção dos direitos reais e direitos pessoais

Afonso Fraga[388] explana que a distinção entre direitos reais e pessoais remonta ao Século XII e foi cunhada pelo Direito Canônico, ao contrário do que muitos pregam, ter sido o Direito Romano o primeiro a diferenciar o direito entre as pessoas e o direito sobre a coisa. Eduardo Espínola[389] explica que, enquanto os direitos pessoais são considerados direitos relativos, podendo o titular deste direito exigir de determinada pessoa uma certa ação ou omissão em razão da relação pessoal existente entre elas, os direitos reais são considerados absolutos, podendo ser exigido contra toda e qualquer pessoa, pois o direito real existe pelo simples fato de alguém tê-lo. Assim, o direito pessoal é mediato e o direito real, imediato. Ou seja, o direito real vincula uma pessoa à coisa e o

---

387. DINIZ, Maria Helena. **Curso de Direito Civil Brasileiro.** Col. 4. Direito das coisas. 34. ed. São Paulo: Saraiva Educação, 2020, p. 68.
388. FRAGA, Affonso. **Direitos Reaes de Garantia:** Penhor, Antichrese e Hypotheca. São Paulo: Editoria Livraria Acadêmica, 1933, p. 5.
389. ESPINOLA, Eduardo. **Posse, Propriedade, Compropriedade ou Condomínio, Direitos Autorais**. Rio de Janeiro: Conquista, 1956, p. 7.

direito obrigacional vincula uma pessoa à prestação (dar, fazer ou não fazer), que poderá chegar até uma coisa para a sua realização.

Luiz da Cunha Gonçalves[390], ao conceituar os direitos reais, afirma que muitos autores os definem como sendo uma relação direta entre uma coisa e uma pessoa, não havendo, assim, qualquer intermediário entre essa relação; porém, para o autor, tal conceito é um equívoco, pois o direito do titular sobre a coisa é oportunizado pela própria abstenção de todas as outras pessoas estranhas ao titular do direito, isto é, "a obrigação da passividade universal ou o complexo dos deveres de todas as pessoas estranhas ao titular do direito de não turbar, não violar, não impedir este gôzo, quer essas pessoas sejam certas, quer incertas". O jurista não concorda com o conceito de que se trata tão somente de uma relação entre pessoa e coisa, pois entende que, evidentemente, existe uma relação entre um sujeito ativo (proprietário, usufrutuário, enfiteuta etc.), um sujeito passivo (toda a sociedade) e, por fim, um objeto.

Roberto de Ruggiero[391] leciona que os direitos reais atribuem ao titular um poder positivo, imediato sobre a coisa, correspondendo a um dever geral e negativo a todos que a coisa não pertence em abster-se de qualquer ato de turbação. Se o poder é pleno e ilimitado, ocorrendo sobre toda sua extensão, chama-o de direito real de propriedade. Quando o direito real é exercido apenas em parte (menos pleno), de forma limitada a alguma utilidade econômica, chama-o de direitos reais menores, ou direitos sobre coisas alheias.

Mônica Jardim[392] lembra que, no que diz respeito ao conceito de direito real, inúmeras tentativas foram feitas ao longo da história, e muitas teorias se originaram em decorrência disso (teoria realista, teoria personalista, teoria eclética), mas na atualidade ainda não temos uma unanimidade sobre o que, estruturalmente, deva se entender por direito real. Defensora da teoria realista, Mônica Jardim explica que o direito real é um poder direto e imediato sobre uma coisa, mas é, também, fonte de obrigações de conteúdo positivo de dar ou fazer que pertencem ao respectivo titular, pelo simples fato de ser proprietário.

A teoria realista (clássica) foi difundida por Hugo Grocio, o qual sustentava que o direito real é a faculdade de uma pessoa sobre uma coisa, sem relação com outra pessoa, subsistindo por si só, sem relação com um sujeito passivo que figure em uma relação jurídica. Diferencia-se do direito real porque não existe relação entre pessoas[393]. Johann Gottlieb Heineccius tentou ampliar a teoria realista de Grocio, acrescentando, na sua essência, o poder de exercer o direito real contra qualquer possuidor. Todavia, esse poder não está na causa, mas no efeito dos direitos reais, o que nos é conhecido

---

390. GONÇALVES, Luiz da Cunha. **Tratado de Direito Civil em comentário ao Código Civil Português**. Coimbra: Coimbra Editora Limitada, 1929, v. I, p. 270.
391. RUGGIERO, Roberto de. **Instituições de Direito Civil**. Trad. da 6. ed. italiana por Ary dos Santos. São Paulo: Saraiva, 1957, v. I, p. 247-249.
392. JARDIM, Mônica. Direitos reais versus direitos pessoais. A eficácia real de direitos pessoais – actualidades civilísticas – **Revista de Direito Civil Contemporâneo – RDCC**, 2019, p. 299-300.
393. FRAGA, Affonso. **Direitos Reaes de Garantia**: Penhor, Antichrese e Hypotheca. São Paulo: Editoria Livraria Acadêmica, 1933, p. 6-7.

como direito de sequela, ou seja, o poder de perseguir a coisa, independentemente de quem esteja com ela[394]. Ferdinand Mackeldey acrescentou um novo elemento à teoria realista que foi considerado essencial: a imediação. Para Mackeldey, a coisa pertence ao titular do direito real e está submetida ao seu poder e à sua vontade sem intermediários. A imediação forma e individualiza o direito real.[395]

Flávio Tartuce[396] se posiciona a favor da teoria realista, mas ressalva que, atualmente, estamos diante de uma forte tendência de contratualização do direito privado, de forma que a autonomia privada tem cada vez mais influência no Direito Civil. Além disso, o autor critica alguns atributos clássicos dos direitos reais, em especial o absolutismo, pois até mesmo os direitos da personalidade, que são considerados fundamentais por sua posição constitucional, podem ser mitigados quando em conflito com outros da mesma espécie.

Resta saber quando estamos diante de um direito pessoal ou um direito real. O entendimento dominante sempre foi no sentido de que a lei determina a categoria do direito, se real ou pessoal, permitindo aos direitos reais o acesso ao registro de imóveis, como forma de torná-los públicos e oponíveis a toda a sociedade. Daí a discussão se a lei, ao elencar os direitos reais, seria taxativa, ou se a lei, por ser a única fonte de direitos reais, tornaria-os típicos.

A doutrina diverge se os direitos reais previstos no Código Civil são taxativos (*numeros clausus*) ou exemplificativos (*numerus apertus*). Se considerados taxativos, são direitos reais apenas os previstos no artigo 1.225, *in verbis*:

Artigo 1.225. São direitos reais:

I – a propriedade;

II – a superfície;

III – as servidões;

IV – o usufruto;

V – o uso;

VI – a habitação;

VII – o direito do promitente comprador do imóvel;

VIII – o penhor;

IX – a hipoteca;

X – a anticrese.

XI – a concessão de uso especial para fins de moradia; (Incluído pela Lei nº 11.481, de 2007)

XII – a concessão de direito real de uso; (Redação dada pela Lei nº 14.620, de 2023)

XIII – a laje; (Redação dada pela Lei nº 14.620, de 2023)

---

394. FRAGA, Affonso. **Direitos Reaes de Garantia:** Penhor, Antichrese e Hypotheca. São Paulo: Editoria Livraria Acadêmica, 1933, p. 7-8.
395. FRAGA, Affonso. **Direitos Reaes de Garantia:** Penhor, Antichrese e Hypotheca. São Paulo: Editoria Livraria Acadêmica, 1933, p. 9.
396. TARTUCE, Flávio. **Direito Civil:** direito das coisas. 13. ed. Rio de Janeiro: Forense, 2021, p. 6-9.

XIV – os direitos oriundos da imissão provisória na posse, quando concedida à União, aos Estados, ao Distrito Federal, aos Municípios ou às suas entidades delegadas e a respectiva cessão e promessa de cessão. (Incluído pela Lei nº 14.620, de 2023)

Todavia, não é este o entendimento moderno. Admite-se a criação de outros direitos reais, desde que por lei, não se admitindo a criação por simples vontade das partes. É aí que falamos em tipicidade, ou seja, somente são direitos reais se a lei assim o disser. Flávio Tartuce[397] lembra que, em 2016, o STJ reconheceu a multipropriedade[398] como direito real, sem ofender a taxatividade do Código Civil. Além disso, Tartuce[399] destaca que a alienação fiduciária de bem imóvel, objeto da Lei nº 9.514/97, não consta no artigo 1.225 do Código, mas o artigo 17, § 1º, indica que a garantia é direito real[400] e finaliza "em suma, não haveria taxatividade estrita dentro do rol mencionado, devendo apenas ser observada a tipicidade em si".

Em 2023, foi incluído no rol dos direitos reais do Art. 1.225 do Código Civil, pela Lei 14.620 (Novo programa minha casa, minha vida), os direitos oriundos da imissão provisória na posse, quando concedida à União, aos Estados, ao Distrito Federal, aos Municípios ou às suas entidades delegadas e a respectiva cessão e promessa de cessão (Art. 1.225, XIV, CC). Essa alteração legislativa foi objeto de muitas críticas por alguns civilistas por entenderem ser atécnico considerar como direito real autônomo os "direitos oriundos da imissão provisória na posse". Carlos Elias[401] defende não ser um direito autônomo, e sim direito real de propriedade do ente desapropriante.

---

397. TARTUCE, Flávio. **Direito Civil**: direito das coisas. 13. ed. Rio de Janeiro: Forense, 2021, p. 12-13.
398. A multipropriedade foi inserida oficialmente no ordenamento jurídico brasileiro pela Lei nº 13.777/2018. (BRASIL. Lei nº 13.777, de 20 de dezembro de 2018. Altera as Leis n º 10.406, de 10 de janeiro de 2002 (Código Civil), e 6.015, de 31 de dezembro de 1973 (Lei dos Registros Públicos), para dispor sobre o regime jurídico da multipropriedade e seu registro. Disponível em: http://www.planalto.gov.br/ccivil_03/_ato2015-2018/2018/lei/L13777.htm Acesso em: 15 nov. 2021).
399. TARTUCE, Flávio. **Direito Civil**: direito das coisas. 13. ed. Rio de Janeiro: Forense, 2021, p. 16.
400. Artigo 17. As operações de financiamento imobiliário em geral poderão ser garantidas por:
    I – hipoteca;
    II – cessão fiduciária de direitos creditórios decorrentes de contratos de alienação de imóveis;
    III – caução de direitos creditórios ou aquisitivos decorrentes de contratos de venda ou promessa de venda de imóveis;
    IV – alienação fiduciária de coisa imóvel.
    § 1º As garantias a que se referem os incisos II, III e IV deste artigo constituem direito real sobre os respectivos objetos. (BRASIL. Lei nº 9.514, de 20 de novembro de 1997. Dispõe sobre o Sistema de Financiamento Imobiliário, institui a alienação fiduciária de coisa imóvel e dá outras providências. Disponível em: http://www.planalto.gov.br/ccivil_03/leis/l9514.htm Acesso em: 22 nov. 2021).
401. "É que, no caso de desapropriação, o momento da imissão na posse marca a aquisição originária da propriedade pelo ente desapropriante. Eventual registro posterior no Cartório de Imóveis não tem eficácia constitutiva, mas apenas declaratória. Trata-se de uma exceção ao princípio da inscrição (segundo o qual os direitos reais nascem com o registro na matrícula do imóvel, conforme arts.1.227 e 1.245 do CC2). Não importa se essa imissão foi deferida em sede de tutela provisória, tal qual autorizado no rito da ação de desapropriação, especificamente no art. 15 do Decreto-Lei nº 3.365/1941. As etapas posteriores do procedimento de desapropriação são essencialmente para discutir se a indenização paga pelo ente desapropriante foi ou não quantificada corretamente [...] Ao ingressar na posse do bem, o ente desapropriante já se torna proprietário do bem. Já é titular, portanto, do direito real de propriedade. Não há necessidade de nenhum reconhecimento judicial posterior". (ELIAS, C. Novo Direito Real com a lei 14.620/23: uma atecnia utilitarista diante da imissão provisória na posse. **Migalhas**. Disponível em: https://www.migalhas.com.br/coluna/migalhas-notariais-e-registrais/390037/novo-direito-real-com-a-lei-14-620-23 Acesso em: 12 fev. 2024).

José de Oliveira Ascensão[402] evidencia que a doutrina moderna se utiliza do princípio da tipicidade dos direitos reais e que no passado não se falava em tipicidade, mas apenas em *numerus clausus* que equivalia à exclusão da autonomia privada. O autor esclarece que o "tipo" possui maior concretude que o conceito, uma vez que a tipicidade jurídica se contrapõe a uma figura genérica ou a um conceito, os quais são consagrados pela norma sem quaisquer especificações. Porém, enquanto o tipo é mais concreto que o conceito, deve, necessariamente, ser mais abstrato que o caso individual, se posicionando, assim, de forma intermediária, entre o conceito e o caso individual.

Ascensão[403] indaga sobre o significado verdadeiro de "figuras típicas" e prontamente esclarece que significa dizer "que há uma tipologia taxativa; não há possibilidade de moldar novas formas além daquelas que foram especificadas em lei", exemplificando com os direitos reais e os crimes. Contudo, afirma que também existe a tipologia exemplificativa, a qual não exclui a criação de novas figuras além das previstas em lei, exemplificando com os contratos. Além da tipicidade taxativa e exemplificativa, há, ainda, a tipicidade delimitativa, a qual pode ser posicionada entre as duas anteriores, possibilitando, assim, a elaboração de novas figuras, mas somente se forem análogas a algum tipo já previsto na norma.

Para o doutrinador português, os direitos reais estão previstos como tipicidade taxativa, ou seja, são direitos reais os previstos em lei, mas necessariamente não são apenas os previstos no rol do Código Civil. Além disso, há uma clara distinção, na visão do autor, quanto à ideia de criação de direitos reais pela norma e a qualificação de direitos como direitos reais, que fica a cargo dos intérpretes da norma a certas situações estabelecidas por lei que podem ser qualificadas como direitos reais:

> Se vigora o princípio do *numerus clausus*, isso significa que a lei se reservou o privilégio de prever, um por um, os direitos reais admissíveis: nenhuma figura a que as partes possam dar vida pode ser considerada real se não corresponder a um modelo legal. Mas nisso se esgota todo o significado do princípio, salvo expressa declaração legal. Com efeito, a tarefa de qualificação não pertence à lei, mas ao intérprete. Este é livre de integrar no conceito de direito real situações que o legislador não qualificou expressamente como tais, e que porventura não considerou sequer figuras autónomas de direito subjectivo, mas a que atribuiu o regime jurídico correspondente aos direitos reais[404].

O que Ascensão[405] pretende apresentar é a situação de que afirmar que os direitos reais são decorrência de uma tipicidade taxativa não impede que o intérprete qualifique determinadas situações como direitos reais, desde que os traços essenciais e imprescindíveis estejam presentes, ou seja, pretende demonstrar que o princípio do *numerus clausus* não equivale à tipicidade/tipologia taxativa. Dentre a ideia de qualificação de situações como direitos reais pelo intérprete, Ascensão exemplifica a posse, entendendo que não há qualquer impedimento para que seja qualificada como direito real.

---

402. ASCENSÃO, José de Oliveira. **A Tipicidade dos Direitos Reais**. Lisboa: Petrony, 1968, p. 304-305.
403. ASCENSÃO, José de Oliveira. **A Tipicidade dos Direitos Reais**. Lisboa: Petrony, 1968, p. 51-53.
404. ASCENSÃO, José de Oliveira. **A Tipicidade dos Direitos Reais**. Lisboa: Petrony, 1968, p. 121.
405. ASCENSÃO, José de Oliveira. **A Tipicidade dos Direitos Reais**. Lisboa: Petrony, 1968, p. 122-124.

8.8.8 A posse pode ser considerada, excepcionalmente, um direito real provisório?

Dentre os defensores da posse como direito real, Gustavo Tepedino[406] justifica que o exercício da posse ocorre sem intermediários, ou seja, há relação de poder direto e imediato entre a coisa e a pessoa e, além disso, há oponibilidade em face de terceiros. Ademais, explica o jurista, quem entende que a posse é um direito pessoal utiliza-se, dentre os argumentos, que ela não está incluída no rol dos direitos reais do artigo 1.225 do Código Civil[407]. Porém, tal fato não impede a sua caracterização como direito real, pois a taxatividade não se dá, única e exclusivamente, pela previsão no rol do artigo 1225 do Código Civil, podendo a posse ser enquadrada como direito real.

Luiz da Cunha Gonçalves[408] inclui a posse como um direito real, apesar de entender que ela se trata de exercício material sobre uma coisa alheia, sem que se tenha o correspondente direito. Partindo do conceito defendido pelo autor sobre os direitos reais, justifica a inclusão da posse como sendo um deles pelo fato de que o possuidor opõe a sua posse diante de toda a coletividade. Entende que a posse é, ao mesmo tempo, um direito real *sui generis* (pois a utilização e fruição da coisa é independente de qualquer título jurídico) e um direito real provisório[409], uma vez que pode cessar em razão de uma ação possessória ou de domínio.

Reforça a corrente de que a posse é um direito real a professora Maria Helena Diniz[410], explicando que a posse é a visibilidade ou desmembramento da propriedade e não há propriedade sem posse; portanto, as duas estão na mesma categoria jurídica, como direitos reais.

Martín Wolff[411] também defende que a posse é um direito real, porém provisório, sobre uma coisa, diferenciando-se dos outros direitos reais que são definitivos, *in verbis*:

> A posse (no sentido de direito de posse) é um direito provisório sobre uma coisa, ao contrário da propriedade e de outros direitos reais, que são definitivos: o possuidor não está protegido contra intervenção externa, mas apenas provisoriamente; (...) o registo imobiliário não lhe é acessível, e a posse de um não proprietário não constitui "gravame" da coisa, nem a transmissão da posse implica "alienação" do imóvel. Apesar de tudo isso, não se pode negar que a posse recai "sobre a coisa". Por esta razão, as reivindicações do possuidor são reivindicações "reais".[412]

---

406. TEPEDINO, Gustavo; MONTEIRO FILHO, Carlos Edison do Rêgo; RENTERIA, Pablo. **Direitos Reais**. Rio de Janeiro: Forense, 2020, p. 19-20.
407. BRASIL. Lei nº 10.406, de 10 de janeiro de 2002. Institui o Código Civil. Disponível em: http://www.planalto.gov.br/ccivil_03/leis/2002/l10406compilada.htm Acesso em: 15 nov. 2021.
408. GONÇALVES, Luiz da Cunha. **Tratado de Direito Civil em comentário ao Código Civil Português**. Coimbra: Coimbra Editora Limitada, 1929, v. I, p. 272-273.
409. GONÇALVES, Luiz da Cunha. **Tratado de Direito Civil em comentário ao Código Civil Português**. Coimbra: Coimbra Editora Limitada, 1930, v. III, p. 461.
410. DINIZ, Maria Helena. **Curso de Direito Civil Brasileiro**. Col. 4. Direito das coisas. 34. ed. São Paulo: Saraiva Educação, 2020, p. 68.
411. WOLFF, Martin. Derecho de Cosas. In: ENNECCERUS, Ludwig; KIPP, Theodor; WOLFF, Martin. **Tratado de Direito Civil**. 2. ed. Trad. Blas Pérez González e José Alguer. Barcelona: Bosh, 1951, v. I, p. 18.
412. Do original: *"La posesión (em sentido de derecho de posesión) es um derecho provisional sobre uma cosa, a diferencia de la propriedade y otros derechos reales, que son definitivos: el poseedor no es protegido contra las intervenciones ajenas sino sólo provisionalmente; (...) el registro inmobiliário no le es accesible, y la posesión de um no-proprietario no connstituye "gravamen" de la cosa, ni la transmision de la posesión implica "disposicion" sobre la cosa. Apesar de*

Analisando a doutrina de Martin Wolff, observa-se que ele ressalta a impossibilidade de a posse acessar o registro de imóveis, característica natural em vários sistemas jurídicos. Aliás, normalmente, a posse nem título tem, pois ela é um fato que gera direitos e os efeitos desses direitos, muitas vezes, estão próximos dos direitos reais, pois o possuidor está com alguns elementos do domínio. Ocorre que, no Brasil, a legitimação de posse passou a ser titulada e com expressa previsão de registro no álbum imobiliário, e isso muda a compreensão.

Algumas posses, chamadas de comuns, são realmente apenas situações de fato, outras são exercidas em razão do direito real que o possuidor tem. O proprietário, por exemplo, quando exerce a posse está usufruindo dos seus poderes da propriedade. Assim, o simples usufrutuário exerce a posse em decorrência do seu direito real, bem como o promitente comprador que registrou seu contrato na matrícula.

Também é uma posse comum, porém mais frágil, a posse de um ocupante, mero possuidor sem título que se encontra em uma situação de fato, o qual poderá ser protegido mediante ações possessórias. Não se desconhece que muitas posses são documentadas por instrumentos particulares ou por escrituras públicas declaratórias, uma prática brasileira comum que pode ser objeto de cessão, o que ocorre desde as sesmarias, mas isso não lhe possibilita o acesso à matrícula do imóvel, e menos ainda um direito real.

Modernamente, nos procedimentos de usucapião extrajudicial, o legislador passou a exigir como prova da posse uma ata notarial, lavrada pelo tabelião de notas da circunscrição em que se localiza o imóvel. A ata deverá integrar o pedido de usucapião extrajudicial no registro de imóveis, bem como pode servir de prova para a usucapião judicial. Mas a ata, em si, não tem previsão de ser inscrita na matrícula do imóvel, sendo apenas um dos elementos que o registrador vai analisar no pedido de usucapião.

A posse documentada, seja por ata notarial, ou por instrumentos particulares, ou até mesmo por escrituras declaratórias, serve de prova para o pedido de usucapião, pois representa uma realidade jurídica obrigacional. Em nenhum momento esses documentos podem produzir direito real, mesmo que sejam inscritos na matrícula do imóvel, o que ocorreria, eventualmente, por averbação, lastreado no princípio da concentração, pois o legislador reservou o registro para a legitimação de posse, por se tratar de uma posse especial.

Quanto à legitimação de posse, em sede de procedimento de REURB, indicada na CRF como vinculada ao artigo 183 da CF/88, entendemos como uma posse especial e, após o seu registro na matrícula do imóvel, torna-se um direito real provisório, em razão do seu tratamento diferenciado, por estar vinculada ao núcleo duro do direito fundamental à moradia. Surge um direito real expectado e não uma mera expectativa de direito.

Explicando melhor a diferença entre direito expectado e mera expectativa de direito, Pontes de Miranda[413], na sua época, diferenciou muito bem os institutos, os quais

---

    todo ello, no se puede negar que la posesión recae "sobre la cosa". Por esto, las pretensiones de poseedor son pretenciones "reales"".
413. MIRANDA, Francisco Cavalcanti Pontes de. **Tratado de Direito Privado:** Parte Geral. Tomo V. 2. ed. Rio de janeiro: Borsoi, 1955, p. 282-296.

hoje estão intimamente ligados aqui na legitimação de posse, a depender se ela está relacionada com a usucapião especial urbana ou com outra modalidade de usucapião.

Para o autor[414], a expectativa de algo está no foro psíquico da pessoa, não no mundo jurídico. Por exemplo, se Montesquieu faz uma oferta por um terreno de Robespierre, e ainda não teve a aceitação, ele está em expectativa aguardando. Isso não gera direitos. Todavia, se Robespierre aceita e eles firmam um contrato de promessa de compra e venda, agora existe um direito que está expectado, este direito é a aquisição da propriedade. O direito expectado produz uma sombra do direito, a expectativa não produz sombra. Por isso, as expectativas são apenas expectativas de direitos, não são direitos.

Assim, aquele que tem um direito expectado, explica Pontes[415], na verdade é pré-titular de um direito futuro, que ainda não está gerando efeitos. O direito expectado, para que se realize, não depende de um ato humano, apenas do tempo. Enquanto aguarda, a pessoa possui um direito expectativo e esse sim já está produzindo efeitos, pois integra o patrimônio do expectante, podendo ser cedido ou penhorado[416]. Por isso é possível ceder a promessa de compra e venda ou a legitimação de posse. Enquanto o direito expectado está suspenso, o expectante que possui direito expectativo pode conservar a coisa[417].

Assim, após o registro da legitimação de posse na matrícula do imóvel, com os requisitos do suporte fático da usucapião especial urbana, está expectado o direito de propriedade, que ocorrerá independentemente de fato humano, de forma automática como fala a lei. O possseiro tem o direito expectativo real que pode ser cedido.

Sendo cedido para alguém que também preenche os requisitos da usucapião especial urbana, mantém-se o direito real. Se cedido a alguém que não preenche os requisitos, o direito real, que era provisório, desaparece, bem como o direito expectado, que, agora, deslocou-se para a categoria das expectativas de direito, onde, após o prazo legal, o possuidor terá que promover o procedimento de usucapião extrajudicial, realizando a prova necessária.

Ressalta-se que na REURB o legislador não limitou a legitimação de posse apenas aos casos de usucapião constitucional urbana, prevista no artigo 183 da CF/88, pois também permitiu o registro da posse em outras hipóteses de regularização; todavia, aqui não enxergamos a posse como um direito real, mesmo que inscrita, mas como um direito *sui generis*.

Assim, a posse especial que configura um direito real, no nosso entender, é aquela que visa garantir o direito fundamental de moradia, garantindo o acesso à propriedade que está vinculado ao mínimo existencial ou patrimônio mínimo. É essa posse, legitimada por CRF, que será convertida automaticamente em propriedade, independentemente

---

414. MIRANDA, Francisco Cavalcanti Pontes de. **Tratado de Direito Privado**: Parte Geral. Tomo V. 2. ed. Rio de janeiro: Borsoi, 1955, p. 282-296.
415. MIRANDA, Francisco Cavalcanti Pontes de. **Tratado de Direito Privado**: Parte Geral. Tomo V. 2. ed. Rio de janeiro: Borsoi, 1955, p. 282-296.
416. O art. 835, inciso XII, do Código de Processo Civil permite a penhora dos direitos aquisitivos na promessa de compra e venda
417. O artigo 130 do Código Civil prevê que o titular de direito eventual poderá conservar a coisa. Pontes critica a expressão "eventual", já constante no Código de 1916, pois trata-se de um direito, não de uma mera expectativa.

de provocação ou prática de qualquer ato registral. A legitimação de posse de imóvel urbano, apontada para o artigo 183 da CF/88, registrada na matrícula do imóvel, é um direito real provisório que somente poderá ser extinto se outro exercer o domínio, o que deverá ser comprovado, ou quando o possuidor deixar de atender as condições previstas na Lei nº 13.465/17 e no Decreto nº 9.310/18, hipótese em que o município poderá requerer seu cancelamento no registro de imóveis. Senão vejamos:

> Artigo 20. O título de legitimação de posse poderá ser cancelado pelo Poder Público emitente quando constatado que as condições estabelecidas na Lei nº 13.465, de 2017, e neste Decreto deixaram de ser satisfeitas, sem que seja devida qualquer indenização àquele que irregularmente se beneficiou do instrumento.
>
> Parágrafo único. Após efetuado o procedimento a que se refere o caput, o Poder Público solicitará ao oficial do cartório de registro de imóveis a averbação do seu cancelamento.

Apesar de a norma não prever, é claro que o pedido de cancelamento deverá ser qualificado pelo registrador, oportunizando-se a manifestação do titular do direito real, o qual, impugnando o pedido, deverá ser enviado ao juiz de direito para providências. Não se pode, simplesmente, cancelar um direito fundamental como um ato potestativo. A legitimação de posse especial, registrada, escapa da seara da Administração Pública, sendo atraída para o núcleo duro dos direitos fundamentais, de lá saindo apenas em casos específicos, por isso trata-se de direito real provisório,

8.8.9 Concessão de uso para fins de moradia

A concessão de uso para fins de moradia está prevista no Estatuto da Cidade como forma de ordenar o desenvolvimento das funções sociais da cidade e da propriedade urbana, Lei nº 10.257/01, artigo 4º, inciso V[418], e foi regulamentado[419] pela MP[420] nº 2.220, de 04 de setembro de 2001. Curiosamente, a MP refere-se ao § 1º do artigo 183 da CF/88, cujo *caput* trata da usucapião especial urbana. Nas palavras de Maria Sylvia Zanella Di Pietro, "o dispositivo constitucional exige um certo esforço de interpretação[421]", pois no *caput* fala da usucapião de imóvel urbano e no § 1º fala dada alienação e concessão de uso sobre imóveis públicos urbanos, *in verbis*:

> Artigo 183. Aquele que possuir como sua área urbana de até duzentos e cinquenta metros quadrados, por cinco anos, ininterruptamente e sem oposição, utilizando-a para sua moradia ou de sua família, adquirir-lhe-á o domínio, desde que não seja proprietário de outro imóvel urbano ou rural.
>
> § 1º O título de domínio e a **concessão de uso** serão conferidos ao homem ou à mulher, ou a ambos, independentemente do estado civil. (grifo nosso).

---

418. BRASIL. Lei nº 10.257, de 10 de julho de 2001. Regulamenta os arts. 182 e 183 da Constituição Federal, estabelece diretrizes gerais da política urbana e dá outras providências. Disponível em: http://www.planalto.gov.br/ccivil_03/leis/leis_2001/l10257.htm Acesso em: 22 nov. 2021.
419. Originalmente, o instituto vinha previsto nos artigos 16 a 20 do Estatuto da Cidades, mas os dispositivos foram vetados pelo Presidente da República. Por isso, logo em seguida, a publicação da MP nº 2.220/2001.
420. A EC nº 32/2001 alterou a forma de tramitação das MPs no Congresso Nacional e permitiu que todas as MPs, em vigor na data da sua publicação, continuassem em vigor. Por isso, a MP nº 2.220/2001 ainda produz efeitos.
421. DI PIETRO, Sylvia Zanella. **Uso privativo de bem público por particular**. 3. ed. São Paulo: Atlas, 2014, p. 205.

A Lei nº 13.465/17 provocou alterações na MP nº 2.220/2001, ampliando a data de regularização das situações consolidadas de 30 de junho de 2001 para 22 de dezembro de 2016. No Código Civil, a concessão de uso para fins de moradia está prevista no artigo 1.225, inciso XI, elencando-o como direito real; portanto, o correto seria chamar de concessão de direito real especial de uso para fins de moradia. Por se tratar de um direito real especial, com finalidade específica de moradia, fica afastada a possibilidade de exploração do bem para obtenção de renda[422].

Segundo a MP nº 2.220/2001, será concedido o direito real de uso para fins de moradia, sobre imóveis públicos com características e finalidades urbanas, àqueles que até a data de 22 de dezembro de 2016 possuírem como seu, ininterruptamente e sem oposição, até 250 m², utilizando-o para sua moradia, desde que não tenha outro imóvel, urbano ou rural. O direito de uso será concedido apenas uma vez ao concessionário, podendo ser transmitido por ato *inter vivo* (artigo 7º) ou *causa mortis*, o que leva à conclusão de que ele não é personalíssimo[423].

A concessão de uso assemelha-se muito, em estrutura, à usucapião especial urbana, prevista no artigo 183 da CF/88. A diferença é que a concessão é sobre imóveis públicos e a usucapião é sobre imóveis privados, mas ambas tratam da mesma área (até 250m²), prazo de cinco anos e utilização para moradia. Em finalidade também se assemelham, como função social visando à moradia, uma, porém, trabalha o direito real de propriedade e a outra, o direito real de uso para fins de moradia.

Como direito real especial, possui características próprias vinculadas à moradia com possibilidade de ser hipotecado (artigo 1473, inciso VIII, do Código Civil) ou ofertado em alienação fiduciária (artigo 22, § 1º, inciso II, da Lei nº 9.514/97), ou pelo SFH (artigo 13 da Lei nº 11.481/07).

O título de concessão de uso poderá ser obtido pela via administrativa, perante a Administração Pública, ou em procedimento de REURB[424], ou, ainda, havendo recusa ou omissão da Administração, pela via judicial. Portanto, trata-se de um direito oponível à Administração Pública. Todavia, lembra Di Pietro[425] que a Administração Pública possui o prazo de doze meses a contar do protocolo para decidir, portanto, antes disso, não poderá ser provocada a via judicial.

A concessão de direito real de uso para fins de moradia é registrada na matrícula do imóvel, conforme artigo 167, inciso I, n. 37, da Lei nº 6.015/73, e o seu cancelamento será averbado, conforme artigo 167, inciso II, n. 19, da mesma lei. O direito será considerado extinto[426] se o concessionário der ao imóvel destinação diversa da moradia ou adquirir a propriedade ou concessão de uso em outro imóvel urbano ou rural.

Dessa forma, a concessão de direito real de uso para fins de moradia é gratuita, de uso privado para moradia, perpétua, oponível à Administração Pública em áreas de até

---

422. DI PIETRO, Sylvia Zanella. **Uso privativo de bem público por particular**. 3. ed. São Paulo: Atlas, 2014, p. 209.
423. TARTUCE, Flávio. **Direito Civil**: direito das coisas. 13. ed. Rio de Janeiro: Forense, 2021, p. 572.
424. Lei nº 13.465/17, artigo 15, inciso XII..
425. DI PIETRO, Sylvia Zanella. **Uso privativo de bem público por particular**. 3. ed. São Paulo: Atlas, 2014, p. 209.
426. Medida Provisória 2.220/2001, artigo 8º.

250m², urbana ou com finalidade urbana, que pode ser cedida a terceiros ou objeto de herança. Esta cessão, claro, depende de enquadramento dos mesmos requisitos estruturais do instituto.

Considerando que alguns direitos reais podem ser usucapidos, há de se imaginar essa possibilidade, desde que previamente constituído na matrícula, pois os imóveis públicos não são objeto de usucapião. Assim, neste caso, a Administração, após conceder o título, este deve ser levado ao registro de imóveis. Caso receba nota devolutiva, poderá o interessado promover a usucapião, utilizando o título como justo título. Por outro lado, caso a concessão esteja registrada, mas o domínio esteja sendo exercido por terceiro, poderá pleitear a usucapião do direito de uso para fins de moradia, desde que preencha os requisitos do suporte fático.

Hely Lopes Meirelles[427] explica que, nas áreas onde não for possível identificar os terrenos ocupados pelos possuidores, caso de favelas, a concessão do direito real de uso para fins de moradia ocorrerá de forma coletiva, na forma do artigo 2º da MP nº 2.220/2001, assemelhando-se, como ressalta Flávio Tartuce[428], ao instituto da usucapião coletiva urbana, tratada no artigo 10 do Estatuto da Cidade.

---

427. MEIRELLES, Hely Lopes. **Direito Municipal Brasileiro**. 18. ed. Atual. por Giovani da Silva Corralo. São Paulo: Malheiros, 2017, p. 338.
428. TARTUCE, Flávio. **Direito Civil**: direito das coisas.13. ed. Rio de Janeiro: Forense, 2021, p. 572.

Referências

ABREU, J. Capistrano de. **O descobrimento do Brasil**. Rio de Janeiro: Anuário do Brasil, 1929.

ALEXY, Robert. **Teoria discursiva do direito**. 2. ed. organização, tradução e estudo introdutório de Alexandre Travessoni Gomes Trivisonno. Rio de Janeiro: Forense Universitária, 2015.

ALMEIDA, Francisco de Paula Lacerda de. **Direito das Cousas**. Exposição sistemática desta parte do direito civil pátrio. Rio de Janeiro: Ribeiro dos Santos Livreiro Editor, 1908.

ALVES, José Carlos Moreira. **Da alienação fiduciária em garantia**. São Paulo: Saraiva, 1973.

ALVES, José Carlos Moreira. **Posse 1**: introdução histórica. Rio de Janeiro: Ed. Forense, 1985.

AMANDEI, Vicente Celeste; AMANDEI, Vicente de Abreu. **Como lotear uma gleba: o parcelamento do solo urbano em seus aspectos essenciais (loteamento e desmembramento)**. 4 ed. Campinas, SP: Millennium Editora, 2014.

ARONE, Ricardo. **Propriedade e domínio**: reexame sistemático das noções nucleares de direitos reais. Rio de Janeiro: Renovar, 1999.

ASCENSÃO, José de Oliveira. **A Tipicidade dos Direitos Reais**. Lisboa: Petrony, 1968.

ASSIS, Araken de. Fraude contra execução no registro de imóveis. In: DIP, Ricardo (Coord.). **Direito registral e o novo Código de Processo Civil**. Rio de Janeiro: Forense, 2016.

AUGUSTO, Eduardo Agostinho Arruda. **Registro de Imóveis, retificação e georreferenciamento**: fundamento e prática. São Paulo: Saraiva, 2013.

AZEVEDO JR., José Osório de. **Compromisso de compra e venda**. 5. ed. São Paulo: Malheiros, 2006.

BALBINO FILHO, Nicolau. **Direito Imobiliário Registral**. São Paulo: Saraiva, 2001, p. 176.

BALBINO FILHO, Nicolau. **Registro de Imóveis**: doutrina, prática e jurisprudência. 16. ed. rev. e atual. São Paulo: Saraiva, 2012.

BARBORA, Rui. **Parecer sobre a redação do Código Civil**. Rio de Janeiro: Ministério da Educação e Saúde, 1949, p. 18. Disponível em: http://rubi.casaruibarbosa.gov.br/handle/20.500.11997/1926 Acesso em: 25 nov. 2021.

BESSONE, Darcy. **Direitos Reais**. São Paulo: Saraiva, 1988.

BEVILAQUA, Clóvis. **Código Civil dos Estados Unidos do Brasil**. 6. ed. Rio de Janeiro: Francisco Alves, 1940, v. I.

BEVILÁQUA, Clóvis. **Direito das Coisas**. Rio de Janeiro: Editora Freitas bastos, 1941.

BEVILAQUA, Clóvis. **Direito das obrigações**. 3. ed. rev. e acrescentada. Rio de Janeiro: Editora Freitas Bastos, 1931.

BEVILÁQUA, Clóvis. **Em defesa do Código civil**. Recife: Livraria Francisco Alves, 1905.

BOBBIO, Norberto. **Da estrutura à função: novos estudos de teoria do direito**. Tradução de Daniela Beccaccia Versiane; revisão técnica de Orlando Seixas Bechara, Renata Nagamine. Barueri, SP: Mano;e, 2007.

BOBBIO, Norberto. **Teoria do ordenamento jurídico.** 10. ed. Trad. Maria Celeste Cordeiro Leite Santos. Brasília: Editora Universidade de Brasília, 1999.

BRANDELLI, Leonardo. **Registro de imóveis:** eficácia material. Rio de janeiro: Forense, 2016.

BRASIL. Arquivo Nacional MAPA – Memória da Administração Pública Brasileira. Repartição-Geral de Terras Públicas, 07 ago. 2019. Disponível em: http://mapa.an.gov.br/index.php/menu-de-categorias-2/337-reparticao-geral-de-terras-publicas-reparticoes-especiais-de-terras-publicas-inspetorias-gerais-de-medicao-de-terras. Acesso em: 23 de outubro de 2021.

BRASIL. **Lei nº 601 de 18 de setembro de 1850.** Dispõe sobre as terras devolutas do Império. Disponível em: http://www.planalto.gov.br/ccivil_03/leis/l0601-1850.htm Acesso em: 15 nov. 2021.

BRASIL. Lei nº 317, de 21 de outubro de 1843. Fixando a Despeza e orçando a Receita para os exercicios de 1843 - 1844, e 1844 – 1845. Disponível em: http://www.planalto.gov.br/ccivil_03/leis/lim/lim317.htm Acesso em: 15 nov. 2021.

BRASIL. Câmara dos Deputados. **Decreto nº 482 de 14 de novembro de 1846.** Estabelece o Regulamento para o Registro Geral das hypothecas. Disponível em: https://www2.camara.leg.br/legin/fed/decret/1824-1899/decreto-482-14-novembro-1846-560540-publicacaooriginal-83591-pe.html Acesso em: 15 nov. 2021.

BRASIL. Lei nº 3.071, de 1º de janeiro de 1916. Código Civil dos Estados Unidos do Brasil. Disponível em: http://www.planalto.gov.br/ccivil_03/leis/l3071.htm Acesso em: 15 nov. 2021.

BRASIL. Lei nº 10.406, de 10 de janeiro de 2002. Institui o Código Civil. Disponível em: http://www.planalto.gov.br/ccivil_03/leis/2002/l10406compilada.htm Acesso em: 15 nov. 2021).

BRASIL. Biblioteca Digital de Direito Registral. **Resolução 76, de 17 de julho de 1822.** Manda suspender a concessão de sesmarias futuras até a convocação da Assembléia Geral Constituinte. Disponível em: https://arisp.wordpress.com/2011/03/11/resolucao-76-de-17-de-julho-de-1822/ Acesso em: 15 nov. 2021.

BRASIL. **Declaração de Independência do Brasil no dia 7 de setembro de 1822.** Disponível em: https://www.al.sp.gov.br/noticia/?07/09/2021/independencia-do-brasil-completa-199-anos-nesta-terca-feira--7-de-setembro Acesso em: 15 nov. 2021.

BRASIL. Constituição Politica do Imperio do Brazil (de 25 de março de 1824). Constituição Política do Império do Brasil, elaborada por um Conselho de Estado e outorgada pelo Imperador D. Pedro I, em 25.03.1824. Carta de Lei de 25 de Março de 1824. Manda observar a Constituição Politica do Imperio, offerecida e jurada por Sua Magestade o Imperador. Disponível em: http://www.planalto.gov.br/ccivil_03/constituicao/constituicao24.htm Acesso em: 15 nov. 2021.

BRASIL. **Decreto nº 1.318 de 30 de janeiro de 1854.** Manda executar a Lei nº 601, de 18 de Setembro de 1850. Disponível em: http://www.planalto.gov.br/ccivil_03/decreto/1851-1899/d1318.htm Acesso em: 15 nov. 2021.

BRASIL. Lei nº 1.237, de 24 de setembro de 1864. Reforma a Legislação Hypothecaria, e estabelece as bases das sociedades de credito real. Disponível em: http://www.planalto.gov.br/ccivil_03/leis/lim/LIM1237.htm Acesso em: 15 nov. 2021.

BRASIL. **Lei nº 840 de 15 de setembro de 1855.** Fixando a Despeza e orçando a Receita para o exercício de 1856 - 1857. Disponível em: https://www2.camara.leg.br/legin/fed/leimp/1824-1899/lei-840-15-setembro-1855-558295-publicacaooriginal-79437-pl.html Acesso em: 25 nov. 2021.

BRASIL. **Decreto nº 3.453 de 26 abril de 1865.** Manda observar o Regulamento para execução da Lei nº 1237 de 24 de Setembro de 1854, que reformou a legislação hypothecaria. Disponível em: http://www.planalto.gov.br/ccivil_03/decreto/historicos/dim/DIM3453.htm Acesso em: 15 nov. 2021.

BRASIL. Câmara dos Deputados. **Decreto nº 169-A, de 19 de Janeiro de 1890**. Substitue as leis n. 1237 de 24 de setembro de 1864 e n. 3272 de 5 de outubro de 1885. Disponível em: https://www2.camara.leg.br/legin/fed/decret/1824-1899/decreto-169-a-19-janeiro-1890-516767-publicacaooriginal-1-pe.html Acesso em: 15 nov. 2021.

BRASIL. Decreto nº 370, de 2 de maio de 1890. Manda observar o regulamento para execução do decreto n. 169 A de 19 de janeiro de 1890, que substituiu as leis n. 1237 de 24 de setembro de 1864 e n. 3272 de 5 de outubro de 1885, e do decreto n. 165 A de 17 de janeiro de 1890, sobre operações de credito movel. Disponível em: http://www.planalto.gov.br/ccivil_03/decreto/1851-1899/D370.htm Acesso em: 15 nov. 2021.

BRASIL. Câmara dos Deputados. **Decreto nº 451-B, de 31 de maio de 1890**. Estabelece o registro e transmissão de immoveis pelo systema Torrens. Disponível em: https://www2.camara.leg.br/legin/fed/decret/1824-1899/decreto-451-b-31-maio-1890-516631-publicacaooriginal-1-pe.html Acesso em: 15 nov. 2021.

BRASIL. Decreto nº 4.827, de 7 de fevereiro de 1924. Reorganiza os registros publicos instituidos pelo Codigo Civil. Disponível em: http://www.planalto.gov.br/ccivil_03/decreto/historicos/dpl/DPL4827-1924.htm Acesso em: 15 nov. 2021.

BRASIL. Decreto nº 18.542, de 24 de dezembro de 1928. Aprova o regulamento para execução dos serviços concernentes nos registros públicos estabelecidos pelo Código Civil. Disponível em: http://www.planalto.gov.br/ccivil_03/decreto/1910-1929/d18542.htm Acesso em: 15 nov. 2021.

BRASIL. **Lei nº 6.015 de 31 de dezembro de 1973**. Dispõe sobre os registros públicos, e dá outras providências. Disponível em: http://www.planalto.gov.br/ccivil_03/leis/l6015compilada.htm Acesso em: 15 nov. 2021.

BRASIL. Lei nº 13.097, de 19 de janeiro de 2015. Reduz a zero as alíquotas da Contribuição para o PIS/PASEP, da COFINS, da Contribuição para o PIS/PASEP - Importação e da COFINS-Importação incidentes sobre a receita de vendas e na importação de partes utilizadas em aerogeradores; [...]. Disponível em: http://www.planalto.gov.br/ccivil_03/_ato2015-2018/2015/lei/l13097.htm Acesso em: 15 nov. 2021.

BRASIL. [Constituição (1988)]. **Constituição da República Federativa do Brasil de 1988**. Brasília, DF: Presidência da República, [2021]. Disponível em: http://www.planalto.gov.br/ccivil_03/Constituicao/Constituiçao.htm. Acesso em: 15 nov. 2021.

BRASIL. Conselho Nacional de Justiça. **Provimento nº 73, de 28 de junho de 2018**. Dispõe sobre a averbação da alteração do prenome e do gênero nos assentos de nascimento e casamento de pessoa transgênero no Registro Civil das Pessoas Naturais (RCPN). Disponível em: https://www.anoreg.org.br/site/2018/06/29/provimento-no-73-do-cnj-regulamenta-a-alteracao-de-nome-e-sexo-no-registro-civil-2/ Acesso em: 15 nov. 2021.

BRASIL. Conselho Nacional de Justiça. **Resolução nº 363 de 12 de janeiro de 2021**. Estabelece medidas para o processo de adequação à Lei Geral de Proteção de Dados Pessoais a serem adotadas pelos tribunais. Disponível em: https://atos.cnj.jus.br/atos/detalhar/3668 Acesso em: 15 nov. 2021.

BRASIL. Lei nº 6.766, de 19 de dezembro de 1979. Dispõe sobre o Parcelamento do Solo Urbano e dá outras Providências. Disponível em: http://www.planalto.gov.br/ccivil_03/leis/l6766.htm Acesso em: 15 nov. 2021.

BRASIL. Decreto-lei nº 4.657, de 4 de setembro de 1942. Lei de Introdução às normas do Direito Brasileiro. Disponível em: http://www.planalto.gov.br/ccivil_03/decreto-lei/del4657compilado.htm Acesso em: 15 nov. 2021.

BRASIL. **Lei nº 6.688 de 17 de setembro de 1979**. Introduz alterações na Lei dos Registros Públicos, quanto às escrituras e partilhas, lavradas ou homologadas na vigência do Decreto nº 4.857, de 9 de novembro de 1939. Disponível em: http://www.planalto.gov.br/ccivil_03/leis/L6688.htm Acesso em: 15 nov. 2021.

BRASIL. Lei nº 10.267, de 28 de agosto de 2001. Altera dispositivos das Leis n°s 4.947, de 6 de abril de 1966, 5.868, de 12 de dezembro de 1972, 6.015, de 31 de dezembro de 1973, 6.739, de 5 de dezembro de 1979, 9.393, de 19 de dezembro de 1996, e dá outras providências. Disponível em: http://www.planalto.gov.br/ccivil_03/leis/leis_2001/l10267.htm Acesso em: 15 nov. 2021.

BRASIL. **Provimento nº 88 de 1º outubro de 2019**. Dispõe sobre a política, os procedimentos e os controles a serem adotados pelos notários e registradores visando à prevenção dos crimes de lavagem de dinheiro, previstos na Lei n. 9.613, de 3 de março de 1998, e do financiamento do terrorismo, previsto na Lei n. 13.260, de 16 de março de 2016, e dá outras providências. Disponível em: https://www.26notas.com.br/blog/?p=15020 Acesso em: 15 nov. 2021.

BRASIL. Decreto-lei nº 167, de 14 de fevereiro de 1967. Dispõe sôbre títulos de crédito rural e dá outras providências. Disponível em: http://www.planalto.gov.br/ccivil_03/decreto-lei/del0167.htm Acesso em: 15 nov. 2021.

BRASIL. Lei nº 13.465, de 11 de julho de 2017. Dispõe sobre a regularização fundiária rural e urbana, sobre a liquidação de créditos concedidos aos assentados da reforma agrária e sobre a regularização fundiária no âmbito da Amazônia Legal; institui mecanismos para aprimorar a eficiência dos procedimentos de alienação de imóveis da União; [...]. Disponível em: http://www.planalto.gov.br/ccivil_03/_ato2015-2018/2017/lei/l13465.htm Acesso em: 15 nov. 2021.

BRASIL. Lei nº 10.931, de 2 de agosto de 2004. Dispõe sobre o patrimônio de afetação de incorporações imobiliárias, Letra de Crédito Imobiliário, Cédula de Crédito Imobiliário, Cédula de Crédito Bancário, altera o Decreto-Lei nº 911, de 1º de outubro de 1969, as Leis nº 4.591, de 16 de dezembro de 1964, nº 4.728, de 14 de julho de 1965, e nº 10.406, de 10 de janeiro de 2002, e dá outras providências. Disponível em: http://www.planalto.gov.br/ccivil_03/_ato2004-2006/2004/lei/l10.931.htm Acesso em: 15 nov. 2021.

BRASIL. Lei nº 5.972, de 11 de dezembro de 1973. Regula o procedimento para o registro da propriedade de bens imóveis discriminados administrativamente ou possuídos pela União. Disponível em: http://www.planalto.gov.br/ccivil_03/leis/L5972.htm Acesso em: 15 nov. 2021.

BRASIL. Decreto-lei nº 9.760, de 5 de setembro de 1946. Dispõe sôbre os bens imóveis da União e dá outras providências. Disponível em: http://www.planalto.gov.br/ccivil_03/decreto-lei/del9760.htm Acesso em: 15 nov. 2021.

BRASIL. **Decreto nº 4.857 de 9 de novembro de 1939**. Dispõe sobre a execução dos serviços concernentes aos registros públicos estabelecidos pelo Código Civil. Disponível em: http://www.planalto.gov.br/ccivil_03/decreto/1930-1949/d4857.htm Acesso em: 15 nov. 2021.

BRASIL. Lei nº 8.935, de 18 de novembro de 1994. Regulamenta o artigo 236 da Constituição Federal, dispondo sobre serviços notariais e de registro. (Lei dos cartórios). Disponível em: http://www.planalto.gov.br/ccivil_03/leis/l8935.htm Acesso em: 15 nov. 2021

BRASIL. Lei nº 10.169, de 29 de dezembro de 2000. Regula o § 2º do artigo 236 da Constituição Federal, mediante o estabelecimento de normas gerais para a fixação de emolumentos relativos aos atos praticados pelos serviços notariais e de registro. Disponível em: http://www.planalto.gov.br/ccivil_03/leis/l10169.htm Acesso em: 15 nov. 2021.

BRASIL. **Decreto nº 9.580 de 22 de novembro de 2018**. Regulamenta a tributação, a fiscalização, a arrecadação e a administração do Imposto sobre a Renda e Proventos de Qualquer Natureza.

Disponível em: http://www.planalto.gov.br/ccivil_03/_ato2015-2018/2018/decreto/D9580.htm Acesso em: 15 nov. 2021.

BRASIL. Lei nº 12.424, de 16 de junho de 2011. Altera a Lei nº 11.977, de 7 de julho de 2009, que dispõe sobre o Programa Minha Casa, Minha Vida - PMCMV e a regularização fundiária de assentamentos localizados em áreas urbanas, as Leis nºs 10.188, de 12 de fevereiro de 2001, 6.015, de 31 de dezembro de 1973, 6.766, de 19 de dezembro de 1979, 4.591, de 16 de dezembro de 1964, 8.212, de 24 de julho de 1991, e 10.406, de 10 de janeiro de 2002 - Código Civil; revoga dispositivos da Medida Provisória nº 2.197-43, de 24 de agosto de 2001; e dá outras providências. Disponível em: http://www.planalto.gov.br/ccivil_03/_ato2011-2014/2011/lei/l12424.htm Acesso em: 15 nov. 2021.

BRASIL. Lei nº 8.212, de 24 de julho de 1991. Dispõe sobre a organização da Seguridade Social, institui Plano de Custeio, e dá outras providências. Disponível em: http://www.planalto.gov.br/ccivil_03/leis/l8212cons.htm Acesso em: 15 nov. 2021.

BRASIL. Decreto nº 24.643, de 10 de julho de 1934. Decreta o Código de Águas. Disponível em: http://www.planalto.gov.br/ccivil_03/decreto/d24643compilado.htm Acesso em: 15 nov. 2021.

BRASIL. Decreto nº 4.449, de 30 de outubro de 2002. Regulamenta a Lei nº 10.267, de 28 de agosto de 2001, que altera dispositivos das Leis nºs. 4.947, de 6 de abril de 1966; 5.868, de 12 de dezembro de 1972; 6.015, de 31 de dezembro de 1973; 6.739, de 5 de dezembro de 1979; e 9.393, de 19 de dezembro de 1996, e dá outras providências. Disponível em: http://www.planalto.gov.br/ccivil_03/decreto/2002/d4449.htm Acesso em: 15 nov. 2021.

BRASIL. Lei nº 5.172, de 25 de outubro de 1966. Dispõe sobre o Sistema Tributário Nacional e institui normas gerais de direito tributário aplicáveis à União, Estados e Municípios. Disponível em: http://www.planalto.gov.br/ccivil_03/leis/l5172compilado.htm Acesso em: 15 nov. 2021.

BRASIL. Decreto-lei nº 57, de 18 de novembro de 1966. Altera dispositivos sôbre lançamento e cobrança do Impôsto sôbre a Propriedade Territorial Rural, institui normas sôbre arrecadação da Dívida Ativa correspondente, e dá outras providências. Disponível em: http://www.planalto.gov.br/ccivil_03/decreto-lei/del0057.htm Acesso em: 15 nov. 2021.

BRASIL. Lei nº 4.504, de 30 de novembro de 1964. Dispõe sobre o Estatuto da Terra, e dá outras providências. Disponível em: http://www.planalto.gov.br/ccivil_03/leis/l4504.htm Acesso em: 15 nov. 2021.

BRASIL. Lei nº 8.629, de 25 de fevereiro de 1993. Dispõe sobre a regulamentação dos dispositivos constitucionais relativos à reforma agrária, previstos no Capítulo III, Título VII, da Constituição Federal. Disponível em: http://www.planalto.gov.br/ccivil_03/leis/l8629.htm Acesso em: 15 nov. 2021.

BRASIL. Decreto-lei nº 58, de 10 de dezembro de 1937. Dispõe sôbre o loteamento e a venda de terrenos para pagamento em prestações. Disponível em: http://www.planalto.gov.br/ccivil_03/decreto-lei/1937-1946/del058.htm Acesso em: 15 nov. 2021.

BRASIL. Lei nº 13.777, de 20 de dezembro de 2018. Altera as Leis n º 10.406, de 10 de janeiro de 2002 (Código Civil), e 6.015, de 31 de dezembro de 1973 (Lei dos Registros Públicos), para dispor sobre o regime jurídico da multipropriedade e seu registro. Disponível em: http://www.planalto.gov.br/ccivil_03/_ato2015-2018/2018/lei/L13777.htm Acesso em: 15 nov. 2021.

BRASIL. Lei nº 9.514, de 20 de novembro de 1997. Dispõe sobre o Sistema de Financiamento Imobiliário, institui a alienação fiduciária de coisa imóvel e dá outras providências. Disponível em: http://www.planalto.gov.br/ccivil_03/leis/l9514.htm Acesso em: 22 nov. 2021.

BROCHADO, Tatiane Keunecke; BROCHADO, Rogério. **Questões controvertidas nos pressupostos de admissibilidade do inventário administrativo**. In Direito das Famílias e das Sucessões: perspectivas contemporâneas. Porto Alegre: IBDFAM/RS, 2021.

BUENO, Vera Scarpinella. Parcelamento, edificação ou utilização compulsórios da propriedade urbana. In: DALLARI, Adilson Abreu. FERRAZ, Sérgio (Coord.). **Estatuto da Cidade comentado (Comentários à Lei Federal 10.257/2001)**. 1. ed. 2. tir., São Paulo: Malheiros, 2003.

CALMON, Pedro. **História do Brasil. Século XVI - As Origens**. Rio de Janeiro: José Lympio Editora, 1959.

CARVALHO, Afrânio de. **Registro de Imóveis**: comentários ao sistema de registro em face da lei 6015 de 1973, com alterações da Lei 6216 de 1975, Lei 8.009 de 1990 e Lei 8935 de 18.11.1994. 4. ed. Rio de janeiro: Forense, 2001.

CASAL, Manuel Aires de. **Corografia Brasílica ou Relação Histórico-Geográfica do Reino do Brasil composta e dedicada a sua Majestade Fidelíssima**. Tomo I. São Paulo: Edições Cultura, 1943.

CASSETTARI, Christiano. **Elementos de direito civil**. 11. ed. Indaiatuba: Foco, 2023.

CASTRO, Mônica. **A desapropriação judicial no novo Código Civil**. Disponível em: <http://www.mundojuridico.adv.br/sis_artigos/artigos.asp?codigo=486>. Acesso em: 3 jun. 2010.

CENEVIVA, Walter. **Lei dos registros públicos comentada**. 15. ed. São Paulo: Saraiva, 2003.

CHEZZI, Bernardo Amorim. **Condomínio de lotes: Aspectos Civis, Registrais e Urbanísticos**. São Paulo: Quartier Latin, 2020.

COSTA, Emília Viotti da. **Da monarquia à República**: momentos decisivos. 9. ed. São Paulo: Editora UNESP, 2010.

DINIZ, Maria Helena. **As lacunas do Direito**. 10. ed. São Paulo: Saraiva Educação, 2019.

DINIZ, Maria Helena. **Curso de Direito Civil Brasileiro**. Col. 4. Direito das coisas. 34. ed. São Paulo: Saraiva Educação, 2020, p. 67-68.

DINIZ, Maria Helena. **Curso de direito civil brasileiro**. 24. ed. São Paulo: Saraiva, 2009, v. 4.

DINIZ, Maria Helena. **Sistemas de registro de imóveis**. 11. ed. São Paulo: Saraiva, 2014.

DIP, Ricardo. **Registro de Imóveis**: vários estudos. Porto Alegre: Sérgio Fabris Editor, 2005.

DIP, Ricardo. **Registro de Imóveis (princípios)**. Registros Sobre Registros. Tomo I. Campinas: Editora PrimVs, 2017.

DIP, Ricardo. **Registro de Imóveis (princípios)**. Tomo II. Descalvado: Editora PrimVs, 2017.

DI PIETRO, Maria Sylvia Zanella. **Direito administrativo**. 33. ed. Rio de Janeiro: Forense, 2020.

DI PIETRO, Sylvia Zanella. **Uso privativo de bem público por particular**. 3. ed. São Paulo: Atlas, 2014.

ERPEN, Décio Antônio; PAIVA, João Pedro Lamana. A autonomia registral e o princípio da concentração. **Revista de Direito imobiliário**, São Paulo, v. 49, 2000.

ESPINOLA, Eduardo. **Posse, propriedade, compropriedade ou condomínio, direitos autorais**. Rio de Janeiro: Conquista, 1956.

FACHIN, Luiz Edson. **Questões do direito civil brasileiro contemporâneo**. Rio de Janeiro: Renovar, 2008.

FAORO, Raimundo. **Os donos do poder**. 3. ed. rev. Porto Alegre: Globo, 1976, v. II.

FARIA, Letícia Araújo. **O inventário extrajudicial**. Coleção O Direito e o Extrajudicial. Vol 8. São Paulo: Thomson Reuters Brasil, 2021.

FARIAS, Cristiano Chaves de; ROSENVALD, Nelson. **Curso de direito civil**: obrigações. 6. ed. Salvador: Juspodivm, 2012.

FARIAS, Cristiano Chaves de. **Curso de direito civil**: direitos reais. 17. ed. rev., ampl. e atual. Salvador: Ed. JusPodivm, 2021.

FERREIRA, Waldemar Martins. **O loteamento e a venda de terrenos em prestações**. São Paulo: Revista dos Tribunais, 1938.

FRAGA, Affonso. **Direitos Reaes de Garantia:** Penhor, Antichrese e Hypotheca. São Paulo: Editoria Livraria Acadêmica, 1933.

FREITAS, Augusto Teixeira de. **Consolidação das leis civis**. 3. ed. Rio de Janeiro: B. L. Garnier, 1876.

FULGENCIO, Tito. **Direito Real de Hypoteca**. São Paulo: Livraria Acadêmica, 1928.

GAGLIANO, Pablo Stolze. **Controvérsias constitucionais acerca do usucapião coletivo**. Disponível em: <www.professorchristiano.com.br/artigosconvidados.htm>. Acesso em: 19 fev. 2007.

GAGLIANO, Pablo Stolze. **O contrato de doação**. 3. ed. São Paulo: Saraiva, 2010.

GARCIA, Lysippo. **O registro de Imóveis:** A Transcrição. São Paulo: Livraria Francisco Alves, 1922, v. I.

GOMES, Orlando. **Direitos reais**. 9. ed. Rio de Janeiro: Forense, 1985.

GOMES, Orlando. **Novas questões de Direito civil**. 2. ed. São Paulo: Saraiva, 1988.

GOMES, Orlando. **Raízes históricas e sociológica do Código Civil Brasileiro**. 2. ed. São Paulo: Martins Fontes, 2006.

GONÇALVES, Albenir Itaboraí Querubini. **O regramento jurídico das Sesmarias:** o cultivo como fundamento normativo do regime sesmarial no Brasil. São Paulo: Leud, 2014.

GONÇALVES, Luiz da Cunha. **Tratado de Direito Civil em comentário ao Código Civil Português**. Coimbra: Coimbra Editora Limitada, 1929, v. I.

HOLSTON, James. **Cidadania Insurgente:** disjunções da democracia e da modernidade no Brasil. Trad. Claudio Carina; revisão técnica Luísa Valentini. São Paulo: Companhia das Letras, 2013.

IHERING, Rudolf von. **Teoria Simplificada da posse**. Trad. Fernando Bragança. Belo Horizonte: Livraria Líder e Editora, 2009.

JACOMINO, Sérgio. Comentário ao artigo 187 da LRP. In: ALVIM NETO, José Manuel de Arruda; CLÁPIS, Alexandre Laizo; CAMBLER, Everaldo Augusto. (Coords.). **Lei de Registros Públicos Comentada**. Rio de Janeiro: Forense, 2014.

JACOMINO, Sérgio. O estado agônico dos antigos livros de registro. Uma proposta de encerramento após o seu encerramento. **Revista de Direito Imobiliário**, São Paulo, Editora Revista dos Tribunais, v. 77, 2014.

JACOMINO, Sérgio. Requisitos Formais do Registro e a Parêmia "Tempus Regit Actum". Registro de Títulos Lavrados na Vigência da Lei Anterior: Hipóteses de Exceção. In: AHUALLI, Tania Mara; BENACCHIO, Marcelo. (Coords.). **Direito notarial e Registral:** homenagem às varas de registros públicos da Comarca de São Paulo. São Paulo: Quartier Latin, 2016.

JARDIM, Mônica. Direitos reais versus direitos pessoais. A eficácia real de direitos pessoais - actualidades civilísticas - **Revista de Direito Civil Contemporâneo – RDCC**, 2019.

KERN, Marinho Dembinski. **Condomínio de lotes e Loteamentos Fechados**. São Paulo: IRIB, 2019.

KERN, Marinho Dembinski; COSTA JUNIOR, Francisco José de Almeida Prado Ferraz. **Princípios do Registro de Imóveis brasileiro**. (Coleção de Direito Imobiliário), São Paulo: Thomson Reuters Brasil, 2020, v. II.

LACERDA, Manoel Linhares de. **Tratado das terras do Brasil**. Rio de Janeiro: Editora ALBA Limitada, 1960.

LAGO, Ivan Jacopetti do. A lei 13.097 de 2015 e sua contribuição para a governança fundiária. **Revista de Direito Imobiliário**, São Paulo, Revista dos Tribunais, v. 39, n. 81, p. 155–184, jul./dez. 2016. Disponível em: https://www.lexml.gov.br/urn/urn:lex:br:rede.virtual.bibliotecas:artigo.revista:2016;1001086474 Acesso em: 15 nov. 2021.

LAGO, Ivan Jacopetti do. **História do Registro de Imóveis**. São Paulo: Thomson Reuters Brasil, 2020.

LAGO, Ivan Jacopetti do. O atendimento prioritário da Lei Federal 13.146/2015 (Estatuto da Pessoa com Deficiência) e o princípio da prioridade no registro de imóveis. **Revista de Direito Imobiliário**, São Paulo, Revista dos Tribunais, v. 39, n. 80, p. 293–318, jan./jun. 2016. Disponível em: https://www.lexml.gov.br/urn/urn:lex:br:rede.virtual.bibliotecas:artigo.revista:2016;1001074230 Acesso em: 15 nov. 2021.

LAGO, Ivan Jacopetti do. **O tratamento jurídico da venda de imóvel com divergência de área na evolução do direito brasileiro**: venda *ad corpus* e *ad mensuram*. 2014. Tese (Doutorado em Direito Civil) - Faculdade de Direito, Universidade de São Paulo, São Paulo, 2014, p. 54-59. Disponível em: https://www.teses.usp.br/teses/disponiveis/2/2131/tde-02032015-153942/pt-br.php Acesso em: 15 nov. 2021.

LIMA, Ruy Cirne. **Pequena história territorial do Brasil**: sesmarias e terras devolutas. 2. ed. Porto Alegre: Livraria Sulina, 1954.

LOPES, Miguel Maria de Serpa. **Comentário Teórico e Prática da Lei de Introdução ao Código Civil**. Rio de Janeiro: Jacintho Editora, 1943, v. I.

LOPES, Miguel Maria de Serpa. **Curso de Direito Civil**: direito das coisas: princípios gerais, posse, domínio e propriedade imóvel. Rio de Janeiro: Livraria Freitas Bastos, 1960, v. VI.

LOPES, Miguel Maria Serpa. **Tratado de Registros Públicos**. Vol. I. 5ed. Brasília: Livraria e Editora Brasília Jurídica, 1995.

LOPES, Miguel Maria de Serpa. **Tratado dos Registros Públicos**. Vol. III. 6ª edição, revisada e atualizada. Brasília: Livraria e Editora Brasília Jurídica, 1996.

MACEDO, Paola de Castro Ribeiro. Regularização fundiária urbana e seus mecanismos de titulação de ocupantes: Lei 13.465/2017 e Decreto 9.310/2018. In: PEDROSO, Alberto Gentil de Almeida. **Coleção Direito Imobiliário**. São Paulo: Thomson Reuters Brasil, 2020, v. V.

MAESTRI, Mário. **Os senhores do litoral**: conquista portuguesa e agonia tupinambá no litoral brasileiro. 2 ed. ver. e ampl. Porto Alegre: Editora UFRGS, 1995.

MAGALHÃES, Vilobaldo Bastos de. **Compra e Venda e sistemas de transmissão de propriedade**. Rio de Janeiro: Editora Forense, 1981.

MALUF, Carlos Alberto Dabus. **O direito de propriedade e o instituto do usucapião no Código Civil de 2002. Questões controvertidas**. São Paulo: Método, 2003.

MARTINS-COSTA, Judith; BRANCO, Gerson Luiz Carlos. **Diretrizes teóricas do novo Código Civil**. São Paulo: Saraiva, 2002.

MATSZEWSKI, Lorruane. **A abertura de matrícula de imóveis públicos no Brasil**. Coleção Direito Imobiliário. Vol VI. Coordenador: Alberto Gentil de Almeida Pedroso. São Paulo: Thomson Reuter Brasil, 2020.

MEIRELLES, Hely Lopes. **Direito Administrativo brasileiro**. 16. ed. atual. pela Constituição de 1988. São Paulo: Editora Revista dos tribunais, 1991.

MEIRELLES, Hely Lopes. **Direito municipal brasileiro**. 18ed. atualizada por Giovani da Silva Corralo. São Paulo: Malheiros, 2017.

MELO, Marcelo Augusto Santana de. A qualificação registral na regularização fundiária. In: NALINI, José Renato; LEVY, Wilson (Coords.). **Regularização fundiária**. 2. ed. ver. atual. e ampl. Rio de Janeiro: Forense, 2014.

MELO, Marcelo Augusto Santana de. **Teoria Geral do registro de Imóveis**. Estrutura e Função. Porto Alegre: Sergio Antonio Fabris Editor, 2016.

MELO, Marco Aurélio Bezerra de. **Novo Código Civil anotado** (arts. 1.196 a 1.510). 3. ed. Rio de Janeiro: Lumen Juris, 2004, v. V.

MELO, Marcos Bernardes de. **Teoria do fato jurídico**: plano da validade. 15. ed. São Paulo: Saraiva Educação, 2019.

MESGRAVIS, Laima. **História do Brasil Colônia**. São Paulo: Contexto, 2017.

MESSINEO, Francesco. **Manual de Derecho Civil y Comercial**. Tomo III. Traduzido para o espanhol por Santiago Sentis Melendo. Buenos Aires: EJEA, 1954.

MIRANDA, Francisco Cavalcanti Pontes de. **Comentários à Constituição de 1946**. 3. ed. rev. e aum. Tomo IV. Rio de Janeiro: Borsoi, 1960.

MIRANDA, Francisco Cavalcante Pontes de. **Fontes e evolução do direito civil brasileiro**. 2. ed. Rio de janeiro: Editora Forense, 1981.

MIRANDA, Francisco Cavalcanti Pontes de. **Tratado de Direito Predial**. 3. ed. Rio de Janeiro: José Konfino editor, 1948.

MIRANDA, Francisco Cavalcanti Pontes de. **Tratado de Direito Privado**. Direito das coisas: propriedade. Aquisição da propriedade imobiliária. Tomo XI. 2. ed. Rio de Janeiro: Borsoi, 1954.

MONTEIRO, Washington de Barros. **Curso de Direito civil**. Direito das Coisas. 5. ed., rev. e ampl. São Paulo: Saraiva, 1963.

NASCIMENTO, Tupinambá Miguel Castro do. **Introdução ao Direito Fundiário**. Porto Alegre: Sergio Antonio Fabris Editor, 1984.

NEVES, Marcelo. **Constituição e Direito na Modernidade Periférica:** uma abordagem teórica e uma interpretação do caso brasileiro. Trad. Antonio Luz Costa; revisão técnico-jurídica de Edvaldo Moita com colaboração de Agnes Macedo. São Paulo: Editora WMF Martins Fontes, 2018.

NEVES, Marcelo. **Entre Hidra e Hércules:** princípios e regras constitucionais como diferença paradoxal do sistema jurídico. São Paulo: Editora WMF Martins Fontes, 2013.

OLIVEIRA, Carlos Eduardo Elias de. **Direito real de laje à luz da Lei nº 13.465/2017:** nova lei, nova hermenêutica. Brasília: Núcleo de Estudos e Pesquisas/CONLEG/Senado, 2017.

OLIVEIRA, Carlos Eduardo Elias de. **Doação com encargo e a eficácia contra terceiros no registro de imóveis. Jusbrasil**. Disponível em: https://direitocivilbrasileiro.jusbrasil.com.br/artigos/1103126690/doacao-com-encargo-e-a-eficacia-contra-terceiros-e-o-registro-de-imoveis Acesso em: 15 nov. 2021.

OLIVEIRA, Carlos Eduardo Elias de. **Novo Direito Real com a lei 14.620/23: uma atecnia utilitarista diante da imissão provisória na posse**. Disponível em: https://www.migalhas.com.br/coluna/migalhas-notariais-e-registrais/390037/novo-direito-real-com-a-lei-14-620-23%20acesso%20em:%2012%20fev.%202024. Acesso em: 12 fev. 2024.

ORLANDI NETO, Narciso. **Retificação no registro de imóveis**. São Paulo: Editora Oliveira Mendes, 1997.

PAIVA, João Pedro Lamana. **Procedimento de dúvida no registro de imóveis: aspectos práticos e a possibilidade de participação do notário e a evolução dos sistemas registral e notarial no século XXI**. 3 ed. São Paulo: Saraiva, 2011.

PASSOS, Josué Modesto; BENACCHIO, Marcelo. **A dúvida no registro de imóveis.** In coleção Direito Imobiliário. Vol. III. 1ed. Coordenação: Alberto Gentil de Almeida Pedroso. São Paulo: Thomson Reuters Brasil, 2020.

PASSOS, Josué Modesto. **Arrematação no registro de Imóveis**: continuidade do registro e natureza da aquisição. 2. ed. São Paulo: Editora Revista dos Tribunais, 2015.

PATAH, Priscila Alves. **Retificações no registro imobiliário**. (Coleção Direito Imobiliário). Coord. Alberto gentil de Almeida Pedroso. São Paulo: Thomson Reuters Brasil, 2020, v. IX.

PEREIRA, Lafayette Rodrigues. **Direito das Cousas.** Rio de Janeiro: B. L. Garnier Livreiro Editor, 1877, v. I.

PONTES DE MIRANDA, Francisco Cavalcanti. **Tratado de direito privado**. Rio de Janeiro: Borsoi, 1972, v. 46.

PORTO, Costa. **Estudo sobre o sistema sesmarial**. Recife: Imprensa Universitária, 1965.

PORTUGAL. **Carta Régia de 27 de dezembro de 1695.** Carta de Sua Majestade escrita ao Governador e Capitão Geral deste Estado, Dom João de Alencastro, sobre os ouvidores, criados de novo, examinarem as sesmarias que se tem dado se estão cultivadas. (Sesmarias – 4 x 1 légua = 2400 ha). Disponível em: http://portal.iterpa.pa.gov.br/wp-content/uploads/2021/03/CARTA-REGIA-DE-27-DE-DEZEMBRO-DE-1695.pdf Acesso em: 15 nov. 2021.

RIBEIRO, Benedito Silvério. **Tratado de usucapião**. 5. ed. São Paulo: Saraiva, 2007, v. 1.

RIO GRANDE DO SUL (ESTADO). **Consolidação Normativa Registral e Notarial**. Atualizada até o Provimento nº 016/2019-CGJ (Junho/2019). Disponível em: http://www.tabelionatomanica.com.br/Leis/consolidacao.pdf Acesso em: 15 nov. 2021.

ROSENFIELD, Denis Lerrer. **Reflexões sobre o Direito à propriedade**. Rio de Janeiro: Elsevier, 2008.

ROSENVALD, Nelson; BRAGA NETO, Felipe. **Código Civil Comentado**. Salvador: Editora JusPodvm, 2020.

ROSENVALD, Nelson; FARIAS, Cristiano Chaves de. **Curso de Direito Civil:** Parte Geral e LINDB. 13. ed., rev. ampl. e atual. São Paulo: Atlas, 2015, v. I.

RUGGIERO, Roberto de. **Instituições de Direito Civil**. Trad. da 6. ed. italiana com notas remissivas aos Códigos Civis Brasileiro e português por Ary dos Santos. São Paulo: Editora Saraiva, 1958, v. III.

SALLES, Venício. **Direito registral imobiliário**. 2. ed. rev. São Paulo: Saraiva, 2007.

SALLES, Venício; SALLES, Daniel Mesquita de Paula. **Ação de retificação de registro imobiliário**. In: AHUALLI, Tania Mara; BENACCHIO, Marcelo. (Coords.). **Direito notarial e Registral:** homenagem às varas de registros públicos da Comarca de São Paulo. São Paulo: Quartier Latin, 2016.

SALOMÃO, Marcos Costa. O Direito do transexual a alteração do prenome e do gênero no registro civil das pessoas naturais após o julgamento da ADI 4275. **XXVII Encontro Nacional do CONPEDI**. GT Gênero, Sexualidades e Direito II. Salvador, 2018.

SANTOS, Boaventura de Souza (Org). **Reconhecer para libertar:** os caminhos do cosmopolitismo multicultural. Rio de Janeiro: Civilização Brasileira, 2003.

SANTOS, Flauzilino Araújo dos. Princípio da legalidade e registro de imóveis. In: DIP, Ricardo; JACOMINO, Sérgio. (Orgs.). **Registro Imobiliário:** temas atuais. (Coleção doutrinas essenciais). 2. ed. São Paulo: Editora Revista dos tribunais, 2013, v. 2.

SANTOS, J. M. Carvalho. **Código Civil Brasileiro interpretado, principalmente do ponto de vista prático.** 7. ed. Rio de Janeiro: Editora Freitas Bastos, 1958, v. XVI.

SARMENTO FILHO, Eduardo Sócrates Castanheira. **Direito registral imobiliário:** sujeitos, imóveis e direitos inscritíveis de acordo com o novo Código de Processo Civil e a lei 13.465/17. Curitiba: Juruá, 2018.

SARMENTO FILHO, Eduardo Sócrates Castanheira. **Direito Registral imobiliário.** Teoria Geral. 1. ed. 2ª impressão. Curitiba: Juruá, 2017, v. 1.

SAVIGNY, Frederic Charles de. **Traité de La Possession em Droit Romain.** Traduit de LÀllemanda par Henru Staedtler. Paris: A.Durand Et Pedone-Lauriel Editeur,1879.

SILVA, José Afonso da. **Curso de Direito Constitucional Positivo.** 42. ed. rev. e atual. São Paulo: Malheiros, 2019.

SILVA, José Afonso da. **Curso de Direito Constitucional Positivo.** 7. ed. São Paulo: RT, 1991.

SILVA, Lígia Osorio. **Terras Devolutas e Latifúndio:** efeitos da Lei de 1850. Campinas: Editora da UNICAMP, 1996.

SOUZA NETO, João Baptista de Mello e. Comentários ao artigo 213. In: ALVIM NETO, José Manuel de Arruda; CLÁPIS, Alexandre Laizo; CAMBLER, Everaldo Augusto. (Coords.). **Lei de Registros Públicos Comentada.** Rio de Janeiro: Forense, 2014.

TARTUCE, Flávio. **Direito Civil:** direito das coisas. 13. ed. Rio de Janeiro: Forense, 2021.

TARTUCE, Flávio. **Direito Civil:** Lei de Introdução e parte geral. 17. ed. Rio de Janeiro: Forense, 2021.

TARTUCE, Flávio. **Direito Civil:** Teoria geral dos contratos e contratos em espécie. 16. ed. Rio de Janeiro: Forense, 2021.

TEPEDINO, Gustavo; MONTEIRO FILHO, Carlos Edison do Rêgo; RENTERIA, Pablo. **Direitos Reais.** Rio de Janeiro: Forense, 2020.

TEPEDINO, Gustavo; MONTEIRO FILHO, Carlos Edison do Rêgo; RENTERIA, Pablo. **Fundamentos do Direito civil.** Rio de Janeiro: Forense, 2020.

TEPEDINO, Gustavo José Mendes. Os Direitos Reais no Novo Código Civil. Revista da EMERJ – Escola da Magistratura do Estado do Rio de Janeiro. **Anais do "EMERJ Debate o Novo Código Civil"**, jul. 2002 a abr. 2003, p. 170. Disponível em: https://www.emerj.tjrj.jus.br/revistaemerj_online/edicoes/anais_onovocodigocivil/anais_especial_2/Anais_Parte_II_revistaemerj_168.pdf Acesso em: 22 nov. 2021.

TORRES, Marcelo Krug Fachin. **Assentos registrais provisórios.** Rio de Janeiro: Lumen Juris, 2021.

VARELA, Laura Beck. **Das Sesmarias à Propriedade Moderna:** um Estudo de História do Direito Brasileiro. São Paulo: Renovar, 2005.

VELOSO, Zeno. **Condição, termo e encargo.** São Paulo: Malheiros Editores, 1997, p. 50-51).

VENOSA, Silvio de Sálvo. **Lei do Inquilinato Comentada.** Doutrina e prática. 15. ed. São Paulo: Atlas, 2020.

WOLFF, Martin. Derecho de Cosas. In: ENNECCERUS, Ludwig; KIPP, Theodor; WOFF, Martin. **Tratado de Direito Civil**. 2. ed. Trad. Blas Pérez González e José Alguer. Barcelona: Bosh, 1951, v. I.

ZAVASCKI, Teori Albino. A tutela da posse na Constituição e no Projeto do novo Código Civil. In: **A reconstrução do direito privado**. São Paulo: Revista dos Tribunais, 2002.

Anotações